从经典作家进入历史

"浪漫星云"题解

当我在夜晚繁星如织的面庞
看到巨大的云符乃浪漫的表征
想到我永远无法用命运的神掌
趁有生之年追寻它们的踪影
（济慈，《当我害怕人生将尽》）

　　浪漫主义并不浪漫。这是后人的命名。"浪漫星云"之说偶然得之，倒也十分贴切。因为，以英国浪漫主义文学为例，这一时期恰是群星闪耀时，大诗人们共同造就了英国诗歌史上的巅峰。他们不仅拥有超越地心引力的璀璨壮美，更有一双始终凝视尘世的眼睛，既超然物外，又时常感到生存的"秘密重压"，听到"那沉静而永在的人性悲曲"。

　　这些诗人们并不知道自己被称为"浪漫主义诗人"。虽然他们的作品中偶尔出现"浪漫"一词，但到底何为浪漫，亚瑟·拉夫乔伊教授列出的定义至少有二十多种。一言难尽。简单来说，首先，浪漫主义作家们不仅具有瑰丽的想象，创新的诗论，独特的审美，而且也是"自我书写"的先锋，华兹华斯的《序曲，或一位诗人心灵的成长》即是一部诗歌体自传。柯尔律治的《文学生涯》侧重梳理诗学思想。拜伦的《恰尔德·哈洛尔德游记》则记录了诗人壮游中的见闻和思考。这些带有自传色彩的作品与后人为他们所写的传记相互映照,值得探索。其次,法国大革命作为"时代的精神"是英国浪漫主义的宏大背景。两代诗人或亲历了这一历史事件,或诞生于它的历史余波,他们的经历也由此丰富、厚重。别的作家编织梦想,他们本身就是传奇,最终认识到无论世事的体系经历了多少风云变幻,人类的心灵有着"更神妙的材质与织体","比其居住的大地美妙千百倍"。此外,这些作家的生活方式与艺术创作高度融合,比如隐居湖畔思索自然与人性的华兹华斯,游历四方、投身希腊独立战争的拜伦,等等。研读他们的传记,我们感佩他们将生活与理想合而为一的勇气;吟诵他们的诗歌,我们珍惜这诗语与诗思表里如一的真诚。

浪漫主义的许多思想传统至今值得我们借鉴。他们热爱自然,但更关注与自然交流的心灵。他们重视生态,但深知生态实乃心态的反映。他们往往被贴上"自我"的标签,但对自我的反省与探索最终引向对人类的普遍同情。他们被称为叛逆者、反动派,但没有谁比他们更敬畏习俗与传统。他们对想象力的重视,对精神完美的追求,对唯理性主义的担忧,对视觉中心文化的反思,对"进步"与"速度"的怀疑,对"朴素生活,高贵思考"的信念……都拥有恒星般久远光明的价值。

第一代浪漫主义诗人的两大巨匠都曾为我们的心灵状态忧虑。华兹华斯认为,"在我们的时代里,众多因素正以一股联合之势钝化着心智的鉴赏力,使心灵不能发挥任何主动性,乃至陷入愚钝。"这股使心灵钝化的合力包括工业的发展、城市人口的激增和信息的高速传播——如今,有过之而无不及。他的好友柯尔律治也警示我们,在忙忙碌碌的世界里,"由于熟视无睹或者私心牵掣,我们视而不见,听而不闻,有心灵,却既不善感受,也不能理解"。他们认为,在任何时期,作家最重要的职责都是要提高人们心灵的灵敏度——"啊,灵魂自身必须焕发出 / 光芒、辉煌和美妙明亮的云章"。

艾布拉姆斯教授曾通过镜与灯的对比来阐明浪漫主义的特征。我们看到，这些伟大的诗人不是灯盏，是星辰。

浪漫主义的细腻文思和作家们的忧患意识，使得"浪漫星云"子系列绵延着"文学纪念碑"丛书的深厚关切。同时，作为一个欧洲现象，浪漫主义跨越文学、美术和音乐等多重领域，也让未来搭建更多的丰碑成为可能。我们希冀"浪漫星云"系列以一碑一契汇聚为一座巨石阵，浪漫之中不乏沉重，星云之下脚踏实地、悯念苍生。

亨利·埃德里奇，华兹华斯像，染色铅笔素描，
时年三十六岁，1806 年

William Wordsworth

A Life

by Stephen Gill

威廉·华兹华斯传

（英）斯蒂芬·吉尔 著 朱玉 译

广西师范大学出版社
· 桂林 ·

献给

马克·L.里德

To

Mark L. Reed

中文版序

华兹华斯的作品对我有着持久的意义。在很多书中,我曾尝试将他的诗歌介绍给专业学者和普通读者。拙著《华兹华斯与维多利亚人》(1998)考察了华兹华斯对英国文化的影响。后来的《华兹华斯的重游》(2011)探索了他的创造力及其最重要的一些特征。多年来,我对他的诗歌和散文的兴趣丝毫不减,对其作品的价值笃信不移;但我很少去想这背后的原因。出版这本传记给了我思考的机会,我也很感谢我的译者、同道与朋友朱玉请我写这篇中文版序。

一七八九年,华兹华斯怀着一位理想青年的全部热诚拥抱初期的法国大革命。那年他十九岁,"能活在那样的黎明已是至福, / 若再加年轻,简直就是天堂!"翌年,他穿越法国,欣然相信他与途中邂逅的所有公民都在见证着历史的转折,"法兰西正值最金色的时光, / 人性也似乎再次于世间诞生"。华兹华斯后来忆起,尤其激动人心的是,人们不仅为眼前的法国事件而欢乐,更确信人类正在走向新的纪元:"不只几个得天独厚的地区,而是整个大地 / 都披上希望的彩衣。"

在此后的几年里,法国大革命的航向让所有曾窥见希望的人感到困惑与失望。权力斗争,内战,法律准许的流血与大屠杀,最终导致新成立的共和国与英国开战;所有这些演变迫使许多和华兹华斯一样的理想青年重新评估他们的信念和希望。这种重估引起的痛苦与挣扎,与此同时祖国为生存而进行的斗争,都反映在华兹华斯的自传体长诗《序曲》中。

当诗人试图表达一七九三年后及战争爆发时期的思想转变,他坦言自己的错误,后悔之前的立场,承认对事件的理解甚至自己的回应都有所偏颇,但有一点始终不变,我认为这对我们理解华兹华斯的作品至关重要,也能够回答为何他的诗歌永葆魅力和价值——他坚称,尽管如今(一八〇四年)认识到年轻时的诸多错误,但他从未放弃希望,即"人类能挣脱泥土中那毛虫般的生存状态, / 尽展自由的彩翼, / 做自己的主人,在无扰中享受欢愉"。这曾经是并依然是"高贵的理想!"。

一七九〇年代末,华兹华斯渐渐认识到,他的使命不是成为一名政治激进分子,而是成为诗人;追随这一天职并不等于隐退,而是抵达美好世界的正确途径,不是在梦幻之邦,而是

> 就在这个世界,我们
> 大家的世界,这片我们最终
> 或找到幸福或一无所得的地方。

改善人类的渴望,天堂须向世间觅的信念,使华兹华斯的作品如此明媚,照亮我们的人生。

华兹华斯活在世界历史的动荡时代,他以智慧与灵机应对时而令人迷茫的事态,即使他从未写下一行诗句,他依然是一位值得关注的历史人物。不过,正是他毕生为艺术的献身,他创作的大量诗歌和散文作品,造就了他独特的历史地位。我最看重的是什么呢? 他的许多诗歌都关乎人类生活的基本状况,包括苦难与损失。但同样重要的是,华兹华斯

全部诗歌的基础也包括对于"欢乐"的信念。我认为这是其诗歌最鲜明的特征。"欢乐"一词频繁出现，它是华兹华斯人生历程中永不枯竭的力量源泉。另一种力量是爱——诗人在描述人类关系时，没有哪个字比"爱"更有分量，没有什么比"爱"更加坚韧。华兹华斯全部作品的重音在于人间世的卑微者和自然界的无尽藏。华兹华斯的伟大朋友塞缪尔·泰勒·柯尔律治曾以最美的语言总结这一切，他宣布华兹华斯诗歌的价值在于一种力量——

　　能够将心灵从惯性的麻木中唤醒，使之关注我们眼前世界的美丽与奇迹。这是取之不尽的宝藏，但是，由于熟视无睹或者私心牵掣，我们视而不见，听而不闻，我们的心既不善感受，也不能理解。

最后——尽管这应该写在最前——诗文本身的形式美令人愉悦：选词，节奏，押韵，结构，等等。在《抒情歌谣集》序言（1802）中，年轻的华兹华斯曾大胆宣称，诗人只服从一条规定：诗歌"必须产生即刻的愉悦"。他的诗为我们带来丰厚的愉悦。我希望，这本书能让更多读者感悟这份欢欣。

斯蒂芬·吉尔

二〇二〇年五月，牛津

序

一

《威廉·华兹华斯：传记一种》（*William Wordsworth: A Life*）初版于 一九八九年。在此后的岁月中，一方面因为我后来撰写的两本书《华兹华斯与维多利亚人》（1998）和《华兹华斯的重游》（2011），一方面缘于世界各地同行们的研究与评论，我越来越意识到，这部传记还有很多可修改和完善之处。因此，当牛津大学出版社的杰奎琳·诺顿邀请我做此尝试时，我很高兴，也非常感激。

一九八九年版传记的题目是有意为之的，以便强调这只是华兹华斯传记的**一种，而非绝对**（*a life, not the life*）。在此仍有必要重申这一点，或许要更加强调，因为我比过去更清晰地认识到，这位诗人的传记可以多么丰富多彩！华兹华斯与友人：从羊倌到伯爵；华兹华斯与圣公会教士；华兹华斯与剑桥及校外科学界；华兹华斯与画家、鉴赏家——有很多种可能。然而，同第一版一样，本传记的焦点依然是作为作家的华兹华斯。本书是一部传记，不是思想史，也不是对特定作品和思想时期的阐释；但是，当涉及华兹华斯作品和出版的内容要求更多篇幅时，我会毫不犹豫地牺牲家庭琐事。读者若想知道诗人在一七九八年十月四日做了什么,可以参考马克·里德梳理的《年谱》;若想获取诗人家庭生活的全面图景,可以从玛丽·摩尔曼(1957,1965)和朱丽叶·巴克(2000)内容翔实的传记以及诗人的家书中得到满足。

我主要关注作家华兹华斯的形成,关注其作品产生、出版与接受的家庭和职业语境,也关注他在漫长的出版生涯中如何不断改变对诗人身份的认识。随着年纪的增长,华兹华斯成为英国文化中更强大的力量,而不是反之。诗人的晚年作品越来越被认可,与此同时,他的早期作品也正在被许多年轻人发现,这些人将对十九世纪英美文化做出重大贡献。大多数读者可能都有一个长期以来形成的批评共识,认为华兹华斯在四十岁之前写完了他最好的诗歌。本传记无意推翻这个判断。但在尊重"伟大十年"的成就时,本书也力求呈现暮年华兹华斯的魅力和意义,这一时期往往被当作"衰落期"而为人忽视。古稀之年,华兹华斯登上海芙琳峰,写下一首精美的十四行诗。那个华兹华斯在本书中非常重要。

用一册书来承载八十载璀璨缤纷、富于创造的生命,注定会让读者产生不完整的印象。的确如此。在撰写这部传记时,我一直向往维多利亚时期(至少)三卷本"生平与书信"的开阔,因为我知道,限于单册的篇幅,我将不得不简要处理这个或那个话题,或对此人彼事只字不提。我希望注释部分能帮助读者进一步探索那些我只能点到为止的话题。

理查德·霍姆斯在其权威传记《柯尔律治:幽暗影像》(1998)序言中写道:"我热忱地坚信,文学传记的主要目的之一就是唤起人们欣赏——不,是热爱——那些被忽视的文学作品,使其在新一代人面前拥有生命力。我最初与最终的信念属于诗人柯尔律治,属于他所有令人惊叹的作品。"把"柯尔律治"换成"华兹华斯",忽略不太恰当的"忽视"一词,这也是我的宣言。

二

我在一九八九年写道,这样一本书必然是合作的产物。我依赖了许多人已出版和未出版的学术成果,我在文献部分列出了他们的作品以示感谢。感谢大卫·本特利-泰勒、保罗·F.贝茨、詹姆斯·巴特勒、玛丽琳·巴特勒、杰瑞德·柯蒂斯、贝丝·达灵顿、唐纳德·E.海顿、艾伦·G.希尔、特里·麦考密克、杰罗姆·麦甘、玛丽·摩尔曼、W.J.B.欧文、斯蒂芬·帕里什、马克·L.里德、乔纳森·华兹华斯对我的宝贵帮助;感谢安·巴顿、艾伦·贝尔、奥莉维亚·贝尔、西德尼·查普曼、杰夫·考顿、杰克和玛丽安·霍尔、丹尼斯·凯、保罗·朗福德、萨莉·伍德海德对我的善意协助。

感谢下列图书馆管理员允许我查询及出版其馆藏资料:耶鲁大学善本图书馆;布里斯托大学图书馆;牛津大学博德利图书馆;大英图书馆(特别是希尔顿·凯利赫);康奈尔大学图书馆;哈佛大学霍顿图书馆;牛津大学基布尔学院图书馆;纽约公共图书馆埃斯特-雷诺克斯-蒂尔登基金会,尤其是亨利·W.伯格与阿尔伯特·A.伯格馆藏管理员;西北大学图书馆;纽约皮尔庞特·摩根图书馆;普林斯顿大学图书馆;华兹华斯图书馆。

特别鸣谢鸽舍信托基金会受托人和牛津大学出版社允许我出版其他版权内容。

感谢国家肖像馆受托人、剑桥大学圣约翰学院院长和董事、鸽舍受托人J.C.哈代协助我准备插图并授权出版。

感谢牛津大学林肯学院、牛津大学英语系鼎力资助我的研究。笔者和出版社感谢格拉斯米尔华兹华斯基金会、国家肖像馆、布里奇曼图像等机构允许复制相关图片。

对于第二版《华兹华斯传》，我还要表达一些新的谢意。我对尼古拉斯·罗和肯尼斯·约翰斯顿的无尽感激不言而喻，从每一章的注释里可以看出我频繁引用了他们的研究。约翰·沃森的著作非常有益，不仅因为它澄清了许多艰深的细节，特别是关于华兹华斯财务的内容，还因为该书如此大胆地挑战着正统的叙事。理查德·格莱维尔的专著以及他与丹尼尔·罗宾逊合编的《华兹华斯手册》始终带给我启示与快乐。

在本书的准备阶段和实际修订过程中，菲奥纽艾拉·巴瑞特、杰茜卡·费伊、蒂姆·福尔福德、海瑟·格林、理查德·格莱维尔、托马斯·欧文、菲奥娜·斯塔福德和帕米拉·伍夫都以各种方式帮助我、支持我。我对克莱尔·蒂尔伯利的感激尤其无法估量。此外，由衷感谢凯思琳·费恩帮我校正了许多错误。

非常感谢格雷厄姆·恰尔德及其慈善基金会的慷慨资助，使我可以聘用一位比我更精通技术的科研助理。恰尔德先生完全自发的帮助更让我感佩不尽。

我无法表达对林肯学院院长及董事们的感激，对我来说，成为他们的一员已意义非凡。近五十年来，林肯学院的同仁，美轮美奂的楼宇，活跃的思想氛围对我始终是一种源源不断的恩赐。

第一版《威廉·华兹华斯：传记一种》献给了一位伟大的学者、已故的罗伯特·伍夫。我想怀着敬仰与爱戴之情将第二版献给另一位杰出的学者，北卡罗来纳大学教堂山分校的马克·L.里德。在我学术生涯之初，他就给我无私的帮助，并一直延续至今。他那钻坚研微的学术研究，乐于同年轻学者分享的慷慨精神，始终是我效仿的榜样。他的《年谱》（1967，1975）、他编辑的十三卷本《序曲》（1991）以及《威廉·华兹华斯文献目录》（2013）是恒久之作。当有关华兹华斯的大多数书籍（也包括本书）被取代，它们的价值将永远长存。

目 录

第一部分　生命之初

第二部分　行道中流

第三部分　迟暮之年

插图目录

卷首：亨利·埃德里奇(1768-1821)，华兹华斯像，染色铅笔素描，时年三十六岁，1806年（格拉斯米尔：华兹华斯基金会）

前衬：J. M. W. 透纳(1775-1851)，温德米尔湖，1821年。（阿伯特庄园美术馆）儿时的华兹华斯经常在湖上泛舟嬉戏，《序曲》第五卷著名的"温德米尔少年"片段即以此地为背景。

后衬：弗朗西斯·汤恩(Francis Towne, 1739/1740？-1816)，莱德尔山与拉芙里格山（局部），1786年（皮尔庞特·摩根美术馆）

第 344-345 页之间

湖区地图。选自威廉·华兹华斯，《序曲》（1805 年文本），詹姆斯·恩格尔与迈克尔·D. 雷蒙德（Michael D. Raymond）编（牛津，2016），第 xv 页。

乔治·丹斯（1741-1825），柯尔律治铅笔素描，时年三十二岁，1804 年（格拉斯米尔：华兹华斯基金会）

多萝茜·华兹华斯剪影，日期不详，初入中年（格拉斯米尔：华兹华斯基金会）

玛丽·华兹华斯剪影，日期不详，初入中年（格拉斯米尔：华兹华斯基金会）

萨拉·哈钦森剪影，日期不详，初入中年（格拉斯米尔：华兹华斯基金会）

安奈特·瓦隆，日期不详

约翰·麦克沃特（John MacWhirter, 1839-1911）蚀刻，乔治-亨利·马尼斯（Georges-Henri Manesse, 1854-1940）雕版，华兹华斯诞生的宅邸，科克茅斯。（格拉斯米尔：华兹华斯基金会）1770 年 4 月 7 日，华兹华斯诞生在科克茅斯最豪华的宅子，这里位于格拉斯米尔西北部二十英里。参考华兹华斯，《序曲》（1805 年文本），恩格尔与雷蒙德编，第 10 页。

安·泰森的房子，艺术家不详，1850 年 8 月。1779-1783 年，华兹华斯在霍克斯海德文法学校读书时在此寄宿，住在楼上右侧的房间。1783-1787 年，他和安·泰森住在霍克斯海德附近的小村庄柯尔特豪斯。

J. M. W. 透纳，科克茅斯城堡，1810 年。（泰特美术馆）1134 年，诺曼人建造了这座城堡。华兹华斯"甜美的出生地"就在城堡右侧，位于德温河南岸。儿时的华兹华斯常来城堡玩耍,到河中游泳。参考华兹华斯,《序曲》(1805 年文本),恩格尔与雷蒙德编,第 11 页。

霍克斯海德文法学校,艺术家不详,1700 年。(现藏于霍克斯海德文法学校)图中左侧的建筑是学校,后部高耸的钟楼是教堂。华兹华斯在此读书,直到考上剑桥。

剑桥大学圣约翰学院,艺术家不详(格拉斯米尔:华兹华斯基金会)

乔治-亨利·马尼斯雕版,华兹华斯在剑桥大学圣约翰学院读书时住的第 23 号房间(格拉斯米尔:华兹华斯基金会)

约瑟夫·威尔金森(1764-1831),格丽塔河上的风之岭,1795 年。(格拉斯米尔:华兹华斯基金会)风之岭是卡尔弗特家的农庄。1794 年 4 月至 5 月 23 日,华兹华斯兄妹在此小住。

S. L. 梅(S. L. May),雷斯冈,日期不详。(格拉斯米尔:华兹华斯基金会)"在整个这片岛屿上,雷斯冈是我记忆中最亲切的地方;那是我第一个家……"多萝茜写道。1795 年 9 月底至 1797 年 7 月,她与哥哥住在这里。

乔治-亨利·马尼斯根据约翰·麦克沃特的绘画雕版,阿尔弗克斯顿,日期不详。(格拉斯米尔:华兹华斯基金会)1797 年 7 月 16 日至 1798 年 6 月 25 日,华兹华斯兄妹在此居住。

威廉·韦斯托尔(1781-1850),莱德尔山庄,日期不详。(格拉斯米尔:华兹华斯基金会)1812 年,两个孩子的夭折使华兹华斯一家深陷痛苦。1813 年 5 月,华兹华斯携家眷搬到这里,直至去世。

弗朗西斯·汤恩,安布尔塞德,1786 年。(耶鲁大学英国艺术中心)华兹华斯第一个稳定的家园鸽舍就在这一带。

阿莫斯·格林(Amos Green,1735-1807),巷尾与鸽舍,棕褐色素描,约 1806 年(格拉斯米尔:华兹华斯基金会)

约翰·怀特·阿伯特(John White Abbott, 1763-1851),格拉斯米尔和海尔姆崖,1812 年。(格拉斯米尔:华兹华斯基金会)华兹华斯生活的中心。1800 年,写下《安家格拉斯米尔》。

华兹华斯 1790 年夏徒步阿尔卑斯线路图,选自华兹华斯,《序曲》（1805 年文本）,恩格尔与雷蒙德编,第 xvii 页。

弗朗西斯·汤恩,阿维隆之源,背景是勃朗峰,1781 年。（泰特美术馆）华兹华斯在《序曲》第六卷回忆了阿尔卑斯之旅。浪漫主义诗人为阿尔卑斯山着迷,写下震撼人心的诗篇。

J. M. W. 透纳,丁登寺,1794 年（泰特美术馆）

威廉·泰勒·朗迈尔（William Taylor Longmire, 1841-1914）,一月的格拉斯米尔湖,威斯摩兰,1881 年（格拉斯米尔：华兹华斯基金会）

弗朗西斯·汤恩,莱德尔湖,1789 年（维多利亚和阿尔伯特美术馆）

哈里·古德温（Harry Goodwin,1924-2013）,"姓名岩",位于瑟尔米尔,绘于为修建曼彻斯特水利工程而移除之前。摘自威廉·奈特与哈里·古德温,《穿越华兹华斯的家乡》（*Through the Wordsworth Country*,1887）。（格拉斯米尔：华兹华斯基金会）

乔治·博蒙特（1753-1827）爵士,《皮尔城堡》,油画,1806 年（格拉斯米尔：华兹华斯基金会）

本杰明·罗伯特·海顿（1786-1846）,为《基督进入耶路撒冷》所绘的华兹华斯像,素描,1817 年。（格拉斯米尔：华兹华斯基金会）在完成后的油画中,华兹华斯的头像恰好位于济慈头像下方。

本杰明·罗伯特·海顿,华兹华斯像,铅笔与粉笔,时年四十八岁,1818 年。诗人的家人称这幅画为"绿林好汉"。（国家肖像馆,编号 3687）

弗朗西斯·钱特里（1781-1841）,华兹华斯大理石半身像,时年五十岁,1820 年（格拉斯米尔：华兹华斯基金会）

本杰明·罗伯特·海顿,《海芙琳峰上的华兹华斯》,油画,时年七十二岁,1842 年（格拉斯米尔：华兹华斯基金会）

玛格丽特·吉利斯（Margaret Gillies, 1803-1887）,威廉与玛丽·华兹华斯,1839 年。（格拉斯米尔：华兹华斯基金会）华兹华斯口述,玛丽笔录。华兹华斯一家的日常。

文本说明

读者也许偶尔会感到困惑，为什么书中华兹华斯诗歌的引文有时和他们从小熟知的不大一样了。这些不同可能只是细节：标点、版式或单词，但也可能是实质性的差别，比如诗行，整个诗节，题目，甚至整首诗都面目全非。原因何在？这位诗人既是一位原创艺术家，也是自己的编者。

华兹华斯始终在修改自己的诗歌，既包括已出版的，也包括未出版的。他的诗在六卷本《诗歌全集》(1849-1850)中达到定稿，仅仅是因为诗人在一八五○年过世。多年来，这个最终的权威版本成为广为阅读和研究的文本，也流布于许多其他版本的《华兹华斯诗歌全集》。然而，当我们依照时间顺序来梳理诗人的成长，那么，谈论一首作于一八○○年的诗歌时，引用诗人在近五十年后最后一次修改的版本，就不大奏效。因此，在这本书中，引用的诗文遵循其首次发表或（若未发表）成稿时的样子，并注明出处和时间。引文都依据斯蒂芬·M.帕里什主编的"康奈尔版华兹华斯"系列丛书。这套多卷本丛书——单独的题目详见书目部分——蔚为壮观，但即使专业的学者，使用起来，（委婉地说）也难免望而生畏。好在杰瑞德·柯蒂斯编辑整理了《康奈尔版华兹华斯阅读文本集》(三卷,彭里斯,2009),实乃一大幸事。

然而,众人心中华兹华斯最伟大的成就却给编者们带来持久的挑战,对许多读者来说,甚至是个谜。华兹华斯讲述自己心灵成长的诗歌,直到他死后出版时才被命名为《序曲》。但这部在不同形式的手稿中封存了五十年之久的诗歌(注意:没有任何一个版本在诗人的监督下出版过)经过许多学者的编辑后,读者的质疑情有可原:《序曲》的本来面目究竟是什么样子?

简单说,一七九九至一八○○年,华兹华斯回首人生,写下两卷本诗歌。我们不确定他是否视之为完成之作,但由于它给人完稿的感觉,因此人们也这样待之。一八○三年后,华兹华斯重返这部自省诗歌,到一八○五年六月时,已将原来的两卷本扩展为十三卷。这一稿,他宣称"已完成"。但他对这部诗歌的工作却远未完成。积年累月,修改不辍,于一八三九年最终形成十四卷本。正是这一稿在一八五○年诗人去世后出版,题为《序曲》。在这本传记中,这部诗歌的三种文本都有引用,分别记为"1799 年《序曲》""1805 年《序曲》"和"1850 年《序曲》"。所有引文都出自相应的"康奈尔版华兹华斯"诗集。

第一部分　生命之初

哦！人类的奥秘啊,你生命的荣耀

来自何等幽深的源头!

(1805 年《序曲》,11.329-330)

第一章　一七七〇至一七八七

一

　　同很多伟大的作家一样，威廉·华兹华斯也希望决定后人将如何看待他。一种处理方式就是转移人们对他生平的兴趣。早在一八〇一年，他就声明："实际上，我的人生平淡无奇。"在当时来说，这已是谎言；而三十六年后，当他依然重复这个论调时，便尤为如此："没有什么比我的生平信息更加乏味无趣了，说真的……我的生活……是如此与世隔绝、一成不变。"[1]另一种方式则是由他自己来书写人生。中年未至，华兹华斯就已经创作了一部自传体长诗，覆盖他人生重要的前二十八年。然而，从一开始，他就准备好承认：任何叙述都注定令人不满。正如在一七九九年《序曲》中，当他即将微妙地划分自己对大自然之美作出不同回应的各个阶段时，他感叹道：

　　　　不过，有谁会用几何的
　　　　规则划分他的心智，像用
　　　　各种图形划定省份？谁能
　　　　说清习惯何时养成，种子

何时萌发？谁能挥着手杖，

指出"我心灵之长河的这一段源自

那一方的泉水"？①[2]

既知定论不可及并未阻止华兹华斯的求索，而一七九九年《序曲》则开启了英语诗歌中最为持久的自我省察。华兹华斯知道，那条长河源于某处。

4　　对于任何一部传记来说，家谱梳理都是令人望而却步的入口。然而，对华兹华斯来说，确立他所出生的家庭性质却格外重要，因为，从诞生直到创作一七九九年《序曲》，他的生活一直在断裂分离与平静延续之间对位展开，他的童年看似给了他一个坚实的起步，并承诺一个安稳的未来，却在他最关键的成长岁月，将其双双否定。

一七七〇年四月七日，威廉·华兹华斯出生在湖区北部边缘的小镇科克茅斯，是约翰·华兹华斯与安·华兹华斯的次子。父母虽年轻，但社会关系很好，父亲还担任着一份要职，对于热情积极的人来说，待遇丰厚。安（生于一七四八年）[3]的父亲威廉·库克森是彭里斯镇上成功的纺织品商；她的母亲多萝茜是纽比金公馆詹姆斯·克拉肯索普的妹妹兼继承人。一七六六年，安与丈夫约翰（生于一七四一年）结婚。约翰的父亲理查德·华兹华斯来自彭里斯附近的索克布里奇地区，母亲玛丽是阿普尔比地区约翰·罗宾逊的女儿。理查德·华兹华斯是威斯摩兰郡的治安官和税收局长，其子都追随父业掌管着当地事务。理查德（1733-1794）成为怀特黑文地区的海关官员，约翰则成为当地最有权势

---

① 《序曲》译文皆参考威廉·华兹华斯，《序曲，或一位诗人心灵的成长》，丁宏为译（北京大学出版社，2017），1850年文本。当本书引用1799年或1805年《序曲》文本时，译者将对丁老师的译文进行必要的微调，不再特别说明。书中脚注皆为译者所注。

之人詹姆斯·罗瑟爵士的法律代理人。

华兹华斯诞生的房子至今依然是科克茅斯主街上最壮观的宅邸。如今,它作为一位诗人的故居而为人瞻仰,但在一七七〇年,它的意义却迥然不同。佩夫斯纳指出,这座建于十八世纪中叶的房子,以其房前九扇宽大的窗户,成为"小镇上相当霸气的豪宅"[4],而这也正是其目的所在,因为它象征着某人的财富与显赫,这个人及其家族将影响华兹华斯一生。

一七七九年,年轻的威廉·威尔伯福斯拜访科克茅斯时写道,"小镇完全就是詹姆斯·罗瑟爵士的。"[5]的确,而且还不止如此,华兹华斯的父亲也是。一七九四年,罗瑟家族的第五任准男爵詹姆斯爵士被册封为朗斯岱尔地区首任伯爵,一手遮天。在一位同时代人眼里,他也是"一个名副其实的疯子,有钱而任性"。[6]他的影响一部分来自其继承的财富,特别是怀特黑文家族分支的大量煤炭和贸易股份,一部分则缘于与第三任布特伯爵之女的联姻,而詹姆斯爵士这场婚姻的惟一目的就是获取对整个西北地区的政治操控。一位研究过他操纵选举行为的学者这样评论:"自大,专横,无情,无礼,多疑、嫉妒且优柔寡断"[7],他在一次次选举中收买其他大地主,到一七七四年为止,他已经成为九位下院傀儡议员的主人。

一七五六年,詹姆斯爵士以巨大代价获得科克茅斯地区的控制权。作为他的法律代理人,约翰·华兹华斯成为该地的执行官兼法官,同时也担任米勒姆领地的验尸官,该地南部毗邻达登沙滩,西北部与怀特黑文相接。约翰·华兹华斯免费住在詹姆斯爵士的豪宅里,管理事务,结算账单——比如一七六七至一七六九年间用于选举的两万四千英镑"花费",忍辱负重,也保持忠诚。[8]

父亲为人们又恨又怕之人做事,这个事实几乎没有困扰约翰和安·华兹华斯的幼子们(理查德,一七六八年生;多萝茜,一七七一年生;约

翰,一七七二年生;克里斯托弗,一七七四年生),尽管这重关系将在日
后给他们所有人带来痛苦。相反,华兹华斯最初的记忆都驻留在房子后
花园带给一个孩子的"兴奋与欣喜"中,而花园外面就是德温河,河的两
岸是"赤杨的浓荫与堆岩的落瀑",在那里,他

> 　　　一个四岁的孩子,
> 赤裸的男孩,在你沉默的池塘里,
> 以长久的沐浴度过整个夏日,
> 时而沐浴阳光,时而跳入水中,
> 反反复复,从早到晚,或在
> 沙地上奔跑,在野黄花丛中跳跃,
> 或有时,当山野、树木和远方
> 昂然翘首的斯基多峰全都在浓郁的
> 辉光中染成古铜色,我独自伫立,
> 雷雨中赤身裸体的野蛮人。[9]

花园尽头,女贞树篱庇护着一个麻雀窝。园外,科克茅斯城堡废墟中更
加威严的园地,及其花墙下的地牢,直至诗人七十三岁时,依然是他记忆
中的奇幻地带。[10]

　　然而,值得注意的是,在《序曲》开篇讲述男孩游戏时,华兹华斯从
上述诗文径直跳转到霍克斯海德的学童时代,因而省略了大约五年动荡
不快的童年时光。出于工作需要,约翰·华兹华斯经常不在家,他的妻
子很可能觉得家庭事务应接不暇;但不管出于什么原因,威廉和多萝茜
常常被打发到彭里斯的外公外婆库克森家住上一段时日。在孩子看来,
这一定是漫长无期的。华兹华斯才三岁时就寄居在彭里斯了;在一七七
五至一七七六年间,以及一七七六至一七七七年越冬时,也有过长期的

寄宿。[11]

寄居在亲戚家未必是一种煎熬,即使对一个敏感恋家的孩子而言。回想初次拜访理查德伯伯的情景,暮年诗人的脑海中浮现出一幅美丽的景象:"我记得怀特黑文的市镇和港口给我的最初印象,还有它全然呈现在我眼前时,那拍打着码头的白浪。"[12]然而,一八四七年他给侄子口述的零散自传信息中,关于彭里斯住所的回忆占据了超乎寻常的篇幅,却是一种不同的语调:

> 我生性固执,喜怒无常,脾气暴躁。有一次,由于受到了侮辱,我走进彭里斯外公家的阁楼,我知道那儿有一把花剑,打算以此自毁。我手持花剑,但我的心却退缩不前。还有一次,我和长兄理查德都在彭里斯的外公家,我们在大客厅里一起玩鞭打陀螺的游戏,只有在特殊场合那里才会铺上地毯。墙上挂着家族肖像,我对哥哥说:"你敢不敢用鞭子击穿那老妇人的衬裙?"他回答说:"不,我不想。""看我的;"我说,随即用鞭梢击穿了她的鱼骨裙,虽然我现在不记得了,但我肯定受到了应有的惩罚。或许因为缺少对惩罚的判断,我变得执迷不悟,负隅抵抗,并为此骄傲,而不是反之。[13]

许多年后,威廉和多萝茜将要监护另一个远离父亲的小男孩。多萝茜曾说,他们"气派的书房"就是"为了让他开心"。[14]显然,小巴希尔·蒙塔古不会像他们那样受苦——那种痛苦,诗人抗议终生。

对于华兹华斯来说,另一段彭里斯的回忆始终鲜活,在《序曲》的所有版本中[15],他都在一个重要时刻将其"置于神龛",以此确保它的永恒。诗歌记录的是一次平常的不幸如何转化为一种顿悟。华兹华斯骑马外出,前往彭里斯烽火台,"那时我还是个小不点儿,还不懂如何 / 抓住缰绳",却与"给我壮胆、为我指路"的仆人詹姆斯走散了。由于害怕,男孩从马背上下来,一路跌跌撞撞走进了考瑞克采石场,不料却发现,从前有个杀妻的凶犯在这里被铁链吊死。他奋力爬回山上,并注意到一汪水塘,一座烽火台,还有一个头顶水罐的姑娘,正艰难地逆风而行。对一个孩子来说,这几分钟一定充满强烈的恐惧,但是二十多年后,华兹华斯最清晰的记忆是(或者,更严谨地说,当此情此景在他的记忆中重现,他最深刻的印象是),所有这些元素仿佛构成了一个和谐的作品:

> 实际上
> 那是个平常的景象,然而我该
> 寻求无人用过的色彩与文字,
> 来描绘这幻觉中的悲凉,
> 当我四处张望寻找失去的向导,
> 彼时确将其投射到那凄清的水塘,
> 孤峰顶上的烽火台,姑娘
> 和她那被劲风撩拨、随风
> 抖动的衣裳。[16]

　　华兹华斯往来于科克茅斯与彭里斯之间,没受过多少正规教育。在彭里斯,他就读于安·伯基特的学校,他未来的妻子玛丽·哈钦森也是那里的一名小学生。在科克茅斯,他在神父吉尔班克斯先生的文法学校接受训练。两所学校的教育水平都不会太高。华兹华斯后来忆起,在霍克斯海德学校,一个助教"两周内教的拉丁语比我前两年在科克茅斯学的还要多"。然而,他对老婆婆家庭学校的记忆更加正面。他后来曾通过自己钟爱的申斯通①的《女教师》一诗回顾自己的老师:"老婆婆无意

---

　　①　威廉·申斯通(William Shenstone,1714-1763),英国诗人。

于制造神学家或逻辑学家；她只是教我们朗读，训练我们的记忆，没错，常常是死记硬背，但这种能力确实提高了。"[17]

不过，他一直在汲取着富有生机的知识。根据他的首位传记作者、侄子克里斯托弗记载，"诗人的父亲很早就让他背诵英国杰出诗人的作品选段，因此，他很小的时候就能背诵大段的莎士比亚、弥尔顿和斯宾塞。"[18]这是他保持终生的能力。有充分的依据显示，这位后来感叹"哦，文字的力量，多么美妙，多么甜美"，并恣意运用文字力量的诗人，从未忘却那些感动过他的诗，不管那些诗多么微不足道。[19]他也从未忘记或低估在此时期获得的另一种知识：外部世界通过人类之爱而有意义。在前文提到的《麻雀窝》一诗中，华兹华斯描写了与胆小的多萝茜一起靠近鸟窝的情景，并在这首动人的诗中向她致意：

> 我未来年月的恩惠
> 儿时已陪伴着我：
> 她教我看，教我听，教会
> 谦卑的忧思，敏感的敬畏，
> 心灵涌出甜蜜的泪水，
> 还有爱、思索和欢乐。

不要以为儿时的华兹华斯思维反常。这显然是成年诗人在多年后追忆多萝茜给他的馈赠。也不必怀疑华兹华斯将多萝茜的恩惠追溯到久远往昔是否正确，要知道，两人之间的情感是科克茅斯岁月中惟一美好的回忆。[20]

这份情感很早就受到了考验。大约在一七七八年三月八日，安·华兹华斯因感染肺炎过世。华兹华斯认为，都是"住在伦敦朋友家'最好的卧室'"惹的祸。孩子们都在彭里斯。华兹华斯后来说，他最后一次看到母亲是在外婆家,当时"她正斜倚在安乐椅中"。[21]母亲的死立即给这个家带来毁灭性影响。在《序曲》中,华兹华斯谈起母亲,"她使我们孤苦伶仃,大家 / 只好抱成一团,相互依偎"[22],这惊惶之语证明了成年诗人依然深感母亲的死是致命的打击。但"相互依偎"不大准确。面对这种危机,换一个家庭也许会变得更加亲近。这个家却四分五裂了。

六月十三日,多萝茜离开了彭里斯,在姨妈伊丽莎白·斯雷尔克德和姨妈的兄弟威廉的陪同下,前往他们在哈利法克斯的家,注定要在那里度过余下的童年。九年之中她不曾再见到哥哥威廉。成年后彼此的深厚感情是稍后的话题。此处要强调的是,对于多萝茜来说,母亲之死与手足分离合而为一,成为她难以释怀的痛苦诀别。多年后,她在给博蒙特夫人的信中写道,"哦!我亲爱的朋友,你说我对懂得兄弟情谊的人始终怀有深切的共鸣,你真是太了解我了。手足之情就是我的生命,是我路上的明灯。我们的母亲——哦,愿上帝保佑她!——在我年仅六岁时,就离开了我们。"[23]她从手足之情想到母亲之死,说明在她心中两种损失密不可分。

多萝茜走后不到一年,威廉也步入了一个新世界。大约在一七七九年五月十五日,他和理查德离开彭里斯,交罢学费,就进入了霍克斯海德文法学校。

二

"亲爱的霍克斯海德"——一七九九年,华兹华斯忆起这个让他永远眷恋的地方。他故意将此地据为己有,称之为"故乡的山谷",后又唤作"我亲爱的山谷",深情地体味着当他从剑桥回到这里,回到八年来他真正的家时,他感到的强烈喜悦。不难看出这里为何能点燃"永不磨灭的回忆"[24],因为霍克斯海德和埃斯威特山谷包含了对他来说最重要的一切:大自然的美,人,简单的快乐,以及用诗歌形式表现这一切时所激发的想象。

霍克斯海德位于弗内斯,一九七四年以前隶属兰开夏郡,是该郡的最北端,伸入湖区。东边是温德米尔,西南方是康尼斯顿。如今,它的周围是停车场和一条绕过镇中心的旁路,但在华兹华斯的年代,这里却少人问津,因为道路不便,且湖区的壮美仍在别处。尽管那时湖区已对外开放,但如果人们想要体验其壮美,或想在悬崖峭壁下兴奋地聆听水上礼炮,他们会选择博罗岱尔、朗岱尔、阿尔斯沃特和温德米尔。[25]的确,温德米尔湖的最佳观景点在霍克斯海德东南方的山顶上,山下就是湖上渡轮。韦斯特在他影响甚广的《湖区指南》(1778)中标出了这个位置,说从这里能看到"壮观的景色",但是,由于他对霍克斯海德当地埃斯威特湖的描述比较敷衍,所以,持有这本书的人没有动力去探索这个区域。[26]

小村庄是一个工作社区,其繁荣依赖羊毛,即使在肯德尔代之成为该行业的主要中心时,许多工业依然活跃,其遗迹——废墟、改造后的建筑或仅仅是地图上的地名——都提醒我们,与今天相比,湖区一度百业兴旺、生机勃勃。南部的钢铁厂需要来自肥沃林地的煤炭和温德米尔湖的货运服务。图伯斯威特和康尼斯顿的丘陵拥有丰富的矿藏和采石场。[27]农民需要木工、铁匠、鞍匠以及货物和家畜的代理商。霍克斯海德也并非真的与世隔绝。从埃斯威特湖以东的远近索里可以方便地搭乘温德米尔湖上的渡轮,向北通往公路,向南则抵达发展中的肯德尔镇。

在华兹华斯的年代,霍克斯海德的繁荣体现在一座精美的教堂上。一七八五年,刚刚粉刷一新的教堂"坐在山上,宛如登极的女王,俯视着／自己的领地,投出慈爱的目光",旁边是漂亮的牧师公馆,更重要的是,著

名的文法学校也在附近。[28]一五八五年,约克大主教埃德温·桑迪斯创建
了这所学校,它就伫立在教堂的下方。在华兹华斯的记忆中,这两个地方
常由于村里的活动而联系在一起,比如他在自己的《湖区指南》中写道:

> 教堂东边的尽头,有一个石凳,是镇上老人的常来之处……几
> 年前,他们的消遣就是看着一百多个学童嬉戏玩耍,一些在附近的
> 山顶上安静地游玩,另一些则在下方的田野中肆意喧闹。[29]

试想在一座二层小楼里上课的情景,学生们的数量仿佛多得惊人。
但是,这恰好验证了这所学校的威望,它吸引着八方的学生,并将他们中
的很多人送往剑桥,而且比他们的大多数竞争对手更具实力。一些男孩
住在校长家,但更多学生寄宿于当地家庭。华兹华斯非常幸运,接待他
的人不仅提供了一处住所,还给他一个真正的家。

《序曲》中充满爱的献词,但没有什么比下文更加感人。华兹华斯
向他的"老婆婆"致敬:

> 我的感激之情常如雨露
> 洒在你坟上,善良的人儿啊!只要
> 我的心还跳动,我不会忘记你的名。
> 你在小天地中操劳,清白而忙碌,
> 岁月中的乐事却在平静中日渐
> 充盈;八十余年无惑无扰的
> 一生,如今你已长眠,愿上天
> 保佑你那永久的梦乡;你没有
> 孩子,但也享受子女的孝敬,
> 虽然他们都是别家的儿郎。[30]

11

唤起这份感激的女性是安·泰森，曾在莱德尔的诺特家做家政服务，后于一七四九年嫁给休·泰森。丈夫是木工师傅，经营家具、窗户、窗板、轮子和其他农具，但从一七五〇年起，他的生意似乎已经萧条。安开始亲力贴补家庭收入。她做些小生意，比如卖杂货——茶叶、糖果、香料、果脯；也卖纺织品，定制衬衫和礼服。一七七九年，她开始接收学校的寄宿生，一般三四个；不过，她的记录表明，一七八六年秋季学期，她至少是八个男孩的妈妈。[31]起初，安和休·泰森住在霍克斯海德当地。华兹华斯在一七七九年圣灵降临周①加入了他们。一七八三年，他们搬到村庄以东半英里处的小村子柯尔特豪斯，在这里，华兹华斯度过了他的学童时光，直到一七八七年前往剑桥。[32]

对于华兹华斯来说，安·泰森这儿就是家。他和理查德在一起，后来，弟弟克里斯托弗、约翰以及堂兄理查德也来了。他找到了一处安定的生活中心，照看这一切的是他始终爱戴的女性，他亲切地记得她在炉火旁读着圣经打盹儿的情景。[33]华兹华斯八年来的回忆让人觉得，他已经把整个这片地区当成一个家了，一个小小的天堂，为西边康尼斯顿的湖光山色、东边的温德米尔湖和南部的大海所环抱。霍克斯海德作为华兹华斯的"欢乐谷"，符合《序曲》开篇几卷的宗旨，说明了"古老的大地母亲"如何"以慈爱之心为他设计玩具"，用爱的教育滋养年幼的孩子，培养诗心；但我们也要注意到这一描述的选择性和教诲性。不管怎样，关于童年回忆的诗歌不容忽视，因为这是不可缺少的记录，也是我们惟一的记录，具现着他在《丁登寺》中所说的"我孩提时代的粗俗娱乐 / 和欢快的野性活动"。

----

① 圣灵降临节（Whitsunday），复活节后的第七个星期日。此后的一周即圣灵降临周（Whitsuntide）。根据华兹华斯年谱记载，这里大概是 1779 年 5 月 15 日左右。（《年谱》，上卷，第 47 页）

　　课业时间虽然漫长,但在《序曲》中,华兹华斯的回忆滤去种种束缚,表达着成人的共识:孩子坐拥世上全部的时光。[34] 这些回忆还表明,为了寻找乐趣,他探索了当地的所有地方。"秋天的树林,隐蔽的树荫 / 挂满串串乳白的果实",诱惑着男孩们。他们穿着安·泰森储备的旧衣服,这是专门为他们穿林打叶准备的。晚年的华兹华斯深情地回忆道:"和大多数同学一样,我也喜欢采坚果。埃斯威特山谷适合这种娱乐,那里长满了灌木林,有各种各样的坚果。"[35] 在低处的山坡,可以抓山鹑;在高高的危崖,渡鸦的巢向男孩们发出挑战,让他们鼓起勇气,够到并毁掉这害鸟的蛋。华兹华斯的回忆生动地刻画了这种体力活动的快乐:

啊,当我悬在

鸦巢的上方,抓着几簇野草,

扒紧湿滑的岩石上半寸宽的绽裂,

不见其他的支撑,肩头撞击着

裸露的岩崖,似乎身体随劲风

在半空中摇曳——啊,此时此刻,

孤身一人垂悬在危崖上,只听那

燥风呼啸着,以何种奇妙的语言

在耳际吐泻! 天空不像是尘世的

天空——飞纵的云朵多么迅捷![36]

但"危崖"基本没有体现出这一活动的真正危险,根据保留下来的记录,他们曾在一次捕鸟活动中遇险。一七八三年初,华兹华斯同约翰·本森、威廉和弗莱彻·瑞恩科克、爱德华·伯基特、汤姆·厄舍尔、威尔·泰森一起前往优岱尔崖冒险。当约翰·本森靠近鸟巢时,他在悬崖上

"进退两难",一动不动,魂飞魄散。最终,当地一个建造干砌石墙的筑墙匠和他的儿子将这个受惊的孩子拖到了安全的地方。但是,对于冒险队所有人来说,一想到他们的小伙伴差点儿就成了当地传说中的牺牲品——"旧时的悲剧, / 抑或危险与逃生",他们就瑟瑟发抖。[37]

初到霍克斯海德,华兹华斯就意识到,并非所有的险况都有如此幸运的结果。或许是预感到人们的谴责,批评他以邦葛罗斯①式的乐观与不屑对待大自然的黑暗面,他在一七九九年《序曲》中这样写道:

> 我或许转向
> 那众多事件,发生在水泊或田间,
> 矿场或旷野,或者冬天的风雪,
> 痛苦与灾难,乡村历史上的
> 悲惨事实。[38]

但他选中的一个例子,既非工伤亦非农事,而是一次无法解释的溺水: 13
一七七九年六月十八日,近索里地区的一位教师詹姆斯·杰克逊疑似在埃斯威特湖中沐浴时溺亡。华兹华斯日后写到这个片段,重新阐释这件事在他心灵成长中的启示意义,但是,当他描述在岸边发现的一堆衣服,以及第二天观看人们打捞尸体时,他无疑也在回忆事实本身:

> 来了一群人,他们在船上
> 用打捞的锚爪或长竿在水中试探。
> 最后,在一片优美的湖光山色中,
> 一具僵直的死尸终于挺出水面,

---

① 邦葛罗斯(Pangloss),伏尔泰的小说《老实人》中的角色,认为"一切皆善"。

他脸上已无一丝血色。[39]

山区还有另一种不无危险的快乐。《序曲》中有一行美丽的诗句——
"当我在雨天垂钓 ／ 走向孤独的山溪源头"[40]——描绘了小男孩将他
在德温河岸学会的本领一试身手的情景。然而霍克斯海德的"狭小溪
流"并不能满足他,他后来回忆道:

> 我陷入了一种常见的错觉:离家越远,玩得越好。因此,有一
> 天,我缠着一位家住霍克斯海德的人,他正准备去达登河的源头钓
> 鱼,碰碰运气。我们钓了大半天,却几乎一无所获,惟有大雨如注;
> 还没到家,我已筋疲力尽;若不是这位好心人背着我,我肯定在避雨
> 的地方就地躺下了。[41]

值得注意的是,在《序曲》中,当华兹华斯讲述袭巢、捕鸟和垂钓片
段时,他是一个冒险的独行侠,但在描写所有的湖上娱乐时,他却吟咏着
与伙伴共享的快乐。泛舟温德米尔湖上,他们时而探访小岛,时而到东
岸鲍内斯的白狮客栈游玩。华兹华斯认为,这种户外活动是夏日里"我
们常规的下午娱乐",但是,有一件事,以其平静美妙的余韵给他留下了
特别的记忆:

> 夜幕降临前,当我们乘上小船,
> 在朦胧的湖面上返回,当我们
> 把集体中惟一的乐师送上
> 小岛,然后轻轻划去,听他
> 在水边的礁石上吹起孤笛,啊,
> 就在这一时刻,平静而凝止的

湖水变得沉重，而我快意地

承受它无声的重压；天空也从未

像现在这样美妙，它沉入我心中，

像梦幻一般迷住我的魂魄！[42]

男孩们也在康尼斯顿湖上嬉戏，或在一排古树下泛舟，"长长的枝条在水面上伸展，／船儿从树影中驶过，／如在教堂的回廊中穿行"[43]，或从康尼斯顿的住家借来工具，在岸上烹鱼野炊。冬季，附近的小湖埃斯威特湖也给华兹华斯带来了长久的欢乐。一八三〇年，多萝茜·华兹华斯自豪地写到哥哥："他依然是莱德尔湖上技艺超群的溜冰人。"[44]当他在冰面上划出曲线，花甲之年的诗人无疑记得那"分帮结伙的游戏"，彼时，他和小伙伴们"脚踩冰刀"，无视黑夜与寒冷，"在光洁的冰面上刻画"，山间回荡着他们的喧声与欢笑。[45]

华兹华斯从霍克斯海德出发探险，在康尼斯顿、温德米尔、优岱尔、图伯斯威特，以及如今称为豪斯湖的地方发现了一片丰富多彩的宝藏，站在北侧的拉芙里格山顶，他很可能第一次瞥见了未来将要选定的第一个真正属于他的"栖居地"：格拉斯米尔。[46]偶尔，痴迷于漫无目的的游荡，他会走得更远，来到充满浪漫气息的弗内斯修道院废墟，来到辽阔的海边[47]，但这样的远足需要花钱雇马，所以，《序曲》在描写这骑士般的历险时，有意采用了兴奋的语言，暗示这是难得的冒险。大部分时候，埃斯威特山谷和周边地区已能满足少年华兹华斯的需要。他后来说，他的朋友骚塞"钟情"于书本，而他则"钟情"于漫游。[48]关于夜游的回忆——"我乐于／在悬崖与平缓的山谷间／游荡大半个夜晚"——与"清晨上课前"环绕埃斯威特湖的散步相得益彰，甚至还有更早的远行：当他悄然溜出房门，"在清晨的最初时分，／独自坐在高耸的峰岩上，／山谷一片静寂"。[49]

　　人们想知道的还有很多，但华兹华斯在《序曲》中写到的却很少。T. W. 汤普森曾复原一件轶事：学童们沿着巷子站成一队，准备在贵格派石板商威廉·里格骑马经过时，以沉默的傲慢嘲讽他，因为他们不喜欢这个人。"一天，他想要结束这种局面，于是停下来问候他们，然而，他们非但没有用言语作答，反而立正敬礼。这使他忍无可忍……"①[50]我们知道，华兹华斯并未参与这件事，但他肯定也做过很多类似的恶作剧。《序曲》对于性意识的觉醒只字不提，但根据汤普森的记载，当地私生子的数目一定源于青春期的好奇心。诗中也没有交代华兹华斯在这小小的社区中遇到的形形色色的人。好在还有其他证据，因为华兹华斯从当地人物中提取素材，写入其他诗歌或注释。在汤普森侦探式的学术研究下，这些材料变得有血有肉，能让我们了解这些人。在华兹华斯成长的关键岁月，他们的特征将深深地铭刻在他的心中。

　　一八〇二年，华兹华斯在写给一位年轻崇拜者的信中表明："我们这个生活阶层的人总是陷入一种悲哀的错误，以为人性与其对应的人是统一的。"[51]至少，华兹华斯知道这个错误是多么可悲，因为，这个旁人眼中局促的小世界，惟有他见证过它的丰富多彩。诚然，这里的大多数居民是普通百姓——牧羊人、农耕者、铁匠、鞍匠、鞋匠、木匠、采石工，以及更神秘的烧炭工，店主、商人、客栈老板、温德米尔湖的摆渡人——对于华兹华斯来说，正是这些人，这些在社区中各司其职的人，始终拥有恒久的价值，以此检验那纷繁的世界。诗人后来在法国的经历，以及格拉斯米尔的生活，都将进一步肯定此时无意中形成的思想，它将影响《抒情歌谣集》及一八〇〇年序言，塑造《序曲》与《漫游》，并在他人生即将落幕时的一首诗《我认识一位老者》中得到表达，继而又通过《亚当·贝

---

　　①　根据汤普森的记载，这位石板商"厌恶一切与军事有关的事情"。（《华兹华斯的霍克斯海德》，第 248 页）

德》和《织工马南》的作者乔治·爱略特和其他小说家——华兹华斯在维多利亚时期的真正继承人——影响着下一代。[52]

然而,霍克斯海德的人物也让他窥见人性的变幻,以及埃斯威特山谷之外世界的无常。华兹华斯记得村子里"有一个和我年纪相仿的爱尔兰男孩,他是一位巡游魔术师的佣人",华兹华斯把他领到自己最喜欢的地点,山下的半岛上是温德米尔湖的渡轮,"为了见证他能从湖光山色中获得快乐。我没有失望"。[53]《俩小偷》记载了苍老的鞋匠丹尼尔·麦克里斯和孙子的行窃之旅。他说,该诗"取自生活,当我还是霍克斯海德学校的学童时,我习惯观察……没有哪本书那么早就教我思考人生的变化无常……"[54] 挽歌风格的《马修组诗》基于"确凿的事实",刻画了一个为人爱戴的慈爱形象。汤普森认为,人物机智与欢乐面具下隐藏的悲伤再现了华兹华斯记忆中的乡村校长约翰·哈里森、五金商人托马斯·库珀斯威特以及律师约翰·吉布森。[55]

有一组人物对华兹华斯的影响更加深远。一七九七至一七九八年间,他将近作《废毁的茅舍》扩写为复杂的叙事,诗中一位游走商贩讲述着玛格丽特的故事,并对诗人阐释故事的内涵。在此后的修改中,这一人物让华兹华斯倾注了全部的思想情感。当他塑造着这个角色,详细补充他的早年生活、教育情况及想象力的成长,他显然也在重估自己的人生历程。《序曲》中有几行诗句,原本就是描写商贩的,或许可以证明上述判断。[56]《废毁的茅舍》最初的几个版本都没有出版,但在《漫游》(1814)中,正是商贩(此作"流浪者")以玛格丽特的故事开启了全诗,并决定了诗歌此后的方向。

多年来,在商贩这一想象人物身上,华兹华斯探索各种方式来表达他对生活的感悟,因此,我们显然不能试图考证角色字面以外的身份,何况商贩的名字也随着各个版本的变化而有所不同。然而,一八四三年,华兹华斯承认,"其大部分言行都有一个外部的存在,来自我的童年和随后的观察。"具体来说,他指的是霍克斯海德的一位苏格兰小贩,名叫詹姆斯·帕特里克,"我经常和他聊天,聊他的遭遇,听他讲流浪生活中的所见所闻"。[57]

如果说阅人无数的商贩——见过很多"人,／他们的举止,欢乐和追求／痛苦与情感"[58]——用别人和他方的故事扩展了男孩的见识和想象,那么,安·泰森也是一位。在从事家政服务的年月里,她随乔治·诺特一家搬到阿盖尔郡波诺的一处铸铁厂。多萝茜·华兹华斯在一八〇三年苏格兰之旅日记中写道,"威廉在霍克斯海德寄宿了十年,家中那位老婆婆经常讲起这里的故事,那些故事有半个古代传奇那么长。"[59]或许,华兹华斯毕生对苏格兰边城和低地的迷恋,尤其对歌谣承载的文化与风土的兴趣正始于此。但在冬日的夜晚,安·泰森的小寄宿生们会围在"温暖的炭火旁",听她讲述当地的故事——一个辉格党人和一个詹姆斯党人为躲避厄运藏身于偏僻的霍克斯海德;两个姓韦斯顿的路匪[60];一位早年得子而喜,晚年却因其而悲的牧羊人;一位名叫玛丽·里格的当地姑娘,二十一岁时心碎而死,她曾悲伤地给儿子取名为本诺尼,意为"悲伤之子",作为她被诱奸的证据——这些以人为核心的故事,至少在一位侧耳倾听的男孩心中存留下来,"直到成熟的季节将其唤出"。[61]

许多年后,华兹华斯试图定义什么是真正富有诗性和创造力的心灵。他说,特征之一就是警醒善察:"最微末的诱因也能让／他们构筑最宏大的景象"[62],这当然也是他自身的品质。他是一位善于观察、愿意倾听的诗人。借用罗伯特·伍夫美妙的说法,他是"倾听的诗人"。[63]他在安·泰森的炉火旁倾听,在那敏感的年龄,懂得了普通生活能为想象提供无穷的素材;或许,更重要的是,他也懂得了叙事能将过去鲜活地传递到现在,是维系与保存的关键手段。[64]在未来的某一刻,华兹华斯还将发自内心地回应伯克关于过去与现在有机统一的灼见,在《法国革命沉思录》最精彩的段落中，他曾说"从不回顾祖先的人也不会展望后世"。[65] 在"诗人心灵的成长"历程中，为引导他达成这一认识，安·泰森一定拥有比伯克更早的位置，在她身上，华兹华斯为一个理想世界找到答案与人性核心，有力地塑造着他心目中人类社群的种种可能。

三

在讲述华兹华斯的学童时代时，将霍克斯海德与儿时嬉戏放在前面，是顺从诗人自己在《序曲》中的安排。这难以抗拒。在这部巅峰之作中，记忆之流被赋予诗韵之序，华兹华斯情不自禁地表达着生机盎然的童年欢乐和"如饥似渴的童年热望"。这种强调是合理的。即使我们准备以怀疑的眼光打量自传性叙述的清晰构思，我们依然没有理由质疑华兹华斯确曾欣然享受他在大自然注视之下的教育，不能质疑童年游戏确曾影响着他自身的成长，以及他毕生关于教育的信念。粗浅地阅读《序曲》，你会觉得，华兹华斯认为大自然本身使他成为一个诗人，但他知道这不是真相。创作一七九九年《序曲》的诗人或许流连于"赤裸的野蛮人"这一自身形象，但他那时的写作基于学习、训练和模仿；而且，能在恰当的时间、恰当的地点接受这些写作训练，华兹华斯或许和其他任何一位英国诗人同样幸运。更直接地说，霍克斯海德文法学校不仅位于一个理想的地方，能满足成长中男孩生龙活虎的一切需要，而且，它本身也是一所很好的学校。

华兹华斯在霍克斯海德的时候，学校有四五位教师，包括校长在内。校长詹姆斯·皮克任职到一七八一年上半年底；爱德华·克里斯汀任职到一七八二年七月；威廉·泰勒任职到一七八六年六月去世；托马斯·褒曼已任助教或校长助理两年半，一七八七年，华兹华斯前往剑桥时，他仍在任。[66]我们没有理由认为,幼年的华兹华斯一定比大多数小男孩学习更好、反应更快,但泰勒和褒曼这两位人才的出现,他们与诗人青春的交集,显然对他产生了重要的影响。

作为"文法"学校,霍克斯海德为古典文学打下良好基础。然而,与其他很多学校不同,在这里,良好的基础不等于令人疲惫的死记硬背和枯燥的拉丁文、希腊文写诗训练。华兹华斯受到的教育更加人性化。他曾忆起,"在读维吉尔之前,我已经强烈地迷上了奥维德,我在学校读过他的《变形记》,以至于每当我发现评论书籍将他置于维吉尔之下时,我都非常气愤。至于荷马,我跟随他游历各个场景,从未感到厌倦。古典文学以其自身的美感染着我。"[67]华兹华斯在课余时间依然继续自学古典文学,但他之所以能从诗歌中感到快乐,而不仅仅把它当作学习任务,能在一七九〇年代依然感受到尤维纳利斯的当代性,并获益于西塞罗和塞内加的思想,这一切必须归功于他早年接受的卓越教育。[68]

19　　同样重要的是——至少,对于一个未来的剑桥本科生来说,具有潜在的重要性——关于数学和科学(或自然哲学)的教育。若想成功考取剑桥,掌握这两门学科是关键秘诀。霍克斯海德与大学密切联系,根据大学的需要加强优等生教学。教师们都亲自研读过牛顿的《数学原理》和《光学》,以及欧几里得的数学。对于更文艺、更感性的心智来说,这些往往超越了他们的理解范围,但这里的教学仿佛引领华兹华斯越过了这一不可理解的边界,使他陷入想象,思索着牛顿物理学所揭示的美,以及几何学之恒定——"一个独立存在的 / 世界,诞生于精纯清湛的心智"。[69]这非同寻常。褒曼的儿子曾讲述一个故事。一次,他的父亲,即校长先生,把华兹华斯留在他的书房里:

　　　　他以为只离开一两分钟,便告诉华兹华斯找本新书看,代替他刚刚还回的那本。不料,他被学校的一个租户耽搁了半个多小时。

当他回来时,华兹华斯正凝神阅读一本书,专注得没有注意到我父亲的归来。'你猜他在读什么?'我爸爸会这样说,或者,'你永远猜不到那是什么书。'那是牛顿的《光学》,华兹华斯准备借阅的下一本书。[70]

当然,这里也讲授英语语法和写作,但华兹华斯曾嘲讽地说,"很不幸,我非常敬爱的一位老师是约翰逊博士散文的狂热崇拜者。"这就说明,他对此并非完全满意。这里还提供法语和舞蹈课程(必不可少的社交艺术),但需额外付费,教师是一位叫明吉的先生。华兹华斯兄弟也都学了。[71]

一所学校的重要性不在于正规的课程,甚至也不在于教学的质量,而是在于它如何鼓励学生本有的兴趣,并开启种种新的可能。对华兹华斯来说,霍克斯海德有两个特别的好处。首先,它有很多藏书。华兹华斯成长于书香门第,他从父亲的"黄金宝藏"(华兹华斯语)中选取书籍,在入学之初就阅读了"菲尔丁的全部书籍、《堂吉诃德》、《吉尔·布拉斯》、斯威夫特作品中我喜欢的部分,《格列佛游记》,还有《木桶的故事》,都很合我的口味"。[72]学校的书更多,一方面来自男孩读书俱乐部的现代馆藏,一七八一年,理查德和威廉成为这里的借阅者;另一方面来自学校图书馆。从体现学校基督教传统的大量书籍中,华兹华斯挑选出游记、历史和传记,品尝到文字令人着迷的力量。褒曼的儿子说:"他是为数不多的一个常常阅读学校图书馆古书的男孩。"

第二个好处是两位校长都高度重视英国文学,尤其是诗歌,将其作为人文教育的一部分,努力使他们这偏远的地区感到新近作品的活力。关于威廉·泰勒,华兹华斯只是说"他热爱诗人"[74],但埃德蒙·俄顿在送给泰勒的查特顿《杂集》(1778)中题写道,特别感谢他"对我们这个时代的诗人给予了明晰恰当的思考,尤其是这位悲伤的少年,这本单

20

薄小书中的许多作品都足以证明他的才华"。[75]泰勒的继任者褒曼也热爱文学,根据其子的回忆:"他认为自己对华兹华斯的更多贡献是借书给他,而不是他的教学……我记得他说起库珀的《任务》刚一出版,他就把这本书借给了华兹华斯,还有彭斯的《诗集》。"[76]这确实紧跟文学潮流:库珀的《任务》一七八五年出版;彭斯的《苏格兰方言诗》次年付梓。两位诗人都对华兹华斯产生了持久的重要影响。但他也受到其他诗人的很大影响,忆起正是褒曼让他熟悉了朗霍恩①,贝蒂②,珀西的《英国古诗遗珍》③,克莱布④,夏洛特·史密斯⑤,约瑟夫和托马斯·沃顿⑥。[77]

　　显然,褒曼热诚地希望学生们了解当代作品,认为年轻人"有机会看到各种有用的书"是"无比重要的"。他"总是每月从肯德尔带来最新的书",并对外借阅。一七八九年,他建立了一个新图书馆,邀请男孩们订阅新购买的书籍,也请他们在离校时捐赠"一本或几本这类书籍……由他自己决定……图书馆会特别珍藏这些书籍,作为对捐赠者的纪念"。

　　由于两位校长的热忱,霍克斯海德学校图书馆拥有非常丰富的当代文学馆藏。[78]很多著述写到年轻的浪漫主义诗人承受着"过去的重压",感到往昔诗歌成就的压力。然而,尽管华兹华斯读过大量的前辈作品,但在他的早期作品中,丝毫不见这种压力。一位觉醒的少年正以全部的热情回应着新诗的语声,对语言之美保持敏感,确信当代诗人与学校设置的古典文学一脉相承,并激发他一比高低。当华兹华斯与朋友约翰·

———————————

① 约翰·朗霍恩(John Langhorne,1735-1779),英国诗人。
② 詹姆斯·贝蒂(James Beattie,1735-1803),苏格兰诗人。
③ 托马斯·珀西(Thomas Percy,1729-1811),爱尔兰主教,编辑了《英国古诗遗珍》。
④ 乔治·克莱布(George Crabbe, 1754-1832),英国诗人。
⑤ 夏洛特·史密斯(Charlotte Smith,1749-1805),英国诗人、小说家。
⑥ 约瑟夫·沃顿(Joseph Warton,1722-1800),英国学者、文学评论家、诗人,其弟托马斯·沃顿(Thomas Warton,1728-1790),英国文学史家、诗人,1785-1790 年度桂冠诗人。

弗莱明"伴着雾纱掩容的湖水，／ 在宁静中缓步沿行，一边同声 ／ 复诵着所爱的诗篇"[79]，他们理应感恩他们的师长：两位老师都珍视自己的母语文学，并且都足够年轻，依然能感受到他们在学生心中激发的那份热情。但华兹华斯应该特别感激他们，因为他们的教育体系不仅鼓励他读书，更鼓励他写作。

四

一七九四年八月，经历了沧海桑田的华兹华斯凝望着威廉·泰勒的墓碑，吟诵着上面铭刻的格雷《挽歌》中的诗句，忆起：

> 当我最初依从他的
> 意志，开始辛勤地编织我最初的
> 歌谣，他就对我寄予了殷切的希望。[80]

在《序曲》中，华兹华斯写到这一时刻，当他拜访老师的坟墓，想到他未能活着看到学生兑现了承诺，他悄然自语，形成这几行诗句。需要再次注意的是，这些诗文写于一八〇四年，讲的是一七九四年的吊唁，而吊唁的感怀可追溯到比一七九四年更早的十多年前。很多证据显示，华兹华斯确实始终把一七八三至一七八四年作为他诗歌创作和美感形成的开端。在这重要的瞬间，所有的时间节点都汇集于一处。

在《序曲》中，华兹华斯写到大约十三岁时：

> 我的耳朵
> 开始接纳如歌的语言织体，

> 为文字本身的美妙而着迷,
>
> 一种酷恋,一种能力,一些词语
>
> 被我选中,仅仅因为有趣,华美,
>
> 或合我心意。[81]

他忆起十四岁那年的夏天,他被落日的最后一抹霞晖深深打动,遂即兴
22 赋诗致敬如此"美妙的景色",尽管他说这是"暂时的出神 / 远远超出
了我心灵的习惯"。[82]在作于一七九八年的《痴儿》一诗中,叙述者谈起
跟随缪斯女神学徒的十四年时光。在华兹华斯的晚年,他依然能精确地
指出这"牢不可破的师徒契约"始于何时。[83]在一八四三年为《黄昏漫
步》写的说明中,他提到一个特别的意象,并评论道:

> 我清楚地记得第一次被这景象震撼的地点。它位于霍克斯海
> 德与安布尔塞德之间,带给我强烈的喜悦。在我的诗歌生涯中,这
> 一时刻非常重要;因为正是在那时,我意识到大自然变化无穷的景
> 象尚未被任何年代、任何国度的诗人穷尽,至少就我所熟悉的景象
> 来说:于是我下定决心要在一定程度上弥补这一缺憾。那时我不
> 过十四岁。[84]

在这个时间点上,华兹华斯的回忆始终保持一致。当他十四岁时,他青
春的敏感不断受到周围自然美景的激发,让他借助文字来自我表达,威
廉·泰勒也为其指明方向:他要求学童们亲自尝试写诗,以此致敬读过
的诗人和诗歌艺术。

　　从一七八四年下半年努力完成威廉·泰勒布置的关于"暑假"的诗
篇创作,到一七八七年前往剑桥,写作显然成了华兹华斯生命中的重要
部分。[85]无疑,他曾骄傲地把写在漂亮笔记本中的诗歌拿去与诗人同伴

SONNET, on feeing Mifs HELEN MARIA
　WILLIAMS weep at a Tale of Diftrefs.

SHE wept.——Life's purple tide began to
　　flow
In languid ftreams through every thrilling
　vein；
Dim were my fwimming eyes—my pulfe
　　beat flow,
And my full heart was fwell'd to dear deli-
　　cious pain.

Life left my loaded heart, and clofing eye；
A figh recall'd the wanderer to my breaft；
Dear was the paufe of life, and dear the
　figh
That call'd the wanderer home, and home
　　to reft.

That tear proclaims——in thee each virtue
　　dwells,
And bright will fhine in mifery's midnight
　　hour；
As the foft ftar of dewy evening tells
What radiant fires were drown'd by day's
　　malignant pow'r,
That only wait the darknefs of the night
To chear the wand'ring wretch with hofpi-
　　table light.

　　　　　　　　　　　　AXIOLOGUS.

WOMAN: an EFFUSION.

THO' each gift the learned prize,
　　At my wifh were bade to rife；
Tho' Peru her treafures pour'd；
Tho' Great Britain hail'd me lord；
'Midft them all my foul, forlorn,
Juftly would the baubles fcorn,
If not woman's kiffes, fighs,
Fir'd my breaft, and clos'd my eyes；
Clos'd them to the paltry things,
Fit for wretches——fit for kings.
Years by countlefs thoufands told,
'Midft ambition, pow'r, and gold,
Not one pleafure could excite,
Woman only gives delight！
O the mufic of her voice,
How it makes one's foul rejoice！
O the blifs her eyes infpire,
Melting fweet with foft defire！
O the joys her lips impart,
Thrilling rapture to the heart！
Woman！ fource of every joy,
Every moment fhould employ！
Life without thee were no more
Than a far and defert fhore
Is to the wretch the waves have left,
Of joy, peace, comfort, hope bereft！
　　　　　　　　　　　　RUSTICUS.

SONNET, written in WALDERSHARE
　　　　WILDERNESS.

MY Daphne's lovely image here
　　In Fancy's eye each fcene fhall chear；
Improve the flowret's glofly hues；
And people all the lawny views；
And fteal into the woodland's gloom,
And all its mazy walks illume！
The liquid notes that float around,
Shall breathe the moft enchanting found：
And if a captive bird I fee,
Be mine to fet the trembler free.
No branch fhall fade—no flowret die,
But this touch'd bofom heaves a figh；
And all this tendernefs of foul
Shall owe its fource to love's controul；
To her who every thought employs,
To Daphne！ miftrefs of my joys！
Tho' not a human voice be near,
Her image fhall each fcene endear,
　　　　　　　　　　　　RUSTICUS.

LINES written on a Retired COTTAGE.

THOU Genius of this vale ferene,
　　Who dwell'ft amidft its fhades, unfeen,
Shall care this beauteous feat annoy,
And damp the reign of tranquil joy？
No！—Peace, fweet nymph！ inhabits here,
And leads around the happy year；
And Health, too, is a conftant gueft,
Delighted with the frugal feaft.
O furely this retreat was giv'n,
To blefs below, and lead to Heav'n！
　　Thus reader, as thou wander'ft here,
Will Fancy whifper to thy ear.
Ah heed not what the fyren fays—
Step in, and round the cottage gaze.
Well, thou haft feen the tenant's nofe,
How large 'tis grown, how fierce it glows！
Its fpots inlaid of various hue,
Like Parian marble to the view：
And thou haft feen his deaden'd eyes,
Whence rheums in gummy ftreamlets rife；
And thou haft feen the palfied hand,
The faltering voice, the foul unman'd,
Thefe thou haft feen—and now declare,
If peace or health inhabits here？
Alas！ alas！ that Holland's gin
Should flow into fo fair a fcene.
　Dover.　　　　　　　RUSTICUS.

TRANSLATION of the ODE

Diffugere nives redeunt jam gramina campis.
　　　　　　　　　HOR. LIB. IV.

By Dr. JOHNSON, in Nov. 1784.

THE fnow, diffolv'd, no more is feen；
　　The fields and woods, behold, are
　　green；
The changing year renews the plain；
The rivers know their banks again；
The fprightly nymph and naked grace
The mazy dance together trace：
The changing year's fucceffive plan
Proclaims mortality to Man.
　　　　　　　　　　　　　Rough

《欧洲杂志》, 第 11 期 (1787), 第 202 页,《见海伦·玛丽亚·威廉姆斯小姐读悲情故事而啜泣》, 署名"阿克西奥罗格斯"。华兹华斯发表的第一首诗。(格拉斯米尔: 华兹华斯基金会)

查尔斯·法里什进行讨论。从保留下来的手稿可以看出,他们的格律和诗体实验是多么投入。[86]《绅士杂志》似乎并不看好华兹华斯和罗伯特·格林伍德的来稿,但是《欧洲杂志》相反,一七八七年三月,学童诗人第一次因看到自己的文字变成铅字而兴奋。[87]据说,一个大一些的男孩曾问起华兹华斯:"比尔①,你是怎么写出这样的好诗的?你呼唤缪斯女神了吗?"如果确有此事,我们期待他给出一个神谕般的合适答案。[88]

　　这一时期的两首"公众场合"诗并不能体现华兹华斯学童时期写作的真实水平。他为霍克斯海德学校二百周年纪念创作的诗歌有力地模仿了蒲柏和约翰逊颇为正式的联韵体诗句,但模仿终归是模仿。他发表的十四行诗《见海伦·玛丽亚-威廉姆斯小姐读悲情故事而啜泣》不过是平淡的拼凑。然而,在学童时代的尾声,华兹华斯正在辛勤创作一首题为《埃斯威特山谷》的长诗,这首诗有趣得多,是他成熟作品的前奏。虽然只有片断幸存下来,但这些手稿说明华兹华斯和济慈一样,相信年轻诗人必须尝试长诗创作,"它考验着创造力……是诗歌的北极星";他也在努力克服任何长诗固有的结构难题。[89]哥特式想象与平静的个人经历相互交织,并不太成功,但这一尝试的规模彰显了雄心,而且,也有很多其他亮点。许多诗行还表明,华兹华斯赞美"大自然变化无穷的景象"的愿望并非一位老人的自夸之词,比如他曾描写薄雾在湖面与山谷间升起(3-18 行),或以下意象:

> 当西边白昼的衣袂
> 渐渐从金色褪为铅灰
> 橡树的枝叶彼此交错

---

① 比尔是威廉的昵称。

> 浓重的线条勾勒着景色
>
> 而幽暗的树叶之间，
>
> 天空澄澈清晰可见

或者：

> 耕童和他的犁叮叮当当
>
> 呼啸走过叮当的小巷，
>
> 他用游戏的鞭子击打
>
> 那枝繁叶茂的白蜡
>
> 树叶摇落，蝙蝠眨眼
>
> 闻此声音，团团飞转[90]

上述例子说明，他在尝试准确生动地再现真实观察到的景象，并希望与库珀的《任务》写得一样好。最重要的是，《埃斯威特山谷》最为丰富地汇集了华兹华斯未来全部诗歌的灵感源泉：首先，他表达了对一个特定地方的深深眷恋，并期盼为他的想象找到地方家园；同时，他相信需要通过诗歌来探索自己的感受、经历的友情、损失或渴望。《埃斯威特山谷》无法与华兹华斯最伟大的诗篇、欧洲浪漫主义的重要作品之一《序曲》媲美，但是后者恰始于这段未完成的童年纪念。

五

无论一七九九年《序曲》记录的是超凡的感悟力，还是对普通感悟力的超凡回忆，重点在于诗文的力量，凭借它，诗人唤起童年的感悟瞬

25

间,那时我们最了解自心的局限,以及我们与身外世界的关联。华兹华斯后来颂之为"卓然的天性",

> 那些关于
> 感官与外部世界的执着追问,
> 那离我们而去的、消逝了的一些能力;
> 那游离在未知世界间的生命形态
> 所怀有的迷茫疑惧

这种敏感性在偷船片段中得到戏剧性的再现,当男孩在夜晚的阿尔斯沃特湖边偷走一只小船,他觉得大山仿佛跨过湖水来追逐他,从中感到可怕的训诫。[91]自我和外部世界不断游移的边界也在孤独的黎明回忆中得到美妙的表达,那时

> 一种神圣的平静
> 漫没了我的灵魂,于是我忘记了
> 视觉的功能,所看到的景象
> 就像是自身内部的事物,是梦境,
> 是心灵的风景。[92]

少年丰沛的情感寻觅高尚的目标,对大自然之美的敬畏,对某种崇高目标的探索——所有这一切构成了一七九九年《序曲》的高潮。华兹华斯在诗中写到十七岁那年曾感到"生命的情感弥覆着所有 / 活动的和所有表面静止的事物"这一宗教般的喜悦,以及生存在"恩泽如海波一般在我周围起伏"的世界中的幸福。[93]

　　如此磅礴的诗歌验证了华兹华斯的心灵状态,若因缺乏依据而无视

它,则未免荒谬。然而,一旦我们从传记的角度来看待一七九九年《序曲》的结构,就会发现它明显的选择性。华兹华斯的童年回忆在短暂地聚焦于母亲去世前的幼年时期后,就几乎完全投入到他的学童时代了。霍克斯海德是"快乐的家园与核心",学校的朋友和安·泰森占据着他的世界。单看一七九九年《序曲》,人们会以为华兹华斯除了学校时光,没有其他生活;除了当时的朋友,再无其他相识。如此塑造回忆,如此完全的排他,只能说明他心底的孤苦与他感到的温慈一样多,一样影响深刻。

一七八三年圣诞前夕,威廉、理查德和克里斯托弗回到科克茅斯的家中,不料却发现他们的父亲病入膏肓,因为他在米勒姆地区履行验尸官的职责后,在返回途中迷路了,于是就在旷野中过了夜。虽然只有四十二岁,老约翰·华兹华斯却不够强壮,未能恢复元气,十二月三十日去世。[94]

我们不知道,十三岁的男孩面对第二次死别是什么滋味。尽管父子关系向来都不会很亲密,但这显然是一次沉痛的打击。回忆在《埃斯威特山谷》中涌起,并激发出一七九九年《序曲》中最精美的一段诗文。值得注意的是,在两部诗中,华兹华斯忆起的并不是父亲之死,而是他的归心之切。当他等待家人派马接他们回家,"焦灼,烦躁,坐立不安",他借一堵残墙躲避着狂风暴雨,他的右边是一只绵羊,左边是一棵在风雨中鸣咽的山楂树。这些自然元素,而非父亲临终时的病榻,深深地烙印在他的心中;每当他想起"那段阴冷的日子",它们就会再现。[95]

一七九九年,当成年的华兹华斯对自己的心灵成长展开最细致的分析,对诗艺演化进行最深入的探索,这些回忆的性质,它们得以幸存的事实,都在《序曲》的主要阐释体系中找到自己的位置:所有的损失都化为补偿。一七九九年,"等候马匹"这段回忆以其滋养和修复心灵的神秘力量而被神圣化，成为一个经典"瞬间"（spots of time）①，而"那狂风与冰雨、自然力 / 不息的运动"则被化为一个"源泉"，一股川流不息的泉水，能让重返的诗人复元。然而，这种思想框架——理解了它，也就可以理解华兹华斯所有的"回忆诗歌"——是诗人从错综复杂的生活中提炼出来的，因为他已然相信欢乐与恐惧，损失与补偿，一起发挥作用，"若正确领悟其含义，都表现欢乐"。[96]但对当年那个学童来说，父亲之死产生的即刻影响，却给他带来非常不同的感受。

27 华兹华斯家的孩子们如今无家可归，根据法律规定，由怀特黑文地区的理查德·华兹华斯伯伯和克里斯托弗·克拉肯索普·库克森舅舅监护。[97]他们成了寄人篱下的人。从现在起，他们的一切日常开销都将由其监护人执行——安·泰森的账目，雇马的账单，书费，诸如法语课和舞蹈课这种额外支出，新衣服和零花钱，所有费用都要落实。[98]

而且，结算这一切的监护人理应为他们未来的财政开支感到忧虑。约翰·沃森通过细致分析财务状况得出结论：约翰·华兹华斯"死的时候是个有钱人"，但他没有留下遗嘱，而且他的大部分确定资产都基于别人欠他的债务。这还不是最糟的。为詹姆斯·罗瑟爵士效力的坏处此时暴露出来。多萝茜·华兹华斯写道，他们发现"在所有拜访我父亲的人中，没有一个是真正的朋友"[99]，不仅如此，他们的父亲在处理詹姆斯爵士的事务时显然还倒贴了四千五百多英镑。约翰·华兹华斯资产

---

① 华兹华斯的重要诗学思想。出自 1799 年《序曲》第一部分，288–294 行；1805 年《序曲》，第十一卷，257–267 行；1850 年《序曲》，第十二卷，208–214 行："在我们的生命过程中，有一些瞬间， / 它们以卓越的清晰度，保有复元的 / 功效；当荒谬的见解与纷纭的思想 / 使我们消沉，当琐碎的牵挂与日常的 / 社交以更沉重、更致命的压力使我们 / 颓衰，它们却能滋补我们的心灵， / 无形中修复它的创伤。"根据丁宏为的注释，"瞬间"指的是"生命中某次具体而完整的经历就像时间线条上的点，虽平凡而短暂，却包含着丰富的内涵和意义。成为日后回忆的对象，乃至能辅助精神的康复。……此类瞬间的意义在相当程度上是主观赋予的，因此它们也印证了心灵的创造力。"（《序曲》丁宏为译本，第 339 页，注释 12）

的变卖获得了一小笔收入[100]，但大部分遗产尚待追回。在历时两年半的取证之后，一七八六年八月三十日，新册封的朗斯岱尔勋爵在罗瑟公馆收到了理赔要求。原以为此时可以追回赔款，但勋爵大人却拒不承认，华兹华斯兄妹们别无选择，只好与英格兰西北部最强势者、父亲生前效力之人为敌。

贵族公然违抗法律的权威，这对华兹华斯产生了持久的影响。在未来，当索赔终于在詹姆斯爵士死后的一八〇四年落实，华兹华斯将与下一任朗斯岱尔勋爵初识，并最终成为密友，热忱地效力于该家族的事业，和他父亲生前一样；只是，这种建立在社交基础上的关系是他父亲从未奢望过的。重建华兹华斯家族在朗斯岱尔事务中的地位是否让华兹华斯感到满意？我们只能去猜想。但就短期来看，拒绝赔款进一步加重了孩子们作为孤儿和寄养者的痛苦。对于华兹华斯来说，这种痛苦一直持续到未来，因为他相信这种专制不是个案，而是象征着不公平社会中统治者与被统治者的本质关系。一七九三年，在《致兰达夫主教书》中，一个新近的激进声音控诉着"王权贵族给人类幸福造成的有害影响"，是诗人的肺腑之言。[101]

父亲之死带来的最坏影响，也是对华兹华斯一生造成的关键影响，就是他们没有家了。从一七八四年起，华兹华斯失去了根基。那个毫无疑问属于他的屋顶，那个给他爱和安全感的家，在霍克斯海德。每学期结束，他不得不前往怀特黑文或彭里斯。华兹华斯对流浪者的同情，"无家可归的我站在千家万户门前"[102]诗句中的情感，尤其是他后来对根基、延续、持久之爱的珍视，全都始于此时。

华兹华斯的监护人们尽职尽责，但怀特黑文或彭里斯不大可能在情感上成为他的家。他显然是一个有主见的少年，憎恨这种被迫的寄养关系，而他在彭里斯的亲戚们似乎开始憎恨加诸他们的义务。不管因为什么，在华兹华斯学童时代的最后，仇恨公然爆发。

一七八七年初夏本该是一段非常快乐的时光。《序曲》也暗示了这一点。在阔别九年之后，多萝茜·华兹华斯从哈利法克斯归来，让她的哥哥觉得如同"初次赠予的礼物"。他们分开时，多萝茜还是孩子，如今已是花季少女，当他们重新了解彼此，华兹华斯感到"有幸享得极致的／欢乐，似在正午时又见破晓的／光明"。[103] 他们在彭里斯附近漫步，或登上烽火台远眺苏格兰，或沿埃蒙河走到布鲁姆城堡，玛丽·哈钦森也加入了他们。在结婚两年后，回望十七年前的那个夏天，华兹华斯温柔地称之为"幸福的初恋时光"。[104]

然而，当华兹华斯在《序曲》中写到这一重聚时刻，他承认陷入了"深深的困惑"，因为他的记忆执意要把柯尔律治的形象与多萝茜和他未来的妻子玛丽放在一起，而那时他们尚未相遇。这个困惑意味深长。回顾一七八七年，华兹华斯欲将所有至爱之人聚在一起，以此抗拒那愤怒孤独的另一番记忆。多萝茜·华兹华斯有关那个假期的记录有着与《序曲》截然不同的画风。在库克森府邸住了两个月之后，多萝茜写信给她终生的挚友简·波拉德。在两封幸存的信中，她哀诉着她和哥哥的遭遇。外公外婆责骂他们；佣人们傲慢无礼，认为寄养者应该感恩，而不是骄傲。多萝茜承认，"我一点儿也不喜欢克特舅舅"，他对待威廉的方式"很不友好"。这个判断不乏证据。放假之初，克里斯托弗舅舅已经显示出他的威力。他假装不知道需要派马把男孩们从霍克斯海德接回来；威廉不得不自己雇一匹马，并骑马返回彭里斯，以此告诫他这本是他的义务。结果自然在意料之中，"我的克特舅舅……不喜欢威廉哥哥"。其中一封悲伤的长信可谓沉痛至极："我们忧伤的聊天总是这样结束：如果我们有爸爸、有家就好了。"[105]

多萝茜喋喋不休的抱怨让我们感到一个充满活力的少女被困家中的沮丧——"我只能在星期天外出"——她能接触到的社群让她感到无聊透顶——"我亲爱的简，还有什么比这种对话更加无趣"，同时，她也总是害怕引起暴躁的责骂。惟有兄弟们的陪伴让生活尚可忍受,他们是"迷人的男孩","他们正是我期望的那种男孩,对我那么亲切、那么友好,让我每天都更爱他们"。和他们在一起,"我不再需要朋友分担我的痛苦,不再一个人消磨大半的时光。我可以忍受所有亲戚们的坏脾气,因为我兄弟们的爱可以安抚我全部的悲伤,但是,啊! 这种安慰很快就要离我而去,我很快就要陷入忧伤,甚至比以前更加忧伤!"

分别来得太快,随之而来的是多萝茜的悲伤与孤独——"我只能和你说,"她向简·波拉德坦言,"几个小时以来,我伤透了心,千万种折磨人心的恐惧向我袭来。"然而,对她的兄弟们而言,离开彭里斯一定是一种解脱,即使这意味着再次的断裂。长兄理查德,自一七八六年起根据协议被安置在伯兰斯威特地区的堂兄理查德·华兹华斯那里;约翰和克里斯托弗在八月初回到了霍克斯海德学校;十月,华兹华斯有生以来第一次离开湖区,前往另一个地方,那里将为他提供一处住所,但不是家园:剑桥。

注释

[1] 华兹华斯致安妮·泰勒,1801 年 4 月 9 日,《威廉与多萝茜·华兹华斯早期书信: 1787-1805》,E. 德塞林科特编,切斯特·L. 谢弗修订(牛津,1967),第327 页。以下简称"《早期书信》"。华兹华斯致塞缪尔·卡特·霍尔,1837 年 1 月 15 日,《威廉与多萝茜·华兹华斯晚期书信: 1821-1853》,E. 德塞林科特编,艾伦·G. 希尔修订(四卷,牛津,1978-1988),第三卷,第 348 页。以下简称"《晚期书信》"。

[2] 斯蒂芬·帕里什编,《序曲: 1798-1799》(伊萨卡,1977),II. 243-249。以下简称"1799 年《序曲》"。

[3] 日期不确定。此处(正如其他每一处日期一样)遵照马克·L. 里德的结论。见马克·L. 里德,《华兹华斯年谱: 早年岁月,1770-1799》(麻省: 剑桥,

1967），第 37 页。以下简称"《年谱》，第一卷"。

[4] 尼古拉斯·佩夫斯纳，《英格兰建筑：康伯兰和威斯摩兰》（哈默兹沃斯，1967），第 109 页。这座房子是 1745 年为康伯兰法官约书亚·路科克建造的。

[5] 威廉·威尔伯福斯，《从剑桥到湖区之旅：1799 年夏天日记》，C. E. 兰厄姆编（斯托克菲尔德，1983），第 78 页。

[6] 布莱恩·邦索尔，《詹姆斯·罗瑟爵士与康伯兰和威斯摩兰选举：1754-1775》（曼彻斯特，1960），第 vi 页。关于"坏吉米"，就连罗瑟家族的编年者都承认，"想说他的好话很难。"休·欧文，《罗瑟家族》（奇切斯特，1990），第 280 页。

[7] 亚历山大·卡莱尔，《时代轶事和人物》，詹姆斯·金斯利编（1973），第 213 页。

[8] 乔安妮·丹恩，《关于华兹华斯家族与罗瑟家族关系的一些说明》，载《华兹华斯社交圈》，第二期（1980），第 80-82 页。该文给出了更详尽的信息，证明了约翰·华兹华斯曾参与詹姆斯爵士将四百名租户逐出英格伍德森林的事件。

[9] 1799 年《序曲》，I. 17-26。

[10] 见《麻雀窝》一诗，以及《威廉·华兹华斯的芬尼克笔记》，杰瑞德·柯蒂斯编（1993），第 8 页。以下简称"《芬尼克笔记》"。

[11] 《年谱》，第一卷，第 41 页。

[12] 见《芬尼克笔记》中关于《康伯兰海岸的一处高地》的说明，第 55 页。

[13] 克里斯托弗·华兹华斯，《威廉·华兹华斯回忆录》（两卷，1851），第一卷，第 9 页。W. J. B. 欧文与简·沃辛顿·斯迈泽编，《威廉·华兹华斯文集》（三卷，牛津，1974），第三卷，第 367-382 页，重印了华兹华斯的自传性记录；此后引文都出自此版本。此处引文出自第 372 页。以下简称"《文集》"。

[14] 多萝茜致简·波拉德，[1797 年]3 月 19 日，《早期书信》，第 179 页。

[15] 1799 年《序曲》，I. 288-327；马克·L. 里德编，《十三卷本〈序曲〉》（两

卷,伊萨卡,1991),11.257-315;以下简称"1805年《序曲》"。W. J. B.欧文编,《十四卷本〈序曲〉》(伊萨卡,1985),12.208-261;以下简称"1850年《序曲》"。在1805年《序曲》11.341-342中,华兹华斯这样描述这一场景:尝试"将往事之魂置于神龛,／为了将来的复元"。

[16] 1799年《序曲》,I.319-327。关于该地点和地图,见大卫·麦克拉肯,《华兹华斯与湖区:诗歌与地方指南》(牛津,1984),第151-152页,以及格莱维尔·林德普,《湖区文学指南》(1993),第133-135页。

[17] 《文集》,第三卷,第372页。关于教学的评论,见华兹华斯致休·詹姆斯·罗斯,1828年12月11日,《晚期书信》,第一卷,第684-686页。

[18] 《回忆录》,第一卷,第34页。

[19] 1805年《序曲》,7.121。记忆对于华兹华斯的全部创造力来说至关重要,我们有必要通过下述典型事例来强调他关于诗歌的惊人记忆。1787年或1788年间,华兹华斯的在校好友查尔斯·法里什向他介绍了他的哥哥约翰·伯纳德创作的斯宾塞诗体或莎士比亚诗体格律练习。至少在十年后,华兹华斯在《索尔兹伯里平原历险》中描写一处带有绞刑架的荒野时,还借用了法里什《荒野》中的一行诗句。又大约过了四十六年,当他准备将此诗以《疚痛与悲伤》为题出版时,他修改了包含这行诗句的诗节,忆起其出处,并加以注释说明。华兹华斯最初读到这些并不起眼的诗是在五十六年前。参考斯蒂芬·吉尔编,《索尔兹伯里平原诗歌》(伊萨卡,1975),第126、231页。更多惊人证据,可参考斯蒂芬·吉尔,《华兹华斯的重游》(牛津,2011),第21-22页。

[20] 露西·纽林的《华兹华斯与多萝茜:"彼此即一切"》(牛津,2013)是目前为止讲述兄妹在漫长人生中对彼此的意义的最好著作。以下简称"《彼此即一切》"。

[21] 《文集》,第三卷,371页。

[22] 1805年《序曲》,5.259-260。

[23] 多萝茜致博蒙特夫人,1805年3月[18日和19日],《早期书信》,第568页。

［24］1799 年《序曲》，II. 236；1805 年《序曲》，2. 202，1. 517。

［25］威廉·哈钦森在《湖区漫游：威斯摩兰和康伯兰，1773 年 8 月》（1774）第 68-70 页写到游客在阿尔斯沃特湖上的娱乐："船上有六架铜管炮，安装在转轴上；当一架礼炮被释放出去，对岸的岩石会发出回响，声音通过回荡仿佛在一座座山崖间滚动，又通过每一个洞穴和山谷返回，直到这渐弱的喧嚣从耳鼓中消失……中场休息时，我们聆听两支法国圆号带来的音乐，从刚才那气势磅礴、声势浩大的娱乐中放松下来；每一次间歇，圆号都重复着同样的旋律，回声如幽魂般飘荡在湖水的边缘……小憩之后，齐鸣的礼炮又唤起我们新的惊奇，因为，尽管此前的声响已使我们震惊，这一次又以难以置信之势超过前次：声响在四面八方回荡，又从一边返回另一边，以至于我们感到混乱与可怕的咆哮，仿佛内部的燃烧将巨大的山石撕成碎片、投入湖中时发出的轰响。"

［26］托马斯·韦斯特，《湖区指南》（1778），第 61 页，第 57-58 页。

［27］见阿拉斯特尔·卡梅隆，《图说湖区板岩开采史》（斯特劳德，2016）。另见华兹华斯在 1811 年至 1812 年间关于湖区的描述，其中写到矿工和采石工人的劳作，此文被编者命名为《一次未发表的旅行》，发表在《文集》，第二卷，第 314-320 页。

［28］1805 年《序曲》，4. 14-15；T. W. 汤普森，《华兹华斯的霍克斯海德》，罗伯特·伍夫编（1970），第 120 页以及第 45 页对页的照片。詹姆斯·克拉克，《湖区总览》（1787），第 146 页，以相当篇幅写到这所文法学校，称其"对小镇和周围地区都颇有好处，因为很多人家的儿子都寄宿于此"。

［29］《文集》，第二卷，第 330 页。

［30］1805 年《序曲》，4. 19-28。

［31］关于安和休·泰森以及他们的生活，参见《华兹华斯的霍克斯海德》各处。本章受惠于这项出于热爱的学术研究。后文涉及具体信息时，另行注明。

［32］罗伯特·伍夫关于安·泰森在柯尔特豪斯居住位置的考证，以及"这个问题没有答案"的判断，参见《华兹华斯的霍克斯海德》，第 58-60 页。然而，肯尼斯·约翰斯顿确定了其位置，并提供了一张格林恩德村舍的照片，见肯尼

斯·约翰斯顿,《隐秘的华兹华斯》(纽约,1998),第44页。

[33] 1805年《序曲》,4.217-220。

[34] 夏季,孩子们应在上午六点或六点半至十一点、下午一点至五点期间在校。冬季作息为上午七点或七点半至十一点、下午十二点半至四点。见《华兹华斯的霍克斯海德》,第104-105页。

[35] 1799年《序曲》,I.235-236;《芬尼克笔记》中关于《采坚果》一诗的说明,第13页。

[36] 1799年《序曲》,I.57-66;1805年《序曲》,1.342-350。

[37]《华兹华斯的霍克斯海德》,第211-215页。1805年《序曲》,8.217-218。

[38] 1799年《序曲》,I.279-283。

[39] 1799年《序曲》,I.275-279。在1805年十三卷本《序曲》中,这一片段被移到第五卷,450-481行。

[40] 1805年《序曲》,8.398-399。华兹华斯一生喜爱垂钓。

[41]《芬尼克笔记》中关于《达登河》的说明,第30-31页。一般认为华兹华斯钓鱼的同伴是霍克斯海德一位名叫乔治·帕克的鞍匠。汤普森乐于通过微妙的线索得出结论,认为那个人实际上是奥特盖特的织布匠约翰·马丁。见《华兹华斯的霍克斯海德》,第200-207页。

[42]"乐师"是罗伯·格林伍德,安·泰森记忆中"吹笛子的孩子"。他和华兹华斯同时去了剑桥,是一个"性情很像约里克"的人①,见华兹华斯1791年8月3日的信,《早期书信》,第56-57页。格林伍德成为剑桥三一学院的高级院士,并成为华兹华斯一家终生的朋友。

[43] 1799年《序曲》,II.143-145。

[44] 多萝茜致玛丽·兰姆,1830年1月9日,《晚期书信》,第二卷,第191页。

[45] 1799年《序曲》,I.150-169;1805年《序曲》,1.452-473。正如《序曲》

---

① 约里克(Yorick),《哈姆雷特》中死去的宫廷弄臣。

中大部分童年游戏描写一样,在本片段中,华兹华斯也没有给出具体的日期,让我们觉得滑冰是一种日常游戏。然而,汤普森注意到1785年初春的"一场漫长、恶劣的霜冻",以及付给霍克斯海德鞍匠、五金店主乔治·帕克的一张账单,猜测这或许是冰鞋的费用。帕克的儿子汤姆比华兹华斯大一岁,是他的朋友。汤姆擅长滑冰,但1796年12月18日坠入埃斯威斯特湖的冰窟而溺亡。见《华兹华斯的霍克斯海德》,第108-109页。格拉斯米尔的华兹华斯博物馆藏有一双冰鞋,据说是华兹华斯的。

[46] 见《年谱》,第一卷,第294页注释9;《安家格拉斯米尔》,贝丝·达灵顿编(伊萨卡,1977),第38页。引文出自第165行。

[47] 1799年《序曲》,II.98-139;1805年《序曲》,2.99-144。两首晚年所作的十四行诗《在弗内斯修道院》记载了在多大程度上"地方精神"(the spirit of the place)继续打动着华兹华斯。第十五章会对此进行论述,更多细节,见《华兹华斯的重游》,第2-10页。

[48] 《芬尼克笔记》关于《漫游》的说明,第79页。

[49] 1799年《序曲》,I.30-32;II.379,392-394。1805年《序曲》,1.313-315;2.349,362-364。

[50] 《华兹华斯的霍克斯海德》,第247-249页。

[51] 华兹华斯致约翰·威尔逊,[1802年6月7日],《早年书信》,第355页。

[52] 关于此话题的延伸叙述,可参考斯蒂芬·吉尔,《华兹华斯与维多利亚人》(牛津,1998)。

[53] 《芬尼克笔记》中关于《写在紫杉树下的座位上》的说明,第36页。转引自《华兹华斯的霍克斯海德》,第258页,魔术师被认为是一个叫作巴塞罗缪·珀塞尔的人,第299-302页。

[54] 《芬尼克笔记》关于《俩小偷》的说明,第57页。

[55] 见《华兹华斯的霍克斯海德》,第152-166页,第172-173页,第186-190页。华兹华斯表明关于老师的描述来自现实,参见华兹华斯致亨利·里德,

1843 年 3 月 27 日,转引自《华兹华斯的霍克斯海德》,第 151 页。

[56] 作于 1798 年初的诗行将商贩早年刻画为"一个被选中的孩子",稍加修改后,再次用于 1805 年《序曲》,3.82-167。

[57]《芬尼克笔记》中关于《漫游》的说明,第 79 页。《华兹华斯的霍克斯海德》第 234-246 页论述了这一形象的素材可能来自七位小贩。

[58]《废毁的茅舍》手稿 B,59-61 行,见《废毁的茅舍》,第 46 页。

[59] 多萝茜·华兹华斯,《苏格兰之旅回忆录》,1803 年 9 月 1 日。

[60] 1799 年《序曲》,I. 207。《芬尼克笔记》中关于《漫游》的说明,第 86-87 页。韦斯顿的真名是吉尔伯特,参考约瑟夫·巴德沃斯,《湖区两周游:威斯摩兰、兰开夏和康伯兰》(1792),第 130 页。

[61] 华兹华斯将这些故事运用到《漫游》《迈克尔》和《彼得·贝尔》中。引文出自 1799 年《序曲》,I. 425,以及《彼得·贝尔》,第 1159 行,见约翰·E. 乔丹编,《彼得·贝尔》(伊萨卡与伦敦,1985),第 132 页。《迈克尔》开篇的诗句(1-39 行)解释了老牧羊人"家常与粗俗"的故事对华兹华斯的重要性,那时他还是个"不喜欢书本 / 的男孩"。

[62] 1805 年《序曲》,13.98-99。

[63]《华兹华斯的霍克斯海德》,第 xvi 页。

[64] 令巴德沃斯印象深刻的是,他遇到的湖区的人"甚至能谈论他们的祖先,而且几代人口口相传讲述着任何一位不寻常人的故事。见《两周游》,第 vii 页。

[65]《法国革命沉思录》,莱斯利·米歇尔编(牛津,1993,1999),第 33 页。关于伯克对华兹华斯的意义,以及巴德沃斯论口头传统对华兹华斯的重要性,参见詹姆斯·K. 钱德勒,《华兹华斯的第二自然:诗歌与政治研究》(芝加哥,1984)。

[66] 关于教员、课程以及华兹华斯的选课情况,详见《华兹华斯的霍克斯海德》附录四,罗伯特·伍夫谈霍克斯海德学校,第 342-345 页。邓肯·吴,《华兹华斯的阅读:1770-1799》(剑桥,1993),尤第 162-170 页;理查德·W. 克兰

西,《华兹华斯的古典底蕴:教育、修辞与诗性真理》(贝辛斯托克,2000),尤第10-51页。

[67]《芬尼克笔记》中关于《彼岸花颂》的说明,第42页。

[68] 如第四章所述,华兹华斯后来通过仿写尤维纳利斯,讽喻1790年代的政治与社会事件。

[69] 晚年,华兹华斯表明,当他在剑桥的时候,霍克斯海德的几何学和代数学训练使他"比同龄新生早早起步了整整十二个月",并补充说,这是"不幸的",因为这让他"无所事事;只是根据自己的喜好阅读古典作品和意大利诗歌"。见《文集》,第三卷,第373页。

[70]《华兹华斯的霍克斯海德》,第344页。

[71]《年谱》,第一卷,第296页;《华兹华斯的霍克斯海德》,第92页。

[72]《文集》,第三卷,第372页。约翰·华兹华斯死后,他的侄子、伯兰斯威特的律师理查德·华兹华斯搬走了他的书籍。华兹华斯始终关注父亲的藏书,见理查德·华兹华斯信件,1805年10月7日,其中列出了书目。除了法律与历史书籍之外,藏书还包括欧几里得的著作、《吉尔·布拉斯》、菲尔丁的著作,而且,令人惊讶的是,还有霍尔巴赫的《自然的体系》。

[73]《华兹华斯的霍克斯海德》,第55、344页。

[74] 1805年《序曲》,10.510。

[75] 转引自本·罗斯·施耐德,《华兹华斯的剑桥教育》(剑桥,1957),第77页。施耐德指出,"我们时代的诗人"可能包括汤姆森、扬格、布莱尔、阿肯塞德、柯林斯、贝蒂、代尔以及查特顿。

[76]《华兹华斯的霍克斯海德》,第344页。1787年10月,华兹华斯迫切想要分享他对彭斯的兴趣,于是从彭里斯读书俱乐部为妹妹获取了一本基尔马诺克诗集(the Kilmarnock Poems)。见拙文《华兹华斯与彭斯》,载《彭斯与其他诗人》,大卫·萨金特与菲奥娜·斯塔福德编(爱丁堡,2012),第156-167页。

[77]《华兹华斯的霍克斯海德》,第344页。1834年,华兹华斯告诉克莱布的儿子,他第一次读到克莱布的诗是发表在1783年《年度记录》上的《村庄》选

段。见《晚期信件》，第二卷，第 691 页。

[78] 关于褒曼为图书馆做的事情以及捐赠书籍清单，见《华兹华斯的霍克斯海德》，第 343-368 页。图书馆目录列出了所藏十八世纪诗歌，其内容之全面令人惊叹，版本跨越 1779 年至 1787 年，当然，图书馆也有乔叟和十七世纪主要诗人的作品。

[79] 1805 年《序曲》，5.586-588。华兹华斯关于铭记包含判断的说法，参见亚历山大·B. 格罗萨特，《华兹华斯文集》（三卷，1876），第三卷，第 460 页："有人控诉我轻视蒲柏和德莱顿。并非如此。我熟记他们两位的很多诗歌。"以下简称"格罗萨特编，《文集》"。

[80] 1805 年《序曲》，10.512-514。泰勒的墓碑位于湖区南端卡特梅尔隐修院中，碑上所刻是格雷《乡村墓园挽歌》的最后四行。

[81] 1805 年《序曲》，5.575-581。

[82] 1799 年《序曲》，II.156-178。

[83]《痴儿》，347-348 行："十四年来拜缪斯为师， / 我们的契约牢不可破。"

[84]《芬尼克笔记》中关于《黄昏漫步》的说明，见《黄昏漫步》，詹姆斯·阿弗里尔编（伊萨卡，1984），第 301 页。关于此意象的详细注释，见第 54 页。

[85] 见《年谱》，第一卷，第 298-301 页，附录三《华兹华斯最早的诗歌创作》；以及《早期诗歌与片断：1785-1797》中详细的书目介绍。见《早期诗歌与片断：1785-1797》，卡萝尔·兰登与杰瑞德·柯蒂斯编（伊萨卡与伦敦，1997），尤第 1-29 页。以下简称"《早期诗歌与片断》"。

[86] 查尔斯·法里什和约翰·伯纳德·法里什不是霍克斯海德学校的学生，关于其诗歌手稿的讨论，见《华兹华斯的霍克斯海德》，第 313-321 页。这组追溯到 1780 年至 1784 年的诗歌有两个显要特点。其一，诗歌关注地方，说明老师鼓励男孩们将情感和思索基于当地和熟知的事物。其二，老师似乎也鼓励他们以不同的形式和语调来撰写同一个话题，以此进行格律训练。实际上，《华兹华斯的霍克斯海德》第 313 页提到却没有刊印的玛蒂尔达诗歌就属于这种训练，

第 319-321 页所列的约翰·伯纳德的诗也是。查尔斯显然为哥哥的努力成果感到自豪，所以将其展示给他的校友。

[87]《华兹华斯的霍克斯海德》，第 80 页。华兹华斯的十四行诗《见海伦·玛丽亚·威廉姆斯小姐读悲情故事而啜泣》发表于《欧洲杂志》1787 年第 11 期，第 202 页。见《早期诗歌与片断》，第 394-396 页。詹姆斯·艾弗里尔在《华兹华斯与人间苦难》（伊萨卡，1980）第 33 页指出，1786 年《欧洲杂志》也评阅过威廉姆斯的《两卷本诗集》。华兹华斯知道这一广泛关注，进一步说明他对当代写作的消息非常灵通。另见理查德·格莱维尔，《华兹华斯与海伦·玛丽亚·威廉姆斯：或情感的危险》（彭里斯，2000）。

[88]《年谱》，第一卷，第 291 页。这个故事有很多版本，参考罗伯特·伍夫，《威廉·华兹华斯批评遗产：1793-1820》(2001)，第 1030 页。以下简称"《批评遗产》"。

[89] 关于《埃斯威特山谷》的写作超越所有更早作品的论述，见《早期诗歌与片断》，第 407-529 页。济慈论创造力之语出自致本杰明·贝利的信，1817 年 10 月 8 日。

[90]《埃斯威特山谷》，文本一，95-102 行；以及节选六，《早期诗歌与片断》，第 428-429 页，第 496 页。

[91]《永生颂》，144-148 行。"偷船片段"出自 1799 年《序曲》，I. 81-129；1805 年《序曲》，1. 372-426。

[92] 1799 年《序曲》，II. 397-401。约瑟夫·法灵顿记载，1806 年，华兹华斯告诉康斯太勃尔："当他在霍克斯海德学校上学时，他的脑海中充满了各种意象，他沉浸在超凡的意念中，以至于当他被一堵墙拦住，还不知自己身在其中。"约瑟夫·法灵顿，《约瑟夫·法灵顿日记》，肯尼斯·加里克、安格斯·麦金泰尔与凯瑟琳·凯夫编（十六卷，纽黑文与伦敦，1978-1998），第八卷，第 3164 页，1807 年 12 月 12 日。晚年，华兹华斯在《芬尼克笔记》关于《永生颂》的说明中重复着这一说法："……我常常不能认识到外部事物拥有其外部的存在，我与所见的一切进行交流，把它们当作我精神本质中固有而非在外在的事物。很多时候，

在上学路上,我抓摸一面墙或一棵树,以便将自己从唯心主义的深渊唤回现实。"见《芬尼克笔记》,第 61 页。

[93] 1799 年《序曲》,II. 435-464。

[94] 关于死亡的重要细节,包括约翰·华兹华斯死于水肿,他的葬礼和财务,见《年谱》,第一卷,第 58-59 页。另见约翰·沃森,《华兹华斯传》(奇切斯特,2014),第 18-23 页。以下简称"沃森,《传记》"。

[95] 1799 年《序曲》,I. 330-374。

[96] 1805 年《序曲》,13. 385。

[97] 文中提到的"克特舅舅"令人困惑。克里斯托弗·克拉肯索普·库克森(1745-1799)在 1792 年继承纽比金公馆时更名为克里斯托弗·克拉肯索普·克拉肯索普。

[98] 关于开销的细节,见《华兹华斯的霍克斯海德》多处,但尤其是第 89-91 页,第 134-135 页,第 143-144 页,第 372-374 页,以及《年谱》第一卷,第 59-95 页多处。

[99] 多萝茜致简·波拉德,1787 年 8 月 6 日和 7 日,《早期书信》,第 7 页。

[100]《年谱》,第一卷,第 59-60 页;沃森,《传记》,第 21-22 页。

[101]《文集》,第一卷,第 46 页。

[102] 这句话出自《索尔兹伯里平原》中的流浪女,为战争所迫,她失去了一切。该诗写于 1793 年,华兹华斯的孤独无依感此时达到极致。

[103] 1805 年《序曲》,6. 208-260。

[104] 1805 年《序曲》,11. 318。

[105] 多萝茜致简·波拉德,[1787 年 7 月末],[8 月 6 日至 7 日],[11 月],[约 12 月 6 日和 16 日],《早期书信》,第 1-14 页。此处及下一段中的引文出自第 2-3 页,第 4、5、6、7、8、14 页。

第二章　一七八七至一七九二

一

30　　詹姆斯·贝蒂在他广受欢迎的《游吟诗人：或天才的历程》一诗中劝诫那些被赐予"天火"的灵魂：

> 你可甘心贬损被上帝净化的心灵？
> 不；让你那天启的灵魂朝着天堂飞升，
> 追随幻想、自由与和谐；
> 永离卑躬屈膝的野心之众

接着，他在游吟诗人埃德温的故事中阐明了这一思想。[1]在多萝茜爱怜的眼中，"埃德温这个角色很像我离开哈利法克斯后初识的威廉"，这又为哥哥平添了几分魅力。[2]然而，对于他的监护人来说，假如他们发现这种相似，那只会引起更多焦虑。现在还不是清高得不食人间烟火的时候，相反，他需要在剑桥密切关注如何尽一切可能获得一份工作与独立。好在我们没有真正的理由怀疑华兹华斯在世俗意义上的成功。霍克斯海德是一所好学校，已为他做好充分准备，使他同这所大学的众多学生一样优秀。此外,他还有很好的人际关系,能为他铺平通往学术和教会晋升的道路。但是,五年之内,华兹华斯显然抛弃了每一个有利条件。在一个极好的开端之后,到第二年,他已经放弃了学业上的努力,最终只获得"合格"学位。他疏远亲戚,并似乎决意拒不接受摆在眼前的神职工作。他在法国诞下一女,以此标记着他的成年,然而却既无力养活孩子,也无法娶其母亲。对他的未来前景同样重要的是,激进主义的致命传播也感染到他,使他成为"被称为民主派的可恶阶级"[3]中的一员,而那时,当权者并未精确区分政治理念的微妙差别,只是把公民简单地划分为"保皇派"与"叛乱派"。

31

并非所有的异国旅行、感情牵绊或政治觉醒都会产生持久的影响,尤其当经历者年纪尚轻。然而,一七八七至一七九二这五年,即华兹华斯从十七岁到二十二岁这段时期,对他来说却至关重要。这五年是他人生最关键时期一七九三至一七九九年的重要前奏;这五年深刻地影响着他与亲戚、直系家属的关系,特别是多萝茜;这五年萦绕在他心际,并亟待人到中年的诗人进行重估;这五年以其孩子和她的母亲为他留下人证,无法像年轻的诗作那样任其重塑甚至抹去。

这五年是华兹华斯无法忘怀的岁月,然而,当他在《序曲》中尝试厘清人生的轨迹,这些年月却令他感到棘手,这并不奇怪。诗中,一些事情被省去了,另一些则被淡化,时间顺序也被打乱,如无注释帮助,读者将难以梳理华兹华斯在此期间的行迹。[4]与安奈特·瓦隆的关系及其孩子的出生这段最痛苦的经历被边缘化,取而代之的是阿尔卑斯山间或斯诺顿峰之上充满想象的动人情景。而传记作者的困难就在于诗文之外证据寥寥。虽然华兹华斯的生平背景可以组成一幅精细的拼图——他认识的人,时代的社会政治氛围,他一定知道的公共事件,但是,华兹华斯本人的形象却依稀不清;他的所感、所思、所为,我们所知也仅是吉光片羽。[5]

二

一八三一年,华兹华斯的前剑桥导师、现任圣约翰学院院长的詹姆斯·伍德请华兹华斯亲自挑选一位"杰出艺术家"画像,因为,"作为前

32　院友,您享有极高的文学盛誉,吾院很多董事都真心希望学院能永久拥有一幅您的肖像作为纪念"。[6] 倘若董事们读到尚未发表的《序曲》,他们恐怕就不会这么热情了。诗中,剑桥以错误之地的形象出现,它在诗人成长过程中的意义仅仅在于它没有履行一处学习园地的真正功能。"我可以塑造 ／ 一个地方的形象,"华兹华斯写道:

> 那里的气氛应能引我
>
> 立即前往修行,我会敬奉
>
> 数理与文史,敬奉成文的诗章——
>
> 我心中的君主,就像我对大自然
>
> 无保留地表达效忠。[7]

但剑桥却不是这样。事实上,在《序曲》有关剑桥的全部回忆中,华兹华斯似乎难以看清剑桥的本来面目。"我在错误的时间 ／ 来到错误的地点",他写道,仿佛对此确定无疑,但却不能说明为何身处"文学殿堂"之中,他只是"一名寄客……"[8] 当然,诗中也有一些难忘的画面——"手中都是钞票,身上衣着 ／ 光鲜"的新生;向弥尔顿倾杯致敬而喝醉;跑回学院参加强制性晚祷——但总的来说,华兹华斯有关学生时代的叙述既雄辩又模糊。[9]

剑桥生活令他失望,这并不奇怪。新生常见的烦忧——孤独、拮据、

阶级意识——似乎并未过度困扰他。虽然身为减费生[10]，不是贵族，也
不是介于平民与贵族之间的高级自费生，但华兹华斯有着强大的自信，
也有足够的钱财让自己披上"绅士的盛装"，还有一群熟人，包括霍克斯
海德学校的好友。[11]他的失望源于：和其他任何学童一样，他对这个培
育了斯宾塞、弥尔顿和牛顿的地方充满想象，但在现实面前，这一想象不
可避免地"迅速瓦解"。[12]然而，即便华兹华斯向我们保证事实如此，我
们仍须谨慎，因为我们不知道华兹华斯面对的现实究竟是怎样的。亨
利·甘宁的《回忆录》记载了大量史据，比如贵族挥霍、学术逢迎、大规
模的无所事事、竞争与世仇；还有奇闻逸事，如骑手们"打赌要在七点到
九点之间骑马穿过众多学院的庭院"，并付诸行动；这些比华兹华斯笔
下的任何剑桥风俗都更加有趣。[13]然而我们无从知晓，当华兹华斯享受
着"邀请、盛筵、美酒与鲜果"时，他对这些活动作何感受。[14]他一定对此
饶有兴味，因为这引起了克里斯托弗舅舅的不满，抱怨年轻的学生挥金
如土，吞掉"令人羞耻的"账单，沃森指出，"他的花销几乎是预算的
两倍"。[15]

在《序曲》中，当华兹华斯已将学生时代抛置身后，并以一种臆想的
成熟回首剑桥，他在这所大学中看到大千世界一切荒谬的缩影：

> 还有**勤勉**，成了自己的奴隶；
> **希望**只图不劳而获；跛脚的
> **慵懒**则拖着蹒跚的木屐；可怜那
> **耻辱**被误导，无头脑的是**恐惧**，而单纯的
> **享乐**只迎合死神的口味；**荣誉**
> 不得其所，**尊严**误入歧途……[16]

然而，如果说华兹华斯对剑桥的失望语焉不详，那么他确实更鲜明地写

到,作为一所学府,剑桥如何辜负了他,而他又如何有负剑桥。他两度提起对考试竞争的厌恶,"就像在天平上称量 / 活人",并根据他的观察给出理由,认为由此衍生的情绪——"琐屑的妒意和那难分凶吉的胜利",以及"低级、微不足道的追求"——毁掉了竞争者,仅促成"以假乱真的美名和昙花一现的赞誉"。[17]华兹华斯决意无视这种教育体系。在一七八七年十二月的考试中,他被列为一等生,但在次年六月却降为二等,并且,在他决定不为获得优等学位而读书后,他仅以一纸普通文凭从剑桥毕业,与其他任何在此读书并达到学校并不很难的最低要求的人别无两样。[18]

本·罗斯·施耐德在《华兹华斯的剑桥教育》中以大量证据揭露了竞争者经历的紧张与崩溃,使华兹华斯退出这一教育体系的理由更为可信。[19]华兹华斯坚决反对这种悖离心智,自然也缺乏想象的学术体系。尽管这种对抗可能会影响他的行为,但其背后的原动力很可能是为了抵制他不喜欢的人以他不认同的方式对其人生指手画脚。华兹华斯在霍克斯海德受到良好的训练,特别是数学;而数学的优异是在大学获得发展的前提。他进入了一所颇有渊源的学院,人们期望他时机一到能够接替威廉·库克森舅舅成为圣约翰学院的董事。他的舅舅是威廉·威尔伯福斯的朋友,这重有利关系应该会帮助他获得晋升。他父亲的表兄约翰·罗宾逊是哈里奇地区的议员,这一人脉将来也会为他增加筹码。还有与原霍克斯海德学校教师爱德华·克里斯汀的友谊,他现任剑桥法律讲师,但很快会成为教授,这也会为他提供助力。[20]总之,华兹华斯进入剑桥,既仰仗为他出资的监护人的善意,也深知他们期待他利用自己的聪明才智和这些有利关系,为将来在教会或法律领域谋职做好准备。

两种职业似乎都不吸引他。他那冷漠的哥哥理查德选择了法律,而谁愿意步兄长之后尘?剑桥的理查德·沃特森即兰达夫主教代表着教会,他更喜欢在他温德米尔的庄园植树,也不愿在他从未居住过的教区行牧师之责[21]，如此之人无法让一名青年心生向往。即使当地的不信奉国教者未曾影响到华兹华斯[22]，以他的聪明也能认识到人生的智慧与美善并非为英国国教所垄断。况且，两种职业都是监护人的选择，仅此一点足以引起他的排斥。

他后来承认，学习懈怠是为了表达"傲慢的反叛，并不合乎伦理"。[23]然而，在《序曲》中，华兹华斯刚刚对此供认不讳，就立刻将其收回，或毋宁说把它推翻，转而反思他的独立可能造就的品质——原创力，直觉真理，对大自然的热爱。这种让步与撤回的策略是圣约翰学院时期全部叙述的典型风格——实际上，也折射出他毕生通过诗歌评判过去的特点：承认失落，但随即宣布丰厚的补偿。因此，当他回顾在剑桥后期的处境，他一方面承认担心"将来如何谋求生计"，另一方面却狂热地宣称自己与生俱来就是大自然的宠儿，因此，这些忧惧仿佛不值一提。[24]他公然谴责以下事实：

> 似被咒语侵蚀，我的生活成为
> 一座浮岛，一处两栖的存在，
> 漂浮不定，有着海绵状的质地

35

但随即以极大篇幅和力度阐释着他关于理想学园的想象，以至于抹去了先前的自责。[25]

无论华兹华斯如何看待当时的任性，他并未将其视为一位伟大诗人注定的行为而为之辩护。似乎可以肯定，华兹华斯阅读了大量的指定文本，但《序曲》以及诗人晚年《回忆录》中的只言片语对此非常低调。华兹华斯或许会放弃为优等学位而读书，但他阅读道德哲学、欧几里得和牛顿，并通过翻译和自由的诗歌模仿练习，保持着在霍克斯海德被唤醒的古典文学爱好，视其为鲜活的文学作品。[26]在《序曲》的回溯中，华兹华斯清楚地记得,诗歌探索对他来说最为重要。阿戈斯蒂诺·埃索拉的意大利语课引导他领略了塔索和阿里奥斯托的趣味,并激发了他对意大利文学和历史的终生爱好;诗人晚年对意大利语诗歌的翻译、以诗歌记录的意大利之行是为明证。[27] 但他读得最多的无疑是英国诗歌,特别是新近作品。虽然我们无法区分哪些是他现在初次阅读的诗人,哪些是他以更成熟的鉴赏力重新评估的霍克斯海德时期钟爱的诗人,但是,在创作《黄昏漫步》的诗人看来,包括斯宾塞、弥尔顿、莎士比亚、德雷顿和汤姆森在内的前辈作家,以及彭斯、格林伍德、贝蒂、扬格、格雷、柯林斯、戈德斯密斯、达尔文、摩西·布朗和夏洛特·史密斯等新近作家,都同样具有生命力。[28] 在自己的诗中,他终将远离当时流行的旁征博引的风格,甚至会驳斥他热衷的某些作家,但他始终是一位极富文学性的诗人,在创造力最旺盛的年月,他始终深化着自己的见识;即使在自己的诗中进行着最大胆的实验时,他依然向英国文学传统中的大师寻求灵感。他从未被动地阅读,如今也不会。他正在自己的一部长篇作品中寻找养料。

三

《黄昏漫步》的创作很可能始于一七八八年秋,并在华兹华斯离开剑桥前基本完成。如果华兹华斯在济慈的年龄死去,也就是说,在《抒情歌谣集》(1798,1800)和《两卷本诗集》(1807)奠定其存在(且不说声名)之前,那么,他不会成为我们最伟大的作家之一;但作为地方描写诗的优秀代表,他会在那段时期的任何文学史上享有一席之地。《黄昏漫步》有意识地运用多种技巧,引经据典,精雕细琢,稍嫌造作的戏剧性过渡和情绪变换,俨然一场诗歌创作的演练。

诗歌开篇即表达了创作的动力:

> 远离最心爱的朋友,我只好徘徊
>
> 在苍谷、崇林与牧歌般的山隘;
>
> 铅灰色的德温河循着奇幻的航道,
>
> 穿过山崖、林荫和开阔的湖沼,
>
> 止住他无声的水波,以便静听
>
> 罗多尔瀑布震慑山崖的轰鸣:
>
> 银色的山岩欢呼着蛮荒的景观,
>
> 是莱德尔湖畔阴郁的巨大紫杉。[29]

《黄昏漫步》全诗都以这种风格展开,呈现了一场想象的漫步,考察了湖区的风貌,消遣,一草一木,快乐与危险。观察者对这片土地爱得至深;意识到时间与境遇将要拆散他与他最有归属感的一切,这份情感变得愈加浓烈。

首行即宣布了最沉痛的损失:失去多萝茜。此时,她正住在舅舅威廉·库克森神父和新任妻子位于诺福克郡佛恩塞特-圣彼得的家中,然而在虚构的诗文里,她被移至某个遥远的地方,诗人只能通过诗歌向她致意;他知道,"柔情的耳朵"可以听到。[30]

对往昔今朝的忧思,对逝去欢乐的哀叹,与大自然契合的心灵,向缺席的爱人发出的呼唤——这些十八世纪晚期常见的主题让人怀疑华兹华斯无非是翻弄着他喜欢的那些作家的故纸堆来奠定本诗的基调。但我们也须认识到,无论诗中有多少老生常谈,它确实揭露了华兹华斯当前生活中最为痛苦混乱的层面。

首先,大学生活再次阻隔了亲情。一七八七年,当多萝茜从哈利法克斯归来,亲情对他们所有人都很重要。那时,他们发现,只有彼此的牵系可以缓解"如果我们有爸爸、有家就好了"的痛苦。如今,这份牵系变得更有分量,而非减轻。一七八八年十月,在与库克森舅舅前往佛恩塞

37

特的途中,多萝茜仓促地拜访了剑桥。

她显然发现哥哥和其他本科生一样"格外迷人","头上撒满白粉,黑帽宛若头盔……披着牧师般的长袍"[31],她在信中谈起哥哥时,语气也愈发亲切。次年暑假,尽管华兹华斯拒绝写诗悼念院长一事引起舅舅的不悦[32],但他还是到佛恩塞特住了几个星期。多萝茜后来写到哥哥时,强烈的措辞令人震惊——哥哥"和喜欢的对象在一起时,时时刻刻迸发出激烈的情感(如果我可以这样措辞)";几年后,在写给最亲密的朋友简·波拉德的信中,她还坦率地承认了自己的愿望:期待着有朝一日,"哥哥心中燃烧着一个念头,要领着妹妹来到想象奉命为我们匆匆绘制的世外桃源",领她回到他们自己的家。[33]通过这些描述,我们或可猜测兄妹交谈的性质,以及彼此深刻的吸引。

《黄昏漫步》的创作以诗人深切思念的多萝茜为理想读者。当然,诗中对湖光水声的向往也反映了华兹华斯当时的强烈感受:他的确属于群山。一位本科同学回忆道,华兹华斯"对北方美景赞誉甚高;我当时觉得,他近乎狂热"。[34]在这首诗中,亦如他此后的创作一样,他一边致敬可见世界,一边也在创造一件艺术品,"可以与天地间的自然力相媲美",这是他想象的本源,使其得以"复元……如回到泉边啜饮"。[35]

然而,比美丽的"山崖、林荫和开阔的湖沼"更重要的是,没有哪里比湖区更欢迎他。一七八八年六月,当他径直返回霍克斯海德,迎接他的是安·泰森"欢欣的问候","或许还有几滴眼泪",他再次和"母亲般慈祥的老婆婆"住在一起,从七月末到剑桥开学,还有下一年的整个八月和九月。[36]

38　　两个假期的意义不言而喻。一方面,华兹华斯想和弟弟克里斯托弗以及母亲般的安待在一起。另一方面,到这一年时,他已不愿再过多考虑亲戚们的感受。华兹华斯去剑桥之前,彭里斯的氛围已经冷淡。一七八八年,他似乎尽量长久地待在了霍克斯海德。一七八九年的大部分夏天,他都避免去彭里斯,而当他确实去到那里,他显然表现得很勉强。克里斯托弗·库克森对外甥理查德说:"你兄弟威廉上周五去剑桥时来到这里……如果他多陪陪我,我会非常高兴,但是,恐怕他不喜欢我。"[37]然而,在一七九〇年的漫长假期中,华兹华斯将轻微的蔑视转为公然的抵抗。尽管克里斯托弗舅舅为他定下挥霍的罪名,其他议员亲戚也劝他努力学习,"前两三年好好待在学院"[38],但华兹华斯秘密地踏上了异国旅程,就连多萝茜也不知道他的计划是步行穿越一个革命动荡的国家。[39]

四

在两个月的旅行之后,华兹华斯预感到那些剑桥朋友的懊恼,有些幸灾乐祸。他们曾痛批整个计划"疯狂不切实际",并罗列出"堆积如山的困难吓唬我们,仿佛我们的旅程一定无法展开"。[40]华兹华斯的沾沾自喜可以理解,因为他的欧洲之旅的确是了不起的成就,展示了勇气、身心的耐力、灵活应变的智慧,还有他理当引以为傲的节俭。一七九〇年七月初至九月末,华兹华斯与本科朋友罗伯特·琼斯以每天逾二十英里、有时逾三十英里的速度,旅行了近三千英里,其中至少两千英里为步行,且多为山路。[41]对于初识的同伴而言,这无疑是严峻的考验,然而当他们返回英国,彼此的情谊变得深厚,以至于二十五年之后,琼斯对华兹华斯表白:"我向你保证,我没有一天不怀着难以言表的情感想起你。"[42]他们省吃俭用。九月,华兹华斯炫耀,二十英镑的预算才花了不到十二英镑;他们轻装上阵,"头顶包裹,手执木杖"。[43]三十年后,琼斯已是一位发福的独身牧师,他回忆道:"一七九〇年,我们很早起床,一般在早饭前行走十二至十五英里;在欣赏了秀色可餐的晨景之后,我们

39

回到住所,享用那里提供的随便什么早餐。"[44]他们穿着哪种靴子?有没有乡村理发师定期为他们剃须,抑或他们留了胡子?学童时代的法语是否奏效?华兹华斯随身携带的阿里奥斯托,他又抽空读了多少?[45]有太多的事情,人们想要知道;但不难想象,为何华兹华斯说如此两个旅行者会引起"普遍的好奇"。[46]

七月十三日,华兹华斯和琼斯穿越多佛,抵达加莱,适逢法国历史上的重要时刻,"那个伟大结盟日的 / 前夕"。结盟日上,为庆祝攻打巴士底狱一周年,路易十六在战神广场架起的圣坛前宣誓忠于新宪法。"整个国家一片狂喜",虽然他们也被卷入这些庆祝活动[47],并在南下途中偶遇从巴黎返乡的代表们,但是,他们穿越法国的路线并不是为了见证欧洲历史的转折点,而是因为,他们渴望亲身体验仅在书本上读过的景象:阿尔卑斯山的壮美。托马斯·格雷称沙特勒兹大修道院附近一带拥有"最庄严、最浪漫、最令人惊叹的景色"。[48]威廉·柯克斯①以同样的热情写到这里的群山与冰川,并对瑞士做出结论:"没有哪个国家像瑞士这样,人民普遍地感到幸福与满足。"因此,南下,是华兹华斯与琼斯奔赴的方向。[49]

他们时而徒步,时而沿索恩河航行,抵达里昂。八月四日至五日,他们拜访了沙特勒兹大修道院,然后,先是前往日内瓦湖,随即又游览了"奇妙的夏蒙尼山谷……及其凝默的落瀑与冰川"。[50]继而向东,他们在桑普朗山口翻过阿尔卑斯山,又从贡多峡谷下行,八月十九日抵达马焦雷湖。他们一路反向追随柯克斯的脚步,沿着洛加诺湖和科莫湖前行,后又绕道琉森抵达康斯坦斯湖。九月八日,在返回琉森之前,他们拜访了沙夫豪森的莱茵瀑布[51],柯克斯曾对此地赞叹不已。又是在柯克斯的驱使下,他们不惜体力,参观了弗朗茨·路德维希·菲弗·冯·怀赫

---

① 威廉·柯克斯(William Coxe,1748-1828),英国历史学家、牧师。

新近完成的阿尔卑斯山地区大型地貌模型。二十年后，华兹华斯将在第一版《湖区指南》中提到此地。[52] 最后，他们抵达巴塞尔，买了一条船，沿莱茵河疾流而下。他们在科隆将船卖掉——不知交易语言为哪种——行至艾克斯-拉-沙佩勒（今亚琛），大概途经奥斯坦德，十月十一日登陆英格兰。

如此苍白的行程描述无法再现这场旅行的范围之广和挑战之大。旅行中注定也发生了"小小的不幸"。其中之一是在"贡多塔楼"度过的一夜，"水声 / 咆哮，震撼屋宇"。[53] 另一次是，两位旅行者误解了意大利的钟声，以为清晨即至，于是起床，实际上却还是深夜。[54] 漫无边际的恐怖森林，肆虐的蚊虫，阴森的群山，还有灌木丛中的沙沙声，天知道，对于疲惫困惑的心灵来说，这些意味着什么——《序曲》中那段旅行者噩梦生动详细地记录了这一切。[55] 雷雨交加，华兹华斯与琼斯失去了联系。实际上，八月二十二日那晚，两人在不同的村庄度过雨夜。这无疑是对他们个人智谋的又一严峻考验。

不过，华兹华斯满怀信心说起的"永不磨灭"的印象，足以抵消上述小小的不幸。[56] 比如沙特勒兹大修道院那"令人敬畏的肃穆"，多萝茜后来写道："我认为，在他青年时期和罗伯特·琼斯的旅行中，没有哪个地方在他心中留下如此深刻的印象……我年轻时，他总是滔滔不绝地对我讲起它。"[57] 科莫湖似作为一处绝美与平静之地打动着华兹华斯，"在它的岸上，若有畅叙和欢聚之情助兴，胜似千万个幸福的美梦"。[58] 夏蒙尼冰川则清晰可见地具现着令人敬畏的伟力，使他感到震撼，正如它将撼动雪莱。[59] 而在一切之上，是阿尔卑斯山的壮丽。

对于华兹华斯的任何读者来说，"阿尔卑斯山"一定会使人想起《序曲》第六卷中那超凡的诗文。诗中，华兹华斯讲述了一七九〇年八月十七日发生的事件。那天，他和琼斯随同其他人等从布里格出发，在桑普朗山口穿越阿尔卑斯山。正午，他们在老施托卡尔珀塔楼用餐，但比大

41　部分人耽搁得久些，因此再度被落下。当华兹华斯和琼斯继续赶路时，他们本想沿着一条通往更高处的小径赶上队伍，但未能如愿。大雾来袭，他们被迫在一个简陋的屋檐下躲避，四顾茫然。[60] 碰巧，一位熟识山路的"农民"路过，在一番令人啼笑皆非、夹杂着各种语言和手势的问询后，最终的结果是：他们走错了路。他们必须返回山上的岔路口，从那里沿着溪流下山。琼斯和华兹华斯正兴致盎然地期待着一场崇高的终极体验，但那位农民越过语言障碍想要告诉他们，而他们又不愿相信的是：事实上，他们已经越过了阿尔卑斯山。十五年后，华兹华斯以最精美的诗文再现此后的几个时辰：

> 农夫的昭告使我们心绪沉重，
>
> 但很快我们恢复过来，疾步
>
> 下山，沿着刚才错过的那条
>
> 小道，走入一个狭长的地裂。
>
> 在这昏暗的山隘中，只有溪水
>
> 与小路是我们的同伴，我俩
>
> 与它俩一起缓慢前移，一连几个
>
> 小时。但见不可丈量的山峰上，
>
> 林木在凋朽，朽极至永恒；有一个个
>
> 瀑布的凝止的冲落；空谷中，每一个
>
> 转弯处都有阴风相逆，迷乱
>
> 而清凄；轰鸣的激流从碧蓝的天际
>
> 飞下，也有岩石在我们的耳边
>
> 低语——是些滴水的黑岩在路边
>
> 说话，似乎它们内部都有一种
>
> 语声——山溪湍急，凝视片刻，

即令人头晕目眩;放荡不羁的

云朵和云上的天宇则变换着骚动

与平静、黑暗与光明,峡谷中所有

这一切都像同一心灵的运作,

同一脸庞的表情,同一棵树上的

花朵;是那伟大《启示录》中的

字符,是代表永恒的符号与字体,

代表最初、最后、中间、永远。[61]

这是华兹华斯成熟期的语言,恰如其分地展现了景象之宏大。这不是一七九〇年的语言,那时,二十岁的华兹华斯只能寻找间接的方式来表达他的震撼。在从康斯坦斯湖写给多萝茜的信中,他避而不谈夏蒙尼冰川:"你肯定听说过这些著名的景色,但倘若你没有读过它们,那么我在此给你的任何描述都不会恰当。"他还声称:"在阿尔卑斯山更加肃穆之处,我没有一丝关于人或任何生灵的思想;我全部的灵魂转向他,我眼前这威严景象的创造者。"尽管发自内心无疑,却不过是格雷的复制:"没有一处悬崖、湍流与峭壁不孕含着宗教与诗。有些景象可使一个无神论者由敬畏而信仰,无须借助其他辩论。"[62]

在一件事发生多年之后才将其写成诗歌,这是华兹华斯的典型风格,但这个例子体现了当下经历、记忆中的经历与表达之间的差别,尤其有趣。我们依然不能把这些诗行当作如实的描写,因为华兹华斯肯定综合了在不同地方观察到的细节,但这不重要。《序曲》并非诗歌体的旅行指南。一七九〇年和一八〇四至一八〇五年之间的差别也揭示了更加重要的信息。首先,虽然华兹华斯在山间长大,但在一七九〇年,他对山峰的体验离不开他对"秀美"和"崇高"文学的阅读。他知道格雷和柯克斯。他在第二次长假中的多佛岱尔之行或许是因为哈钦森在《湖区

42

漫游》中写到此地。[63]一七九〇年,他自然会借助这些作品中的熟悉语言来表达自己的感受。其次,《序曲》中"穿越阿尔卑斯山"片段成为如此自信的诗文,不仅是因为到一八〇四至一八〇五年,华兹华斯已经形成了自己信手拈来的诗歌资粮,而且因为他的想象力开始关注这次经历,并透过所有丰富而凌乱的印象,使阿尔卑斯山成为一场个人的体验,使贡多山谷承载着独特的个人情感,这在其他表现"崇高"风格的文学作品中是独一无二的。

然而,华兹华斯一七九〇年的信件中也有例外,下面这个段落即充满预言意味。"旅程中,我千万次因无力将眼前的美景更深刻地保存在记忆中而遗憾;一次又一次,在离开一处胜地之前,我重新折返,怀着最热切的渴盼,希冀能带走一幅更生动的画面。此时此刻,当众多这样的景色浮现在我脑海中,我感到一种至高无上的喜乐,想到我生命中的每一天都将从这些画面中汲取幸福。"[64]这段感言预示了《丁登寺》中的诗行:

> 伫立于此,我不仅感到
> 当下的快乐,更愉快地想到
> 此时此刻我拥有未来岁月的
> 生命与食粮[65]

这首诗的自信可通过一七九八年后诗人的繁盛创作来证明。同样,一七九〇年信件中那份稚嫩的信心也将被未来的岁月确认。他如此迫切收藏的阿尔卑斯意象是他很多作品的基础,包括下一部题献给琼斯的长诗《景物素描》,《序曲》第六卷,一八二二年的一首十四行诗[66],也贯穿于他创作的始终,数不胜数。而且,回忆这些意象使他更加强烈地渴望重新体验这反复使用的创作题材。于是,一八二〇年,华兹华斯再度出发,拖家带口,还因为无礼的客栈老板多收了钱而懊恼,只为了重温这场旅程,并用现实来验证三十年前他曾那么乐观说起的"永不磨灭"的印象。《一八二〇年欧陆之旅回忆录》记录了这次旅行,或许是华兹华斯众多重游中感触最深的一程。[67]

然而,一七九〇年十月,诗歌、名誉、堪与客栈老板争论的自尊心,还都是遥远的事情。当华兹华斯登陆多佛时,他眼下的任务是把书读完、获得学位。他一直思念着多萝茜。在九月的信中,他告诉妹妹"我一刻不停地想着你",还希望到佛恩塞特与她共度一段时光。然而他却直接回到剑桥。他原以为威廉·库克森舅舅"既然已经知道我不想当董事……所以不大可能为这场旅行懊恼",但是现在,他发现自己不该抱有错误的奢望。[68]

五

次年,在写给剑桥好友威廉·马修斯的信中,华兹华斯这样评论最近在伦敦度过的几个月:"我以一种异样的方式度日,时而在它无事忙的漩涡中打转,时而又被涡旋抛入水流的狭角。"[69]漫无方向的游移,这一意象恰切地勾勒出一七九〇年十一月至一七九一年十一月整整一年的缩影,华兹华斯一生中最动荡涣散的时期。

一七九〇年十二月初,他终于来到佛恩塞特看望多萝茜,与她重温了欧陆旅行的每个时刻。"那时候,"多萝茜告诉简·波拉德,"天气难得地温和。每天早上,我们总是散步两个时辰;每天傍晚,我们在四点或四点半走入花园,常常踱来踱去,直到六点钟。"[70]多萝茜有一年多没见哥哥了,这次探望使她确立了对美好未来的憧憬——生命中的每一天都要与哥哥亲密相依。再度分别两年半之久以后,她依然沉湎于"记忆中那些漫长、漫长的交谈……我靠在哥哥的手臂上",并称赞"威廉,我最初也最亲的男性朋友":"他不知疲倦地安慰他的妹妹,从不让她气恼,永远让她开心,他喜欢她的陪伴,胜过其他任何消遣,或者说,当我们享受着彼此近在咫尺的幸福时,那么,当我们被迫分开,他会闷闷不乐。"[71]

不管华兹华斯是否分享妹妹的梦想,此刻的他无力使其成真。六周后,他重返剑桥,完成学业。如果他侄儿的话是可信的,他在考试前一周还在阅读理查森的《克拉丽莎》。[72]不过,一七九一年一月二十一日,他还是设法获得了文学学士学位,结束了他并不出众的大学生涯。

接着,华兹华斯去了伦敦,在那儿待到五月底。他一个人住,可能是租的房子,但不知具体在哪儿,不过,约翰斯顿猜测"在老城中心"肯定没错。[73]没有人确知几个月来他究竟做了什么,因为《序曲》第七卷关于京城生活的叙述不仅语焉不详,而且,那些熙熙攘攘、令人困惑的城市意象显然来自他后来旅行(一七九三、一七九五、一八〇二年)的印象。

华兹华斯从伦敦前往威尔士,去看望罗伯特·琼斯,住在他位于登比郡普拉斯-因-兰的家中。在那里,他既受到阿尔卑斯山旅伴的欢迎,又享有"三个年轻姑娘的陪伴,没人跟他抢"(多萝茜的玩笑话)。[74]两个年轻人急切想要再现去年夏天的欢乐,于是到北威尔士探险,并拜访了著名的旅行作家托马斯·潘南特。或许是受到其《威尔士之旅》中一篇游记的驱使,他们在夜晚登上斯诺顿峰以观日出。当华兹华斯将《景物素描》题赠给琼斯时,他将阿尔卑斯山和威尔士之旅的欢乐融为一体,但也表达了忧虑,怕自己永远不能抒写琼斯"故乡的山峦"。事实上,他们攀登斯诺顿峰的片段成为《序曲》的高潮,在结构上,与"穿越阿尔卑斯山"片段呼应;在诗艺上,与之匹敌。[75]

九月初,华兹华斯离开威尔士,前往伦敦,随即又去了剑桥。一个月后,他回到伦敦,决定再换个地方。到十一月二十二日,华兹华斯已抵达布莱顿,拜访了诗人、小说家夏洛特·史密斯,她是其家族的远亲。[76]他自学童时代就知道她的诗,一七八九年在剑桥时,还订阅了她第五版的《哀伤十四行》。[77]这位年轻的仰慕者一定很有魅力,因为史密斯不仅以"最有礼的举止"和"尽可能的客气"接待了他,还允许他抄写了一些她尚未发表的新作[78],并为他写了一封介绍信,递交给海伦·玛丽亚·威廉姆斯,他发表的第一首诗即以她为题。学童时代,他曾想象她阅读悲情故事而啜泣的情景;现在,他一心想要当面见她。华兹华斯踏上了法国之旅。

接下来的时期如此关键,以至于人们很容易忽略这不安分的一七九一年,认为它并不重要,如同一场原地踏步,仅仅是华兹华斯第二次拜访法国的前奏。在某种意义上,它的确如此。然而,即使是前奏,它本身并非毫无意义。实际上,尽管证据寥寥,我们依然可以推测,这段漫无目的的时期唤醒了华兹华斯的某些意识,深刻地影响了他即将在法度过的数月,及其全部的成年生涯。

一七九一年有两个彼此关联的明显特征。首先,在此期间,华兹华斯开始审视自己。他的情况并不有利。剑桥的朋友们都按照预期的方式塑造着他们的人生。格林伍德已获得董事资格,正朝着大学工作方向发展;琼斯和泰罗特向着教会方向努力;弗莱彻·雷恩柯克从事法律工作;甚至马修斯也在学校找到岗位,虽然未必是最终的职业。他的两个兄弟都欣然接受家庭关系的好处。哥哥理查德在布兰斯威特的理查德·华兹华斯那里实习之后,供职于格雷出庭律师公会,获得升迁。约翰此时服务于东印度公司,已乘阿伯加文尼伯爵号轮船驶向东方,这艘货轮部分属于约翰·罗宾逊,他的堂兄约翰·华兹华斯担任船长。然而,比两兄弟都更有优势的华兹华斯,离开剑桥时,却既无董事资格,也无其他工作。他依然要靠亲戚的资助生活,并且这种局面近期之内不会改变。朗斯岱尔理赔事宜已在一七八六年提出。一七九一年二月,新任朗斯岱尔勋爵的拖延手段败诉，全面听证将在卡莱尔巡回法庭展开。然而，到八月时，华兹华斯家族在法庭上的胜利成了一纸空文，因为最终的赔偿事宜被移交给一位仲裁者，这又导致进一步的拖延。[79]华兹华斯知道他将继承一笔数额不多但足以使其获得经济独立的赔款，但到底多少、何时到账尚不确定。在此期间，他还得羞愧地向别人开口要钱。

家族认为，华兹华斯应当从事的职业方向似乎很明确：他应该适时加入圣职。哈里奇地区议员约翰·罗宾逊准备立刻利用其便利为华兹华斯谋得助理牧师的职位，尽管他要年满二十三岁才能接受圣职。威廉·库克森舅舅则建议他在剑桥选修东方语言。但是，华兹华斯并不明确表态，他一味拖延，以此抗拒着人们对他的人生指手画脚的企图。他不知道自己接下来要做什么，他对马修斯说话时的轻松语气并不能掩饰他的忧虑，或许，还有自弃。他可以声称"我越无知，就越快活，就像一个挥霍无度的人，财产越少，却越加奢侈"。在另一封信中，他说："我注定一生无所事事。我这段时期一个字没读，事实上从来也没有。"但是华兹华斯知道，他必须有个着落。然而，看到马修斯痛苦地在教学岗位上消磨着自己的生命，华兹华斯明白，一份不合适的工作会给健康和精神带来怎样的代价。尽管他扮演起智者的角色，试图劝说朋友抑制不满情绪，避免"给身边的每一种快乐与慰藉都投上阴影，甚至将其摧毁"，但是，想到自己到头来可能"成为微不足道的助理牧师，过着单调乏味的生活"，这令人无法容忍。[80]九月，华兹华斯拜访了约翰·罗宾逊，"告诉他年龄未满"[81]，无法接受圣职，两者可能达成了妥协，但回剑桥读书显然是个幌子。十一月七日，兄长理查德请求理查德伯伯资助弟弟的法国之行[82]，至二十三日，华兹华斯已在布莱顿写信，散发着在海边空气中嗅到自由的轻松。现在看来，承诺学习东方语言仿佛只是为了"取悦"他的舅舅，私下里，他告诉马修斯这是个荒谬的计划。不管怎样，等他从法国回来后，再把它搁到一边。[83]

为什么是法国？就算英国人不了解那里的真正事态，理查德给兄弟找的借口仍是牵强的："法国某个幽静的地方"将更加"利于"他"度过接受圣职之前的时光"。一个将教会财产国有化、为神职人员颁布国民宪法、将唯理性主义和怀疑主义自由思想的毒素释放到整个欧洲的社会不大可能适合一个潜在反教权主义的游荡者。在《序曲》中，华兹华斯说去法国是"个人的愿望将我带到那里，／为了把语言说得更加流利"[84]，可能他觉得流畅的法语可以扩大就业机会。多萝茜显然也这么想。她说，威廉去法国是"为了学习法语，以便他可以被举荐给某位年轻的绅士，陪他旅游"[85]然而，还有更重要的力量驱使他回到法国，其源头可以追溯到他在伦敦的经历。

华兹华斯在伦敦时，适逢一个格外激动人心的时期。一七八九年的法国革命受到普遍欢迎，一些人很谨慎，另一些人则狂热地回应着诗人安娜·西沃德的欢呼："法国把她的百合花浸在美利坚自由的溪流中，告诉她的儿子们今后不再为奴……没有几个英国人不打心底……盼望胜利栖于自由拔出的剑上。"[86]但是，谨慎的欢迎逐渐变成了警报，人们曾以为"表面上看，革命体现了适度的启蒙思想"[87]，如今，很明显，英国海峡难保不受到法国革命热潮的侵犯。英国宪法改革运动注入了新的活力，蠢蠢欲动。不信奉国教者重燃希望，看到当权者响应着更加自由的思想潮流，以为长期以来的不公将被校正。总之，这场法国瘟疫似乎对稳定的社会秩序构成了威胁。对于少数有发言权的人来说，不信奉国教派牧师理查德·普莱斯的憧憬是对美好未来的一瞥——"我想，此刻我看到对自由的渴望正在传染、蔓延；世事开始得到普遍的修正；君治变为法治，教会统治让位于理性和良知的统治"[88]；但在其他人看来，这不过是盲从的愚昧，不满人士既看不清人类社会的实质，也不懂得过去的意义。

一七九〇年十一月，埃德蒙·伯克在《法国革命沉思录》中对正在

48

加速的改革热情给予了保守的回应,言辞雄辩而充满挑衅,立即引发了舆论之争。[89]顽固派,诸如牛津大学林肯学院院长爱德华·泰瑟姆,迫不及待地赞同伯克反对敌人"以如此狡猾的手段、如此高超的技艺将慢性毒药注入我们国民的血管"[90];但其他很多人,比如《人的权利》作者托马斯·潘恩、《高卢辩》作者詹姆斯·麦金托什、玛丽·沃斯通克拉夫特、约瑟夫·普里斯特利、卡帕尔·洛夫特等等,试图针锋相对地驳斥伯克。他们这样做,说明这场法国瘟疫已深入他们狂热的推理演练,更重要的是,也深入到他们对过去与未来之间真正关系的想象。意识形态的冲突也不限于出版界。

整个一七九〇年,伯克与福克斯在议会中的联盟关系始终非常紧张,如今,它华丽地瓦解了。在四月十五日的一场辩论中,福克斯宣称法国新宪法乃"最宏伟、最荣光的自由大厦,其基础是超越时代与国别的人类美德"[91],这仅仅是五月六日另一场辩论的引子,其中,伯克一边大喊着"从法国宪法滚开",一边对福克斯和议院宣布:"我们的友谊到此结束。"据《议会史》记载,福克斯起身,却不能立刻说出话来,因为"泪水淌下他的面颊,他努力想要说出一些维护尊严的话,却徒劳无益"。[92]

一七九一年一月底到五月底整个时期,华兹华斯一直都住在伦敦。他"有时候,如饥似渴地 / 阅读,刊物上闻名时下的檄文"[93],其中肯定包括伯克与潘恩。他出席下院的辩论,即使未曾直面福克斯与伯克之间的任何冲突,他不会不知道那场广为流传的纠纷。然而,最重要的是,华兹华斯此时开始认识了一些人,那些檄文和议会辩论与这些人的切身利益密切相关;通过他们,华兹华斯认识到,意识形态的问题如何具体地表现在普通人的生活中。

晚年,华兹华斯忆起在伦敦逗留期间,他曾在老犹太人区的礼拜堂聆听过约瑟夫·福塞特布道:

由于我和河滨地区凯提顿大街尼科尔森先生的关系，我碰巧有几次参与到他的会众当中。那时我在伦敦没什么熟人，尼科尔森先生经常邀请我周日与他吃饭，我便借此机会（尼先生是不信奉国教派）去听福塞特布道，他很有能力，辩才无碍。[94]

这条信息足以说明为何华兹华斯说在伦敦时"错误的成见得到校正"。置身于上帝一位论不信奉国教派者中间，他亲身见证了被《检核法》与《公职法》①排斥在外、不能享有全部公民与政治权利的人们遭受了何等不公的待遇。[95]他无疑听说过，议会反复阻止人们修正这种排他法案，一七九〇年最新的几次进展也被挫败了，部分原因是不信奉国教派的支持者福克斯太不明智，竟援引法国的改革为例。[96]华兹华斯当然早已知道这些，但如今，不信奉国教派被赋予了人性的脸庞，这些人的思想品质让他觉得伯克太不厚道，竟然嘲讽他们"对世事一无所知、毫无经验却喜欢指手画脚"。[97]同上帝一位论主义者尼科尔森的交谈也一定促使华兹华斯重新思考：人们希望他供职的国教教会在多大程度上体现着真理的宝藏和社会向善的力量。

然而，华兹华斯关于福塞特的信息还有另一层意义。尼古拉斯·罗确信，塞缪尔·福塞特是立宪信息协会的成员，这是一个支持政治改革的压力集团，如今随着法国大革命的发生而再度活跃。[98]协会很多会员后来在九十年代初的激进主义骚乱中扮演着显要并大多危险的角色，比如剑桥流亡者约翰·杰布，律师约翰·弗罗斯特，一七九四年受审并死里逃生的约翰·霍恩·图克，约瑟夫·约翰逊则是很多作家如约瑟夫·

---

①　《检核法》与《公职法》(The Test and Corporation Acts)，1661 年《公职法》和1673 年《检核法》等一系列相似法案，规定只有信奉国教者才能从事公职。直到1829 年《天主教解放法案》颁布后，这些法案才被废止。

普里斯特利、玛丽·沃斯通克拉夫特、托马斯·潘恩、威廉·葛德文的朋

50　友和出版人，一七九三年出版了华兹华斯的诗歌，并在圣保罗教堂墓园
的书店里迎接了他，那是不同信仰的激进主义者碰头的地方。[99]没有证
据显示华兹华斯现在仍和这些人接触，尽管他过去可能有过。但是，尼
科尔森并不隐瞒他的会员身份，因而可以确定，华兹华斯至少知道这些
人的观点与渴求：他们在法国社会的变革中看到改良英国社会的希望
和征兆。历史学家们会讨论改革者在一七九〇年代的重要性，至于不信
奉国教者们对法国大革命的回应存在分歧，或者激进主义的骚乱实际上
也只是短暂地搅扰了公共生活的表面，这些事实并不重要。[100]需要注
意的是，华兹华斯平生第一次萌生了政治意识，因为他交往的那些人都
热切地关注某种理念和事业，并以各自的立场对现有的社会秩序怀有
敌意。

在《序曲》中，华兹华斯写到伦敦的一切都让自己着迷。肯尼斯·
约翰斯顿跟随诗文的每一个指引，复原了迄今为止关于华兹华斯伦敦见
闻的最翔实画面——人群熙攘的街巷、剧场、展览、伦敦塔和市政厅等著
名景点。[101]但是他也阅读、聆听"人们的交谈和社会新闻"[102]，虽然他
当时只是一个旁观者，但是，看到那意识形态的闪电预示着未来的风暴，
他不会无动于衷。当他对激进事业和新思潮有所觉悟时，"成为微不足
道的助理牧师，过着单调乏味的生活"一定看似罪过的退隐。他能够读
懂时代的征兆，因此，他一定比几个月之前更能看清伯明翰七月暴乱的
意义，在这场暴乱中，约瑟夫·普里斯特利的家宅和实验室被一伙拥护
"教会与国王"的暴民劫掠。[103]而且，他也认识到，一七九〇年，他在法
国不过是瞥见了一个新型的社会，其属性与意义如今有了完全矛盾的解
读。攻打巴士底狱是否如福克斯所断言，是"世上发生的……最好、最
伟大的事件！"？还是如伯克所说，开启了一场反常的历程，"痴狂地推
举邪恶"，最终只会引起"叛变、抢劫、强暴、暗杀、屠戮，以及焚毁这饱受

创伤之地"?[104]华兹华斯决定重返法国,也许是在拖延时间,从而逃避来自亲戚的压力,但也是为了回到那里做出自己的判断。

六

在《序曲》中,当华兹华斯着手讲述"客居法国"的经历时,他预示　51
道,这一主题

> 你很快会发现,
> 这话题并不愉快,难以
> 处理,其本身也令人望而生畏。[105]

传记作者只能应和他的话。一七九二年是华兹华斯生命中最重要的一年,在这一年中,他成为一名父亲,以及法国革命的积极支持者。然而,关于这一年的一切及其意义又是无法确知的。当时的证据寥寥无几,诗人的晚年回忆支离破碎,令人懊恼。虽然《序曲》充满暗示,但作为生平依据,还需谨慎对待,因为,当华兹华斯在一八〇四年回首充满革命热情的往昔岁月时,他不仅是以一位幸福已婚男人回首青春冲动时的后视眼光去看待这一切的。在一七九二年及随后的年月里,华兹华斯本人的生活经历了一场革命,它引起的阵痛和省察促成了诗人在一七九七至一八〇四年间所有最丰饶的诗文。在《序曲》中,华兹华斯向柯尔律治保证,有朝一日,他会阐明"当时所知,或自以为所知的真理"[106],但实际上,他在一七九七年之后的主要诗歌都是这样一种阐释,尽管内容不同、体裁各异,也无论是否直指法国经历。他一切写作背后的原则,以及构成"华兹华斯伦理观"(莱斯利·斯蒂芬语)的因素,都形成于一七九二年之后的动荡岁月,并在他成熟后的诗歌中得到生动体现和深入探索。[107]但这些诗歌与散文并非"真理"的定论,而是一场持续分析过程的不同阶段,每次重新思考过去经历的意义,都会获得新的发现。一八〇四至一八〇五年《序曲》也不是定论——华兹华斯处理"令人望而生畏"的话题时感到的困难促使他到《漫游》(1814)中进一步探索,并对自传体诗歌进行积年累月的修订[108]——但它却最为精深,剖析之深和构想之广绝非一七九二年那个游移困顿的幼稚青年所能驾驭,但此刻我们正是要复原那位青年的思想情感。

52   尽管当时的证据寥寥,但足以证明华兹华斯一八〇一年声明的言不由衷:"实际上,我的人生平淡无奇"[109],因此,有必要简单呈现其生活状况,思考其内在意义。

    一七九一年十二月二十六日,华兹华斯穿越海峡,前往迪耶普。他的目的地是奥尔良,他已预订了那座城市最好的酒店,但首先要拜访的是巴黎。在卢昂耽搁了两天后,华兹华斯于十一月三十日抵达巴黎,一直待到十二月五日,参观战神广场、先贤祠和巴士底狱废墟等时下的圣地,感受着这座城市的气息。巴黎人声鼎沸,到处都是准革命派、其支持者以及趋炎附势的寄生虫的骚动。学者们已经举证了其中一些人的名字,认为华兹华斯或许与之有过来往,或肯定听说过他们。[110]另有一些铁证让人印象深刻。夏洛特·史密斯给他写了很多封介绍信,几乎可以确定,其中一封信可能写给了一位与布里索地位相当的人,华兹华斯才能够参加立法议会。[111]在他客居期间,一场关于海地革命的激烈辩论正在火热进行中,这对华兹华斯意味着什么,可以从他对哥哥的坦言来判断:"我还不能准确得体地讲法语。"[112]

    十二月六日,华兹华斯刚到奥尔良就找了一处寓所,与一位袜帽商同住。他向理查德保证,尽管"这是一所位于二楼的漂亮公寓",但真的很便宜。[113]海伦·玛丽亚·威廉姆斯(他的第一首诗就写到她的多愁善感)不巧刚刚出城,所以,夏洛特·史密斯给他的介绍信派不上用场了。[114]但他的确去见了托马斯·福克斯洛,一位成功的兰开夏郡棉花生产商,如今在奥尔良做生意。华兹华斯希望通过他被"引荐给当地最佳的社交圈"。[115]在他的寓所中,他曾接待"一名年轻的巴黎绅士"和"两三位骑兵军官";但他也与"一个令人愉快的"家庭共度了几个良宵,很可能就在这里,华兹华斯邂逅了安奈特·瓦隆。[116]

虽然这只是猜测,但安奈特与其哥哥保罗确实与奥尔良地方执政官的文书安德烈-奥古斯丁·杜弗尔一家过从甚密。[117]可以确定的是,到二月三日时,华兹华斯又动身了,他放弃了舒适的寓所,前往布卢瓦——安奈特的家乡。他这样做一定是为了与安奈特在一起,因为,不出一两个月的光景,安奈特已有孕在身。[118]

在布卢瓦期间,华兹华斯与一位年长者、三十七岁的米歇尔·博布伊成为亲密的朋友,他是第三十二巴西尼军团的上尉,华兹华斯通过他进入当地的政治生活,不再是茫然的旁观者。关于在此期间华兹华斯与安奈特的关系,任何猜测都缺乏坚实的根据。如果威廉·马修斯知道他朋友的恋情,他就会理解华兹华斯没有更早写信的借口:"自我抵达之后,日复一日,周复一周,时间以不可思议的速度不知不觉地溜走",然而他并不能从这封信本身发现任何蛛丝马迹。[119]华兹华斯继续对马修斯的未来给出忠告,提及共同的友人,评论法国政治,交代他打算何时回国,对安奈特却只字不提。在九月三日写给理查德的信中,她也没有直接出现,尽管信中关于金钱和未来的焦虑说明华兹华斯对自己的处境越来越担忧。[120]

虽然华兹华斯给哥哥写信时显然是想留在布卢瓦的,同时等待理查德寄钱过来,但他没有这样做。九月的某一天,紧随安奈特之后,他也回到了奥尔良。安奈特已回到杜弗尔家中。在那里,他安排好由杜弗尔代他出席孩子的洗礼;至十月二十九日,他已人在巴黎,准备回国。一七九

53

二年十二月十五日,安妮-卡罗琳·华兹华斯出生。月底,她的父亲已回到伦敦。

　　以上有限的证据足以说明为何一七九二年的个人经历给华兹华斯带来震撼和改变,但却不能说明震撼和改变的方式与程度。还有很多疑问有待解答。比如,为什么华兹华斯在巴黎逗留了半年,而他本该留在待产的安奈特身边照顾她,或者回到英国火速筹款,做出未来的规划?一个出于常识的回答看似最有道理:正如沃森所说,华兹华斯"有幸在监禁国王、宣布共和之后最重要的革命时期身在巴黎"[121],所以他一直待到身无分文的最后一刻,

　　当华兹华斯在《序曲》中讲述这一时期时——注意,这是时隔十二年之后——他直接地写到自己政治觉醒的主要阶段。《序曲》第十卷到第十二卷涵盖了一七九二年底他回到英国后的年月,时间错位,大量空白,晦涩的概述,模糊的定义,所有这些都标志着诗人将生平信息服从于诗歌构思的努力。然而,在第九卷中,政治叙述顺利展开,人们可以结合当时的事件使之充实,并思考华兹华斯可能或不可能的所见、所为、所思,无须进行诗文之外的揣测(至少就现有证据而言)。于是,我们可以着手回答这个大问题:华兹华斯怎样看待法国的政治和社会局势?

　　一七九〇年,琼斯和华兹华斯曾跨越海峡——

> 欧罗巴一片欢欣,
> 只因法兰西正值最金色的时光,
> 人性也似乎再次于世间诞生。[122]

一七九一年,华兹华斯重返法国时,这里的气氛已大不相同。宪法、财政和社会的平稳改革希望渺茫,不同集团在皇室摇摆期间形成的真空中进行着权力斗争。柯德里埃俱乐部的丹东,斐扬派代表人物巴纳夫、杜邦

和拉米斯,以及雅各宾派的罗伯斯庇尔、布里索、德穆兰成为强权人物,他们的性格和变化无常的策略将控制立法议会,并最终于次年将其推翻。[123]六月,国王出逃瓦雷纳未遂;八月,《皮尔尼茨声明》扬言奥地利与普鲁士将对任何反对路易十六和王室的暴行进行武力干涉。这两件事加大了人们的恐惧,担心国王会向境外流亡犯寻求反革命支持。七月十七日,鲜血流淌在战神广场,那个伟大结盟日的地点,因为国民卫队向要求国王退位的民众开了枪。

我们无法确知,一七九一年十二月,巴黎的气氛对华兹华斯造成何等影响,但《序曲》中的描述大抵可信。他——

似突然

闯入一个剧场,而舞台上

热闹的剧情早已展开[124]

虽然他对近期发生的事件了如指掌,知道该去拜访哪些地方,但短短五天的逗留,包括一天参观立法议会和雅各宾派俱乐部,不会使他熟悉正在上演的错综复杂的权力斗争。十二月十九日从奥尔良写给理查德的信件也未表明他的政治觉悟有何进步。"我发现,几乎所有的有钱人都是贵族,所有其他人都是民主派",这一评论过于简单。[125]他的房东吉列-杜维威尔先生对革命怀有不可妥协的敌意[126],而那些即将加入流亡力量的贵族军官(《序曲》中曾写到他们的狂热状态)也有意"让我归顺其热衷的事业"。[127]华兹华斯需要一位明智的向导。在布卢瓦的关键几周里,他找到一位:米歇尔·博布伊。

米歇尔-阿诺德·巴沙尔蒂·德·博布伊(1755-1796)一七七一年参军,在布卢瓦驻军时已升至上尉。[128]博布伊受过良好的教育,熟知法国启蒙时期的主要作家,还有入伍二十年的经验和训练,仅凭其人格的

55

魅力就已经给华兹华斯留下深刻印象。在《序曲》中,给博布伊的献词最为翔实,其中写到他与众不同的人格特征:

> 从未有谁比他更温柔,
> 更仁慈,尽管也怀有极大的热情。
> 他们都受到伤害,惟有他变得更加
> 宽厚,其性格似能散发出一种触及
> 感官的甜美,好比阿尔卑斯山上的
> 花朵,被人践踏后,却释溢出芳馨。
> 他满怀真诚地经历着巨变中的事件,
> 似随着情节游历一本书,一部
> 古老的传奇,或一篇仙境的故事,
> 或者,如漫游梦境,梦中的情节
> 都在夏日云团的里面编织而成。
> 论出身,他属于最高贵之列,但却
> 热衷于为世间穷苦人效劳,好像
> 受制于无形的纽带,有如对教会的
> 誓约。他因人之为人而爱人,对于
> 中下层人及所有朴实谋生的平民,
> 他都传递善良,但却丝毫不含
> 屈尊垂顾的成分,其实倒像是
> 一种热情或殷勤,就像他当兵时
> 曾在放假的日子里这样对待
> 女人。如此说来他倒是有些虚荣心,
> 至少显得如此,但实质上这并非
> 虚荣,而是痴爱,是一种掩饰

56

不住的喜悦笼罩着他,尤其

当他专心致志于爱与自由的工程,

或是愉快地思考着他所积极参与的

事业。但是,他的事业很柔缓,

温良,并不夺人所爱。[129]

"他因人之为人而爱人"——这句是关键。在奥尔良,华兹华斯交往的人都被私利蒙蔽,他们只看到革命对自身安全和特权的威胁。如今,他遇到一种更开阔的视野,更无我的关注,以及人类社会可能存在的更美好图景。所有这一切都被刻画在下面这个戏剧性片段中:

一天,我们俩

偶遇一位饱受饥饿摧残的少女。

她拖着疲惫的自己,尽力与她的

小母牛同行。她用一根绳子

将小牛拴在手臂上,任她舔食着

小路上的食物。只见她的

双手不停地编织,无精打采地

打发着孤寂。看到这景象,我的

朋友情绪激动地说:"我们就是

为此而战。"此刻,我开始虔诚地

分享他的信念:一个幽灵

在四处游荡,势不可挡,绝除

如此赤贫指日可待……[130]

无疑,博布伊给华兹华斯留下如此鲜活的印象,因为诗人意识到,他最受惠于博布伊的是他的身教。但是,当他以一位年轻外国访客的身份参与布卢瓦的政治生活,博布伊一定也以其他方式帮助过他,支持他,为他解读当时的事件。在宪法之友俱乐部中,华兹华斯能感到事态发展的节奏以及他们想要达成的坚定目标,因为他听说(如果没有遇到),布卢瓦地区新当选的制宪大主教格雷瓜尔——曾在立法议会供职,直到它一七九一年九月瓦解——最近刚下达了一条命令:废黜路易。[131]

随着法国陷入更深的危机,博布伊的军团在一七九二年七月二十七日离开布卢瓦。四月二十日,法国向奥地利宣战,但在一场前期交战中,法方军队溃败,并在撤退途中谋杀了他们的将军狄龙。六月,杜伊勒里宫被入侵,叛乱者和瑞士士兵被杀。八月,在一片阴谋之中,在各派系领导人的控诉中,在巴黎和外省平民愈演愈烈的混乱中,国王被停职。九月,华兹华斯很可能亲眼目睹了发生在奥尔良的一场食物暴乱。[132]当月,在巴黎,囚犯被暴民屠杀,因为他们相信这些反革命者是在狱中伺机等候外界的解救以及革命的覆灭。

五月十九日,华兹华斯告诉马修斯,"你在伦敦比我在这个王国中部的外省小镇有更多机会获取法国局势的信息",但事实上,他紧接着讲到狄龙将军被谋杀的事,与前文自相矛盾。[133]他显然也知道动乱正在恶化,这个国家与一七九○年的"金色时光"已相去甚远。《序曲》第九卷提到的人名很少,但他忆起两位具有"魔力"之人:记者卡拉和戈尔萨。在《爱国者年鉴》中,整个一七九二年,卡拉都在施压向外敌宣战,而戈尔萨则在《信使》中坚守极端立场,甚至成为"九月屠杀的主要辩护者之一"。[134]

通过与博布伊以及宪法之友协会成员的交谈,通过阅读报纸,或许更重要的是,仅凭观察普通百姓如何对口头传达的巴黎消息作出回应,华兹华斯一定越来越清楚,他与安奈特的恋爱来得不是时候,每个公民的未来都无法保障,甚至现有的国家机制能否幸存都是未知。他在巴黎逗留，是为了思考过去一年的事件和都城复杂多变的局势，而在奥尔良和布卢瓦却只能隔岸观火。

一七九二年十月底，当华兹华斯回到巴黎，革命的决定性阶段已经来临。整个夏天，外敌入侵的威胁时刻存在，八月十日攻占杜伊勒里宫的暴行、罢黜和监禁国王的事件以及九月屠杀也让有限立宪改革的可能荡然无存。然而，九月二十日奥普联军在瓦尔密战役中战败，法国立即宣布共和，事态暂时缓解，新成立的国民公会得以讨论革命的未来，目前主要是国王的未来。

从一七九二年十一月十三日至一七九三年一月十七日，这种讨论充斥着国民公会。讨论被权力斗争操控，华兹华斯初到巴黎就感到了这种气氛。十月二十九日，让-巴普蒂斯特·路维在公会谴责罗伯斯庇尔，并发表了公诉书，最后一句话的意义再明了不过：“*Je t'accuse d'avoir évidemment marché au suprême pouvoir.*”[135]十一月五日，罗伯斯庇尔做出回复，重新获得主动权，标志着这一派取得支配地位。在这段动荡的历史上，这件事并非如《序曲》所言是惟一的决定性时刻，它只不过是又一次危机，但我们可以想象，这件事之所以令华兹华斯这样一个迷惑的旁观者难以忘怀，是因为在那一刻，权力运作以人的形式鲜明呈现，仿佛在上演一场路人皆知的戏剧。

华兹华斯是否非常了解巴黎的局势，仍值得怀疑。在《序曲》中，他强调了自己的被排斥感，当他凝视这些地方

> 就像一个人
> 面对一本厚书，读者只知
> 里面有重大的内容，却根本不能
> 读懂，因为书中的语言完全陌生[136]

并援引《麦克白》中的句子，仿佛只有莎士比亚笔下"权力猎食着自身安全的地基"这一戏剧性描写才能准确表达出他心中茫然无解的恐惧。他这样做并不奇怪。一七九二年的事件，以及参与者变幻的立场和派系，迄今依然拒绝简括，拒绝那种吸引眼球却引起误解的描述，比如华兹华斯笔下路维与罗伯斯庇尔之间那种善恶交锋。[137] 为了理解他观察到的一切，他显然需要帮助。我们很容易以为，他或许与布里索重修旧好，后者刚被雅各宾俱乐部驱逐，正陷入与罗伯斯庇尔和雅各宾派的斗争中。华兹华斯后来说到戈尔萨："我认识这个人。"有可能此时华兹华斯已见过他。[138] 巴黎也有英国人，比如詹姆斯·瓦特和詹姆斯·洛什，后者后来成为华兹华斯坚定的朋友。[139] 声名不佳的《人的权利》的作者托马斯·潘恩在九月二十一日被格雷瓜尔介绍到国民公会；十一月十八日，新成立的"英国俱乐部"在怀特酒店举行庆祝会，人们向他祝酒，华兹华斯很有可能也在这些举杯的激进分子当中，并向共和国表达了"兄弟敬意"。[140]

无论华兹华斯遇见了谁、看到了什么，在巴黎的几个星期无疑加速了他的政治教育，他一年来的进展也有迹可循。至五月十九日，他目睹的一切使他相信，大革命带来的社会变化不可逆转，但他认为法国的未来取决于爱国军人与入侵外敌之间的战斗，这想法太简单。不过，对于一个在外省读报的外国人来说，也不能期望太多。[141] 至于华兹华斯这段时期诗歌中的政治表述，我们也不能过于认真。一七九二年九月或十月，在《景物素描》结尾，华兹华斯呼唤大地重生：

> 哦，伟大的上帝啊，请赐助于**自由神**的洪波，
> 使其以宏大之势压倒**征服者**、**贪婪者**与**傲慢者**，
> 冲垮各个河谷，无论那里**死神**与**饥神**在扫荡，
> 还是冥昧幽暗的**压迫者**筑起壁垒森严的高墙，

或者**密谋女妖**不得不丢弃邪恶残暴的灵魂，

气喘吁吁、仓皇逃向她那地下深渊的中心，

抑或**迫害者**以可怖的笑容装点女妖的床铺，

或堆起自己的山丘，用他疯狂的野心抱负，

还有**争执者**，时时刻刻准备潜入、扩张，

在权力的脚下，他心虚胆战地蹲伏、张望，

像雷霆与闪电渴望着无所不能的语言，

在种种迹象中寻觅毁灭、烈火和利剑；

——请赐助于那洪波，让它像灵泉涌出欢乐，

并以尼罗河般的宏羽遮护胸脯下的各国，

确保每一个执掌极权的俗人都被它吞噬，

尽管他们会狂傲地喊叫"潮水到此为止"，

可仍以怒潮将他们从惊恐万分的岸上席卷，

让他们与手下全都沉溺——永不浮出水面。[142]

评论家们认为，这是华兹华斯写过的最富激情的诗文，而结尾的高潮显然表明，作者强烈反对君主制。[143]不过，该片段仍属泛谈，适用于所有政治场景，或者都不是。没有君主或政治家会从这种姿态中感到威胁。返英后的三个月，华兹华斯写下《致兰达夫主教书》。尽管这并不是一篇老练的檄文，但与《景物素描》不同，该文确实值得关注，因为它说明了作者本人非常熟悉法国近期的事件和问题的实质。这位谴责主教"未能对法国革命的重要历史给予细致入微的关注"[144]的作者有意识地利用了巴黎一手经历给他的优势。

　　如前所述，一七九二年间，华兹华斯的政治意识得以加深，我们可以在《序曲》表述的基础上，带着几分自信，推测这深化的过程。他见证了什么？作何感想？这类猜测恐怕会有细节错误，但诗文与史证之间的高

度一致表明,哪些诗行背后的推测是可靠的。然而,华兹华斯更加私人的情感生活却是另一回事。一七九二年,他与年长四岁的法国天主教女人生下一个孩子。玛丽·安,人称安奈特(1766-1841),是外科医生让·瓦隆的第六个孩子。大约一七八八年前,父亲去世,母亲弗朗索瓦再婚,依然嫁给外科医生,她的两个哥哥接替了父亲在布卢瓦上帝酒店慈善医院的职位。哥哥保罗是奥尔良一位律师的文书。一家人都是保皇派。华兹华斯原本可以与安奈特结婚,但却没有;虽然她显然期待他在适当的时候娶她,但这一想法似乎并未持久地影响他的行动。关于华兹华斯与安奈特在一七九二年的事情,我们确知的仅此而已。

当然,人们迫切地想要知道他们关系的性质。要挖掘如此短暂的激情及其牵涉的责任,任何一个人,只要他不是冷酷无情、自我中心,都会为之深深动容;而多萝茜谈到华兹华斯"和喜欢的对象在一起时,时时刻刻迸发出激烈的情感",说明他并非负心人。[145]但我们根本就没有证据判断华兹华斯是否深爱着安奈特,或者相反,两人的激情只是昙花一现,只因她有了身孕,他才被迫严肃对待。

一无所知。传记作者们只好启动自己的想象。勒古伊(1922)把华兹华斯描绘成但丁与拜伦的交集,超脱,同时也有着火山般炽烈的欲望:"他对她的爱狂热而盲目,在爱情面前,其他一切都不复存在。看到窗边的安奈特,或仅仅是安奈特的窗子,就是一天中最幸福的时刻。"摩尔曼(1957)想象了一出罗密欧与朱丽叶式的爱情悲剧:"安奈特感人的忠贞和清纯的心灵俘获了华兹华斯,并融化了他所有的矜持",他对她怀有"一场伟大初恋的全部仰慕"。然而,可叹他们被战争分开;战争从不在意个体。约翰斯顿(1998)一直关注华兹华斯在霍克斯海德、剑桥和伦敦的爱欲生活(如果有),并得出结论:尽管安奈特"不是绝代佳人",但她充满活力,"如果她引诱他,他肯定无法抗拒"。巴克(2000)也同意安奈特"不是传统意义上的美女",但她有她的优势,"她有法国人特有的坦率和随性,但对英国同等阶层的年轻女性来说,这却是不成体统的"。她"很有主见",作为年长的一方,她可以轻而易举地引诱华兹华斯。沃森(2014)承认证据不足,直言道,尽管这可能是一场火热的恋情,但是,"人们同样会认为,华兹华斯在承诺照顾她、娶她的同时,利用了安奈特对他的依恋,和她上了床"。[146]

无论事实真相如何,我们对此一无所知。可以明了的是,安奈特多么渴望华兹华斯归来,使她和幼小的女儿拥有合法的地位。

> [她在 1793 年 3 月 20 日写道]来吧,我的爱,我的丈夫,来投入你妻子、你女儿温柔的怀抱。……她一天天长大,越来越像你了。我仿佛将你抱在怀中。她小小的心脏紧挨着我的心跳动;我仿佛感到她父亲的:但是,为什么,卡罗琳,为何你如此麻木?为何你的心如此平静,而你妈妈的心已剧烈跳动?哦,我的爱人,她的心很快就会激动起来,如果我对她说:"卡罗琳,再过一个月,半个月,一星期,你就会看到一位最可亲、最温柔的人。"然后,我的卡罗琳的心就会被感动,她将感到她最初的情感,那就是对她父亲的爱。

但华兹华斯不是她的丈夫,她也不是他的妻子。她对多萝茜坦言:"无 62 论我身在何处,他的音容都如影随形;常常,当我独自在房间里读他的信,我觉得他已经进屋了……我从幻觉中抽身,如同从梦中醒来,我看不到他,我孩子的父亲;他离我很远。这一场景反复出现,让我陷入极度的忧郁。"对摩尔曼来说,这些信"出自一个不仅爱着并且知道自己被爱着的女孩"。[147]但也很容易将其读作一个女人的哭泣,她开始害怕:怕自己已被抛弃。

同样,《序曲》的文本依据似乎也指向两个方向。在第九卷结尾,华兹华斯讲述了沃德拉克和朱莉亚的爱情故事,他们的爱情跨越阶级界限,有违家族忠诚,最后以母子之死和沃德拉克精神失常告终。这个故事似乎源于真实。一七九三年,华兹华斯告诉一位康伯兰同乡约书亚·威尔金森①,他将对这个故事进行虚构。或许,吸引他的是,可以通过沃德拉克父亲的专制及法律制裁来比拟他所了解的革命前法国的局势。[148]然而,当他把这个故事写入《序曲》,他显然是在尝试婉转地记录下十二年前客居法国期间他和安奈特的恋情,以及这件事对他的意义。

该片段在《序曲》中的存在引起各种矛盾的解读。一方面,在一部基本以自白方式写成的诗歌中,华兹华斯用第三人称叙述沃德拉克和朱莉亚的故事,用以代替诗中只字不提的与安奈特的恋情,这或许表明他并不认为这种关系是一次个人危机,或对其诗人成长有何重要意义。当然,这种解读或可说明一八〇四年华兹华斯的某些情况,及其改写人生历史的冲动。这些对《序曲》产生了决定性影响,但却与一七九二年的华兹华斯无关。另一方面,人们会感到惊讶,沃德拉克与朱莉亚的故事毕竟出现了。一八〇四年,华兹华斯是一个已婚的人。他的家人知道有关安奈特与卡罗琳的一切。一八〇二年,多萝茜甚至陪同华兹华斯前往法国与他们会面,做好财务安排。但即使如此,如果我们无法直面事实真相,那么,沉默或许是最佳的方式。十二年后,华兹华斯不能完全忽视青春时的恋情,这或许说明,无论他在《序曲》中构筑的阐释模式有多么连贯,若对这段经历避而不谈,则终归失之完整。无论我们如何解读第九卷,事实上,我们不知道一七九二年底华兹华斯对安奈特有何感受,也不知道他十二月返回英国时的心境。

---

① 约书亚·威尔金森(Joshua Wilkinson,约 1769-1802),华兹华斯的校友,旅行作家,1798 年发表诗歌《流浪者》。

注释

[1] 詹姆斯·贝蒂，《游吟诗人：或天才的历程》，第一卷（1771）；第二卷（1774）。见第一卷，第 vi 节，6-9 行。

[2] 多萝茜致简·波拉德，[1793 年 7 月 10 日和 12 日]，《早期书信》，第 100-101 页。华兹华斯本人显然喜欢这种身份认同。几年后，他从多塞特郡的雷斯冈写信给威廉·马修斯，其中说道："我的山间漫步非常愉快。我能听到三里外大海的低语；当然，我常常驻足，'聆听滚滚巨浪的咆哮，亦惧亦喜'。这句话出自《游吟诗人》。"见《早期书信》，第 154 页。

[3] 华兹华斯致威廉·马修斯，[1794 年]5 月 23 日，《早期书信》，第 119 页。关于马修斯，参见下文注释 69。

[4] 将"攀登斯诺顿峰"片段放在 1805 年《序曲》第十三卷，典型地说明了华兹华斯为满足诗歌的目的，会忽视时间顺序。攀登发生在 1791 年，华兹华斯离开伦敦之后、前往法国之前。因此，按照时间顺序，它应该出现在《序曲》第七至九卷，而不是像现在这样出现在全诗结尾，即 1792 年至 1795 年的经历**之后**。

[5] 本·罗斯·施耐德《华兹华斯的剑桥教育》（1957）是必不可少的文献。此后，其他传记作者也补充了很多有价值的信息。玛丽·摩尔曼《威廉·华兹华斯传：早年岁月，1770-1803》（牛津，1957）是奠基之作；肯尼斯·R. 约翰斯顿《隐秘的华兹华斯》（2000）对年轻学生的情欲生活（如果有的话）进行了有趣的猜测；约翰·沃森《华兹华斯传记》（2014）阐述了华兹华斯的财务状况，细节之丰，前所未有；朱莉叶·巴克《华兹华斯传》（2000）细致地梳理了华兹华斯的剑桥生活，为该书的特点。

[6] 1831 年 6 月 8 日，华兹华斯图书馆。

[7] 1805 年《序曲》，3. 381-387。

[8] 同上，3. 80-81；6. 32-33。

[9] 同上，3. 35-36，295-322。

[10] 巴克这样解释减费生："不能像更有钱的同学那样付学费，但有望通过考试成功为学院增光的聪明男生"（第 63 页），他们在很多细节受到限制，以

便提醒其身份地位。

[11] 1805 年《序曲》,3.43。华兹华斯霍克斯海德学校时期的朋友包括约翰·弗莱明、威廉·彭尼,爱德华·伯基特(基督学院),弗莱彻·雷恩科克(彭布罗克学院),查尔斯·法里什(女王学院),罗伯特·格林伍德(三一学院),约翰·米勒(耶稣学院),托马斯·高思罗普(圣约翰学院)。他的表兄约翰·迈尔斯与华兹华斯同行来到剑桥,两人同时进入圣约翰学院。

[12] 1805 年《序曲》,3.437。

[13] 亨利·甘宁,《追忆剑桥大学、剑桥市和剑桥郡·1780 年》(两卷,1854),第一卷,第 14-15 页。

[14] 迄今为止有关华兹华斯剑桥生活最全面的想象,参见约翰斯顿的《隐秘的华兹华斯》,第五、七、八章。

[15] 致理查德·华兹华斯的信(1789 年 12 月 18 日):"我很抱歉地说,我认为你弟弟威廉太奢侈了,自从他去了剑桥,已经花了快三百块了。考虑到他的预算,这笔数目令人羞耻。"

[16] 1805 年《序曲》,3.631-636。

[17] 同上,3.65-68,513-514,628。

[18] 施耐德《华兹华斯的剑桥教育》详细说明了剑桥的教学方法和考试要求。另见邓肯·吴,《华兹华斯的阅读:1770-1799》,附录二,华兹华斯的大学考试。

[19] 见施耐德,《华兹华斯的剑桥教育》,第 14 页,第 30-38 页。

[20] 华兹华斯的舅舅威廉·库克森占有圣约翰学院保留给康伯兰地区的两个董事名额之一。1788 年他结婚时,让出了这个名额。在圣约翰学院,库克森与威廉·威尔伯福斯(1759-1833)成为密友,后者是基督教福音派慈善家,主张废除奴隶贸易,也是皮特的朋友。库克森曾帮助威尔伯福斯获得一处温德米尔的房产,威尔伯福斯的关系也帮助了库克森获得了佛恩塞特的教区牧师职务,后来还帮他获得了温莎咏礼司铎的位置。正如罗伯特·伍夫在《华兹华斯的霍克斯海德》(第 xix 页)中指出的,这份友谊"让我们注意到华兹华斯的亲戚们交

往的社会阶层"。约翰·罗宾逊(1727-1802)有着杰出的职业生涯。1760年,他成为罗瑟庄园的管家;1764年,成为威斯摩兰地区的议员。1774年,成为哈里奇地区的议员,直至去世。关于他的精彩叙述,见伊安·R.克里斯蒂,《约翰·罗宾逊议员:1727-1802》,载《十八世纪晚期英国政治中的神话与现实》(伦敦,1970),第145-182页。爱德华·克里斯蒂安是圣约翰学院的董事(1780-1789),也是库克森的另一位朋友。1788年,他成为普通法教授,尽管后来被剥夺了法定资格,但在1791年朗斯岱尔听证会上,他代表华兹华斯家族一方出庭,那时他似乎正处在上升时期。

[21] 理查德·沃特森(1737-1816),三一学院,1764年被任命为化学教授。他曾打趣地说:"我对化学一无所知,没有读过这个科目的半点文字。"《理查德·沃特森生平轶事》,其子理查德·沃特森著(1817),第28-29页。他手段高明,1771年成为钦定神学教授;1782年,成为兰达夫主教。1789年,他修建了卡尔伽斯庄园,在任命一位代表来处理他的工作事务后,他来此居住。沃特森显然善于抓住时机,他对待职务的态度是可耻的,但是他有能力、勤奋,持自由主义观点,因此,在九十年代,政界人士依赖他克制且具有常识性的方式来反对激进分子。

[22] 由于约翰·捷布(彼得学院)、罗伯特·泰尔维特和威廉·弗伦德(耶稣学院)、托马斯·费什·帕尔马(女王学院)的活跃,上帝一位论派思想在学校占据优势,这些人因不信奉国教派观点一直遭到迫害。然而,捷布和帕尔马分别于1776年和1783年离开剑桥。学校当权者对弗伦德那场恶名远扬的审判发生在1793年。更广泛论及弗伦德与学校事件的论著,见肯尼斯·R.约翰斯顿,《不寻常的嫌疑犯:皮特的警戒统治与1790年代失落的一代》(牛津,2013),第79-95页。

[23] 1805年《序曲》,6.41。

[24] 同上,3.78-118。

[25] 同上,3.340-341,375-407。

[26] 华兹华斯所译维吉尔与贺拉斯,见《早期诗歌与片断》。

[27] 阿戈斯蒂诺·埃索拉(1713-1797),米兰流亡犯,诗人格雷的朋友,现代历史教授将其聘用。华兹华斯说:"当我带着极大的兴趣来学习这些,他为我的进步而感到骄傲。"见《回忆录》,第一卷,第 14 页。埃索拉编辑出版过塔索和阿里奥斯托的作品,可能对华兹华斯产生影响。1789 年,华兹华斯与格林伍德、高思罗普、米勒为霍克斯海德学校图书馆捐赠了塔索的《被解放的耶路撒冷》。见《华兹华斯的霍克斯海德》,第 353-354 页。1796 年,华兹华斯曾鼓励多萝茜学意大利语。见《早期书信》,第 170 页。华兹华斯晚年翻译过米开朗基罗、阿里奥斯托、梅塔斯塔奇奥和塔索的作品。

[28]《黄昏漫步》,詹姆斯·阿弗里尔编(伊萨卡,1984),第 6 页。

[29]《黄昏漫步》(1793),1-8 行。1793 年出版时,本诗的扉页上写着"黄昏漫步:从北英格兰湖区写给一位年轻女士的诗歌体书信"。

[30] 同上,第 51 行。1788 年 10 月 17 日,威廉·库克森与多萝茜·库珀结婚,12 月担任佛恩塞特圣彼得教区牧师。多萝茜是这场婚姻的见证人。

[31] 多萝茜致波拉德,[1788 年 12 月 7 日和 8 日],《早期书信》,第 19 页。

[32] 约翰·谢瓦利尔,圣约翰学院院长,1789 年 3 月 14 日去世。他的棺材被安置在学院的礼堂中,华兹华斯拒绝遵照传统在枢衣上写诗纪念亡者,"因为我对这位逝者不感兴趣,我和他没有往来,也从来没有见过他,除了他在学院院子里散步的时候"。见《回忆录》,第一卷,第 14 页。这份缺乏经验的浪漫主义的率真并未打动威廉·库克森,他义正辞严地告诉外甥:"这是一个很好的显露你的机会。"

[33] 多萝茜致简·波拉德,[1793 年]2 月 16 日,[1793 年 7 月 10 日和 12 日],《早期书信》,第 87、97 页。

[34] 引自《黄昏漫步》,第 9-10 页。关于这位"旅行通讯员"的全部记录,见伍夫,《批评遗产》,第 28-30 页。他自称"旅行者",令人想起约瑟夫·沃顿的诗《狂热者:或大自然的热爱者》(1744),或者,贝蒂笔下的游吟诗人埃德温也被描绘为一位"孤独的狂热者"(1.479-481),但他肯定想通过"狂热"一词来传达一种令人质疑的宗教狂热。

[35] 1805 年《序曲》,12.312;11.384-385。"泉"(Fountain)在此指"天然的泉水",标准的十八世纪用法。

[36] 同上,4.16-17。关于华兹华斯的假期行动,并无充分依据,但罗伯特·伍夫在《华兹华斯的霍克斯海德》中的详细论述(第 134-135 页)纠正了摩尔曼和里德的错误,是目前对这一问题最深入的研究。

[37]《华兹华斯的霍克斯海德》,第 135 页。

[38] 约翰·罗宾逊致华兹华斯,1788 年 4 月 6 日,《早期书信》,第 18 页。

[39] 在[1790 年]10 月 6 日写给简·波拉德的一封信中,多萝茜坦言:"我承认……如果他在执行计划前告诉我,我也会(像他的很多朋友那样)认为太疯狂、不切实际。"(《早期书信》,第 39 页)多萝茜实际上是引用了华兹华斯在[1790 年]9 月 6 日[和 16 日]来信中的话,信中他解释道:"我没有去看望理查德,主要不是因为我们没打算在伦敦久留,而是因为他,如同我在剑桥的很多朋友,会认为我们的计划太疯狂、不切实际。"(《早期书信》,第 37 页)

[40] 见上文引用的书信,[1790 年]9 月 6 日[和 16 日]。

[41] 唐纳德·E. 海顿的《华兹华斯 1790 年徒步旅行》(塔尔萨,1983)对这场旅行进行了明晰翔实的叙述。他后来几本关于华兹华斯旅行的书都是出于热爱之作,值得强烈推荐。

[42] 1815 年 10 月 11 日,华兹华斯图书馆。

[43] 华兹华斯致多萝茜,[1790 年]9 月 6 日[和 16 日],《早期书信》,第 32、27 页。在《景物素描》的献词中,华兹华斯称自己和琼斯"每人肩上背着装有必需品的小背包"。见《景物素描》,埃里克·伯索尔编(伊萨卡,1984),第 32 页。以下简称《景物素描》。

[44] 罗伯特·琼斯致华兹华斯,1821 年 2 月 23 日,华兹华斯图书馆。

[45] 华兹华斯的《疯狂的奥兰多》现藏于华兹华斯图书馆。

[46] 华兹华斯致多萝茜,[1790 年]9 月 6 日[和 16 日],《早期书信》,第 37 页。

[47] 同上,第 36 页。

［48］托马斯·格雷致格雷夫人，1739 年 10 月 13 日。格雷的书信和他 1769 年访问湖区时的日记收录于威廉·梅森编辑的《格雷先生诗歌、回忆录和其他作品》（约克，1775），已多次再版。

［49］不确定 1790 年华兹华斯看的是柯克斯哪个版本。该书曾作为威廉·柯克斯，《瑞士的自然、社会与政治状况：致威廉·梅尔茅斯先生的信》（1779；1780 年第二版）问世。后被译成法语，《威廉·柯克斯先生致威廉·梅尔茅斯先生的信：关于瑞士的政治、社会与自然状况，译自英语，增加了译者对瑞士的观察》，雷蒙·德·卡邦尼埃尔译（两卷，巴黎，1781；1782 年第二版）。另有一种英文版，《瑞士行记：致威廉·梅尔茅斯先生的信》（三卷，1789）。1792 年，威廉和克里斯托弗·雷恩科克将这一版捐赠给霍克斯海德学校。到 1792 年时，华兹华斯肯定知道法语版，因为他在《景物素描》中说起受益于该书。而且，此时，他的法语应该已很流畅，能够轻松驾驭这本书。然而，在 1790 年的旅行中，他很可能仅参考了第一版最简单的英语版。

［50］1805 年《序曲》，6.456-458。

［51］在九月的信中，华兹华斯向多萝茜坦白："尽管这个瀑布壮观无疑，我……对它感到失望。我期待得太高了。"在一篇非常有趣的文章《华兹华斯与莱茵瀑布》中（载《浪漫主义研究》，第 23 期〔1984〕，第 61-79 页），特蕾萨·M.凯莉解释了华兹华斯的失望，实际上，他是从错误的岸上观看这一景观的。

［52］关于这个模型的说明，见朱莉亚·泰姬布鲁姆，《华兹华斯与瑞士中部浮雕》，载《华兹华斯社交圈》，第 46 卷，第二期（2015 年春季），第 116-120 页。

［53］华兹华斯致多萝茜，［1790 年］9 月 6 日［和 16 日］，《早期书信》，第 37页。1805 年《序曲》，6.578-579。塔楼由十七世纪商人卡斯帕·斯多卡尔帕所建，为他的七十个护卫提供住宿之用。2000 年 10 月 14 日的一场泥石流摧毁了贡多村，塔楼也被毁掉。见唐纳德·E. 海顿，《华兹华斯的贡多：不复存在》，载《华兹华斯社交圈》，第 32 期（2001），第 117-120 页。

［54］安德鲁·瓦尔内，《华兹华斯与"那些意大利钟表"》（载《注释与问询》，新刊（NS），第 17 期〔1980〕，第 69-70 页）解释了华兹华斯和琼斯是如何犯

这个错误的,也证明了华兹华斯记忆中的焦躁不安乃情理之中,正如歌德曾在《意大利旅行》中尝试解释神秘的意大利钟表及其计时方法,并配有令人困惑的图表。歌德在意大利时,比华兹华斯和琼斯早四年。

[55] 1805 年《序曲》,6.621–657。

[56] 华兹华斯致多萝茜,[1790 年]9 月 6 日[和 16 日],《早期书信》,第 33 页。

[57] 1805 年《序曲》,6.424。多萝茜致亨利·克拉布·罗宾逊,1822 年 12 月 21 日,《晚期书信》,第一卷,第 176 页。

[58] 华兹华斯致多萝茜,[1790 年]9 月 6 日[和 16 日],《早期书信》,第 34 页。

[59] 雪莱 1816 年拜访此地时也被群山震撼,"喜极而叹,并非没有疯狂";冰川也令人敬畏,它们"永不停息地流入山谷,以缓慢却势不可挡的进程摧毁着周围的牧场和森林,上演着漫无边际的荒凉,而熔岩只消一个时辰就可以摧毁这一切,且更加无可挽回……"见雪莱致皮考克的信,1816 年 7 月 7 日至 22 日。这封信与华兹华斯[1790 年]9 月 6 日[和 16 日]的信、1805 年《序曲》第六卷相得益彰,非常有趣。见《珀斯·比希·雪莱书信》,弗雷德里克·L. 琼斯(两卷,牛津,1964),第一卷,第 495–502 页。

[60] 我很感激马克·里德在一次私人交流中使我注意到《序曲》(WW 手稿)第六卷 510–519 行,其中关于雾、逼近的暴风雨以及"粗鄙的茅棚"等细节是终稿中没有的。见 1805 年《序曲》,第二册,第 254–255 页。

[61] 1805 年《序曲》,6.549–572。关于华兹华斯的这场经历和相关场景照片,读者可参考海顿,《徒步旅行》,第 40–53 页,以及迈克斯·威尔第,《华兹华斯与桑普朗山口》,载《英语研究》,第 40 期(1959),第 224–232 页,第 43 期(1962),第 359–377 页。

[62]《早期书信》,第 33、34 页。《托马斯·格雷书信》,佩吉特·汤因比和莱昂纳多·惠布利编(1935);H. W. 斯塔尔修正和增补版(三卷,牛津,1971),第一卷,第 128 页。

[63] 威廉·哈钦森在《湖区漫游:威斯摩兰与康伯兰,1773 年 8 月》(纽卡斯尔,1767)第 108-113 页印有"布朗博士论凯西克和多佛岱尔的信"。与凯西克相比,多佛岱尔并没有太多优势,但也有很多值得称道之处,足以吸引华兹华斯来此一游。值得注意的是,在注释 59 所引的雪莱书信中,当雪莱寻找与阿尔卑斯山风景相似的地方时,他提到了马特洛克①。

[64] 华兹华斯致多萝茜,[1790 年]9 月 6 日[和 16 日],《早期书信》,第 35-36 页。

[65]《丁登寺》,63-66 行。

[66]《作者沿莱茵河溯游之旅(三十年前)》,收录于《欧陆之旅回忆录·1820》(1822)。

[67] 多萝茜和玛丽·华兹华斯的日记中也记录了这场旅行。关于多萝茜的《欧陆之旅日记·一八二〇》,见多萝茜·华兹华斯,《多萝茜·华兹华斯日记》,E. 德塞林科编(两卷,1941,1952),第二卷,第 3-336 页。玛丽·华兹华斯的日记已转录于以下网站:http: // www. day-books. com/assets/daybooks _wordsworth_diary. pdf。华兹华斯的《回忆录》,见《十四行诗系列与旅行诗:1820-1845》,杰弗里·杰克逊编(伊萨卡与伦敦,2004),第 351-456 页。需注意,《华兹华斯诗集》第三卷第 164-201 页刊印的华兹华斯回忆录,为 1849-1850 年间最后修改过的版本,已对 1822 年第一版进行了大量的改动,最重要的修订是删去了沿莱茵河溯游之旅那首十四行诗。

[68] 华兹华斯致多萝茜,[1790 年]9 月 6 日[和 16 日],《早期书信》,第 35、37 页。

[69] 华兹华斯致马修斯,[1791 年]6 月 17 日,《早期书信》,第 49 页。马修斯(1769-1801),就读于彭布罗克学院,伦敦书商之子,反抗其循道宗父亲家族的偏执。为抵抗家人迫使他从事牧师职业的压力,他首先在兰开夏郡教书,后又尝试在伦敦谋生。做记者,也做律师,都不如意。1801 年,他前往西印度群

---

① 　与多佛岱尔同属于德比郡。

岛,在那里死于黄热病。

马修斯严肃、书生气,其兄弟、著名喜剧演员查尔斯回忆道,他"投身于深奥抽象的研究、数学……对语言有极致的渴求,二十岁前,他已经可以讲或者阅读六种语言了"。他不是无神论者,但他强烈反对所有制度性宗教特有的"繁礼多仪"。他去世那一年曾写信给兄弟,认为如果有任何途径可以取悦"一切众生的仁慈的造物主",那就是"通过彼此仁爱来效仿他的完美"。见安妮·马修斯夫人,《喜剧演员查尔斯·马修斯回忆录》(四卷,1838－1839),第一卷,第 35 页,第 326-327 页。

[70] 多萝茜致简·波拉德,[1791 年]5 月 23 日,《早期书信》,第 47 页。

[71] 多萝茜致简·波拉德,[1793 年]6 月 16 日,[1793 年 7 月 10 日和 12 日],《早期书信》,第 96、98 页。

[72]《回忆录》,第一卷,第 48 页。

[73] 约翰斯顿,《隐秘的华兹华斯》,第 178-179 页。

[74] 多萝茜致简·波拉德,[1791 年]6 月 26 日,《早期书信》,第 51 页。她指的是琼斯五个姐妹中的三个。

[75] "攀登斯诺顿峰"片段(1805 年《序曲》,13.1-65)体现了华兹华斯典型的创作过程,即,对实际经历的回忆与对文学渊源的回忆相结合,共同形成一气呵成、诉诸当下的诗歌。除了贝蒂的《游吟诗人》和詹姆斯·克拉克的《湖区总览》之外,华兹华斯在 1804 年描述 1791 年经历时,所用意象也参考了下面的段落:"大雾将山形的全部轮廓笼罩起来。山下的景象非常恐怖,让人觉得弥漫、肆虐在我们周围的大雾似掩藏了无数的深渊。常常,一阵疾风拨开了云朵;云缝中,湖泊和山谷清晰动人。有时,云缝只有一处;有时,同时有多处,于是呈现出一幅奇幻的景象:湖水、田野、岩石、沟壑,五十多处,景象各异……"见托马斯·潘南特,《威尔士之旅》(两卷,伦敦,1784),第二卷,第 164 页。关于贝蒂和克拉克,参见乔纳森·华兹华斯,《威廉·华兹华斯:灵视的边界》(牛津,1982),第 310-312 页。

[76] 夏洛特·史密斯(1749-1806)与不负责任的丈夫分居,他是议员约

翰·罗宾逊的内弟。为了获得应有的财产,她一生多奔忙于法律事务。她非常多产,著有十部小说(《戴斯蒙德》,1792,表达了她对法国的同情);她的《哀伤十四行》(1784)发行了六版。见《夏洛特·史密斯诗集》,斯图尔特·柯兰编(纽约,1993)。

[77] 华兹华斯在《黄昏漫步》第19页引用过史密斯的十四行诗《致南唐斯丘陵》;在写于1835年的《乘蒸汽船驶离康伯兰海岸圣比斯岬所作的诗节》一诗注释中,华兹华斯郑重地表达了对史密斯的感激和敬意,称"英国诗歌对这位女性怀有无上感激,难以表达或铭记"。见《十四行诗系列》,第621页。

[78] 更多细节,见邓肯·吴编,《华兹华斯的诗人》(曼彻斯特,2003),第41、141页。吴引用了华兹华斯1791年12月19日写给哥哥理查德的信,其中说起他受到的盛情接待。见《早期书信》,第68页。

[79] 1778年,朗斯岱尔勋爵获得法院强制令,暂缓执行华兹华斯家族代理人发起的诉讼程序。1791年2月28日,他接到命令,要向法庭支付四千英镑。他没有照做,强制令解除,促成了八月在卡莱尔巡回法庭举行的全面听证会。8月26日会上,法庭裁定,约翰·华兹华斯的后嗣应获得近五千英镑的损害赔偿金;11月,法庭指定仲裁者来确定精确数目。但实际上,直到1802年伯爵去世,事情才得以解决。

[80] 华兹华斯致威廉·马修斯,[1791年]11月23日,《早期书信》,第62页;[1791年]9月23日,《早期书信》,第58—59页。

[81] 同上,《早期书信》,第58页。

[82] 华兹华斯的兄长理查德·华兹华斯致理查德·华兹华斯伯伯,1791年11月7日,《早期书信》,第61页注释1。

[83] 华兹华斯致威廉·马修斯,[1791年]11月23日,《早期书信》,第62页。

[84] 1805年《序曲》,9.36—37。

[85] 多萝茜致简·波拉德,[1791年]12月7日,《早期书信》,第66页。

[86] 安娜·西沃德致诺尔斯夫人,1789年7月25日,《安娜·西沃德书

信：1784-1807》（六卷，爱丁堡与伦敦，1811），第二卷，第298-299页。"利奇菲尔德的天鹅"①的书信是英国对法国事件所持态度的晴雨表。

[87] 伊安·R.克里斯蒂，《十八世纪晚期英国的压力与稳定》（牛津，1984），第157页。

[88] 理查德·普莱斯，《论爱国》，1789年11月4日演讲。引自玛丽琳·巴特勒内容翔实的选集《伯克、潘恩、葛德文与大革命之争》（剑桥，1984），第32页。

[89] 埃德蒙·伯克，《法国革命沉思录》，出自《埃德蒙·伯克作品与演讲集》，第七卷《法国大革命1790-1794》，L. G. 米歇尔（牛津，1989）。米歇尔的版本大多见诸"牛津世界经典"系列（1993，1999年再版），本书将多次引用该版本。《沉思录》于1790年11月1日出版。詹姆斯·T.布尔顿在《威尔克斯与伯克时代的政治语言》（1963）第77-78页指出，有人警告伯克，"本书将引发一场'不合时宜的舆论大战'，这一预言得到了充分的验证"。伯克论辩的副标题是"论伦敦某些团体对这一事件的行动"，指的是上文所引理查德·普莱斯的演讲。

[90] 《致埃德蒙·伯克阁下的政治信笺》（牛津，1791），第2页。见薇薇安·H. H. 格林，《林肯学院的共同体：1427-1977》（牛津，1979），第363-369页。

[91] 《英格兰议会史》，威廉·科贝特编，第29期（1817），第249条。

[92] 同上，第387-388条。L. G. 米歇尔，《查尔斯·福克斯》（牛津，2002），尤第114-115页；康纳·克鲁斯·奥布莱恩，《伟大的旋律：伯克主题传记》（1992），尤第414-431页。

[93] 1805年《序曲》，9.96-97。

[94] 《芬尼克笔记》中关于《漫游》的说明，第80页。约瑟夫·福塞特（约1758-1804），葛德文与海兹利特的朋友，吸引了大量听众来听其演讲，后作为《星期天晚间布道·冬季·老犹太人区》（两卷，1795）出版。这些不会引起争议的布道对华兹华斯影响甚微，但福塞特的诗《战争的艺术》（1795）"很有价值，不

---

① 安娜·西沃德的昵称。

然我不会常想起他"。在《芬尼克笔记》中，华兹华斯称《漫游》中的"孤独者"一部分以福塞特为原型。见尼古拉斯·罗，《华兹华斯与柯尔律治：激进岁月》（牛津，1988；2018 年第二版），第 38-43 页。罗这本书研究细致，为本章此部分的各个方面提供了更多细节。以下简称"《激进岁月》"。

[95] 1805 年《序曲》，9.26。几乎可以确定，华兹华斯与尼科尔森的联系是通过他的表姐妹伊丽莎白·斯雷尔克德，她在哈利法克斯经营一家缝纫店，是批发商尼科尔森的客户。她的父亲是上帝一位论派牧师。见《早期书信》，第 2 页注释 2，第 16 页注释 4。华兹华斯忆起与尼古森成为朋友，"当我在伦敦还没有太多熟人时"，很可能指的是 1791 年，而不是如摩尔曼在《早年岁月》第 219-220页所说的 1793 年。

[96] 见阿尔伯特·古德温，《自由之友：法国大革命时代的英国民主运动》（1979），第 83-98 页。

[97]《沉思录》，第 12 页。

[98]《激进岁月》，第 43-47 页。关于这一协会，亦可参考古德温的书。

[99] 约瑟夫·约翰逊（1738-1809）在 1791 年已是一位很重要的出版商。他支持上帝一位论思想，特别是约瑟夫·普里斯特利的著作；他出版当代真正杰出的诗歌，如库珀、伊拉斯谟斯·达尔文；并通过他在 1788 年创办的期刊《分析评论》对当下事件进行高调却非正统的评论。他的热情好客将信仰各异、持不同意见的灵魂聚集在一起。然而，1790 年代，约翰逊对激进思想和作品的支持越来越引起他注意。1799 年 2 月，他因出版吉尔伯特·威克菲尔德的反动言论被判处在王座监狱监禁六个月。见杰瑞德·P. 泰森，《约瑟夫·约翰逊：开明出版商》（爱荷华，1979）；斯图尔特·安德鲁斯，《英国期刊出版与法国大革命：1789-1799》（贝辛斯托克，2000）。

[100] 普通读者通过对比 E. P. 汤普森《英国工人阶级的形成》（1963）与伊安·R. 克里斯蒂的《十八世纪晚期英国的压力与稳定》（1984）这两本书，可以掌握这场辩论的精髓。

[101] 约翰斯顿，《隐秘的华兹华斯》，第 175-191 页："强大的城市"。

［102］1805 年《序曲》,9.88-100。理查德·D. 阿尔蒂克《伦敦的表演》(麻省：剑桥,1978)信息翔实、妙趣横生地叙述了伦敦丰富的大众娱乐。

［103］约瑟夫·普里斯特利(1733-1804)是杰出的上帝一位论派牧师,也是科学家、教育理论家、争议作家。见珍妮·厄格洛,《月光社人》(2002)①,尤其是第 435-449 页,关于普里斯特利的住所和实验室被袭的细节,这件事体现了日渐恶化的反动情绪。普里斯特利在 1794 年逃往美国。

［104］引自约翰·W. 德里,《查尔斯·詹姆斯·福克斯》(1972),第 293 页。伯克,《沉思录》,第 40 页。

［105］1805 年《序曲》,9.15-17。

［106］同上,10.881。

［107］莱斯利·斯蒂芬,《华兹华斯的伦理观》,载《康希尔杂志》,1876 年第 34 期,第 206-226 页。重印于《图书馆时光：第三辑》(1879),第 178-229 页。斯蒂芬认为,华兹华斯的诗歌以适合想象文学的方式阐释了人生的真理。尽管多受指摘,这篇文章比大多数评论更能欣赏诗人作品的价值,诗人曾声称："每一位伟大的诗人都是一位教师：我希望自己要么被当作教师,要么什么都不是。"华兹华斯致乔治·博蒙特爵士,约 1808 年 2 月 20 日,《威廉与多萝茜·华兹华斯中期书信：1812-1820》,E. 德塞林科特编,玛丽·摩尔曼修订(牛津,1969),第一卷,第 195 页。以下简称《中期书信》。见亚当·珀特基对这一话题的重要再思,《华兹华斯的伦理观》(巴尔的摩,2012)。

［108］见《华兹华斯的重游》,第 83-154 页。

［109］华兹华斯致安妮·泰勒,1801 年 4 月 9 日,《早期书信》,第 327 页。

［110］本章此部分的各方面内容都归功于尼古拉斯·罗和肯尼斯·R. 约

---

① 月光社(The Lunar Society),伯明翰的学术社团,由伯明翰启蒙运动(亦称米德兰启蒙运动)的许多杰出人士组成,包括实业家、自然科学家、知识分子等。1765 年至 1813 年间,他们每逢满月聚在一起探讨各种前沿问题,因为月光可以照亮没有街灯的路段,使散会后的返家之程更加安全。会员们自称"月光派"(lunaticks),与"狂人"(lunatics)双关。成员包括伊拉斯谟斯·达尔文、普里斯特利、约书亚·韦奇伍德,以及发明蒸汽机的瓦特。

翰斯顿的书，以及大卫·V.厄尔德曼，《启蒙事业：约翰·奥斯沃德与巴黎的英国人：1790–1793》（哥伦比亚，1986）。

[111] 雅克·皮埃尔·布里索（1754–1793），激进主义记者，积极分子，致力于黑人解放的"黑人之友协会"创始人，《法国爱国者》编辑。布里索是雅各宾派的领袖人物，1791 年，他倡导以严酷手段打击国内的反革命分子，以迅捷的军事行动抵抗外敌威胁。罗伯斯庇尔手段越来越高明，1792 年 10 月 10 日将布里索逐出雅各宾派俱乐部，并于 1793 年 10 月 31 日将其处死，还包括他圈子内的其他人，成为"恐怖统治"最初的牺牲品。

[112] 华兹华斯致理查德·华兹华斯，[1791 年]12 月 19 日，《早期书信》，第 70 页。

[113] 同上，第 68–69 页。华兹华斯的精打细算说明，他多么急于打消人们对他的怀疑，怕人们以为他在国外过着奢侈的生活。

[114] 同上，第 69 页。错过海伦·玛丽亚·威廉姆斯是一个损失，因为她应该可以把华兹华斯介绍给一个支持法国革命的更大圈子。威廉姆斯（1762–1827），成功的诗人和小说家，后成为法国革命的热情支持者；1791 年后，大多住在法国，撰写大量文字，为英国公众阐释法国政治。她与华兹华斯 1820 年才见面。关于这封信及丰富的背景材料，见《法国书简：1790 年夏》，尼尔·弗莱斯塔特与苏珊·S. 兰泽尔编（安大略省：彼得堡，2001），以及理查德·葛莱维尔，《华兹华斯与海伦·玛丽亚·威廉姆斯，或情感的危险》（彭里斯，2010）。

[115] 同上，第 69 页。谢弗指出，华兹华斯在圣约翰学院时可能认识福克斯洛同父异母的兄弟。

[116] 同上，第 70 页。

[117] 所有的传记作者——摩尔曼、吉尔、巴克、约翰斯顿、沃森——对华兹华斯与安奈特的故事都有自己的想象，但关于瓦隆家族最基本的信息，所有作者都必须参考 G. M. 哈珀的《华兹华斯的法国女儿》（普林斯顿，1921）与埃米尔·勒古伊的《威廉·华兹华斯与安奈特·瓦隆》（1922）。

[118] 依然有人断言华兹华斯行为不检点，隐瞒了他与安奈特的关系。此

非属实。诗人朋友圈中的人都知道这件事。在诗人死后出版的《回忆录》（1851）开始隐瞒这件事。克里斯托弗·华兹华斯本想讲述这件事，因为他知道这是不可能无限期隐瞒的；但玛丽·华兹华斯坚决反对，他在《回忆录》中只能泛泛而谈，见第一卷，第74-75页："华兹华斯在法国的处境非常严峻：孤儿，年轻，幼稚，鲁莽，热情，处在革命状态的异国而无友善的声音引领他；而且，必须谨记，这场革命不仅反对君主制和其他古代制度，而且还向基督教宣战。最无法无天的理论得到鼓吹，所有约束都被解除，放荡不羁就是法律。他的周围充满诱惑。尽管本书无意梳理华兹华斯生平事件的年表，除非对理解他的作品有益，然而我不能忽略这一时期的潜在危险，它容易使出于极度热情将自己置于危险境地的人因对环境考虑不周而未能约束自己的行为。"在华兹华斯图书馆的一份校样上，有人（或许是华兹华斯的女婿爱德华·奎利南）在这一段落旁边加以批语："华兹华斯夫人极力反对这段文字。"然而，它还是保留下来了。关于法国家庭方面的交涉、华兹华斯法国恋情的持续隐瞒和最终揭露，见《华兹华斯与维多利亚人》，尤第230-234页。

［119］华兹华斯致威廉·马修斯，［1792年］5月19日，《早期书信》，第76页。

［120］华兹华斯致理查德·华兹华斯，［1792年］9月3日，《早期书信》，第80-81页。这封信也说明，华兹华斯此时的计划是多么易变，他向理查德保证，"我十月份会回到市里"，然而他直到十二月底才回到伦敦。见《年谱》，第一卷，第137页。

［121］见1805年《序曲》，10. 189-191："不情愿地回到英格兰，／ 不为别的，只因极度的 ／ 生计需求所迫"。摩尔曼（《早年岁月》，第202页）和沃森（《传记》，第76页）都认同这个解释。

［122］1805年《序曲》，6. 352-354。

［123］有关法国大革命的文献，浩如烟海，极其复杂，令人生畏。普通读者若想了解参与者的更多信息，及对革命事件的分析，可参考《牛津法国大革命手册》，大卫·安德雷斯编（牛津，2015）；伊安·戴维森，《法国大革命：从启蒙到专

制》(2016)。

[124] 1805 年《序曲》,9.93-95。

[125] 华兹华斯致理查德·华兹华斯,1791 年 12 月 19 日,《早期书信》,第 70 页。

[126] 勒古依在《威廉·华兹华斯与安奈特·瓦隆》(第 7 页)中指出,让·亨利·吉列-杜维威尔(1754-1793)"由于最近妻子离世而精神错乱,在表达对大革命的仇恨时,表现出鲁莽的兴奋"。在一场荒唐的审判后,他最终被送上绞刑架。见第三章。

[127] 1805 年《序曲》,9.126-191。引文出自第 200 行。

[128] 华兹华斯认为博布伊死于 1793 年旺底的反革命分子起义,但实际上,1796 年 10 月 18 日,他死在埃门丁根,不是抗击"被蒙骗的同胞"(1805 年《序曲》,9.433-434),而是抗击奥地利人。更多信息,见《激进岁月》,第三章。

[129] 1805 年《序曲》,9.298-328。

[130] 同上,9.511-524。

[131] 该俱乐部并不排斥外国人,有记录表明,1792 年 2 月,"一位成员要求听证,并为两名英国人申请会员资格"。它的政治思想是极端的。6 月 25 日,它请求立法会罢黜国王。1791 年 2 月,格雷瓜尔当选布卢瓦地区立宪大主教,华兹华斯在此逗留时,他也在这里。1792 年 9 月 21 日,他就审判国王一事向国民公会施压,并在 11 月 15 日再次提出诉求,该日,他当选国民公会主席。华兹华斯在《致兰达夫主教书》中称这位主教为"具有哲思和人性的人",也提到他 11 月 15 日的演讲。见《文集》,第一卷,第 32 页。尼古拉斯·罗《激进岁月》第 63-75 页有更多细节,并提示:格雷瓜尔是 1792 年 6 月 25 日宪法之友协会申诉书的幕后人,指出华兹华斯一定读过(即使没有实际听过)他 11 月 15 日的演讲。

[132] 1792 年 9 月的某一天,华兹华斯回来时,奥尔良已一片动荡。9 月 9 日,五十三名正在等待审讯的政治犯从奥尔良迁往巴黎,不料却在凡尔赛宫惨遭杀害。9 月 16 日至 18 日期间,动乱爆发,表面上是因为食物供应,不得不以武力平息。

[133] 华兹华斯致威廉·马修斯,[1792 年]5 月 19 日,《早期书信》,第 77 页。

[134] J. 吉尔克莱斯特与 W. J. 默里,《法国大革命中的新闻出版》(墨尔本与伦敦,1971),第 27 页。

[135] 法语:"我谴责你有篡取最高权力的明显意图。"

[136] 1805 年《序曲》,10.49–52。

[137] 同上。

[138] 安东尼·约瑟夫·戈尔萨(1752–1793)自 1789 年议会开放开始发行他的《信使》。他与罗兰和布里索同盟,相信九月屠杀的必要性,并坚决反对君主制。1792 年 9 月,他入选国民公会,1793 年 1 月成为其中一位秘书。然而,对马拉的攻击导致 1793 年 3 月 9 日他的出版物被查抄。他逃匿于诺曼底和布列塔尼,但 10 月 6 日返回巴黎时被捕,次日绞刑。伯克在《〈布里索先生致选民〉序言》中曾诋毁戈尔萨。在华兹华斯收藏的这本书(现藏于华兹华斯图书馆)中,华兹华斯在伯克提到戈尔萨那页的边缘写有批语并附上首字母签名:"我认识这个人。"见《新版埃德蒙·伯克作品集》(十六卷,1803－1827),第七卷(1815),第 305 页。

[139] 瓦特(那位伟大的工程师之子)显然是巴黎的活跃分子。1792 年 4 月,他从曼彻斯特宪法协会向雅各宾派俱乐部致意,但 10 月 7 日,他似乎已经离开了巴黎。这一事实与华兹华斯临终前的回忆有所冲突:"我在 1792 年、1793 年革命期间……前往巴黎,满怀激情。但我发现,J. 瓦特先生已先我一步,对于革命也相当热情。"目前对此最为深入的讨论,见里德,《年谱》,第一卷,第 125-126 页,第 147 页。没有确凿的证据表明他们曾在巴黎相遇,但有些证据提示,他们一起回到英国。罗、约翰斯顿、厄尔德曼对外国支持者的活动提供了大量证据和推测。

[140] 托马斯·潘恩(1737–1809)是这一时期巴黎最有名的英国人。他是《人的权利》的作者,1792 年 9 月逃往法国躲避迫害,并当选国民公会成员。怀特酒店演说的原文见约翰·G. 阿尔杰,《1789-1794 年间的巴黎》(伦敦,1902),

第 327-328 页。夏洛特·史密斯与海伦·玛丽亚·威廉姆斯也被敬酒。见约翰斯顿，《隐秘的华兹华斯》，第 235-236 页；大卫·厄尔德曼，《启蒙事业》，尤第五章、第八章。

[141] 华兹华斯致威廉·马修斯，[1792 年]5 月 19 日，《早期书信》，第 77-78 页。

[142]《景物素描》(1793)，792-809 行。

[143]《文集》，第一卷，第 32 页。

[144] 同上。

[145] 多萝茜致简·波拉德，[1793 年]2 月 16 日，《早期书信》，第 87 页。

[146] 勒古依，《华兹华斯与安奈特》，第 14 页。摩尔曼，《早年岁月》，第 180-181 页；约翰斯顿，《隐秘的华兹华斯》，第 295-296 页；巴克，《华兹华斯传》，第 103 页；沃森，《传记》，第 72 页。

[147] 摩尔曼，《早年岁月》，第 180-181 页，附有这些信件的译文。华兹华斯与多萝茜从未收到原件，因为它们被法国当局扣押了。原件重印于勒古依，《华兹华斯与安奈特》，第 125-133 页。

[148] 见切斯特·L. 谢弗，《华兹华斯的沃德拉克与威尔金森的流浪者》，载《英语研究评论》，新刊，第 12 期(1961)，第 55-57 页。威尔金森(与理查德·华兹华斯同屋)在他的旅行日记中讲到一名布卢瓦骑士的故事，以及他对一位资产阶级小姐的爱情。他本想展开叙述，但他的一位绅士朋友打算对它进行虚构。F. M. 托德在《政治与诗人：华兹华斯研究》(1957) 第 221-225 页指出，"沃德拉克与朱莉亚"的故事与海伦·玛丽亚·威廉姆斯在《法国书简》(1790) 中插入的《F 夫妇回忆录》有相似之处。约翰斯顿(2000)确认了这一点，它确实"为[华兹华斯的]悲伤故事'沃德拉克与朱莉亚'提供了一个基础或隐蔽的翻版，使他能够以文学形式再现自己与安奈特·瓦隆的爱情故事"。(第 209 页)

第三章　一七九三至一七九五

一

一七九三年一月二十一日,巴黎,路易十六被送上断头台。八天后,两部诗歌在伦敦出版:《黄昏漫步》与《景物素描》,"作者:W. 华兹华斯,剑桥大学圣约翰学院文学学士"。将这两件事放在一起未免有些牵强,但却可以凸显在那段时期,什么在华兹华斯的生命中至关重要。对于华兹华斯而言,乔治·爱略特的观点"没有哪一个人的私人生活不受制于更加宏阔的公众生活"是他苦涩的切身经历。[1]他时刻感到来自外部事件的压力,超出他的控制范围。世界舞台上的宏大事件使他的个人焦虑显得微不足道,而同时也变得愈加强烈。

一七九二年十二月底,华兹华斯回到英国,他的处境非常糟糕,很快就几近绝望。早些时候,面对安奈特的身孕,他迫不得已决定接受威廉·库克森给他找的助理牧师工作,尽管他告诉马修斯:"如果我有能力,我当然希望能推迟这一刻的到来。"[2]他过于乐观了。一七九三年七月,多萝茜向波拉德诉苦:"我舅舅没有邀请威廉来佛恩塞特,他不喜欢威廉,唉!"但即使面对这样一位亲近的朋友,多萝茜依然没有解释"两位舅舅对威廉有偏见的根本原因",只是说:"这是个……不愉快的话题,不适合写在信里。"[3]这种隔阂何时产生,原因为何,不得而知;但是,库克森显然觉得华兹华斯在法国的行为不可原谅,于是不再帮他找工作,也拒绝邀请他来做客。多萝茜原以为哥哥"最终将获得一笔圣俸",如今,这条路行不通了。[4]一七九三年初,华兹华斯二十二岁,是一名私生子的父亲,没有收入。

65   他能做的寥寥,却行之匆匆。一七九二年五月,他的一番话坚定了马修斯的决心:"文学的疆域非常广阔,我不信我们找不到一个小小的角落,通过一番耕耘,收获足够的生活所需,不,甚至带来舒适与安逸。"[5]现在,他将这种信念付诸行动,通过约瑟夫·约翰逊出版了作于剑桥的《黄昏漫步》和去年夏天的新作《景物素描》。"我在大学里没做什么令我出众的事,"华兹华斯后来告诉马修斯,"我想,这些小东西或可说明我还是能做些什么的。"[6]此言不虚。但两首诗都不是"小东西",反而引起了有识之士的关注,其中之一便是塞缪尔·泰勒·柯尔律治。然而,尽管这些漂亮的四开本增强了华兹华斯的自信,却没能解决他的实际困难。约翰逊没有做任何推动,书评不冷不热。而且,据克里斯托弗·华兹华斯说,虽然这些诗在剑桥、埃克塞特、德比的文学圈引起了热烈讨论,但它们的销量并不好。[7]华兹华斯暂时用尽了文学储备,而事态却毫无进展。

根据德·昆西记载,华兹华斯与理查德住在斯泰博律师公会的几个月里,开始表现出焦虑的迹象。每天晚上,同住的人都不得不和他打牌,"这是帮他排遣焦虑的最佳方式,不管他到底在焦虑什么"。[8]其中的原因不难想象。挂在他心头的是安奈特,还有他的未来,但这些不能即刻解决的个人问题同一种更普遍的焦虑融合起来,来自无法控制的外部事件,以及理想与现实的碰撞。

一七九二年,华兹华斯客居法国。整整一年,他看到一个国家为摆脱权力、无知和欲望的专制,实现自由愿景,并维护已取得的进展不受外部侵犯而充满活力,因而越来越受感动。"我的心献给人民, / 我的爱属于他们。"这是他在《序曲》中的回忆,言语中流露出《景物素描》中那种宽泛而理想化的热情,其政治构想更多是来自书本而非经验。[9]在法国,华兹华斯既无法获得革命政治的全面信息,又切断了来自英国的可靠消息来源,于是很可能坚信"一个幽灵 / 在四处游荡,势不可挡";或者,当他十一月读到英国向国民公会的致辞时,他也可能满怀期待地回到祖国,以为一种崭新的理想主义和改革活力随处可见,如同法国一样。[10]

而现实却并非如此。改良主义群体如伦敦立宪信息协会、伦敦通讯社及其外地下属机构都非常活跃,但他们对普遍选举权和年度议会的立宪要求极其严苛,表现出一种与华兹华斯在法国所见不同的激进主义。乔尔·巴罗曾代表立宪信息协会向法国国民公会保证:"依照法国的榜样,革命会变得容易,理性将迅速进步。毫不奇怪,用不了多久,欧洲大陆就向英格兰国民公会纷纷发来贺电了。"[11]但是,他显然仅仅表达了一小撮极端分子的观点。与华兹华斯往来频繁的塞缪尔·尼科尔森、约瑟夫·约翰逊及其圈子里的其他人不再希望法国的经历在英国重演。一七九〇年以来,与法国革命的草率关联一直是英国宪法改革的障碍。[12]路易十六之死是一场灾难。

尽管这些改良协会(尤其是活跃的伦敦通讯社)的要求并不高,但他们依然被视为国家的威胁。华兹华斯在法期间,《关于反煽动性言论的皇家声明》(1792年5月21日)已经引发一场运动。当他回国时,运动愈演愈烈。十二月十八日,潘恩在缺席的情况下被判有罪,罪状是他在《人的权利》第二部分发表了煽动性诽谤言论。在接下来的几个月中,一大批出版商和报刊负责人因煽动性言论被判以重刑,而所谓的"煽动性言论"往往只是发行了《人的权利》。[13]英国人民并未像法国人民那样奋起反抗。二月一日,英法宣战时,除少数极端团伙外,英国人民

没有表现出丝毫叛乱的迹象。

在这种背景下,华兹华斯"焦虑"的原因也就更加清晰。仅在数月前,他还在写给马修斯的信中赞美英国"是自由的国度,条条大路都开放,天赋与勤勉得到更加慷慨的酬报,胜过宇宙中任何国家"。[14] 如今,这个"自由国度"的政府显然决定镇压国内的异见,并与其他势力勾结起来,试图粉碎另一个国家自愿选择的自由。英国的行动将拆散华兹华斯与安奈特以及他们的孩子,这深深地加重了他在本国的孤立感。许多年后,《序曲》中一段最令人震动的诗文表达了这种心绪:

> 我感到
> 一种最怪异的挣扎蹂躏着我的心,
> 在我心中如同重压,与我所有
> 温存的欢乐之源为敌。我,
> 亲爱的祖国大地上幸运之树的
> 一枚绿叶,曾与微风嬉戏,
> 对于自己的归宿,我并无
> 奢望,只想凋落于这片土地。
> 但是,此时此刻我被拔起,离开
> 这如意的位置,在旋风中被抛来抛去。
> 不错,不久后我确曾欢跃,为我灵魂的
> 胜利而满腔欣喜,但是,最痛苦的事
> 莫过于将如此事实记录下来! 因为
> 那时当成千上万的英国人
> 被击溃,并不光荣地牺牲疆场,
> 或者,好一群勇敢的心! 都不顾
> 脸面,望风而逃。这是一种悲哀

——或不该这样称呼,因这绝不是

悲哀——是一些无名的感觉相互

抵触,而只有以我的方式爱上

乡间教堂的人,才有可能辨别出

此中的情感,因为,当教民们共同

向他们的圣父膜拜,祈祷或赞美

我们国家的胜利,或许只有

我一个人闭口不言,坐在那些

朴实的礼拜者中,像个没人邀请的

不速之客,而且只偷食异念,盼着

那尚无踪影的复仇之日的到来。[15]

一八〇四年,当华兹华斯写下这段诗文时,他或许并不需要外界的刺激来唤起诗中那刻骨铭心的无助、愤怒与苦涩。倘若他需要,他只需看一看自己当时写的《致兰达夫主教书》。

　　法国大革命伊始,兰达夫主教理查德·沃特森"衷心赞许了"法国人民"将自己与子孙后代从专制政权中解放出来"的决心。然而,随着事态的发展,革命的血腥使他感到厌恶。一七九三年一月三十日,他在一篇布道文(初刊于 1785 年)的附言中公开谴责了法国大革命。[16]他宣称,法国人"向观照之眼①展现了人性可耻的一面,其激情既不受宗教的约束,也不为法律所管制"。他指出,一些英国人也想效仿法国的罪行,追求自由与平等,然而二者本来就存在于大不列颠的法律之下,英国的

---

　　① 中世纪神秘主义者用三种眼睛代表人的三种认知方式,即"肉眼"(the eye of flesh)、"理性之眼"(the eye of reason)、"观照之眼"(the eye of contemplation)。"肉眼"获取关于外部世界的知识;"理性之眼"获取关于哲学、逻辑与心灵的知识;"观照之眼"能够企及超验真理。

宪法虽不够完美，但它建立在实实在在的经验基础之上。他要求读者想一想："环顾地球，你是否还能在其表面找到一个国家，像我们这样强大、富饶、自由与幸福。"文末，他庆幸英国政府的警醒，这样一来，"坏人的希望就不能得逞，持谬见者的心智也在举国一致的判断中得到教化和启迪"。

沃特森的檄文并无特别之处。它是伯克的稀释版，谈论的是一贯的保守主义问题，但没有威廉·佩利《满足的理由》（同样发表于 1793 年）书中典型的基督教淡泊无为思想。宽容的评论者将沃特森的檄文视为正合时宜的言论，但对人权哲学并无创新性贡献。然而，这篇文章的某些内容却深深触动了华兹华斯。或许是一种失望：沃特森曾因支持不信奉国教者而受到尊敬，如今却镇压作为"人类眼目"的自由探询。[17] 或许是沃特森言语之中的自满："在这个王国里，穷人得到的接济如此丰厚，以至于有人认为这会导致懒惰"（尤其令人愤怒的是，有的人不具备资格却获得供给）。或者是他对妄图修改国家宪法的"农民与工匠"的蔑视。当然，这也许只是因为，一个满怀憧憬的理想主义青年在沃特森心怀戒备和褊狭的警告面前感到挫败。无论原因何在，华兹华斯立即作出回应，他的语气远不如主教克制，而是展开了彻底的谴责。

华兹华斯开篇即声明自己以一种"共和精神"写作，他支持路易十六的处决，维护法国人民选择自己政体的权利，考量一切选举体系中固有的问题，强调被统治人民的智慧，抨击皇室、贵族与法律之间互相勾结的势力——正是这种势力操控着英国人所谓的自由，并蔑视沃特森对穷人生活状况的满意。结尾，他充满挑衅，宣称"自由之友为他们遭受的憎恨而庆幸"，他们"知道潜伏的敌人要比公然的反对者可怕十倍"，因此，他向主教的"叛逃"表示感谢。

这封信的许多方面都值得注意。比如，华兹华斯在处理立法权和行政权之分立这类一般性问题时最为薄弱，但在攻击"棘手而复杂的诉讼程序"时却最强有力,其中个人经历(与朗斯岱尔伯爵的官司)促使他谴责"永无休止的诉讼过程简直是烧钱,法律条例冗长而不知所云,司法判决永远自相矛盾"。但有两点值得特别关注。首先,这确实是一篇非常激进的文献。华兹华斯提到英国"自由之友"的目标,即普遍选举权和年度议会,但他辩论的主旨远远超出了大多数人(少数潘恩式的激进分子除外)认同的范围。[18]华兹华斯不仅支持处决国王,而且还要荡平贵族,因为,离开贵族,"君主就不能存活";贵族体系是一种"虚假的优越",只会繁衍游手好闲、腐败堕落、挥霍无度与独断专制之流。他宣称,"在惩治叛国者时,甜蜜的同情显然是危险的";革命时期可以容许不人道的行为,因为,"唉,人们固执己见,迷真逐妄,以至于自由女神常常不得不借助专制的武器来推翻专制,而且,为了和平统治,她必须以暴力确立自己"。在《法国革命沉思录》中,伯克认为尊崇传统是一种智慧,由此,高低阶层得以共存于一个相互支撑的等级体系中;然而,对于华兹华斯来说,这却是传统的专制,令大众负枷劳作、逆来顺受,因为"我们自幼就被教导:我们生来劣于统治者,他们被派到世上折磨人,而我们则是被折磨的"。华兹华斯认为,"哲学家"有义务唤醒人们看清这一真理:"奴隶制是一杯苦涩的毒酒,但我们惟一的安慰是——只要一个国家愿意,大可倾杯掷盏。"

一七八九年以来,这种写作随时都会被视为煽动性言论。英法宣战之后,如果这封信公开发表,那无异于叛国之罪。但它没有付梓,这是第二点值得关注之处。作为激进文献的出版商,约瑟夫·约翰逊有着光荣的记录。一七九九年,他因发行吉尔伯特·威克菲尔德回应沃特森主教的另一篇劝国人书而锒铛入狱。但是,一七九一年,就连他也出于谨慎,没有出版潘恩的《人的权利·第一部分》,所以,他有可能因内容过于危险而拒绝了华兹华斯的檄文。另一方面,也可能是华兹华斯自己出于谨慎而决定不出版。他在写作时显然有心目中的读者——有一段这样开头：“我的很多读者将感到难以置信，当我告诉他们……”——但是，无论什么原因，《致兰达夫主教书》一直被隐藏起来，直到华兹华斯去世之后才浮出水面，如同他在《抒情歌谣集》（1798）之前写的所有激进作品一样。不同于柯尔律治和骚塞，也不像霍恩·图克、约翰·塞尔沃尔和其他很多作家、演说家，那个激进的华兹华斯——其严肃与真诚不容置疑——从未获得公众身份。

二

　　每一个深思熟虑且关注国家与自身幸福（二者不可分割）的人，看到立法者尽力维护我们幸福的政体不受恶人侵犯，都会感到高兴，那些人对推翻社会秩序的基本法则乐此不疲。[19]

这是一七九三年一位评论者的观点。随着战争狂热的高涨，华兹华斯无疑认为他道出了许多人的心声。在轻虑浅谋的保守主义的压迫下，在对个人处境的极度焦虑下，华兹华斯在伦敦期间一定感到陷入绝境而无能为力。[20]因此，接受老友的邀请，踏上西部之旅，会让他放松，至少会带来某种改变。然而这场旅行最终却使他的心情更糟，并刺激他写下又一篇抨击之作。

　　七月初，怀揣着理查德预付的五基尼，华兹华斯离开伦敦，踏上旅程。同伴威廉·卡尔弗特是他在霍克斯海德时的同学，继承了父亲的遗产，主动提出承担旅行的全部费用。[21]他们的目的地是怀特岛。然而，这美丽的胜地只让华兹华斯更加关注眼下的现实，因为每一个白昼他都看到军舰在索伦特海峡集结，每一个夜晚都听到日落时的炮声：

> 使我情绪低落，一种幽暗的
>
> 幻象，对未来灾难的预感，
>
> 对人类的悲哀，以及内心的剧痛。[22]

他们在此逗留了一个月，这期间发生了什么，我们一无所知。然后，他们登陆出发，却不幸被迫中止，因为卡尔弗特的马"不大习惯拉轻便双轮马车，有一天，它开始可怕地跳跃，把他们连人带车一起拽到沟里，马车摔成了碎片"。多萝茜继续交代当时的情况："卡尔弗特先生上了马，前往北方；威廉坚定的朋友——他强悍的双腿——支撑着他从索尔兹伯里由南向北，挺进威尔士。"[23]

　　一对朋友分道扬镳，这有些奇怪。也许，内向多虑的华兹华斯不是一个好旅伴；也许卡尔弗特不像华兹华斯那样热爱徒步，也不像普拉斯-因-兰的罗伯特·琼斯那样能面对漫长的拉练。不管怎样，华兹华斯独自跋涉了索尔兹伯里平原，因此也更宜于接受"想象的烙印；直到今天，我依然能感到当时的力量"[24]，这是他七十三岁高龄时的感言。一八三八年，他告诉约翰·凯尼恩："我被炎热与疲惫压倒，在巨石阵的石柱间午休；然而，缪斯女神并未惠临我的梦境。"[25]但是，《序曲》描绘了一幅更幽暗的画面。华兹华斯孤身一人走在广袤无际的荒原中。一场狂风骤雨袭击了英格兰南部，冰雹有六英寸大。[26]在他眼前，是"当地比比皆是的古代遗迹和纪念碑"[27]，神秘莫测。他在《序曲》中回忆道：

> 当我漫步在远古的遗迹间，
>
> 一种孤独将我占据，我的眼前
>
> 出现了幻象，我看见往昔，看见
>
> 成群的人们，也看见星星点点独行的
>
> 布立吞人，身穿狼皮坎肩，手持

盾牌与石斧,正大步在原野上走过。

又闻长矛的格格响声,那是粗壮的

臂膀将它抖动：野蛮人的巨力,

久已消衰,但当时是何等的威猛。

我欲唤来黑暗,而它已带走——

午夜般的黑暗似已降临并且掠走——

眼前的全部景物。然而,瞧!

恐怖的火光中,荒野再次现形。

那是祭祀的圣坛,祭品都是

活人——多么低沉的呻吟! 他们

被塞入柳条编成的巨人中,悲郁的

声音惊扰着四处的墓丘；无论

对哪个世界——生者或牺牲的人,这都是

盛大的仪典。[28]

72　这一次,我们可以相信《序曲》所述为亲身经历,因为上述引文借用了诗人在强烈体验下油然而生的一部诗歌。也许"缪斯女神"并未"惠临我的梦境",但很快他将迎接她的到来,《索尔兹伯里平原》,华兹华斯也称之为《索尔兹伯里平原一夜》,即是结果。当然,这部奇异复杂的诗歌并不完全出自当下的经历。或许,华兹华斯的所有诗歌都不是。约克郡斯丹摩尔一位旅人之死,《黄昏漫步》中垂死的女人,与记忆中的片断融合起来：卢梭、查特顿、斯宾塞,以及研究巨石阵的考古作家们。[29] 然而,真正将这些内容融汇在一起的无疑是他在索尔兹伯里平原上的经历,这催发着他的想象,让"我们将关于远古时代的知识与猜想同现代社会的某些方面进行比较,尤其是穷人的痛苦与灾难"。[30]

　　这一对比立即展开,并有力地贯穿于全诗的字里行间。在诗歌的开篇,华兹华斯回应着卢梭《论人类不平等之起源》,认为野蛮人虽"衣不蔽体、上无片瓦 / 在徒劳无获的漫长白昼中消磨生命",但实际上他的生活要比现代人好得多,因为他的同类也分享着他的"苦命",他们都"在同样的恐惧中睡去,也在同样的辛劳前醒来";然而,我们的生活却更加痛苦,因为眼见那些"富贵之人坐在安乐椅上 / 畅饮幸运之神的美酒"。在开篇劝勉的诗文中,这样骇人的观点不会久留。通过索尔兹伯里平原两位旅人的故事,华兹华斯为这一观点赋予了人性的形式。一个孤独而绝望的男人在寻找一个"挡风遮雨的陋室"时,邂逅一个同样绝望而恐惧的女人。他们彼此安慰,女人还讲起她的身世。战争夺走了她的丈夫和孩子,她被迫离家,漫无目的地流浪,"没有尘世的朋友","没有家园,惟有坟墓"。晨光明媚,当一对旅人流浪至一处更友善的山谷时,诗人与他们作别,全诗结束。和开篇一样,诗人在结尾也直接向读者发出呼唤。也许古凯尔特人信奉的德鲁伊特教仪中不再实行活人祭祀,但是,由迷信的祭司所加持的现代战争有何本质不同? 个人生活"不为正义所护念",穷人"被自己的枷锁压垮,只能无助地沉沦"。华兹华斯重申《致兰达夫主教书》中最后的观点,痛斥立法者所谓"**流放**、**恐怖**、**奴役**、**武力**"就站在"**智慧女神**的门口"的想法愚昧不堪,并在全诗结尾发出呼唤:

> **真理**的英雄们啊,继续向前,
>
> 彻底攻破那**压迫者**的地牢;
>
> 顽强屹立在**骄傲**的高塔之巅,
>
> 举起沉重的**理性**权杖,无可阻挠;
>
> 将邪恶的**谬误**之妖拖出它们的穴巢,
>
> 让它们一见到光明就痛苦死去,
>
> 英雄们,继续奋斗吧,直到
>
> **迷信**的统治在大地上销声匿迹,

只留下索勒姆平原上的石堆,永恒而忧郁。

尽管斯宾塞诗节和频繁的拟人手法使《索尔兹伯里平原》充满文学色彩,但对于华兹华斯来说,这些抽象名词,诸如欲望、压迫、法律等等,再现着他所熟知的具体现实。一个强邻为占据更多地盘而赶走流浪女的父亲,这个故事来自温德米尔卡尔加斯地区发生的一件真事,诗人久已熟知[31];而他从朗斯岱尔官司中切身感到法律对普通人的剥削压榨,又为故事注入了激情。他写道:"作为驻美士兵的妻子,她所承受的痛苦,以及返乡途中的精神状况,都出自一位朋友对她的忠实报告;这位朋友也曾经历同样的煎熬,受到同样的影响。"[32]而且,截至一七九四年该诗完成时,他对"**流放、恐怖、奴役、武力**"的谴责和暗引,以及"沾满鲜血的正义之手"的隐喻,已经应验无疑。一七九二年十一月,约翰·弗罗斯特曾代表立宪信息协会出访巴黎,华兹华斯也在;一七九三年五月,他因发表煽动叛乱言论被判处在纽盖特监狱监禁六个月,戴颈手枷一小时。[33]同在五月,威廉·弗伦德因发表反战小册子《和平统一之荐》而在大学法庭受审,且被剑桥开除。[34]八月,苏格兰激进分子托马斯·缪尔因煽动叛乱罪被判十四年流放。九月,托马斯·费什·帕尔默被判七年流放。次年一月,莫里斯·玛格丽特和威廉·斯科文均被判处流放十四年。[35]全诗最后一节的千禧愿景或许与一七九三至一七九四年间的政治现实脱节,但诗中对当时政体的谴责却并非如此。上述所有人都是合法社群中追求非暴力改革的成员。对他们的审判歪曲事实,对他们的判决荒诞不经,但也在意料之中。这在一定程度上证明了当权者试图"维护我们幸福的政体不受恶人侵犯,那些人对推翻社会秩序的基本法则乐此不疲"。但是,像《致兰达夫主教书》一样,《索尔兹伯里平原》只是私下表达了个人的愤怒与孤立。它并未出版,因此对"自由之友"的事业并无贡献。

三

在穿越索尔兹伯里平原后,华兹华斯取道巴斯,前往布里斯托,沿塞文河而上,抵达怀河,后又继续徒步,进入威尔士。这场丰富的旅行经历是他日后汲取的源泉——拜访丁登寺,在比尔斯附近偶遇彼得·贝尔的原型、一位卖陶器的游走商贩,在古德里奇城堡邂逅《我们是七个》中忆起的小女孩——但令他高兴的一定是最后抵达罗伯特·琼斯家时受到的欢迎,在那里,他写信给多萝茜,讲述他的漫游。

他在普拉斯-因-兰待了多久,后又去了哪里,都不得而知。晚年时,华兹华斯告诉卡莱尔,他曾经目睹记者戈尔萨的处决。[36]在恐怖统治初期,戈尔萨和其他吉伦特派成员一起被列入死刑名单,当他从诺曼底返回巴黎,他立刻被认出,并于一七九三年十月七日被处以绞刑。华兹华斯真的在场吗?由于缺乏华兹华斯本人或其圈子中任何人的确凿证据,学者们很难接受卡莱尔的记录,这也并不奇怪。有太多理由说明他不可能在这个时候前往法国。他怎么渡海过去呢?从怀特岛乘船?如果这样,他怎么付费?若此行的目标是去布卢瓦看望安奈特,那么为何选择在恐怖时期的高潮奔赴巴黎,即使不死也会入狱?然而也不乏有力的依据,说明他的确去了。研究法国大革命的历史学家卡莱尔不大可能将戈尔萨的名字搞错;华兹华斯也不会编造一段观看熟人被处决的经历。尽管常识会告诉华兹华斯返回巴黎是愚蠢之举,但常识并未阻止他在一七九〇年踏上"疯狂而不切实际"的远行,因此,不难相信,一个无畏却绝望的二十三岁青年会再度无视它的忠告。

大卫·布朗维奇《被记忆抛弃》一书的题目耐人寻味。受到该书启发,学者们纷纷思考华兹华斯在此人生时刻的精神状态。[37]假如华兹华 75

斯确曾目睹戈尔萨之死,他一定深感痛苦;但不管怎样,一七九三年从始至终他已饱受折磨。他已有十个月没有见过安奈特了,且从未见过他的亲生女儿。很可能他也没有任何关于安奈特的消息。那时,法国的新闻充斥着处决反革命嫌犯的消息。倘使他收到任何信件,他就会知道前房东吉列-杜维威尔先生与另外八人因子虚乌有的谋杀罪名于七月十三日被处死。所谓的受害者,他们毫不妥协的敌人伦纳德·布尔登,曾是"启蒙的人性(enlightened humanity)的倡导者"。[38]安奈特的亲兄弟保罗因逃跑躲过一劫,已被定为逃犯。[39]恐怖统治的高涨,布里索派的处决,这些消息传到英国,促使英国国内对激进主义活跃分子的镇压日益加强。这一切都足以解释华兹华斯在《序曲》中关于那段时期的回忆,他觉得自己莫名地卷入其中,连续数月甚至数年内

> 我很少有一晚安宁的睡眠,
> 因为眼前尽是恐怖的场景:
> 绝望、专制、死神的刑具,
> 在梦里,面对不公的法官,
> 我不停地争辩,声音嘶哑,
> 思绪如麻,一种背叛并且
> 被抛弃的感觉,击中我所知的
> 最神圣的地方:我的灵魂。[40]

华兹华斯还承受着另一种压力,虽不似绞刑架、滥用职权这么可怕,也不似缺乏保护、前途未卜的母女这样让人担心,但毕竟带来直接的压迫感,令他焦虑——那就是他的生活本身。华兹华斯已成为一位流浪绅士。一七九四年二月,当他向马修斯坦言"我一直无所事事,也将继续无所事事"时,他对自己的总结不能再精确。[41]上一年里,他曾在伦敦、怀特岛、威尔

士短暂逗留；在索尔兹伯里和普拉斯-因-兰之间，他曾在许多屋檐下过夜。一年将尽，他又向北迁移，在怀特黑文度过圣诞，获得二十英镑预付款，然后前往凯西克的卡尔弗特家，以及霍克斯海德学校同学约翰·斯佩丁的家，位于阿玛斯威特，就在巴森斯威特湖边。[42]他可能也去了彭里斯，但是，至二月十七日，他无疑已在哈利法克斯，与多萝茜团聚在伊丽莎白和威廉·罗森家中。[43]如果能用华兹华斯晚年的众多回忆来换取哪怕一件事，好让我们知道他此时此刻的状况、亲戚朋友对他的看法，我们也会心甘情愿。然而，什么也没有留下来。惟一确定的是，一七九四年二月，虽然他的漂泊还远无止期，其最动荡的时期已告一段落。

四

　　整个一七九三年，多萝茜都渴望逃离佛恩塞特单调乏味的家务生活。月复一月地流逝，而拜访哈利法克斯的日子遥遥无期。于是，日益强烈的渴盼成为一种折磨。八月，她写信给简·波拉德："哦，亲爱的，数一数，数数还有多少天才到圣诞节！每一天都如此缓慢！还有三个月才是圣诞节！三个月啊！——漫长的岁月，我以恋人的尺度丈量它。"[44]这只是多萝茜无数痛苦时刻的一例。她承认"我常感悲伤，非常、非常频繁"，只能期待不久将重拾童年欢乐，并"欣享女孩之间的甜蜜友谊"，聊以安慰："哦，简，我将多么开心地拥抱你！我亲爱的朋友，让我们重温往日岁月！"[45]然而，多萝茜最大的快乐是：威廉有可能来哈利法克斯看她。多萝茜叮嘱简·波拉德为此保密，因为她特别不希望威廉·库克森知道此事"预谋已久，无论之前还是之后"。[46]但从她的信件可知，她与威廉重聚的心意已决，不计一切代价。

　　从一七八八年底开始，多萝茜的生活无非就是在小小的教区履行职

76

责,料理家务和照看婴儿。她自然渴望威廉的陪伴。哥哥曾出国旅行,客居伦敦,体味过爱欲的烈焰,也经历过体能的考验。通过哥哥,她可以间接感受一种更加充实的生活。然而,在给简·波拉德的信中,她对哥哥的赞美和放纵的幻想都近乎痴迷——哥哥"心中燃烧着一个念头,要领着妹妹来到一处想象中的世外桃源"。若不是华兹华斯也怀有同样强烈的渴望,我们不禁要问,在多大程度上,他愿意接受这份期望的重压。在多萝茜曾经引用但今已散佚的一封信中,他向她保证:"我多么希望,你心中的每一份悲喜也在我心中激起同样的回应! 在这种共情下,我们不分彼此,悄悄走入小小村舍!"[47]多萝茜的人生渐被荒废,而华兹华斯的日子也一片混乱。在渴望团聚的同时,他们也迫切希望重建家庭纽带(多萝茜对这种断裂感受弥深),确信爱的存在,并寻觅一处栖身之地,盘点现在,规划未来。

　　一七九四年一月,华兹华斯与多萝茜终于在哈利法克斯相聚。他们抓住机会延长共处的时间。四月初,威廉·卡尔弗特慷慨地将他在凯西克山坡上的农庄风之岭提供给兄妹俩居住。他们乘马车抵达肯德尔,然后沿着温德米尔湖东岸步入湖区,这条路线之美至今依然摄人心魄。接着,他们来到洛伍德,在那里,朗岱尔群峰第一次尽展它的仪容。兄妹俩在此驻足,"在小溪汇入的湖边"休憩。从此,这里成为华兹华斯心中的一方圣地。一八〇二年,十四行诗《有一股涓涓细流》回忆了这一时刻,当最初

> 两个愉快的旅人走过阳光风雨,
> 我和我的爱来到这里,这一刻
> 我们向上帝表达由衷的谢意,
> 为了那绿荫下旅人的美餐,
> 为了圣洁的溪水平息渴盼。

这仿佛一首情诗：这就是一首情诗，向所爱之人与殊胜之地表达着敬意。大约五十年后，当华兹华斯忆起这一时刻，他依然认为这是一生中"最幸福的时日"。[48]

兄妹俩一路向前，继续着"幸福的漫步"（诗人晚年语），抵达格拉斯米尔。翌日，他们步行十三英里前往凯西克。一路上，景色愈加庄严壮美，直到斯基多峰与布伦卡斯拉峰的宏伟全然呈现在小镇之上。

五

露西·纽林最近指出，威廉和多萝茜"幸福的漫步"实际上是一场三十三英里的长途跋涉。[49] 这只是开始，此后还有许多同样惊人的徒步。本章将谈到三例。一八〇三年那场豪情万丈、无所顾忌的苏格兰之行将在后面的一章论述。

在徒步前往风之岭五年后，兄妹俩向西行走，从蒂斯河上游的索克本前往格拉斯米尔。正值十二月，他们大多步行。黑暗中，他们走在"冰封的路面上，危及脚踝"。一天走了二十一英里，"严寒刺骨，山中的暴风雪以最佳的方式推动[他们]前行"。次日，"在高高的山路上，感谢顺风的助力"，他们在两小时十五分钟内走了十英里，稍作休息后，又用一小时三十五分钟走了七英里。第二天早上，从塞德伯至肯德尔的十一英里是一场奋战，"一路崎岖不平"，但也只用了三个小时。[50]

一八〇三年初夏，多萝茜拜访了凯瑟琳和托马斯·克拉克森，他们就住在阿尔斯沃特河口的尤斯米尔。此行是为了告别，因为克拉克森一家要永远地离开湖区了。返家时，她沿阿尔斯沃特河西岸步行，翻越科尔斯通山口，抵达安布尔塞德，然后继续前往格拉斯米尔。山顶乌云密布，仿佛山雨欲来，但是，多萝茜写道："乌云使行走更加有趣，因为它们将布拉德斯沃特山谷与周围的天空连接起来，自成一个美丽的世界，在此之外别无他境。"美妙的徒步回忆向我们隐藏了一个事实，即这是一场大约二十一英里的路程，其中一段山隘在当地称为"难关"。尽管如此，多萝茜告诉凯瑟琳·克拉克森，她"在星期天下午五点前回到家，毫无暑热或疲惫"。[51]

一八〇五年，旅人们踏上征程，同样前往阿尔斯沃特地区访友。一匹矮马帮着载物，华兹华斯的"大衣搭在马鞍间；还有装着必需品的挎包"。旅途中两人也会轮流骑马[52]，但大多时候步行。时值十一月，不是拜访湖区的最佳时节，而此行还需两度翻越科尔斯通山口。最后一天，当他们从帕特岱尔启程返家时，太阳已经落山。据多萝茜记载："我们爬到高处，看到身后遥远的山谷间有一道光，如一颗巨星，孤独的一颗，在暗中闪烁——这一切美妙的景象都在我们头顶的天空中。"结尾，她写道："玛丽和孩子们已经睡了……"需要注意的是，当她和威廉越过充满挑战的科尔斯通山口，在他们前方，至少还有四英里的路才能回到格拉斯米尔的家中，而且一片黑暗。

距离惊人，严寒彻骨，风雪交加，阴雨连绵（多萝茜语）。他们吃什么，穿什么，鞋子怎样，如何应对？显然，他们处之泰然。如前所述，一七九四年，华兹华斯从湖区中心前往凯西克的旅行成为他记忆中的朝圣。他饮水的小溪是"圣洁的"。在给柯尔律治的一封信中，他写到克服障碍时的欣喜兴奋，还有极限运动带来的纯粹快乐。信中也写到一七九九年从索克本至格拉斯米尔的旅行，写到多萝茜很骄傲能与哥哥步调一致。"我们兴致盎然……十英里……只用了两小时十五分钟，战绩斐然，值得多萝茜长久称道。"砥砺攀登，疲惫却平安抵达客栈时的激动，彼此身体与情感的满足——所有这一切带来强烈的亲密感，同甘共苦也提升了两人的欢乐。让我们一起见证多萝茜笔下的阿尔斯沃特远足瞬间："离家时，我曾有一丝胆怯，害怕大雨将我们滞留在帕特岱尔。但是，当薄雾渐浓，我们的快乐渐强，我的希望更具胆量。站在科尔斯通之巅（尽管五十码内朦胧不清），我们如假日里并肩漫步的幸福旅人。"[53]

六

一七九四年，多萝茜从风之岭寄来的信表明了这段时期对她的意义。她告诉简·波拉德，一切都让她激动——她"非凡的徒步能力"；"我所见过的那个阶层最诚实明理的"当地居民；被格雷誉为"欢乐谷"的窗外风景[54]；巴森斯威特湖将你的目光引向巍峨的斯基多峰，德温河则领你走入博罗岱尔的群山；如此瑰丽的景色，"它的壮美超越语言"。最重要的是，"我可以享受哥哥的陪伴"，还有与他一起勤俭持家的快乐——"我们的早晚餐是牛奶，午餐主要是土豆……不喝茶"。然而，在她写给姨妈的一封信中，除了兴奋，还有一种决绝的自我辩护。克里斯托弗·克拉肯索普夫人曾质疑多萝茜在风之岭"徒步漫游于乡间"是否得体。"我现在二十二岁了，"多萝茜这样回复，"就目前的生活境况来看，我可以在他［威廉］的陪伴下度过有限的几个月。既然有这样的机会，我不能眼看它消失，否则我将痛苦不堪。而且，"她补充道，"在哥哥的陪伴下，我不仅非常快乐，还有很大进步。我重拾几年前学的法语，大大补充了法语知识。现在我开始阅读意大利语，期待很快掌握这门语言，以便从中获得乐趣和益处。"[55]

对于多萝茜来说，这段自由欢乐的时光至关重要，标志着她一段人生时期的结束。她再没有回到佛恩塞特的家务缠缚中。而且，在一七九四年五月中旬离开风之岭后仅一年左右，她再次和哥哥团聚，从此再未分离，直到哥哥人生的终点。对于华兹华斯来说，这段时光也同样重要。当他酣饮着悦人的美景，安享着牢固的手足之情，他仿佛已尝试构筑对

80

他来说真正重要的生活,对自己的人生也更有把握。

　　风之岭时期的诗稿可以证明这份来之不易的自由与自信。其一是一本自制的笔记本,兄妹俩誊写了华兹华斯学童时代的一些诗作,还有《景物素描》后第一部持续的创作《索尔兹伯里平原》。[56]尽管一七九四年五月他说此诗"作于去年夏天"[57],但我们可以合理地认为,华兹华斯的誊写与创作往往同时进行,而且,诗歌结尾呼唤理性阔步向前,那声音依然迫切,一如索尔兹伯里平原上最初的召唤。另一个是一册已出版的《黄昏漫步》,里面有很多修订笔迹,连同《索尔兹伯里平原》笔记本中对此诗的修订,共同使这首诗成为引人入胜的新作。[58]

　　华兹华斯修改《黄昏漫步》的方式将贯穿他整个创作生涯的始终。首先,他对批评言论给予创造性的回应。和任何人一样,华兹华斯也不喜欢被批评。他敏感易怒,后来查尔斯·兰姆斗胆对《抒情歌谣集》作出一两个评论时,就发现了这一点。[59]他与《爱丁堡评论》的弗朗西斯·杰弗里的斗争使人们看到一个只要赞美、不容批评的诗人形象。但事实并非如此。对于未予细读就妄加指摘的评论,华兹华斯感到愤怒,因为他写作时曾付出那么多心血。他无暇应对职业评论者。[60]然而,来自其他原创作家的评论,或那些他认为明智之人的评论,无论多么微小,他总是严肃对待,并常常做出回应。在佛恩塞特,多萝茜和弟弟克里斯托弗常"逐行分析他的诗,乐在其中,并写下大量评论……准备传达给威廉"。[61]华兹华斯欢迎这类评论,也会采纳。

　　其次,更重要的是,通过修改,华兹华斯使昔日创作与今朝思考统一起来。这种修改非常频繁,相应的讨论也将反复出现,将在后面的章节详述。但在此有必要先浅谈这个话题。对于华兹华斯来说,诗歌不是互不相干的独立个体,不因出版而盖棺定论。相反,诗歌是心灵的流现,记录着心灵的演化,不仅限于新的创作,也通过与旧作的积极交流而实现。他的改写源于一种信念,即诗歌是鲜活的存在,不妥之处要随时修改或删去。修改是毕生的实践，而且有些强迫性，有时涉及对一首诗进行重构，有时只改一个词语或一处标点。实际上，"修修补补"（华兹华斯语）的诱惑如此巨大，以至于诗人晚年承认这是他的"弱点"。他不仅不放过自己的诗句，而且还坦言："在我的一生中，有很多时候，我对喜欢的作者、喜欢的片段进行修改润色。这些劳作没有留下一丝痕迹，也不该留下。"[62]《黄昏漫步》的修订正是这种"强迫症"的最早一例。这部作于青春时期并于一七九三年"草草"付梓的诗歌需要重新审视。

尽管改后的诗歌几乎是原先的两倍之长，但仍算不上可出版的成品。华兹华斯几欲放弃，打算掠取其中的佳句用于后来的《废毁的茅舍》。[63]然而，这些修改很有意义，有两个因素尤其值得论述。首先，有一段诗文表达了对"迷信观念"的强烈敌意，比《索尔兹伯里平原》有过之而无不及。在《索尔兹伯里平原》中，诗人呼吁"真理的英雄"挥舞"沉重的理性权杖"，推翻"迷信的统治"，但在《黄昏漫步》这段改过的诗文中，华兹华斯仿佛预见真理将取代上帝获得胜利：

天上的太阳沉落

沿弧线缓缓西沉，渐行渐小，

落山前，放出最后的辉耀。

圣灵为其指路，从高处俯瞰

王座、城堡、殿堂皆成废墟一片；

一路华丽地滚落到秘鲁山谷

亲眼看见你的殿堂败落朽腐；

滚动，直到跌下辉煌的王座，

你将亲自承认时间巨臂的强硕；

你的星辰必陨，而真理获胜

并将点燃那青春永驻的明灯。[64]

其次,华兹华斯以更为审慎的方式处理了《黄昏漫步》的主题。在一七九三年的诗中,他以简单朴素的风格呈现了心灵与大自然的画面和声音进行互动:

> 如今再无紫霞萦绕心灵,
> 金色的日落里华彩无踪。
> 惟一缕和谐的暮色潜入,
> 将同样黯然的心灵安抚。
> 当我们怡然冥思,发现,
> 平静的心头,薄暮渐暗。[65]

如此普通的套话可以满足一个浸润在格雷和柯林斯诗歌中的本科生,但如今,它们似向他提出有待深入探索的谜题:心灵如何对大自然做出回应?这种情智兼具的行为价值何在?在创作中,神性,那至高无上的心灵分居何位?华兹华斯大量参考阿肯塞德的《想象的愉悦》,提出一种更具活力的人与自然的关系,强调富于想象的心灵能够通过物质世界而企及真理,通过心灵的共振而达到共情:

> 一颗永远共振的心灵,
> 与一切生命形态共情。
> 这同情永远在扩展,
> 看不到终止的界限。
> 大自然最粗鄙的形态也有灵性,
> 在山泉、岩石与树荫中隐隐颤动。
> 当秘密力量将它们提升,
> 终会听到那友善的语声。

如此"被偏爱的灵魂"

受教

于活跃的想象与耐心的思考,

看到共同的生命形态绵延

在喜怒哀乐的无尽长链。[66]

保罗·希茨谈到这次修改时有一段精彩论述,他认为华兹华斯正在努力表达着:"可见世界……证明了在仁慈的大自然与高尚的人之间有一种精神和谐。"[67]以戏剧性和叙事性体现这一感悟,以诗意语言使其深入人心,探索人作为社会存在的意义,并直面其局限——这些问题有待华兹华斯最伟大的诗篇来探讨。但是,当他重新修订《黄昏漫步》时,诸如此类的问题已然形成,并将占据诗人的全部创作生涯。

七

在风之岭,诗歌创作、稳定生活和兄妹情谊给华兹华斯带来的信心将决定他未来的岁月。尽管有些不可思议,这份信心的确使多萝茜之外的另一个人也认为,华兹华斯拥有不可荒废的天赋。五月的一天,威廉·卡尔弗特的弟弟雷斯利提出与华兹华斯分享他的收入。华兹华斯认为,惟一的理由是"他相信我的能力和成就或许对人类有益"。[68]到一七九四年九月,雷斯利·卡尔弗特就可以支配自己继承的遗产了,但是,由于他因肺结核而病入膏肓,他采取行动,立下遗嘱,确保实现他的意愿。遗嘱中,他承诺给华兹华斯六百英镑,后增至九百英镑,惟一的要求是,理查德·华兹华斯保证,这笔遗产不能立即用于已为华兹华斯预付的教育开支。[69]十月,华兹华斯提出陪伴病情日益恶化的雷斯利去里斯本,但第一段前往彭里斯的行程已十分艰难。于是,旅行取消。随后的几个月,他迅速衰退——十一月,华兹华斯汇报说,雷斯利连听人朗诵都无法忍受;一月七日,他"勉强活着"——他在一七九五年一月九日或十日死去,华兹华斯陪他到最后。

在《序曲》中,华兹华斯向雷斯利·卡尔弗特表达了感激,"他自己不是诗人 / 但也远非凡俗的灵魂",并认为卡尔弗特与多萝茜、柯尔律治一起,使他认识到自己的宿命。[70]一八〇五年,当华兹华斯总结关于自己心灵成长的诗篇时,他非常确定,他注定要成为一位主流诗人。而在一七九四年,最终的目标尚不明确。但他这样纪念卡尔弗特是对的。即使在风之岭时期之前,他已经做出坚决的判断:"所有职业……都有烦恼,但尤以牧师一职最糟。"但这些负面评价并不会解决"我会成为什么"这个问题。根据华兹华斯五月二十三日写给马修斯的一封信来看,一七九四年初,他极度拮据。[71]卡尔弗特的慷慨没有从本质上改变他的经济状况——这笔钱是小额分期发放的[72]——但它确实让华兹华斯看到希望。在他最需要的时候,卡尔弗特的信任使他坚定了自己的理想,强化了对自己的定位,也使他感到一种责任。华兹华斯欣然接受这一使命,准备好用他独特的才思与想象造福人类。

一七九四年,英法开战,"流放,恐怖,枷锁,武力"压制着英国国内的自由之友。华兹华斯无疑知道自己的责任。五月十一日,威廉·马修斯从伦敦来信,提议他们和另一个姓名不详的年轻人一起创办月刊。尽管当时已有很多这种杂志,但大多是亲政府派,在华兹华斯看来,它们的写作目的无非是"维护偏见,散布谬误";所以他有一个热情的想法,通过"表达健全高尚的思想"来与之抗衡。[73]五月二十三日,在给马修斯的回信中,他表明自己的原则,仿佛已在草拟编者致辞:"我郑重申明,我的写作决不容许一丝误导观念,让读者误以为通过流放、监禁等手段来加强的政策没有危险。你们或许知道,我属于被称为民主派的可恶阶级,并将永远属于这个阶级。"六月八日,华兹华斯建议杂志题为《慈善家月刊》。为回应马修斯的公开政治声明,他更加直率地表明了自己的观点:

> 我反对君主和贵族的统治,无论如何改良。我认为,任何世袭优越与特权等级都必然阻碍人类完善的进程:因此,我不是英国宪法的仰慕者。

难怪理查德不得不劝告他:"我希望你谨慎书写或表达政治观点。随着《人身保护法》的暂停,官员大人们可以一手遮天。"[74]

华兹华斯相信,出版一本致力于自由探询的杂志等同于公益行动。当他以自己的方式进行构想,他也在接受人生中新的影响:那个时代最激进的知识分子威廉·葛德文的著作。葛德文的《论政治正义及其对道德与幸福的影响》出版于一七九三年二月。华兹华斯最初于何时读到这本书,我们不得而知。但尼古拉斯·罗指出,一七九四年二月十七日,华兹华斯给马修斯的信显然表明他当时在思考着这本书。后来关于创办《慈善家月刊》的信件则揭示,至此为止,华兹华斯已经吸收了该书的主旨。[75]

葛德文这本书卷帙浩繁,令人生畏。他不懈地将理性质疑应用到社会生活的各个方面,但他以直率的语言宣扬了理性的魅力及意义,立即吸引了华兹华斯:

> 人类有一个巨大的阶层处在卑微贫穷之中,失望和窘迫使他们不断对更加幸运的邻居们实施暴力。镇压这种暴力,维持社会秩序与和平的惟一方式,是惩罚。鞭子,斧子,绞刑架,地牢,枷锁与刑具

是使人服从的有效方法,能让他们牢记理性的教导。

86   或许,在人类历史上,任何一场战争都或多或少源于两大政治垄断:君主与贵族。

世袭财富实际是付给游手好闲者的保险,是使人类处于残暴与无知状态的巨大年金。

《致兰达夫主教书》和《索尔兹伯里平原》的作者无需以上观点来说服自己。真正影响到华兹华斯并使他兴奋的,是葛德文对真理力量的信念。尽管人类历史充满悲哀的见证,葛德文仍反复强调:"真理万能……不容半点质疑。"

真理是投入湖中的卵石。无论此刻涟漪多么缓慢地相继铺展,它们都将万无一失地展开,直至布满整个湖面。没有哪个阶级对正义、平等和公益永远无知。而一旦他们知晓,就会发现美德、公益与个人利益相通:任何错误制度都不能为维护自身而违背普遍观点。在这场竞争中,诡辩术将消泯,恶意的机制将被人遗忘。真理将使出全部力量,人类是她的军队,压迫、不公、君主与邪恶将同归于尽。

基于这种信念,好人的职责就是思考,因为,"若不善广泛思考,就不会品德过人"。他还要去传布思想,因为,"慈善家想要见证或参与的国家革命,主要在于国人思想性情的改善。改变人心的真正工具是辩论与说服"。[78]

一七九四年夏,华兹华斯最需要的就是葛德文的声音。首先,这使他相信,通过写作、想象和语言的力量,他也在积极战斗,不仅为了普遍选举权和年度议会,也为了真理能够统驭四方。此刻,华兹华斯认识到,"每一个觉醒的人类朋友"都有义务"抓住一切机会,解释并巩固那些放诸四海而皆准的社会秩序法则;想尽一切办法传布政治正义原理。一个政府越是背离这些规则,就越不能实现它被赋予的目标"。[79]人类走在黑暗中。但华兹华斯宣称:"我要在每个人的手中放一盏灯,为他指路。"[80]《慈善家》将是这样一盏灯。

其次,葛德文的真理演进说安抚了华兹华斯的迷惘,帮助他形成自己的时事解读。在《致兰达夫主教书》中,华兹华斯辩护法国大革命的必要性,暗示英国社会也需要同样规模的变革。然而此刻,革命的恐怖历历在目。他向马修斯指出,革命暴力是真理的敌人,而且,"当权者的痴狂、挥霍和放纵"似乎加速着国家的毁灭,因此亟需宣布:"正义与利剑"没有必然的联系。在这种情境下,华兹华斯说"想到革命我就退缩",并非一种倒退,相反,他刚刚领悟到真正的战场在哪里,并迈出最初的前进脚步。[81]

我们不知道华兹华斯的计划是如何进行的,但在一七九五年三月至一七九六年一月期间,确实出现了一种名为《慈善家》的周刊,发行者是勇气可嘉的丹尼尔·艾萨克·伊顿,华兹华斯可能为此撰稿,甚至对创刊起到更实质的作用。然而,并无确凿依据。[82]可以确定的是,华兹华斯依然因为囊中羞涩而一筹莫展。尽管他曾指望靠这份他和马修斯满怀憧憬的期刊赚钱,但他强调,他连创刊的钱都没有。六月八日,他写信提醒马修斯,说自己无法去伦敦协助他启动这一事业。一七九四年十月一日,他提出陪同雷斯利·卡尔弗特前往里斯本,至此,他显然已经完全退出。十一月初,马修斯告诉华兹华斯,他要当议会通讯员了,也不得不撤出,华兹华斯并未感到"十分惊讶或为难"。然而,筹划这份期刊,阐述他的思想,对他来说已经意义非凡。这不仅使他将公益事业视为自己的精神生活,从中找到用武之地,而且也使他相信,即使在当前的事件中,真理势不可挡的进程依然清晰可辨。

这一进程首先在法国得到确认。一七九三年十月三十一日,布里索派的处决标志着恐怖统治的开始,罗伯斯庇尔派势力的上升。十二月四日颁布的一条法令使权力集中于公安委员会。大量反革命者(不管怎么定义)被处决。如华兹华斯在《序曲》中所言:"整个国家变得疯狂。"但是,一七九四年七月二十六日,当罗伯斯庇尔开始攻击敌人,要求再次清除颠覆政权者时,他已处于守势。七月二十七日,他被宣布为不法之徒,次日被处决。

八月,消息传到英国时,华兹华斯正在看望多萝茜。她当时住在兰普塞德的堂姐家,那是弗内斯最南端的小村庄。在《序曲》中,华兹华斯讲述了在卡特梅尔的威廉·泰勒墓前抚今追昔的情景。(见第一章,第21页)也许他思忖着,老师将如何看待他这个学生——一个震惊却无悔的共和派。当他漫步在莱文沙滩,路人传来罗伯斯庇尔的死讯,彻底改变了他的心境:

> 我欣喜若狂,极度快乐,
> 因为复仇以及永恒的正义以此
> 昭告了其存在。"金色的时代,
> 该你们到来,"我向着空旷的平沙
> 尽情地吟咏胜利的赞歌,"来吧,
> 就像黎明走出黑暗的怀抱。
> 今天我们的信念终得到验证:
> 看吧! 那些脚笨手拙的狂徒,
> 他们开出一条血河,并声称
> 惟有如此才能清洗奥吉亚斯王的
> 牛厩,而如今却被自己的帮凶

灭除；他们已证明自己是疯子；

人们将另寻平安之源，世界将以

坚定的步伐迈向公正与和平。"

这不是一个英国爱国者对敌人的幸灾乐祸，而是一位法国事业的支持者，以"不减的信心"展望人类的未来和解放的趋势。[83]

当年晚些时候的国内事件也同样让人快乐。整个一七九四年，皮特政府都在采取行动，制裁激进活动的领导者。五月二十三日，亦即华兹华斯自称属于"民主派的可恶阶级"的那天，皇室批准了暂停《人身保护法》法案。五月，伦敦通讯社创始人兼秘书长托马斯·哈第以及约翰·塞沃尔、霍恩·图克等人被捕。十月七日，托马斯·霍尔克罗夫特自首。在此前一天，他与其他被告人一起被米德尔塞克斯大陪审团判有叛国罪。

在老贝利中央刑事法庭，托马斯·厄斯金为被告人进行辩护。他有 89 所收敛的雄辩和富于策略的技巧先后将哈第、图克和塞沃尔从绞刑架上解救下来，也使法庭撤回了对其他九位被告人的诉讼。这一过程至今依然令人振奋。在法庭外，葛德文也毫不逊色地为他们辩护。在《驳斥草章》中，葛德文斥责首席大法官詹姆斯·埃尔向陪审团递交的控告。他充满激情但始终清晰的论证表明，关于叛国罪的指控无一成立。他指出，事实上，"在英国自由史上最紧要的时刻"，对人们生命的审判却建立在"假设、臆断、偏见与猜想"之上。[84]

对于华兹华斯来说，十一月五日至十二月五日期间的无罪判决"无论从哪个角度看……对于人性都至关重要"[85]，证明了葛德文《政治正义论》的结论："真理势不可挡。"[86]在给马修斯的信中，他继续说道：

近来发生的事件……将削弱贵族的傲慢无礼和自以为是，让他们看到强权的暴力和手段无法打垮哪怕一个孤立无援的个体，尽管其公然宣传不合特权阶层胃口的思想：最偏执的人也会认识到改良者的语言不无道理。现有政体的顽敌也会相信，政体中的某些部分具有极高价值。任何致力于校正不公的阶层也会受到鼓舞，因为他们认识到，只要行为不过激，就会得到国家良知的认同和保护。[87]

华兹华斯错了，政府未来两年的行动将证明这一点。[88]然而眼下，他有理由认为自由之战已大获全胜。并且，随着进步之潮的奔涌，他必然希望深入政治事件的中心。

　　华兹华斯承认："我很想进城。"[89]这或许缘于他对自身处境的持续焦虑。一七九五年一月，他向马修斯坦言："我最近深感不安。"[90]当他写下这些字时，雷斯利·卡尔弗特正生命垂危，这本身足以使他不安。但或许还有更多原因。观察最近的政治事件，华兹华斯看到乐观的理由；但看看自己目前的生活，却不尽人意。自出版《黄昏漫步》和《景物素描》以来，他就自称自由之友，写下了《致兰达夫主教书》与《索尔兹伯里平原》，并计划在激进杂志中"奉献余力"，以便"短短几年内，在善思者的心中，对于政府的观点发生迅速改变"。[91]但无一字付梓。当哈第、塞尔沃尔、图克与霍尔克罗夫特因公开献身自由事业而被判死刑时，他却未投一字，也没有努力镇守其用武之地。哥哥理查德在最近的一封信中写道：

　　　　这次我和你谈一件事。我本可隐居乡下，我也说过，如果只考虑自己的话，我更喜欢甜蜜的隐居和家庭生活。然而，既然我已置身于忙碌的都市生活，我希望舒适而体面地追求这一切。我很高兴地告诉你，我的事业蒸蒸日上。虽然国事非常糟糕，但我希望，通过我们自身的努力，我们会享有前所未有的安适与独立。[92]

在一封正式信函中,这段话属于严重跑题。尽管有些洋洋自得,但隐含的指责却不无道理;华兹华斯若无动于衷,那脸皮也太厚了。安奈特孤独无依,卡罗琳嗷嗷待哺,他自己依然无业。若非哥哥的勤奋和信誉,就连雷斯利·卡尔弗特的意外遗赠也无法保障。他有太多理由"深感不安",并意识到,他对公共事件的乐观,对个人境遇的焦虑,形成巨大反差。

自从离开剑桥,华兹华斯不止一次希望在伦敦谋得出路。如今,旧望复燃。马修斯现供职于《电讯报》,或许能为他找一份报刊工作;至少,值此"战争事态转变"之时,他可以感到身处政治中心的兴奋。[93]一七九五年一月十二日,雷斯利·卡尔弗特的葬礼举行。一个多月后,华兹华斯重返伦敦。

<h1 style="text-align:center">八</h1>

在抵达首都的短短几周内,华兹华斯已处在非议会政治生活的中心。一七九五年二月二十七日,他在威廉·弗伦德家中喝茶,托马斯·霍尔克罗夫特、约翰·特韦德尔、詹姆斯·洛什、威廉·葛德文和乔治·代尔也在场。华兹华斯如何受邀,不得而知,但可能是通过洛什,或更可能是马修斯,后者在去年十二月结识葛德文。没有记录表明华兹华斯是否知道《黄昏漫步》与《景物素描》的尖刻书评正出自霍尔克罗夫特,但即便他知道,也无关紧要。[94]这些人关心的是比英国地貌诗歌更重要的事情。

他们每个人都是激进分子。霍尔克罗夫特曾被判有叛国罪,尽管一七九四年十二月一日他未经审判而获释,但如今已是有污点的人。洛什亲眼目睹了巴黎"最可怕的野蛮行径",于一七九二年九月惊险地逃离法国。[95]像霍尔克罗夫特一样,他也是立宪信息协会的成员,自一七九四年初就认识葛德文。法国大革命伊始,特韦德尔在剑桥大学三一学院的教堂内致辞表示欢迎,如今他"抓住每一个机会肆无忌惮地表达自己的观点;在审时度势者看来,此举最为轻率"。[96]代尔,此前在伊曼纽尔学院,著有《英格兰穷人的控诉》,一七九四年十二月将柯尔律治介绍给葛德文。他们的主人威廉·弗伦德被剑桥取消董事资格并开除,如今是伦敦通讯社的积极分子。[97]

人群中最负盛名、最有才智的当属葛德文。海兹利特认为,他在《政治正义论》中"传达了时代最热血、最无畏的观点"。[98]他的小说《凯勒布·威廉姆斯历险记》无情地"揭露了史无前例地使人类自取灭亡的国内专制",吸引着读者的想象。[99]然而,使他成为时代英雄的却是《驳斥草章》。当霍恩·图克亲吻着葛德文的手,"誓称创作这部作品的手同样可以执掌大局"[100]时,他也在公然表达所有极端分子的信念:在救助叛国罪被告人免于一死这件事上,葛德文付出了与厄斯金同样的努力。

尽管葛德文自一七八九年起就与极端分子过从甚密,但他是个独立且多少有些孤独的人,后来还抱怨自己因遭到误解而被抛弃。[101]一位论派如弗伦德、代尔和柯尔律治因其信奉无神论而对他退避三分。一七九五年十一月,特韦德尔因其坚决反对伦敦通讯社等压力集团和政治演说与之激烈争吵。[102]不过,就目前来说,葛德文是人们崇拜的焦点。华兹华斯在弗伦德家遇见他后,迫切想要了解他更多。次日一早,他拜访了葛德文。在三月和四月期间,他与葛德文住在同一条街上,他又五次登门拜访。[103]

在公开场合,葛德文以"最冗赘不清、令人厌倦的发言者"而闻名,他讨厌对不情愿的听众说话,热衷于所谓的"口头讨论",而华兹华斯并非不情愿的听众。[104]我们不知道他们谈了什么,但可以推测。彼时,葛德文正在撰写第二版《政治正义论》,有可能通过来访者测试其观点。

第二版《凯勒布·威廉姆斯》也在筹划之中，他们也可能讨论：在多大程度上，小说能够"揭露现有文明社会制度的弊端"。[105]叛国罪审判导致伦敦通讯社陷入危机，葛德文认为诸如六月二十九日这种组织和集会并不利于追求真理："人类集会，不是为了说服，而是为了探询。"[106]这个观点可能给华兹华斯留下深刻印象。

葛德文无疑影响了华兹华斯的思想——他的下一部诗歌《索尔兹伯里平原历险》是最具葛德文风格的作品——同时，通过把华兹华斯介绍给巴希尔·蒙塔古，葛德文也可能间接地影响了华兹华斯的人生。一七九四年，葛德文遇见蒙塔古。他是第四任萨维奇伯爵的私生子。一七九一年，他的婚姻曾引起父亲不满，但其妻子一七九三年就去世了，留下一个儿子，也叫巴希尔。在林肯律师学会的房间里，他尽己所能抚养其长大。在伦敦期间，华兹华斯曾住在蒙塔古家。他们的交集——剑桥生涯，共同朋友，前途未卜——巩固了一段友谊。对于蒙塔古来说，这段友谊弥足珍贵，以至于他后来说："遇见华兹华斯是我一生最幸运的事。"[107]

通过蒙塔古，华兹华斯还结交了另一位终身朋友：弗朗西斯·兰厄姆，又一个持自由思想的剑桥人，其政治取向使他向往的学术生涯成为泡影，如今，他在萨里的科伯汉姆地区做助理牧师，勉强度日。[108]多年后，华兹华斯对兰厄姆的诗歌感到绝望。据说，当一位朋友在莱德尔山庄即兴吟唱时，他曾被逗得捧腹大笑：

合唱队里的缪斯女神们

齐唱：兰厄姆别烦我们，

兰厄姆别烦我们。[109]

93

但是，一七九五年七月，华兹华斯拜访他时，觉得他是严肃的诗人，并很快计划与他合作一部针砭时弊的讽刺作品。对尤维纳利斯第八篇讽刺作品的模仿或许能够"表达他们对英格兰自私自利、腐败堕落的社会政治现象的义愤"。在未来两年的通信中,这个计划断断续续地展开,却最终化为乌有。[110]

这不断拓展的朋友圈全都持激进立场,华兹华斯显然从中找到一直寻求的智性刺激。然而他的处境并未因来到伦敦而根本改变。他依然无家可归,没有工作却耗尽钱财;多萝茜被迫再度辗转于各个朋友家;文学创作仍止步不前。因此,当有人提出的邀约看似能解决大多数困难时,他当然毫不犹豫地接受了。

通过蒙塔古和兰厄姆,华兹华斯结识了约翰·弗雷德里克和阿扎利亚·平尼,他们的父亲是布里斯托富有的商人和甘蔗园主约翰·普利特·平尼。哥哥约翰·弗雷德里克正在林肯律师学会学习;阿扎利亚曾是兰厄姆在科伯汉姆的学生,现在也在伦敦。[111]华兹华斯一定立刻对他们产生了巨大影响,因为他的困境唤起他们的慷慨之心,正如卡尔弗特兄弟去年的表现一样。七月末,协议达成,华兹华斯可以免费住在雷斯冈宅邸,那是老约翰·平尼在北多塞特郡的房产,条件是同意平尼一家和朋友们偶尔回来小住。这一邀约也旨在帮助蒙塔古。他后来回忆道,华兹华斯见他"为迷情所惑,误入歧途",遂"努力根除我的缺点,激励我培养良好品性"。[112]不管这番话具体指什么,蒙塔古显然认为华兹华斯对他产生了高尚的影响,因此,多萝茜被从北方召回,与哥哥一起照看小巴希尔。为此,他们每年有五十英镑的报酬。从任何角度来看,这个计划都带来希望。蒙塔古少了育儿的负担;孩子将获益于大自然;多萝茜"有了事做",终于摆脱了"生而无用这一怨念",她还预测华兹华斯将有"学习的良机……对心灵和钱包都大有裨益。"[113]

假如老约翰·平尼知道儿子们已承诺雷斯冈未来的租户免付任何租金的话,他可能就不会那么热情了。然而事实是,他邀请华兹华斯到他布里斯托的住所等候多萝茜。这是慷慨的邀请,八月二十一日左右,华兹华斯抵达,便有机会接触到当地的商业和地产界人士,正是他们使布里斯托成为国内第二富庶之城。自然地,他也利用这段时间搜罗城里思想界(与商业界同样活跃)的显要人士。他遇见书商兼出版商约翰·科特尔。科特尔为自己的文学远见而自豪,为华兹华斯手头的创作付出十基尼,很可能就是与兰厄姆合作的尤维纳利斯风格讽刺作品。[114]他邂逅罗伯特·骚塞:和华兹华斯一样,骚塞也逃避了"在年薪四十镑、高尚的独身生活中忍饥挨饿"[115]的神职工作。二十一岁的他已走过撰写激进诗歌、支持激进思想、痴迷追随葛德文、梦想在美国建立理想社会这一历程,如今正苦苦寻找更稳定的生活出路。骚塞推敲着华兹华斯的讽刺作品如何开篇,一向才华横溢的他贡献了(华兹华斯后来承认)最佳的两行诗句。[116]更重要的是,一七九五年八月末至九月末之间——不可能更加精确——华兹华斯与塞缪尔·泰勒·柯尔律治相遇。

我们并不清楚这场相逢是如何发生的。晚年的华兹华斯忆起"在布里斯托的一座住所里"遇见柯尔律治和骚塞,而一八一〇年,博蒙特夫人则称"在一个政治辩论团体中,华兹华斯言辞雄辩有力,柯尔律治很想认识他"。[117]实际上,彼此都有可能找到对方。一七九五年初,二十二岁的柯尔律治在布里斯托发表了三次政治演讲,尽管"那些无礼且无脑的机器人"(柯尔律治语)曾试图堵住他的嘴。[118]二月,他在当地引起轰动的消息传到朋友乔治·代尔的耳中,并经他传遍伦敦朋友圈。华兹华斯也许真的读过《一篇道德政治演讲》,文章对当前局面的雄辩分析,对"暴君殿堂两大巨柱:君主制与贵族制"[119]的公然谴责,都使他更加急切地想要见到这位积极的自由之友。

另一方面,柯尔律治也有理由渴望见到华兹华斯,并非因为他可能在政治辩论中展现的任何技艺。作为诗人,柯尔律治立刻辨出《黄昏漫步》的真正价值,并在自己的诗中引用它。[120]无论他们于何时何地初遇,这份新交情令彼此满意。一次,华兹华斯朗诵着《索尔兹伯里平原》,柯尔律治大为震动。他在一八一七年说:"只要记忆尚存,我永远不会忘记它在我心中产生的鸣响。"[121]与此同时,华兹华斯也为柯尔律治作出鉴定:"我认为,他天资卓越。"[122]然而,九月二十六日,当华兹华斯和多萝茜离开布里斯托,前往雷斯冈时,他和柯尔律治都没有料到一场友谊已经开始。这场友谊将对他们的个人生活产生深远影响,也将决定他们诗人的命运。

注释

[1] 乔治·爱略特,《费利克斯·霍尔特》(1866),第三章。

[2] 华兹华斯致威廉·马修斯,[1792 年]5 月 19 日,《早期书信》,第 76 页。

[3] 多萝茜致简·波拉德,[1793 年 7 月 10 日、12 日],《早期书信》,第 100 页。

[4] 多萝茜致理查德·华兹华斯,[1792 年 5 月 28 日],《早期书信》,第 79 页。沃森在《传记》第 89 页提出,库克森的反应更多是针对华兹华斯的政治立场,而非其个人生活。但在 1790 年代初期,这位可敬的绅士对"法国原则"的反对显然两者兼具。

[5] 华兹华斯致威廉·马修斯,[1792 年]5 月 19 日,《早期书信》,第 76 页。

[6] 华兹华斯致威廉·马修斯,[1792 年]5 月 23 日,《早期书信》,第 120 页。

[7] 书评见伍夫,《批评遗产》,第 18-26 页;克里斯托弗·华兹华斯的剑桥日记,见第 26-27 页;克里斯托弗的注释,见第 31 页。

[8] 托马斯·德昆西,《威廉·华兹华斯》,载《泰特的爱丁堡杂志》,第 6 期(1839 年 4 月),《托马斯·德昆西文集》(二十一卷,2003),第十一卷《〈泰特杂志〉与〈布莱克伍德杂志〉文选:1838-1841》,朱利安·诺斯编,第 98 页。

[9] 1805 年《序曲》,9. 124-125。关于《景物素描》的文学渊源,特别是雷蒙·德·卡邦内埃尔的《瑞士自然、城市与政治状况书简》,见保罗·D. 希茨,《华兹华斯诗歌的形成:1785-1798》(麻省:剑桥,1973),第 59-74 页。

[10] 1805 年《序曲》，9. 521–522。关于致辞，见古德温，《自由之友》，第 244–262 页，第 501–512 页。

[11] 古德温，《自由之友》，第 253 页。

[12] 罗《激进岁月》第 119 页引用托马斯·厄斯金的观点："那个让国家做好战争准备的幽灵……是谈法国色变的恐怖……它将人们偶尔不加节制的对人类自由和幸福的广泛狂热与一种普遍的无政府主义倾向混为一谈。"见《论当前与法战争的因果》(1797)，第 18 页。

[13] 见《自由之友》，第 272–273 页。奥莉维亚·史密斯，《语言的政治：1791–1819》(牛津，1984)，第 62 页，证明了潘恩遭受的歇斯底里式的攻击——"在几次事件中，潘恩已在形式上被杀死了"。

[14] 华兹华斯致威廉·马修斯，[1792 年] 5 月 19 日，《早期书信》，第 77 页。

[15] 1805 年《序曲》，10. 249–274。

[16] 沃特森《为威斯敏斯特慈善诊所管理员所作的布道》的附录，见格罗萨特编，《文集》，第一卷，第 24–30 页。

[17] 《致兰达夫主教书：关于他在〈一个共和派的布道〉附录中的政治原则声明》，《文集》，第一卷，第 17–66 页。引文出自第 48 页。关于华兹华斯论点摘要的页码不详。在《文集》第一卷第 19–28 页，编者对这封信的写作和未出版的境况给出了详细说明。

[18] 在《华兹华斯：浪漫主义诗歌和革命政治》(曼彻斯特和纽约，1989)中，约翰·威廉姆斯很有说服力地将这封信置于英国共和写作的传统中，而且评论道："正如华兹华斯很多最伟大的诗篇一样，这封信记录了心灵的演化，而非固定的结论。"(第 67 页)

[19] 《〈绅士杂志〉与〈历史年鉴〉》，第 63 期(1793)，第 648 页，评论了约翰·考克的《简论平等原则的危害》。

[20] 在 1793 年 7 月 10–12 日的信件中，多萝茜告诉简·波拉德，华兹华斯"给贝尔摩勋爵儿子当老师的愿望告吹"。但无法想象华兹华斯适合给一个贵

族家庭的后裔作老师,尤其是他刚刚给《致兰达夫主教书》做了最后的润色。

[21] 威廉·卡尔弗特(1771-1829)和雷斯利·卡尔弗特(1773-1795)两兄弟的父亲是诺福克公爵在格雷斯托克城堡(彭里斯附近)的管家,1791 年去世。

[22] 1805 年《序曲》,10.304-306。

[23] 多萝茜致简·波拉德,[1793 年]8 月 30 日,《早期书信》,第 109 页。

[24]《芬尼克笔记》中关于《疚痛与悲伤:或索尔兹伯里平原上的事件》的说明。见斯蒂芬·吉尔编,《索尔兹伯里平原诗歌》(伊萨卡,1975),第 221 页。以下简称《索尔兹伯里平原》。

[25] 华兹华斯致约翰·凯尼恩,[1838 年夏],《晚期书信》,第三卷,第 616 页。

[26]《〈绅士杂志〉与〈历史年鉴〉》1793 年第 63 期第 856-857 页详细描写了这场暴风雨的范围和烈度。

[27] 引自《疚痛与悲伤》"致读者"手稿,见《索尔兹伯里平原》,第 216 页。

[28] 1805 年《序曲》,12.318-336。

[29] 华兹华斯阅读巨石阵和德鲁伊特仪式古代文献,见《索尔兹伯里平原》,第 35 页,以及汤姆·达吉特,《哥特浪漫主义:建筑、政治与文学形式》(纽约,2010),第 67-95 页。

[30] 同注释 27。

[31] 见 Z. S. 芬克编,《早期华兹华斯派》(牛津,1958),第 88-89 页,第 134-135 页。

[32]《索尔兹伯里平原》,第 221 页。

[33]《激进岁月》,第 159 页。

[34] 见弗里达·奈特,《大学中的叛逆者:威廉·弗伦德传,1757-1841》(1971)。

[35] 见《自由之友》,第 286-289 页,第 303-306 页。

[36] 华兹华斯对戈尔萨的了解,见第二章。有可能去法国的证据,见《年谱》,第一卷,第 147 页。华兹华斯确实到访法国这一猜测的进一步考虑和依据,

见约翰斯顿，《隐秘的华兹华斯》，第十五至十六章。

[37] 大卫·布朗维奇，《被记忆抛弃：1790 年代华兹华斯的诗歌》（芝加哥，1998）。布朗维奇这本书的题目巧妙地直接戏仿了华兹华斯 1799 年《序曲》中的诗句："被记忆抛弃的 / 日子"（第一部分，444-445 行），说明这些拒绝记忆的日子何等重要。

[38] 尼古拉斯·罗，《政治、历史与华兹华斯的诗歌》，见《华兹华斯剑桥指南》，斯蒂芬·吉尔编（剑桥，2003），第 196-212 页。引文出自第 207 页。同一著者，《威廉·华兹华斯的早年生活》，见《威廉·华兹华斯牛津指南》，理查德·格莱维尔与丹尼尔·罗宾逊编（牛津，2015），第 41-42 页。

[39] 埃米尔·勒古伊，《威廉·华兹华斯与安奈特·瓦隆》（1922），第 42-46 页。

[40] 1805 年《序曲》，10.373-380。

[41] 华兹华斯致威廉·马修斯，[1794 年] 2 月 17 日，《早期书信》，第 112 页。

[42] 《年谱》，第一卷，第 149-150 页。

[43] 华兹华斯致威廉·马修斯，写于哈利法克斯，[1794 年] 2 月 17 日。此前保存下来的信可追溯至 [1792 年] 9 月 3 日。

[44] 多萝茜致简·波拉德，[1793 年] 8 月 30 日，《早期书信》，第 108 页。

[45] 多萝茜致简·波拉德，[1793 年] 8 月 30 日 [和 6 月 5 日]，《早期书信》，第 111、91 页。

[46] 多萝茜致简·波拉德，[1793 年 7 月 10 日、12 日]，《早期书信》，第 101 页。

[47] 同上，第 97 页，第 101-102 页。

[48] 见柯蒂斯编，《两卷本诗集》，第 530 页，芬尼克笔记见第 547 页。这首十四行诗发表于 1820 年，题为《有一条纯朴的小溪》。

[49] 纽林，《彼此即一切》，第 26 页。

[50] 所有引文和时间出自华兹华斯与多萝茜合写的信件，致柯尔律治，

[1799 年]12 月 24 日[和 27 日],《早期书信》,第 273-281 页。

[51] 两处引文皆出自多萝茜致凯瑟琳·克拉克森的信,[1803 年 6 月 7 日或 14 日],《早期书信》,第 391 页。

[52] [阿尔斯沃特湖远足],《文集》,第二卷,第 368-378 页。

[53] 同上,第 369 页。1822 年、1823 年华兹华斯为最终题为《湖区指南》的这本书进行补充时,他大量参考了多萝茜关于阿尔斯沃特湖远足的叙述,并以《颂歌:科克斯通山口》结束本书。见《文集》,第二卷,第 244-253 页,第 361-363 页。

[54] 多萝茜致简·波拉德,[1794 年 4 月 21 日],《早期书信》,第 114-115 页。格雷日记,1769 年 10 月 1 日,《托马斯·格雷书信集》,佩吉特·汤因比与莱纳德·惠布利编(1935);H. W. 斯塔尔编(三卷,牛津,1971,增订本),第三卷,第 1079 页。

[55] 多萝茜致克里斯托弗·克拉肯索普夫人,[1794 年 4 月 21 日],《早期书信》,第 117 页。克拉肯索普舅母的观点和责备并非没有道理。安妮·D. 华莱士《行走、文学与英国文化》(牛津,1993)给出充分的依据说明十八世纪末人们对徒步者的怀疑,尤其是女性徒步者。(第 29-30 页,第 33 页)

[56] 关于手稿的描述,见《索尔兹伯里平原》,第 6-7 页。

[57] 华兹华斯致威廉·马修斯,[1794 年]5 月 23 日,《早期书信》,第 120 页。

[58] 关于手稿的描述,见《黄昏漫步》,第 12-13 页。

[59] 见兰姆致托马斯·曼宁的有趣的信,1801 年 2 月 15 日:"我必须特别小心地发表关于《抒情歌谣集》的观点。——整个英格兰北部都一片骚乱了。康伯兰和威斯摩兰已经宣布进入战争状态……"见《兰姆书信》,第一卷,第 272-273 页。

[60] 1808 年,华兹华斯批评博蒙特夫人的一个朋友未能认真阅读《我孤独地漫步如一朵游云》:"这样粗心地读一首诗,要我们怎么看待建立在此基础之上的批评和判断?我的语言是精确的……"见《中期书信》,第一卷,第 194 页。

［61］多萝茜致简·波拉德,［1793 年］2 月 16 日,《早期书信》,第 89 页。

［62］华兹华斯致托马斯·鲍威尔,1840 年 1 月 18 日,引自吉尔,《华兹华斯的重游》,第 19 页,另见第 218 页注 10。

［63］艾弗里尔的《黄昏漫步》讨论了这部 1794 年的作品(第 13-16 页),并首次展示了连贯的阅读文本、手稿誊清本和照片(第 127-267 页)。

［64］《黄昏漫步》(1794),330-340 行,第 142 页。

［65］《黄昏漫步》(1793),379-384 行,第 74 页。

［66］《黄昏漫步》(1794),125-132 行,203-206 行,第 135、138 页。

［67］保罗·D. 希茨,《华兹华斯诗歌的形成:1785-1798》,第 96 页。

［68］华兹华斯致博蒙特,1805 年 2 月［约 23 日］,《早期书信》,第 546 页。

［69］见华兹华斯致理查德·华兹华斯,［1794 年］10 月 10 日和 17 日,《早期书信》,第 130-134 页。

［70］1805 年《序曲》,13. 360-361。

［71］华兹华斯致威廉·马修斯,［1794 年］2 月 17 日,《早期书信》,第 112 页;［1794 年］5 月 23 日,《早期书信》,第 118-120 页。

［72］卡尔弗特的遗赠自 1795 年 10 月开始发放。

［73］华兹华斯致威廉·马修斯,［1794 年］5 月 23 日,《早期书信》,第 119 页。

［74］理查德·华兹华斯致华兹华斯,1794 年 5 月 23 日,《早期书信》,第 121 页。

［75］罗指出,华兹华斯向马修斯的提问"你对葡萄牙人有何评论?"说明葛德文关于葡萄牙高度专制的断言令他震惊。见《激进岁月》,第 180-182 页。

［76］威廉·葛德文,《论政治正义及其对普遍美德和幸福的影响》(两卷,1793),第一卷,第 9 页;第二卷,第 510-511 页,第 804-805 页。

［77］同上,第二卷,第 452-453 页。

［78］同上,第一卷,第 71、202 页。

［79］华兹华斯致威廉·马修斯,［1794 年］6 月［8 日］,《早期书信》,

第 124 页。

[80] 同上,第 125 页。

[81] 同上,第 124 页。

[82] 关于"华兹华斯和丹尼尔·艾萨克·伊顿的《慈善家》",见《激进岁月》,第 273-276 页;约翰斯顿,《隐秘的华兹华斯》,第十八章。关于华兹华斯是否供稿,里德在《文献》第 1163 页谨慎地指出,约翰斯顿"发现的词语关联有效地阻止了绝对否定的说法"。

[83] 1805 年《序曲》,10.539-552,580。

[84]《驳斥草章:关于埃尔大法官对大陪审团的控告:1794 年 10 月 2 日》(1794),第 24 页,引自古德温,《自由之友》,第 341 页。

[85] 华兹华斯致威廉·马修斯,[约 1794 年 12 月 24 日,1795 年 1 月 7 日],《早期书信》,第 137 页。

[86]《政治正义论》,第二卷,第 886 页。

[87] 同注 85。

[88] 关于 1790 年代后半期政府对政治异见的反应,除了已经引用过的罗、约翰斯顿和古德温的书之外,另见约翰·巴雷尔,《想象国王之死:叛国隐喻与弑君狂想 1793-1796》(牛津,2000)、《专制的幽灵:1790 年代的隐私侵犯》(牛津:2006);肯尼斯·R. 约翰斯顿,《不寻常的嫌疑犯:皮特的警戒统治与十八世纪九十年代失落的一代》(牛津,2013)。

[89] 华兹华斯致威廉·马修斯,1794 年 11 月 7 日,《早期书信》,第 136 页。

[90] 华兹华斯致威廉·马修斯,[约 1794 年 12 月 24 日,1795 年 1 月 7 日],《早期书信》,第 138 页。

[91] 华兹华斯致威廉·马修斯,[1794 年]6 月[8 日],《早期书信》,第 124 页。

[92] 理查德·华兹华斯致华兹华斯,1794 年 10 月 13 日,《早期书信》,第 132 页。

[93] 华兹华斯致威廉·马修斯,[约 1794 年 12 月 24 日,1795 年 1 月 7

日]，《早期书信》，第 139 页。

[94]　未署名书评，《每月书评》，第 12 期（1793 年 10 月），第 216-218 页。见伍夫，《批评遗产》，第 23-26 页。

[95]　在 1792 年 9 月 10 日写给哥哥的一封兴奋但很放松的信中，洛什重新讲述了他的逃离："不得不把衣服与书籍等物品留在巴黎，背着背包逃走。"洛什乘公共马车前往勒阿弗尔，乘客们"都因害怕在关卡被害而逃离"。此信首次发表在罗伯特·伍夫与斯蒂芬·希伯伦编著的《向着丁登寺：庆祝 1798 年〈抒情歌谣集〉两百周年》（格拉斯米尔，1998），第 84 页。

[96]　亨利·甘宁，《追忆剑桥大学、剑桥市和剑桥郡·1780 年》（两卷，1854），第二卷，第 87 页。

[97]　关于激进分子弗伦德的清晰论述，见约翰斯顿，《不寻常的嫌疑犯》，第 79-95 页。

[98]《海兹利特全集》，第十一卷，第 17 页。

[99]《凯勒布·威廉姆斯》前言，大卫·麦克拉肯编（牛津，1970），第 1 页。

[100]　马绍尔，《威廉·葛德文》（纽黑文与伦敦，1984），第 139 页。

[101]　见《阅读帕尔博士为慈善医院所作的布道文有感》（1801），面对"自由之友"变节者的攻击，葛德文为自己的忠贞辩护，表达了思想上的孤立感。见《威廉·葛德文的政治与哲学著作》，马克·菲利普主编（七卷），第二卷，第 163-213 页。

[102]　马绍尔，《威廉·葛德文》，第 140-143 页。

[103]　罗，《激进岁月》，第 193-198 页。

[104]　第一则评论来自约翰·宾斯，出自他的《约翰·宾斯人生回忆录》（费城，1854），第 45 页，其中忆起葛德文饱受争议的风格。第二则评论，见马绍尔，《威廉·葛德文》，第 172 页。

[105]　出自葛德文在小说中对自己目的的辩护，引自玛丽琳·巴特勒，《葛德文、伯克和〈凯勒布·威廉姆斯〉》，《批评随笔》，第 32 期（1982），第 239 页。

[106]《政治正义论》，第一卷，第 216 页。

[107] 引自《早期书信》,第147页。

[108] 兰厄姆并未显著出现在约翰斯顿的《不寻常的嫌疑犯》中,但他属于约翰斯顿所说的"1790年代失落的一代",也受到"皮特警戒统治"的危害。约翰斯顿重点写过兰厄姆,见《华兹华斯社交圈》,第二期(2011年春),第101-103页。

[109] W. R. 汉密尔顿致华兹华斯,1831年1月6日,华兹华斯图书馆。

[110] 《早期诗歌与片断》,第786页。关于这个保存下来的复杂文本的详细说明,见第786-826页。

[111] 通过平尼兄弟,华兹华斯也和詹姆斯与约翰·托宾交了朋友,他们的父亲与平尼的父亲有合伙关系。他们的财产来自位于西印度群岛尼维斯的庄园。

[112] 引自《早期书信》,第147页。

[113] 多萝茜致简·马绍尔(即此前的简·波拉德),[1795年]9月2日[和3日],《早期书信》,第150页。

[114] 同上,第149页。

[115] 骚塞致格罗夫纳·查尔斯·贝德福德,1794年6月1日,见肯尼斯·柯里编,《罗伯特·骚塞的新书信》(两卷,纽约,1965),第一卷,第54页。

[116] 华兹华斯致弗朗西斯·兰厄姆,[1795年]11月20日,《早期书信》,第156-159页。诗文出自《无处安放的诗行》,9-10行,见《早期诗歌与片断》,第814页。

[117] 关于这场相遇的可靠论述,见罗伯特·伍夫,《华兹华斯与柯尔律治:一些早期事件》,见《华兹华斯二百周年纪念研究》,乔纳森·华兹华斯编(伊萨卡,1970),第76-91页。

[118] 柯尔律治致乔治·代尔,1795年2月底,见莱斯利·格里格斯编,《柯尔律治书信集》(六卷,牛津,1956-1971),第一卷,第152页。

[119] 《一七九五年政治宗教讲稿》,刘易斯·巴顿与彼得·曼编(1971),第6页。以下简称"《讲稿》"。

［120］见伍夫,《华兹华斯与柯尔律治: 一些早期事件》,见《华兹华斯二百周年纪念研究》,第83-91页。

［121］柯尔律治,《文学生涯》,詹姆斯·恩格尔与 W. 杰克逊·贝特编(两卷,伦敦与普林斯顿,1983),第一卷,第78页。

［122］华兹华斯致威廉·马修斯,［1795年］10月［20日和］24日,《早期书信》,第153页。

第四章　一七九五至一七九七

一

　　地名有趣地出现在大多数谈论华兹华斯诗艺成长的叙述中。后来的作家,比如狄更斯或叶芝,用作品来标记艺术成长的重要时刻,如过渡性作品《马丁·翟述伟》,或体现成熟的《责任》。同样,华兹华斯的爱好者也会指向《黄昏漫步》《抒情歌谣集》或《序曲》这些重要作品,但他们至少也会勾勒出诗人精神漂泊的各个地标:风之岭,雷斯冈,阿尔弗克斯顿,白鸽村舍,莱德尔山庄。[1]在这些地方,诗人发现自我,创作辉煌,巩固诗艺。这些地方未必出现在具体诗歌中,但只要提起某个地名,人们就会想到与之相关的特殊意义。

　　读者用地名来标识诗人的成长,也是在追随诗人指引的方向。在《序曲》中,诗人的精神旅程,其心智与情感世界最深处的觉醒、危机、复元与成熟,都因为被赋予地图上的具体坐标而更加丰实。霍克斯海德,剑桥,伦敦,巴黎,依然在传统的诗学范围内体现着城市与乡村、人群与独处等常见的文学隐喻,但这并不能改变以下事实,即这些心灵的领地也是现实中的地方。

　　雷斯冈近乎完美地体现了现实与象征意义兼备之地。这座自一七九五年九月末起容纳华兹华斯与多萝茜的房子,如今依然屹立在多塞特郡从克鲁肯至莱姆里吉斯的公路旁。无论今昔,它都是个孤立的存在。阿尔弗克斯顿处在萨默塞特丘陵的环抱之中,环境更加友好,乡邻、客栈比比皆是。一七九七年七月,兄妹俩搬到这里。先后入住的两幢房子,从一处到另一处的迁居,似乎都需要象征层面的解读。《序曲》第十卷和第十一卷可作参考。如《序曲》所示,在雷斯冈,诗人化解了一场人生危机。离开伦敦和布里斯托的激进与迷乱,华兹华斯陷入孤独的心灵幽渊,在大自然的影响下,在多萝茜的呵护下,渐渐重返世界。但这样说过于简单。我们并不清楚华兹华斯的危机到底是什么。这场危机与发现天职的关系也模糊难辨。一切都如雾里看花。但可以确定的是,除了多萝茜与大自然,其他因素也在发挥作用。

97

二

一七九四年春,当华兹华斯在风之岭安顿下来时,他迫切想要梳理近来一段支离破碎的经历,于是着手修订《索尔兹伯里平原》和《黄昏漫步》。在雷斯冈,这种模式立即重演。仅一个月后,他就告诉兰厄姆,《索尔兹伯里平原》的"修改与补充如此之多,几乎成了一部新作"。[2]不要误会:尽管大量的结构调整使《索尔兹伯里平原历险》确实比《索尔兹伯里平原》复杂得多,但它并未与旧作割裂,也未偏离华兹华斯最近的思想动向,反而恰恰体现了他旅法归来后的阅读思考、文化交流和个人观察。

这并不奇怪。一系列政治事件表明,华兹华斯为一七九四年叛国罪审判结果感到喜悦,是不成熟的表现。"战争的事态"并未"转变"。皮特政府也没有承认"改良者的语言不无道理"。相反,《人身保护法》的中止尚未解除。在雷斯冈的最初数月,华兹华斯所说的"强权的暴力与手段"(以否定人权为特征)加强了对一些人的镇压,因为他们"公然宣传的思想不合特权阶层的胃口"。[3]

十月二十六日,成千上万人聚集在伊斯灵顿哥本哈根府广场前,聆听约翰·塞尔沃尔及伦敦通信社其他领导人的演讲。这是有意安排的政治行为,为了赶在议会进入新会期前,表达被威斯敏斯特①忽视的群众呼声。十月二十九日,前去参加议会开幕大典的国王马车遭到人群围堵,他们口中喊着:"反对皮特,反对战争,面包,面包"。子弹击碎了一扇窗户。两件事的关联显而易见。尽管一个名叫基德·维克的罪犯因这次攻击被捕,但政府以这场暴乱为借口,对不满分子展开了普遍镇压。十一月初,王室公告已列出了《叛国行为法案》和《煽动性集会法案》的要点,前者扩大了"叛国"的定义,后者虽大张旗鼓地区分合法与非法集会,但有效地将一切辩论团体、演说和一次性抗议集会置于地方执法官的判决之下。[4]持自由思想、支持变革者,无论何种政治色彩,都联合起来,共同抗议这些法案。华兹华斯虽身处偏僻的雷斯冈,但清楚地知道对自由的猛攻进入了新阶段,而他的新朋友柯尔律治在抵抗这一攻击的过程中扮演着危险的角色。一七九五年十一月二十六日,阿扎利亚·平尼来信,只仓促地提及哥哥的恋情,便转而谈论"笼罩在政治上空的恐怖乌云,带来不祥的毁灭之兆"。在布里斯托市政厅的两次集会中,柯尔律治慷慨陈词,要求威斯敏斯特方面关注他们的诉求。平尼说,如果这种抗议得不到重视,"后果将不堪设想——武力能够暂时镇压人民的怨声,但是,一旦反抗的有利时机出现,他们将如狂怒的旋风一般爆发"。[5]诉求遭到了漠视。十二月十八日,《禁言法案》通过。

①　威斯敏斯特(Westminster),英国议会所在地,英国的行政中心。此处用地名代指英国政府当局。下同。

信中，平尼让华兹华斯"告诉我你的想法"，但接着又说，"我大概可以猜到你的观点"。此话耐人寻味。显然，在平尼眼中，华兹华斯是忠诚的激进分子，伦敦小组的一员；其成员之间无论存在多少思想分歧和私人好恶，都一定会万众一心地抵抗当权者的侮辱。乡村隐居的见闻使华兹华斯保持着激进主义的思想，一如伦敦的时事一样。这种激进主义无须通过追问政治正义来说服任何人，在一场漫长的战争中，穷人要比富人权贵忍受更多的艰辛。一七九四至一七九五年之交的冬天尤其艰难。接下来的全年，物价上涨，食物暴乱频发。[6] 在《论当前的战争》中，柯尔律治抨击了所见的一幕："一个征兵点挂起了一块块牛肉，为了吸引那些饥肠辘辘的穷人。"[7] 如今，在雷斯冈，华兹华斯亲眼目睹这一切。他哀叹道："乡下人穷得可怜。无知，且染上与之相伴的一切恶习：说谎，扒窃，偷盗，等等。"[8]

99

国家的政治事件和亲身的地方观察共同加剧了华兹华斯的愤怒，并再度激发了他的诗歌创作。一次，拜访兰厄姆时，他和朋友尝试将尤维纳利斯的第八篇讽刺作品改写为现代版，因为他们发现其中有充足的材料可用来攻击城市精英的堕落——赌博，纵欲，愚蠢——及其赖以生存的专制制度。[9] 尽管华兹华斯的改写很有力量，但作为完整的诗歌本身却停滞不前。正如华兹华斯后来的许多经历，他需要通过修改自己的旧作激发新的创作。

三

重读在风之岭和妹妹一起誊清的《索尔兹伯里平原》，华兹华斯开始起草新的诗行。[10] 起初，他只是修修补补，但是，当他着手处理旅人和女人的关系，尤其是那段安慰之辞时，他发现这里可能发展为更加复杂、更有意义的形式。在《索尔兹伯里平原》中，故事处在中间，开头和结尾用铿锵的诗文强调故事的意义。《索尔兹伯里平原历险》则完全由环环相扣的人间故事展开。全诗由旅人（水手）与老兵的相遇开始。老兵正艰难地穿越索尔兹伯里平原，去寻找一贫如洗的女儿。旅人帮助他后，继续行进，并交代了孤身一人的处境。他是逃犯。在战争中服役后，他回到家，却被逼再次入伍。没有酬金，身无分文，为了养家糊口，他曾杀人抢劫，但却逃离了家人的视线。他遇到一个避雨的受惊女人，听她讲述在战争中失去丈夫与孩子的经历。天亮了，他们继续赶路，却碰到可怕的一幕：一个男人将他的婴孩摔在地上。水手再次给予安慰，然后下山，进入山谷。偶遇被冷漠的监工四处驱赶的病妇。这时，水手才意识到自己罪过的双重影响。他不仅让无辜者流血，也毁了自己的家，因为这女人就是他的妻子，因丈夫有犯罪嫌疑而被赶出家门。水手精神崩溃，乞求原谅，投案自首。结尾，他的身体挂在绞刑架上。

这样的梗概介绍对任何诗歌都有杀伤力，但为了说明《索尔兹伯里平原历险》的特征，依然必要。首先，该诗无情地抨击了"战争给个体带来的灾难"，正如华兹华斯对兰厄姆所言，这也是该诗的目的之一。[11] 老兵病苦交加，赤脚跋涉，衣衫褴褛。水手被逼入伍，却没有报酬。他路遇的女人是战士遗孀，无家可归，身无分文，惟有记忆将她萦绕：

<blockquote>
那一年太残酷，

丈夫和孩子们！一个个被利剑

与瘟疫吞噬，全都死了……[12]
</blockquote>

其次，华兹华斯的行文缜密有致，一方面是人类非人性行为引发的苦难，另一方面是个体之间的彼此安慰，两者交替展开，达到平衡。

诗中还有两个极有趣的地方，未能通过"情节"梗概体现出来。首先是华兹华斯对风景的运用。在《索尔兹伯里平原》中，华兹华斯通过野蛮人、古凯尔特巫师德鲁伊特和游魂等形象强调了广袤荒原的象征意义。但经过修改后，这些内容几乎不复存在，惟有不断变换的平原意象默默维系着不断演化的叙事心境。然而，无迹象表明风景本身有何意义或价值。在后来的诗作《废毁的茅舍》中，商贩告诫诗人，善于阅读风景的人可以获得"自然的慰藉"。[13]在《索尔兹伯里平原历险》中，相似的词组"自然的同情"仅指水手和女人之间的人性纽带。

第二个有趣的特征是，华兹华斯巧妙地发展了抗议文学中的典型因素。当时，反映社会问题的诗歌很普遍。杂志通过孀妇、妓女和穷人的（或人们对他们的）哀叹，定期激发读者的同情心。华兹华斯知道也赞赏约翰·朗霍恩的《乡村法官》，其中《济贫法》执行官的残暴与强盗本能的悲悯形成反差。[14]骚塞的《博特尼湾牧歌》与华兹华斯的作品相似，也尝试"揭露刑法之邪恶"。[15]福塞特的《战争的艺术》给华兹华斯留下深刻印象，书中的悖论令人惊愕：人们平日里憎恶该隐的罪行，但在战争中，文明人已熟练掌握这种罪恶。甚至约瑟夫·科特尔也在其《诗集》(1795)的序言中指出，通过想象具体的场景，诗歌可以有效地抗议战争的恐怖。[16]华兹华斯诗歌的特殊之处在于，不同的抗议因素都融于一种统摄一切的想象。

一种非常黑暗的想象。创作初期，华兹华斯想写这样一个诗节：水手安慰着女人，谈到"保护所有社会阶层的计划 ／ 不过是痴心妄想…… ／ 以及人与人之间的普遍关怀"。[17]这份"痴心妄想"在诗中全面瓦解。水手对报酬的合理要求遭到"衙门走狗"的傲慢拒绝；老兵被自己效力的国家抛弃；烈士遗孀身无分文；水手之妻得不到教区救济。葛德文在《政治正义论》其中一章《论惩罚的实施》中质问："谁能在理智清醒的时候，妄称能指出影响我每一个行为的动机，并根据这些动机，对我判处重刑或极刑？"[18]《索尔兹伯里平原历险》通过具体个人的事例说明了上

101

文的意义。法律以"被亵渎的"正义之名,惩罚并绞死了水手,因为法律并不考虑他实有一颗"向善之心"[19],或者他的谋杀乃生活所迫,甚至,此时的谋杀曾是彼时的军功。

在这样的社会,人类只有尽可能培养彼此之间的友善。面对荒野上的穷苦人家、战栗的母亲、流血的孩子、不敬的父亲,水手向他们宣布了如下真理:

> 世事险恶,法律严酷;
>
> 人人都伺机压榨弟兄;
>
> 此时此刻,更需牢缚
>
> 自然的纽带,让万恶休停,
>
> 哪怕,极少数人享有和平:
>
> 否则,面对那众多的敌人,
>
> 你们的痛苦只会与日俱增。[20]

102　但是,当他揭示"这些家常的真理"时,他的妻子正因为他所做的一切而奄奄一息。他无法承受这一事实,只盼着死亡来结束这一切。全诗落幕:

> 他们任凭他在铁架上高悬,
>
> 一些无良之人没头脑,少教养,
>
> 在他的面孔下搭起节庆的货摊,
>
> 成千上万的闲人将这里打量,
>
> 父亲们带着妻儿来此观光……[21]

风中飞旋的身体——结束一首诗的理想意象,因为它让我们看到,当前社会发生的真实事件堪比哥特文学中最黑暗的想象。

四

　　华兹华斯决定出版《索尔兹伯里平原历险》，指望"靠它赚点儿钱"。[22]显然，最有可能的财源来自热情的科特尔。当科特尔将骚塞的《圣女贞德》作为礼物送给华兹华斯时，华兹华斯在一七九六年一月的回信中承诺"过几天"回赠一首自己的诗，尽管我们不清楚这是诱饵，还是两人在布里斯托初遇时的约定。三月六日，和哥哥一起住在雷斯冈的阿扎利亚带着手稿前往布里斯托。二十五日，他来信说：

> 　　我一到这儿就把手稿交给科特尔了，并要求由柯尔律治审稿。他相当认真，据我所知，他在稿件中插入很多白纸，以便写下点评，供你参考……你很快会收到他的来信，但在收到任何消息前，你恐怕会先收到此信。我很高兴地告诉你，他非常乐于讨论这部佳作（他的原话），并向我保证，他的书商会协助出版事宜，为你担保一切费用，他也不用承担风险；一旦付清费用，你就等着坐收利润吧。[23]

　　柯尔律治对出版商和稿费一向乐观，这并非最后一次。尽管四月十二日平尼允诺詹姆斯·托宾"几周之内"诗歌即可刊印，事实上，什么都未发生。科特尔已为柯尔律治的杂志《守望者》赔了钱。至于柯尔律治，他正竭力维持那不幸的杂志运转，无暇推动哪怕他感兴趣的诗歌。他把手稿寄给兰姆，后者"愉快地"读了它，并承诺华兹华斯下次来伦敦时，将手稿还给他。[24]六月，手稿回到作者手中——没有出版。

103

华兹华斯对错失良机作何反应,不得而知,但可以想见,从他把诗稿交给平尼那一刻起,他就不关心这首诗的命运了。在现存的书信中,我们看不到他曾表达任何懊恼,也没有任何人表示他曾为此不快。他和科特尔的关系依然热诚友好,而与柯尔律治、兰姆的友谊也在不断加深。更重要的是,其他证据表明,在各个方面,无论思想还是个人,华兹华斯正在突飞猛进,《索尔兹伯里平原历险》似乎只是对一段逝去时光的纪念,而非眼下的要紧事了。

在完成《索尔兹伯里平原历险》后,华兹华斯断断续续地撰写《仿尤维纳利斯》。三月二十一日,他对马修斯宣称,“写作无法进行。”[25]一七九六年十一月,抒情诗《致海洋》发表在当地的《每周娱乐》上,或许是效仿柯尔律治和骚塞,他俩的作品近来常见于此刊,但这首诗很糟糕,几乎不比这无聊杂志上的其他诗好多少。[26]格律练习(将同样的叙事内容用素体诗和斯宾塞诗节分别写出)和《哥特故事》片断仿佛是诗人的五指练习,演绎着《索尔兹伯里平原历险》的思想。[27]但是,当华兹华斯真正结束这段贫瘠期时,他结束得很精彩。一七九六年十月,多萝茜说,他在“满怀激情地创作一部悲剧”[28],次年春天,他已完成一部素体诗五幕剧。该剧以成功的形式和深刻的主题证明了华兹华斯这几个月来绝非贫瘠。与《边界人》相比,《索尔兹伯里平原历险》显得非常狭隘了。《索尔兹伯里平原》诗歌结束了华兹华斯思想生活的一个乐章,而《边界人》这部戏剧则开启了诗人对某些主题的毕生探索。

这个突破是如何发生的?尽管众说纷纭,却依然悬而未解。当华兹华斯在《序曲》中回顾这一人生阶段,他确信这段时期既是考验也是救赎。站在未来近十年艺术成就和个人幸福的制高点上回望,他可以看到雷斯冈岁月在其成长过程中的重要意义,正是这一时期使他成长为创作《抒情歌谣集》《序曲》和《隐士》的诗人。因此,回顾往事,他省去所有旁枝末节,以便彰显他眼中的主干。在第十卷,华兹华斯写到自己纠结于互相矛盾的情感：一方面，法国大革命前路未卜，日益偏离最初的理想；另一方面，国内的政治压制揭露了当权者思想道德的败落。华兹华斯感到一切都是未知，没有探询，理想、信念或传统秩序都无法确立，他"手持匕首"，

> 使尽浑身解数分析社会的结构，
>
> 解剖整个社会的肌体，
>
> 直击其内心深处。

在对社会进行"解剖"后，华兹华斯用有力的诗文、曲折的句式和巧妙的韵律，合力推动着诗人自我毁灭的波澜。这段诗文值得全部引用：

> 　　　　　　　　当时
> 我的确如此，牵缠着所有的激情、
> 见解、模糊的信念，像拖着罪犯
> 上法庭审判，试探着让心智公开
> 确立她正当的权利与名誉；时而
> 相信，时而怀疑，不停地纠缠着
> 冲动、动机、是与非、道义的根据、
> 法规的内容及赏罚的因由，还要
> 从每一事物中寻出像样的证据，
> 直至尽失坚定的信念，终于
> 厌倦，让矛盾的概念耗尽精力，
> 最后在绝望中放弃了是与非的探寻。
> 至于未来的研究，探询能力的
> 惟一用场，我转向数学，及其

清晰确凿的依据。[29]

华兹华斯陷入对真理的无望追求——无望,因为目标和方法都错了。诗人说,将他拯救出来的是多萝茜——"无论何时,一直在心中维护着我 / 诗人的名姓",还有"大自然本身":

105

> 领我走出令人疲惫的迷宫,
> 重返开阔无拘的空间,
> 早年生命的情感复活,
> 带来平静的力量和真知,
> 心胸开阔,不再被外物扰动。[30]

在《序曲》的语境内,上述解释绝对令人信服(且不说其素体诗的说服力同莎士比亚或弥尔顿一样微妙),因为它牢牢抓住了全诗的主旨——大自然选择华兹华斯作为她的先知;骨子里他**一直**是一位伟大的诗人;迷惑与危机不过是暂时地蒙蔽了他,"如月亮被云朵遮住,而非亏缺"。[31]读过卡莱尔《旧衣新裁》、约翰·斯图亚特·穆勒《自传》、丁尼生《缅怀》或马克·卢瑟福《自传》和《救赎》的人会觉得,华兹华斯坠入深渊及其复元的历程似曾相识。但作为雷斯冈时期的叙述,其省略之处和回顾模式未免过于粗暴自信。面对《序曲》所呈现的诗人精神自传,人们当然很难企及这一时期的其他"真相"。只能说,一七九六年,华兹华斯的人生动向依稀不清;在影响他的众多因素里,无法区分哪些持久,哪些短暂。但《序曲》的基本命题不容反驳。雷斯冈期间,华兹华斯确实发生了变化,或者说成熟,或发展,或者,我们找不到一个恰当的词来描述他霎时间拥有的全部自信。至一七九七年暮春,据多萝茜的说法,他"满面春风……为整幢房子带来生机"。[32]而且,此时,他将别人吸引到身边。华兹华斯不再是他人体系的侍从，或向往都会的游子，他开始发掘自己的心智能源，并标划出属于自身的活动天地。

五

在雷斯冈安顿下来一个月后，华兹华斯请求马修斯立即给他订购"六双鞋：四双特别结实的双底头层皮鞋，两双普通的伦敦休闲鞋"。[33]在评价华兹华斯这段人生的种种因素时，我们很容易低估这些鞋子的意义。华兹华斯和多萝茜终于回到乡下，尽管看门人约瑟夫·吉尔负责园艺工作，仆人佩吉·马什料理洗衣做饭等全部家务，但他们的工作和娱乐还要靠自己的体力。通邮城镇克鲁肯远在七英里之外。莱姆里吉斯"距雷斯冈至少八英里半"[34]，华兹华斯得意地告诉城里人马修斯；一七九五年十月底，他曾步行前往那里拜访尼古拉斯·里德——马修斯、葛德文、蒙塔古圈子的一员。他们也探访了附近的皮尔斯顿崖和刘易斯顿山，在读了阿扎利亚·平尼十一月二十日寄来的威廉·克罗的诗《刘易斯顿山》后，这座山或许会带给他们别样的快乐。[35]华兹华斯不得不在花园里劳作，"锯木除篱"，而多萝茜则在屋里忙着洗刷做饭、缝衣补旧。一七九六年一月二日至三月六日期间，平尼兄弟断断续续付费住在这里。他们一起骑马、打猎，阿扎利亚·平尼说，华兹华斯"又恢复了往日的胃口"。[36]

在此时期，华兹华斯和多萝茜也渐渐懂得了身为父母的意义。仅仅数月，那个曾经"娇生惯养，体弱多病""动不动就哭"的小巴希尔·蒙塔古已经变成"一个强壮、快活、勇敢的男孩"，多萝茜觉得，他是"我见过的最快乐的孩子"。[37]她告诉已为人母的简·马绍尔，这一切缘于一种简单的思想体系，"如此简单，在这个充斥着各种体系的时代，你可能都

106

不会遵从它"：

> 我们现在什么都不教他,就让他通过感官经验去学习。我们总是尽最大努力满足他那无法满足的好奇心。他见什么都好奇,天空,田野,树木,灌木,玉米,手艺活,小推车,等等。他识字,但我们还没进一步尝试书本学习。我们气派的书房始终是为了让他开心……[38]

或许还有最重要的一点。一年来,华兹华斯与多萝茜分享着自己生活的点点滴滴。多萝茜从未如此幸福。后来,她意味深长地称这里为"我的第一个家"。[39]一七九六年十一月至一七九七年六月,玛丽·哈钦森也加入了他们。多萝茜上次看到玛丽还是在一年前的四月,那时玛丽正在哥哥汤姆的索克本农场里照料患肺结核、命垂一线的姐姐玛格丽特。她需要缓解一下压力。她完全融入了这一家人——多萝茜欢呼道,"我们是最幸福的人。"[40]当华兹华斯坐在餐桌前,一边是再不会与他分别的妹妹,一边是他即将在一八〇二年迎娶的女人,这是多么美好而充满预示的一幕啊!伴随着北方和童年的共同记忆,他们重建一种延续感。这感觉如此牢固,足以容纳安奈特的一切。在安奈特寄出的六封信中,有一封终于抵达华兹华斯,提醒他还有义不容辞的责任,然而,至少眼下,他还无法尽责。[41]

六

一七九六年,华兹华斯并没有全年待在雷斯冈。从六月一日至七月九日,他在伦敦。他与兰姆会面,拿回《索尔兹伯里平原历险》手稿,然后,再次与葛德文的圈子混在一起。六月七日,他和平尼兄弟中的一位拜访了这位哲人,稍后又在蒙塔古家与他共进晚餐。十八日,葛德文的虔诚信徒蒙塔古又邀请了更多宾客——华兹华斯,葛德文,詹姆斯或约翰·托宾,以及约翰·斯托达特,后者被兰姆称作"有教养但冷血自负的葛德文信徒"。[42]第二天,华兹华斯、斯托达特和葛德文又到林肯律师学会吃晚餐。一周后,六月二十五日,华兹华斯,詹姆斯或约翰·托宾,葛德文,以及罗伯特·艾伦聚在斯托达特家中共进晚餐。罗伯特·艾伦是兰姆、柯尔律治和骚塞的朋友,当时与斯托达特过从甚密(兰姆说"这对他没有好处")。[43]

可谈的话题很多:一七九六年初英国向法国提出的和平提案最终失败,导致英国政府坚定了将战争进行到底的决心;国内《禁言法案》的后果;激进事业的命运(约翰·塞尔沃尔最近在讲座和新闻中大肆宣讲这个话题)。但毋庸置疑,在众多友人当中,葛德文本人及其观点才是谈话的焦点。他刚刚再版了《凯勒布·威廉姆斯》,包括出于谨慎而没有在第一版刊出的序言[44],但和新版《政治正义论》相比,小说的修改不多。葛德文表示,《政治正义论》并非陈述真理,而是提出真正的**质疑**。他早先的观点——快乐的重要,情感在善行中的位置,自爱与博爱的关系,人性可完善,如今都受到他本人的批判。[45]新发行的开明杂志《月刊》曾发表针对《政治正义论》的指责,其中"质疑者"(威廉·恩菲尔德)问道:"个人情感是否与博爱相违?"[46]这群人可能会讨论新的修订对这一责问的影响。葛德文关于追求真理的想法也会是一个热点,不仅是因为这比区分哲学概念更好把握。在第二版《政治正义论》中,葛德文宣称"真理与冥想同在。我们很少会因为摆脱错误和妄想而获得进步,进步只能向隐蔽的独处或两人之间安静的思想交流中寻"。[47]实际上,葛德文始终持此观点,但是,在与他激烈争吵的塞尔沃尔看来,这仿佛退归于政治上的寂静无为。[48]

108

八个月前,这样的讨论曾燃起华兹华斯的激情,当他在一七九五年十一月创作《索尔兹伯里平原历险》时,这份激情仍在燃烧。但曾经满足他需求的,如今不再奏效。华兹华斯对蒙塔古寄来的第二版《政治正义论》作出回应:"我指望这本书大有改观。目前仅看过第二版序言,已非常失望。如此粗鄙之作,实属罕见。无一句得体之文。"[49]此话相当离谱。葛德文的序言写得很好,不过是解释了修订的必要,以及哪些部分有明显改动。或许华兹华斯是针对此文的自我中心主义,就像他曾这样对待骚塞那孤芳自赏的《圣女贞德》前言,称作者"自以为是"。[50]或许是因为葛德文分析的一系列话题——"论个人美德与义务","论权利","论服从",以及那令人生畏的"原则汇总"——让一个从本科起就接触这类小册子的人顿感厌倦。也许葛德文的谈话不再打动他。兰姆说,每当你提出一个观点,"葛德文教授"总是要你作出"解释,翻译和界定"。[51]甚至华兹华斯可能研究了修订版的《政治正义论》并感到索然无味。无论什么原因,华兹华斯对葛德文及其作品的反应与他此时的阅读思考密不可分。在《索尔兹伯里平原历险》中,葛德文式的思想曾是一种模具;在一七九六年底创作的《边界人》中,它成为导火线,华兹华斯借此对所有抽象思维进行批判。

109

七

华兹华斯可能只读了第二版《政治正义论》的序言,但整个雷斯冈时期,他读了很多别的书。伦敦的朋友预言,他整天看书,会变成书呆子的。这话大错特错了。[52]对于一幢租住的房子来说,雷斯冈住所的藏书量多得惊人——三百多册历史、传记、诗歌、哲学和神学书籍——华兹华斯兄妹陶醉其中。[53]即使在一七九六年初平尼兄弟来访期间,他们也照读不误,尽管"不像往常那样规律",多萝茜写道。[54] 前面提到,华兹华斯在给马修斯的信中声称无法写作;值得注意的是,取代写作的不是户外消遣,而是伏案阅读。平尼兄弟走后,华兹华斯"重返我的书本"。[55] 他向阿扎利亚·平尼借书,向马修斯索书,收到科特尔和洛什寄来的书(不知是否索要而来),努力复原他留在蒙塔古家中的藏书。他还求要一份伦敦的报纸。华兹华斯似乎非常担心与世隔绝,决心为自己积聚丰富的精神资源。

我们不知道华兹华斯读了什么书。他没有做读书笔记。因此,面对幸存下来的雷斯冈藏书目录,人们只能望洋兴叹,猜想他是否读过克莱伦登的《叛乱史》,或者对柯尔律治影响深远的卡德沃斯的《真正的宇宙精神体系》,或者约翰·雷的《造物中的上帝智慧》;抑或更常读西塞罗、普林尼、奥维德、塞内加、维吉尔,或培根、博蒙特、弗莱彻,或考利、德勒姆、德莱顿、奥尔德姆、普莱尔以及沃勒。虽然只有"消磨冬日的书,独处时光,一方壁炉……我们从不觉得枯燥"[56],多萝茜写道。自然,雷斯冈的《格列佛游记》和《约瑟夫·安德鲁斯》一定会让他们满足。华兹华斯还特别向马修斯说起藏书中的意大利作家,包括马基雅维利和薄伽丘;后来还告诉他,在他的指导下,多萝茜已开始阅读阿里奥斯托。在《序曲》中,华兹华斯忆起几何学在这段时期对他的重要意义。在多萝茜称作"最漂亮的小房间"里[57],壁炉两旁各有一个大书柜,欧几里得的《几何原本》就在其中一个书柜的第四层。

我们也不知道,除了信中提到的书籍之外,华兹华斯可能还读了多少别的书。他所有的朋友都是狂热的文学爱好者(多萝茜注意到,平尼兄弟"酷爱读书"[58]),并彼此分享近期阅读中的激动。比如,在一七九六年八月三日写给阿扎利亚·平尼的信中,约翰·托宾提起兰厄姆的诗和斯托达特翻译的席勒的《菲埃斯科》,并推荐道:"你一定要读《修士》这部小说,以及译自德语的《蕾诺拉》——《月刊》上有,它是这类作品中的佳作,已经出版一段时间了。"在一七九七年三月二十日洛什寄给华兹华斯的一包书

110

中就有《月刊》，但说不定华兹华斯早在去年九月平尼兄弟来访时已经看过这本杂志，或者阿扎利亚·平尼曾把刘易斯的《修士》带给他传阅。

所有种种皆是猜测。然而，华兹华斯的某些阅读可以得到铁证，即使不能由此确知他的思想动向，至少可知其思想活动的范围。[59]

整个这段时期，华兹华斯满脑子都是法国、战争和革命引发的问题。一七九三年七月，他曾观看舰队在索伦特海峡集结，怀着一种与同胞心情割裂的爱国者之痛。此刻，一七九五年十一月，他从雷斯冈附近的山坡上瞥见另一支舰队，正准备开赴西印度群岛，而他的心情该是何等不同。[60]一七九三年，他曾相信"这场刚刚开始的斗争将是一场持久战，并将带来不可估量的沮丧和痛苦……尽管很多人认为武力强盛的英国加入盟军将使其迅速完结"[61]，随后发生的每一件事都证明了他的忧惧。权力压制，强行征兵，政府间谍，物价上涨，穷人、伤残士兵和身无分文的孀妇饱尝痛苦——这一切的罪魁祸首就是战争。然而，一七九三年，华兹华斯无疑认为，这场战争体现了一个专制国家对另一个刚刚推翻专制的国家的扼杀企图；如今，如此幼稚的想法不再成立。罗伯斯庇尔和恐怖统治使大革命的光明希望蒙上阴影，然而他的倒台却没有使希望复明。华兹华斯依然坚信早期共和派的理念，并像所有激进分子一样，坚信战争本可避免。但是，当法国的扩张野心日益昭彰，特别是一七九六年拒绝英国的和平提议以及拿破仑意大利战役胜利后，他无法再相信战争的持续仅仅是皮特政府的阴谋，也不再认为在法国的一片骚乱之中，大革命的理想依然完好无损地存于某处。

关于这些事情，华兹华斯在这段时期的书信中只字未提。这不奇怪。一七九四年，作为一名狂热的激进分子，华兹华斯想要向马修斯表达其信念，部分为了声明立场，部分为了获得共鸣的快乐。但如今，一七九六年，华兹华斯没有清晰的信条可以宣布，一度的狂热分子已然失去信仰，甚至连相反的信仰都没有了。他求索，思考，关于法国事件的消息只让他更加迷茫。一方面,一七九五年十一月底及一七九六年一月,阿扎利亚·平尼提供了一些书籍——路维的《一七九三年五月三十一日以来我所遭遇的危险》,罗兰夫人的《致公平的后人》,以及海伦·玛丽亚·威廉姆斯的《书简:法国政治速写及巴黎狱中场景》。[62]每一份报纸和杂志都报道着战争的进展和法国政局概况,但这些全部出版于一七九五年的回忆录见证了"习惯、风俗、法律"被废黜后,留下新旧势力交替间的空档,让人们的激情参与其中。[63]延续中断,信任失效,怀疑戴着意识形态的面具撕裂友谊,社会分崩离析,其结果就是海伦·玛丽亚·威廉姆斯笔下那些走向可怕断头台的人。[64]对于华兹华斯来说,那些曾在巴黎期间压迫着他的恐惧,如今在这些书本中找到实体。当他在《序曲》中描述巴黎经历时,他显然也忆起了这些叙述。[65]

　　另一方面是伯克。早在一七九六年,在和平提案上,英国政府与法国当局"眉来眼去",驱使年老多病的伯克写下针对大革命的"斥菲利普篇"①——《致一位当前议员的三封信:论弑君以求和平》。[66]一七九七年三月二十日洛什寄来的包裹中就有这本书;但华兹华斯很可能在该书出版那一年就已知道这些内容,至少知道一部分,因为《每周娱乐》上连载了很长的节选。[67]

　　这些书信热情雄辩,充斥着轻蔑意象和个人憎恶,但有些偏激。伯克甚至将一七九四年叛国罪之无罪审判视为国耻:"公诉程序比培养叛国者的学校好一点,能提高罪犯答非所问的狡黠手段,除此之外,毫无用处。"[68]然而,伯克的书信让人过目难忘,甚至令人动容。在洛什寄来的包裹中,托马斯·厄斯金的《论当前与法战争的因果》却提出相反的观点。[69]对于厄斯金来说,卷入战争是严重的政治错误,必须尽快通过和平谈判来挽回。尽管厄斯金的诉求公允而实际,但与伯克的《书信:论

112

---

①　《斥菲利普篇》,古希腊德摩斯梯尼(Demosthenes)痛骂马其顿国王菲利普二世的演说。

弑君以求和平》相比，却显得薄弱，因为他谈论的仅是暂时的政局，甚至在他写作的同时，事态仍随着拿破仑的行动而改变。而伯克即使在死榻之上（他的自我投射）依然关注《法国革命沉思录》中大力阐述的更为恢弘高贵的图景。他认为，必须抵抗法国，因为革命派已击中英国社会所代表的民族概念。伯克声明："民族是道德精髓。"《论弑君以求和平》中那些狂放的辩词和证据正是基于这一信念。[70]民族是道德精髓，因为真正的民族——英国人——体现正义，尊重法律，敬畏过去，并且认识到人在本质上是情感、偏见和忠孝两全的动物，整体上反映了人在上帝面前对于自身位置的自知。正因为伯克表达了这一愿景，他对华兹华斯才尤为重要。他的不公和偏见可以忽略不计。重要的是，他相信政治是琐碎而局部的权宜之计，除非它能以社会形式实现人类的真正需求和真实本性。

八

在一七九六年十一月二十一日的《每周娱乐》上，华兹华斯发表了诗歌《致海洋》，注意第一行"你要在我周围咆哮多久"乃"出自柯尔律治先生"。[71]柯尔律治在《舍顿沙洲》中也引用《黄昏漫步》中的诗句，并向华兹华斯致意。[72]两位诗人进行着十八世纪的文明游戏：公开的文学引用；但华兹华斯的引用和说明却具有不同寻常的意义。当他格外敏感地接收外界刺激和精神养料时，一种新的影响进入了他的生活，胜过他在这过渡的一年中做的任何事、读的任何书。

柯尔律治本身也动荡不安，他成年后的生活多半如此。一七九五年全年，他眼看着在美国建立理想社区的计划萎缩；十月，不大情愿地与萨拉·弗里克结婚；十一月，写信谴责骚塞是变节者；这一定是一封最糟糕的朋友来信;年底又拼命寻找生计。[73]但是,尽管他害怕压力——"焦虑可以刺激他人,却在我心中注入额外的麻醉剂"——他产出的作品却数量惊人。[74]一七九五年十二月,他将二月的演讲稿修订出版,题为《致人民》;将关于"两部法案"①的演讲稿编为《被揭露的阴谋》。[75]接着,一种探讨政治和道德问题的周刊《守望者》出现,他负责策划、营销,并一手撰稿,直至一七九六年五月。[76]在此期间,他也写诗。四月,《不同主题的诗》出版。[77]

　　一七九五至一七九六年冬天,华兹华斯只是间接听说过柯尔律治的事情——与骚塞争吵,公开抨击《禁言法案》,为招募《守望者》订阅者而进行的英格兰中部之旅。但是,到春天时,他对柯尔律治有了更近切的接触。三月二十五日,阿扎利亚·平尼提出给华兹华斯寄送《守望者》杂志。五月,他已经读过柯尔律治的诗,并和他密切通信,信件之多足以使柯尔律治称之为"我非常亲爱的朋友"。[78]两人想必一直保持着书信往来——柯尔律治总是通过信件培养友谊——到年关时,他谈到请求华兹华斯帮忙修改他的第二版《诗集》。[79]洛什在一七九七年三月二十日寄来的一包书中还包括柯尔律治的《致人民》和《颂歌:致即将逝去的一年》,大概是华兹华斯的要求。一七九七年初,两人见面后,友谊迅速升温,彼此的学养和思想尊重是这份亲密友谊的坚实基础。

　　是什么强烈地吸引着华兹华斯?起初,或许是一种力量。柯尔律治始终处在思考状态,他所说的"心智的力量"在自己身上表现得尤为剧烈。[80]他的书信、笔记和交谈无不记录着他不懈的努力,一方面为了梳理自己的经历,另一方面也为了确保"图书馆里的鸬鹚"[81]能掌控自己的猎物。柯尔律治下笔有力。一七九五年系列演讲和《守望者》杂志以

---

① 指 1795 年通过的《叛国法案》(Treason Act)和《煽动性集会法案》(Seditious Meetings Act 1795),后者也被称为《禁言法案》(Gagging Act)。本章前面曾经提到。

114　一种二十三岁青年少有的自信进行考察、辩论和谴责，令人惊叹。在政治方面，华兹华斯和柯尔律治有很多共鸣。柯尔律治对皮特政府和战争残酷的谴责也许是激进分子常见的辞令，但在华兹华斯认识的人当中，没有谁分析政府和国教的腐败时如此令人信服，或以如此同情的笔触书写无知和欲望。在《守望者》和《致人民》的每一页，华兹华斯都感到情感和观念的共鸣。"倘若在饥饿的苦涩渴望中，仇恨的暗潮涌起，可怜的穷苦人由于绝望而犯下罪孽，那么政府虽疏于职守、管教无方，却有权进行惩罚，对罪犯施以绞刑，而政府邪恶的疏忽则是这一切的诱因。"[82]这篇《论当前的战争》难道不是《索尔兹伯里平原历险》的文字吗？

　　使华兹华斯深受震动的不仅是力量，还有力量背后的思想——陌生的思想，能引发迷人的探索。华兹华斯晚年曾说道，柯尔律治是"我在思想上受惠最大的两个人之一"[83]，虽然两人思想的融合要等到一七九七年六月之后，那时他们几乎每天保持联系，但无疑，从此刻起，这份惠泽已开始累积。首先，值得注意的是，柯尔律治早已看透葛德文。"我现在确实认为葛德文是很恶毒的，他的书只会助长肉欲……"他在《守望者》中说，并补充道："我以前不这么想……"[84]证明他对葛德文的排斥是研究和思考的结果，而非偏见。他答应对《政治正义论》进行检查，调动了比华兹华斯更为大胆创新的猜想。这些猜想建立在鲜活的信念上，而华兹华斯的想法却没有效力。[85]

　　华兹华斯第一次见到柯尔律治时，一定大为震动。因为在他的眼前是一位忠诚的激进主义者，其政治思想受到宗教的浸润，但不是国教——财产、权利和精神的邪恶统一体，而是基督的纯粹宗教。华兹华斯与这位一七九五年五月至六月在布里斯托讲解启示宗教的热情者交谈，在柯尔律治的眼中，华兹华斯一定看似"至少是半无神论者"[86]；因为柯尔律治不仅以信仰判断一切，而且活在信仰之中——"我们看到上115 帝无处不在：宇宙就是他书写的文字。这并非比喻"。[87]但即使他们初次见面时没有提及宗教（这不大可能），当华兹华斯在一七九六年初读《不同主题的诗》时，柯尔律治广博的宗教思想已不言而喻，只是不够清晰。柯尔律治的哲思诗歌非常艰深，依然需要阐释，但其中的抱负已跃然纸上。在《倾诉：第三十五首》（后题为《伊俄勒斯之琴》）中，柯尔律治思绪澎湃，化为一个问题：

> 倘若全部生机勃勃的大自然
> 不过是形态各异的风奏琴，
> 当一种寥远且富于创造的
> 精神和风拂过，琴弦就振动出思响，
> 既是一一的灵魂，也是一切的上帝？[88]

《宗教沉思》是诗集中最有分量的一首诗，柯尔律治曾说"我全部的诗名都寄托于此"，该诗描述了灵魂上升的进程：

> 直至占据其全部意识，
> 灵魂泯去一切自我，上帝
> 成为其身份：全然的上帝！
> 我们与我们的**父融为一体**。[89]

这不是沃特森主教《为圣经辩护》或佩里《证据》中的基督教。这里的宗教信仰包含着对一切众生的未来憧憬，但也不失对个体的关怀。它既承认人的现实状况，但也相信人可以臻于理想状态，并非通过复兴的社会秩序，而是通过人在上帝中的自我完善。对于一个刚刚走出葛德文唯理性主义阴霾、正在摸索前路的人来说，这一思想正是他所需要的。

九

如果说《边界人》注定是一七九六年的高潮,或者说这部诗剧缘于华兹华斯这一年的阅读和活动,那未免有些荒唐。但他的创作肯定不会更早,因为该剧不仅取材于他的法国经历,和他后来对恐怖统治的忧惧,而且也包括他对这些正在进行中的事件的反思。既然写作是探索故事萌芽的可能,是反思过程的一部分,而非结论,那么,最理想的形式便是戏剧。对主人公的长篇心理分析写于一七九七年春或夏,说明该剧的构思早于其成形,华兹华斯正在将抽象变为具体。然而手稿所示却并非如此。华兹华斯被一个故事深深吸引(多萝茜说他"充满热情"[90]),他要让故事满足戏剧的首要条件——通过人物和事件为思想赋予实体和生命,却发现它有着多重意义的可能。《边界人》总是被列入哲思剧或者玄学剧的范畴。是的,但仅仅在《李尔王》《麦克白》和《奥赛罗》这些伟大典范的意义上是。在华兹华斯的悲剧中,一如在莎士比亚的笔下,没有单一的哲学或玄学思想,而是体现多重彼此矛盾的人生态度。其目的不是概括思想,而是唤醒它,或者,正如华兹华斯在题词(引用贺拉斯)中暗示的:"为了搅动,为了安慰,为了让虚幻的恐惧占据心灵。"[91]

事件发生在一二六五年的北部边郡。李沃斯说服一群不法之徒的首领莫蒂默,说一个自称赫伯特男爵的老人冒名顶替,企图出卖玛蒂尔达,使她落入一个酒色之徒的掌中。莫蒂默渐渐认为自己有责任杀死赫伯特,但他下不了手,而是更倾向于让这位失明的老人在荒野中听天由命。李沃斯以为谋杀已成,遂告诉莫蒂默,赫伯特是无辜的,其目的是让莫蒂默摆脱琐碎的道德约束。实际上,赫伯特确实死了;莫蒂默——该隐般的形象——也出走寻找自己的死亡。

仅从这一梗概便可看出《李尔王》和《奥赛罗》对这部诗剧的显著影响。一些学者指出，华兹华斯还参考了席勒的《强盗》、葛德文的《凯勒布·威廉姆斯》，甚至安·拉德克里夫的《森林传奇》。[92]但《边界人》并非一个大杂烩。华兹华斯对莎士比亚的呼应十分巧妙。他让自己对现时恐怖的思考与《李尔王》《麦克白》中超越时间的怖畏结盟，并由此深化。莎剧的另一些回声已自然融入这部戏剧。

尽管这部戏剧发生在历史背景下，但李沃斯——整个事件的代理人——体现了该剧对现实道德问题的关注。当他掌控了莫蒂默，他就向其解释自己的动机；换作另一部戏剧，这会显得笨拙而缺乏戏剧性。但他的台词之所以独具魅力——所有最好的诗行都给了他——恰恰因为出自一个完全自知之人，而这也正是其伟大之处。他看到事物的本来面目，不惧无始以来令人敬畏的神秘和恐怖。李沃斯是自编自导的主角，成功地成为一名新人类。

李沃斯解释着一次人生危机如何迫使他"审词度物"。[93]他认识到被解放了的人类心灵蕴含的潜力，成为一个思想上的冒险者：

> 　　　　　一个生灵，独自
> 　　跨越世界的有形边界，
> 　　进入未来的事物中。[94]

他得出结论：在一个毫无意义、惟有痛苦的世界中，只有弱者才甘愿受制于"俗世的观念和习俗"。[95]自由和权力只属于那些人，他们推翻

> 　　　　　一种专制，
> 　　以我们懦弱屈从的灵魂为食，
> 　　道德家、圣人们和立法者的专制

并遵从

> 智慧认可的
> 惟一法则：当下的法则，
> 由具体境况的光线闪现于
> 一个独立的心智。[96]

一八四二年，《边界人》出版时，华兹华斯增加了一个说明。他解释道，这部剧源于他的法国经历。那时，他亲眼见证了这样一个真理："罪恶开始的时候往往呈现相反的面目，所以，在罪恶的奴役下，心灵的硬化没有边界，心智的颠倒也没有尽头。"[97]然而，这是一位长者写给新一代的话，对于他们来说，罗伯斯庇尔和法国大革命只是历史。更早之前，在《序曲》中，华兹华斯对这部诗剧的缘起做出更为深刻的评论。在第十卷中，华兹华斯援引李沃斯"独立心智"的演说，解释为何人们一度背叛大革命的理想、欢迎战争：

> 有一种学说，声称
> 能够使人类的愿望摆脱情感的支配，
> 能将其永久地植入更纯净的活动
> 空间。在那样的年代，如此理论
> 立即受到欢迎。[98]

这很重要。在《序曲》中，在事件发生近十年后，华兹华斯十分确定地对这一经历做出论断。如他所说，他和其他"年轻单纯"的理想主义者一样，渴望人类"能挣脱泥土中那毛虫般的生存状态"[99]，因此，任何学说（他似乎主要指葛德文，尽管对其思想进行了极大简化），只要能分析人的本质,并合理地提出人类革新的可能,都具有吸引力。[100]但是,通过猜想和理论来寻求真理,"需要 / 从每一事物中找出证据",只会导致绝望,最终,是多萝茜和大自然将他解救出来。[101]经验已成,意义已悟。然而,在《边界人》中,这段经历展现得更为全面而粗犷,因为,华兹华斯虽然知道这段冲突的紧要,却不明了它的意义。

　　《边界人》是一部有终无解的戏剧。大约一年内,兰姆听华兹华斯朗读这部诗剧后,将"独立心智"这个说法用于自己那首痛苦的诗《无神而居》。诗中,他猛烈抨击那些宣扬"人类拥有万能之力, / 人类缔造自身命运"之徒。[102]李沃斯显然是这样的人。在《宗教沉思》中,柯尔律治歌颂科学家与思想家,弥尔顿、牛顿、哈特莱、普里斯特利、上帝的选民,"无论是谁,只要他自最远古时 / 就怀着自觉的热情,力行爱的伟业, / 他就是上帝的助手"。[103]李沃斯颠覆这个愿景,声称自己是新选民的领袖,自律,自知,自由。但值得注意的是,在这部剧中,李沃斯尽管自责,却没有呈现出其他有力的价值观。赫伯特虽信赖"沙漠中喂养鹈鹕和鸵鸟的人"[104],但他终究还是死了。瞥见一颗闪烁的星辰使莫蒂默中止了最初的谋杀企图,但并未妨碍他最终杀死赫伯特。在这部剧中,玛蒂尔达对父亲的爱体现着至善,但李尔与考狄利娅的欢聚却没有重演。莫蒂默始终感到,在他的理性和他的本能——源于记忆与悲悯——之间始终有一种张力,但他还是轻易地被人颠覆了,因为这个人似能证明"这世界从内部败坏了"。[105]而且,他的终极知识并未使他与其他受苦大众更紧密地团结在一起。最后,他宣布自取的命运,全诗结束:

> 我游走在大地上,一个流浪者,
> 一个影子般的存在,当我继续流浪,
> 没有人的耳朵能再听到我的声音,
> 没有人间住所能给予我食粮、

119

睡眠或安息。前路未卜，

一如黑暗；一如无人命名的

荒原！我将继续流浪，

仅以激烈的思想为食，

痛苦与思虑迫使我活下去，

却痛恨人生，直至上天垂怜，让我

忘却一切——那时我将死去。[106]

十

一七九七年六月，当华兹华斯完成第一个完整的《边界人》文稿时，他一定为此成就欣喜若狂。这是他最有分量、最具创意的作品，证明了他可以胜任长篇且耗时的写作。以后视的眼光来看，这部剧不仅是一次成功的艺术挑战，也标志着华兹华斯开始探索人间的悲苦和自然（在最广泛的意义上）的属性，在不远的未来，这一切将造就他最好的诗歌。但是，思想史的梳理依赖后视，其满意的模式（也伴随着曲解）只能在事后浮现。一七九七年初，意识到自己的才能正在扩展，华兹华斯或许感到惬意，但他最大的压力莫过于对未来的焦虑，因为诗人华兹华斯与凡人华兹华斯密不可分。

主要的焦虑是钱。华兹华斯本应富足无忧。虽然朗斯岱尔爵士的阴谋妨碍了他继承遗产，但雷斯利·卡尔弗特曾试图用遗赠来保障他的未来，这份财产已于一七九五年夏末开始缴付。然而，十月，华兹华斯借给蒙塔古三百英镑，次年一月又借给蒙塔古的朋友查尔斯·道格拉斯两百英镑。华兹华斯会收取百分之十的利息。一七九六年七月，华兹华斯在伦敦时，蒙塔古与道格拉斯也签了借条作为保证。八月，蒙塔古签了更加正式的年金债券,同意用自己的人身保险来偿付额外费用。

在当时看来,这些交易无疑既慷慨又谨慎。但蒙塔古无法规律地偿还利息,华兹华斯手头越来越紧张。正如沃森所言:"无论华兹华斯兄妹在雷斯冈有多么幸福,他们依然贫穷窘迫。"[107]这是无法避免的事实。在雷斯冈时期保存下来的第一封信中,多萝茜还骄傲地向朋友简·马绍尔细数她和哥哥的廉价生活。然而,一七九六年三月,她已开始抱怨煤炭的开销。一年后,华兹华斯向兰厄姆承认,除非预付邮费,"否则,十有八九,我无法从邮局取出包裹"。他说自己"靠空气活着,还有胡萝卜、卷心菜、蔓青等可食用蔬菜的精华,也不排除我花园里的欧芹"。[108]

整个一七九五年和一七九六年,理查德·华兹华斯都在买单、贷款,大部分是小额,但都一一记下,等着秋后算总账。七月二日,伦敦,华兹华斯不得不再次借款两基尼。十一月,约瑟夫·吉尔借给他一基尼。[109]三月,阿扎利亚尴尬地写道:

> 我们不得不告诉父亲,雷斯冈资金减少与这件交易有关,既然纸里已经包不住火。我们尽量一点点地告诉他,尽管如此谨慎,但他还是发怒了——一度非常伤心,甚至决定写信给珀金斯先生,让他上门找你要钱。但是,在我们诚恳的请求下,他放弃了这个念头。我向你保证,这个变化绝非突然发生,而是酝酿已久……我只能为它的发生感到抱歉,因为它给我们引起太多不安,尤其是我父亲。[110]

老平尼肯定特别生气,才会想到让他的律师去处置华兹华斯。也许是因为,他现在才知道华兹华斯兄妹免费租住;但"资金减少"以及平尼很遗憾"它的发生",都说明年初平尼兄弟来雷斯冈小住时,华兹华斯确实借用或被赠予了本不属于两兄弟的钱。

一七九七年,钱财的烦恼变成严重的焦虑。五月,华兹华斯给哥哥写了一封非常悲惨的信。[111]他得着"重感冒",巴希尔和多萝茜也病了,但他只是在信末一笔带过这些个人的烦恼。这封长信的其他内容都围绕着钱。这一定让中规中矩的理查德律师颇为震惊。华兹华斯列出与蒙塔古和道格拉斯的交易记录,说明他多么不善理财,对欠理查德的债务多么内疚,对最近一次打击有多么绝望。他的堂兄罗宾逊·华兹华斯即将结婚,突然讨要二百五十英镑,用于部分偿还"你现在欠我们家的钱"。[112]华兹华斯几乎无法否认这个合理的要求——毕竟,钱都花在朗斯岱尔赔款一事上了——但他只能恳请理查德来处理这个难题,并建议他根据信件中的相关内容向蒙塔古施压。华兹华斯越来越焦虑,因为布兰斯威特地区的理查德·华兹华斯和哈威克地区议员约翰·罗宾逊整天来信骚扰,亲戚们也说"他对叔叔的孩子们很不好"。[113]一七九七年六月,他说要找些钱来"安抚"亲戚。[114]尽管这一迫切的需求渐渐淡化——索赔直到一八一二年才最终落实——罗宾逊·华兹华斯的要求使他深刻意识到自己的处境是多么飘摇。[115]

华兹华斯为钱所困。这些深深的忧虑都有详细的记录。然而,它们的产生一定伴随着另一种更大的忧虑和疑问——数月来,在雷斯冈的阅读、思考和写作只是将其暂时搁置罢了。

简单说,这个问题就是:"我是谁?"在预告《守望者》的宣传册扉页上,柯尔律治的身份是"《致人民》《被揭露的阴谋》等等等等的作者"。[116]两个"等等"或许有点夸张,但这一描述真实而重要。它声明了这本印有以下箴言的杂志

让众生皆知真理;

真理使我们**自由!!**

将由一位激进分子策划,他近期出版的作品可以证明他的资质。华兹华斯拿什么来宣告自己呢? 他是一个沉默(不论为何)的激进分子。私人信件中坚定的政治声明对政治事业并无贡献。一七九八年七月,充满战斗气息的托利党杂志《反雅各宾派》发表了吉尔雷的一幅漫画,画的下方是乔治·坎宁的诗,诗中列举了一些颠覆者,并荒唐而不加分别地将他们与法国无神论联系起来。其中一节写道:

> 你们五个流浪诗人走在
>
> 和谐与爱的甜蜜默契中,
>
> 柯一、骚一、劳一、兰一团伙,
>
> 调好你们的神秘竖琴来歌颂雷波!①

重点在于省去的名字。坎宁受到乔治·代尔《诗人的命运》(1797)一诗的提示。该诗怂恿年轻诗人"加入乌托邦的和谐行列",脚注中还点名指出骚塞、柯尔律治、华兹华斯、劳埃德和兰姆。[117]但坎宁省去了华兹华斯。当然,他是为了与"雷波"押韵,但即便如此,这也说明他知道对于《反雅各宾派》的读者来说,华兹华斯的名字是陌生的,至少与激进主义神秘狂人无关。对于公众来说,华兹华斯并不存在。

"我是谁?"这个突兀的问题看似荒谬。答案始终是:华兹华斯是一位诗人。这显然是华兹华斯创作《序曲》时的观点。但是,如果一七九七年初华兹华斯在某种假设的层面自称"诗人",那么,这一头衔的含义仍有待商榷。因为,华兹华斯成了一个不发表诗歌的诗人。他上一次发表重要的作品还是一七九三年。此后,他写了两首斯宾塞风格的长诗,

---

① 雷波(Louis Marie de La Révellière-Lépeaux,1753-1824),法国大革命期间国民议会代表,后成为法国督政府的杰出领袖。

许多抒情短诗,以及模仿尤维纳利斯风格的作品——公开发表的作品几乎为零。在他的熟人中,罗伯特·洛弗尔、骚塞、兰姆、兰厄姆、柯尔律治和代尔都写诗,或刚刚发表,或即将出版。甚至约翰·斯托达特翻译的席勒的《菲埃斯科》也出版了。[118]

很难相信华兹华斯没有考虑这些,或者,一七九七年初,迫于财务压力,他并不急于考虑这些。但这不仅是钱的问题。华兹华斯从未因写作赚过多少钱。一八〇七年《两卷本诗集》遭到恶意批评后,他搁笔多年;但那时,微薄报酬和恶意中伤都尚可忍受,因为他不仅坚信自己的使命,也相信在全世界的眼中,他是一位作家。而一七九七年的华兹华斯既没有钱,也没有公众身份。

此时此刻,柯尔律治的榜样至关重要。在《守望者》失败后,身为人父的柯尔律治比以往任何时候都更屈从于"名叫**面包**和**奶酪**的两位巨人",只要能满足它们的"圣旨"[119],他什么都愿意做——在德比办学,在伦敦为《晨报纪事》撰稿,成为上帝一位论牧师。在他最绝望之际,他感恩地收到新创立的皇家文学基金(这是重要的认可,说明他是公认的作家)的资助,以及众多友人的接济。[120]但是,《不同主题的诗》在一七九六年出版当年一抢而空,该书在评论界的成功,以及由此产生的快乐,都使他越来越认为自己是一位诗人。[121]他竭尽全力修订第二版诗集,尤其关注诗集的结构和连贯;谢里丹邀请他围绕"某个流行话题"写一部悲剧,更加强了他必胜的决心。[122]一七九七年三月,当柯尔律治与华兹华斯重逢时,两人关于面包与奶酪的处境相同,但柯尔律治已是一位成功的诗人,且在《诗集》的序言中阐明了其美学原则的合理性,如今正大胆地自称诗人。[123]

柯尔律治的榜样之所以重要,还因为他仿佛找到了约翰逊在《拉塞拉斯》里说的"人生选择"。整个一七九六年,柯尔律治一直试图抓住什么,兰姆不止一次地告诫他:"看到你的人生规划不断改变方向,从一个希望转向另一个,却无处安身,我从心底里感到难过。"[124]但就在兰姆写下这些文字的同时,柯尔律治宣称:"我已经……摔碎那刺耳的反动小喇叭,并将其碎片挂在忏悔室中",决心找到一处隐居之地,在有助于培养美德和基督徒生活的环境中抚育孩子。[125]他最终选定萨默塞特郡西北部的小村庄下斯托伊,并于一七九六年底乔迁,并非如他后来对哥哥所言,为了在此无忧终日,而是为了"思考那些普遍的基本问题——'终极问题'……"[126]一七九七年三月,华兹华斯来访时,出现在他眼前的是一位公众成就甚高但退出积极政治生活的人。不可否认,柯尔律治这样做与政府对异见的镇压有关,但他也是在决定人生的航道,相信在隐居中可以学习、思考、写作,对人类更有用处。

124

十一

三月的会面短暂却似命里的安排。华兹华斯正在从布里斯托返家的路上。此前,蒙塔古来雷斯冈看望儿子,在简短的探访最后,华兹华斯和他去布里斯托待了十天。华兹华斯四处应酬,与因病离开伦敦的詹姆斯·洛什叙旧,与约翰·韦奇伍德一家见面。自然,他也拜访了科特尔,或许正是他对柯尔律治新生活的描述促使华兹华斯拜访了下斯托伊。

然而,他发现柯尔律治并没有享受着乡间的安适,而是陷入"无法描述的极度沮丧"。[127]文学交谈带来治愈。他们讨论骚塞的《诗集》,一致认为他"写诗太随意",或许还由此思考了真正诗歌的要素。华兹华斯离开后,柯尔律治半开玩笑地对科特尔做出特别声明:"我打算用不少于二十年的时间致力于创作一部史诗。"这当然说明,崇高的交谈使他重燃激情。[128]也许他们讨论了柯尔律治发表在《批判性评论》二月号上的《修士》书评。"跌破想象的人物,破坏心情的叙事,没有一丝才华,尽显低俗品味。"他的观点引发了一个美学问题,在接下来的一年里,他将和华兹华斯反复讨论。[129]最重要的是,他们一定讨论了彼此的近作,并高兴地发现两人都在写悲剧。《月刊》创刊号曾这样评述:"宏大,崇高,莎士比亚风格,弥尔顿诗体,已非现代诗人所能及……悲剧的缪斯也已沉睡多年。"[130]《宗教沉思》已证明上述"悼词"的前半部分是错的。由于谢里丹鼓励他创作剧本,柯尔律治一定也使华兹华斯觉得,两人有望一起驳斥后半部分。

125 　　很快,两人就你争我赶了,但这一次是柯尔律治来寻访华兹华斯。六月四日至七日之间,柯尔律治来到雷斯冈。直到人生的最后,华兹华斯兄妹依然记得他热切的来访:"我俩都清晰地记得他的到来。他没走大路,而是跃过一道山门,一路蹦蹦跳跳地跑下没有路的田野,抄了近路。"[131]对于柯尔律治来说,华兹华斯兄妹的欢迎也成为他日后检验其他所有人的试金石。一八〇四年,乔治·博蒙特爵士和夫人对他的盛情接待使其写信对华兹华斯说:"他们**就**像你当年在雷斯冈那样欢迎我。"[132]

　　两位诗人急切地想要展示彼此的近作。多萝茜写道:"他来后,朗读的第一篇是威廉的新作《废毁的茅舍》,他很喜欢。茶后,他反复朗读了他的悲剧作品《奥索里欧》的两幕半。第二天早上,威廉读了他的悲剧《边界人》。"[133]柯尔律治写道,尽管华兹华斯是"一位严厉甚至苛刻的评论者",但他对《奥索里欧》评价**甚高**;并说有望在这短暂逗留的"几天内"完成这部悲剧。[134]然而,使柯尔律治远离妻子和婴儿、一直待到六月二十八日的不仅是诗歌。雷斯冈的三人团显然喜欢彼此的陪伴。"他是个奇人,"多萝茜说,"他的谈吐散发着灵魂、心灵与精神……起初,即大约前三分钟,我觉得他很平常:苍白瘦弱,口宽唇厚,牙不太好,稀疏的乌发长而半卷。但当你听他谈话五分钟后,你就会忘了这一切。"[135]柯尔律治的判断则简单直白:"华兹华斯是个伟大的人。"[136]

六月二十八日,柯尔律治回到家中,显然是为了提醒妻子在斗室中腾出接待客人的空间,因为他几乎马上又回到雷斯冈,去接华兹华斯和多萝茜来下斯托伊。华兹华斯兄妹并不知道,他们从此永远地离开了雷斯冈。

注释

［1］阿尔弗克斯顿的拼写本来是"Alfoxton",但华兹华斯一家始终拼作"Alfoxden",本书亦准此。

［2］华兹华斯致弗朗西斯·兰厄姆,［1795 年］11 月 20 日,《早期书信》,第 159 页。

［3］华兹华斯致威廉·马修斯,［约 1794 年 12 月 24 日,1795 年 1 月 7 日］,《早期书信》,第 139 页。

［4］《煽动性集会法案》更加重要,它显然是为了扼制草根阶层对当前政府的对抗。关于这些法案及其颁布后引起的骚乱,除了已经引用的文献外,另见古德温,《自由之友》;巴雷尔,《想象国王之死》;约翰·巴格,《五度漫漫严冬:英国浪漫主义的考验》(斯坦福,2014)。

［5］阿扎利亚·平尼致华兹华斯,1795 年 11 月 26 日,见平尼档案,布里斯托大学图书馆。以下简称"平尼档案"。

［6］在弗雷德里克·莫顿·伊登爵士的权威著作《穷人的状况:或英格兰劳动阶级史》(三卷,1797)前言中(第一卷,第 i 页),作者说促使他开始这项研究的是"1794 年至 1795 年间,粮食、生活必需品、衣服、燃料的物价之高给劳动阶级带来的困难"。关于食品暴乱的更多细节,见古德温,《自由之友》,第 360 页。

［7］《讲稿》,第 69 页。

［8］华兹华斯致威廉·马修斯,［1795 年］10 月［20 日和］24 日,《早期书信》,第 154 页。

［9］关于文本和多年的写作过程,见《早期诗歌与片断》,第 786-815 页。

［10］关于修改的文本,见《索尔兹伯里平原诗》,第 109-117 页。

［11］华兹华斯致弗朗西斯·兰厄姆,［1795 年］11 月 20 日,《早期书信》,

第 159 页。关于当时法律对流浪行乞的规定,昆汀·贝利在《华兹华斯的流浪者:1790 年代的警察、监狱与诗歌》(法恩海姆,2011)中有全面的描述,令人胆战心惊,尤见第 57-83 页关于《索尔兹伯里平原》的论述。

[12]《索尔兹伯里平原》,392-394 行。需注意的是,该诗的 1795 年手稿并未保存下来,引文出自 1799 年手稿。

[13]《〈废毁的茅舍〉与〈商贩〉》,詹姆斯·巴特勒编(伊萨卡,1979),第 57、75 页,手稿 D,第 195、511 行。以下简称“《废毁的茅舍》”。

[14] 约翰·朗霍恩,《乡村法官》(1774-1777),第二部分(1775),第 25-26 页。1837 年,华兹华斯对塞缪尔·卡特·霍尔说:“据我所知,或许除了申斯通的《女教师》之外,这是第一部将缪斯引入普通生活的诗……诗中,缪斯以温柔觉悟的人性观照生活。”见《晚期书信》,第三卷,第 348 页。

[15] 华兹华斯致弗朗西斯·兰厄姆,[1795 年]11 月 20 日,《早期书信》,第 159 页:“部分目的是揭露刑罚的邪恶以及战争给个体带来的灾难。”骚塞的《牧歌》直到 1797 年才出版,但 1794 年上半年完成后曾以手稿的形式流通。

[16] 约瑟夫·科特尔,《诗集》(布里斯托,1795)。“将这本小书公之于众,不是因为迷信它有多么好,而是相信人人都有义务提高他微弱的语声,支撑堕落中的人性,而不是满足于感恩上帝;每个人都要对战争的滔天罪行感到愤慨,并在他人心中激起同样的憎恶。”(第 ii 页)主要的诗作是《战争:片断》,科特尔的长篇序言谴责了现代战争(与古代的骑士战争不同),呼吁真正的基督教,认为这是人类的惟一希望。

[17]《索尔兹伯里平原》,第 111 页。

[18] 威廉·葛德文,《论政治正义及其对普遍美德和幸福的影响》(两卷,1793),第二卷,第 720 页。

[19]《索尔兹伯里平原历险》,第 109 行。

[20] 同上,658-664 行。

[21] 同上,820-824 行。

[22] 华兹华斯致弗朗西斯·兰厄姆,[1795 年]11 月 20 日,《早期书信》,

第 159 页。

[23] 阿扎利亚·平尼致华兹华斯,1796 年 3 月 6 日,平尼档案。

[24] 查尔斯·兰姆致柯尔律治,[1796 年 5 月 31 日],《兰姆书信》,第一卷,第 11 页。

[25] 华兹华斯致威廉·马修斯,[1796 年]3 月 21 日,《早期书信》,第 169 页。

[26]《每周娱乐》,1796 年 11 月 21 日,第 419 页。杂志副标题为"寓教于乐的宝库",实际上是有趣的合集,包括《年度记录》过刊摘录,近期出版作品节选,各种谜语和一些诗歌。不难理解华兹华斯为什么渴望一份伦敦的报纸了。

[27] 见《索尔兹伯里平原》,第 287-303 页;《边界人》,罗伯特·奥斯本编(伊萨卡与伦敦,1982),第 746-809 页。

[28] 多萝茜致[?],1796 年 10 月 24 日,《早期书信》,第 172 页。

[29] 1805 年《序曲》,10.874-876,888-904。

[30] 同上,10.922-926。

[31] 同上,10.917。

[32] 多萝茜致简·马绍尔,[1797 年]3 月 19 日,《早期书信》,第 181 页。

[33] 华兹华斯致威廉·马修斯,[1795 年]10 月[20 日和]24 日,《早期书信》,第 155 页。

[34] 同上,第 154 页。

[35] 威廉·克罗,《刘易斯顿山》(牛津,1788)。这首诗也影响了柯尔律治,他曾将其部分刊印于 1796 年 4 月 2 日的《守望者》,并在《文学生涯》第一卷中回忆道,这首诗就像鲍尔斯的诗一样,带给他同样的快乐。(第 17-18 页)

[36] 阿扎利亚·平尼致詹姆斯·托宾,1796 年 4 月 12 日,平尼档案。

[37] 多萝茜致简·马绍尔,[1796 年 3 月 7 日]和[1797 年]3 月 19 日,《早期书信》,第 166 页,第 180 页。

[38] 同上,第 180 页。

[39] 多萝茜致[?],1799 年,《早期书信》,第 281 页。

［40］ 多萝茜致简·马绍尔，［1797 年］3 月 19 日，《早期书信》，第 181 页。

［41］ 多萝茜致简·马绍尔，［1795 年］11 月 30 日，《早期书信》，第 161 页：
"我们来这儿以后，威廉收到一封法国来信。安奈特说寄过六封信，但他一封都
没收到。"

［42］ 查尔斯·兰姆致柯尔律治，［1796 年 6 月 8-10 日］，《兰姆书信》，第一
卷，第 22 页。

［43］ 同上。

［44］ 这篇序言的落款日期为 1794 年 5 月 12 日，充满挑衅意味，这天是叛
国罪审判中托马斯·哈第和其他被告人被捕的日子。葛德文声明："这里向公
众呈现的不是精致抽象的玄思，而是对道德世界发生之事的研究和阐述。"见
《凯勒布·威廉姆斯》，大卫·麦克拉肯编，第 1 页。

［45］ 关于全本和改动说明，见《论政治正义及其对道德与幸福的影响》，马
克·菲利普编（两卷，1993）。

［46］《月刊，或英国记录》，第一期（1796 年 2 月至 6 月），第 273-277 页。

［47］ 威廉·葛德文，《论政治正义及其对道德与幸福的影响》（第二版，两
卷，1796），第一卷，第 292 页。

［48］ 在讨论两个法案的小册子《关于格伦威尔勋爵和皮特先生之法案的
思考》（1795）中，葛德文实际上批评了塞尔沃尔的鲁莽。

［49］ 华兹华斯致威廉·马修斯，［1796 年］3 月 21 日，《早期书信》，
第 170 页。

［50］ 同上，第 169 页。正如华兹华斯所说："这篇序言确实是非常自负的表
现。"骚塞发现圣女贞德的故事很适合史诗，非常激动："几天内，我制订了粗略
的提纲，写下前三百行。当月其余的日子，我都在旅行，没有任何进展，甚至没有
想法，直到 8 月 13 日才重新继续。原诗十二卷，六周内完成。我对自己的表现
非常满意。"

［51］ 查尔斯·兰姆致托马斯·曼宁，［1800 年 11 月 3 日］，《兰姆书信》，
第一卷，第 244 页。

[52] 华兹华斯致威廉·马修斯,[1796年]3月21日,《早期书信》,第169页。

[53] 图书馆目录,日期为1793年5月2日,收录于平尼档案。

[54] 多萝茜致简·马绍尔,[1796年3月7日],《早期书信》,第165页。

[55] 华兹华斯致威廉·马修斯,[1796年]3月21日,《早期书信》,第169页。

[56] 多萝茜致简·马绍尔,[1795年]11月30日,《早期书信》,第160页。

[57] 同上,第161页。

[58] 多萝茜致简·马绍尔,[1796年3月7日],《早期书信》,第165页。

[59] 若想知道华兹华斯何时读了何书,邓肯·吴的《华兹华斯的阅读:1770-1799》是不可或缺的著作。

[60] 多萝茜致简·马绍尔,[1795年]11月30日,《早期书信》,第162页。

[61] 《疾痛与悲伤》的"致读者"(1842),《索尔兹伯里平原》,第215-217页。

[62] 约翰-巴普蒂斯特·路维,《1793年5月31日以来我所遭遇的危险》(1795);女公民罗兰,《致公平的后人:狱中作品选集》(两卷,1795);海伦·玛丽亚·威廉姆斯,《书简:1793年5月31日至1794年7月28日期间法国政治速写及巴黎狱中场景》(两卷,1795)。1795年9月21日、28日及10月5日的《每周娱乐》上长篇刊载了威廉姆斯的《法国书简》节选,题目为《法国大革命期间狱中的感人事迹》。

[63] 1805年《序曲》,10.610。

[64] 华兹华斯沉迷于《法国书简》,可以在雷斯冈时期的一份译稿中得到证明。他翻译的是威廉姆斯书中的一首诗,作者是被绞死的遇难者:《报时的钟响了,我也该走了》。见《早期诗歌与片断》,第827-830页。

[65] 在《序曲》关于法国革命的叙述中,罗兰夫人和路维的出现令人印象深刻,远超其历史地位,部分原因可能与华兹华斯熟悉这些作品有关。《序曲》第十卷351-354行暗引罗兰夫人的遗言:"哦,自由啊,多少罪恶假汝之名。"见

《致公平的后人》,第二卷,第 137-147 页。在《华兹华斯与罗伯斯庇尔》一文中,邓肯·吴大胆提出华兹华斯可能见证了路维在国民议会的质问,见《批评随笔》,第 69 期(2019 年 1 月),第 16-35 页。

[66] 埃德蒙·伯克,《致一位当前议员的三封信:论弑君以求和平》(伦敦,1796),见《埃德蒙·伯克作品和演讲》,第九卷,R. B. 麦克道尔编(牛津,1991),第 204 页。

[67] 刊于 1796 年 10 月 31 日至 12 月 5 日的每一期中。华兹华斯肯定看过这些期刊。他关于弗雷彻·克里斯汀的信(《早期书信》,第 171 页)发表在 11 月 7 日这一期上,他的诗《致海洋》发表于 11 月 21 日的期刊上。

[68] 伯克,《论弑君以求和平》,第 198 页。

[69] 托马斯·厄斯金,《论当前与法战争的因果》(伦敦,1797)。厄斯金是律师,在 1794 年叛国罪审判中曾解救那些被告人,他本身是辉格党。他评述了法国大革命开始(1790 年他在巴黎见证了这一切)以来的英国政治局势,攻击皮特政府的能力和德行,试图说明皮特政府总是在意识形态的立场上寻找与革命派作战的借口。

[70] 伯克,《论弑君以求和平》,第 253 页。

[71]《每周娱乐》,第 28 期(1796 年 11 月 21 日),第 419 页,见《早期诗歌与片断》,831-834 行。

[72]"我走过时看到萤火虫, / '绿色的光芒'飘移在草丛。"见《舍顿沙洲》,4-5 行。最初发表于《诗集》(1796)。注释写道:"'绿色的光芒'这一表达取自华兹华斯先生。这位诗人的韵律偶尔刺耳,措辞常常晦涩,但我觉得在当今的作家中,他那富于人性的情感、新奇的意象和鲜明的色彩是无与伦比的。"见《柯尔律治诗集》,第一卷,第 236 页。

[73] 柯尔律治的权威传记是理查德·霍姆斯的《柯尔律治:早年幻景》(1989)和《柯尔律治:幽暗影像》(1998)。后文引用这些书时将用简称。另外推荐罗斯玛丽·艾什顿的《塞缪尔·泰勒·柯尔律治传》(牛津,1996)。

[74] 柯尔律治致乔治·柯尔律治,1794 年 11 月 6 日,《柯尔律治书信集》,

第一卷,第 125 页。

[75] 见《讲稿》,第 21-74 页,第 277-318 页。

[76] 柯尔律治关于期刊的工作,全面的叙述见《守望者》,刘易斯·巴顿编 (1970),第 xxvii-lvi 页。以下简称"《守望者》"。

[77] 诗集包括查尔斯·兰姆的三首诗,以及《倾诉:第十五首》,柯尔律治 在序言中说后者是与骚塞合作的产物。

[78] 柯尔律治致约翰·塞尔沃尔,1796 年 5 月 13 日,《柯尔律治书信集》, 第一卷,第 215 页。

[79] 柯尔律治致约瑟夫·科特尔,[1797 年 1 月 6 日],《柯尔律治书信 集》,第一卷,第 297 页。

[80] 柯尔律治致骚塞,1795 年 11 月[13 日],《柯尔律治书信集》,第一卷, 第 172 页。

[81] 柯尔律治致约翰·塞尔沃尔,[1796 年]11 月 19 日:"我是,且一直 是,一位饱读诗书者——几乎什么都读过——一只图书馆里的鸬鹚——我深深 地沉浸在所有不合时宜的书里。"见《柯尔律治书信集》,第一卷,第 260 页。

[82] 《讲稿》,第 70 页。

[83] 华兹华斯致威廉·罗恩·汉密尔顿,1832 年 6 月 25 日,《晚期书信》, 第二卷,第 536 页。

[84] 1796 年 4 月 2 日,《守望者》,第 196 页。

[85] 尽管《政治正义论》的很多内容都吸引柯尔律治,但他极其反对葛德 文的无神论思想。早在[1794 年 9 月 11 日](《柯尔律治书信集》,第一卷,第 102 页),他就抨击葛德文无宗教信仰,虽然他始终没有写出驳斥《政治正义论》 的文字,但 1795 年宗教讲稿"构成了与葛德文无神论激进主义相对的基督教版 本"(《讲稿》,第 lxvii 页)。

[86] 柯尔律治致约翰·塞尔沃尔,1796 年 5 月 17 日,《柯尔律治书信集》, 第一卷,第 216 页。

[87] 《神学讲稿片断》,见《讲稿》,第 339 页。

［88］《倾诉：第三十五首》有过大量改动，见《柯尔律治诗集》，第一卷，第 231-235 页；第二卷，第 316-328 页。

［89］《宗教沉思》，42-45 行。《柯尔律治诗集》，第一卷（i），第 176 页。"我全部的诗名都寄托于《宗教沉思》。"见柯尔律治致本杰明·弗劳沃，1796 年 4 月 1 日，《柯尔律治书信集》，第一卷，第 197 页。兰姆告诉柯尔律治，他毫不犹豫地"宣布它的崇高"。见《兰姆书信》，第一卷，第 10 页。

［90］多萝茜致 ？，1796 年 10 月 24 日，《早期书信》，第 172 页。

［91］见《边界人》，第 302-303 页。华兹华斯引文的原文"Irritat mulcet falsis terroribus implet"出自贺拉斯，《书信》，第二卷，第 i 页，《致奥古斯都》。

［92］见《边界人》引言，各处，尤第 21 页，第 27-33 页。

［93］《边界人》，第四幕，第二场，第 103 行。

［94］《边界人》，第四幕，第二场，143-145 行。

［95］同上，第 142 行。

［96］《边界人》，第三幕，第五场，26-29 行，30-33 行。

［97］《边界人》，第 813 页。

［98］1805 年《序曲》，10.806-810.

［99］同上，10.815，835-836。

［100］关于葛德文、华兹华斯以及这一时期的诗歌与哲学的更深入讨论，见蒂莫西·迈克尔，《英国浪漫主义与政治理性批判》（巴尔的摩，2016），尤第四章和第六章。

［101］1805 年《序曲》，10.878-940。引文出自 896-897 行。

［102］26-27 行，见《查尔斯与玛丽·兰姆诗歌散文集》，托马斯·哈钦森编（两卷，牛津，1924），第二卷，第 540 页。

［103］《宗教沉思》，362-364 行，见《柯尔律治诗集》，第一卷（i），第 188 页。

［104］《边界人》，第三幕，第三场，第 95 行。

［105］同上，第二幕，第三场，第 344 行。

［106］同上，第五幕，第三场，264-275 行。

[107] 沃森,《传记》,第 127 页。

[108] 多萝茜致简·马绍尔,[1796 年 3 月 7 日],《早期书信》,第 166 页：
"煤炭太贵了。你一定很惊讶,一小车煤就要二十三四先令,但我们烧煤时有小
心节俭的习惯,所以它们比我预想的用得长。"第二则引文出自华兹华斯致弗朗
西斯·兰厄姆的信,1797 年 2 月 25 日,《早期书信》,第 178 页。

[109] 见吉尔的日记,11 月 11 日,平尼档案。

[110] 阿扎利亚·平尼致华兹华斯,1796 年 3 月 25 日,平尼档案。

[111] 华兹华斯致理查德·华兹华斯,[1797 年]5 月 7 日,《早期书信》,
第 182-185 页。

[112] 同上,第 184 页。

[113] 多萝茜致理查德·华兹华斯,[1797 年]5 月 28 日,《早期书
信》,第 185-186 页。

[114] 华兹华斯致理查德·华兹华斯,[1797 年]6 月 12 日,《早期书信》,
第 188 页。

[115] 大笔赔款在 1812 年、1814 年和 1816 年到账。见华兹华斯给克里斯
托弗的说明信件,1816 年 1 月 12 日,《中期书信》,第二卷,第 270-272 页。

[116] 影印照片可见《守望者》,第 xxxii 页。

[117] 乔治·代尔,《诗人的命运》(1797),第 26 页。

[118] 罗伯特·骚塞,《圣女贞德》(1796)与《诗集》(1797)。罗伯特·骚
塞和罗伯特·拉威尔,《诗集》(1795)。《S. T. 柯尔律治诗集,第二版,新增查尔
斯·兰姆和查尔斯·劳埃德诗歌》(1797)。乔治·代尔,《诗集》(1792)与《诗
人的命运》(1797)。弗朗西斯·兰厄姆,《诗集》(1795,私人印刷,约 1802)。
G. H. 诺顿与约翰·斯托达特,《菲埃斯科:或热那亚阴谋,一部悲剧》(1796)。

[119] 柯尔律治致约翰·普莱尔·埃斯特林,[1796 年]7 月 4 日;柯尔律
治致托马斯·普尔,[1796 年 7 月 4 日],见《柯尔律治书信集》,第一卷,第 222、
227 页。

[120] 对柯尔律治的推荐语:"他值得贵院关注。尽管作品不多,但他无疑

是个天才。未来他可以靠勤奋谋生,但目前却相当困难,因为他没有工作。"见《柯尔律治书信集》,第一卷,第220页。

[121] 柯尔律治致约翰·普莱尔·埃斯特林,[1796年]7月4日,《柯尔律治书信集》,第一卷,第224页:"这些书评很棒——《月刊》对我的诗的赞美犹如大瀑布般涌泻;《批判性评论》像小瀑布;《分析评论》像涓涓细流,语气还算客气。《月刊》至少公正对待了我的《宗教沉思》——他们将它置于'至高无上的崇高地位'——!——!——!"

[122] 柯尔律治致理查德·布林斯利·谢里丹,1797年2月6日,《柯尔律治书信集》,第一卷,第304页。

[123] 在《不同主题的诗》(1796)序言中,柯尔律治为很多诗中的自我中心主义辩护:(1)诗人自己的感受和痛苦是素材;(2)写作行为本身是有益的,"由于我们天性中的仁爱法则,在心智活动中,我们渐渐与痛苦的对象产生共鸣,给予治愈,带来快感";(3)读者也会受益,因为"公众"不过是"许多分散的个体,他们中的很多人对这些悲伤的内容会感兴趣,因为他们也曾有过相同或相似的经历"。这篇序言显然影响了后来《抒情歌谣集》(1800,1802)序言中的很多内容,也说明柯尔律治的兴趣既包括写作的性质,也包括诗歌的道德作用。

[124] 查尔斯·兰姆致柯尔律治,[1796年10月17日],《兰姆书信》,第一卷,第51页。

[125] 柯尔律治致老查尔斯·劳埃德,1796年10月15日,《柯尔律治书信集》,第一卷,第240页。

[126] 柯尔律治致乔治·柯尔律治,[约1798年3月10日],《柯尔律治书信集》,第一卷,第397页。另见柯尔律治对老查尔斯·劳埃德的解释,[1796年]11月14日,其中说到他的隐退计划符合基督教教义,既是积极地寻求一种有德行的生活方式,也是远离诱惑。见《柯尔律治书信集》,第一卷,第255-256页。

[127] 柯尔律治致约瑟夫·科特尔,[1797年4月初],《柯尔律治书信集》,第一卷,第319页。

[128] 同上，第320-321页。骚塞炫耀其创作史诗之神速，相反，柯尔律治则宣称："我勉强算个数学家。我将彻底研究机械学、光学、天文学、植物学、冶金学、化石学、化学、几何、解剖、医学——然后是一个人的心灵——然后，人类的心灵——通过一切旅行、航海和历史。所以，我要花上十年——五年写诗——五年修改。"

[129]《批判性评论》，第19期（1797年2月），第194-200页。

[130]《月刊，或英国记录》，第一期（1796年2月至6月），第36页。

[131] 玛丽·华兹华斯致萨拉·柯尔律治，1845年11月7日，《晚期书信》，第四卷，第719页。玛丽引用华兹华斯的话。"我们"指的是华兹华斯与多萝茜，玛丽在六月初就离开雷斯冈了。

[132] 柯尔律治致华兹华斯一家，1804年2月8日，《柯尔律治书信集》，第二卷，第1060页。

[133] 多萝茜致？玛丽·哈钦森，[1797年6月]，《早期书信》，第189页。

[134] 柯尔律治致约翰·普莱尔·埃斯特林，[1797年6月9日]，《柯尔律治书信集》，第一卷，第326页。

[135] 多萝茜致？玛丽·哈钦森，[1797年6月]，《早期书信》，第188-189页。

[136] 柯尔律治致约翰·普莱尔·埃斯特林，[1797年6月10日]，《柯尔律治书信集》，第一卷，第327页。

第五章　一七九七至一七九八

一

　　一八〇五年,华兹华斯忆起"比昨日最甜美的画面 ／ 还要鲜明的景象":当年,他与柯尔律治"漫步于昆托克碧草 ／ 如茵的山坡和茂树浓荫的山谷",两人"纵情于诗性的想象"。[1]"给柯尔律治的诗"即以此美好回忆告终,因为正是在昆托克山峰上,华兹华斯曾致敬自己的诗歌使命——这一使命在《序曲》结尾得到重申,并致敬柯尔律治,是他点燃这个使命所必需的弥尔顿式创作热情。总之,"纵情于诗性的想象",此言不虚。两位诗人后来的肖像,比如海顿的《海芙琳峰上的华兹华斯》,或者华盛顿·奥尔斯顿绘于一八一四年的柯尔律治,都将他们描绘成孤独的存在,平静地沉浸于自己无垠的遐思。[2]但一七九七至一七九八年,彼此的好感与日俱增,每日的联系,不停的聊天,疯狂的远足,最重要的是,写诗与构思,让他们非常快乐。烦恼和困难——从浓烟滚滚的烟囱到政府间谍——给他们蒙上阴影,尽管如此,他们还是充满欢笑。一七九八年五月,海兹利特初见华兹华斯时,曾留意到诗人的"嘴角那情不自禁的笑意"。[3]谈起"作于阿尔弗克斯顿树林"的《痴儿》,华兹华斯说"从未如此快乐地写作";他也记得《我们是七个》的开头逗笑了所有人,是个圈内的笑话。[4]在这欢乐之中,柯尔律治写下他几乎所有最伟大的诗篇:《这菩提树荫将我囚禁》《老舟子吟》《忽必烈汗》和《子夜寒霜》;而华兹华斯则欣喜地发现,自己可以胜任多种风格和形式:叙事诗,沉思诗,以及他的抒情歌谣。这一年总是被称为"奇迹之年",事实也是如此。但是,这一年唤起的期待也将困扰华兹华斯大半生,让他觉得无论已获得多少成就,始终未能实现至高的理想;同是在这一年,两位诗人建立友谊,但未来的剧痛从一开始就埋下了种子。

127

二

一七九七年七月二日,威廉和多萝茜来到下斯托伊,本想稍作停留就返回雷斯冈。他们受到柯尔律治和萨拉的盛情接待,但菩提街上的这座小屋想必很不舒适,尽管溺爱的父亲认为小婴儿哈特莱的举止宛若"襁褓中的六翼天使"。[5]五天后,兰姆的加入使空间变得更加拥挤。他们尽量在户外活动。富有的皮匠托马斯·普尔曾帮助柯尔律治一家在下斯托伊安顿下来,也拿出他的花园和凉亭招待他们,华兹华斯很可能就在他家的树荫下朗诵了新诗《写在紫杉树下的座位上》。兰姆深受感动。姐姐玛丽发疯杀死母亲一事仍使兰姆惊魂未定,他觉得自己目前不适合社交活动。在这次来访中,他也承认讲话很少。然而,漫步山上,谈心园中,他感到有所复元。回到伦敦后,他求要一份《紫杉树》的诗稿,仿佛这些诗行能为他孤寂的生活带来疗助。他告诉柯尔律治:"我不想说话,不想见人,只是伏案读书或独自散步,不闻不问。"[6]

华兹华斯和多萝茜还自行探索了周边地区。七月四日,他们发现,在距斯托伊大约四英里的地方,"有一处幽僻的瀑布,隐于陡崖环绕的小山谷间,山上林木成材",往深处走,便是阿尔弗克斯顿宅邸。华兹华斯兄妹一定和柯尔律治说起了他们的"闪念"——若能在这样美好的地方租到一所房子就好了,因为他们很快就确知,这所大宅子本身就对外出租。[7]七月七日,华兹华斯与阿尔弗克斯顿房主兰利·圣阿尔宾(尚未成年)的代理人达成协议,租金一年二十三英镑。七月十六日,他们就搬了进去。[8]

托马斯·普尔担任了租约的见证人,所以这笔生意才能迅速成交。128 普尔具有强烈的激进主义倾向,他的堂姐夏洛特在一次茶间争吵后写道:"希望他再不要用他的民主思想折磨我们了。"尽管如此,普尔在社区内颇有影响,一部分因为他品德高尚,关心当地百姓的福祉,一部分因为他的智慧与修养,但更因为他投身皮革业和农业,赚了很多钱。普尔的正直足以获取现任租客巴塞罗缪先生的信任,很快也成为华兹华斯检验一切真诚的试金石。一年来,他对普尔升起极大的崇敬,尤其是因为"他对待工人和穷苦邻居的方式"。一八〇一年,华兹华斯告诉普尔,创作《迈克尔》时,他一直浮现在诗人的脑海中。这说明华兹华斯从普尔身上学到一种美德:在热爱的地方坚守正直的生活。[9]

交易如此之快,华兹华斯兄妹甚至没有返回雷斯冈就搬入了新居,原因只有一个:能找到这么好的房子,他们太开心了。[10]房子处在美丽的大自然中,是他们一直熟悉的场景——树林,溪流,山峦,幽谷,还有开阔的海景增添壮美。多萝茜曾试图向玛丽·哈钦森描绘这一胜景,她的文字再好不过了:

> 这是一幢大房子,家具陈设足够十几个我们这样的家庭使用。还有一个极好的花园,里面栽种着各种蔬菜水果。花园位于房子的尽头,我们最喜欢的客厅也朝着花园的方向,和雷斯冈一样。房前是一个小小的庭院,有草坪、石子路和灌木丛……房子正面朝南,但

前方的一座高山犹如屏障遮住太阳。山很美，树木散落在四处，郁郁葱葱；山顶上的蕨类植物蔓延而下。小鹿在此栖息，还有羊儿，所以，我们眼前一派生机。从房子的末端，可以看到大海，在一片林木茂盛的草场之后湛蓝……[11]

这些曾使多萝茜激动的景色，今天依然能打动游人。一条小径从通往霍尔福德的大路蜿蜒而下，阿尔弗克斯顿宅邸就藏在小径的后面，隐蔽、幽静，有树木的掩护和山峰的庇佑，也有大海展现宏大与寥阔。如果华兹华斯兄妹沿着小径回家，他们会穿过树木，来到一处迷人的景致，直到四十五年之后，它依然是华兹华斯不灭的记忆：

一条小溪从一方倾斜的岩石上跌宕而落，形成当地蔚为可观的瀑布。一棵倒下的树横贯水塘，如果我没记错，是一棵桲树，垂直的树枝伸向被上方浓荫遮住的光。枝条上的绿叶因缺少阳光而褪色，苍白如百合。在这天然树桥的底部，垂下常青藤美丽的长发，在微风中温柔地摇曳，或可诗意地称为瀑布的呼吸。当然，这摇曳随着溪水的力度而不断变化。[12]

如果从房前往上走，他们会来到山边，从某一个方向，可以看到布里斯托海峡对岸的威尔士山脉；在另一个方向，平坦的大路伸向远方。

阿尔弗克斯顿宅邸有九间卧室三间客厅。如多萝茜所说，的确是个大宅子。一想到可以方便地接待任何朋友，比如平尼兄弟、蒙塔古或任何访客，华兹华斯兄妹就特别高兴。入住一周后，他们就设暖房宴，招待了十四个朋友。能在这样华美的豪宅中作主宴客，他们一定非常开心。但阿尔弗克斯顿主要的魅力在于这里离下斯托伊很近。在雷斯冈期间，华兹华斯兄妹都觉得有趣的朋友太少，邻居们无法满足这一需求,因为据多萝茜说,他们大都"沉默寡言"。[13]如今,一位才华横溢的人近在咫尺,最重要的是,他还特别健谈。海兹利特曾写道:"跑题,从一个话题跑向另一个,他好像在空中飘浮,或在冰上滑行。"[14]

因此,一七九八年,柯尔律治**对**海兹利特讲话,觉得他是个可塑的听者;但他显然**与**华兹华斯和"他美丽的妹妹"[15]交谈,而且三个人很快形影不离。除了一七九七年八月、九月和十二月的两三个星期,以及一七九八年初的一个月之外,他们大部分时间都尽可能一起度过。十一月初,他们探赏了林顿海滨和震撼人心的岩石谷。柯尔律治刚一到家,他们就再度出发了,这次是沃切特海滨,并一直向内陆行走,行至达尔弗顿才转身回家。他们显然无惧天气——十一月无疑不适合在埃克斯穆尔荒野徒步旅行,下午四点钟也绝不是理智的出发时间——昼短的冬日也不妨碍彼此见面。"和柯尔律治去斯托伊,大部分步行……";"和柯尔律治走路去斯托伊……";"翻山越岭前往斯托伊……某些路段结着坚冰……";"与柯尔律治走路去斯托伊附近……";"独自走路去斯托伊。傍晚与柯尔律治一起回来……";"雪很深……威廉和柯尔律治走路……去斯托伊"。多萝茜就这样在日记中记下一七九八年二月的十二天。[16]与萨拉·柯尔律治的友谊勉强维持着。三月七日,多萝茜记载:"威廉和我在柯尔律治家喝茶。"四月十三日,"傍晚去斯托伊,我和柯尔律治夫人住在一起。威廉去普尔家了。和柯尔律治夫人共进晚餐"。但日记所载大多是柯尔律治的来访,有时还会过夜。在阿尔弗克斯顿住了十二个月之后,多萝茜已经非常珍视与柯尔律治的往来,"我越了解他,就越珍惜这一便利"。[17]一七九八年,面临着可能与华兹华斯分离的威胁,柯尔律治宣称:"一想到要失去他,普尔和我都无法承受。"他后来说:"尽管我们是三位,却如上帝之一体。"[18]

三

在《作于布里奇沃特……一七九七年七月二十七日》中,约翰·塞尔沃尔为柯尔律治描绘了一幅理想的乡村家庭隐居图景:

> 在我们身边,
> 是你的萨拉和我的苏珊,
> 或许还有阿尔弗克斯顿
> 那沉思的租客和目光热烈的姑娘,
> 以手足之情甜蜜他的孤独。[19]

这种隐居恰是塞尔沃尔的迫切需要,为了有闲暇"暂时放下手臂 / 和无精打采的铁锹",在平静中沉思。一七九五年年末和一七九六年全年,他再度受到当权者的攻击。一七九六年四月,他的《论坛报》被镇压;八月,一伙水手受人指使,扰乱他在雅茅斯的讲座;无论他在哪里讲话,都有间谍和告密者跟踪,致使他一七九七年五月的诺里奇演讲遭到暴民压制。一七九七年七月十七日,当他抵达下斯托伊时,他开始寻找一处能让他和家人安隐玄思之地,因此,他自然从茅舍里的柯尔律治和阿尔弗克斯顿的华兹华斯身上看到平静生活的典范。[20]根据柯尔律治的回忆,当他们坐在阿尔弗克斯顿山谷的一条小溪旁,他曾对塞尔沃尔说:"公民约翰,这是举行叛国示威的胜地!""不,公民塞缪尔!"他答道,"这里让人忘掉叛国的必要。"[21]

如果仅依赖多萝茜的日记,我们很容易相信塞尔沃尔笔下的阿尔弗克斯顿隐居画面。她对大自然有着强烈而敏锐的感受——柯尔律治注意到,"她的眼睛能捕捉到大自然最微小的细节"[22]——昆托克峰和阿尔弗克斯顿盛大而微妙的美也带给她恒久的快乐。在她的日记中,比如一月二十七日这天,她仿佛在竭力捕捉一个场景或一种自然现象的精髓,如同后来的杰拉德·曼利·霍普金斯:

> 总的来说,是个无趣的傍晚。不过,有一刹那,当我们在树林中,月亮冲破了笼罩着她的隐形面纱,橡树的影子暗去,它们的轮廓更加清晰。枯叶染上一抹更浓的黄,冬青上点缀着更明亮的光;然后,她复归朦胧,天空平阔,却不遥远,一缕轻薄的白云。

离开阿尔弗克斯顿后,她写信给罗森太太:

> 我正在屋前的客厅写信,在布里斯托最繁忙的一条街上。你几乎无法想象,这充耳不绝的噪音和阿尔弗克斯顿的甜美声响形成何等反差,以至于我渴望重返乡下。在三年的隐居生活后,无论从感觉、声音还是视野来说,城市都令人厌恶。[23]

这段话概括了阿尔弗克斯顿对她的重要意义。

华兹华斯显然也加入到她的喜悦中。在阿尔弗克斯顿,他们分享彼此的快乐,像互赠礼物一般提醒对方留意大自然的胜境——"威廉把我叫到花园,观赏月亮的独特面容"[24]——在芬尼克笔记中,华兹华斯清晰地忆起一处处钟爱的阿尔弗克斯顿景致,说明作为一位诗人,他多么感恩这里的平静与和谐。但是,多萝茜日记以外的证据同样表明,对于两位诗人来说,隐居是一种复杂而绝非简单的状态。现在该问一问这究竟是一种怎样的隐居了。

这个问题带有学术色彩,但实际上当时就受到重要人物过问。一七九七年八月八日和十一日,巴斯的丹尼尔·莱森斯博士警告内政部,阿尔弗克斯顿的租户行为可疑。他反复琢磨着厨师从阿尔弗克斯顿前佣人查尔斯·莫格那里听来的传闻,认为华兹华斯一家是"流亡家庭",他们"阴谋"占领了这栋房子。他们的关系非常可疑——"房主人身边没有妻子,只有一个说是他妹妹的女人"——他们的行为则更有甚之。莱森斯说,他们每天远足,不分昼夜,写下地形勘查记录,"他们说这一切会带来酬报,还说附近那条河引起他们的关注"。[25]

当然,几乎所有信息都确凿无疑。只是,该如何解读呢? 白厅敲响了警钟,立刻派出有经验的政府间谍詹姆斯·沃什进行调查。在亨格福德与莫格的访谈证实了以下细节——八月十一日,沃什报告称阿尔弗克斯顿的租户确定为"法国人",大多夜里活动。八月十五日,间谍来到斯托伊的环球客栈,兜里揣着二十英镑松口钱。当他听说塞尔沃尔曾来到阿尔弗克斯顿时,画面变得更加明了,因为自一七九二年以来,沃什一直与这位民主派周旋。他立即汇报说:"这不是法国事件,而是一伙讨厌的英国不满分子。"最后一份报告证实了他的预感,他从当地获取更多细节,指出在"通讯社最强成员"普尔的保护下,华兹华斯与柯尔律治在"屋里的出版社"私自出版,还接待来自伦敦和布里斯托的客人,臭名昭著的塞尔沃尔便是他们的朋友之一。

沃什轻而易举地获取了信息。对陌生人的怀疑,对豪宅里不劳而获之人的嫉妒,对普尔的不信任——据说他曾试图在斯托伊介绍潘恩的煽动性言论,所有这一切引起人们的流言蜚语。当夏洛特·普尔听说"塞尔沃尔先生这星期在斯托伊和柯尔律治先生待了一段时间,自然也和汤姆·普尔在一起"时,她不禁感叹:"我们究竟要怎么样?"[26] 对此问题,环球客栈的房东和顾客们无疑都摇头叹息。

然而,内政部的行动之快是出于合理的警戒,以及比查尔斯·莫格更加宽广的视野——国家深陷战争。一七九七年二月,一千二百支法国军队放弃了摧毁布里斯托的首要目标,在菲什加德附近登陆。尽管两天后溃败,但却导致银行资金流失,政府陷入危机,四月和五月的诺尔与斯匹特海德海军暴乱使危机进一步恶化。这次登陆证明了法国军队可以躲避英国的海事防御,暴露了英国的弱势;在叛乱的爱尔兰人及其激进朋友的帮助下,法军可以从西岸入侵,这也加重了英国的恐惧。接待塞尔沃尔之流、观海勘地的"流亡犯"是情报部门的合法目标。他们的隐居绝非单纯。

　　内政部可能密切监视着阿尔弗克斯顿的"一伙"——一七九八年一月,柯尔律治抱怨说他的一封信被拦截了[27]——但并未就沃什的报告采取任何行动。然而地方的恐惧却未能平息。华兹华斯的阿尔弗克斯顿租约本来可以续期,但一七九七年九月,他被告知租约年底到期。[28]威廉和多萝茜刚刚熟悉阿尔弗克斯顿,就得知数月后他们将再度飘零。

　　华兹华斯晚年声称并未受到间谍一事的影响,但这难以置信。一七九九年,他称这段时期为"这些恐怖的岁月",事实显然如此。一七九八年一月,有学识的异见分子吉尔伯特·威克菲尔德发表了对兰达夫主教理查德·沃特森《致大不列颠人民》的回应。接下来发生的事情说明,如果华兹华斯在一七九三年发表了他对沃特森主教的回复,该是什么命运。威克菲尔德的文字被判为煽动性诽谤。一七九九年,他因煽动叛乱罪接受死刑审讯,并被囚进一个臭气熏天的监狱。他身心崩溃,一八〇一年获释不久就死了。有激进倾向的出版商约瑟夫·约翰逊曾在一七九三年冒险出版华兹华斯的《黄昏漫步》和《景物素描》,后来只因为出售威克菲尔德的《回应》就被监禁了六个月。[29]与这些人的遭遇相比,华兹华斯的苦恼微不足道,但却至关重要。"皮特政府的监视、恐吓和检举"(约翰·巴格语)的深远影响将决定他下一阶段的生活。[30]

　　由于同柯尔律治和塞尔沃尔这类煽动叛乱者往来,华兹华斯被逐出阿尔弗克斯顿,这令人遗憾,也颇为讽刺,因为一七九七至一七九八年间,无论在行动上还是思想上,三个人显然都不再介入曾经热衷的激进

运动了。塞尔沃尔经历过死刑审判（这一点必须牢记），已从前线退出。　134
华兹华斯始终仅默默支持激进的积极分子。他从未发表任何政治观点，
而这一年，他甚至没有表达任何堪与《致兰达夫主教书》、一七九四年给
马修斯的信或者尤维纳利斯仿写相比的言论。一八二一年，他告诉激进
老友詹姆斯·洛什，一七九八年法国入侵瑞士之举彻底改变了他的态
度，但在当时的信件中，他并未提及此事。[31]柯尔律治更加公然地撤退
出来。"我对法国已心灰意冷"，一七九六年这句沮丧的话成为一七九
八年四月《改变信仰：一首颂歌》中的公然谴责。一七九七年七月，他写
道："我对政治感到厌倦，甚至痛苦。"一七九八年三月，他向哥哥保证：
"我不认同这些人的道德和思想模式，无论英法。他们温和地自称为哲
学家和自由之友。至少在我看来，他们既不伟大，也不善良。"[32]

　　从政治行动中退出，不再相信激进政治可以促进普遍利益，华兹华
斯和柯尔律治并非特例。在《读帕尔博士为慈善医院所作的布道文有
感……一八〇〇年四月十五日》中，葛德文认为一七九七年春标志着法
国大革命追随者的失败时刻。他们不愿再孤立于社会的普遍情绪，灰心
丧气，并屈服于以下法则——"狂热，尽管如尼布甲尼撒王的熔炉那样
炙手，若不持续添加燃料，也会迅速冷却"，一个个激进分子成为变节
者，通过攻击曾经敬重的哲学家来标志他们的改宗。[33]葛德文的《有感》
关注的是麦金托什、帕尔和马尔萨斯，但他辛辣的分析或许也适用于华
兹华斯和柯尔律治。

　　然而，最重要的是，他们躲过了葛德文的谴责。对于两位诗人来说，
一七九七至一七九八年不是寂静无为的退隐之年，而是内心活动的极盛
时期。在此期间，他们试图界定什么才是最适合自己努力的领域。尽管
他们不知道，实际上，两人都已经为截然不同的生活铺下基石，后面的章
节将分别考察他们不同的动机。但他们都相信可以向对方学习，并共同
致力于影响"普遍的美德和幸福"（引自葛德文伟大著作的标题）。

四

　　华兹华斯的"奇迹之年"（1797－1798）以《丁登寺》[34]这首感恩的礼赞落幕。诗中，他甚至回溯到久远的童年，赞美大自然化解矛盾、带来统一的力量，使人认识到自身是伟大而活跃的宇宙之一部分。青春岁月的痛楚荡然无存，诗人感恩这丰厚的补偿：

> 　　　　一种崇高感，
> 源自某种弥漫深远的事物，
> 寓于落日的辉光。

在这种力量中，诗人很高兴找到

> 我心灵的向导和守护者，
> 我全部精神生命的灵魂。

"我全部精神生命的灵魂"，语出惊人，但绝对认真。在阿尔弗克斯顿的一年，高度活跃的心智与诗性使华兹华斯有信心作此宣言。这种状态也被记录在诗歌之中。这些诗探索境遇，也提出难题，有时，它们未完成的形式也证明着心灵竭尽全力的挣扎。

　　实际上，这一时期可分为三个阶段，每一阶段都将心智与创作的能量传递给下一阶段，因此，整个时期仿佛势不可挡地促成了阿尔弗克斯顿末期的主要成就。第一阶段，即一七九七年七月至十二月，由三桩落空之事组成（就华兹华斯的精神生活而言），但也只是表面上不景气。

华兹华斯从其中两件事获益匪浅。另一件事暂未给他足够的教训。

第一桩落空之事：汤姆·韦奇伍德试图让华兹华斯加入他"提前一两百年实现人类快速进步与完善"这一宏伟蓝图。[35]韦奇伍德是著名的约书亚·韦奇伍德之子，二十六岁便独立富有，颖悟过人，乐善好施。他的思想受到很多启蒙作家的影响，尤其是葛德文。每个人的成长历程都充满偶然，这使他感到害怕——"感觉是多么混乱！如果人们不知道其产生的后果，那就只会导致愚昧。多少趋势彼此排斥、互相矛盾！"——他根据逻辑得出结论：去除偶然的惟一途径是严控感官输入，以便去除无用信息，将人类的潜能最大化。显然，这种控制越早越好。因此，他向葛德文列出成立机构的计划，葛德文、贝多斯、霍尔克罗夫特和霍恩·图克等"哲学家"担任机构监管人，儿童将在实验室般的环境中成长。婴幼儿的感官反应将在育婴室中养成，室内"四面灰墙，只有一两件鲜明物体，满足视觉和触觉之需"。禁止一切与外界刺激的接触："对大自然的解释要循序渐进，且极其谨慎。儿童永远不得走出房门或离开自己的寓所。"要经营这所天才学校，韦奇伍德知道只有两个人"最合适"——华兹华斯和柯尔律治。他相信，"要想让华兹华斯欣然接受，只需使他相信这是最有望造福社会的方式"。

一七九七年九月，韦奇伍德拜访了阿尔弗克斯顿，但很快就意识到自己是多么的错误。他眼前的这个人认为花时间观察倒在溪流中的榉树是值得的；他抚养的小巴希尔"没有任何玩伴，只有花草，牛儿，以及当他漫无目的、突然追赶时跑掉的羊"。如此之人无法满足他的目的。[36]

然而，韦奇伍德对华兹华斯的影响却非常可观。他引起华兹华斯的思考。因为这个构想——同《坚硬时代》①中讽刺的维多利亚教育理论

136

---

① 虽然通译是《艰难时世》，但根据小说中频繁出现的"坚硬"意象，以及对僵化的机械思维的讽刺，译为"坚硬时代"或许更加准确。

一样愚蠢——是十八世纪心灵理论的逻辑延伸，这些理论都源自洛克，也是华兹华斯关于心灵运作的理论基础。但他凭借直觉和亲身经验，知道韦奇伍德试图将人类的成长系统化的想法是错误而危险的。但问题是，由于这一构想建立在合理的哲学学说之上，那又如何证明它是错的呢？接下来的几个月，华兹华斯撰文抨击扭曲的教育体系，后来成为《序曲》第五卷的内容。[37] 他此时所写的其他文字，虽大多未明显针对韦奇伍德的构想，但可以看出，诗人的心灵不断重返这些疑问。

　　第二桩落空之事：试图与柯尔律治合作。一七九七年十一月，在两位诗人的第一次徒步旅行中，柯尔律治提议合写一首诗，由三个篇章组成，内容是亚伯之死。华兹华斯写第一篇，柯尔律治写第二篇，谁先完成，谁就着手写第三篇。三年后，柯尔律治回忆道：

　　　　当我迅速完成自己的任务，拿着手稿兴冲冲去找他时，只见他神情庄严高贵——幽默而沮丧的目光聚焦在几乎空白的纸上，然后，他一边假装可怜、默认失败，一边觉得整个计划荒诞不经——两种情绪互相对抗，最后，他忍不住大笑起来……[38]

几天后，在他们的第二次旅行中，失败再次上演。在前往沃切特的路上，华兹华斯与柯尔律治计划写《老舟子吟》，然后把这首歌谣卖给《月刊》，指望用稿费支付这次旅行的费用。华兹华斯提出了诗中的许多元素——杀死信天翁，幽灵对水手的迫害，死水手的导航——但实际写作时，他却只能写出两三行。他后来回忆道："我们尽力把这首诗合写下去，但事实证明，我们的风格迥异。我是这件事的绊脚石，若不主动退出，岂不太自以为是。"[39] 尽管柯尔律治的谈吐和丰沛的创造力使华兹华斯热血沸腾，但他无法按照指令或别人的计划写作。

　　第三件落空之事确实至关重要：试图把《边界人》搬上舞台。一七九七年夏秋，华兹华斯完成这部悲剧的修订。截至十一月二十日，剧本已送到考文特花园。"关于它是否被采用，我们不抱任何希望。"[40] 多萝茜告诉玛丽·哈钦森，但她的话不过是满怀期待之人常见的托词。因为，一个多星期后，她和华兹华斯已在伦敦，她为了换换风景，逛逛考文特花园和德鲁里巷，他则根据"考文特花园一位主要演员托马斯·奈特的建议"调整剧本。剧院经理托马斯·哈里斯无动于衷，至十二月十三日，"他表明这部戏的演出不会成功"。[41]

对于这粗暴的回绝，华兹华斯的反应耐人寻味。他很受伤，也有些傲慢。虽可理解，但对于一个二十七岁却几乎从未发表任何作品的人来说，却非同寻常。他视这次拒稿为"当今戏剧的堕落"，尚未决定是否等待戏剧改革，还是立即发表。[42] 但这次失败显然使他开始思考文学成就——他所看重或自认为有能力获得的文学成就。一七九八年初，柯尔律治曾在《修士》的书评中提出文学的总体效应。华兹华斯很可能写信谈起这个话题。一七九八年一月二十三日，作为回应，柯尔律治在回信中提到《修士》作者刘易斯的剧本《古堡幽灵》大获成功，收益可观：

> 这部戏证明了你关于**戏剧**价值的精确猜测。《古堡幽灵》的价值完全在于它复杂的**情境**。这些全是抄来的，全都如同**闹剧**，但它们的舞台效果令人赞叹。剧中没有太多冲突，但始终是**情境**。[43]

当华兹华斯和柯尔律治恢复每日的交流，他们一定会继续讨论事件和文学价值的关系。因为这一话题反复出现在一七九八年的作品中——《废毁的茅舍》《痴儿》《西蒙·李》和《彼得·贝尔》——在这些诗歌中，"诗中形成的情感使事件和情境变得重要，而不是反之"。[44]《边界人》被拒，迫使华兹华斯去界定他的诗歌信念。一个不太好的后果是，甚至在真正开始发表之前，他便认为，任何具有恒久价值的作品注定不合时下的品味。

五

一七九七年六月,柯尔律治来到雷斯冈时,华兹华斯朗诵了新作《废毁的茅舍》和《边界人》。如今,悲剧失败了,他便专注于叙事诗。阿尔弗克斯顿的第二阶段便体现了他修改这首叙事诗的努力。

值得注意的是,这场挣扎以停滞而非完成为标志。尽管柯尔律治说《废毁的茅舍》无疑是"最美的英语诗歌之一",但没有一个版本令华兹华斯完全满意。他反复修改,直到一八一四年将其作为《漫游》第一卷出版。[45]但即使如此,这首诗依然不了了之,等待在更加宏大完整的《隐士》(但从未动笔)中彰明要义。与(比如)《丁登寺》不同,《废毁的茅舍》的版本永远是暂时的,仿佛在整个写作过程中,华兹华斯的素材总是提出问题和挑战,却拒绝一个令人满意的终极解决。[46]

一七九七年,这首诗是一首简单的叙事诗。诗中,商贩通过对比茅舍的今昔,讲述了玛格丽特的苦难。由于战争对乡村经济的影响,罗伯特无法养家,于是参军,离开玛格丽特,将入伍的酬金留给孩子们作伙食费,令人动容。渐渐地,家园破碎,玛格丽特死去,直到最后一刻,她依然坚守着"折磨人心的希望"——罗伯特会回来。显然,玛格丽特与《索尔兹伯里平原历险》中的流浪女、骚塞《圣女贞德》中的士兵遗孀一脉相连,也和当时感伤诗歌或反战作品中被弃的受害者有关,但她的源头乃华兹华斯对国家政事如何影响无助穷人的直接观察。[47]

然而,华兹华斯并不是在重复一七九三至一七九五年间所写的社会抗议诗。此时此刻,他关注玛格丽特的苦难是为了截然不同的目的。一七九八年一月至二月,他修改了这首诗,将商贩塑造成一个有智慧、有阅历的形象,能够控制天真的诗人-听者对悲剧故事的反应。尽管"没受

过教育，／未经过学校死板教条的训练"，商贩却是"被选中的宠儿"，
在宇宙万象中感见"精神生命"：

> 在一切造物中
> 他发现一个幽隐神秘的灵魂，
> 一段芬芳，一种意义非凡的精神。

在第一部分结尾，商贩停下来问道：

> 这静谧的时节，安宁、祥和，
> 一切不安的事物此刻都欢乐，
> 成群结队的苍蝇聒噪嗡鸣，
> 它们愉快的旋律充溢空中。
> 然而，老人的眼里为何有泪？
> 为何我们，以不合时宜的心态，
> 出于人性的软弱无奈，
> 使心灵偏离自然的智慧，
> 使耳目不闻不见自然的慰藉，
> 并且，以不安为食，更以不安的
> 思绪搅扰大自然的[平静]？

这问题不同寻常，且令人不安。直接的回答似乎是："为什么不呢?"商 140
贩已经讲完玛格丽特的死，并以一句最悲凉的祭文结束了他的故事：

> 我的朋友，
> 她在此染疾，也在此死去，

これ断壁残垣的最后寄客。[48]

眼泪或许是"人性的软弱",但也是本能的反应,既然我们不理解商贩所说的"自然的智慧"具体指什么。诗人-听者(或读者)或许也想知道商贩哪儿来的权威这样说话。

华兹华斯立即尝试通过两篇附言来回答这些问题。其一,商贩感见宇宙精神生命的能力可追溯至他童年时期的灵视经历。其二,华兹华斯用一段深奥的哲思长诗阐释了商贩所说的"自然的智慧"和"自然的慰藉"。济慈曾将《恩底弥翁》中的关键诗句称为"想象朝着真理有序迈进"。[49]对于华兹华斯来说,这两段文字也是如此。

在第一篇附言中,商贩的童年和青春经历是一场感官和想象的教育,完全不同于汤姆·韦奇伍德提倡的教育方式。这种教育适合青少年:

> 他以强烈的想象力深切领受
> 深怀爱意的教程,他只能领受,
> 因为大自然无论以何手段
> 已教会他强烈地感受。[50]

在第二篇附言中,商贩为这一信念提供了玄学基础,说明它不是直觉冲动,而是经得起考验的真理:对大自然的爱——需深入到"那崇高庄严的景象,白云, / 大海,浩瀚的苍穹"的生命之中——必然使人既能在万物中感见和谐,又能接受"人类的悲喜"。诗节之初便表明了"与那些言语陌生的事物悄然共鸣"的意义,继而变成一首热烈的赞歌,憧憬着与"这有情有灵的世界"进行最丰富的交流。尽管论证循序渐进,但这段诗文难以概述;篇幅太长,也不便引用。由衷建议读者仔细阅读附

录部分。(第 497-499 页)华兹华斯写过更加动人的诗行,但却没有哪 141
些诗行比这些更为重要。[51]从这篇附言来看,商贩对诗人的训诫——
"不要再用 / 廉价的目光阅读事物的形态",以及结尾妥协的智慧,并
未削弱玛格丽特的悲剧。通过将此悲剧纳入一个更大的整体,商贩使诗
人得以超越无奈的悲哀,也使悲剧叙事变得合理。

两篇附言含义丰富,无法在此详谈。然而,它们在华兹华斯的成长
过程中如此重要,因此有必要作出以下评述。

首先,两篇附言体现了这段时期华兹华斯和柯尔律治的友谊带来的
创造力。[52]共同兴趣并未排除分歧。柯尔律治活在强烈的宗教信仰中。
不可避免地,他和华兹华斯可能都发现,在某些事物或关注方面,彼此不
同。"有一个话题,我们惯于保持沉默。"柯尔律治告诉朋友约翰·埃斯
特林,"我们发现各自的思想依据不同,于是不再重拾这个话题……他
爱敬基督和基督教——我希望,他不仅是爱敬。"[53]但如果避开教义之
争,两位诗人都深信,若能最大限度地体认"尘世之绝美……和自然之
精妙",那么一切众生都会自发地产生一种仁爱之举。[54]

一七九八年三月的一封信最为生动地体现了柯尔律治与华兹华斯
的思想默契。信中,柯尔律治尝试让哥哥放心他目前的心态。唉,柯尔
律治叹息道:"一个人的性格长久地跟随着他,虽然他早已配不上它。"
但他坚称:"我已经摔碎那刺耳的反动小喇叭,它的碎片散落在废弃的
忏悔室中。我想做一个好人,一个基督徒。"他进一步解释道:

> 过去一段时间以来,我几乎完全不考虑直接原因了,因为它们
> 无限复杂且不确定。相反,我思考那些基本而普遍的原因——"原
> 因之原因"——我致力于无涉反社会情绪的作品——在诗歌中,通
> 过那无生而有灵的美妙的大自然,通过生命之在场,来提升想象力,
> 校正情感……我爱田野树林山川,以一种近乎想象的钟情,——因

142 　为我发现,随着这种情感的增加,内心的慈悲和安宁也在增长,因此,我希望也在他人心中植入这一情感——要摧毁坏情绪,不是通过打击,而是使其停滞。

对于柯尔律治来说,这些不是新想法——一七九五年三月,他曾对代尔说过类似的话,此前也使用过“忏悔室”这个比喻。重要的是,他在信中大量引用华兹华斯的哲思素体诗《我认为……并非无益》来阐释这段话背后的联想论心理学。这里的创作互动颇具魅力。柯尔律治已雄辩地表达自己的信念和使命,但他抓住华兹华斯铿锵有力的诗文,向不擅哲思的哥哥强化他的信条。[55]

这件小事有力地证明了两位诗人的创作互动,它不仅出自私人信件,也见诸阿尔弗克斯顿年间出版的全部作品。

比如,在写于一七九七年初的《写在紫杉树下的座位上》中,华兹华斯思索着一个“灵魂非凡”的人为何过着支离破碎的生活。一位“少年,才华横溢, / 志向高远”,却对真实的世界感到失望,于是退隐独处,变得忧郁和清高。凝望自然之美只是加剧了他的孤立感,这种感觉不断深化,直到他死去。诗歌发出警示:“一个人若轻视 / 任何生灵,就荒废了 / 他的才能”。一年后,在《这菩提树荫将我囚禁》中,柯尔律治重拾这一主题,思考想象力如何超越局限;结尾,诗人想象着在美丽的场景中分享查尔斯·兰姆的喜悦,并为兰姆送上祝福。[56]

或者,在作于一七九八年二月的《子夜寒霜》中,柯尔律治温柔地观照着儿子哈特莱,并表达了对他的期许[57]:

> 你,我的宝贝,将如一缕微风
> 游荡在湖畔和沙岸,在古老的
> 山崖之下,在映照着湖畔、沙岸

> 和山崖的云天之下：你也将
>
> 看到美妙的造物，听到可知的
>
> 声音，它传达着永恒的语言，
>
> 那语言来自你的上帝，祂通过
>
> 永恒使我们懂得一个道理：
>
> 祂在万物之中，万物亦在祂之中。

这是柯尔律治最深刻的信仰：自然界的现象，即使本身美妙无比，依然 143
象征着超验真理。重天的语言就是上帝的语言。几个月后，华兹华斯在
塑造《废毁的茅舍》中的商贩形象时，回应了《子夜寒霜》中的思想。当
他畅饮着日出之美：

> 啊！彼时，那书写的盟约示现，
>
> 多么华美！多么灿烂！过去，
>
> 他仅知敬畏眼前铺开的书卷，
>
> 因其揭示着奥秘与生生不息；
>
> 但在群山之中，他**感受到**这一信念，
>
> 在那里，他看到这些文字。
>
> 那里的万物体现着不朽，生生不息，
>
> 伟大在绵延，绵延至无边；
>
> 那里没有渺小，最卑微的事物亦如无限。
>
> 在那里，他的精神塑造着她的
>
> 景象——他并非**盲信**；他看到。[58]

正是通过与万物法则和神性的交流，加之对人世的广泛阅历，商贩才能
将玛格丽特的苦难置于万物的和谐之中。

这些例子说明,在阿尔弗克斯顿的一年间,两位诗人置身于如此微妙的对话,以至于他们的大多数作品宛若同一心灵的创造,而非出自二心。这种和谐,此后不再。

其次,第二篇附言(《我认为……并非无益》)一定让华兹华斯既有所突破,又陷入僵局。华兹华斯找到了一种语言,借以探索他关于上帝、自然和不容忽视的尘世苦难。然而,他太理智,因而不相信仅凭数月时间就找到了答案;太过仁慈且严肃,因而不觉得个人信念有何价值,除非诉诸利益他人的道义行动;但华兹华斯也非常清醒,因而不认为这段诗文《我认为……并非无益》给他指明了前路。因为,尽管这些诗行的语言和韵律都展示了精湛的诗艺,却只达到有限的效果。在传达思想方面,虽然诗文比阿肯塞德甚或库珀的任何文字都更有效力,但若仅停留在抽象层面,它们就无法融入读者关于玛格丽特故事的想象。要将个人信念转化为真实有效的公共话语,华兹华斯要在曲折的哲思素体诗之外另寻出路。

六

在阿尔弗克斯顿期间的第三阶段,华兹华斯开始另寻出路。修订《废毁的茅舍》似乎给他带来能量和信心。三月,多萝茜向玛丽・哈钦森汇报了华兹华斯诗歌的最新消息:"他的才能仿佛与日俱增;在诗艺方面,他的诗歌创作比以往更得心应手;他思如泉涌,速度快得来不及表达。"[59] 当海兹利特五月来访时,他毫不怀疑自己正与天才同在。年方二十的他做好着迷的准备——也确实被迷住了。"华兹华斯从低矮的格子窗望去,说道:'那金黄堤岸上的日落多美啊!'我心想:'这些诗人是以何等目光看待自然啊!'"[60] 这段话出自他二十五年后的散文《我与诗人们的初次相遇》,其中充满回忆——华兹华斯"穿着棕色绒布夹克和条纹紧身裤",看起来就像《彼得·贝尔》中的流浪者;谈吐"自然随意,口音清晰,滔滔不绝,夹杂着深沉的喉音和浓重的北方'r'音,如同葡萄酒上的干面包";胃口很大,"开始消灭桌上的半块柴郡干酪"。最重要的是,当华兹华斯读起新近创作的抒情诗,"一种全新风格、全新精神的诗歌扑面而来,对我来说,宛若翻开了新鲜的土壤,或如悦人的早春气息"。

　　一七九八年三月至六月是华兹华斯抒情诗创作的第一个伟大时期。在一首首诗中,他尝试用抒情、戏剧和叙事的形式来体现或表达思想。在过去的一年里,这些思绪萦绕着他,并在《废毁的茅舍》的写作过程中逐渐浮出水面。商贩问道:

> 难道这一切意味着,
> 那崇高庄严的景象:白云,
> 大海,浩瀚的苍穹,难道
> 只给心灵留下荒芜的图景?[61]

在《这是三月最初的和煦天》《早春诗行》《来自山后的一阵旋风》这三首诗中,华兹华斯给出答案,热情地赞颂在太阳、云朵、鸟儿和花朵中洞见的"神圣的力量涌动 / 在四周、地下、天上":

> 鸟儿在我的周围跳跃嬉戏,
> 它们的思想我无法捕捉,
> 但在它们最微小的动作里,
> 我仿佛感到了一阵欢乐。[62]

《废毁的茅舍》的大部分修改都涉及商贩的教育，其中峰峦山巅取代了汤姆·韦奇伍德的灰墙幼儿园。华兹华斯思索着韦奇伍德的有害构想，《我们是七个》和《写给父亲们的轶事》便是他思考的进一步产物。在两首诗中，沉浸于直觉和想象世界的儿童拥有至高无上的智慧。在儿童的智慧面前，成人的"智慧"相形失色。

　　《忠告与回应》和《翻倒的书案》融合了华兹华斯关于自然与教育的思考。他说，这两首诗"是同一位痴迷于现代道德哲学的朋友进行交谈的结果"。华兹华斯指的可能是海兹利特，因为根据后者的记载，他"与华兹华斯陷入了玄学争论，我们谁都没能十分清楚地表达自己的思想，使对方明白"。[63]尽管海兹利特很年轻，但在玄学哲思方面却绝非新手。他凭借自己对休谟、哈特莱、贝克莱和葛德文的热情研究，从父亲的异见世界中独立出来。他还期待以同等的资格与柯尔律治和华兹华斯探讨心灵与现象世界的关系这类重大问题。华兹华斯的诗歌美好地捕捉了这场阿尔弗克斯顿邂逅的精髓，其中，缥缈的玄学话题在山间漫步或柴郡干酪的饕餮之宴上得到热烈讨论。这两首诗轻快而不失严肃，一如华兹华斯所有最好的说理抒情诗，它们表达了诗人的信念：大自然

> 满世界都是现成的宝藏，
> 能赐福于我们的脑与心——
> 天然的智慧源自健康，
> 还有源于欢乐的真。
>
> 春林里的一阵脉动，
> 胜过所有贤圣的指导。
> 教你更好地认识人性，
> 明辨善恶是非之道。

大自然的教义多么甜蜜，

我们的理性却指指划划，

将事物美妙的形态扭曲，

——分析即谋杀。

够了，科学与艺术，

合上那枯萎的书页；

走出来，带着一颗心

去观察，去领略。[64]

诗中提到的罪名不容反驳。柯尔律治指出，"华兹华斯的文字总是充分**表意着**它们可能拥有的全部意义。"[65]毫无疑问，华兹华斯也希望这些诗行被严肃对待。但读者要结合其他诗作来阅读这两首诗，比如《西蒙·李》《老人在旅途》《最后一只羔羊》以及退伍士兵片段，因为这些诗文表明，华兹华斯并非在表达简单的乐观主义；一颗会观察、会领略的心随处都可发现：苦难是人生的常态。

这些苦难诗也证明，华兹华斯依然怀有其激进时期的思想倾向。旅途中的老人可以是索尔兹伯里平原上的任一跋涉者，一如那退伍荣归却陷入贫穷的士兵。疯母亲，西蒙·李，好人布莱克，哈里·吉尔也都像流浪女一样痛苦而顽强地生活着。一七九四至一七九五年的战争和歉收使穷人的困境雪上加霜，也使人们越来越关注济贫法的代价、低效甚至非人性。一七九七年，《为更好支持和维护穷人的法案》在议会、书册和杂志读者来信栏目引起广泛抗议和辩论。当权者如何最佳应对不断增长的赤贫者这一难题？《康伯兰的老乞丐》和《最后一只羔羊》是华兹华斯对此争端的贡献。查尔斯·伯尼博士这样评价《好人布莱克与哈里·吉尔》："如果穷人都自救，用邻居的财产来满足自己的需求，那么，还有什么虚妄的欲求和真实的混乱不会产生?"他非常严正地给出警告：这些诗是关于时事主题的政治诗。[66]

147　然而,在这些诗中,没有哪一首与《索尔兹伯里平原》或《索尔兹伯里平原历险》相似。它们的区别标志着华兹华斯激进话语的显著特征。"索尔兹伯里平原"二诗都是从普遍转向具体,其中的人物与事件都为抽象概念服务,比如诗中的"真理""正义""自由",或华兹华斯的其他评论,如"刑罚的邪恶"。相反,这些新作却源于对具体人物或事件的观察,并密切地聚焦于此,仿佛充分描述其全部特征将揭示其重要意义。华兹华斯预料到,那些喜爱伯格歌谣译文或哥特式小说(如刘易斯的《修士》)中跌宕起伏的事件、构思和文采的读者一定会非常困惑,因此,他在《抒情歌谣集》(1798)的"致读者"中解释道,有别于"许多现代作家俗艳而空洞的词藻",他的诗只有"交谈的语言"和"对人类情感、人类角色及人类事件的自然描绘"。"人类"一词的刻意重复使读者将注意力从事件上移开。在《痴儿》中,诗人滑稽地假装缪斯已将他抛弃,以至于他连约翰尼一半的历险都没能讲完。《彼得·贝尔》一开场就故作严肃地寻找话题,摒弃"仙女之乡",而选择了"我们这小小地球"上发生的事。

这些抒情歌谣的风格怎样,它们与华兹华斯批判的杂志诗歌或他受益良多的十八世纪主流诗歌有何不同,已有许多著述。然而,需要强调的是,华兹华斯的文学实验有其政治目的。当他向读诗的公众发声——即向那些立法、选举、纳税、决策的中产阶级发声——他是为了让诗歌及其题材陌生化,为了移除"熟视无睹和私心牵掣的隔膜"[67],正是这层隔膜让眼睛愚钝,让心灵坚硬。当读者的感觉复苏,他要求他们去体悟那种悲怆、悲惨与尊严,它们蕴含在痴儿语无伦次的谈说中,在虚弱老者的感恩中,甚至也在康伯兰老乞丐艰难的步履中。柯尔律治后来曾这样分析华兹华斯:

在亲身经历、情感和理性的联合作用下,华兹华斯自己让自己相信了大多数人从小就知道或至少在年轻时代接受的种种真理,然后,他将这些真理本身的全部深度和分量附加于信条和文字。结果是,在他人看来,这些表述就像老生常谈,平凡无奇。[68]

此话千真万确。这些抒情歌谣的激进人本主义基调听起来会像陈词滥调。伊丽莎白·盖斯凯尔能自然地引用《康伯兰的老乞丐》中以"我们拥有同一的人心"结尾的诗节,但并非其他人也能如此。[69]我们的失败正是诗人的成功,因为在这些抒情歌谣里,他首先就是要挑战所有诗歌读者(包括"绅士,富人,职业人士,淑女,买得起书或可以轻易获取书籍的人")的假设,即"人性与其对应的人是统一的"。[70]

七

《抒情歌谣集》(1798)是华兹华斯与柯尔律治合作的产物,也是一年来彼此无私关爱、精神相伴的明证。在写给柯尔律治的一七九九年两卷本《序曲》结尾,华兹华斯称两人"终于从不同的道路走到 / 相同的终点"。就他们在阿尔弗克斯顿期间的关系来说,这个总结既不精确,也不全面。

一七九五年,在《反思入世生活》一诗中,柯尔律治已坚定了"为科学、自由和基督的真理 / 作无血之战"的决心[71],但诗中更明显流露出的却是萦绕他心头的隐居之念。在《守望者》失败之后,这种向往更加强烈。他否认隐居带有僧侣生活的色彩。"一个结了婚、忙着养活孩子的人怎能被视为隐士? ——一个**亲自**向朋友和邻居们传布真理或通过媒体间接教化的人,怎能被视为隐士? 还有比这更**积极入世**的生活方式吗?"更匪夷

所思的是,他向普尔声明,自己打算"**非常努力**地工作——当厨师、屠夫、
洗碗工、擦鞋匠、临时保姆、园丁、农夫、猪倌、牧师、秘书、诗人、评论者,以
及什么活都干的廉价劳力……"[72]在普尔的帮助下,这个梦想在下斯托伊
成真。尽管朋友们慷慨相助,柯尔律治依然难以养家。一七九七年底,他
差点接受舒兹伯里上帝一神论会众的教区牧师(有固定收入或房产)一
职。是朋友们再度帮他解围。一七九八年一月十七日,他接受了汤姆和
约书亚·韦奇伍德提供的一百五十英镑终身年金。

149　　　尽管慷慨的韦奇伍德兄弟没有为他们的馈赠添加"任何附加条
件"[73],柯尔律治却从中感到无限责任。"不再为钱发愁,也没有固定工
作的约束,我拥有强大的动机和同样强大的意愿为高尚的事业而努
力"[74],此时的柯尔律治自认为充满献身精神,不是为了一己生活的安
适,而是为真理的事业献身。还在舒兹伯里时,他就写信给普尔:"我渴
望和你在一起,安顿下来,为利益众生而奋斗,以此回报韦奇伍德兄
弟。"[75]三月七日,他用相似的词语表达他的(也是普尔的)信念:华兹
华斯近期的素体诗比他过去的其他任何作品都更能"利益人类"。三天
后,他又以同样超然的语气给哥哥写信声明:"过去一段时间以来,我几
乎完全不考虑直接原因了,因为它们无限复杂且不确定。相反,我思考
那些基本而普遍的原因——'原因之原因'。"[76]

柯尔律治亟需证明其生活的合理性。与此同时,他还有另一重迫切
需要:找到一位志同道合的友人。一七九五年十一月,他与骚塞大吵了
一场,并且承认:"你在我心中留下一个巨大的空洞——我不知谁足够
大,足以填充它。"[77]兰姆一度填补了骚塞的位置,但一七九八年,这场
友谊因彼此反唇相讥而瓦解。柯尔律治和汤姆·普尔非常亲近——
"合而为一"是他的说法[78]——但与骚塞和兰姆不同,普尔并不具有柯
尔律治对诗歌的热情。只有华兹华斯才能填补这个空洞。"华兹华斯
是个伟大的人。"一七九七年六月,柯尔律治从雷斯冈写信告诉埃斯特

林。一周后，他不无恶意地向骚塞表达他的兴奋："华兹华斯是一个非常伟大的人——惟一一位**尽善尽美**、**无时无处**都让我自惭形秽的人。"一七九八年三月，他对科特尔感叹："巨人华兹华斯——上帝爱他！"五月，他写信给埃斯特林："我认识他一年多了，可以说，我对他的崇拜，我对他心智力量的敬畏始终在增长——而且（更重要的是），他是久经考验的好人。"[79]

　　既然柯尔律治心怀利益众生的热望，又对华兹华斯其人其诗充满敬畏，那么，接下来发生的一切也就顺理成章了。自从一七九六年以来，柯尔律治一直琢磨着全面抨击葛德文，但他越读越多，越想越远，必然就把写作长久地搁置在一边了。他知道，要获益于最先进的神学和哲学思想，他必须去德国学习。从一七九六年五月开始，他就向往德国之旅。一旦韦奇伍德的资助使其成行，他完成任何著作的希望就更加渺茫了。而另一方面，华兹华斯正奋笔疾书，以至于柯尔律治告诉海兹利特："他的灵魂栖居在宇宙的宫殿。他凭借直觉而非推理去发现真理。"[80]三月六日，华兹华斯对詹姆斯·托宾宣布："我已经写了一千三百行诗，这首诗将传达我所知道的一切，目的是反映自然、人类与社会。的确，没有什么不在我的计划范围之内。"五天后，他告诉洛什这首诗的题目——《隐士：或关于自然、人类与社会的思考》。创作的兴奋，宏大的构思，无实际根基的自信，这一切都说明华兹华斯多么充分地进入了柯尔律治的想象。二十八岁的华兹华斯接受了柯尔律治决意授予他的称号——哲学家诗人。[81]

150

八

　　华兹华斯对托宾和洛什说的话至关重要，其间不经意流露的哲思诗歌宏愿影响了华兹华斯对其艺术家身份的认识。在他大部分的创作生涯中,这一宏愿成为一种重压,也成为影响他和柯尔律治关系的重要因素。但从一开始,尽管这个宏愿足够真实,其赖以实现的诗歌形式却模糊不定。对于不熟悉华兹华斯研究的读者来说,这无疑会引起一些困惑,因此有必要概括说明这个问题。[82]

只有两件事是确定的。第一,一七九八年构想的哲思诗将以《隐士》为题。第二,它从未完成,华兹华斯也从未发表过一首题为《隐士》的诗。

他确实为它写了很多。一七九八年夏,他显然认为最近创作的大部分素体诗都可以构成《隐士》的一部分。一八○○年,作为《隐士》第一卷的自传性素体诗《安家格拉斯米尔》(将在第七章讨论)完成,但并未发表,此后也没有这类反思性自传体诗歌作为后续,尽管一八○六年华兹华斯修改了此诗。一八一四年,华兹华斯出版了《漫游》,一部九卷本准戏剧素体诗。正是在此书出版之际,华兹华斯公开了《隐士》的计划。在长篇散文体序言中,他宣布《漫游》只是整个《隐士》三部曲计划的一部分。序言以一段诗文作结,邀请读者视其为"整个计划的纲要和全诗的范畴"。[83]一般简称为《〈隐士〉之纲要》。华兹华斯偶尔也写了几首诗歌,作为宏伟构想的一部分(将在适当章节讨论),但实际上,在一八一五年后,《隐士》就搁浅了。

由此可见,华兹华斯生前惟一出版的《隐士》部分就是《漫游》。在他可能创作《隐士》续篇的年月里,他将关于"自然、人类与社会"的见解倾吐在《序曲》中。但华兹华斯很清楚,这只是哲思巨作的序曲,在全诗完成、出版之前,不应该发表这样一部赤裸裸的个人诗歌。直到生命最后,这部长诗仍未付梓。

进入晚年,一种挫败感困扰着华兹华斯。《漫游》无疑是很大的成就,最终奠定了他"精神哲思诗人"的声誉,但一七九八年私下宣布、一八一四年公开发表的计划尚未完成。当读者等待着《漫游》序言中承诺的《隐士》余篇时，华兹华斯知道，这永远不会兑现。为什么？后面的章节在讲述华兹华斯反复的创作尝试时，将考虑几个原因。但有两个因素，可以在此讨论，因为在一七九八年，它们对华兹华斯和柯尔律治产生了重要影响。

　　首先，似乎可以肯定，华兹华斯曾因《隐士》而彷徨、挣扎，因为这个计划太过模糊了。"我的目的是反映自然、人类与社会"宣布了一种宏愿，但并非诗歌。一七九八年，华兹华斯和柯尔律治一定有了大致的想法，但究竟是什么则不得而知。后来有一些证据。一八一四年《漫游》出版后，柯尔律治写信给华兹华斯，谈到他心目中《隐士》本应包含的内容（第十章将讨论此信）。[84] 更晚些时候，根据记载，他在谈话中给出了一七九八年两人达成一致的《隐士》草案。两者都横贯人类历史和无数知识领域，与华兹华斯一七九八年之前的创作大相径庭，也与其此后的作品迥异。人们不禁得出结论：柯尔律治关于《隐士》的设想扩展了，或者，也有可能，一七九八年，他和华兹华斯甘愿让这部哲思诗的具体运作保持朦胧。

　　其次，无论一七九八年华兹华斯和柯尔律治认为他们有何共识，关于哲思诗的构想（至少就柯尔律治的定义来说）终归选错了人。柯尔律治后来忆起，他曾希望华兹华斯坚定地担起隐士之责，以便有权力、有资格传布一套"哲学体系"。[85] 但这一说法严重误解了华兹华斯天才的本质。他从未有什么"哲学体系"要向世人宣布，并终其一生都在寻找"权威可信的真理"——通过诗歌，通过在诗中探索他熟知并信任的事物。在很多诗中，华兹华斯的写作充满权威，但从来不是所谓的"权力"。他的诗是追问，是微光，是电闪、征兆和灵视的瞬间。华兹华斯不是也不能成为柯尔律治想象中的诗人。[86]

152

九

《隐士》的构想诞生于两位诗人互相陪伴的欢乐，为彼此智慧的自豪，以及对诗歌的共同信仰。在他们共处的最幸福的一年中，一切仿佛皆有可能。但即使在这奇迹之年，一些不祥之兆已经存在，预示着两人的关系将在未来变得紧张。

柯尔律治曾说起他的"缺点"是"急于赞美"。如果这是缺点的话，这总比骚塞"直来直去的美德"更令人鼓舞，对华兹华斯也颇有裨益。[87]然而，普尔担心柯尔律治过于执著。同年晚些时候，当两位诗人在德国分道扬镳，普尔才如释重负，并对柯尔律治说："所以，我们不用再担心被同化了。"[88]担心什么？普尔坚持认为，要学德语，柯尔律治就应该与德国人同住。也许他只是担心华兹华斯兄妹的陪伴会降低他的学习进度。但或许他的话也隐含更深的忧虑。一七九九年五月，柯尔律治向普尔保证**不会**允许华兹华斯来决定他的住处，并讨好他说："我直接告诉他，**你才是我最初且惟一的避风港！**"人们不由怀疑，普尔一定再次表达他的焦虑，担心柯尔律治丧失独立。[89]然而，普尔指责柯尔律治"拜伏"在华兹华斯脚下，未免过分，刺激了柯尔律治在一八〇〇年三月为自己的崇拜而辩护，预言他所敬重之人将成为"自弥尔顿以来最伟大的诗人"。[90]然而，十年后，华兹华斯与柯尔律治的关系破裂。柯尔律治渐渐觉得普尔是对的。至此伤心时分，一七九八年他对华兹华斯天才的盛赞渐如"自取其辱"。[91]

阿尔弗克斯顿期间的三件事为未来破裂埋下伏笔。第一件事本身对华兹华斯无甚影响，但值得一提，因为它预示了一八一〇至一八一二年间柯尔律治和华兹华斯将要陷入的痛苦、责难和自辩之纠缠。

一七九七年十一月，柯尔律治以"尼希米·希金伯特姆"的笔名在《月刊》上发表了三首讽刺性十四行诗，讥讽"故作自然，滥用俗饰……缺乏悲悯，诸如此类"，批评它们毁了劳埃德、兰姆以及（他承认）柯尔律治的诗。[92]这么做很奇怪。诚然，劳埃德只是一位新交，一名来向他讨教的寄宿生，一位名不见经传的诗人，但柯尔律治却吹捧他，将其作品纳入自己一七九七年第二版诗集中。兰姆的作品也被收入一七九七年诗集，但质量要好得多。况且，自学生时代，他就是柯尔律治的朋友，有理由相信自己在他情感中的地位。但结果是，劳埃德和兰姆都很受伤。骚塞认为自己也在被嘲讽之列——他想的没错，于是怒不可遏。劳埃德挑起事端，甚至试图让多萝茜接受他的观点：柯尔律治是个恶棍。更糟的是，他迅速完成了一部小说《埃德蒙·奥利弗》，其"主人公"的故事显然来自柯尔律治任性的童年，能提供这些素材的人只有骚塞。一七九八年四月，小说发表，这次轮到柯尔律治深受伤害。华兹华斯希望劳埃德重回斯托伊，以便达成某种和解，遂在五月前往布里斯托找他，却徒劳而归。劳埃德已经离开，在他和昔日的老师之间，伤势还在恶化。

这件事暴露出柯尔律治人格的三个方面，将在未来折磨华兹华斯。首先，柯尔律治似乎没有意识到自己的霸道，也不考虑他人的感受。他告诉科特尔："我认为它们［这些十四行诗］对我们的年轻诗人有益。"这里的"年轻诗人"指已显露出不稳定情绪的新交劳埃德，也包含了老友兰姆，他刚刚遭遇巨大的不幸，陷入抑郁而难以创作。[93]其次，面对濒临瓦解的宝贵友谊，柯尔律治依然执迷不悔。他在一七九八年五月初写给兰姆的信，虽与同年写给骚塞的指责信不同，但依然不能挽救中断的友谊。第三，当他陷入沮丧，寻求理解，自我申辩，他惟一的安慰是：他比自己所有的朋友都更聪明博学。一七九五年，他提醒骚塞，在他们的合作中，他付出了全部心血和智慧。这虽然不假，但却非常伤人，他自己恐怕没有意识到。如今，面对兰姆，他仿佛又扮演起圣人的角色，或崇高的

154

哲人-神学家。这是兰姆强烈憎恶的姿态。在一封十分诙谐的信中,兰姆这样开头:"博学的先生、我的朋友",结尾则非常悲伤:"你的朋友、驯良待教的学生,查尔斯·兰姆"。[94]十二年后,柯尔律治开始折磨自己,并加重了与华兹华斯的争执,认为自己为了别人的事业而牺牲了独特的创作天才。因此,在一八一〇年十一月三日那可怕而充满自责的日记中,他再次把与劳埃德争吵的毒剂释放出来。

劳埃德-兰姆-柯尔律治的关系破裂了,三个人都感到沮丧,尤其是善解人意、为人真诚的兰姆。尽管华兹华斯对柯尔律治有所偏袒,但他一定也为朋友在此事中的角色感到困惑。至于另外两件事的意义,他几乎想都没想,但总有一天,他会思索它们丰富的寓意。

一七九七年底,柯尔律治想方设法贴补收入。十二月初,他与丹尼尔·斯图亚特达成协议,他将定期为《晨报》提供诗稿,稿费是每周一基尼。但柯尔律治绝非信守约定、按期交稿的诗人。作为报纸的拥有者和出版商,斯图亚特很快开始施压催稿,柯尔律治只好向华兹华斯求助。一七九七年十二月十四日的《晨报》上刊登了《囚犯》。这是一七九七年底至一七九八年春期间,柯尔律治从华兹华斯笔记本中挪用的七首诗中的第一首。[95]

155　　华兹华斯和柯尔律治都不吝啬。柯尔律治曾给予他那么多,华兹华斯无疑乐于为他提供素材,由他修改选用。但这件插曲(并未在一七九八年结束)为他们的关系染上新的色调。这是华兹华斯第一次但不是最后一次为柯尔律治解围,证明他才是更加多产的诗人,或许,也是更可靠的人。

同样的机制也运行在《抒情歌谣集》的出版过程中。几乎自搬入阿尔弗克斯顿起,华兹华斯兄妹就知道他们不得不在一七九八年仲夏离开。柯尔律治渴望去德国,他们不想失去他的陪伴。早在三月,行程已定——所有人,包括萨拉·柯尔律治,将去德国,"我们打算用接下来的两年时间学习德语,掌握自然科学知识。我们计划尽可能住在大学附近,在一个怡人的、最好是山区的乡村"。[96]他们将在国外复制斯托伊和阿尔弗克斯顿的欢乐,弥补不足。

这是一个大胆的计划,且不说鲁莽:欧洲硝烟四起,他们谁也没有德国状况的一手信息。[97]但威胁这一计划的全部因素是钱。尽管卡尔弗特的遗赠又有进账,蒙塔古也偿付了借贷利息,华兹华斯兄妹在阿尔弗克斯顿的一年依然非常困难,曾被迫向普尔、科特尔和托宾小额借款。六月,多萝茜甚至不得不写信向理查德借钱,来缴付最后的房租,以便顺利离开阿尔弗克斯顿。他们必须想办法挣钱了。

他们再次向科特尔求助。柯尔律治一度和他商议出版第三版诗集的事,但一七九八年三月,他向科特尔转达了华兹华斯的提议,科特尔可以将《奥索里欧》和《边界人》作为一册出版,将不同版本的《索尔兹伯里平原》与《废毁的茅舍》作为另一册出版。[98]科特尔显然很感兴趣。四月十二日,华兹华斯怂恿他来阿尔弗克斯顿:"我已经迅速增加了诗歌储备。一定过来,让我读给你听,就在庄园的老树下。"[99]月底,为了使理查德相信他们有办法筹钱去德国,多萝茜充满自信地说,华兹华斯"将出版一些诗歌。一本诗集有二十基尼稿费,另一本诗集稿费还要多一倍"。这话虽不成熟,目的是使理查德相信他们有办法筹钱去德国,但也说明了华兹华斯的期望。[100]五月初,他坚持科特尔来访,声称"在见到你之前,我不会透露《索尔兹伯里平原》的任何信息。我有决心完成,同样,你也要有决心出版。最近我忙于另一个计划,在见面之前,我也不想说。让我们尽快、尽快见面吧"。[101]

终于,当月二十二日,科特尔真的来了。他待了一个星期。在此期间,华兹华斯和柯尔律治带他游览他们最喜欢的林顿和岩石谷,商讨出版事宜。几乎可以肯定,当他离开时,他带上了《抒情歌谣集》的诗稿。但即便此时,这件事仍未了结。晚年,当两位诗人说起《抒情歌谣集》

156

时,仿佛它是深思熟虑的美学成果,且时间可追溯至一七九七年《老舟子吟》的合作尝试。[102]然而事实上,正如柯尔律治在一封信中表明的,与其他诗集不同,直到一七九八年六月,《抒情歌谣集》的存在依然是一场争议。柯尔律治对科特尔感到恼火,并声明道:

> 华兹华斯和我已经慎重考虑了你的提议,下面是我们的回答——华兹华斯不反对出版《彼得·贝尔》或《索尔兹伯里平原》系列,单独出;但他坚决反对将他的诗分成两卷出版——他认为这样缺少变化——如果这适用于他的情况,那么对我来说,则倍加如此。——我们认为,交给你的诗集在某种程度上是**一部作品,在类别上,尽管不是程度上**,就好比颂歌是一件作品——我们不同的诗歌就如同各个诗节,相对不错,而不是绝对完美:——注意,我说的是**类别而非程度**——

语气强硬苛刻,耐人寻味。柯尔律治正急于为自己在出版计划中力争一席之地。科特尔和当时的海兹利特一样,显然被华兹华斯抒情诗和叙事诗的创新和活力所打动,似乎提出以某种形式单独出版华兹华斯的诗歌。柯尔律治正被渐渐排除,不难看清个中原因。在早先给科特尔的提议中,华兹华斯已经明确表示希望单独出版一些诗歌。柯尔律治的第三版诗集依然有出版的可能。而华兹华斯对科特尔来说则是一个新名字。他后来承认,想到"成为骚塞、柯尔律治和华兹华斯这三位诗人首版诗集的出版商"就很兴奋,"对于一个地方书商来说,这可是难得的荣誉"。[104]而且,他也知道,华兹华斯有许多新诗可以交付,而柯尔律治却没有,自一七九七年十一月起他就很少写诗了。[105]

诗人们如愿以偿。《抒情歌谣集》单册出版。《彼得·贝尔》或《索尔兹伯里平原》失去了出版的机会。结果,单薄的诗集不得不靠一七九八年抒情实验以前的作品来拉长篇幅。科特尔也默许了匿名出版。柯尔律治声称，"华兹华斯的名字一文不值——对大多数人来说，我的名字令人反感。"显然还在为《反雅各宾派》杂志对他的攻击而伤心。科特尔让步。[106]

一七九八年十月四日，拖延已久的《抒情歌谣集》终于问世，尽管满足了柯尔律治强加给科特尔的合作意愿，但也说明，在华兹华斯和柯尔律治之间，力量的重心已明显倾向前者。二十四首诗中的十九首来自华兹华斯。印刷过程中还补入了他的佳作《丁登寺》。版本依据表明，作为序言的"致读者"也是后加的，十有八九是华兹华斯的提议。当科特尔开始犹豫是否真要出版这部诗集时，是华兹华斯通过与前出版商约瑟夫·约翰逊谈判，努力确保了此书的问世。[107]出于感谢柯尔律治在这奇迹之年带给他的一切——思想振奋，支持，爱——华兹华斯在《抒情歌谣集》中做了让步。但无疑，在一定层面上，他也曾后悔。三月，华兹华斯告诉托宾："你无须告诫我不要出版；我怕它就像怕死一样。"[108]而一旦他开始认真地出版，他就变得非常职业化，并热忱地推动自己的作品。当再版的需求产生时，他要确保全世界都知道：《抒情歌谣集》主要是他的创作。

十

在阿尔弗克斯顿之年的尾声，华兹华斯兄妹处在希望的边缘。他们知道，很快就会前往德国，但究竟何时并不确定。七月三日，多萝茜认为两个月内都走不了，"我敢保证，柯尔律治一家对很多事还没有想法，这会耽搁他们出行"。[109]据说《抒情歌谣集》五月底就在"布里斯托的出版社"了，但科特尔究竟要用多长时间来发行诗集，并不清楚。[110]他们不得不另找住处,消磨时光——而且要便宜。华兹华斯打算转让一七九六年三月迫切从伦敦获取的吉尔平的《观察录》,这也说明他们手头非常缺钱。[111]

六月,华兹华斯前往布里斯托"监督《抒情歌谣集》的印刷",多萝茜郑重其事地说。[112]他回来后,他们将大部分物品寄存在柯尔律治家中,准备搬家。六月二十五日,他们离开阿尔弗克斯顿,经下斯托伊,前往布里斯托。夏天,他们临时住在城外的希尔汉普顿,病弱的詹姆斯·洛什在那儿有一处房子。在陌生的屋檐下度过一段过渡期本来很无聊,华兹华斯兄妹却找到了他们最喜欢的方式:探险。七月十日,威廉和多萝茜渡过塞文河,步行前往丁登,每天大约走二十英里。次日,他们继续前往古德里奇,第三天返回丁登,并在此过夜。十三日,他们回到布里斯托。三周后,他们出发去厄斯克,并再次游览怀河河谷,至少在此度过了八月的第一周。[113]据华兹华斯所说,这是"临时兴起。柯尔律治先生头天晚上向我们提议,第二天早上六点钟我们就动身了"。[114]在这次旅行中,他们拜访了塞尔沃尔,他如今住在布雷肯附近的里斯温农场。看到这位勇者——一七九〇年代极端激进主义第一阶段的英雄,第二阶段的受害者,如今正努力重建新生——或许会提醒华兹华斯和柯尔律治,相比之下,他们是多么轻松地越过了政治的礁石。八月十日后的某天,华兹华斯兄妹经牛津前往伦敦,在那里与小巴希尔伤心告别,他将住在一位姑姑家。九月初,柯尔律治加入他们,但萨拉并没有来。十四日,他们离开伦敦,前往雅茅斯和德国。

以上便是阿尔弗克斯顿之年接近尾声时的生活事实,之所以简要列出,是因为,与此时的文学事实相比,华兹华斯睡在哪里、遇到何人这类细节比以往任何时候都更不重要。重要的是,他以其第一首绝对的杰作为奇迹之年拉上帷幕:《作于丁登寺几英里之上的诗行,记旅行中重访怀河两岸,一七九八年七月十三日》。[115]

如题目所示,《丁登寺》作于第一次怀河之旅,并在旅行结束时成文,是《抒情歌谣集》的最后一首诗。无论是否有意安排,这个位置都完全合理,因为这首压轴诗既是华兹华斯第一个伟大创作期的高潮,也预告了未来那些最具"华兹华斯风格"的诗歌。诗文如黄钟大吕——"我不敢妄称此诗为颂歌,"华兹华斯说,"但在创作过程中,我确曾希望在起承转合之间,在饱含深情的韵律之间,体现颂歌体裁的本质特征。"[116]这首诗将挽歌与凯歌谱写为和谐的一曲,因此,两种心境的色彩交织而不消融。创作这首诗的心灵决意从过去汲取现在和未来的能量。如华兹华斯所有最伟大的自传性诗歌,《丁登寺》驾驭"事实"以锻造诗意想象,借以表达最本质的真理。同样典型的是——这也可以解释为什么饱含深情的音乐富丽而不浮夸——诗中提出的问题与怀疑挑战着诗文本身的自信,也召唤着未来的诗歌——《序曲》《责任颂》《永生颂》《皮尔城堡挽歌体诗节》及《颂歌:作于一个无比绚丽的傍晚》。

《丁登寺》以两种大手笔创造了全面而可信的诗意想象。首先是诗中的排除法。尽管题目中的具体地貌信息似将此诗置于风景诗的传统之下,但《丁登寺》明显拒绝地域化细节。诗的开篇向一个特定的地方发出呼语——"这些泉水","这些陡峭崇高的山崖","这些星星点点的院落"——表面看似具体,实则模糊依旧。华兹华斯避开一切体现该地区日常现实的因素——河上的商务交通,岸上炼铁作坊的炭炉,吉尔平在《怀河观察录》(1782)中曾写到炭炉的滚滚浓烟"从山腰升起,为部分山形蒙上一层薄纱,美妙地打破了群山的轮廓,使山峦与天宇融为一色",还有丁登寺里的乞丐,他们可怜的陋室甚至挫败了吉尔平将一切融入和谐画面的能力。[117]读者很快就会发现,重要的不是开场部分贯穿场景的一系列动词"听见""看见""观看""看到",而是重复了四次的代词"我"。丁登寺与怀河都不是这首诗的主题。诗人自己才是。

诗人的形象是以创造历史的方式呈现的。华兹华斯首次在诗歌中将自己的一生呈现为一组不同的阶段,其标志是对大自然的不同反应。
童年,及其"欢乐的野性游戏",让位于下面这段时光:

> 那轰鸣的瀑布
> 如澎湃激情萦绕我心:高岩,
> 峰峦,还有浓密幽暗的树林,
> 它们的颜色和形状,对我来说
> 是一种嗜欲:是情愫与爱恋,
> 无需思想赋予更遥远的魅力,
> 也无需目光之外的兴趣。

接着,这一阶段转向成熟期,成年诗人静观自然,"不似往昔 ／ 年少无
思"。诗中有几个时间节点:题目中的一七九八年;开篇的"五年过去
了",可追溯至一七九三年;在此之前则是"童年的时光"。但时间进程
不如心灵演化的脉络重要,后者才是每一个成长阶段的基础。诗人表
明,忆起一七九三年那"伴着疼痛的欢乐"和"令人眩晕的狂喜"依然带
来持续的滋养、复元和影响,以至于此时此刻,回忆联手经验的力量一起
发挥作用,后者教会他:

> 静观自然,不似往昔
> 年少无思,而是常常听到
> 那沉静而永在的人性悲曲。

而且,过去与现在将携手抵挡未来可能的一切逆境,以便维系诗人的
"欢乐信念:我们所见的一切 ／ 都充满祝福"。

关于诗中的自我呈现,有两点需要说明。首先,这不符合事实。不

足为奇，华兹华斯会抹去一七九三年的自己——当时，对祖国政策无能为力的愤怒，对安奈特和他们孩子的责任，既无方向感也无经济独立的状态，都使他倍感痛苦。但令人惊讶的是，在他笔下，一七九三年：自然"就是一切"；而一七九八年：与人类事业共生死。事实上，一七九三年，华兹华斯是一位激进的爱国者，他的心属于人民和法国事业，而一七九八年，他才歌颂大自然的力量，"以明智的被动哺育我们的心灵"。[118]

其次，华兹华斯在诗中引入了一种信念，这个信念将以不同形式反复出现在他后来所有的自传性诗歌中，即他的成长遵循一种"失与得"的神圣机制。华兹华斯唤起少年时期那"伴着疼痛的欢乐"，只为表明：

> 　　　　　　我不会为此
> 灰心，也不哀伤沉吟：别样的馈赠
> 接踵而至，我相信，对于这份损失，
> 乃丰厚的补偿。

无常是人生的必然状态，但在《丁登寺》中，华兹华斯不仅肯定了在记忆中什么都没有真正消失；而且还表明，无常能带来"丰厚的补偿"。

华兹华斯以这种方式表现自己的一生，创造了一种诗意想象，成为他全部作品的基石。无论经过多少修改和重塑，这个基本结构都完好无损。此后，他再没有怀着如此信心来表达此刻的信念：他的一切——诗歌，自我意识，使命感——赖以存在的基础。引文很长，但非常重要，不忍删减：

> 　　　　　　我感到
> 一种无形的存在，以庄严肃穆的
> 欢欣搅动我心；一种崇高感，

源自某种弥漫深远的事物,

寓于落日的辉光,浩瀚的

海洋,鲜活的空气,广阔的

天宇,也寓于人的心灵。

一种动力,一种精神,推动着

一切能思和所思之物,并在

万物之中涌动。因此,我依然

热爱茵茵草场与密树茂林,

还有山川,以及我们在这

青青大地看到的一切;耳目

所及的强大世界;一半是创造,

一半是感知;庆幸能在自然

与感官的语言中认出我纯粹

思想的港湾,我心灵的乳母,

向导和守护者,以及我全部

精神生命的灵魂。

"因此"是这段宣言中的关键词。[119]华兹华斯提供的不是神秘主义,而是一种辩证思想。他对神性的参与验证了他对大自然的爱与信:通过对大自然的爱,他参与到神性之中。截至一七九八年夏,华兹华斯沉浸在一种深刻的宗教启示中。[120]《丁登寺》是他饱含深情的欢乐颂。

162　　　正是这种充满敬畏、虔诚,最重要的是自信的启示决定了这首诗的框架。在此,华兹华斯启动了一项艰巨的任务,最终将由《序曲》来完成:在自己过往的人生中追溯神圣的力量。在那充满不确定的岁月,是这种力量将他塑成现在的自己。但是,《丁登寺》中的欢乐与确信依然不能遮蔽疑问的存在,而华兹华斯将通过诗歌进行反复而迷茫的探索。

他相信,对大自然的爱引向对人类之爱。在商贩的附加诗文《我认为……并非无益》中,他已尝试证明这是一个连贯的哲学-心理学辩证思想。在《丁登寺》中,他则宣布这是他通过亲身经验获得的**真知**。但《废毁的茅舍》与《丁登寺》都没能解释这一过程是如何发生的,也没有明确在一位诗人的个体欢乐和他对世界充满苦难这一残酷事实的体认之间存在何种关系。这些无法回答的问题并未阻止华兹华斯的探索。一七九八年七月,他认为自己将在《隐士》中来解答这一切。结果,这些问题贯穿了他创作生涯的始终。

注释

[1] 1805 年《序曲》,13.390-394,414。

[2] 两幅肖像都在国家肖像馆。

[3] 《我与诗人的初次相遇》,《海兹利特全集》,第十七卷,第 118 页。

[4] 在《芬尼克笔记》中,华兹华斯指出《我们是七个》中的"詹姆"代表詹姆斯·托宾,但他承认托宾不会在意他的名字以这种方式出现。见《芬尼克笔记》,第 3 页。

[5] 柯尔律治致约书亚·韦德,1797 年 3 月 16 日,《柯尔律治书信集》,第一卷,第 317 页。

[6] 查尔斯·兰姆致柯尔律治,1797 年 6 月 24 日,《兰姆书信》,第一卷,第 113 页。关于这个朋友圈的精彩描述,见费莉西蒂·詹姆斯,《查尔斯·兰姆,柯尔律治与华兹华斯:解读 1790 年代的友谊》(贝辛斯托克,2008)。

[7] 多萝茜致?玛丽·哈钦森,1797 年[7 月 4 日和]8 月 14 日,《早期书信》,第 189 页,第 190-191 页。

[8] 沃森指出,"汤姆·普尔不仅安排了租房事宜,还借给华兹华斯二十五英镑,用于交租"。(《传记》,第 139 页)

[9] 关于夏洛特·普尔,见亨利·[玛格丽特·E.]桑福德夫人,《托马斯·普尔和他的朋友们》(两卷,1888),第一卷,第 79 页。关于华兹华斯的评论,见

《芬尼克笔记》中关于《蒂尔斯伯里山谷的农民》的说明（第56页），以及华兹华斯书信，1801年4月9日，《早期书信》，第322页。

[10] 华兹华斯在八月初回到雷斯冈接佩吉和小巴希尔。见《年谱》，第一卷，第203、205页。

[11] 多萝茜致？玛丽·哈钦森，1797年8月14日，《早期书信》，第190-191页。

[12] 关于《早春诗行》的说明，见《芬尼克笔记》，第36-37页。

[13] 多萝茜致简·马绍尔，[1795年]11月30日，《早期书信》，第161页。

[14]《海兹利特全集》，第十七卷，第113页。

[15] 柯尔律治致约瑟夫·科特尔，[约1797年7月3日]，《柯尔律治书信集》，第一卷，第330页。另见柯尔律治致埃斯特林，1798年5月18日，关于华兹华斯，他说："他的才华在诗中最易显露——除了和我面对面交谈之外，他并不健谈。"见《柯尔律治书信集》，第一卷，第410页。

[16]《多萝茜日记》，第141-153页。日记仅存删节版。对这些日记的推测性讨论，见纽林，《彼此即一切》，第54-57页。

[17] 多萝茜致威廉·罗森太太，[1798年7月3日]，《早期书信》，第223页。

[18] 柯尔律治致约瑟夫·科特尔，[约1798年4月初]，《柯尔律治书信集》，第一卷，第403页。柯尔律治致威廉·葛德文，[1801年11月19日]，《柯尔律治书信集》，第二卷，第775页。

[19] 约翰·塞尔沃尔，《作于布里奇沃特，萨默塞特郡，一七九七年七月二十七日；漫漫远足寻幽所》，见《幽居中的诗歌》（赫里福德，1801），第126-132页。

[20] 关于这一时刻的塞尔沃尔和昆托克圈子的重要论述，见尼古拉斯·罗，《柯尔律治与塞尔沃尔：通往下斯托伊之路》，收录于《柯尔律治的人际关系：托马斯·麦克法兰纪念文集》，理查德·格莱维尔和莫莉·雷菲布尔编（贝辛斯托克，1990）。另见朱迪斯·汤普森，《华兹华斯圈里的约翰·塞尔沃尔：沉默的

同伴》（纽约，2012）。

[21]　塞缪尔·泰勒·柯尔律治，《茶叙》，卡尔·伍德林编（两卷，伦敦：劳特利奇，1990），第二卷，第180-181页，1830年7月24日条目。1797年7月18日，塞尔沃尔向妻子斯黛拉报告说："[我们是]一个文学与政治三人小组，对当今诗歌热潮下的作品和人物进行审判，通过哲学思辨，我们的心灵进入宁静的状态，这种状态令国家领袖们嫉妒，也使城市居民望尘莫及。"引自伍夫与希伯伦，《向着丁登寺》，第82页，以及汤普森，《华兹华斯圈里的约翰·塞尔沃尔：沉默的同伴》，第7页。

[22]　柯尔律治致约瑟夫·科特尔，[约1798年4月初]，《柯尔律治书信集》，第一卷，第403页。

[23]　多萝茜致威廉·罗森太太，[1798年7月3日]，《早期书信》，第223页。

[24]　纽林，《彼此即一切》，第143页。华兹华斯兄妹对夜空的观察非常仔细。他们有望远镜吗？托马斯·欧文在一篇信息量丰富的论文中讨论了这个问题，见《注释与问询》，总第258期，第二期（2013），第232-235页。

[25]　关于间谍事件的充分论述以及沃什的认证结论，见罗，《激进岁月》，第245-259页；约翰斯顿，《隐秘的华兹华斯》，第二十一章；《不寻常的嫌疑犯》，第十二章。在《伦敦通讯社文献选：1792-1799》中，玛丽·施拉尔以大量证据说明潜入激进活动的间谍非常戒备，并辨认出他们的操控者。

[26]　桑福德，《托马斯·普尔》，第一卷，第235页。另见柯尔律治致约翰·塞尔沃尔，1797年8月21日，《柯尔律治书信集》，第一卷，第343-344页，其中柯尔律治劝塞尔沃尔不要考虑安顿在下斯托伊："汤姆·普尔把我弄到这儿来引起了巨大公愤……华兹华斯也来了，也是他代理的——／你无法想象这件事给我们带来的动荡、污蔑和可能的控告。如果你也要来，我恐怕最终甚至会导致暴乱，危险的暴乱……"

[27]　柯尔律治致约翰·塞尔沃尔，1798年1月30日，《柯尔律治书信集》，第一卷，第382页。

［28］汤姆·普尔准备向圣阿尔宾夫人证明华兹华斯"绝对是位绅士"，"在所有活着的人中，我们最没有理由抱怨他的观点、行为或扰乱治安"。见桑福德，《托马斯·普尔》，第一卷，第241-243页。

［29］约翰斯顿声称这个判决是"1790年代改革运动板上钉钉的决定性结论"，并对威克菲尔德的案例作出充分论述。见《不寻常的嫌疑犯》，第109-204页。

［30］约翰·巴格，《五度漫漫严冬：英国浪漫主义的考验》，第6页。

［31］华兹华斯致詹姆斯·洛什，1821年12月4日，《晚期书信》，第一卷，第96-99页。在《辛特拉协定》(1809)中，华兹华斯也将其对法国战争的态度转变追溯到"征服瑞士"之后。见《文集》，第一卷，第226页，第373页注释。

［32］柯尔律治致本杰明·弗劳沃，[1796年12月11日]，《柯尔律治书信集》，第一卷，第268页。1798年4月16日发表在《晨邮报》上的诗；同年，以《法国：一首颂歌》为题单独发表。柯尔律治致约翰·普莱尔·埃斯特林，[1797年7月23日]，致乔治·柯尔律治，[约1798年3月10日]，《柯尔律治书信集》，第一卷，第338、395页。

［33］威廉·葛德文，《思绪：阅读帕尔博士为慈善医院所作的布道文有感，1800年4月15日基督教堂》(1801)，第9页。《威廉·葛德文的政治和哲学作品集》，马克·菲利普总编(七卷，1993)，第二卷，第163-213页。

［34］这首诗通常被称为《丁登寺》。如今，想要改变这个惯用称呼已为时太晚，但需注意：这个常用的题目非常不幸。这首诗并非写于丁登寺或与该寺有关，假如它被称为《作于怀河》，那么二十世纪文学批评中会省去大量评论笔墨。

［35］关于韦奇伍德的构想，开拓性的论述见大卫·V.厄尔德曼，《柯尔律治，华兹华斯与韦奇伍德基金》，《纽约公共图书馆简报》，第60期(1956)，第425-443页，第487-507页。这个故事被复述过很多次，最近的一次见蕾切尔·休伊特，《情感革命：塑造现代心灵的十年》(2017)，第320-337页。关于汤姆·韦奇伍德，另见珍妮·厄格洛，《月光社人》，各处。我的引文出自韦奇伍德致葛

德文的信,1797 年 7 月 31 日。

　　[36]多萝茜致威廉·罗森太太,1798 年 6 月 13 日,《早期书信》,第 222 页。另需注意:1797 年 10 月 16 日,柯尔律治向普尔解释为什么他认为应该允许儿童"阅读浪漫传奇,以及巨人、魔法师和精灵的故事"。见《柯尔律治书信集》,第一卷,第 354 页。

　　[37]在鸽舍手稿16(DC MS 16)中,这段诗文这样开始:

> 　　有人说,最近一段时间,
>
> 　　我们都成了伟大的发明者,
>
> 　　凭借经验的力量,我们
>
> 　　近来制定的一些教育法则
>
> 　　都像机械学一样固定浅白。
>
> 　　……有人认为我们现在
>
> 　　拥有如此精确的法则和理论,
>
> 　　在不知疲惫的眼睛的监督下,
>
> 　　能获得万无一失的结果。

诗的高潮是少年模仿山鸮啼叫的片段,见 1805 年《序曲》,5.290-449。

　　[38]《该隐的流浪》注释,《柯尔律治诗集》,第一卷(i),第 360 页。

　　[39]《我们是七个》注释,《芬尼克笔记》,第 2-3 页。

　　[40]多萝茜致玛丽·哈钦森,1797 年 11 月 20 日,《早期书信》,第 194 页。

　　[41]多萝茜致克里斯托弗·华兹华斯,[1797 年]12 月 8 日,华兹华斯致约瑟夫·科特尔,[1797 年]12 月 13 日,《早期书信》,第 195、196 页。

　　[42]见《早期书信》,第 197 页注 1。

　　[43]柯尔律治致华兹华斯,1798 年 1 月[23 日],《柯尔律治书信集》,第一卷,第 379 页。读罢剧本,华兹华斯在[1798 年]3 月 6 日告诉詹姆斯·托宾,"《古堡幽灵》的确是一个幽灵。"见《早期书信》,第 210 页。华兹华斯在 5 月 21 日至 23 日左右于布里斯托看了这部剧。他的恼怒可以理解。夏弗尔注意到,在《早期书信》第 211 页写道,"据说,这部剧在伦敦上演的前三个月就挣了一万八

千英镑。"

　[44] 出自 1800 年《抒情歌谣集》序言,《文集》,第一卷,第 128 页。

　[45] 柯尔律治,《茶叙》,1832 年 7 月 21 日条目,《柯尔律治书信集》。第二卷,第 307 页。1815 年,柯尔律治告诉博蒙特夫人,他认为《废毁的茅舍》"同任何与之相同或相似长度的诗歌相比,是我们的语言中最好的诗歌"。见《柯尔律治书信集》,第四卷,第 564 页。

　[46] 基于欧内斯特·德塞林科特、海伦·达比希尔、乔纳森·华兹华斯、马克·里德和詹姆斯·巴特勒的研究成果,我在拙著《华兹华斯的重游》中论述了这首诗从最早创作至最终修订的过程,见第 47-82 页。

　[47] 华兹华斯在《芬尼克笔记》中说,"描写玛格丽特在痛苦中的行为举止的几节诗文归功于我在多塞特郡及后来在阿尔弗克斯顿的观察。"见《废毁的茅舍》,第 476 页。柯尔律治在《守望者》(1796 年 3 月 1 日)中引用骚塞的文字,以及其他文学关联,见《废毁的茅舍》,第 5-6 页,以及乔纳森·华兹华斯,《人性的音乐》(1969),尤第一章和第二章。

　[48] 手稿 B,74-75 行,83-85 行,246-256 行,526-529 行。《〈废毁的茅舍〉与〈商贩〉》,巴特勒编,第 46-72 页。

　[49] 约翰·济慈致约翰·泰勒,1818 年 1 月 30 日,《约翰·济慈书信集:1814-1821》,海德·爱德华·罗林斯编(两卷,麻省:剑桥,1958),第一卷,第 218 页。

　[50]《废毁的茅舍》,巴特勒编,第 155 页。

　[51] 关于补遗,见《废毁的茅舍》,巴特勒编,第 261-275 页。修改后的诗文出现在《漫游》第四卷 1201-1271 行,它被描述为"慷慨激昂的演说, / 热烈而滔滔不绝"(1272-1273 行)。

　[52] 不足为奇,关于这个话题的文献浩如烟海。特别推荐托马斯·麦克法兰,《浪漫主义与废墟》(普林斯顿,1981),尤第一章与第二章;保罗·马格努森,《柯尔律治与华兹华斯:抒情对话》(普林斯顿,1988);露西·纽林,《柯尔律治、华兹华斯与暗引之语》(牛津,1986;第二版,增加了重要的前言,2001)。

　[53] 柯尔律治致约翰·普莱尔·埃斯特林,[1798 年]5 月[18 日],《柯尔

律治书信集》，第一卷，第 410 页。就此问题通俗易懂的讨论，见威廉·A. 厄尔默，《基督徒华兹华斯》（阿尔伯尼，2001）。

[54] 引文出自华兹华斯的阿尔弗克斯顿笔记，鸽舍手稿 14。

[55] 柯尔律治致乔治·柯尔律治，[约 1798 年 3 月 10 日]，《柯尔律治书信集》，第一卷，第 397 页。

[56]《写在紫杉树下的座位上》发表于《抒情歌谣集》（1798），见巴特勒与格林编，《抒情歌谣集》，第 47-50 页。《这菩提树荫将我囚禁》发表于《年度文选》（1800），见《柯尔律治诗集》，第一卷，第 349-354 页。

[57] 以"伟大的基督教哲学家"大卫·哈特莱命名。柯尔律治致托马斯·普尔，1796 年 9 月 24 日，《柯尔律治书信集》，第一卷，第 236 页。关于哈特莱对柯尔律治的重要性，见彼得·曼的清晰论述《柯尔律治的个人哲学》，《讲稿》，第 liv-lxvii 页。

[58]《废毁的茅舍》，巴特勒编，第 347 页。

[59] 多萝茜致玛丽·哈钦森，[1798 年]3 月 5 日，《早期书信》，第 200 页。

[60]《海兹利特全集》，第十七卷，第 118 页。

[61] 见《废毁的茅舍》，第 269 页。

[62]《作于我家不远处》，33-34 行；《早春诗行》，13-16 行，1798 年文本。《抒情歌谣集》，巴特勒与格林编，第 63-64 页，第 76 页。

[63]《抒情歌谣集》（1798）"致读者"。关于海兹利特，见《海兹利特全集》，第十七卷，第 119 页。

[64]《翻倒的书案》，17-32 行。

[65] 柯尔律治致骚塞，1803 年 8 月 14 日，《柯尔律治书信集》，第二卷，第 977 页。

[66]《每月评论》，第 29 期（1799 年 6 月），第 207 页。伍夫，《批评遗产》，第 76 页。引自玛丽·雅各布斯，《华兹华斯 1798 年〈抒情歌谣集〉中的传统与实验》（牛津，1976），第 237 页。

[67] 引自柯尔律治的妙语，见《文学生涯》，第二卷，第 7 页，其中讲到华兹

华斯如何影响读者:"能够将心灵从惯性的麻木中唤醒,使之关注我们眼前世界的美丽与奇迹。这是取之不尽的宝藏,但是,由于熟视无睹或者私心牵掣,我们视而不见,听而不闻,我们的心既不能感受,也不善理解。"

[68] 柯尔律治致博蒙特夫人,1815 年 4 月 3 日,《柯尔律治书信集》,第四卷,第 564 页。

[69] 伊丽莎白·盖斯凯尔致玛丽·豪伊特,[1838 年 8 月 18 日],《盖斯凯尔夫人书信》,J. A. V. 查普尔与亚瑟·波拉德编(曼彻斯特,1966),第 33 页。

[70] 华兹华斯致约翰·威尔逊,1802 年 6 月 7 日,《早期书信》,第 355 页。华兹华斯似乎始终将能否欣赏这些诗视为检验读者同情心的试金石。谈及专门为年轻人选编的一部诗集,华兹华斯在[1831 年]6 月 13 日写给爱德华·莫克森的信中说:"奎利南先生说起要删掉《痴儿》——正是因为他对这类诗歌价值的看法,我才允许海恩先生做这部选集。"见《晚期书信》,第二卷,第 401 页。

[71] 首先发表于《月刊》,1796 年 10 月,第二期,第 732 页。这首诗以《离开隐居地之沉思》为题发表于《诗集》(1797),见《柯尔律治诗集》,第一卷,第 260-263 页。

[72] 柯尔律治致老查尔斯·劳埃德,[1796 年]11 月 14 日,致托马斯·普尔,[1796 年 12 月 11 日],《柯尔律治书信集》,第一卷,第 255、266 页。

[73] 柯尔律治同其赞助人之间的书信,见《柯尔律治书信集》,第一卷,第 360-374 页。引文出自柯尔律治致埃斯特林,[1798 年 1 月 16 日],《柯尔律治书信集》,第一卷,第 370 页。

[74] 柯尔律治致约书亚·韦奇伍德,1798 年 1 月 17 日,《柯尔律治书信集》,第一卷,第 374 页。

[75] 柯尔律治致托马斯·普尔,[1798 年 1 月 27 日],《柯尔律治书信集》,第一卷,第 381 页。

[76] 柯尔律治致乔治·柯尔律治,[1798 年 3 月 10 日],《柯尔律治书信集》,第一卷,第 397 页。

[77] 柯尔律治致骚塞,1795 年 11 月[13 日],《柯尔律治书信集》,第一卷,

第 173 页。

[78] 柯尔律治致约瑟夫·科特尔,[1798 年 3 月 7 日]:"普尔(我觉得他和我简直不分彼此,以至于我似乎没有机会在自身之外谈论他)认为……"见《柯尔律治书信集》,第一卷,第 391 页。

[79] 柯尔律治致骚塞,[约 1797 年 7 月 17 日],致约瑟夫·科特尔,[1798 年 3 月 7 日],致约翰·普莱尔·埃斯特林,[1798 年]5 月[18 日],见《柯尔律治书信集》,第一卷,第 334、391、410 页。

[80]《海兹利特全集》,第十七卷,第 117 页。

[81] 1817 年(在 1814 年《漫游》出版后),柯尔律治在《文学生涯》中公开表达了自己二十年来的信念:"华兹华斯先生**将**写出什么,非我所能预知,但我能怀着最激动的信念宣布他能写什么。这是第一部真正的哲理诗。"见《文学生涯》,第一卷,第 155-156 页。华兹华斯致托宾和洛什的信,《早期书信》,第 212、214 页。

[82] 详细论述,见约翰斯顿,《华兹华斯和〈隐士〉》,及艾伦·G. 希尔,《华兹华斯的"宏大计划"》[沃顿诗歌讲座],《英国学院学报》,第 72 期(1986)。

[83] 这些诗行是未发表诗歌《安家格拉斯米尔》的总结。诗行以颇有气势的弥尔顿式素体诗写成,呼唤创作《失乐园》的诗人,但也宣告了撰写史诗的雄心,这部史诗讲述"人的心灵",天堂存在于"心灵 / 与外部世界的相爱 / 联姻"。诗文见《安家格拉斯米尔》,第 100-102 页,1814 年发表的修改后的"纲要"见《漫游》,第 39-41 页。

[84] 柯尔律治致华兹华斯,1815 年 5 月 30 日,《柯尔律治书信集》,第四卷,第 571-576 页。

[85] 柯尔律治,《茶叙》,1832 年 7 月 21 日条目,伍德林编,第二卷,第 307 页注释 22。

[86] 海兹利特提到,即使 1798 年在阿尔弗克斯顿时,柯尔律治对于华兹华斯作为抒情诗人的身份也是持保留态度的:"他很遗憾华兹华斯不大相信地方的传统迷信,这就导致他的诗有一种实体性,一种事实感,附着于可触可感之物,

或者往往依附细节……然而，他说（如果我记得准确），这个反对意见仅限于他的描述性作品，他的哲理诗歌有一种宏大包容的精神……"见《海兹利特全集》，第十七卷，第117页。

[87] 柯尔律治致约翰·塞尔沃尔，1796年6月22日，致乔治·代尔，[1795年2月底]，《柯尔律治书信集》，第一卷，第221、152页。

[88] 托马斯·普尔致柯尔律治，1798年10月8日，见桑福德，《托马斯·普尔》，第一卷，第278页。

[89] 柯尔律治致托马斯·普尔，1799年5月6日，《柯尔律治书信集》，第一卷，第491页。

[90] 柯尔律治致托马斯·普尔，1800年3月31日，《柯尔律治书信集》，第一卷，第584页。

[91]《柯尔律治笔记》，1810年11月3日条目，第三卷，第4006条。

[92] 柯尔律治致约瑟夫·科特尔，[约1797年11月20日]，《柯尔律治书信集》，第一卷，第357页。

[93] 1796年9月22日，玛丽·兰姆精神病发作，在一阵发疯中将母亲刺死。见温尼弗雷德·F.考特尼，《年轻的查尔斯·兰姆：1775-1802》(1982)，尤第九至十四章；以及詹姆斯，《查尔斯·兰姆，柯尔律治与华兹华斯》，尤第83-100页。

[94] 查尔斯·兰姆致柯尔律治，[约1798年5月23日至6月6日]，《兰姆书信》，第一卷，第128-129页。

[95] 见R.S.伍夫，《华兹华斯的诗歌与斯图亚特的报纸：1797-1803》，《文献研究》，第15期(1962)，第149-189页。更多依据见《景物素描》之《附录一》。

[96] 华兹华斯致詹姆斯·洛什，[1798年]3月11日，《早期书信》，第213页。

[97] 他们听汤姆·韦奇伍德讲过旅人的故事，韦奇伍德已经步其后尘。1798年3月11日，华兹华斯央求洛什向1795年9月去德国的约翰·特韦德尔打听"食宿、住宿、租房和饮食等的价格信息"。见《早期书信》，第213-214页。

[98] 柯尔律治致约瑟夫·科特尔,[约1798年3月13日],《柯尔律治书信集》,第一卷,第399—400页。

[99] 华兹华斯致约瑟夫·科特尔,1798年4月12日,《早期书信》,第215页。

[100] 多萝茜致理查德·华兹华斯,[1798年]4月30日,《早期书信》,第216页。

[101] 华兹华斯致约瑟夫·科特尔,1798年5月9日,《早期书信》,第218页。

[102] 柯尔律治在《文学生涯》第十四章讲述了《抒情歌谣集》的缘起。他的讲述引人入胜,因其清晰地梳理了这部诗集从初步讨论和共识到"计划"、写作,直至最终出版的连贯顺序。马克·L.里德,《华兹华斯,柯尔律治与〈抒情歌谣集〉"计划"》(《多伦多大学季刊》,第34期〔1965〕,第238—253页)说明了柯尔律治在多大程度上回顾并梳理了这部诗集的历史。另见里德,《文献》,第7—9页。

[103] 柯尔律治致约瑟夫·科特尔,1798年[约6月4日],《柯尔律治书信集》,第一卷,第411—412页。

[104] 约瑟夫·科特尔,《塞缪尔·泰勒·柯尔律治早期回忆录》(两卷,1837),第一卷,第309页。科特尔非常"追星",以至于请人为柯尔律治、华兹华斯、骚塞和兰姆画像,挂在他布里斯托的家里。模仿这些肖像(现藏于国家肖像馆)而作的版画发表在其《早期回忆录》中。见伍夫与希伯伦,《向着丁登寺》,及弗朗西斯·布兰夏德,《华兹华斯的肖像》(1959),第141页。

[105] 关于《抒情歌谣集》的文学与物质语境,以及与创作这部诗集有关的人,见伍夫与希伯伦在《向着丁登寺》中的清晰论述;尤其是伍夫谈到当"抒情"与"歌谣"放在一起时所具有的意义,很有见地。(第35—38页)

[106] 柯尔律治致约瑟夫·科特尔,[1798年5月28日],《柯尔律治书信集》,第一卷,第412页。关于"《反雅各宾派》的攻击",见《文集》第三卷信息颇丰的附录,第269—273页。

[107] 关于《抒情歌谣集》的复杂版本,见马克·L.里德的透彻阐述:《〈抒

情歌谣集〉的首版扉页》,《文献研究》,第 51 期(1998),第 230-240 页;里德,《文献》,第 7-9 页。

　　[108] 华兹华斯致詹姆斯·托宾,[1798 年]3 月 6 日,《早期书信》,第 211 页。

　　[109] 多萝茜致威廉·罗森太太,[1798 年 7 月 3 日],《早期书信》,第 223 页。

　　[110] 多萝茜致理查德·华兹华斯,[1798 年]5 月 31 日,《早期书信》,第 219 页。

　　[111] 见华兹华斯致约瑟夫·科特尔,[1798 年 8 月]28 日,致威廉·马修斯,[1796 年]3 月 21 日,《早期书信》,第 227、170 页。

　　[112] 多萝茜致理查德·华兹华斯,[1798 年]5 月 31 日,《早期书信》,第 219 页。和往常一样,多萝茜在写给理查德的信中尽可能将他们的经济状况往好处写,并强调华兹华斯的创作活动。

　　[113] 在《华兹华斯的威尔士和爱尔兰之旅》(塔尔萨,1985)中,唐纳德·E.海顿汇总现有研究,清晰地阐述了华兹华斯 1793 年至 1798 年间在怀河地区的游历。(第 17-37 页)

　　[114] 华兹华斯致亨利·加德纳,1798 年 10 月 3 日,《早期书信》,第 231 页。

　　[115] 在本传记首版问世后的那些年,在华兹华斯的诗歌中,没有哪首诗比《丁登寺》产生更多且更执拗的辩论。大多讨论围绕题目中日期的意义,以及多萝茜在诗中的地位。在众多文章中,我认为有两篇尤为重要(二者都对已有研究进行了考察):查尔斯·J.捷普卡,《心灵的图画:1798 年丁登寺附近的铁与炭、"慢涌的"潮与"流浪的居民",1798 年丁登》,《浪漫主义研究》,第 42 期(2003),第 155-185 页;理查德·格莱维尔,《〈丁登寺〉与自然的体系》,《浪漫主义》,第六期(2000),第 35-54 页。

　　[116] 为 1800 年《抒情歌谣集》所加的说明。华兹华斯回应着柯尔律治在《颂歌:致即将逝去的一年》的献词中关于"更加崇高的颂歌所具有的本质卓越"的定义,见《柯尔律治诗集》,第一卷,第 304 页。

[117] 威廉·吉尔平,《怀河观察录……风景如画:1770 年夏》(1782),第 12 页,第 35-37 页。

[118]《忠告与回应》,23-24 行。

[119] 如第 135 行所示,"因此,就让月光 / 照在你身上……"华兹华斯在此回应着柯尔律治在《子夜寒霜》中的相似用法。柯尔律治对婴儿哈特莱诉说,声称在湖泊、堤岸与山崖之间,他的儿子将学会阅读"永恒的语言,那语言来自你的上帝, / 通过永恒,祂使我们懂得: / 祂在万物之中,万物亦在祂之中…… / 因此,所有季节对你来说都是甜美的……"(60-65 行)

[120] 关于"宗教"一词与诗歌关联的缜密思考,见乔纳森·罗伯茨,《华兹华斯论宗教体验》,《牛津威廉·华兹华斯指南》,理查德·格莱维尔与丹尼尔·罗宾逊编(牛津,2015),第 693-711 页。另见罗伯特·M.莱恩,《浪漫的改革:英国文学中的宗教政治,1789-1824》(剑桥,1997),第 80-118 页。

第六章　一七九八至一七九九

一

一七九八年九月十六日上午十一点,德国邮轮从雅茅斯驶向辽阔的大海。乘客们的脸色顿时惨绿——"华兹华斯很不舒服",柯尔律治写道,"他的妹妹最严重——一直呕吐、呻吟,说不出的难受!"[1]由于大雾,邮轮在库克斯港的易北河口耽搁许久,直到十九日才抵达汉堡。华兹华斯兄妹和柯尔律治来汉堡的原因很单纯,但大多数人并非如此,因为,此时此刻,这座城市正遍布着各种密谋——"错综复杂……触手可及"。[2]当欧洲中心的其他地方无不处在法国军队的铁蹄之下,汉堡却得以幸免,然而这里到处是间谍。[3]其中一位甚至在穿越北海时与这伙英国旅客交了朋友——一位名叫安托尼·德·勒特的先生,根据肯尼斯·约翰斯顿的观点,是法国间谍,或许还是双重间谍。[4]这是个肮脏、恶臭的城市,孩子们在街上大小便,掌柜们以欺骗外国人的本领而得意,到处都是人,一铺难求。对于一场旅行,这样的开端可不是好兆。对华兹华斯兄妹而言,这场旅行则是彻底的失败。

柯尔律治见什么都新鲜。多萝茜的汉堡日记漠然地记载了街景、价格和菜单,而柯尔律治的家书却生动地记录了他对异域奇闻的兴奋——

女人们的大帽子,无休止的瘾君子,古怪的门铃和门环,站满妓女的巷
子。[5]他决意好好享受一番,英国书商莱姆南特的欠条和韦奇伍德兄弟
的介绍信立刻派上了用场。通过柯尔律治的联络,他们与弗雷德里克·
克洛普斯托克会面,华兹华斯三次用法语同这位德高望重的德国诗歌之
父交谈。他们很敬重这位七十四岁高龄的诗人、史诗巨作《救世主》的
作者,尽管华兹华斯很失望没能在他脸上找到"一丝崇高和热情"。克
洛普斯托克对英国诗歌所知甚少,喜欢格拉瓦①胜过弥尔顿,对库珀一
无所知。他还认为席勒文风华丽,而维兰德②优于歌德。凡此种种,使
他们的谈话大多流于形式,以客套寒暄维持着友善的气氛。[6]

　　滞留在"每个角落都散发着恶臭的丑陋城市",既无文化生活——
他们在一出不知所云的戏剧的第二幕就中途离场了——又无社交圈子,
他们不得不决定下一步怎么办。[7]真正的问题很快暴露出来。柯尔律治
知道自己此行的目的。他要学德语——"一门高贵的语言——一门非
常高贵的语言"——一旦学有所成,就去会见科学家、神学家和道德哲
学家。[8]而且,他拒绝为钱烦恼。他把萨拉留在家中(她的位置由斯托
伊的学徒和朋友约翰·切斯特取代),相信依靠年金,以及韦奇伍德银
行代理冯·阿克森先生们的资助,他可以渡过难关。而华兹华斯兄妹却
没有非常迫切的理由待在德国。《月刊》上刊载的戈特弗里德·伯格歌
谣译文点燃了他对德国当代诗歌不断增长的兴趣[9],但是,在伦敦书商
的帮助下,国内也可以满足这一兴趣需求。他在剑桥习得的意大利语也
证明,学习外语完全不需要花钱遭罪的异国旅行。不,华兹华斯兄妹在德
国的惟一理由是为了继续靠近柯尔律治——然而现在他们却各奔东西

----

① 理查德·格拉瓦(Richard Glover,1712-1785),英国诗人、政治家,其父是汉堡商人。
② 克里斯托弗·马丁·维兰德(Christoph Martin Wieland,1733-1813),德国诗人、作家,
据说开创了第一部成长小说。

了。九月三十日,柯尔律治和切斯特搬到拉策堡,尽管他此前对这时尚之都的考察证明此地生活昂贵。三天后,从一上岸就为钱发愁的华兹华斯兄妹穿过恶劣的马路,开始了三天的旅行,前往廉价的小镇:戈斯拉尔。

尽管柯尔律治思乡情切,但他依然活力不减。他很快报告说,他已经"在拉策堡远近两三英里内的所有绅士贵族家吃过饭了",并炫耀道,由于他从早到晚地学习德语,"进步之快,连我自己都不敢相信"。[10]二月初,他搬到当时的思想文化中心哥廷根,并在当地大学注册,为了听布鲁门巴哈①的生理学和自然史讲座,利用那他称为"无疑是……世界第一"的图书馆。[11]他也遇见其他英国留学生,并计划在高等圣经批评的发源地研究那个"最可怕的异教徒":莱辛。[12]德国和德国人的很多方面都使他厌恶——欺骗、酗酒、淫荡——但在哥廷根,柯尔律治正融入一个思想的动力源。七月,当他带着整箱玄学书籍返回英国时,他已经意识到,他的人生从此有了欧陆维度。

华兹华斯兄妹的经历却完全不同。"昔日帝王的御寝禁城……如今却住满了杂货商和布料商",他们发现,戈斯拉尔除了便宜,一无是处。[13]他们通过一个布料商的遗孀德普曼夫人找到一所住处,但这里似乎没有法国那种寄宿制,所以他们只好独自食宿,偶尔和女房东、一位法国流亡牧师以及一个满口坏牙的聋子邻居说说话。华兹华斯沮丧地告诉约书亚·韦奇伍德:"糟糕的德语,糟糕的英语,糟糕的法语,糟糕的听力,以及糟糕的口齿,你可以想象我们的对话是多么精彩!"[14]他们无法招待朋友,也没有得到朋友的邀请,据柯尔律治推测,这是因为多萝茜被当成了华兹华斯的情人。学习德语、"提高文学造诣"的全部希望被粉碎,寒冬的来袭也将他们囚禁,只盼望春天带来自由。[15]他们尽快地离开了。二月初,多萝茜草拟出两个月的旅行计划,包括埃尔福特、艾森

---

① 布鲁门巴哈(Johann Friedrich Blumenbach,1752–1840),德国人类学家。

纳赫,或许还有魏玛。在一个走路时"污水和泥泞经常没过脚踝"的国家,这个行程未免有些野心。[16]月底,他们走到北豪森,村民的盯视已让他们感到孤立,官僚士兵的轻蔑更是火上浇油。最终,一七九九年四月二十日,他们在哥廷根与柯尔律治会合。[17]这是一场激动人心的团聚,但即使柯尔律治的陪伴,也没能使他们久留。他们内心焦灼,"归心似箭"。[18]一旦路况和交通允许,他们迅速北行,五月一日,再度登陆雅茅斯。

二

"我们在戈斯拉尔度过了一段愉快的时光。"离开这里时,华兹华斯这样告诉约书亚·韦奇伍德。[19]但实际的情况和信中的细节都表明,这是一段艰难的日子,尤其对多萝茜来说。在雷斯冈和阿尔弗克斯顿,她在操持一个家,可以和佩吉说话,她们一起洗衣,做饭,照看小巴希尔。在雷斯冈,玛丽·哈钦森来住了很长一段时间;在阿尔弗克斯顿,则始终有柯尔律治、萨拉、普尔和其他客人的陪伴。因此,多萝茜孤立而从不孤独,依赖而不失自我。然而,在德国,她没有自己的角色;并且,第一次出国,陌生的语言、难解的文化都给她带来巨大的迷失感。他们不可能像在英格兰西部那样四处漫步,既因为她是女人,也因为天气寒冷。每天能裹着沉重的皮毛大衣一起散步一小时,已是他们的奢望。多萝茜前所未有地完全依赖哥哥。下面这封信生动地刻画了她的状态。一七九八年十二月十四日或二十一日,她为柯尔律治抄写华兹华斯近期创作的抒情诗和大段大段的素体诗。信纸密密麻麻,想必抄了好几个小时。末尾,她写道——仿佛柯尔律治就在隔壁的房间——"楼梯上传来威廉的脚步声。他一直在月光下散步,身穿皮大衣,头戴黑皮帽,俨然一位气派

166

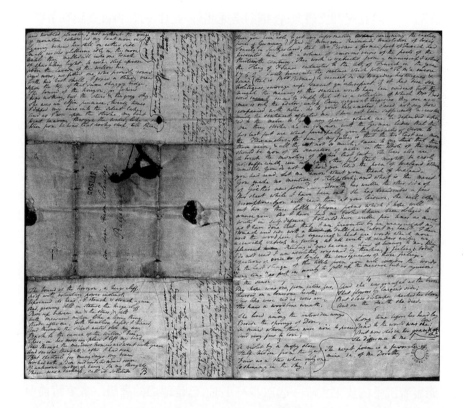

给柯尔律治的信,1798 年 12 月 14-21 日。从戈斯拉尔寄来的长信,其中包括滑冰片段和偷船片段,后将成为《序曲》的开篇。(格拉斯米尔:华兹华斯基金会)

的绅士"。[20] 成年之后,多萝茜的大部分生活就是为威廉服务,等待他的归来。

在柯尔律治看来,这种关系似乎隐含潜在的危害。十二月,他在信中感叹:

> 威廉,我的脑和我的心! 亲爱的威廉,亲爱的多萝茜娅!
> 你们彼此即一切;但我孤独,我要你们!

168 "不消说,"华兹华斯回复道,"你的话令我多么感动。"[21] 然而,私下里,柯尔律治却对萨拉表达了保留意见:

> [华兹华斯]似乎花更多时间写英语诗,而不是学德语——这也难怪! ——考虑到他选择的处境和不思进取的态度,在戈斯拉尔还不如在英国呢——……他把妹妹带来是一步错棋——因为,在德国,只有结了婚的女人,或按照已婚妇女装束的女人,才会被引荐参加社交活动。妹妹[在这里]只被当作情人的别名。——然而,他还可以有男性朋友——如果我在戈斯拉尔,我会有的——但是,华兹华斯,愿上帝眷顾他! 他似乎情绪不高,也不想结交朋友。[22]

柯尔律治对这份热烈的兄妹之情的反应另见他对普尔的绝妙评论。他引用华兹华斯十二月寄来的诗《一场睡眠封存了我的灵魂》,谈起这"无比庄重的墓志铭":"这首诗是否有任何真实性,我说不好。——但很可能,在某个特别沮丧的时刻,他想象着妹妹死去的情景。"[23] 在一封完全悼念幼子贝克莱的信中,柯尔律治意识到,对于华兹华斯来说,相似的悲伤只会集中在一个人身上——他爱她胜过所有人。

三

由于没有任何依据（比如后来的《格拉斯米尔日记》），人们只能徒然猜测多萝茜的感受。所幸，手稿还在，让我们看到华兹华斯如何应付戈斯拉尔之冬的孤独与沉寂。他回归内心，回归自己，迫不及待。

> ［他向柯尔律治汇报］由于我没有书，我不得不以写作来自我辩护。我本应写五倍之多，但我的胃和腰不太舒服，心口也隐隐作痛。我用了"痛"这个字，但"不适"和"发热"更能准确地表达我的感受。总之，这些不适连累了写作。现在，阅读对我来说成了一种奢侈。当我不读书时，思考，感受，以及相应的体力付出（说话，四肢运动）将我消耗殆尽。

稍晚些，多萝茜确认："威廉非常勤奋。他的心始终活跃；真的，太活跃了。他让自己过度疲劳，腰部感到疼痛虚弱。"[24]

终其一生，每当华兹华斯竭力表达酝酿中的思想，或修改不再满意的作品时，他都会感到身体不适。在戈斯拉尔，他一面创作，一面修改，陷入了双重的挣扎。在阿尔弗克斯顿，华兹华斯开创了一种完全属于他自己的抒情诗；如今，他所写的大部分作品表明，他依然在思索这种体裁。他起草了散文《论伦理观念》片断，认为任何系统论述人类行为的文字都注定无效，因为这种文字没有"足够的力量融入我们的情感，融入我们心灵的血液和生命的琼浆"。[25]或许，华兹华斯想到了伯克对道德理论家的谴责："这类人沉迷于他们的人权理论，而完全忘记了自己的人性。他们没有开辟通往理性的新路径，却成功阻断了指向心灵的道路。"[26]显然，华兹华斯在思索着《抒情歌谣集》的价值，以及如何证明诗歌能通过情感传达深入人心的真理。在一八〇〇年《抒情歌谣集》的序言中，他将阐明这种情感。在给约书亚·韦奇伍德的信中，华兹华斯关于语言的评论预告了他后来的思考：比如词语同其激发的情感之间的关系；诗歌具有抵制语言腐败和惰性的特殊力量。[27]在一封关于伯格诗歌（华兹华斯购于汉堡）的重要信件中，他重返早先与柯尔律治的探讨，即事件在诗歌中的位置。在一个段落中，他既表明了阿尔弗克斯顿时期抒情诗的目的，也预言了一八〇〇年《序言》中更为充分的讨论："我并不热望伯格诗中的人物，我更注重风格，并非反应城市生活之疲惫、难解与迷茫的临时风格，而是与大自然的恒久事物相系，与之同样淳朴的风格。当原初的事物不复存在，这些画面依然会激发兴趣。"在某些方面，华兹华斯戈斯拉尔时期的一些抒情诗比阿尔弗克斯顿时期的歌谣更为完善。在那些歌谣中，华兹华斯关注苦难与损失，但通常限于具体的社会语境，认为西蒙·李或《最后一只羔羊》里的牧羊人是特定环境的牺牲品。如今，在精巧节制的"露西"或"马修"组诗中，华兹华斯将损失呈现为人类生存的常态，仿佛试图在凝练至简的形式中表达每一颗心的共鸣。

170　　　不过，在阿尔弗克斯顿，华兹华斯还写了《废毁的茅舍》和《丁登寺》，构想了《隐士》的写作计划。如今，这部作品（已写的和待写的）的余音成为他创作巨浪的波心。

在包含多萝茜汉堡日记和《论伦理观念》的笔记本中，华兹华斯开始构筑关于他童年经历的素体诗。在格拉斯米尔的华兹华斯图书馆中，这是最激动人心的手稿之一，因为，当华兹华斯在纸上写下曲曲折折的诗行，时而用墨水，时而用铅笔，时而誊写，时而起草，他最伟大的作品《序曲》的开篇逐渐成形。[28]他从自己四岁时的形象写起：那时的他或沐浴在科克茅斯的德温河中，或独自伫立，"雷雨中赤身裸体的野蛮人";接着,一连串回忆涌起:在危崖间偷鸟蛋,在月光中抓山鹬,向温德米尔湖对岸的山鹬发出啼鸣,在阿尔斯沃特湖上偷走小船。一段较长的诗文唤起了身怀绝技的兴奋:"我们脚踩冰刀 / 在光洁的冰面上刻画。"诗文的语调充满敬畏,更饱含感恩,感恩于一个十岁的孩子经历的美感体验:

> 无意识地
> 与永恒的美交流,陶醉于
> 纯粹的感官快乐,它来自
> 雾霭的曲线,或朗月之下
> 平静宽阔的湖面。

在一段诗稿中,创作的风暴被称为"一场强烈但并不可怕的风暴",华兹华斯指的是:

> 思绪迷离,
> 心潮澎湃,相比之下,
> 那横扫[落叶]的秋风
> 太过温和

这说明强烈的创作冲动驱使他下笔千言,写下"大批"(多萝茜语)诗歌。在这些记忆之外,华兹华斯还补充了其他回忆,尤其通过两段诗文反思了记忆的良效。因此,当他离开戈斯拉尔时,一篇关于他童年时代的四百行连贯诗文已然形成。

此时此刻,这股让华兹华斯如此激动的创作能量源于那些彼此联系又多少互相矛盾的冲动。这决定了诗文的形式。在《废毁的茅舍》关于

171

商贩的诗行中(其中一些诗行很快被植入这部新的自传体诗歌),以及在《丁登寺》中,华兹华斯已经开始解读自己的人生。诗文始于深深的感恩:尽管经历了各种各样的损失、痛苦和断裂,他还是幸存下来,不仅是一个健康欢乐的人,还是一个富于创造的生命。现在,华兹华斯重返昔日的尝试,将原来简要的叙述加以深化,一方面追忆童年时代的乐与怕——"怕并快乐着",一方面静观记忆的双重力量,它既可以维系一个不断成长的完整的自我,又可以从过去汲取养分,为现在和未来提供食粮:

> 在我们的生命过程中,有一些瞬间,
> 它们以超卓的清晰度,保有丰产的
> 功效:当琐碎的牵挂与日常的社交
> 使我们消沉,它们却能滋补
> 我们的心灵(尤其是想象力),
> 无形中修复它的创伤。[29]

这一信念,以及由此产生的无限感恩,加之持续不断的回忆,使所有最动人心弦的诗歌喷薄而出。

但诗文也质疑着其本身的性质和存在。从最早的草稿开始,问句"难道是为此"(Was it for this)就需要一个答案:

> 难道是为此,
> 那所有河流中最清秀的一条,乐于
> 在我的摇篮曲中溶入喃喃私语,
> 从他那赤杨的浓荫下和堆岩的落瀑中,
> 从那些津渡和浅滩处,送来一个声音,

wasit for this
That one the fairest of all rivers loved
To blend his murmurs with my nurse's song
And from his alder shades and rocky falls
And from his fords and shallows sent a voice
That flowed along my dreams. For this didst thou
O Derwent travelling over the green plains
Near my sweet birth-place didst thou beauteous stream
Make ceaseless music night and day
Which with its steady cadence tempering
Thro her an wayward ness composed my thoughts
To more than infant softness giving me
Among the fretful dwellings of mankind
A knowledge a dim earnest of the calm
Which nature breathes among her woodland haunts

Beloved Derwent fairest of all streams
Was it for this that I a four years' child
A naked boy among thy silent pools
Made one long bathing of a summers day
Bask'd in the sun & plung'd into thy streams
Alternate all a summers day or coursed
Over the sandy fields & dash'd the flowers
Of yellow groundsel or when the hill-tops
The woods and all the distant mountain tops
Were bronz'd with a deep radiance stood alone
A naked savage in the thunder shower.

And afterwards, twas in a later day
Though early when upon the mountain slope
The frost and breath of frosty wind had snapped
The last autumnal crocus twas my joy
To wander half the night among the cliffs

《克莉斯塔贝尔》笔记本。鸽舍手稿 15。"难道是为此"。自传体诗歌初具雏形时的开篇提问。华兹华斯手迹。

（格拉斯米尔：华兹华斯基金会）

> 缠绕我的梦境,难道是为此,
>
> 哦,德温河……

"this"的先行词隐指写作这首诗的行为本身,而答案乃一个欢呼的"是"。华兹华斯不止一次通过呼语(apostrophes)肯定了大自然"温柔的力量"——

> 并非枉然:你们,泉流的精灵,
>
> 你们,九霄云外的声音,
>
> 你们,熟识一处处湖泊、
>
> 一方方静潭的伙伴,你们穿过
>
> 阳光、冰雪和月映霜辉的平原
>
> 穿过暴风[?岁月],以坚持不懈的爱
>
> 追寻你的宠儿、你的欢乐,
>
> 绝非为了卑微的目的。

173

商贩片段和《丁登寺》中的信念得以重申:一种慷慨神圣的力量塑造了诗人的生命。

然而,与早先的诗作不同,这部(尚未完成的)新诗承认了"此"(this)——此时此刻的创造力——也必然包含对未来的承诺。在戈斯拉尔草稿的结尾,有一段令人印象深刻的诗文,华兹华斯对柯尔律治直言:

> 我一直希望,能探询
>
> 早先的岁月,从中获得激励,
>
> 在如今这成熟的年月,进行

体面的劳作。但倘若这只是

无效的奢望，倘若我如此探询

仍未能学会自知，你也不能

更了解你所厚爱的这颗心灵，

我是否该担心你的严责？毕竟

我还想继续记述那追回的往事，

它们具有幻景般的魅力，记录

美妙的景物和甜蜜的感觉，它们

让我们回到生命的初始，让那段

婴儿岁月变得清晰可见，

在太阳的照耀下那般明亮。[30]

这些诗行说明，华兹华斯是多么急于回应此刻的创作冲动。在对童年经历的追忆中，在梳理和阐释这些回忆的努力中，他发现了诗歌创作的丰富素材，一种崭新类型、崭新性质的诗歌。在一七九八年春夏，华兹华斯认出了自己的天职，戈斯拉尔的创作能量也充分证明了他的想象力并未因宏大的构想而瘫痪。然而，这不是《隐士》。"体面的劳作"依然有待努力。

四

在一段原地踏步的时期，华兹华斯的写作是惟一值得肯定的事。年初时，威廉·罗森太太曾私下抱怨他"如此虚度青春"。[31]即使这类议论没有传到华兹华斯那里，他本身也充满自责，足以想象来自家人和朋友的批评。一回到英国，他就积极行动，努力让自己的生活步入正轨，以便消除他人的责难。五月十三日,他写信给理查德,询问他目前的经济状况,并对答复非常失望。华兹华斯从韦奇伍德兄弟的银行账户中提取的一百一十英镑至今分文未还,所以,他不得不在二十三日给约书亚·韦奇伍德寄去一封致歉信。更糟的是,蒙塔古和道格拉斯都欠钱不还。于是,愤怒的理查德终于对蒙塔古违背承诺的欠条失去了耐心,威胁他将采取"对你我来说都极不愉快的手段"。[32]

理查德也卷入《抒情歌谣集》的是非,现在需要澄清。在离开英国之前,华兹华斯坚持让科特尔将这部诗集的版权转交给约瑟夫·约翰逊,只因为,他坚称,"这可能对我非常有利"。[33]他告诉科特尔向理查德请求补偿。但华兹华斯现在发现,一七九八年十月,科特尔反对他的提议,并非毫无理由。科特尔声称,华兹华斯没有必要担心利润;坚称他已经答应要出版这部诗集,并且依然想这么做。理查德严正地告诉弟弟,"这件事也需要你的直接关注。"[34]科特尔解释说,实际上,他已经把书交给了阿奇公司(J. and A. Arch)处理,因为他不想再干出版这一行了。华兹华斯六月二日的信显示,他已经息怒。然而,这封信也表明,他已下定决心将自己的意志强加在这件事上。他责怪科特尔破坏了他与主要出版商约翰逊建立有利关系的机会,计算了他认为科特尔欠他的钱款,并两度质问《抒情歌谣集》的版权何去何从。

华兹华斯的坚定不仅缘于有待支付的稿酬。显然,他试图重新掌控自己作品的出版。一七九八年《抒情歌谣集》的出版已是草率行事。尽管华兹华斯常常声称"我对出版的厌恶与日俱增",他再也不会草率出版。[35]他开始更加职业化地考虑自己的诗人身份,也就是说,他会考虑出版、赚钱、成名、营销,也为未来的诗集积累材料。

比如说,对于一七九八年夏天错失的良机,他似乎一直耿耿于怀。二月,他告诉柯尔律治,他一直在"砍削"《彼得·贝尔》,并修改《索尔兹伯里平原历险》。他也非常担心《边界人》手稿的安全问题,年底时已请人抄写了一份新的誊清本。[36]一七九八年科特尔曾准备出版这两部诗歌,甚至戏剧《边界人》也在商议之中。如今,华兹华斯回归旧作,说明他在盘点手头现成的作品,除了《废毁的茅舍》(科特尔也想出版)——这首诗已成为《隐士》计划不可分割的一部分了。

　　另一方面,有证据表明,华兹华斯也在关注已出版的《抒情歌谣集》的所属权问题。一七九八年十月,他称这些歌谣为"我的诗"或许是无心之语,但是,到一七九九年,他显然渐渐将这部诗集视为自己的作品。[37]他焦急地询问科特尔:"你能不能告诉我,这些诗好不好卖",并对含糊的回答表示不满:"你告诉我这些诗卖得不差。如果可能,我想知道卖出了多少本。"[38]"我几乎不在意任何⋯⋯职业批评家的赞美,但这或许有助于物质利益",尽管这句话将成为他习惯性的免责声明,但他对评论非常关注,也很生气骚塞在《评论》中对诗集的负面评价。他的话令人惊讶:"他知道钱对我很重要。如果他不能昧着良心说反话,他应该拒绝为这部诗集写书评。"[39]不幸的是,华兹华斯压抑了负面书评带来的痛苦,转而相信,"《老舟子吟》是整部诗集的硬伤。"他单方面决定,如果再版,他将删掉柯尔律治的诗,并"代之以一些更符合大众口味的小东西"。[40]一七九九年底,终于安家湖区的华兹华斯满心欢喜。他热情洋溢地写信给柯尔律治说:"不必费心否认《抒情歌谣集》完全是你的。这个谣言是这部诗集最好的待遇。"[41]一年后,当第二版《抒情歌谣集》准备付梓时,他的行为将证明,他早先对《老舟子吟》的评价才更精确地反映了他对一七九八年诗集的真实态度。

五

　　华兹华斯只能尝试重新掌控自己的财务和事业。但有一件未决之　176

事如今有了着落——他和多萝茜的住处。在德国期间,华兹华斯和柯尔律治之间那些"亲切的长信"已经表明,从年初开始,住处问题就是他们的挂虑。[42]一月四日,柯尔律治告诉普尔:"华兹华斯举棋不定,在斯托伊和北英格兰之间犹豫不决。他不能想象住在离我远的地方;我也告诉他,我不能离开斯托伊。"但是多萝茜上个月就说过,她希望和华兹华斯一起"诱惑"柯尔律治来北英格兰。这就说明,他们内心已经强烈地想要回到故乡。[43]在哥廷根与柯尔律治会面时,他们已经作出决定。尽管柯尔律治说,他们"一想到远离我,就热泪盈眶",但他们不会改变方向。[44]一登陆英国,华兹华斯兄妹就直奔蒂斯河畔索克本的哈钦森家农庄,同汤姆、乔治及其姐妹玛丽、萨拉、乔安娜住在一起,直到十二月底。

　　当华兹华斯兄妹住在这亲密无间的一家人中,他们显然有些迷茫。在戈斯拉尔时,华兹华斯对书籍如饥似渴,也知道创作哲思诗《隐士》必然需要严肃的阅读,于是告诉柯尔律治,"他认为与图书馆为邻对他的健康,不,他的生命,至关重要",还说卡莱尔地区议员弗雷德里克·韦恩爵士的图书馆或可派上用场。[45]但这只是北迁的脆弱借口,为回家的渴望找到柯尔律治或许认同的理由。尽管多萝茜在七月暗示普尔,如果有合适的房子,他们也可能回到斯托伊,但真正的想法是,柯尔律治加入他们。[46]

　　他们彷徨却不可阻挡的湖区迁徙终于在这一年晚些时候完成了——同时,柯尔律治也被说服了。十月末,科特尔在华兹华斯的热情邀请下来到北方。柯尔律治也仓促改变计划,和科特尔一道而来,连妻子都不知他的下落。这是命运的安排,因为正是在索克本,他与萨拉·哈钦森初见。十月二十七日,他们抵达后的一天,华兹华斯、柯尔律治和科特尔向西而行。科特尔由于风湿,无疑更因为畏惧华兹华斯的长途跋涉,在格丽塔桥就退出了,留下两位诗人艰难地走在令人望而却步的斯坦摩尔荒原。在彭里斯东边的坦普尔索尔比,他们偶然听说约翰·华兹华斯正在附近的纽比金,他在十月十七日参加了克特舅舅的葬礼。[47]他们联系上他,一起从肯特米尔进入湖区,并沿着僻静的道路,或许也经过鲑鱼溪,前往温德米尔。

他们坐船渡过鲍内斯湖,走路去霍克斯海德,然后继续前往莱德尔和格拉斯米尔,并于十一月三日抵达。牧歌式的山谷依然带给他童年时代的震撼。"柯尔律治也被格拉斯米尔和莱德尔迷住了。"他告诉多萝茜。[48]五日,他们在格里斯岱尔峡谷与约翰告别,来自格拉斯米尔的道路与通往帕特岱尔的山脉在此汇合,"这一天,光影相接,天地一色!"[49]八日,他们离开格拉斯米尔教堂边的罗伯特·牛顿客栈,前往凯西克。他们阔步向西,抵达巴特米尔。华兹华斯显然绕路经过科克茅斯。然后,他们进入群山的心脏,从恩纳岱尔到沃斯特沃特,从山口进入博罗岱尔,一路绵延,景色动人。他们再次经过凯西克,沿阿尔斯沃特湖西岸下行,又从东岸回到尤斯米尔的托马斯·克拉克森家。"柯尔律治情绪高昂,滔滔不绝,"凯瑟琳·克拉克森写道,"华兹华斯更加矜持,但矜持中既无高傲也无低落。他身材很好,英俊潇洒,俨然一位伟大的王子或将军。他好像很喜欢柯尔律治,笑他所有的玩笑,抓住一切机会显耀他。"[50]大约十一月十七日,柯尔律治返回索克本,由此去伦敦,把华兹华斯单独留下继续待了一星期。十一月二十六日,他回到哈钦森家和多萝茜身边。

柯尔律治对所见的一切感到敬畏。华兹华斯用强烈的感官盛宴对他进行"轰炸"。这是一条设计完美的路线,从充满家庭和农耕气息的霍克斯海德与格拉斯米尔到崇高庄严的海芙琳峰,再至更加宏伟壮丽的沃斯岱尔和博罗岱尔,最后以绝美的阿尔斯沃特告终。他说,他看到了"仙境"。[51]

然而,对于华兹华斯来说,这场旅行不止于此。这是他人生中的一段重要经历。当他最近开始起草自传体诗歌,湖区的童年回忆从灵魂最

178　深处涌上心头。如今,回到记忆发源的场景,他是在有意验证这些地方是否可以成为一生的归宿。很多事物难免让他失望。在他上学期间,温德米尔湖西岸的克莱夫峰就被围了起来,崭新的白墙别墅星星点点分布在岸上。他告诉多萝茜,他"很讨厌温德米尔湖附近这些新建筑",很可能特指威廉·布雷斯威特爵士的度假山庄,因为它破坏了船坞半岛上方他最爱的"据点"。[52]安·泰森在一七九六年已经过世了,就连霍克斯海德本身也变了样。市场广场不再是华兹华斯记忆中的模样,如今,

> 一座时髦的会堂兀然耸立,
> 白墙粗壁刺眼夺目,占据了
> 原本属于我们的地盘。[53]

然而,这种失落感,与他在群山之间感到的欢喜振奋相比,与他带领柯尔律治欣赏莱德尔庄园和它隐秀的瀑布时,心中涌起的亲密感和归属感相比,并不算什么。"我们很高兴回到英国,因为我们已学会领略其价值。"华兹华斯在归国当月告诉科特尔。[54]现在,他明确地知道,他想在英格兰的哪个角落生活。

　　甚至与弟弟共度的短短数日也加强了华兹华斯回家的迫切渴望。约翰·华兹华斯于一七八八年成为水手,如今正在东印度公司的工作中获得晋升。[55]在过去的十一年里,他在英国总共只待了几个月,上一次见到哥哥还是四年前。出海前,他在霍克斯海德上学,也在安·泰森的温情中找到华兹华斯兄妹失落的家园和母爱。当他们沿着埃斯威特湖散步,途经柯尔特豪斯,进入霍克斯海德;当山坡上的教堂和下方的文法学校跃入眼帘,昔日共度的情景再度浮现,约翰一定和哥哥一样感动,因为,没过两天,他就给华兹华斯四十英镑,要他在格拉斯米尔买一块地,建一个属于他们的家。[56]

这个计划并未实现,但约翰对安家湖区的慷慨和本能支持或许正是华兹华斯急需的决定性动力。在十一月八日写给多萝茜的信中,他提起"格拉斯米尔有一所空无人住的小房子,也许我们可以租下"。[57]大约十八日,柯尔律治刚走,华兹华斯就兴高采烈地回到格拉斯米尔,商议房子之事。他一边走,一边写了一首感恩的赞美诗,后来成为一八〇五年《序曲》"欢乐的引言"。如同逃离了"奴役 / 之所"的以色列人,华兹华斯高兴地迎接神圣的力量,感激上苍让他窥见希望之乡。此刻,他以内心的能量回应这神圣的希望:

> 一阵富于创造的和风呼应,
> 一阵活力之风,轻柔地飘移,
> 拂过它的造物,而现在已成
> 风暴,一股强劲的能量,
> 搅扰它自己的创造。[58]

当他回到索克本,尘埃几近落定,只待接多萝茜回到鸽舍。

十二月十七日,他们启程,穿越奔宁山脉,连华兹华斯这样强健的徒步者都感到骄傲。他们和乔治·哈钦森一起骑马行至利伯恩,然后沿着冰封的山路走入温斯利岱尔山谷,前往阿斯克里格。断断续续的雨雪并未使他们灰心,相反,他们情绪高涨,第二天就走了二十一英里。昼短路长的焦急也没能阻止他们花上一个小时攀爬冰封的哈德罗弗斯瀑布。"你相信吗?"华兹华斯对柯尔律治炫耀,"如果我告诉你,我们又沿着一条高高的山路继续走了十英里。感谢助力的顺风和良好的路况,我们只用了两小时十五分钟。这战绩值得多萝茜长久夸耀。"[59]他们又用一小时三十五分钟走了七英里,来到塞德伯。十九日,他们抵达肯德尔,在这儿买了家具;二十日,旅程的最后一站,他们乘坐邮车前往格拉斯米尔。

房子很冷,天气恶劣。正如多萝茜多年后告诉博蒙特夫人的,"实打实的村舍,而不是广告中那种带车库的乡村别墅"。楼上一间屋子的烟囱"像熔炉一样冒烟"。他们没有钱,没有确定的未来。但不要紧:他们终于有了一个家。[60]

六

180　　从德国归来后,华兹华斯越来越笃定,这在很大程度上源于他的自信:他已经完成了一部创新性长诗。他或许在五月开始了这部自传体诗歌的第二部分,但直到九月才有实质进展。十一月湖区之旅前,他将诗稿构成一组彼此关联的片段;一回到索克本,就继续投入写作。在华兹华斯兄妹动身前往格拉斯米尔之前,玛丽·哈钦森和多萝茜已经抄写了两份誊清本,覆盖近一千行的两部分诗歌,这是华兹华斯最具风格的素体诗。[61]温德米尔少年向山鸮发出啼鸣的描写给柯尔律治留下深刻印象,他感叹道:"假如我在阿拉伯沙漠中看到这些诗行,我会立即尖叫'华兹华斯!'"[62]大多数读者会理解此中原因。温德米尔少年片段,偷船片段,拜访弗内斯修道院片段,以及暮色降临的康尼斯顿湖上少年乐师在水边礁石上吹起孤笛的情景,会出现在任何人的华兹华斯诗歌经典中。一七九九年《序曲》是一个重要成就。

　　诗歌第二部分的开篇与第一部分相似,讲述了童年时代与同学们分享的快乐,它们依然以特有的甜蜜驻留在诗人的记忆里。这些描述性诗文率真、自信。然而,一旦华兹华斯开始划分大自然对男孩成长的种种影响,诗文的风格就发生改变,自信也让位于供认:这个话题无法说清。华兹华斯运用传统的修辞手段,先承认表意危机,但实际上却使诗文更加复杂,这是他始终擅长的一种手段。他回溯至"枕着母亲胸脯 / 睡觉

的婴儿",思索一个人如何理解物质世界并意识到独立的自我。[63]这个
片段预告了维多利亚时代的许多自传作品和二十世纪儿童心理学的诞
生,是英国浪漫主义诗歌全部作品中最具洞察力的一段诗文。华兹华斯
试图证明创造力是人类的基本属性,其起源和发展不能用"几何的规
则"划分,其幸存有赖于"生命之初富于创造的感悟力"与"世事俗务"的
持久抗争。[64]

181

　　在这段非常复杂的诗文中,华兹华斯仿佛延伸着哥廷根期间与柯尔
律治的交谈,或许还有今已散佚的信件,因为柯尔律治也被驱使着思考
同样的问题。在一七九九年四月六日写给普尔的信和四月八日写给妻
子的信中,柯尔律治得知儿子贝克莱夭折,陷入深深的悲伤和迷茫。他
相信,"我的宝贝没有白活——人生是一种教育和成长,对他、对我们都
是一样。"柯尔律治在有关生命力的思想中,在"生命,力量,存在!"不灭
的信念中,寻找安慰。他更加温柔地对萨拉说:

　　　　回首我的宝贝的一生,它看起来多么短暂!——但与不存在
　　(non-existence)相比,它又是多么丰富庄严!——它学会多少令人
　　惊叹的行为,养成多少行为习惯,甚至在看到光明之前!谁又能数
　　清或想象它无穷的思绪和感觉,希望和恐惧,欢乐和痛苦,欲望和预
　　感,从它的诞生,直到我们观看它的暗镜破碎……[65]

鉴于柯尔律治思考问题的强度,以及两位诗人思想交流的共鸣,很有可
能,柯尔律治纠结的"古怪念头"也在华兹华斯的心中播种、萌芽。但即
使这种假设的关联是错误的,华兹华斯从酝酿全诗到诗歌完成,无疑都
在与柯尔律治对话。

　　表面上,一七九九年《序曲》是对柯尔律治爱的礼献。诗歌开篇和
结尾都满怀感激地暗引《子夜寒霜》,将柯尔律治表现为一位更加敏锐

的思想者,更擅长本诗尝试的这种追问:

> 我的朋友,你的
>
> 思想有我所不及的深度,绝不会
>
> 侍奉这次要的才能,任其趁人
>
> 之危使我们制造出各种差别,
>
> 让人误以为事物间细微的界标
>
> 都是感知的结果,而非人们强加。
>
> 你不被这些表面的学问所迷惑,
>
> 早已洞见万物一体……[66]

182 但诗文也揭示出,华兹华斯在两个方面与柯尔律治不同,这对两位诗人的未来关系,以及华兹华斯对自己诗人身份的不断认同来说至关重要。

大约在一七九九年夏末,柯尔律治一定已经知道了华兹华斯近期的创作,因为,他在十月十二日写道:

> 我渴望看一看你最近在做什么。哦,就让它成为《隐士》的结尾吧!因为,除了《隐士》,我什么都不想听。听说它是献给我的,这让我更希望它并不是一首独立的诗。在《隐士》这样一部诗歌的结尾——一部**不仅献给一个人**(*non unius populi*)的诗,一位思想者向深爱的朋友献辞,这是惟一能让我产生片刻虚荣的事——虚荣,不,不能用虚荣来形容这极好的感觉。这的确将是一种**来自外界**(*ab extra*)的自我升华。[67]

这封信,以及华兹华斯的回应,确立了未来岁月的模式。过了一段时间,华兹华斯拿出一些确实很成功的诗文。与此同时,柯尔律治却一事无成。他看上去非常欢迎华兹华斯的新作,但实际上却贬低它,希望华兹华斯写的是别的。尽管华兹华斯当时的回应有所克制,但他随后更加激烈地重申他所做的一切是有意义的。所以,刚收到柯尔律治的来信时,华兹华斯也曾徘徊不前。但当他重返第二部分的写作,湖区之行的振奋如在目前。他决定扩大诗歌的规模,提高诗歌的基调。[68]他吸收了一七九八年所写的商贩诗行,使一七九九年《序曲》在对"同一的生命"的热情礼赞中达到高潮:

> 　　　　　　只有这时,我才
> 满足,因为在不可言喻的幸福中,
> 我感到生命的情感弥覆着所有
> 活动的和所有表面静止的事物;
> 所有为人类思想与知识所不及、
> 为肉眼所不见但却为人心所知的
> 活的事物;所有蹿跃的、奔跑的、
> 呼叫的、歌唱的或那些在半空中得意
> 搏击的生灵;所有在波涛下游动的
> 身躯,对,何不说波涛本身
> 或整个宏厚的大海。不要诧异——
> 如果我心荡神移,因为在万物之中,
> 我看到同一的生命,感到欢乐。[69]

这段诗文证明,整部诗歌庄严地表达了一种宗教式的信念和欢乐,拥有更为深邃的洞察,更加富丽的意象、韵律与和声,超越弥尔顿以来同类体裁的任何诗歌。"自然、人类与社会"是《隐士》的计划范畴,柯尔律治认为眼前这首诗只能算作《隐士》的结尾。[70]而华兹华斯以如此自信超卓的方式作结,仿佛通过这首献给柯尔律治的诗证明,这至少是他能够胜任的一种方式,借以阐述那令人生畏、笼统空大的前两个话题——"自然"与"人类"。

一七九九年《序曲》的伟大结尾也表达了华兹华斯对柯尔律治富于同情的抵抗。一七九九年二月至六月期间,麦金托什作了《关于自然法则与国家法律的讲座》。[71] 在伯克的影响下,这位《高卢辩》的作者不再热情地支持法国,转而斥责那些哲学家和空想家关于人类进步前景的观点。葛德文尤其遭到嘲讽,而麦金托什并不去细致分类。海兹利特回忆道:"什么也抵挡不了他的毒舌……我们那些空想的怀疑论者和乌托邦哲学家们也休想……他没把他们'当作诸神的佳肴来精雕细琢,而是当作猎犬的行尸走肉来大肆劈砍'。"[72] 柯尔律治大为震惊,因为他觉得,对于大街上的普通人来说,麦金托什的转变和他自己——《改变信仰:一首颂歌》的作者——之改宗似乎没什么差别。但柯尔律治认为,彼此并不相同,且有必要说清这个区别:麦金托什生硬地推翻观点并以此为荣,而他和华兹华斯则经过深思熟虑才重估思想。夏天,他写信给华兹华斯:

> 我迫切希望你稳定地投入《隐士》的创作……我亲爱的朋友,真心请求你将《隐士》继续下去;我希望你写一部诗,一部素体诗,写给那些在法国大革命彻底失败后,对人类的完善丧失一切希望的人,他们沉沦于伊壁鸠鲁式的自私,并美其名曰天伦之乐以及对玄思空想的蔑视。这将大有裨益,也可作为《隐士》的一部分,因为,以我现在的心情,我完全反对发表任何小诗。[73]

华兹华斯的反应是一种明智的自我保护。因为,这不是柯尔律治第一次对他施压,也不是柯尔律治第一次语焉不详:这个任务究竟如何实现?这样一群读者到底指谁?那些"对人类的完善丧失一切希望"的人或许很多,但他们几乎不构成诗歌读者的一个子集。华兹华斯的对策是,按照他自己对柯尔律治信件的解读来处理这个问题,同时抵制强加给他的更多要求。柯尔律治正在寻找一种普遍的表达,希望为那些依然相信人类进步之可能的少数残留者普遍代言。华兹华斯则准备宣布:他依然乐观,且理由充分——

> 在这恐怖的年月,
> 希望的田野化作苍凉的荒原,
> 周围弥漫着麻木与冷漠,还有
> 恶意的笑声,不知何故,各派中的
> 正人君子纷纷堕落,变得
> 自私自利,却美其名曰追求
> 安静祥和或天伦之乐,还并非
> 无意地冷嘲热讽那些幻梦
> 尚存的魂魄。如果说在这沮丧
> 与退缩的时代,我尚未对人性绝望,
> 尚擎持着那种胜似罗马人的信念,
> 一个永不衰惫的信仰,我逆境中的
> 依托,我生命的万幸——这都是因为
> 你们的恩泽,你们,天风与麦鸣的
> 落瀑! 都因为你们,千山万壑!
> 啊,大自然,你的恩泽! 是你
> 为我崇高的思索提供食粮;在你的
> 怀抱中,为了我们这不安的内心,
> 我能找到最纯净的激情和永不衰替的
> 欢乐之道。[74]

这些诗行直接关系到隐居格拉斯米尔的决定。一七九八年,华兹华斯在《隐士》中直面自己的命运,并承认这将是他毕生的创作。但是,这个任务的性质,以及完成它所必需的资质,都在《废毁的茅舍》和商贩片段的创作挣扎中缓缓浮现。当他思索着这些问题,一七九九年《序曲》渐渐浮现。《丁登寺》的自信和神话提供了一种范式,华兹华斯便以此呈现自己的人生:一种神圣的力量引导着他,培养他的创造力,给予他许多特权;作为回报,他必须投身于伟大的任务。然而,华兹华斯的生命轨迹显然充满偶然,不符合诗中自幼年起就冥冥存在的宿命。一七九九年十二月,他行动起来,决心使个人的生命与诗人的生命天衣无缝、完美统一。他选择了这一使命。他那"胜似罗马人的信念"将成为《隐士》和他毕生诗歌的基石。185 他选择了他的家,故意和政治中心伦敦保持距离,但这并非从"真实的世界"中消极退隐,而是在大自然的基本形态中积极投身于一种朴实无华、倾心奉献的一生。他的榜样不是库珀,那饱受煎熬的离群之鹿;而是弥尔顿,在寂静的霍顿潜心钻研,将一生献给高尚的事业。[75]

重返湖区是个重要的决定。华兹华斯的人生一直缺少方向和成功,无论世俗世界还是艺术与精神世界。从现在起,他将证明一七九九年《序曲》结尾的自信。他冒着全部风险进入一八〇〇年:需要向他的家人、柯尔律治、卡尔弗特和平尼兄弟——当然首先是他自己——证明:他是被选中的宠儿,从未荒废他的天赋,也未忽略他的天职。

而且,他深知自己所做的一切至关重要。迁居格拉斯米尔后不久,华兹华斯就通过"《隐士》之纲要"迎接前方的挑战。这些诗行直到一八一四年他准备出版《漫游》时才公之于世。他骄傲地将稍加改动的诗文纳入《漫游》的序言,"作为全诗[即《隐士》]构思和范畴的纲要",也证明了该诗诞生于崇高的心境。[76]华兹华斯以高超的文学手法和卓绝的胆识援引为使命献身的弥尔顿——这"人中至圣":"但求解语者,不畏知音希!"或许,华兹华斯也将分享弥尔顿的孤独,因为这部尚未完成的

诗歌将超越《失乐园》的雄心。华兹华斯宣布,耶和华,地狱,混沌,黑夜,死亡——这一切都不会引发下面这种恐惧和敬畏:

> 当我洞察自己的灵魂,
> 洞察人类的灵魂,我常徘徊
> 之地,我的歌的主要音域,
> 那时,我常感到恐惧与敬畏。

弥尔顿的主题是失去的乐园。华兹华斯的则是失而复得的乐园:

> 乐园,极乐世界的
> 仙林,大海深处与世隔绝的
> 福岛,谁说它们只是一段
> 历史,或一场梦境? 一旦心灵
> 与外部的事物相爱联姻,将发现
> 这些不过是日常的产物。

但是,不同于此前庄严肃穆的语调,"纲要"结尾的语气变得更加感人: 186

> 哦,伟大的上帝,
> 除了向你,我不能这样祈祷:
> 纯真强大的圣灵,愿我的生命
> 描绘一幅更美好的时代图景;
> 更明智的渴望,更简朴的举止,
> 愿真正的自由滋养我心,所有
> 纯洁的思想与我同在,支撑我直到终点。[77]

当他开启格拉斯米尔的生活,他感到一场生活实验即将开始:生活与艺术应该互相扶持,彼此激励。他的艺术使命已然决定他的人生选择:他也希望,他的生活方式将证实他通过诗歌所传达的价值是真实不虚的。

注释

[1] 柯尔律治致萨拉·柯尔律治,1798 年 9 月 18 日,《柯尔律治书信集》,第一卷,第 416 页。

[2] 约翰斯顿,《隐秘的华兹华斯》,第 449 页。

[3] 注意刊发于《年度记录》(第 41 期〔1799〕,第 224-225 页)的《英国下院秘书委员会报告,1799 年 3 月 15 日》,其中评论道,汉堡"长久以来一直容纳着从英国或爱尔兰逃离的不满人士,他们逃到这里,要么是出于对叛国行为后果的恐惧,要么是为了辅助叛国的密谋"。

[4]《隐秘的华兹华斯》,第 442-450 页。

[5] 见柯尔律治在 1798 年 9 月 18 日至 11 月 26 日期间的所有信件,《柯尔律治书信集》,第一卷,第 415-449 页。

[6] 华兹华斯对其会面的描述,见《文集》,第一卷,第 87-98 页。柯尔律治更加生动的描述,见他写给托马斯·普尔的信,1798 年 11 月 20 日,《柯尔律治书信集》,第一卷,第 441-445 页。关于诗歌语言,克洛普斯托克的观点与华兹华斯即将形成的观点非常不同,他送给华兹华斯一本约翰·艾伯特的《书信与杂诗》(1795),现藏于华兹华斯图书馆。两位诗人确有一个共同点——喜欢滑冰。在一篇有趣的文章《华兹华斯、克洛普斯托克与关于滑冰的诗歌》中,詹姆斯·艾德勒指出,克洛普斯托克"以滑冰著称",是他"开创了滑冰诗歌的风尚"。见《泰晤士报文学增刊》,2018 年 12 月 7 日,第 15 页。

[7] 柯尔律治致萨拉·柯尔律治,1798 年 9 月 18 日,《柯尔律治书信集》,第一卷,第 417 页。

[8] 柯尔律治致托马斯·普尔,1798 年 10 月 26 日,《柯尔律治书信集》,

第一卷,第 435 页。

[9] 威廉·泰勒翻译的伯格作品《蕾诺拉》和《窈窕淑女》发表在 1796 年的《月刊》上,1797 年 3 月,华兹华斯从洛什那里得到这期杂志。华兹华斯在汉堡还买了伯格的《诗集》(1796)。见《早期书信》,第 233 页注释 3。邓肯·吴,《华兹华斯的阅读:1770-1799》,第 20-21 页;伍夫与希伯伦,《向着丁登寺》中的插图,第 33、70 页。

[10] 柯尔律治致萨拉·柯尔律治,1798 年 11 月 8 日和 26 日,《柯尔律治书信集》,第一卷,第 439、445 页。

[11] 柯尔律治致萨拉·柯尔律治,1799 年 3 月 10 日,《柯尔律治书信集》,第一卷,第 475 页。

[12] 柯尔律治对莱辛的描述,柯尔律治致本杰明·弗劳沃,1796 年 4 月 1 日,《柯尔律治书信集》,第一卷,第 197 页。

[13] 华兹华斯致约书亚·韦奇伍德,1799 年 2 月 5 日,《早期书信》,第 249 页。

[14] 华兹华斯致约书亚·韦奇伍德,1799 年 2 月 5 日,《早期书信》,第 249 页。

[15] 华兹华斯致柯尔律治,[1799 年]2 月 27 日,《早期书信》,第 254 页。

[16] 多萝茜致柯尔律治,[1799 年]2 月 27 日,《早期书信》,第 252 页。他们的行动可能曾记录在日记里,但今已散佚,不得而知。柯尔律治在写给托马斯·朗曼的一封信里有所提及,1800 年 12 月 15 日,《柯尔律治书信集》,第一卷,第 654 页。

[17] 见《年谱》,第一卷,第 264-265 页,里德考察了少得可怜的证据,认为在此期间,华兹华斯兄妹两度到哥廷根看望柯尔律治。

[18] 柯尔律治致萨拉·柯尔律治,1799 年 4 月 23 日,《柯尔律治书信集》,第一卷,第 484 页。

[19] 华兹华斯致约书亚·韦奇伍德,1799 年 2 月 5 日,《早期书信》,第 249 页。

[20] 多萝茜与华兹华斯致柯尔律治,[1798 年 12 月 14 日或 21 日],《早期书信》,第 242 页。

[21] 柯尔律治致华兹华斯,[1798 年 12 月初],《柯尔律治书信集》,第一卷,第 451 页。华兹华斯与多萝茜致柯尔律治,[1798 年 12 月 14 日或 21 日],《早期书信》,第 236 页。

[22] 柯尔律治致萨拉·柯尔律治,1799 年 1 月 14 日,《柯尔律治书信集》,第一卷,第 459-460 页。

[23] 柯尔律治致托马斯·普尔,1799 年 4 月 6 日,《柯尔律治书信集》,第一卷,第 479 页。

[24] 华兹华斯与多萝茜致柯尔律治,[1798 年 12 月 14 日或 21 日],多萝茜致 ?,[约 1799 年 2 月 3 日],《早期书信》,第 236、247 页。

[25]《文集》,第一卷,第 99-107 页。

[26]《法国革命沉思录》,L. G. 米歇尔编,第 64 页。

[27] 华兹华斯致约书亚·韦奇伍德,1799 年 2 月 5 日,《早期书信》,第 249 页。

[28] 关于手稿、讨论和誊写,见 1799 年《序曲》,第 3-9 页,第 71-119 页。引文将出自"阅读文本",第 121-130 页,不再另行说明。引文如不出自这个手稿,将参照 1799 年《序曲》"阅读文本"标出相应的诗行,第 39-67 页,或标以本诗集中的其他页码。

[29] 1799 年《序曲》,I. 288-294。

[30] 1799 年《序曲》,I. 450-464。

[31] 引自《早期书信》,第 254 页注释 2。11 月 22 日,玛格丽特·斯佩丁写信给她的哥哥威廉,谈到 9 号来访的华兹华斯和柯尔律治,她评论道:"我不认为华兹华斯在文学上能有多大建树——他和……柯尔律治出过一本诗集,叫作《抒情歌谣集》——为了赚四十英镑来实现他们的欧陆之旅——但这些诗真的是风格诡异,如果人人都和我同感,他们赚不够旅费。"(华兹华斯图书馆)

［32］理查德·华兹华斯致巴希尔·蒙塔古,1799 年 5 月 14 日,《早期书信》,第 678 页。

［33］华兹华斯致约瑟夫·科特尔,［约 1799 年 5 月 20 日］,《早期书信》,第 259 页。

［34］理查德·华兹华斯致华兹华斯,1799 年 5 月 15 日,《早期书信》,第 674 页。

［35］华兹华斯致约瑟夫·科特尔,［1799 年］7 月 27 日,《早期书信》,第 267 页。

［36］华兹华斯致柯尔律治,［1799 年］2 月 27 日,多萝茜致克里斯托弗·华兹华斯,1799 年 2 月 3 日,《早期书信》,第 256、246 页。

［37］华兹华斯致亨利·加德纳,1798 年 10 月 3 日,《早期书信》,第 232 页。

［38］华兹华斯致约瑟夫·科特尔,［1799 年］6 月 2 日和 24 日,《早期书信》,第 263、264 页。

［39］华兹华斯致科特尔,［1799 年,日期不详］,《早期书信》,第 267-268 页。骚塞的书评发表在《批判性评论》,第 24 期(1798 年 10 月),第 197-204 页。见伍夫,《批评遗产》,第 65-68 页。

［40］华兹华斯致科特尔,［1799 年］6 月 24 日,《早期书信》,第 264 页。

［41］华兹华斯与多萝茜致柯尔律治,［1799 年］12 月 24 日［和 27 日］,《早期书信》,第 281 页。

［42］柯尔律治致托马斯·普尔,1799 年 1 月 4 日,《柯尔律治书信集》,第一卷,第 454 页。可悲的是,很多信件似乎都遗失了。柯尔律治告诉萨拉:"我常常收到华兹华斯的来信,因为在这个国家,相距五十英里的信件往来只需一天一夜即可,迅捷的传递!"见 1799 年 1 月 14 日,《柯尔律治书信集》,第一卷,第 459 页。

［43］柯尔律治致托马斯·普尔,1799 年 1 月 4 日,《柯尔律治书信集》,第一卷,第 454 页。华兹华斯与多萝茜致柯尔律治,［1798 年 12 月 14 或 21 日］,《早期书信》,第 238 页:"你兴致勃勃地说起滑冰的娱乐——那当然是一项愉快

的活动,在北英格兰的山间,我们想要诱惑你来的地方,你可以尽情地滑冰,拥有得天独厚的优势。"

[44] 柯尔律治致托马斯·普尔,1799 年 5 月 6 日,《柯尔律治书信集》,第一卷,第 490 页。

[45] 同上,第 491 页。

[46] 多萝茜致托马斯·普尔,1799 年 7 月 4 日,《早期书信》,第 266 页。

[47] "你的舅舅给你留下一百英镑,遗嘱中没有提别人的名字。"华兹华斯告诉多萝茜。见 1799 年 11 月 8 日,《早期书信》,第 271 页。约翰和克里斯托弗都参加了克里斯托弗舅舅的葬礼,只有华兹华斯没有,可见他对舅舅的感情。

[48] 华兹华斯致多萝茜,[1799 年 11 月 8 日],《早期书信》,第 271 页。柯尔律治对这个旅行的反应,见《柯尔律治笔记》,第一卷,第 510-555 条。

[49] 柯尔律治致多萝茜,[约 1799 年 11 月 10 日],《柯尔律治书信集》,第一卷,第 543 页。柯尔律治对约翰的评价很正面:"你的弟弟约翰和你们一样。他默默地发挥其独有的心智,深沉的情感,灵敏的触觉,对真与美有着敏锐的直觉。我对他很感兴趣。"

[50] 引自《年谱》,第一卷,第 281 页。

[51] 柯尔律治致多萝茜,[约 1799 年 11 月 10 日],《柯尔律治书信集》,第一卷,第 545 页。

[52] 华兹华斯致多萝茜,[1799 年 11 月 8 日],《早期书信》,第 271 页。"洛先生的白色宫殿——见鬼! ……讨厌的白墙。"柯尔律治在他的笔记第 511、514 条中说。华兹华斯对布雷斯威特度假别墅的反应,见《华兹华斯的霍克斯海德》,第 378 页。

[53] 1799 年《序曲》,II. 37-39。

[54] 华兹华斯致约瑟夫·科特尔,[约 1799 年 5 月 20 日],《早期书信》,第 259 页。

[55] 关于约翰·华兹华斯一生的同情性叙述,见《约翰·华兹华斯书信集》,卡尔·H.凯查姆编(伊萨卡,1969)。以下简称《约翰书信》。

[56] 华兹华斯致多萝茜,[1799 年 11 月 8 日],《早期书信》,第 272 页: "……你会觉得我的计划很疯狂,我想在[格拉斯米尔]湖畔盖一幢房子。约翰会给我四十英镑买地……"

[57] 同上。

[58] 华兹华斯在 1805 年《序曲》7.4 称之为"欢乐的引言",它构成了第一卷的前五十四行。

[59] 华兹华斯与多萝茜致柯尔律治,[1799 年]12 月 24 日[和 27 日],《早期书信》,第 280 页。

[60] 同上,第 274 页。多萝茜致博蒙特夫人,1804 年 4 月 13 日,《早期书信》,第 467 页。这个村舍曾经是一个名为"白鸽与橄榄枝"的客栈。华兹华斯从泰兰德(今戴兰德)的约翰·本森处租得此房。詹姆斯·洛什 1800 年曾来拜访,说华兹华斯兄妹"一年只需付五英镑租金,缴六先令的税"。然而多年后,华兹华斯忆起,租金是一年八英镑。见《多萝茜日记》,第 164 页。

[61] 关于这部诗的形成以及手稿情况,见 1799 年《序曲》,第 20–34 页。

[62] 柯尔律治致华兹华斯,1798 年 12 月 10 日,《柯尔律治书信集》,第一卷,第 453 页。

[63] 1799 年《序曲》,II. 242–249,317–320。"幸运的婴儿"片段在 267–310 行。

[64] 引文出自 1799 年《序曲》,II. 243,409,410。在《英国浪漫主义与心灵科学》(剑桥,2001)中,艾伦·理查逊引用了赫尔德《论人类历史哲学》(1784;译本,1799)中的一个段落,与"婴儿"片段异曲同工。这就"将华兹华斯置于他那个时代最大胆的思想冒险之一——与博物学、生理学、生态学一起,对人性进行重新研究"。(第 66–67 页)

[65] 柯尔律治致托马斯·普尔,1799 年 4 月 6 日,致萨拉·柯尔律治,1799 年 4 月 8 日,《柯尔律治书信集》,第一卷,第 479、482 页。

[66] 1799 年《序曲》,II. 249–256。

[67] 柯尔律治致华兹华斯,1799 年 10 月 12 日,《柯尔律治书信集》,第一

卷,第 538 页。

[68] 见 1799 年《序曲》,第 27 页。

[69] 1799 年《序曲》,II. 448-460。

[70] 华兹华斯对詹姆斯·托宾的宣告,[1798 年]3 月 6 日,《早期书信》,第 212 页。

[71] 1799 年 1 月,麦金托什(1803 年受封骑士)只出版了《关于自然法则与国家法律的讲座》系列的日程安排。他在林肯律师学会的实际讲座情况,见罗伯特·詹姆斯·麦金托什,《詹姆斯·麦金托什爵士阁下的人生回忆录》(两卷,1835),第 99-123 页。编者承认,他父亲的"热情"常使人抱怨。他为父亲的观点转变进行辩护,声称当法国大革命改变方向时,詹姆斯爵士依然坚守他的原则。值得注意的是,华兹华斯在 1821 年 12 月 4 日写给詹姆斯·洛什的信中也这样自我辩护。见《晚期书信》,第二卷,第 96-99 页。关于麦金托什的全面论述,见约翰斯顿,《不寻常的嫌疑犯》,第 205-223 页。

[72] 威廉·海兹利特,《詹姆斯·麦金托什爵士》,见《时代的精神》(1825),《海兹利特全集》,第十一卷,第 98 页。

[73] 柯尔律治致华兹华斯,[约 1799 年 9 月 10 日],《柯尔律治书信集》,第一卷,第 527 页。

[74] 1799 年《序曲》,II. 478-496。

[75] 威廉·库珀,《任务》(1785),III. 108-111:"我是饱受煎熬的离群之鹿;/我心脏的一侧被多支利箭 / 深深射中,我痛苦,只想 / 在遥远的树荫静静死去。"

[76] 引文出自《漫游》(1814)的序言。"纲要"的写作日期无法确定。最有见地的论述,以及最早的手稿文本,见《安家格拉斯米尔》,第 19-22 页,第 255-263 页。另见《年谱》,第二卷,第 656-665 页;乔纳森·华兹华斯,《关于人类、自然与人间生活》,《英语研究评论》,第 31 期(1980),第 2-29 页。我同意后者的结论,即"纲要"大约写于 1800 年 1 月。

[77] 引文出自现存最早的"纲要"手稿,见《安家格拉斯米尔》,第 255-267 页。

第二部分　行道中流

我问起诗人一词的含义？

诗人是什么？

（《抒情歌谣集》序言,1802 年）

第七章 一八〇〇至一八〇二

一

格拉斯米尔"让人想起拉塞拉斯的欢乐谷",威廉·威尔伯福斯如是说。他并没有细想约翰逊寓言的含义,只是在回应格雷早先的评论,这是一个"尚未被发现的小小天堂"。[1]原因很明显。格拉斯米尔三面环山——北面和东面是丹美尔峰、石亚瑟和法菲尔德峰,西面为海尔姆崖和希尔沃峰,从其中任何一座山,尤其是湖泊南端的希尔沃峰和红岸望去,湖水和以钟楼为标志的村庄似组成一幅生动美丽的画卷。即使在更加开阔的南面,通往苍苔公地小山坡的道路将人们的目光从西北方的宏伟景象引向低处巷尾的一组院落,使画面平衡和谐。[2]从他们的村舍,华兹华斯兄妹可以眺望一个草场,与不远处的湖泊相接。只需看一看德昆西对客厅的描述:"从地板到天花板都镶着漂亮的深色橡木板",淡淡的光来自"一扇天然去雕饰的乡村小窗,有小小的菱形窗格,一年四季有玫瑰遮荫",你会以为华兹华斯兄妹搬进了一座现成的田园。[3]但现实并非如此。他们在霜冻季节抵达——华兹华斯很快就在附近的莱德尔湖上滑冰了——这栋六间屋的村舍足以纳入雷斯冈或阿尔弗克斯顿住所的任何一层。潮湿,阴暗,几乎家徒四壁。他们首要的任务就是把这里变成一个家。

尽管兄妹俩都感冒了，多萝茜"牙痛难忍"，但他们还是粉刷、装修了房屋，因为他们下定决心要打造一个令人满意的家。[4]多萝茜立即梦想"在我们家中的小山坡上有一座凉亭"，后来如愿修建了。华兹华斯决定在房前围起一小块地，他说，部分原因是"为了种一些花，使这里更像我们自己的家"。他们和附近的邻居聊天，知道了去哪儿买食物，并一致发现，这些乡邻"心地善良，坦率豪爽，谦卑助人但绝无卑贱"。他们告诉柯尔律治，这里"各行各业的人"都有一种纯洁无染的仪度。言语之中不无得意，证明北迁之正确。不必雇佣仆人，因为莫莉·费舍尔就住在马路对面塞克塞德的兄嫂家，她很高兴每天过来干几个小时，一周赚两先令，星期六还可以留下来吃饭。[5]

然而，若想有家的感觉，光缝制床帏、清理水井是不够的。入住几天后，华兹华斯告诉柯尔律治，他打算在屋前修一个花园，原因如上。但除此之外，他还另有原因："此外，如果我想向那些无生命的事物表达感激之情，这是不是异想天开？一个人出于感激为他的房子做些事情，就像为他的恩人一样，这是不是健康的乐趣？"这一想法耐人寻味。"与外在的事物相爱 / 联姻"，华兹华斯甚至让村舍的石壁石瓦与屋檐下的栖居者亲密结盟。[6]在格拉斯米尔的岁月中，他始终如此，但尤以一八〇〇年最为强烈，此时，他正努力将这个地方融入他的想象，使这里属于他，以便真正安家。

《安家格拉斯米尔》是一八〇〇年初华兹华斯潜心创作的一部长诗。[7]尽管作者后来把它当作《隐士》的第一卷，但这部诗的缘起显然是庆祝自己有幸来到此地，并通过想象的笔触，把握这里的特征。回归格拉斯米尔实现了童年的梦想，并与早年的自我重续联系。当华兹华斯向"那山脊""那边的灰石""那座村庄"挥手致意，他使用了表示宗教喜悦的词汇——"极乐"，"喜乐"，"恩泽"，"无与伦比的恩典"。今生是通往救赎的考验这一信念也更加坚定，因为华兹华斯认为，连续两个月的暴风雪是山谷"对我们心性的考验"，而结果表明他们值得山谷的厚爱。那么，他们现在有资格享有何等幸福呢？

那是

　一种庄严、美丽与安详之感，

　一种融合天地造化的神圣，

　正因如此，这个独特的地方，

　这个众人栖居的方寸之地，

　成为一处归宿和最终的幽居，

　一个中心，无论你来自哪里；

　一个独立的整体，完好无缺，

　自给自足且自得其乐，

　尽善尽美也浑然天成。

拥抱格拉斯米尔的冲动，使之与新居民建立活跃关系的热望，促成了这一时期的另一组诗歌：《地方命名诗》。这些诗大多讲述诗人在当地新发现的快乐，比如：

我朝着

　小溪的上游漫步，内心迷茫，

　对一切都敏感，将一切都遗忘。

　最后，我来到一个陡急的岔口，

　在这绵延不绝的山谷中，

　一路热情的小溪奔下岩石，

　发出悦耳动听的声响，

> 我听到的一切都如日常的
> 笑语欢声：飞禽，走兽，羊羔，
> 牧犬，朱雀，歌鸫，都与瀑布
> 一比高低，汇成一首歌曲，
> 当我聆听，它仿佛地上的野生植物
> 或空中的天然产物，
> 永远不会停息。[8]

相比之下，《一条狭窄粗粝的石堤》却让诗人如梦方醒，不再自鸣得意地认为能够解读新居地的秘密。但所有这些诗都有一个特点：每一首都记录了一个命名时刻。在这些自古沿用的山川溪流地名之上，诗人加上自己的名字，以及他深爱之人的名字——多萝茜，玛丽·哈钦森，及其妹妹乔安娜。

　　《致乔安娜》的高潮部分是一连串咒语般的山谷回音，犹如点名一般依次回应着乔安娜的笑声：海尔姆崖，海玛崖，希尔沃峰，拉芙里格峰，法菲尔德峰，海芙琳峰，斯基多，格拉拉玛拉。所有这些地点都可以在地图上找到，但当这首诗发表在一八〇〇年《抒情歌谣集》时，许多读者一定对这组执意列出的生僻地名表感到困惑，也会对下面这行诗句感到茫然："古老的女人坐在海尔姆崖上"，直到看见华兹华斯的注释才知道这不是指某个人，而是岩石的形状。格拉斯米尔时期最好的诗《迈克尔》同样以一种不妥协的方式开篇：

> 如果，你从公路上移开脚步
> 沿着格林海德峡谷的激流而上……

然后，他继续使用了一串地名。在发表的版本中有丹美尔高地，伊兹岱尔；在未发表的草稿中，还有海芙琳、瑟尔米尔、法菲尔德、达夫崖、格里斯岱尔湖，等等。[9]这些地名表明了华兹华斯的用意。在《安家格拉斯米尔》中，当他思索着当地居民的经历，发现他们同样承受着人类苦难的命运，于是认识到世外桃花的神话只是一种欺骗，于是将之抛却。诗中他一度感叹：

有没有一种
艺术、一段音乐、一股文字①
即是生活，那公认的生活的语声？
它将讲述乡间发生的事情，
那确实发生或切身感到的实在的善
和真正的恶，尽管如此，却甜美依旧，
比最甜美的管笛随意吹奏的田园
幻想曲更加悦意，更加和谐？[10]

《迈克尔》即是华兹华斯对"田园幻想"的回答。这是一首英格兰田园诗。每一个学童都知道，在忒奥克里托斯和维吉尔的诗中，羊儿在哪里吃草。现在，华兹华斯将田园诗重新定位于湖区的山峦。蒲柏曾写过达芙妮、才子斯特雷芬、达蒙等田园诗人物，他坚守着这一体裁的要求："我们必须发挥想象，使田园诗娱人；这就要求我们只发掘牧羊人生活美好的一面，而掩盖其悲惨部分。"[11]然而，华兹华斯笔下的迈克尔、伊莎贝尔和路加，他们的生活都离不开日以继夜的不懈劳动，以仅有的一点土地为生。到头来，他们的劳作被人忘却，了无痕迹，除了那棵橡树

---

① "一股文字"，原文是"a stream of words"，与第628行的"一股溪流"（a stream）呼应。

> 生长在他们门前,还有
>
> 格林海德峡谷激流旁
>
> 未完成的羊圈……

193　但他们在回忆中幸存,并在诗歌中永生。华兹华斯通过诗歌拉近与格拉斯米尔的距离,《迈克尔》是这些诗中最伟大的一首。他认为在这片土地上找到了刚毅、忠诚与爱。这首诗也是对这些价值的最佳礼赞。

二

在《安家格拉斯米尔》中,华兹华斯幻想那迎接他们抵达鸽舍的恶劣天气是对其信念和决心的考验。他们是"来自凡间的一对",是否配得上"步履所趋的圣洁之地"?是的,诗人自信地宣布,两个月来的暴风雨已"考验了他们的心性",证明了他们的忠实。

在此,乃至在整部诗歌中,华兹华斯始终强调新生活的所有层面都彼此关联。但在亲友看来,这一举动未免鲁莽。有些人甚至认为这是从红尘俗务和谋生之责中隐退。但《安家格拉斯米尔》坚称,诗人知道自己之所为,并对此怀有至高的理想;他也知道这一切充满挑战,更知道挑战将成为生活与艺术的动力。他呼唤缪斯——如同《失乐园》中的弥尔顿——并祈求:

> 你的指引,教我明辨区分
>
> 必然与偶然,教我区分
>
> 永恒与短暂,我的诗将永存,
>
> 如同天上的明灯,迎接

未来的人类！

但在全诗的结尾，我们听到的不再是一位诗人预言家的钧天广乐，超凡脱俗，而是更亲切的声音，诗人希望自己的人生能"体现更美好的时代图景；／ 更明智的渴望，更简朴的举止"。安家格拉斯米尔是一种生活实验，生活与创作必须彼此证明。[12]

　　在《废毁的茅舍》中，玛格丽特与罗伯特的幸福体现在操持家务、整理花园的描写上。尽管他们的茅舍朴素，却也披着"家常花朵的外衣 ／ 诸如玫瑰和茉莉"。位于巷尾的华兹华斯家也是这样。入住九个月后，多萝茜向简·波拉德(即约翰·马绍尔太太)汇报：

194

　　　　村舍虽然很小，对我们来说已经够大。我们把室内布置得整洁舒适，室外也打理得非常漂亮，虽然今年只种了玫瑰和忍冬，但院子已遍地绿叶红花，因为我们让红豆英顺着线攀爬，不仅美不胜收，而且非常实用，果实累累，取之不尽。[13]

"美不胜收，非常实用"——这些文字或可成为鸽舍未来图景的标题。华兹华斯和多萝茜修建了一个花园，可以养花种菜，湖区的土含有沙石，干起来非常辛苦。果园被整修一新。水井也清理干净。他们还开辟了几条石阶小径，也及时建好了凉亭。两位园丁都变成博学的植物学家，大量参考威廉·韦泽英的《英国植物纲目》(1796)，这是一八〇〇年八月从伦敦订购的，同时还有一个植物显微镜。[14]当多萝茜记录着改造的辛劳和创造的快乐时，劳与逸，读与写，独处的喜悦与彼此的陪伴总是融为一体。比如一八〇二年三月十七日这篇日记：

　　　　威廉到果园完成了这首诗。鲁夫太太和奥利弗太太来访。我和奥利弗太太走到苍苔公地的山上——遇见奥利弗先生,我去他们家做客,他给了我一些肥料。我去找威廉,坐在他身边,和他在果园踱来踱去,直到吃饭时间——他给我读他的诗。我烤了牛排。

果园后来被写入一首活泼的小诗,是华兹华斯一组抒情诗的序诗。开篇写道:"果园的小路,踱来踱去 / 永远有你,和我一起, / 编织诗歌,收获无尽!"[15]

安家格拉斯米尔是一种恩惠,华兹华斯在同名诗歌中说,胜过"在极乐的伊甸园树荫下"被赐予的恩惠,因为,他现在拥有

> 曾经叹求的
> 上好财富,久远的念头实现,
> 亲爱的梦想以最大限度成真,
> 是啊,而且比期待的更多。[16]

195　华兹华斯找到真正的"归宿",喜悦之情体现在全诗结尾给多萝茜的献词中,这再合适不过。妹妹早已成为他生命的一部分,但此时此刻,华兹华斯似比以往更加强烈地感到,他的幸存、幸福与使命感都归功于她——不仅在于她的支持、辛苦劳作和无怨无悔的忘我付出,还因为她整个人都纯洁美好。《安家格拉斯米尔》中最美的诗行记录了他的感激之情:

> 我的目光从未
> 停留于美好的事物,我的心
> 也从未陶醉于快乐的念想,
> 但此刻我与她共享这珍爱之家,

她就在我身旁或者不远处，

无论我的脚步转向何方，

她的声音如隐蔽的小鸟歌唱；

想起她，就像想起一道光，

一种无形的陪伴，一缕

不假风力而弥散的芬芳。[17]

尤其令人高兴的是，约翰也为他们的新生活而振奋。一月底，这个"永不停息的海上朝圣者"趁出海的空档来到这里，似乎完全投入了巷尾的生活。同样，他也感到这是将生命碎片重新编织起来的机会。多萝茜忆起他曾"骄傲地在地板上蹀步……心中充满喜悦——他父亲的孩子们终于再次拥有一个共同的家园了"。[18]他栽种，散步，钓鱼，探险，为村舍添加便利。二月底，玛丽·哈钦森来做客，待到四月初。她记得，正是约翰最先"领我参观这里我爱的一切"。[19]有一个地方，他尤其喜欢，遂据为己有。约翰生性腼腆——华兹华斯说，他们的父亲"过去总是叫他艾贝克斯——意为北山羊，百兽之中最害羞的一种"——他总是到巷尾的山上，那里有静谧的冷杉林。[20]当华兹华斯发现弟弟在树木间踏出的小路，他为约翰写了一首诗《当我初次来到这里》，记下这份喜悦。这首诗很美好，但鲜为人知。诗中，华兹华斯称弟弟为"沉默的诗人！"，因为他"心灵敏锐……耳听八方 / 还有盲人触觉般的目光"。在他死后，多萝茜最清楚地记得这些品质，"他的眼睛如此敏锐，从不放过任何差别；他的感觉如此细腻，从不徒劳观察事物"。正是这些品质使约翰不仅"完全分享我们的一切快乐"，而且也理解、支持华兹华斯作为诗人想"为世界做些什么"的愿望。[21]九月二十九日，约翰离开他们，很快成为阿伯加文尼伯爵号的船长。当他们在格里斯岱尔湖和他道别时，约翰已经成为这个家庭群体——华兹华斯兄妹，哈钦森姐妹，柯尔律治一

196

家——不可缺少的一员,巷尾的这个房舍也成为他情感的中心。他们不知道,他再也没有回来。

"上帝保佑,愿华兹华斯重返阿尔弗克斯顿,"一八〇〇年三月,柯尔律治对普尔说,"这么好的社群确实是无价之宝——只是他再也不会离开北英格兰了。"[22] 这么现实的估计让柯尔律治别无选择。四月六日,他抵达湖区,五月四日离开时,已在凯西克为他的家人找到一所房子。六月二十九日,柯尔律治、萨拉和哈特莱挤进巷尾的鸽舍,在这儿住了近一个月。尽管柯尔律治一度因病卧床,他们还是度过了一段愉快的时光:散步,钓鱼,聊天,探险,似乎阿尔弗克斯顿时期的和谐有望重现。在一封信中,柯尔律治记录了一个特别愉快的夜晚:

> 在我离开格拉斯米尔的前一天晚上,我们在美丽的湖中小岛饮茶。茶壶挂在冷杉枝上,在火焰上方荡来荡去。我躺着,看树林、山川、湖泊在松果红色余烬的轻烟中一起颤动,愈发美丽。后来,我们在湖边用赤杨丛点起熊熊篝火,只听到嫩枝在升腾的滚滚浓烟中喘息、啜泣。[23]

七月底,柯尔律治一家搬进格丽塔府。房子很漂亮,柯尔律治马上向葛德文炫耀:"试问,和我现在身处的这间屋相比,英格兰还有哪个房间能看到更美的山川湖泊树林山谷?"房子距凯西克镇中心不到半英里,萨拉对此很满意。哈特莱,"在杨树叶上跳舞的精灵",一如既往地欢快。[24] 房东威廉·杰克逊是个很有修养、自学成才的人,他的书可以供柯尔律治随意翻阅。威尔弗雷德·罗森爵士也允诺柯尔律治可以使用他的图书馆。[25] 无疑,柯尔律治进入了新的稳定期,可以继续杂志工作和更加宏大的文学计划;一想到只需卖力走上半天的路程就可以与华兹华斯交谈,他就更有信心。

其他朋友也以各自的方式帮助华兹华斯一家在格拉斯米尔扎根。 197
一八〇〇年整个夏天,他们与辛普森一家频繁见面,辛普森住在格拉斯
米尔外通往凯西克路上的高布罗德雷恩。詹姆斯·洛什夫妇九月来访,
是第一批客人——随后还有尤斯米尔的托马斯和凯瑟琳·克拉克森夫
妇;多萝茜老友简·波拉德的丈夫约翰·马绍尔;华兹华斯攀登阿尔卑
斯山的同伴罗伯特·琼斯;表兄托马斯·迈尔斯及其父;一个不大受欢
迎的客人,查尔斯·劳埃德,现在和妻子住在安布尔塞德附近的老布雷
泰;约翰·斯托达特,来住了近一星期;还有萨拉·哈钦森,她的欢乐与
聪慧让十一月和十二月的漫漫长夜充满生机。无论华兹华斯兄妹曾住
在哪里——风之岭,伦敦,雷斯冈,阿尔弗克斯顿——他们总是别人朋友
圈的附属品。如今,平生第一次,他们真正安顿下来,并将人们吸引到自
己身边。

三

华兹华斯义无反顾地在格拉斯米尔安家。他在《安家格拉斯米尔》
一诗中声明,隐居是"全心全意的选择",不是懦弱的沉沦,而是"壮志凌
云的理性行为"。[26]现在,一旦推进其文学事业发展的机遇出现,他会以
同样的坚决采取行动。

一八〇〇年六月,出版商朗曼提议再版《抒情歌谣集》。这是令人
惊喜的转折,因为,科特尔上一年将版权卖给朗曼时,朗曼曾认为《抒情
歌谣集》"一文不值"。但是,柯尔律治"对华兹华斯天才的热情宣传"说
服了朗曼,或许也有其他因素,使他同意商议新版,这将包括另一卷
新诗。[27]

严格地说,在一八〇一年一月二十五日最终出版的两卷诗集中,第

一卷是一七九八年《抒情歌谣集》的修订版,第二卷则是首次出版的诗歌。尽管如此,华兹华斯已经完全掌控了诗集,以至于在一八〇〇年《抒情歌谣集》中,一七九八年合作的努力仅存蛛丝马迹。两卷的扉页都宣称作者是"W.华兹华斯",重要的序言和注释进一步强化着他的身份。甚至排版和印刷设计也体现着他的决定。八月,华兹华斯就扉页、布局、顺序以及题词给出指示。十月,他又命人修改扉页,"即使已经顺利完工"。这些修改将抹去与《抒情歌谣集》相关的一切。短短几天后,他又提出进一步要求,涉及诗歌顺序,以及为某些诗歌分别设计扉页。比格斯和科特尔在布里斯托的印刷商们一定渐渐害怕这些颐指气使的信件,但它们还是来了。十二月十八日,华兹华斯为诗集的排版而焦虑——他坚称,第二卷必须以《迈克尔》结束——他也担心扉页的效果。他还坚持主张《迈克尔》应如何印刷,指的是某些字体的实际外观。在同一天的另一封信里,华兹华斯对出版商朗曼和雷斯重申他所理解的条款——"为了避免任何错误",审慎地确立了他对版权的立场,并强行提出他的"特别要求:诗集最后不能为其他书籍做广告。如果你已经给比格斯任何广告指示,请撤回这些命令……"命令的语气说明华兹华斯已经掌控了出版的方方面面。他将《抒情歌谣集》当作营销的商品,给朗曼出了个好主意,建议他给"文学界或政界要人送五六本书"。但他对诗歌的担心精确到最小的细节。至少到十二月十九日为止,他依然是印刷商的噩梦:

在《迈克尔》第一部分中部附近,你会看到这一行——

'*The Clipping Tree*, a name which still it bears'
[**剪羊毛树**,依然是它的名字]

拿出一支笔,将单词"still"(依然)改为"yet"(还),按照下面这样排印——

'*The Clipping Tree*, a name which yet it bears'
[**剪羊毛树**,还是它的名字]

同样这首诗,第一部分倒数几行,你会看到这一行——

'But when the Lad, now ten years old, could stand' &c
[但是当十岁的孩子能够承受]

用笔修改诗稿,按照下面这样排印:

'But soon as Luke, now ten years old, could stand.'
[但是一旦十岁的路克能够承受]

诗集发行后,《迈克尔》少了整整一节。华兹华斯称之为"令人遗憾的疏忽",但这很可能是印刷商的报复,因为六个月来,印刷商饱受折磨,不完美的书稿,自相矛盾的指令,反复出现。[28]

华兹华斯承受着巨大的工作压力。即使不需要创作新诗、撰写序言,在离印刷厂很远的地方准备和检查稿件,本来就令人焦虑,足以带来很大的负担。华兹华斯生病也就不奇怪了。柯尔律治认出这是精神压力的症状——"只要不费脑子,他就万事大吉——不然,他的左半身就会疼痛,无法进行任何创作"——但他也意识到华兹华斯的情况是多么严重。九月,他写道,"华兹华斯的健康每况愈下。"[29] 自然而然地,华兹华斯仿佛完全陷入了自己的世界。

　　旁人的帮助非常必要。他请求汉弗莱·戴维监督校样——戴维是一位杰出的科学家，但他本身也是诗人，有很多出版经验。多萝茜和萨拉负责誊清诗稿，再交给印刷商。[30] 华兹华斯最依赖的还是柯尔律治，先与朗曼谈判，再与比格斯和科特尔周旋，甚至代华兹华斯抄稿、写信。然而，华兹华斯这样做时，似乎很少考虑这位前合作者的感受。他一直认为《老舟子吟》的怪异毁了一七九八年版歌谣集（尽管事实上这一版已经售罄），就怂恿柯尔律治修改它的语言，并决定，这首诗不能再出现在第一册第一首的位置。华兹华斯还不满意，于是加了一条极有杀伤力的说明：

　　　　我必须告诉那些读者，他们之所以喜欢这首诗或其中的一部分，都要归功于我。这些话，我不吐不快。作者本人不希望我说出来，因为他意识到这首诗的缺点，也知道许多人很不喜欢它。我朋友的这首诗确实有严重缺陷。首先，主人公没有鲜明的个性，无论是作为水手，还是作为一个人——一个长期受制于超自然现象、从而自以为具有某种超自然能力的人。其次，他不行动，而是始终被行动。第三，这些事件没有必然联系，彼此脱节。最后，意象的堆砌过于拖沓造作。然而，这首诗也包含许多细腻的情感描写，每一处都栩栩如生。许多诗节都呈现出美丽的意象，并以非常恰当的语言表达出来。在格律方面，尽管音步本身不适合长诗，但韵律和谐，变化巧妙，将这一音步的力量和丰富性发挥得淋漓尽致……[31]

这个冰冷的评述与华兹华斯为自己的诗《山楂树》所写的长篇说明形成反差，后者热情地维护了这首读者公认最令人不安的歌谣。[32]
　　柯尔律治信件的编者指出，很可能"他在印刷前就看到了华兹华斯这无礼的说明"[33]，但另有证据表明，华兹华斯不愿让柯尔律治真正参与到新诗集中。柯尔律治的诗《爱》将取代华兹华斯的《囚犯》，但《爱》这首诗无足轻重。《克莉斯塔贝尔》则不同。为了完成这首诗，柯尔律治绞尽脑汁，还面临着为斯图亚特的《晨报》撰写政治文章的压力。然而，华兹华斯却删掉了它，声称："删掉这几页已印好的《克莉斯塔贝尔》是我的愿望和决定（无论代价如何，我自己承担）——我打算用其他诗来代替它。"[34]华兹华斯解释道："这首诗的风格与我自己的诗太不和谐，不适合与我的诗印在一起。"这个解释很合理，以至于柯尔律治都不断地重复它；但这个决定却标志着决裂。[35]第一版《抒情歌谣集》是阿尔弗克斯顿时期的高潮，但第二版属于格拉斯米尔，华兹华斯按照自己对新诗集的构想来操控它的创作。柯尔律治未能按计划为《地方命名诗》撰稿，这并不奇怪。同样不奇怪的是，年底，他惨淡地总结自己的身份：华兹华斯"是伟大的、真正的诗人——我只是个玄学家"。[36]

在一八〇〇年《抒情歌谣集》这件事上，华兹华斯对柯尔律治够霸道的。部分原因是柯尔律治也很让人抓狂。"你制订计划，就像鲱鱼产卵，"骚塞告诉他，"我只希望这些卵能够成活。"华兹华斯已经听够了柯尔律治撰写《莱辛传记》的计划及其《德国来信》，足以感到一种相似的恼怒，尤其是柯尔律治再次要求用华兹华斯的诗来完成自己承诺斯图亚特的任务。[37]另一部分原因是，他在无意识地抗拒柯尔律治永无休止的敦促：要他继续创作"他的伟大作品"。然而，最重要的原因是，华兹华斯已经下定决心，要用自己的声音对公众说话，他的诗集将体现一个连贯的身份和不容忽视的严肃目的。[38]

这个目的是什么，已在第一卷的序言中说明。华兹华斯晚年曾愤怒地声明："我对理论毫不在乎——序言是应柯尔律治的善意要求而写的。"但我们不能相信表面说法。[39]柯尔律治多产的理论性头脑一定有所贡献——一八〇〇年九月，他声称"序言包含我们对诗歌的共同看法"——但华兹华斯对理论的在乎可不是一星半点。[40]尽管一八〇二年他修改了序言,但那是扩写而不是删节。而一八一五年他出版第一部诗歌全集时,他不仅写了一篇全新的理论性文章,外加一篇补充文章,而且还重新刊印了《抒情歌谣集》序言。

兰姆对这种理论化感到不安,就告诉华兹华斯,他"希望这篇理论性序言单独出版。——作为**批评**,文中的所有观点都正确合理,大部分颇具新意。——但这些信条会**削弱**书中的诗歌,即声称这些诗是对大众品味的实验,而不是来自活生生的日常经历(它们本该如此)"。[41]但兰姆完全误解了华兹华斯的目的。他并不是在抽象地撰写批评理论,而是在总结自己阿尔弗克斯顿时期与格拉斯米尔时期的诗歌成就,证明这两本小册子中的诗歌"能给人类带来恒久的裨益和乐趣,拥有重要的伦理意义"。[42]

除了文学专业的学生,可能没有人会读《抒情歌谣集》(1800)序言,因此,人们很容易忽略这篇文章。然而,在华兹华斯的职业生涯中,在英国浪漫主义诗歌的历史上,这都是一篇重要文献。其重要性不在于阐释的力量,也不是美学的创新。华兹华斯从十八世纪关于原始主义、愉悦的性质、诗歌与散文的关系的讨论中吸收了熟悉的观点,但并未将其完善至一种更微妙或更确定的新层次。甚至有一些论点对华兹华斯本人来说也不是首创——商贩在底层人中的流浪,他为讲述玛格丽特的故事而辩护,关于伯格诗歌的讨论(给柯尔律治的信),这一切都预示了序言中的观点。在诗人如何写作、读者如何阅读的讨论背后,是曾经构成《我认为……并非无益》的心理模式。这篇文章也没有柯尔律治书信或《文学生涯》中常见的兴奋。在一系列否定之后,还剩下什么呢?归根结底,重点在于文中说了什么以及华兹华斯正在宣说。

华兹华斯的主要论点无疑有一种激进色彩。在一个关键段落,他宣布这些诗从"底层的乡村生活"选取素材,以便追溯"人性的基本规律",

然后提供了不少于十五条理由（还不算括号内和主句衍生的要点），证明在这样的素材中，诗人不仅接近人性的本质，也企及一种真正的"哲学语言"的源头。从句叠加着从句去论证一个包罗万象但方向明晰的论点。要寻求人类的基本关怀（"我们本性中那伟大而朴素的情感"）和永久有效的语言，不是要转向举止斯文、谈吐风雅的上流社会，而是要回归《西蒙·李》《兄弟》和《迈克尔》的世界。华兹华斯通过这些诗来重新定义田园诗，但这并不是纯粹的文学行为。作为诗人，他认识到艺术的正当手法和领域，也知道一首诗的首要任务是"产生即刻的愉悦"。同样，华兹华斯永远也不会空谈"纯粹的文学行为"。对他来说，诗歌是精神的代言人，否则什么都不是。他打破人们对这种特殊文体（也包括未来的其他文体）的期待——比如什么是合适的题材和处理方式，希望唤起读者的想象力，从而进入一个更具思想和精神活力的世界。在《抒情歌谣集》田园诗的背后有着同《隐士》计划一样博大的雄心。

尽管华兹华斯可能不屑承认，但在某些方面，这些观点使他更接近潘恩及其他为民主话语的事业奋斗的战士，也使一八〇一年的读者确信，华兹华斯确如海兹利特所说，是"使一切平等的缪斯"。[43]但华兹华斯也通过另一个相当不同的论点为他的诗歌辩护。他声明，读者将发现，他的作品与时下的诗歌不同，比如语言、题材，最重要的是主旨，即揭示人性中安静、朴素、为人忽视的层面。这是关于鉴赏力的诗歌，"其中情感的生发使事件和场景变得重要，而不是反之"。他断言，这样的诗歌比以往任何时候都更加必要：

> 因为，人类的心灵无需粗俗和强烈的刺激就能兴奋；若对此一无所知，更不知道一个人之所以高于另一个就在于这种能力，那么，他对于心灵的美与尊严一定知之甚微。对我而言，在任何时代，作家的最佳职责之一就是致力于培养或扩大这种能力。然而，这一职

责,尽管在一切时代都很重要,在今天却尤为如此。因为,史无前例,在我们的时代里,众多因素正在以一股合力钝化着心智的鉴赏力,使心灵不能发挥任何主动性,乃至退化到一种蛮荒的愚钝状态。这其中最显著的因素就是那每天发生着的国家大事和城市中急剧增加的人口,单调乏味的工作使人们产生对特别事件的如饥似渴,而信息的高速传播又能随时满足人们的需求。

这个强烈谴责成为十九世纪和二十世纪初英国文学史上的重要时刻。华兹华斯并未给出依据,证明城市人口的增长和报刊的蔓延会导致野蛮而非文明,也未证明"史无前例的因素"是否真正在运作。他只是坚称,诗歌有义务去抗衡当代文化中的这种趋势,而且,或许只有诗歌有此能力。无论正确与否,这个论点主张一个真正的作家应保持对抗的姿态。

对于华兹华斯本人来说,这也是最重要的时刻。《隐士》的崇高立意激发他来到格拉斯米尔隐居。在"纲要"中,他已经重申主题,并将自己与最伟大的说理诗人弥尔顿相比。然而,这部宏大的诗歌是柯尔律治的梦想和华兹华斯的秘密,只有少数人知道,直到一八一四年才公开。但华兹华斯并不想在完成《隐士》之前一直保持默默无闻。在《抒情歌谣集》中,他宣称自己不仅是一位创新的诗人,而且也是时代的监察官,通过谦逊的诗歌来关注道德和社会改革。出版这两卷诗集是决定性之举,建立了华兹华斯的名誉,宣告了他的志向,并且,与柯尔律治之愿相违,也决定了华兹华斯将被视为抒情和叙事的诗人。

华兹华斯迫切希望这些诗歌引起关注,不被误读,可见《抒情歌谣集》对他是多么重要。他的判断非常正确:政治家不会认为抒情诗有何政治意义。因此,在送给查尔斯·詹姆斯·福克斯诗集的同时,他还附上一封雄辩的书信,暗示尽管诗人和政治家致力于相似的目标,他希望福克斯能指出《兄弟》和《迈克尔》背后的目的,以及那些说明"衣着朴素之人感受至深"的诗歌所具有的社会含义。[44]对于兰姆,华兹华斯则希望,不用多说,他就能认识到《抒情歌谣集》的重要性。然而,当他收到兰姆的批评意见时,他的反应特别激烈。据兰姆说,他立刻收到"一封长达四页的汗津津的回信",继而又收到柯尔律治的"四页长信,同样汗津津,更加冗长乏味",目的是迫使他给出应有的欣赏。[45]华兹华斯的冒失揭露了真正的担忧:如果兰姆都看不到《抒情歌谣集》的意义,还能指望大众吗?

四

一八〇一年六月,华兹华斯知道一八〇〇年版《抒情歌谣集》成功了。当诗集只剩下一百三十本时,朗曼请他准备新版。[46]华兹华斯从这一版和上一版中只收到八十英镑稿酬——用约翰·华兹华斯的话来说,"不比诈骗好多少"——但如今,他觉得自己处在有利的谈判地位,于是告诉理查德:"一旦新版解决,版权将重归我有。我会仔细弄清楚书商的条约,我不会让他少给一分钱。"[47]蒙塔古的法律事业刚刚起步,还不能指望他还债。一八〇一年六月,华兹华斯从朗曼付给的稿酬中慷慨地拿出三十多英镑给了柯尔律治。所以,他现在手头依然拮据。不过,近年来,诗歌出版非常繁荣,华兹华斯相信,即使这些诗歌"建立在新理论和众人不愿接受的法则之上",他依然会在市场中赢得一席之地。[48]

然而,华兹华斯修订、再版一八〇〇年《抒情歌谣集》并不主要是出于商业考虑。他完全可以重印这两本诗集,只要将印刷商的所有疏漏改过来,但这绝不是华兹华斯的风格。不经审视就重印一首诗等于承认它已定型,而华兹华斯不能忍受"完成"的概念。他的手稿显示,他一生都在努力地使诗歌成形。草拟的诗文被抄写在一份稿纸上,但往往因为诗行之间的插入文字、删改和旁注而字迹难辨,只好再誊清一份,这个过程可以一直延续,即使印刷商已经印出初稿,依然不断受到作者毫不体谅的骚扰。首版只是按下了暂停键——诗歌暂时获得独立的身份——而此后的出版始终在更新这个过程,不断地刺激着新诗的创作和旧作的修订。一八〇一年四月,华兹华斯给安妮·泰勒寄去《流浪女》的修订列表,因为他说这首诗不符合他在序言中提出的原则,即"始终努力注视我的主题"。[49]由此可以看出他的写作实践。《流浪女》是一首早期诗作,他却要按照当初写作时尚未表达的原则进行相应的修改。这是他一贯的方式。每一次再版,他都对诗歌进行修订,甚至七十岁时依然对阿尔弗克斯顿时期的歌谣修修补补。修订也不仅限于已发表的诗歌。在一八四二年版的《早年与晚年的诗》中,他公开了一些一直不为人知的早年作品,仿佛让忠实的读者瞥见他的过去。他们不会知道,如今首次发表的《疚痛与悲伤》和《边界人》与它们最初的面貌已大不相同。同样,虽然《序曲》直到华兹华斯去世仍未发表,但自一八〇五年明显完成后,该诗断断续续经历了缜密的修改。

"我一般并不确定对诗歌的修改是否成功。"华兹华斯向玛丽·哈钦森坦言。即使这是真的,他毕生的修订工作依然见证了难以抗拒的修改冲动,尽管这总是给他带来疾病、疲惫和不眠之夜。对于一八〇二年版《抒情歌谣集》,他修改了第二卷大部分诗歌的单词、词组,偶尔还有整行诗句。《流浪女》和《可怜的苏珊》删掉了部分诗节,《西蒙·李》的诗节顺序有所调整。《露丝》改动较大。《作于里士满附近的诗行》移至第二卷,题目改为《追忆柯林斯,作于里士满附近的泰晤士河上》。一八〇〇年为《老舟子吟》所写的说明被删除了,《地牢》和《一个人物》也遭到同样的命运。对一些读者来说,记录这些修改未免显得枯燥乏味,因为,就算加在一起,这些修订也并不繁多。关键是,华兹华斯难以取舍,于是认为所有修订都很重要,这让他付出很多心血。

在不能持续创作的一年,修改《抒情歌谣集》是华兹华斯惟一的成绩。整个一八〇一年,华兹华斯兄妹不是外出访友,就是在家待客。一月底至二月底,他们先去尤斯米尔拜访克拉克森一家,又去凯西克看望柯尔律治一家。四月,他们在凯西克待了一星期。年底,他们又在克拉克森家待了近一个月。九月的三个星期,华兹华斯在苏格兰参加巴希尔·蒙塔古的婚礼。在家时,他们不断迎接柯尔律治来串门小住。三月和十一月,萨拉·哈钦森来访。十月,她的姐姐玛丽也来了。夏天和秋天,克里斯托弗·华兹华斯来做客,他当时正在热烈追求查尔斯·劳埃德的妹妹普莉希拉。塞缪尔·罗格斯是第一位来访的杰出文学家。哈利法克斯的朋友塞缪尔和玛莎·弗格森一家,以及伊丽莎白·斯雷尔克德;托马斯·哈钦森,托马斯和凯瑟琳·克拉克森一家,也纷纷来访,并很快成为真正的朋友。在老布雷泰同劳埃德一家喝茶、晚餐,同高布罗德雷恩的辛普森一家钓鱼、散步、吃饭,成为持续不断的日常社交。[50]

所有客人都受欢迎(劳埃德一家稍逊)。华兹华斯兄妹乐于展示格拉斯米尔的美景,也喜欢和托马斯·哈钦森一道探索朗岱尔山和温德米尔湖。萨拉和玛丽·哈钦森更是备受欢迎。他们的来访是华兹华斯盼望已久的。只是巷尾的房舍太小了,薄墙板和木地板传出每一声动静。无论如何欢迎,每一次新的来访都是一种打扰。因此,在这种不安定的生活中,伴随着经济烦恼,他本人以及柯尔律治的健康问题,华兹华斯自然无法进行任何连贯的《隐士》创作了。

有一些诗文片断,当时或此后都没有所属,却非常有趣。在一份主要由《迈克尔》素材构成的手稿中,华兹华斯插入了几段夹叙夹议的素体诗。[51]其中两段似延续着更早的《我认为……并非无益》中的思考——与"言语陌生的事物"进行交谈属于什么性质,有何价值。在片断《哦,这是夏日神圣的欢乐》中,华兹华斯思考着强大的感官纽带:

外在的事物

仿佛不再有内在的区别：

一切都融化，外部的事物

住在我们心里，如在自家。

在另一个片断中，他发展了《丁登寺》中草成的诗节："眼睛与耳朵的 ／ 强大世界，既来自它们的感知， ／ 也是其参与创造"，值得详尽引用：

视觉中有一种创造，

所有其他感官也分毫不少，

它们能够为感知的事物

着色，赋形，并使它们

与纯粹的精神本质结盟，

此时此刻，我们最具神性的官能

既是我们的心灵，也是

心灵的代理：多少次黄昏

或月下的散步，或在正午

靠着铺满青苔的林地休息，

我们将自己全部的生命献给

大自然和她的一切律动，

当我们停止神游，借助

它留给我们的种种印象，

我们得以内观，或可获得

关于自己的些许知识。

这些诗行集中体现了以下思想:"我们最霸道的感官"视觉的威力;"内外作用的收支平衡, / 一种使生命升华的交换"带来的完整;在这段诗文的结尾还写到《抒情歌谣集》序言中描述的创造性现象:诗歌"源自平静中忆起的情感:静观情感,直至在某种作用下,平静消失,一种与直面观照对象时类似的情感逐渐形成,并真实地存于心中"。[52] 无论在内容上,还是在素体诗的灵活性上,《迈克尔》手稿中的这些诗文都指向未来的《序曲》以及《漫游》的大部分内容。

华兹华斯在一八○一与一八○二年之交所写的其他作品却构成了一组错误的开头。另有两首诗不太重要。约翰·华兹华斯出海时总会随身携带一套罗伯特·安德森编辑的《英国诗人作品选》。一八○○年一月,他到达鸽舍时,也带上了这套书。华兹华斯读了乔叟的诗,深受启发,遂自由地翻译了《伙食采购人的故事》《修女院院长的故事》《特洛伊罗斯与克瑞西达》以及误列在乔叟名下的《布谷与夜莺》。[53] 韵文的风格表明他享受这个挑战,但诗歌本身与《隐士》毫无关系,也不会有何发展。一八○二年二月,华兹华斯重返《彼得·贝尔》。与翻译乔叟不同,这可是严肃的工作。《彼得·贝尔》是一部篇幅很长的叙事诗,尽管在处理方式和主题方面与主要的抒情歌谣一脉相承,却至今没有出版。然而,当他摸索着重返此诗,似乎却未能重燃阿尔弗克斯顿时期的创作热情。华兹华斯只是稍作修补,重新整理了一份誊清本。

另外两次回归旧作却至关重要。一八○一年十二月二十六日至二十七日,华兹华斯为他的自传体诗歌写了一些诗行,用于新的一卷,几乎可以肯定,这就是后来成为一八○五年《序曲》第三卷的开篇。这是关键的一步。一七九九年《序曲》有选择地讲述了诗人的成长,其目的不在于呈现诗人一生的年表,而是为了揭示将他塑造为哲思诗人的力量。诗的结尾指向未来更伟大的作品《隐士》。但是,时间顺序的框架可以无限扩张,只要诗人决定其他经历也足够重要,值得加入。和从前一样,

208

当华兹华斯重返一七九九年《序曲》,他显然是希望通过讲述自己的人生来企及《隐士》。然而,当他开始描述剑桥的经历,他也就承认了一七九九年《序曲》的选择性模式还不够充分。眼下他做得很少,但两年之内,他将无法抗拒全面叙述人生历史的渴望。

重返一七九九年《序曲》似乎产生了华兹华斯期待的效果——促使他进行"体面的劳作",即创作《隐士》。但华兹华斯再次推迟了原创性写作,而是转向阿尔弗克斯顿时期的作品《废毁的茅舍》和《游走商贩》。或许他希望通过昔日的成就重拾《隐士》创作的最初冲动。更有可能的是,他知道,只要那一时期的主要诗作还未定稿,令人不安,《隐士》就不会有何进展。一旦《废毁的茅舍》的材料厘清,《隐士》就能继续。

209　　　一七九八年,玛格丽特的故事由商贩讲述,商贩自己的教育和经历则由诗人-听者讲述。华兹华斯认识到,叙述这位哲人商贩的经历会喧宾夺主,于是重新调整结构,以便凸显玛格丽特的故事。商贩的素材被单独写在手稿,并被挪用于一七九九年《序曲》。如今,一八〇二年初,华兹华斯又回到念念不忘的事情:叙述商贩的成长经历。他梳理迷宫般的手稿,试图将早先的诗文发展成一首连贯的诗,即《游走商贩》。萨拉·哈钦森记得肯德尔有一位"明智的商贩",名叫詹姆斯·帕特里克,她童年时一度和他在一起。华兹华斯从中取材,为他的人物赋予新的身份,"帕特里克·德拉蒙德"。早期诗文讲述了商贩少年时在大自然中的深刻宗教体验,现在,他又增加了更加世俗化的内容,讲述其他的生意、流浪和习惯。[54]这是令人紧张的工作,新诗创作与旧文修改混在一起,使他饱受折磨。"威廉写了一部分诗文,努力去修改它,把自己累病了。""威廉一上午都在弄《游走商贩》,直到下午四点才吃饭——他太累了。""威廉想放下写作,但做不到,所以在折磨自己。""威廉太累了,但依然在写《游走商贩》。"——多萝茜这样记录着华兹华斯的辛苦工作。[55]他自己也知道,他写得很艰辛。一八〇二年二月七日,多萝茜写道："我们坐在炉火旁，没有去散步，而是读《游走商贩》，以为已经完稿。但是，哦，尽管威廉说不出哪里不好——但这首诗没意思，必须改。"华兹华斯的自我批评严厉但精确。一八〇二年《游走商贩》确实没意思。没有了玛格丽特的故事，代之以多余的叙述碎片，这首诗仿佛就快变成另一首田园诗了，类似《迈克尔》；或另一部自传体回忆诗，接近一七九九年《序曲》。然而两者都不是。虽然华兹华斯说三月出版《彼得·贝尔》和《游走商贩》，但这首诗又被搁置了。

然而，就在华兹华斯辛苦创作《游走商贩》的时候，一种非常不同的创作冲动开始占据他的心灵，将这个贫瘠之冬变成明媚春夏，与一七九八年春夏拥有同样的创造力。一八〇二年三月至六月，他写了三十多首抒情诗。一些诗类似一七九八年的抒情歌谣，讲述诗人与另一个人的戏剧性遭遇，比如《水手的母亲》《爱丽丝·菲尔》和《乞丐们》。但这些新诗中最动人的，是写到诗人的邂逅，或者说，看到一朵花、一只鸟或一只蝴蝶时心中涌起的欢乐。这些诗在抒情话语中加入了一种奇迹之感和谦敬之心，这种情绪曾以更崇高的语调出现在《安家格拉斯米尔》和《隐士》的"纲要"中：

210

> 欢愉和快乐的先知，
> 在世上被冷落轻视！
> 浩大乐队的使者，
> 奏出欢乐的旋律，
> 按我内心的要求高歌，
> 小路上追随我的思绪，
> 我将以圣歌表白，
> 赞美我心之钟爱！[56]

一些诗体现了"抒情"这个词的最基本含义——即书写的文字尽可能接近即兴抒发。四月十六日,华兹华斯和多萝茜在兄弟河分开了一会儿,华兹华斯坐在桥上,多萝茜则去树林探路。"当我回来时,"她写道,"我发现威廉写了一首诗,描述我们看到的景象和听到的声响。"这首诗的语言不能更直白了:

> 公鸡咕咕,
>
> 溪水汩汩,
>
> 小鸟鸣啭,
>
> 湖光闪闪,
>
> 绿野安睡于烈日;
>
> 老人与孩童,
>
> 与壮年劳动;
>
> 牛儿在吃草,
>
> 头都不抬高;
>
> 四十只异口同吃![57]

《我的爱见过所有可爱的事物》同样写于户外,但情况却很不同。华兹华斯到杜伦的米德勒姆主教村看望玛丽·哈钦森,在骑马归来的路上写了这首诗。这显然是英国诗歌史上最非同寻常的一个时刻,多萝茜这样写道:"威廉来到达灵顿勋爵庄园的水井或水槽边时,开始写那首萤火虫的诗,因为长时间在马背上是无法写作的——途经斯坦德罗普镇时中断;在该镇两英里半以外的地方完成——当他写作时,他感觉不到马的慢跑。一旦写完,则感受明显,戴着手套的手指冰冷依然。"[58]其他诗歌与多萝茜日记有关,有一些(如日记所示)有所修改和变化。但它们的共同点是明显的自发性,一种快乐无拘的气息。

这当然是通过精湛的技艺实现的。阅读琼生、考利、斯宾塞的作品将华兹华斯从弥尔顿和十八世纪弥尔顿风格素体诗的禁锢中暂时解放出来，甚至也从他自己的素体诗情结中解放出来，激发他赶超伊丽莎白和詹姆士一世时代诗人的格律艺术。每一首诗的形式都引人注意，以意想不到的内容考验着读者的耳目，仿佛以丰富的语调来强调它作为**诗歌**艺术的独特存在：从活泼轻快的《铁匠》，到激越崇高的《永生颂》。"诗歌是激情。"华兹华斯在一八○○年声明。但他现在坚称，格律在最大程度上决定着一首诗能否成功地表达激情。大多数人"大大低估了格律本身的力量"。

十九世纪晚期，杰拉德·曼利·霍普金斯的格律特点遭到抵制，他无奈承认："独特的构思、模式或内景①是优点，独特变成怪异则是弊端。"[59]华兹华斯一八○二年的抒情诗，以及一八○七年《两卷本诗集》中的抒情诗，无疑是独特——而且怪异的。若流连于表面的简单，这些诗很容易遭到戏仿，甚至被人忽视，因为读者会偏爱看起来更重要的诗。但这些诗对华兹华斯来说至关重要。它们带给他的骄傲无疑奠定了如今这份宣言的基础。一八○二年春，他着手准备第三版《抒情歌谣集》的序言，对一八○○年版序言做了大量修改，以至于两篇序言始终被视为不同的文献。[60]他详细阐释格律。他曾批判"通常所谓的诗歌语言"，如今他在一篇附录中为自己的观点辩护。除此之外，更值得注意的是华兹华斯的设问与回答："我问起诗人一词的含义？诗人是什么？"

他是对人类说话的人：拥有更敏锐的感受力，更加热情与温

---

①　霍普金斯从中世纪哲学家邓斯·司各脱（Duns Scotus，1266-1308）的思想中提炼出"内景"（inscape）观念，指的是宇宙万物都具有内在的属性，构成各自的特质。此处尤指诗歌等艺术作品的内在特性。

柔，对人性有着更深广的知识，拥有比一般人更广阔的灵魂；他满足
于自己的激情和意志，比其他人更欣悦于自身的生命精神；乐于观
照体现在宇宙进程中的相似意志与激情，倘若找不到，他习惯于自
行创造……

不同于传记作家或历史学家，诗人只需履行一种至高无上的职责——给
予欢乐。但"产生即时欢乐的需要"并不意味着"诗人艺术的堕落"：

> 恰恰相反。这是欣赏宇宙之大美，一种更加真诚的欣赏，因为
> 这并非流于形式，而是含蓄表达。对于以爱的眼光看世界的人来
> 说，这轻而易举。这也是致敬人类天生而坦荡的尊严，致敬宏大而
> 基本的欢乐原则——人类辨知、感受、生存、活动的基础。

最后，华兹华斯以一种只有雪莱的《为诗一辩》可以媲美的恢弘定义了
诗歌的"崇高概念"：诗歌是"一切知识的气息和最精纯的精神"，而诗
人则是

> 人性的堡垒；支持者与保护人，所到之处，播撒情谊与爱。尽管水土
> 与气候、语言与举止、法律与习俗千差万别；也无论是被默默遗忘的
> 事物还是被暴力摧毁的事物，诗人用激情和知识联结起人类社会的
> 广袤帝国，遍布整个大地，跨越一切时间。诗人思考的对象无处不
> 在。尽管人类的眼睛与其他感官确实是他最喜欢的向导，但他会追
> 随情感的指引，来到任何一处能让他振翅高飞的地方。诗歌是一切
> 知识的最初与最终——不朽，如人类的心灵。

这是光辉的宣言，也是惊人的宣言，因为当时正值启蒙时代和第一

212

次工业革命的尾声。科学家和工程师，哲学家和政治家，慈善家和社会活动家已经改变了人类生活的方方面面，从茶杯茶碟到神祇概念。然而华兹华斯却声称诗歌才是"一切写作之中最富哲理的"。这不仅是声明人文素养的重要，也不仅是在怀疑主义、科学至上、功利主义的风尚下对想象力的肯定。华兹华斯赋予诗人以下身份：历史的记录者和保护人，慰藉者和精神向导，预言家和调停者。他将诗人比作"神圣精神"并非随意。对于《愚人记》的作者[①]来说，这些高调的断言想必是胡言乱语。约翰逊将诗人定义为"发明者，虚构作者，写诗的人，用格律写作的人"，他若看到华兹华斯的序言，大概也会视为一派胡言，很可能是不敬的胡言。甚至那些惯于将诗歌置于一切文学艺术之上、熟悉十八世纪诗歌理论的读者也未必准备好接受华兹华斯发表于一八〇二年六月的宏大信条。

　　关键是，这篇序言**发表**了。华兹华斯以前也写过类似的话。一七九八年三月，他对托宾宣称他想不出有什么能超出他哲思诗歌的计划范围。在一七九九年《序曲》中，他自称被选中的宠儿，足够强大，能承受失败和失望，大自然使他胜任这体面的劳作。在《隐士》的"纲要"中，他想象自己的诗歌将如"天上的明灯，迎接／未来的人类！"一八〇一年初的一个重要评论也体现了一七九〇年代以来他对诗歌社会功用的思考。约翰·泰勒——记者、二流诗人——曾夸奖一八〇〇年的一些抒情歌谣展示了"人性的悲怆"。华兹华斯高度满意，他告诉泰勒，这正是"他所追求的卓越"。尽管如此，他也做了区分，坚称他所希冀的悲怆有别于"雅各宾派的悲怆"。实际上，华兹华斯说，他和柯尔律治恰好曾经讨论过这个区别，两人在下列方面达成一致：

───────────

　　① 指亚历山大·蒲柏。

213

那些作家的行为应受到最严厉的斥责。他们凭借在读者心中灌输了多少仇恨与报复，来评估自己激发读者对苦难的人类感到悲悯的能力。我们认为，悲悯神圣不容亵渎。柯尔律治先生和我都深信，这种方式不会推动人心趋向有益的目标；谁若试图这样推动，谁就毒害了人心最好的情感。他们是坏诗人，将人们引入歧途。[61]

"苦难的人类"，"人心"，"最好的情感"——每当华兹华斯坦言他对诗歌之社会–道德功用的信念（一个谨慎的措辞），他就会使用这些语言。那么，他自己的诗歌呢？华兹华斯从未偏离三十年后他对亨利·克拉布·罗宾逊说的话："如果我的诗不朽……并予人欢乐，原因只有一个：我们拥有同一的人心！"[62]

214　　一年后，在另一次私人交流中，华兹华斯谈及诗歌和情感，再出豪言壮语。五月底，他收到第一封严肃的崇拜信，来自一位素不相识的格拉斯哥学生约翰·威尔逊。[63]华兹华斯很感动，不仅因为十七岁的威尔逊大量引用序言中的话来赞美《抒情歌谣集》的哲学和伦理。华兹华斯热情的长信也不是因为威尔逊对他的赞美，而是因为，威尔逊对《痴儿》观念的批评暴露了他还远远不能领略这些诗歌的激进特征，也不能认同华兹华斯对诗人角色的构想。华兹华斯再次阐释了诗人的宏大：

> 你赞美我的诗忠实地体现了人性的情感[。]但愿我做到了。但是，一位伟大的诗人应不止于此，他应当在一定程度上校正人们的情感，给人们带来新的感受，使他们的情感更健康，更纯洁，更恒久，简言之，更符合自然，即永恒的自然，以及事物背后的伟大推动力。他既与人们同行，偶尔也应走在人们之前。[64]

但这些主张或抱负都未曾发表。如今，在第三版《抒情歌谣集》中，华兹华斯畅所欲言。然而,无法回避的是,在朴实无华的诗歌与介绍它们的序言之间,有一种违和。当华兹华斯以理论家和实践者的身份同时出现,他也让自己变得特别脆弱,不堪一击。

五

前面的章节通过概述华兹华斯的写作,梳理了一八〇〇至一八〇二年间他的诗歌生涯。这样做是有意的,因为,若想在日常生活的细节中定位某一首诗的起源,通常会导致简括。然而,毫无疑问,华兹华斯从一八〇〇年《抒情歌谣集》的成功,到创作荒芜,再到艰苦修改,最终走向一八〇二年的杰出成就,这个过程总的来说受到格拉斯米尔生活经历的影响,在一八〇二年春,甚至由这些经历决定。他的成长曲线也标记着他与柯尔律治关系的发展脉络。

一八〇〇年七月末在格拉斯米尔岛上的野餐仿佛带来在湖区重建阿尔弗克斯顿社区的希望。凯西克距格拉斯米尔十三英里,但两家人依然可以经常来往,像一七九八年一样。诗人们又在一起修订《抒情歌谣集》,《隐士》依然是他们共同的理想。然而,根据多萝茜的记载,一八〇一年平安夜,当华兹华斯、多萝茜和玛丽·哈钦森围坐在炉火旁,一边阅读多萝茜的日记,一边回顾过去的一年,他们都觉察到,阿尔弗克斯顿时期的精神一去不返。

整个一八〇一年,柯尔律治都很痛苦。他频繁感到肠胃不适,关节和下体因痛风而肿胀。他越来越依赖鸦片来缓解疼痛,而这又导致他出汗、发烧。对麻醉剂的依赖导致了"恶心,沮丧,虚脱无力",当他关注自己的状况,这些反应就更加严重。他甚至曾梦想逃到尼维斯或者亚速尔群岛。[65] 他穷困潦倒,尽管一如既往地积极读书、思考、制订计划——他

215

在二月写给戴维和约书亚·韦奇伍德的信可以作证——但他做不到只为钱写作。[66]他在家越来越不愉快,便历数妻子的不是,分析她如何缺乏智慧、感性和自制,以此为自己开脱。他不由得将自己的家庭生活与华兹华斯家和哈钦森家相比起来,而且,在"索克本的销魂日子"(理查德·霍姆斯语)里,柯尔律治产生了一种越来越痴迷的幻想,觉得在萨拉·哈钦森身上找到了自己真爱的女人。这始于一七九九年十一月,当时柯尔律治在南下路上到索克本待了两三天,喜欢与萨拉调情,还度过了一个充满"谜语、双关、故事、欢笑"的愉快夜晚。[67]霍姆斯推测,实际上,柯尔律治可能"不加分别地爱上了哈钦森全家",但他对萨拉的好感很快变成一种单方面的激情,驱使他到米德勒姆主教村和加洛山她兄弟们的农场去找她,丝毫不考虑他妻子的感受。[68]沉浸在自我之中,他甚至错误地判断了和汤姆·普尔的关系。柯尔律治告诉普尔:"在钱的问题上,你不可能体会我和华兹华斯的感受。"这位慷慨的朋友自然感到很受伤。尽管柯尔律治在回应普尔批评的信件中不仅重复了这些冒犯之词,而且还分析了普尔的其他错误,但他们的友谊居然得以幸存,着实令人惊讶。[69]

在看待柯尔律治的家庭悲剧时,华兹华斯一家是绝对偏心的。"柯尔律治太太是最古怪的人——她是最轻率软弱愚蠢的女人!"[70]多萝茜说。这是她对萨拉的两次评论之一,言辞恶毒,一反常态。华兹华斯借给柯尔律治三十英镑,试图在财务上帮助他。对于他的其他烦恼,华兹华斯兄妹也温柔体贴,充满同情。十一月,柯尔律治前往伦敦,以便规律地给斯图亚特撰稿。他走后,多萝茜"以哭泣来安慰[她的]心"。[71]华兹华斯直率地批评了她"神经质的大哭",但事实上,他和多萝茜一样无法抵抗柯尔律治在信中倾吐的苦水。多萝茜记录着他们的一次次感受:"柯尔律治的来信充满忧郁……我们也被弄得很不开心";"我们收到一封来自柯尔律治的忧郁的信……我们走回家,几乎一言未发";"他的信让我们为他担心。幸好我收到信时不是独自一人";"柯尔律治寄来一封痛心的信——我们也伤透了心";"柯尔律治的两封信，令人感伤"。一八〇二年三月十九日，柯尔律治回到格拉斯米尔时，"他似乎几近麻木"。他睡下后，华兹华斯和多萝茜聊天到第二天早上四点，为他的状况深感不安。[72]

尽管华兹华斯同情柯尔律治——"同情"不代表感情的投入——但是，到一八〇二年春天，华兹华斯显然通过两种方式对柯尔律治表达了强烈的反对，这对华兹华斯本人的诗歌有着重要影响，也影响着他对自己诗人身份的认识。

一八〇一年三月二十五日，柯尔律治告诉葛德文："我心中的诗人死了。"诸如此类的声明还有很多。虽然他对葛德文的声明是生动的比喻，但不能掩盖其精确的自我评价。虽然他论诗的能力未减，但写诗的能力似乎已在穷困、疾病和个人不幸的攻击下臣服。这很糟糕。简单地说，柯尔律治的经历证明了单靠文学为生是多么艰难，而诗人赖以生存的个人资源——健康，平静，自信——又是多么脆弱。更糟糕的是，柯尔律治似乎在自我瓦解，并通过分析和解释使这种崩溃状态合理化。尽管华兹华斯兄妹对此一清二楚——例如，他们似乎表面上接受了柯尔律治的解释：家庭不和使他的创造力麻木——但其全部的真相要到一八〇二年春才变得明朗。

四月二十一日，柯尔律治为华兹华斯和多萝茜朗诵他的诗《致信——》。"我很感动，"多萝茜写道，"不舒服，很难过。"[73]不难看出其中的原因。虽然这首诗表面上写给萨拉①，但其实是针对华兹华斯和他最近在诗中的一连串追问，即后来的《颂歌：忆童年而悟永生》。[74]

华兹华斯这首最伟大的颂歌始于一种重大的损失：

217

---

① 萨拉·哈钦森。

曾几何时,草场,树林,小溪,

大地,每一个凡常的景象,

　　　在我眼里

　　似披着天界的光芒,

梦中的辉光与新奇。

然而今朝却不似从前;

　　无论我转向何处,

　　　白天或夜幕,

我曾看到的事物,如今再也不见。

尽管彩虹、明月、玫瑰或许美好依旧,但诗人声称,"一种辉光从大地上消失",并在结尾追问:"那灵视的辉光遁向何方? ／ 它如今在哪里,辉光与梦想?"如果读者熟悉这首诗两年后的版本,那就很难想象现在的结尾"它如今在哪里……?"会带来什么影响。但这正是柯尔律治面临的状况。他试图回答华兹华斯这些没有答案的问题。他分析自己的处境,解释导致"想象的创造力"搁浅的原因——与所爱的人们隔绝,家庭悲剧,抽象思维的习惯。然而,在这些特殊因素的基础上,他直指《颂歌》,提出一种更加普遍的情况——在某种意义上,他和华兹华斯分别在《子夜寒霜》和《丁登寺》中歌颂的那种力量源泉,是虚无缥缈的:

　　这是无谓的努力,

　　尽管我将永远凝望

徘徊在西天的青光!

我不会指望从外部事物赢取

源于内心的激情和生机![75]

起初，华兹华斯想必和多萝茜一样，对柯尔律治为悲伤寻找借口的执念深感触动。但很快，他对柯尔律治负面压力的抵抗表现为一种积极有力的回应。五月三日至九日，华兹华斯写下《拾水蛭的人》（后名《决心与自主》），并在六月十四日至七月四日期间进行大幅度修改。[76] 两个版本都体现了华兹华斯对柯尔律治的回应。华兹华斯直面《致信——》的悲观主义。想到查特顿和彭斯等天才的悲惨命运，诗人担心自己的未来也会像他们一样，于是陷入深深的沮丧。这时，诗人偶遇一位拾水蛭的老人，在他的启示下，坚定了信心，与其说因为他讲的话，不如说他无怨无悔的坚忍和毅力见证了逆境中的人性精神。

　　然而，三言两语道不尽这首布道般的叙事诗《拾水蛭的人》对华兹华斯的意义。早在两年前，在安布尔塞德和格拉斯米尔之间的公路上，华兹华斯、多萝茜和约翰·华兹华斯曾经真的遇见一位拾水蛭的人。一八〇〇年十月三日，多萝茜在日记中详细描写了他的外貌和人生经历。他的"父母是苏格兰人，但他在军队里出生"。年老体弱的他不能再从事辛苦的水蛭捕捞工作——而且，水蛭也越来越少——他现在"以乞讨为生，正艰难地前往卡莱尔，去那儿买些虔诚的书来卖"。老人只是多萝茜笔下众多战争受害者的一员，因为这场战争仿佛永无休止，其牺牲品也将一直存在。一八〇一年十一月二十八日，她写道："我们遇见一个士兵和他的妻子，他抱着孩子，她拿着包裹和他的枪。"一个月后："今天早上，一个受伤的士兵来乞讨。"（1801 年 12 月 23 日）这些遭遇为后来描写贫穷的老者和战争的不幸提供了丰富的素材。

　　当华兹华斯凭借回忆和多萝茜的笔记去重温与拾水蛭者的邂逅，他并不是在写作另一个版本的《老人在旅途》或《康伯兰的老乞丐》。他剥去事实细节，通过想象改变这场偶遇，使之服务于自己的目的。无论哪个版本，《拾水蛭的人》本身证明了华兹华斯能够从自身之外的事物寻找素材，无论这素材多么微不足道；能够在回忆和文字依据中，在事实和虚构中,找到想象性创作的挑战。在《致信——》中,柯尔律治强调了外部世界与内心世界的关系,这是哲学、神学和诗学领域的难题,一直困扰着他。在《拾水蛭的人》中,华兹华斯一如既往地回避了他无法通过哲学解决的二元对立。对于诗人来说,这首诗证明了力量的源泉不在内外,而在于两者的"协力"。[77]

也许,作为一八〇二年的文献,《拾水蛭的人》最重要的意义在于这是一首抒情诗。面对《致信——》中的复杂与迷茫,若是在一七九八年,华兹华斯可能会用哲思素体诗来回应柯尔律治的思想,比如《我认为……并非无益》那种。而一八〇二年的他写了一首抒情诗,这个行为本身就进一步表明了立场。一七九九年,柯尔律治承认对"出版任何小诗"怀有敌意,现在他依然毫不动摇。[78]当时,他迫切希望一切都不能使华兹华斯偏离《隐士》;现在,这份希望比以往更加强烈。但柯尔律治开始怀疑,华兹华斯对抒情诗的关注及其一八〇二年的创作爆发源于"我们截然不同的诗歌理论和观点"。[79]一年后,他更进一步:写"小诗"是"有害的"。"伟大作品"是华兹华斯的"天然组成部分——偏离它就会染疾生病——回归它即是特效治疗,是治疗也是保健"。[80]但柯尔律治大错特错了。抒情表达是华兹华斯的自然方式。终其一生,他都躬行着自己的信念——"诗人思考的对象无处不在",并用抒情诗记录旅行,缅怀伤逝,标记成长,激励同胞。二十世纪的学术研究大多关注他生前未发表的作品——《序曲》《废毁的茅舍》和《安家格拉斯米尔》——倾向于抹煞一个事实:即华兹华斯的声誉建立在《抒情歌谣集》和完全由抒情诗构成的一八〇七年《两卷本诗集》(其中一八〇二年的大部分抒情诗首次公开)之上。华兹华斯相信,有朝一日,他会给世人奉上一部伟大的哲思素体诗,这一直是他"最终与最爱的理想"。[81]但在一七九八至一八〇七年之间,他实际上是在公开地支持抒情诗,通过《抒情歌谣集》序言(1800,1802)将抒情诗置于众多文体之上。

六

一八〇二年二月十一日，多萝茜为哥哥朗读了琼生的《致彭斯赫斯特》。① "我们很愉快。"一个月后："威廉在读本·琼生——他给我读了一首很美的诗，讲述什么是爱情。"几乎可以肯定，这是《森林》组诗中的《长短句》。② 不难看出为什么琼生能带给他们快乐，因为两首诗都歌颂日常生活的价值，这些也都体现在巷尾这座房舍中。[82]

"真爱"，琼生在《长短句》中声明，拥有神圣的本质，"以平静和神圣的和谐 / 维护彼此的联结"。爱是"带来一切欢乐的仙丹"，"比伊甸园的树荫还要清新"。华兹华斯也歌颂爱拥有联结、维系和赋予意义的力量，并在他和多萝茜的彼此依赖中找到这种爱的体验。他在小诗《麻雀窝》中表明，当他还是孩子的时候，多萝茜就已经是他生命的源泉：

> 她教我看，教我听，教会
> 谦卑的忧思，敏感的敬畏，
> 心灵涌出甜蜜的泪水，
> 还有爱、思索和欢乐。

如今，在长久的分别后，他们重聚：

---

① 彭斯赫斯特（Penshurst），指彭斯赫斯特庄园，位于肯特郡。庄园建于 1341 年，1552 年，爱德华六世将其赐予锡德尼家族，两年后，文艺复兴时期的诗人菲利普·锡德尼爵士（1554-1586）在此出生。庄园是英格兰现存最完好的十四世纪家庭建筑，拥有最古老的私人花园。许多电影在此取景。

② 长短句（epode），一种希腊抒情诗体裁，由长短不一的联韵对句组成。

很久了，我们重聚不再分离，

我和爱玛听到彼此的召唤，

重新相依为伴……

"不再分离"——这是关键词——《安家格拉斯米尔》感谢上帝"赐予的一切"。[83]

兄妹情深。这份深情也经历了很多考验：频繁搬家，生活拮据，德国煎熬，体力艰辛。显然，他们始终喜欢在一起：阅读，散步，干活——这既包括挖掘、筑造和种植，也包括创作和誊写。多萝茜的格拉斯米尔日记充满这样的记录，展示了鸽舍生活的方方面面不仅彼此融和，而且互相促进。其中一则日记（1802 年 5 月 8 日）写道："我们在花园里种下红豆荚，我在那儿读《亨利五世》。威廉平躺在椅子上。"举手投足间传情达意，始终关注彼此的需求和心情，使这个纽带坚不可摧。华兹华斯通常在户外写作，多萝茜会给他送去食物。"……威廉在冷杉林写诗，我给他送去一些冷餐肉。"一八〇〇年十月二十八日，她在日记中写道。[84]若不是多萝茜擅长书写，并心甘情愿地发挥这一才干，华兹华斯在冷杉林及别处写的诗恐怕早已遗失。一八〇四年，多萝茜告诉凯瑟琳·克拉克森，她在忙着给柯尔律治誊写威廉的一些新作，让他带在地中海旅途中看，"我们自己也全部重新誊写了一份，因为原稿太难辨认，抄起来太辛苦，而且需要不断请威廉监督确认。我们认为有必要趁热打铁，重抄一份，因为我觉得威廉决不会忍心让我们再干一遍"。[85]我们恐怕要怀疑最后一句话的准确性。威廉给他的誊写员们布置工作时，似乎从不感到愧疚。"晴朗的一天——整个早上都在为威廉抄写"——诸如一八〇一年十月十七日这样的记录遍布格拉斯米尔日记。多萝茜向凯瑟琳·克拉克森描述哥哥如何辛苦地创作自传体诗歌："他每天早晨都出去，通常一个人。几乎每次外出，都带给我们大大的惊喜。天气虽然温和宜人,但总的来说潮湿多雨。他带着伞,在很多次阵雨中,我猜他就站在伞下一动不动,在路中央,或田野上。"[86]伴随着每一次"大大的惊喜"的是劳作。华兹华斯图书馆藏有成百上千页字迹娟秀的诗稿,由多萝茜——以及家庭中的其他女性成员誊写而成。[87]微茫的烛火,自制的笔墨,多少个时辰全神贯注的劳作——如果有所谓"爱的劳作",这便是。

显然,华兹华斯和多萝茜非常喜欢一起做事;但他们同样也喜欢仅仅安静地待在一起,互相表达爱意。园艺,写诗,烹饪,阅读——他们日常生活的点点滴滴都在相爱的氛围中变得和谐。一八〇二年六月二日,他们向西走到村外不远处的巴特利普山。回家后,多萝茜写道:"我们坐在窗边,静默不语——我坐在椅子上,威廉的手在我肩上。我们沉浸于深深的静默与爱,幸福的时辰。睡觉前,我们坐在炉火边,喝浓汤当作晚餐。"宁静,触摸,简单的言语——还有晚餐——在日记中反复出现。比如前面提到的一八〇二年三月十七日这天:"我去找威廉,坐在他身边,我们在花园里踱来踱去,直到吃饭时间——他给我读他的诗。我烤了牛排。饭后,他枕着我的肩,我给他朗读,我心爱的人睡着了——后来,辛普森小姐来了,我给他拿来枕头,他把头枕在桌上。她留下来喝茶。我和她去了莱德尔。没有信!"[88]

这些日记并非特例。在其他日记中,多萝茜称华兹华斯为"我亲爱的",并且无意识地记录着她如何抚慰他,或倚偎在他身旁,心与心默然交流。然而,记下辛普森小姐留下来用茶、多萝茜很失望莱德尔没有信与记下华兹华斯枕着她的肩睡着同样重要,因为这些事实揭示出兄妹之情的重要维度:这份强烈的情感并不排他。他们热情好客,总是愿意留宿客人,尽管房子很小;然而,他们最深切的快乐是吸引别人融入他们亲密的生活。刚在巷尾安顿下来,他们就邀请约翰、玛丽·哈钦森来访,然后,一八〇〇年底,萨拉也来住了一个月,次年十一月又来住了更久。虽然两姐妹在别处各有家园和责任——萨拉和乔治·哈钦森住在杜伦附近的米德勒姆主教村,玛丽和托马斯住在斯卡布罗附近的加洛山——但巷尾越来越吸引她们。在这里,她们不是"宾至",而是"如归"。离开后,华兹华斯兄妹恳请她们再来:"我最最亲爱的玛丽,我满心喜悦地盼望再次见到你……愿上帝保佑你。我希望你在这儿,你们俩都在这儿陪我们聊天,你和最亲爱的萨拉。"[89]

这样一个爱与被爱的群体对华兹华斯来说至关重要。他爱得执着,仿佛要把自己根植于他人的生命中,害怕市井街道上的人群(哪怕只是想到它)导致的精神分裂。他知道,这个充满爱的圈子是他作为诗人的根基。下面的一阵波澜则非常耐人寻味。

一八〇二年夏天,在往还于格拉斯米尔和加洛山之间的众多书信中,其中一封包含着第一版《拾水蛭的人》。玛丽和萨拉对这首诗不太感兴趣,萨拉认为后半部分"单调乏味"。华兹华斯很震惊,在六月十四日的一封信中试图辩解。对于玛丽,他言辞十分温和,但对萨拉则气势汹汹、劈头盖脸。"我亲爱的萨拉,"他这样开始,"我非常抱歉,《拾水蛭的人》后半部分令你不快",信的结尾则大笔一挥将萨拉相对温和的批评置于更大的道德语境中。华兹华斯辩论的语气非常不悦,但这种严厉也耐人寻味。在这个重要的群体中,他完全信赖萨拉的判断。他的第一反应是愤怒。然后,他遵照他最在乎的两个人的意见,全面修改了这首诗。[90]

在《致彭斯赫斯特》结尾,琼生指出了真正的生活:

> 现在,彭斯赫斯特,那些人将你
> 和其他宏伟的楼宇相比,
> 见它们只是一堆堆高傲的砖土
> 会说,他君修筑,汝君安住。

巷尾的小小房舍不是彭斯赫斯特,但琼生的这些诗行触及了房舍的精髓。华兹华斯和多萝茜终于安住下来。柯尔律治的乐观想法——华兹华斯会再次搬家,和他一起住在亚速尔群岛或尼维斯岛——不过是白日做梦。华兹华斯和多萝茜连格丽塔府都不想去了。在格拉斯米尔和凯西克之间的某个地方,他们都在“萨拉的岩石”上刻下自己的首字母——W.W. M.H. D.W. S.T.C. J.W. S.H.,但温暖、慷慨和安适属于巷尾,而非格丽塔。在那儿,多萝茜写道:“我们待了头两三天就不自在了。”[91]柯尔律治将巷尾当作避风港,越来越频繁地来此投宿,或在去凯西克的路上进来串门,仿佛为汲取足够的力量去面对家中的不睦——尽管他已不觉得那是个家了。

对于华兹华斯来说,这个“心爱而恒久的地方”的意义在于他在此结束了人生的第一阶段。[92]我们不确定华兹华斯何时决定娶玛丽·哈钦森的,但是,一八〇一年四月二十九日,他写道:

> 我们多么盼望见到你和萨拉啊,我们最最亲爱的朋友。你记得,穿过马路有一道栅栏门,正对着冷杉林,这道门始终是我们最爱的一站。因为萨拉的缘故,我们现在更喜爱它了。你知道,从那儿可以看到美妙的景色:萨拉把她的首字母刻在门的一块木条上了,我们于是称之为她的门。我们会再给你找一个地方,刻上你的首字母。但你一定要来,亲自确定这个地方。我们多么渴望见到你啊,我亲爱的玛丽。

这是一封奇怪的情书,但确是情书无疑。玛丽必须来,从他们最爱的领地中认领属于她的一份。一八〇二年二月十四日,华兹华斯去彭里斯看她。十天后,柯尔律治说,他料想华兹华斯很快要结婚了。四月初,他们又在米德勒姆见了一次。

在这次会面中，华兹华斯一定告诉了玛丽，他决定在婚前去见安奈

224 特。上一年发生的事件使会面成为可能。一八〇一年十月一日，英法两
国签订预备和约；十二月二十一日，多萝茜写道，玛丽走路去安布尔塞德
取抵达已久的信件，其中一封"来自法国"。一八〇二年一月底，华兹华
斯给安奈特写信。约翰·沃森认为，大概就在这封信中，华兹华斯告诉
安奈特，他将与玛丽结婚；随着政治局势的稳定，安奈特提出与华兹华斯
见面。[93]一八〇二年三月二十七日，《亚眠和约》正式签署，英法之间的
海峡再度开放。没有人相信和平会持续很久，包括签署者。所以，趁现
在能去法国，华兹华斯一定特别渴望看一看安奈特和他的女儿。而且，
当他将安奈特和卡罗琳介绍给多萝茜，他终于能使妹妹融入他未能与她
分享的人生。

四月二十五日，华兹华斯和多萝茜朗读了斯宾塞的《婚曲》
（*Prothalamion*）。随着从格拉斯米尔前往加洛山的日子越来越近，华兹
华斯也在创作自己"为庆祝即将到来的婚礼而写的歌"。（《牛津英语字
典》）他"迎娶玛丽"（多萝茜这样称呼它）的诗非常动人。[94]一方面，这
首诗有意标志着从格拉斯米尔启程远去，正如《安家格拉斯米尔》标志
着他们的到来。华兹华斯思索着这座村舍，他和妹妹建造的花园，他写
过的诗，以及兄妹俩共有的欢乐，纪念着即将改变的生活。另一方面，这
首诗坚称，这个"亲爱的地方"擅于以爱报爱，玛丽将与它"联姻"，正如
她与丈夫联姻；玛丽将"爱上我们这里的幸福生活"，正如她爱着他。她
的到来，以及村舍圈子的扩大，不会削弱而是加强他们在此的根基和
延续。

这首诗很感人。华兹华斯从不放弃任何曾经真心在乎的东西——
关于一个地方的记忆，一些诗行，一段友谊。比如说，他依然相信他和柯
尔律治的关系没有改变，虽然改变良久。此刻，他将两年来格拉斯米尔
岁月的神明供奉在永不消失的诗歌圣殿。多萝茜更清楚。她并不害怕

这场婚姻。她告诉理查德,"玛丽·哈钦森是绝好的姑娘——我认识她很久了,对她知根知底;她一直是我亲爱的朋友,深爱着威廉,也会对他的全部家人怀有好感。"尽管她将继续住在鸽舍,但她急于从哥哥们那里获得一些收入,这样"我就当自己寄宿在一个不相关的人那里,在那儿度过余生"。[95]长期以来,人人皆知,"华兹华斯和他美丽的妹妹"形影不离。但是,九月二日,柯尔律治写道:"我有必要随时为华兹华斯和他妻子准备一间空房间了,尽管,多萝茜当然会始终伴随他们……"[96]多萝茜非常现实,知道一种优先次序从此产生。

"华兹华斯和他妻子"——柯尔律治一定是怀着不安的心情写下这些字眼的,因为华兹华斯的婚姻也影响到他。一八〇一年十一月十九日,他告诉葛德文,在格拉斯米尔,"尽管我们是三位,却如上帝之一体"。[97]然而,至一八〇二年四月,他很清楚这种"三位一体"扩大了,并痛苦地认为(并非没有根据)自己不再是这扩大群体中的重要一员。在《致信——》中,他以一个曾经是当事人、如今却是局外人的身份写道:

> 哦!心情沉重!
> 想到去**拜访**我爱的人,我爱你们,
> 玛丽,威廉,还有亲爱的多萝茜,
> 想到这些只让人烦恼——
> 无常是美酒中的毒药,
> 吞噬欢乐的精髓,让一切欢乐空洞,
> 让一切乐事追随幽暗痛苦的迷梦!
> 我自己的命运,我的家庭生活
> 现在是,将来也是,斗争或冷漠——
> 而你们幸福快乐,如果我憧憬
> 和你们在一起,这对你不公平——

> 所以,哦,所以,我是否可以希望
>
> 作一枝枯枝,挂在一棵开花的树上?

"生活啊,"柯尔律治感叹,"在我这里已经溃烂,在它的要害之处——家庭的宁静。"[98]他这样致信骚塞,一定想到两人分别娶伊迪丝和萨拉·弗里克姐妹所遭致的动荡生活。与此相反,华兹华斯享受着家庭的宁静,并且正顺利无阻走向更大的幸福。另有证据表明,华兹华斯去看安奈特也令柯尔律治不安。一八〇二年四月十日,他在给萨拉·哈钦森的信中坦言:"不知为什么,我好像拒绝一切与多萝茜和威廉相关的消息,包括他们的信……"华兹华斯婚礼那天(也是柯尔律治的结婚纪念日),他在《晨报》上发表了修改过的《致信——》,这一次是写给华兹华斯(即诗中的"埃德蒙"),题目为《沮丧:一首颂歌》。然而,一个星期后,同样在《晨报》上,他以完全不同的心情发表了一首讽刺诗《日斑》,其中提到一位名叫"安奈特"的"迷人的交际花",其炽热的魅力无人可挡,无论接近她的"正人君子"有多么道德的初衷。[99]我们不知该怎样看待这首诗,但它当时的发表——柯尔律治再未重印此诗——确实让人猜测柯尔律治受到了刺激,一方面,他因自己犯下感情的重罪而痛苦,另一方面,华兹华斯正在开启一段激情与道义合而为一的新生活。

七

玛丽家的长辈不赞成她嫁给华兹华斯的打算,认为他没有工作,比"流浪汉"好不到哪儿去。[100]但事实上,一八〇二年,华兹华斯的经济状况意想不到地改善了。五月二十四日,朗斯岱尔伯爵詹姆斯·罗瑟爵士去世,不久,他的继承人兼堂兄威廉·罗瑟爵士表示,所有合理的财产赔偿都应落实。根据十月八日的统计,华兹华斯家应得的赔款累计一万零三百八十八英镑六先令八便士。[101] 詹姆斯爵士去世的时机有如童话中的适时安排。多萝茜写到她和华兹华斯在花园里走来走去,"开心地"谈论着"如何花费我们的财富"。[102] 但华兹华斯急切希望索赔能圆融处理,以便迅速达到良好结果,主张不要为了利息争执不下;他还特别怀疑所有律师都会耍花招,所以不无冒犯地对理查德表明,他要监督他的每一步举措。一些延迟是意料之中的,但当华兹华斯和多萝茜七月九日离开格拉斯米尔时,他们自信地认为,父亲及其子女长期以来遭受的不公即将得到校正。

他们途经凯西克和尤斯米尔,七月十六日抵达加洛山。十天后,他们前往伦敦和多佛。八月一日,华兹华斯再度登陆法兰西,安奈特和卡罗琳在"金头街艾弗里尔夫人家"等候。[103]

他们在加莱待了一个月,比计划的时间长。有何复杂的法律问题?卡罗琳的未来如何保障? 他们在那儿究竟做了什么? 我们最看重多萝茜的敏锐观察和评论,但她此时的日记却让人失望。多萝茜每天记录着近来发生的事情,但却用一条显然后加的记录一笔带过这段时期,其中仅提到他们住在哪儿,华兹华斯的沐浴,震撼的大海。对于我们想知道的信息,却只字未提。见到哥哥曾经爱过的女人时,她有何感受? 见到这个给她带来许多痛苦的男人,安奈特作何反应? 卡罗琳呢? 多萝茜说她很高兴,和他们一起散步、看水上灯光。但是,九岁的她,会对一个三十二岁的外国人立刻产生好感吗——她祖国的敌人,说着生涩的法语,据说是她的父亲? 不大可能。

要解读这场旅行的已知信息也不容易。《亚眠和约》签署后,成群的英国人涌向巴黎,一些人为了看看一个革命后的国家是什么样,另一些人去看拿破仑抢来的艺术品,还有些人想看看第一执政官本人。[104] 在十四行诗《加莱,一八〇二年八月》中,华兹华斯高傲地谴责了这种鲁莽行为:"在法兰西 ／ 新生的王权面前,卑躬屈膝。"[105]但是,他和安奈特避开巴黎至少还有别的原因。安奈特是公开的保皇派,所以想避开首都。此外,他们也意识到,大量的游客会导致住宿价格上涨。但即便如此,加莱依然如一个象征性选择,仿佛华兹华斯准备去法国,但也只是点到为止。然而,另一方面,他们却待了一个月之久。在一个单调的海边小镇旅馆待一个月,真是够长的了,会让人以为华兹华斯真心想要重建和安奈特的关系,并逐渐了解卡罗琳。但约翰·沃森认为,久宿加莱"更可能是遇到了法律事务上的麻烦",法国法律的改变可能对华兹华斯与卡罗琳的未来关系产生特别影响。[106]在十四行诗《这是美好的夜晚》中,华兹华斯称走在他身旁的卡罗琳为"亲爱的孩子! 亲爱的小姑娘!",至少说明他很喜爱女儿。[107]他后来与安奈特的关系也说明,总的来说,这次旅行还算愉快。但毫无疑问,华兹华斯始终心系玛丽和他们的未来:几乎可以肯定,他正是在加莱买了一枚结婚戒指。[108]华兹华斯不是草率行事的人。这件事说明他对一场稳固的婚姻充满信心,相信坚强的玛丽能够应对这个事实:丈夫要对一个并非她生的孩子负责。

229　　我们依然渴望找到更多依据,来推测华兹华斯对安奈特和女儿的感受,哪怕只是为了平衡华兹华斯留下的记录。一组政治主题的十四行诗不能代替更为私密的情感流露。假如华兹华斯能像柯尔律治那样写一封毫不掩饰感情的信或给安奈特写一首类似《致信——》那样的诗就好了。他没有。但我们不能因为一种证据的缺失和另一种证据的存在就认为华兹华斯没动感情,或认为他把对安奈特的情感转移到公共话语之中。华兹华斯留恋过去和记忆,珍视"我们本性中的基本情感",能够为不受时间侵蚀而永存的意象所感动。如此之人,内心一定深受触动。但我们不知道。这些十四行诗从另一个侧面证明,华兹华斯的法国之行确实引起了强烈的情感,只不过是以一种出乎我们意料的方式。

　　华兹华斯和多萝茜没有走远。在加莱,他们相信能够看到英国海岸多萝茜日记,1802 年 7 月 31 日。多萝茜回忆着伦敦的晨景,那时她和哥哥正坐马车穿过威斯敏斯特桥,前往多佛。她的日记呼应着华兹华斯的十四行诗《大地上没有比这更美的景象》(即《作于威斯敏斯特桥》)。(格拉斯米尔:华兹华斯基金会)

的灯火。然而,一种强烈的乡愁将华兹华斯征服,他渴望回到英格兰。很可能就是在这里,他写下最著名的十四行诗之一《作于威斯敏斯特桥》。[109]一八○二年七月三十一日,当华兹华斯和多萝茜坐在前往多佛的公共马车上层,叮叮当当地驶过威斯敏斯特桥时,晨曦中的伦敦美得令人震撼。他思索着,一首诗就这样开始:"大地上没有比这更美的景象",接着通过一系列反复的赞美之词重申他的思想:"太阳从未如此美丽地攀升……""我从未看到、感到如此深沉的宁静!"在另一首十四行诗《作于加莱附近的海边》中,诗人望着海峡对岸,将晚星比作亲爱祖国的"光荣徽章":"那儿! 你下方 / 暮色中的地点,就是英格兰;它就在那里。"在《作于多佛附近的山谷》中,归家的释然触手可得,诗人亲切地留意着普通的景象,带着典型的英国式思维——海峡这边的事物有着本质的不同:

> 亲爱的同路人! 我们重归这里。
>
> 啼鸣的山鸡,袅袅的炊烟,钟声,
>
> 还有许多穿着白衬衫的男童,
>
> 在那边的草地上愉快嬉闹,
>
> 甚至这条小河温柔的咆哮,
>
> 一切,一切都很英国……

230　华兹华斯始终记得那些男孩。十八年后,看到那一代人的儿子们在同样的地点打板球,他又想起一八○二年回到祖国时,他是多么高兴。[110]

　　然而,华兹华斯对"我亲爱的祖国"的感情不同于勃朗宁在《异域乡愁》或鲁珀特·布鲁克①在《格兰切斯特》中纯一的渴念。人人都知道这

---

　　① 鲁珀特·布鲁克(Rupert Brooke,1887-1915),英国诗人。"一战"时期写下一组理想主义色彩的战争十四行,尤以《战士》著称。他清新的面容致使叶芝称他为"英格兰最英俊的小伙"。

些诗行:"我们这些操着莎士比亚语言的人,／ 不自由,吾宁死","伟大的人们一直在我们中间","弥尔顿!你应该活在此刻",但这些诗行(如同华兹华斯和多萝茜在五月阅读的《亨利五世》中哈弗娄和阿金库尔的台词)往往被断章取义,这也说明华兹华斯的爱国情绪是多么复杂。这些情绪由强烈的失望等负面压力所致。华兹华斯依然坚守着十年前让他为之燃烧的共和理想,但大量证据表明,法国已经离这个理想渐行渐远。一七九〇年,当他和琼斯漫步于此,"不知哪里来的欢声在空中回响",但如今,在"早上好,公民!"的问候中,华兹华斯只听到那个充满希望的年代的空虚回声。[111] 在《加莱:一八〇二年八月十五日》中,他再次将普通公民对拿破仑自封为共和国终身第一执政官的漠然反应与昔日举国上下的欢乐进行对比。在另一首十四行诗《致杜桑·卢维杜尔》中,他对这位海地领袖因抗拒拿破仑恢复奴隶制的法令而被囚禁的暴政感到失望。华兹华斯不得不重新认清事实:"法国"和"自由"早已不再等同。英国被盛赞为自由之友,也只是因为没有一个更好的自由国度,正如那首充满幻灭感的十四行诗《英格兰!是时候了……》所示。华兹华斯谴责他的祖国"越界",认出其自私的领土和商业企图,总结道:"哦,悲哀!大地上最好的希望全寄托于你!"

华兹华斯梳理矛盾心情时的策略体现在他目前使用的诗歌形式中。一八〇二年五月二十一日,多萝茜给他读了一些弥尔顿的十四行诗,虽然他"早就熟悉这些诗",但"在当时",他还是被"贯穿于大多数诗中那庄严的朴素和恢宏的和谐……深深打动",于是他又"燃烧"起来。[112] 自从学童时代以及他发表第一首诗开始,十四行诗一直在技术层面吸引着华兹华斯,而弥尔顿的十四行诗尤其示范着"弥漫全诗的高度统一感"——华兹华斯认为这正是十四行诗这一形式的最大优点。[113] 然而,在他看来,弥尔顿的十四行诗是"雄浑庄重的写作"[114],不仅代表一种风格的典范,而且也传达着一个更高贵时代的声音,如果军事胜利有何

231

价值的话，就是要复兴那个时代的"礼仪，美德，自由和力量"。[115] 弥尔顿，锡德尼，马维尔，哈灵顿，韦恩——这些"道德的捍卫者"证明着英国的自由精神，如今却被奢华、贪婪、自私自利的风气弄得窒息。和一切有效力的道德监察官一样，华兹华斯借古讽今，为了警示今人认识到时代的堕落，并提供一种更积极美好的图景。同时，他再次宣称自己是弥尔顿的继承人。《隐士》"纲要"就包含对《失乐园》的挑战，却始终没有出版。但是，当他的五首十四行诗发表在《晨报》上，斯图亚特为确保引起读者的关注，称之为"当代一流诗人之一的最佳作品"。[116]

八

　　八月三十一日，华兹华斯和多萝茜回到伦敦，住在蒙塔古在内殿律师学院的房间里。查尔斯和玛丽·兰姆住在附近的米特法院大楼。九月七日饭后，兰姆提出带他们参观位于西史密斯菲尔德的巴塞罗缪大集市。兰姆和华兹华斯都不是无动于衷的看客。华兹华斯能够被伦敦打动——《作于威斯敏斯特桥》和后来的《圣保罗大教堂》即是证明——但打动他的始终是一座城市的潜在之美。这种美的潜质体现在晨光熹微之中，或银装素裹之下。相反，兰姆热爱现实。在他关于《抒情歌谣集》的信中，他告诉华兹华斯：

> 　　若非你的陪伴带给我欢乐，我并不特别在意这辈子有没有见过山。——我一生都在伦敦度过，形成了许多强烈的地方情结，与你们山里人在死气沉沉的大自然中无异。河滨地区和舰队街上灯火通明的店铺，数不清的买卖、商人和顾客，马车，火车，戏院，嘈杂不堪的考文特花园，城里的女人，巡夜人，酩酊大醉，喋喋不休；……咖

啡馆,厨房里炖汤的蒸汽,闹剧,伦敦本身就是一场闹剧和化装舞会,……这些奇观促使我在夜晚走到她熙攘的大街上,在五花八门的河滨地区,面对如此旺盛的**生命力**,我常常喜极而泣——[117]

然而,八月初的一场湖区之行却使他怦然心动。在攀登了海芙琳峰和斯基多峰之后,在罗多尔瀑布的河床上涉水之后,兰姆承认:"游人所谓的**浪漫**,确实存在。"尽管如此,他知道,"住在舰队街和河滨区永远比住在斯基多山里好。"[118]现在,兰姆更能理解华兹华斯对湖区的钟情。当他带领华兹华斯穿过变戏法的、演杂技的、奏乐的、口技表演、小商贩、廉价马戏,比如"识数的马和智慧的猪",兰姆无疑也希望华兹华斯能欣赏他的所爱。[119]

华兹华斯兄妹逗留在这座城市,是为了一场家庭会议。阿伯加文尼伯爵号轮船已经返港,九月十一日,约翰加入了理查德、多萝茜和威廉的家庭讨论。他带来了坏消息。多萝茜和威廉在约翰那里投资了大约三百五十英镑,相信东印度公司所有船长的私下生意一定会带来好的回报。但是,由于航程延误和市场波动,约翰回来时资金困难,尽管我们不知道到底有多严重。[120]要是在几个月前,这个损失将是一场灾难。现在,他们指望从罗瑟的赔款得到补偿。九月二十二日,华兹华斯和多萝茜满意地离开伦敦,因为理查德正在尽一切可能推进赔款。

二十四日,他们刚抵达加洛山,多萝茜就病倒了。近两个月来,为了会客的需要,她一直在调整自己的情绪——首先是安奈特和卡罗琳,接着是兰姆一家,然后是理查德和约翰,最后,在短暂的温莎之行中还拜访了威廉·库克森和他的家人——所有这一切都是为了准备一件事。她知道,她害怕。她对老友简·波拉德说:"长久以来,我爱玛丽·哈钦森如同姐妹,她也同样爱我。既然如此,你一定猜想,我正满怀幸福地期待着在我们之间建立纽带,可是,尽管我很高兴,却有一半害怕,怕所有过去、现在和未来的柔情都在婚礼的早晨向我袭来。"[121] 婚礼前夜,她戴着那枚婚戒入睡(尽管不是戴在无名指上)。十月四日早上,当她把戒指还给华兹华斯时,他又给她戴了回去。[122] 或许,华兹华斯想要通过这小小的仪式安慰多萝茜,使她确信:在他的生活中,永远有她的位置。但这个表态过于强烈,多萝茜的感情完全决堤。她没有去布朗普顿教堂,而是躺在床上,"不听也不看",直到大街上响起了欢迎新郎新娘的欢呼声,她才一下子冲出房门,投入华兹华斯的怀抱。

233　　晚年,华兹华斯经常重拾昔日的足迹,纪念那些重要的旅程,尽管路线会有所变化。他和玛丽的婚姻生活就始于这样一场旅行。婚礼早餐后——应该是早餐,因为婚礼在早上八点出头开始——玛丽、威廉和多萝茜开始了返回格拉斯米尔之行,沿着两年前兄妹俩热切走过的路。

注释

[1] 威廉·威尔伯福斯,《从剑桥到湖区之行:1779 年夏天日记》,C. E. 兰厄姆编(斯托克菲尔德,1983),第 48 页。关于格雷和更多有帮助的信息,见《安家格拉斯米尔》,贝丝·达灵顿编,第 38 页注释。后面引用此诗,皆出自这个版本。华兹华斯在 1801 年 4 月 9 日写给安妮·泰勒的信中将格拉斯米尔描述为"一个几乎人人皆知的美丽地方",见《早期书信》,第 327 页。在《发现湖区:1750-1810》(格拉斯米尔,1982)的展览目录中,彼得·比克奈尔和罗伯特·伍夫言简意赅地介绍了被这欢乐的山谷吸引而来的许多艺术家。

[2] 从南趋近格拉斯米尔时,如今的主路与湖面持平。文中说的旧路在苍苔公地下方的采石场分岔,如今是停车场。

[3]《湖区回忆录:1807-1830》,朱利安·诺斯编,《托马斯·德昆西文集》,第十一卷《〈泰特杂志〉与〈布莱克伍德杂志〉文选:1838-1841》,第 50 页。

[4] 这句话写起来容易,却回避了许多问题。威廉和多萝茜超乎寻常地擅长这些任务吗?他们向别人借工具了吗?他们哪儿来的油漆?或他们怎么弄

的？他们找人帮忙了吗？花钱了吗？关于这幢房子及其历史，见斯蒂芬·希伯伦，《鸽舍》(格拉斯米尔，2010)。

[5]　细节见华兹华斯与多萝茜致柯尔律治，[1799年]12月24日[和27日]，《早期书信》，第273-281页。关于鸽舍的生活，帕米拉·伍夫有过精彩和翔实的介绍，见她的著作《多萝茜·华兹华斯：日常的奇迹》(格拉斯米尔，2013)。

[6]　《隐士》之"纲要"，手稿I，39-40行。《安家格拉斯米尔》，第259页。

[7]　所有引文出自《安家格拉斯米尔》手稿B。

[8]　《这是四月的清晨……》，17-30行。

[9]　见《抒情歌谣集与其他诗歌：1797-1800》，詹姆斯·巴特勒与凯伦·格林编(伊萨卡与伦敦，1992)，第252-268页，第332-334页。以下简称"《抒情歌谣集》"。

[10]　《安家格拉斯米尔》手稿B，620-628行。

[11]　亚历山大·蒲柏，《论田园诗》，《〈田园诗〉与〈论批评〉》，E.奥德拉与奥布里·威廉姆斯编(纽黑文与伦敦，1961)，第27页。

[12]　所有引文出自《安家格拉斯米尔》手稿B，270-273行，1030-1034行，1045-1046行。

[13]　多萝茜致约翰·马绍尔夫人，1800年9月10日和12日，《早期书信》，第295页。露西·纽林关于鸽舍这一时期的章节，见《彼此即一切》，第160-180页，读之受益匪浅。

[14]　见《年谱》，第二卷，第76页和第174页注释，作者指出，"[1802年]春天，多萝茜[在《格拉斯米尔日记》中]对植物细致入微的描写，说明她经常参考植物学书籍"。实际上，他们订购了两个望远镜，有一个是给柯尔律治的。

[15]　华兹华斯本想用这首诗作为《两卷本诗集》(1807)的引子，但在最后一刻删去了。见柯蒂斯，《两卷本诗集》，第63页。

[16]　手稿B，125-128行。

[17]　手稿B，104-113行。

[18] 关于约翰的描述,出自《安家格拉斯米尔》手稿 B,866-872 行。多萝茜的回忆,见她写给博蒙特夫人的信,1805 年 11 月 29 日,《早期书信》,第 649 页。

[19] 玛丽·华兹华斯致凯瑟琳·克拉克森,[1805 年]3 月 7 日,《玛丽·华兹华斯书信集》,第 3 页。巴克仔细考据(《华兹华斯传》,第 254-256 页),得出结论:"无疑,约翰爱上了玛丽。"沃森(《传记》,第 223 页)认同这个观点,声称这是"公认的事实,约翰在玛丽的五个星期来访期间爱上了她"。本书作者对此话题持不可知论。无可争辩的是,鸽舍全体成员都热爱约翰,约翰也热爱他们。

[20] 华兹华斯致詹姆斯·洛什,1805 年 3 月 16 日,《早期书信》,第 563 页。读者若能来访格拉斯米尔,可以在大卫·麦克拉肯《华兹华斯与湖区:诗歌与地方指南》书中的实用地图上找到这里提到的地名。

[21]《当我初次来到这里》,88-91 行。柯蒂斯,《两卷本诗集》,第 563-567 页。多萝茜致简·马绍尔,[1805 年]3 月[15 日和 17 日],《早期书信》,第 559 页。华兹华斯致詹姆斯·洛什,1805 年 3 月 16 日,《早期书信》,第 563 页。

[22] 柯尔律治致托马斯·普尔,[1800 年 3 月 21 日],《柯尔律治书信集》,第一卷,第 582 页。

[23] 柯尔律治致汉弗莱·戴维,1800 年 7 月 25 日,《柯尔律治书信集》,第一卷,第 612 页。

[24] 柯尔律治致威廉·葛德文,[1800 年 9 月 8 日],《柯尔律治书信集》,第一卷,第 620 页。关于哈特莱,见柯尔律治致塞缪尔·珀基斯,1800 年 7 月 29 日,《柯尔律治书信集》,第一卷,第 615 页。

[25] 关于格丽塔府及其住户的详细信息,见 H. H. 豪与罗伯特·伍夫,《格丽塔府:柯尔律治与骚塞之家》(斯托克渡口,1977)。

[26]《安家格拉斯米尔》手稿 B,81-82 行。

[27] 细节见《抒情歌谣集》,第 23-24 页。柯尔律治为华兹华斯、骚塞和汉弗莱进行游说。

[28] 参考华兹华斯书信,[6 月]8 日,[7 月中旬],7 月[29 日],[约 8 月

1 日],[约 8 月 4 日],[8 月 13 日],9 月 15 日,[约 9 月 27 日],[约 10 月 2 日],[约 10 月 6 日或 7 日],[约 10 月 15 日],[12 月 18 日],[1800 年 12 月 19 日],及[1801 年]4 月 9 日。关于"华兹华斯所有权威诗集中最糟糕的印刷版",更多细节见《文献》,第 12-16 页,第 1169-1172 页。

[29] 柯尔律治致托马斯·普尔,1800 年 7 月 24 日,致丹尼尔·斯图亚特,[约 1800 年 9 月 30 日],《柯尔律治书信集》,第一卷,第 608、627 页。

[30] 关于戴维的有益信息,见爱丽丝·詹金斯,《汉弗莱·戴维与对光的热爱》,收录于《1798:〈抒情歌谣集〉诞生之年》,理查德·克罗宁(汉德米尔斯,1998),第 133-150 页;大卫·奈特,《汉弗莱·戴维:科学与力量》(牛津:1992)。

[31]《文集》中删除了这个说明,故此详细列出。

[32]《山楂树》的说明,《抒情歌谣集》,第 350-351 页。

[33]《柯尔律治书信集》,第一卷,第 602 页注释 1。沃森认为,"[这个说明]很有可能是柯尔律治装模作样写的,华兹华斯把它抄下来,发了出去;这很可能就是柯尔律治喜欢开的玩笑。"见《传记》,第 230 页。柯尔律治最权威的编者 J.C.C.梅斯正确地指出华兹华斯的"麻木不仁",并推测道:"只能说,柯尔律治在沮丧的状态中,知道正在发生什么,他只是因为华兹华斯的缘故才同意。"见《柯尔律治的〈老舟子吟〉》(纽约,2016),第 98 页。如梅斯所指出,在下一版《抒情歌谣集》(1802)中,这个说明被删掉了。

[34] 华兹华斯致比格斯和科特尔,[约 1800 年 10 月 6 日和 7 日],《早期书信》,第 305 页。

[35] 华兹华斯致朗曼和里斯,1800 年 12 月 18 日,《早期书信》,第 309 页。柯尔律治致汉弗莱·戴维,1800 年 10 月 9 日,致约书亚·韦奇伍德,1800 年 11 月 1 日,《柯尔律治书信集》,第一卷,第 631、643 页。柯尔律治向戴维提起打算把华兹华斯的《游走商贩》和《克莉斯塔贝尔》一起出版。对于柯尔律治来说,这可能顶多是个安慰吧。很难想出比这两首诗更不搭的组合了。

[36] 见《柯尔律治书信集》,第一卷,第 631 页注释 2;柯尔律治致弗朗西

斯·兰厄姆,1800 年 12 月 19 日,《柯尔律治书信集》,第一卷,第 658 页。

[37] 骚塞致柯尔律治,1802 年 8 月 4 日,《骚塞书信集》。

[38] 需注意,在《这一伙人:1802 年的柯尔律治、哈钦森一家和华兹华斯一家》(纽黑文,2001)中,约翰·沃森从殊异的角度呈现了华兹华斯与柯尔律治此时的关系,淡化了 1800 年《抒情歌谣集》或《晨报》诗歌引发的危机。

[39] 华兹华斯的手稿说明引自《文集》,第一卷,第 167 页。华兹华斯在 1838 年 1 月 4 日写给威廉·罗恩·汉密尔顿的信中也这样声明:"尽管我被柯尔律治说服,为我的诗写第一篇序言……"见《晚期书信》,第三卷,第 508 页。

[40] 柯尔律治致丹尼尔·斯图亚特,[约 1800 年 9 月 30 日],《柯尔律治书信集》,第一卷,第 627 页。

[41] 查尔斯·兰姆致华兹华斯,[1801 年 1 月 30 日],《兰姆书信》,第一卷,第 266-267 页。

[42]《抒情歌谣集》序言(1800),《文集》,第一卷,第 120 页。下文出自此文献的引文,不再单独作注。

[43] 海兹利特,《威廉·华兹华斯》,出自《时代的精神》,《海兹利特全集》,第十一卷,第 87 页。在《伯克、潘恩、葛德文与大革命之争》中,玛丽琳·巴特勒认为,《抒情歌谣集》背后的理论实质和序言"似源于激进传统",第 226-229 页。在《语言的政治:1791-1819》中,奥莉维亚·史密斯详细讨论了确立平等主义写作合法性的激进关注。

[44] 华兹华斯致查尔斯·詹姆斯·福克斯,1801 年 1 月 14 日,《早期书信》,第 315 页。L. G. 米歇尔在《查尔斯·詹姆斯·福克斯》第 187 页中似乎认为,福克斯没有回信,或者(不确定)他回信了,但华兹华斯很失望。福克斯确实回信了——1801 年 5 月 29 日的信现藏于华兹华斯图书馆——而且还有一定篇幅。他写道,这些诗给他"极大的快乐",最喜欢《哈里·吉尔》《我们是七个》《疯母亲》和《痴儿》",尽管他"不赞成用素体诗描写简单的事物",但他依然喜欢"这些素体诗"的很多方面。一位日理万机的政治家能如此回信,华兹华斯应该不会失望。

[45] 查尔斯·兰姆致托马斯·曼宁，[1801年2月15日]，《兰姆书信》，第一卷，第272-273页。

[46] 华兹华斯很清楚，"成功"只是相对而言。在1800年后的两年里，出版商将"耕童诗人"罗伯特·布鲁姆菲尔德的《农民的儿子》处理掉两万多本。《抒情歌谣集》总销售量不足两千册。华兹华斯成败在此一举的《两卷本诗集》（1807），八年内只卖出了七百七十本。见威廉·圣克莱尔，《浪漫主义时期的阅读民众》（剑桥，2004），第582页谈到布鲁姆菲尔德的销售量，书中还全面论述了这一时期的销售与出版经济。

[47] 约翰致多萝茜，[1801年]2月21日，《约翰书信》，第92页。华兹华斯致理查德，[约1801年6月23日]，《早期书信》，第337页。

[48] 华兹华斯致朗曼和里斯，1800年12月18日，《早期书信》，第310页。

[49] 华兹华斯致安妮·泰勒，1801年4月9日，《早期书信》，第328页，提到1800年《抒情歌谣集》序言。《文集》，第一卷，第132页。

[50] 克拉克森家尤斯米尔在阿尔斯沃特湖的源头附近。老布雷泰在温德米尔湖的源头。见格里维尔·林德普，《湖区文学指南》（1993），第320、327页；达芙妮·弗斯科特，《布雷泰府的约翰·哈登：1772-1847》（肯德尔，1974），第19页。塞缪尔·罗杰斯（1763-1855）既是一位富有的银行家，也是一位成功的诗人，假如人们现在还铭记他，主要是因为《回忆的快乐》和《意大利》这两本书，自1822年以来多次再版。1835年，华兹华斯将诗集《重游耶罗》题献给他。

[51] 见《抒情歌谣集》，第322-324页。

[52] 引文出自1805年《序曲》，11. 174, 12. 376-377；《文集》，第一卷，第148页。

[53] 罗伯特·安德森编，《英国诗人作品选，包括前言、生平和评论》（十三卷，伦敦与爱丁堡，1792-1795）。在《芬尼克笔记》关于《游耶罗》的说明中，华兹华斯承认了这部作品选对他的重要："通过这些选集，我首先熟识了乔叟。我当时没有多少钱买书，要不是这套书，我就要在很晚的人生阶段才能知道德雷顿、丹尼尔和伊丽莎白时代的其他杰出诗人，以及紧随他们之后的继承者。"见《芬

尼克笔记》,第28页。约翰这套书现藏于华兹华斯图书馆。华兹华斯也可以看柯尔律治的这套安德森编作品选。具体细节见邓肯·吴,《华兹华斯的阅读:1800-1815》(剑桥,1995),第3-4页。

[54] 见《〈废毁的茅舍〉与〈游走商贩〉》,詹姆斯·巴特勒编,导言,第24-30页,正文,第327-367页。对这一时期作品更加全面的论述,见吉尔,《华兹华斯的重游》,第63-73页。

[55]《多萝茜日记》,1802年1月26日,1月30日,2月2日,2月11日。

[56]《致小小的毛茛花》,57-64行。

[57]《写在三月:在兄弟河下游桥上小憩》,1-10行。四十年后,狄更斯在《圣诞颂歌》(1843)乐谱二中温和地取笑这首诗:"这个房间喧声鼎沸,因为里面有更多的孩子,连激动的吝啬鬼都数不清;和诗中歌唱的牧群不同,这里的四十个孩子不是异口同声,而是一个孩子顶四十个。"

[58]《多萝茜日记》,1802年4月20日。

[59] 杰拉德·曼利·霍普金斯致罗伯特·布里奇斯,1879年2月15日,《杰拉德·曼利·霍普金斯书信集》,R. K. R. 桑顿与凯瑟琳·菲利普斯编(两卷,牛津,2013),第一卷,第334页。

[60] 所有1802年序言的引文都出自《文集》中的版本,第一卷,第118-165页。保罗·M. 卓尔在他编辑的《威廉·华兹华斯的文学批评》(内布拉斯加:林肯,1966)中完整地印刷了序言的两个版本,这是编辑们的理想形式。在编辑诗歌和散文选时,出于篇幅的考虑,往往无法实现这个理想状态。在我编辑的二十一世纪牛津作家丛书《威廉·华兹华斯》(2010)中,我在《抒情歌谣集》序言中标出了1802年增加的部分。

[61] 华兹华斯致约翰·泰勒,1801年4月9日,《早期书信》,第325页。

[62] 华兹华斯致亨利·克拉布·罗宾逊,1835年4月27日,《晚期书信》,第三卷,第44页。华兹华斯引用了《康伯兰的老乞丐》,他确信罗宾逊会记得这首诗。

[63] 威尔逊1802年5月24日的信现藏于华兹华斯图书馆。见菲利普·

邓达斯,《约翰·威尔逊 1802 年致华兹华斯的信:一个新文本》,《华兹华斯社交圈》,总第 34 卷,第二期(2003),第 111-115 页。值得注意的是,华兹华斯会在收到玛丽·哈钦斯来信的当天就及时回复,但他却耽搁了一周才给威尔逊回信,而且花了两天才写完这封深思熟虑的回信。见《多萝茜日记》,第 129 页,第 131-132 页。

[64] 华兹华斯致约翰·威尔逊,[1802 年 6 月 7 日],《早期书信》,第 355 页。

[65] 柯尔律治致托马斯·普尔,1801 年 5 月 17 日,《柯尔律治书信集》,第二卷,第 732 页。

[66] 柯尔律治致汉弗莱·戴维,1801 年 2 月 3 日,致约书亚·韦奇伍德,1801 年 2 月 18 日和 24 日,另有两封写于当月但日期不详,信中谈到哲学,见《柯尔律治书信集》,第二卷,第 670-672 页,第 677-703 页。

[67] 见《柯尔律治笔记》,第一卷,第 1575 条,一则部分用拉丁文写成的笔记,其中柯尔律治忆起,1799 年 11 月 24 日,和华兹华斯游览湖区后,在返回伦敦的路上,他握了萨拉的手,感到爱情之箭,"中了毒,哎呀!不可救药"。英译文同理查德·霍姆斯,《柯尔律治:早年幻景》,第 250 页。

[68] 同上。

[69] 柯尔律治致托马斯·普尔,1801 年 9 月 7 日,10 月 5 日,10 月 21 日,《柯尔律治书信集》,第二卷,第 755-757 页,第 763-766 页,第 769-771 页。

[70] 多萝茜致玛丽·哈钦森,4 月 16 日,致玛丽和萨拉·哈钦森,[1802 年]6 月 14 日,《早期书信》,第 351、363 页。

[71]《多萝茜日记》,1801 年 10 月 10 日。

[72]《多萝茜日记》,1801 年 12 月 21 日、22 日和 25 日;1802 年 1 月 29 日,2 月 6 日,3 月 19 日。

[73]《多萝茜日记》,1802 年 4 月 21 日。

[74] 以"曾几何时"开篇的《颂歌》前四个诗节写于 1802 年。全诗 1804 年完成。1807 年出版时,题目只是《颂歌》,出现在《两卷本诗集》第二卷结尾,与其

他诗歌明显分开。在 1815 年的选集中，题目变成《颂歌：忆童年而悟永生》。亨利·克拉布·罗宾逊晚年记起，他曾劝说华兹华斯"有必要"加一个题目，以便"引导读者了解[这首诗的]主旨"。见《亨利·克拉布·罗宾逊与华兹华斯圈书信集》，第二卷，第 839 页。在华兹华斯生前出版的所有权威版本中，《颂歌》始终出现在他抒情诗作品的高潮位置。见柯蒂斯编，《两卷本诗集》，第 271-279 页，第 428-430 页。

[75]《致信——》和《沮丧：一首颂歌》的文本历史极其复杂，目前，权威的论述见 J. C. C. 梅斯，《柯尔律治诗集》（2001），第一卷，第 677-691 页；第二卷，第 861-875 页，第 884-897 页。

[76] 这两个版本见柯蒂斯编《两卷本诗集》，第 123-129 页，第 317-323 页。需指出的是，沃森对 1802 年春天的描述无论在细节上还是在整体的阐释模式上都与本书不同，见《这一伙人》，第 136-201 页。

[77]《隐士》之"纲要"，《安家格拉斯米尔》手稿 B，第 1013 行。

[78] 柯尔律治致华兹华斯，[约 1799 年 9 月 10 日]，《柯尔律治书信集》，第一卷，第 527 页。

[79] 柯尔律治致骚塞，1802 年 7 月 29 日，《柯尔律治书信集》，第二卷，第 830 页。

[80] 柯尔律治致托马斯·普尔，1803 年 10 月 14 日，《柯尔律治书信集》，第二卷，第 1013 页。

[81] 1805 年《序曲》，1. 229。

[82]《多萝茜日记》，1802 年 2 月 11 日，3 月 9 日。关于华兹华斯和琼生的重要讨论，见安妮·巴顿，《彭斯赫斯特之路：华兹华斯、本·琼生和柯尔律治在 1802 年》，《批评随笔》，第 37 期（1987），第 209-233 页。另见邓肯·吴，《华兹华斯的阅读：1800-1815》，第 121-122 页。

[83]《安家格拉斯米尔》手稿 B，171-173 行，第 103 行。

[84]《多萝茜日记》，第 29 页。关于华兹华斯的写作习惯，见安德鲁·班尼特《华兹华斯在写作》（剑桥，2007）中重要且考虑宽泛的论述。

[85] 多萝茜致凯瑟琳·克拉克森,1804 年 3 月[25 日],《早期书信》,第 459 页。

[86] 多萝茜致凯瑟琳·克拉克森,1804 年 2 月 13 日,《早期书信》,第 440 页。

[87] 沃森,《这一伙人》,第 37 页,关于誊写和手稿的论述部分非常有用,其中写到,1801 年 6 月,多萝茜让哥哥理查德提供一百四十四张最大号的书写纸,而七个月后,她要得更多。

[88]《多萝茜日记》,1802 年 3 月 17 日。

[89] 多萝茜致玛丽·哈钦森,1801 年 4 月 29 日,《早期书信》,第 331-332 页。

[90] 见柯蒂斯,《两卷本诗集》,第 123-129 页,第 317-323 页。

[91] 多萝茜致玛丽·哈钦森,1801 年 4 月 29 日,《早期书信》,第 330 页。1879 年至 1880 年间,为了建曼彻斯特自来水厂的水库而开凿瑟尔米尔湖时,"萨拉的岩石"被炸毁了,但残片被追回并复原,如今屹立在格拉斯米尔华兹华斯博物馆的地基上。见斯蒂芬·吉尔,《华兹华斯与维多利亚人》,第 251-256 页。

[92] W. B.叶芝,《为我的女儿祈祷》,47-48 行:

> 哦,愿她生长,如苍翠的月桂
>
> 扎根于一个心爱而恒久的地方。

[93] 沃森,《传记》,第 252-253 页,第 263 页注释 20。

[94]《多萝茜日记》,1802 年 5 月 29 日。1807 年作为《告别》出版,见柯蒂斯,《两卷本诗集》,第 587-589 页。

[95] 多萝茜致理查德·华兹华斯,[1802 年]6 月 10 日,《早期书信》,第 359 页。

[96] 柯尔律治致骚塞,1802 年 9 月 2 日,《柯尔律治书信集》,第二卷,第 860 页。

[97] 柯尔律治致威廉·葛德文,[1801 年 11 月 19 日],《柯尔律治书信集》,第二卷,第 775 页。

［98］柯尔律治致骚塞,1801 年 12 月 31 日,《柯尔律治书信集》,第二卷,第 778 页。对柯尔律治婚姻的最好阐述,依然是霍姆斯的《柯尔律治：早年幻景》,尤第 250-253 页,第 294-320 页。

［99］这是一组《原创诙谐短诗》中的第六首,见《柯尔律治诗集》,第一卷,第 732-733 页;第二卷,第 944-945 页。

［100］《玛丽书信》,第 xxv 页注释 13。

［101］见《年谱》,第二卷,第 197 页。华兹华斯与理查德之间的书信,见《早期书信》,第 368-373 页,第 382-384 页,第 686-692 页。

［102］《多萝茜日记》,1802 年 6 月 30 日。

［103］见多萝茜对伦敦-加莱之行的描述,《多萝茜日记》,第 123-125 页。

［104］"……所有旅店都充斥着英国人;自从签署了和约,我们的海岸就开始泛滥,潮水与日俱增,无疑还将继续上涨。"书信引自勒南·莫里厄,《"我们的海岸泛滥"：〈亚眠和约〉后的穿越海峡旅行》,收录于《抵抗拿破仑：英国对入侵威胁的反应,1797-1815》,马克·菲利普编(奥尔德肖特,2006),第 217-240 页。从 1802 年 6 月起,"获得护照的游客数量显著增长"。(第 223 页)

［105］1799 年 12 月,在法国新宪法之下,拿破仑成为第一执政官,并于 1802 年成为终身执政官。关于拿破仑在当时文学想象中的位置,见西蒙·班布里奇《拿破仑与英国浪漫主义》(剑桥,1995)的精彩论述。

［106］沃森,《传记》,第 255-256 页,第 273-276 页。

［107］这首十四行诗发表于 1807 年,华兹华斯后来的十九世纪编者对此感到非常困惑,因为他们不知道安奈特和卡罗琳的存在,只好绞尽脑汁思考,猜测"亲爱的小姑娘"一定是多萝茜。见《华兹华斯与维多利亚人》,第 230 页。

［108］这枚金戒指有一个布鲁塞尔商标,现藏于格拉斯米尔华兹华斯博物馆。见《多萝茜日记》,第 249 页。

［109］至 1836 年为止的所有版本中,这首诗的题目都莫名其妙地加上了一个错误的日期"1803 年 9 月 3 日"。见柯蒂斯,《两卷本诗集》,第 147、411 页。

［110］多萝茜日记,1820 年 7 月 10 日,《欧陆之旅日记·一八二〇》。见

《多萝茜日记》,第二卷,第 8 页。

　　[111]《致友人,作于加莱附近:在通往阿德尔的路上,1802 年 8 月 7 日》。

　　[112]《芬尼克笔记》,第 19 页。华兹华斯在剑桥时,曾在他那本《失乐园》(现藏于华兹华斯图书馆)的衬页上为弥尔顿写下恭维的敬辞。见《早期诗歌与片断》,第 722 页。

　　[113] 华兹华斯致亚历山大·戴斯,[约 1833 年 4 月 22 日],《晚期书信》,第二卷,第 604 页。戴斯在他的《英国十四行诗范本》中收录了华兹华斯的十五首十四行诗。

　　[114] 华兹华斯致 ? ,1802 年 11 月[?]日,《早期书信》,第 379 页。《两卷本诗集》的书评中,较少的正面评论之一就是这些十四行诗的语气"严正雄浑"。关于"雄浑"(manly)在这一语境中的意义,见西蒙·班布里奇,《英国诗歌与拿破仑革命战争》(牛津,2003),第 99-119 页。

　　[115] 华兹华斯在一首十四行诗《莫轻十四行》(发表于 1827 年)里写到十四行诗的历史,他呼唤弥尔顿,因为在他的手中,"十四行诗变成一个号角,从中 / 吹响振奋灵魂的曲调——唉,只可惜太少!"

　　[116] 引自 R. S. 伍夫,《华兹华斯的诗歌与斯图亚特的报纸:1797-1803》,《文献研究》,第 15 期(1962),第 155 页。当华兹华斯在 1838 年将自己写的十四行诗结集为一册,他抓住机会在引导性文字"致读者"中写道:"对弥尔顿一些十四行诗的崇拜最初诱使我尝试这种体裁。"他说,这样说是"为了公开表达我作为诗人与个人对我们伟大同胞的无限感恩"。

　　[117] 查尔斯·兰姆致华兹华斯,[1801 年 1 月 30 日],《兰姆书信》,第一卷,第 267 页。

　　[118] 查尔斯·兰姆致托马斯·曼宁,1802 年 9 月 24 日,《兰姆书信》,第二卷,第 69 页。关于华兹华斯、兰姆和伦敦,见露西·纽林,《"在市井樊笼中":华兹华斯、柯尔律治和兰姆之间的回声与暗引,1797-1801》,见她的《柯尔律治、华兹华斯与暗引之语》,第 205-226 页。

　　[119] 1805 年《序曲》,7. 682。"智慧的猪",见理查德·D. 奥尔蒂克,《伦

敦的表演》(麻省：剑桥，1978)，第41页。

[120] 细节见《约翰书信》，第 30－33 页。沃森，《传记》，第 249－250 页，第 279 页。

[121] 多萝茜致简·马绍尔，1802 年 9 月 29 日，《早期书信》，第 377 页。

[122] 1802 年10 月 4 日的多萝茜日记中有几行句子被划掉了，字迹难辨。1950 年代，在红外线灯的帮助下，伟大的学者海伦·达比希尔辨认出"并热烈地祝福我"一句，把它们加入她编辑的格拉斯米尔日记。最了解这些日记的编者帕米拉·伍夫认为这一解读"可疑"；我现在也同意，既然已经抹去，那么，似乎最好不要再延续这些文字的生命。没有这些文字，这一则日记本身已经够令人震惊。关于删除的文字以及这则日记本身，见《多萝茜日记》，第 xxvii 页，第 126 页。

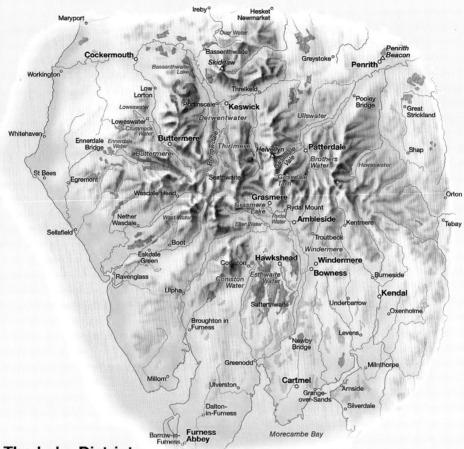

The Lake District

0   5   10 kilometres

0   5 miles

湖区地图

乔治·丹斯，柯尔律治铅笔素描，时年三十二岁，
1804 年

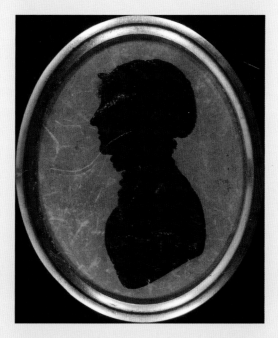

多萝茜·华兹华斯剪影，日期不详，初入中年

玛丽·华兹华斯剪影，日期不详，初入
中年

萨拉·哈钦森剪影，日期不详，初入
中年

安奈特·瓦隆，
日期不详

约翰·麦克沃特蚀刻，乔治－亨利·马尼斯雕版，华兹华斯诞生的宅邸，科克茅斯。1770 年 4 月 7 日，华兹华斯诞生在科克茅斯最豪华的宅子，这里位于格拉斯米尔西北部二十英里。

安·泰森的房子，艺术家不详，1850 年 8 月。1779－1783 年，华兹华斯在霍克斯海德文法学校读书时在此寄宿，住在楼上右侧的房间。1783－1787 年，他和安·泰森住在霍克斯海德附近的小村庄柯尔特豪斯。

J.M.W.透纳,科克茅斯城堡,1810年。1134年,诺曼人建造了这座城堡。华兹华斯"甜美的出生地"就在城堡右侧,位于德温河南岸。儿时的华兹华斯常来城堡玩耍,到河中游泳。

霍克斯海德文法学校，艺术家不详，1700年。图中左侧的建筑是学校，后部高耸的钟楼是教堂。华兹华斯在此读书，直到考上剑桥。

剑桥大学圣约翰学院，艺术家不详

乔治－亨利·马尼斯雕版，华兹华斯在剑桥大学
圣约翰学院读书时住的第 23 号房间

约瑟夫·威尔金森（1764－1831），格丽塔河上的风之岭，1795年。风之岭是卡尔弗特家的农庄。1794年4月至5月23日，华兹华斯兄妹在此小住。

S.L.梅（S.L.May），雷斯冈，日期不详。"在整个这片岛屿上，雷斯冈是我记忆中最亲切的地方；那是我第一个家……"多萝茜写道。1795年9月底至1797年7月，她与哥哥住在这里。

乔治－亨利·马尼斯根据约翰·麦克沃特的绘画雕版，阿尔弗克斯顿，日期不详。1797 年 7 月 16 日至 1798 年 6 月 25 日，华兹华斯兄妹在此居住。

威廉·韦斯托尔 (1781－1850)，莱德尔山庄，日期不详。1812 年，两个孩子的夭折使华兹华斯一家深陷痛苦。1813 年 5 月，华兹华斯携家眷搬到这里，直至去世。

弗朗西斯·汤恩,安布尔塞德,1786 年。
华兹华斯第一个稳定的家园鸽舍就在这一带。

阿莫斯·格林，巷尾与鸽舍，棕褐色素描，约 1806 年

约翰·怀特·阿伯特，格拉斯米尔和海尔海尔姆崖，1812年。华兹华斯生活的中心。1800年，写下《安家格拉斯米尔》。

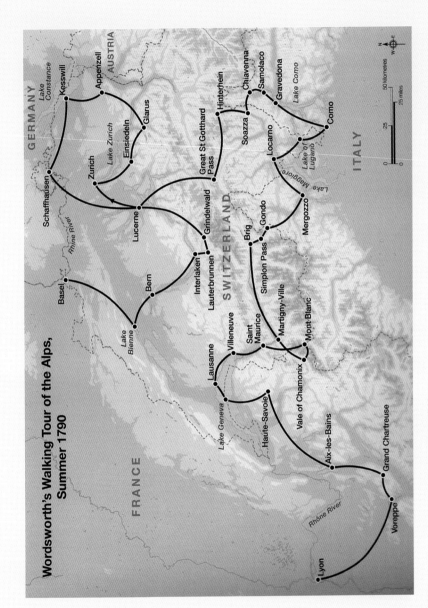

华兹华斯 1790 年夏徒步阿尔卑斯线路图

弗朗西斯·汤恩，阿维隆之源，背景是勃朗峰，1781 年。华兹华斯在《序曲》第六卷回忆了阿尔卑斯之旅。浪漫主义诗人为阿尔卑斯山着迷,写下震撼人心的诗篇。

J.M.W. 透纳，丁登寺，1794 年

威廉·泰勒·朗迈尔，一月的格拉斯米尔湖，威斯摩兰，1881 年

弗朗西斯·汤恩，莱德尔湖，1789 年

哈里·古德温，"姓名岩"，位于瑟尔米尔，绘于为修建曼彻斯特水利工程而移除之前

乔治·博蒙特爵士，《皮尔城堡》，油画，1806 年

本杰明·罗伯特·海顿,为《基督进入耶路撒冷》所绘的华兹华斯像,素描,1817年。
在完成后的油画中,华兹华斯的头像恰好位于济慈头像下方。

本杰明·罗伯特·海顿,华兹华斯像,铅笔与粉笔,时年四十八岁, 1818年。
诗人的家人称这幅画为"绿林好汉"。

弗朗西斯·钱特里，华兹华斯大理石半身像，时年五十岁，1820 年

本杰明·罗伯特·海顿，《海芙琳峰上的华兹华斯》，
油画，时年七十二岁，1842 年

玛格丽特·吉利斯，威廉和玛丽·华兹华斯，1839年。华兹华斯口述，玛丽笔录。华兹华斯一家的日常。

第八章　一八〇三至一八〇五

一

关于华兹华斯和玛丽现阶段的婚姻，五种声音可以告诉我们一切。234首先是柯尔律治在一八〇四年一月十五日的评论："不用说认识这样一家人，哪怕只是知道世上有这样一家人存在，对我们的心灵已大有裨益。……[华兹华斯一家]是我见过的最幸福的家庭。"[1] 第二个声音来自华兹华斯写给妻子的诗《她是欢乐的魅影》，在诗的结尾，他谈起玛丽的优点：

> 坚定的理智，温和的意愿，
>
> 隐忍，先见，坚强，能干：
>
> 完美的女人，高贵的秉性，
>
> 给予告诫、安慰与指令；
>
> 但也是个魅影，明亮，
>
> 宛若披着天使之光。

第三则来自多萝茜，一八〇三年六月，她从尤斯米尔回到格拉斯米尔，写信给凯瑟琳·克拉克森:"在我们家上方的山顶上,我遇见威廉,他在那儿守望我。玛丽在家,亲爱的宝贝! 见到我,她喜出望外。"[2]第四则依然来自多萝茜,如今是多萝茜姑姑了。一八〇三年六月十八日,约翰出生,多萝茜喜不自胜:"他有一双蓝眼睛,白皙的皮肤……身体肥得像小猪,胳膊粗壮如藕节,腕上戴着手镯,大鼻子,像他父亲一样;脑袋也是一个模子出来的。我在信中附上他的一缕毛发。"[3]

235　　惟独缺少玛丽的声音,这要过一些年才能听到。一八一〇年,夫妻俩有一段小别,华兹华斯于是有理由做一些平日在一起时没必要做的事——给玛丽**写信**,表达他的感情。结婚八年、已是五个孩子妈妈的玛丽这样回信:

> 哦,我的威廉!
> 　　我无法描述这封最亲爱的来信让我多么感动——真是个惊喜——我在纸上看到你内心深处的呼吸,这感觉很新奇,以致我无法自已。现在我坐下来给你回信,爱到深处人孤独,这份爱联结着我们且只有我们自己觉知。我太激动了,眼睛也朦胧了,不知如何继续。

读这封信时,华兹华斯"怦然心动",立即回信告诉玛丽"每天每时每刻我都愈加深切地感到,我们拥有彼此是多么幸福"。如他所说,他们的相爱是一种"鲜活,汹涌,占据思想,触及灵魂的激情"。[4]

　　显然,至一八〇三年春,华兹华斯在《别了,你这山坡上的小小角落》中预言的希望已经实现。玛丽来到巷尾的村舍,"我们这里的幸福生活"有了新的面貌,也更加壮大。华兹华斯和玛丽逐渐成熟的爱情如今在爱欲中得到表达;他们一生彼此忠诚,这背后无疑有强烈的感情基础。玛丽对多萝茜的爱非常单纯——一八五一年,她告诉孩子们,多萝茜"从此是我相依为命的伙伴"。[5]除了抄写员、伙伴和管家的身份,多萝茜还有一个新角色,玛丽称她为孩子们的"第二母亲"。[6]

多年来的家庭稳定既是自然形成,也是用心、忘我和自律的结果,华兹华斯从中受益匪浅。[7]柯尔律治说:"格拉斯米尔山谷中的村舍是哲学奇观。"晚年的华兹华斯认为,"可怜的、亲爱的柯尔律治,大自然本来赋予他诗人的天赋,他却因为接二连三的不幸而没有实现。"[8]他意识到自己的创作多产归功于妻子坚定的支持,充满感激。一八〇五年,面对成年后的第一场剧痛,华兹华斯全家必须彼此依赖,渡过难关。两年后,当华兹华斯发现自己有负于诗人的使命时,他又是多么依赖玛丽的支持和鼓励。

格拉斯米尔时期的幸福和经济上的稳定带来显著的变化。华兹华斯不再是无业游民,而是一个安居乐业的已婚男人,名下有两版《抒情歌谣集》。他写给依然未婚的哥哥理查德的信有了一种坚定的语气,多萝茜也随之效仿。早在一八〇三年,理查德通过谈判,成功地获取了朗斯岱尔赔款中的三千英镑预付款。约翰要求理查德把这笔钱移交给他,用于下次出海的投资。华兹华斯和多萝茜有些犹豫,担心这会影响多萝茜的那份财产。理查德很生气,约翰则更强硬。四月二十二日,多萝茜向理查德坚定地表明立场,接着又分别在四月三十日和五月一日写信给理查德和约翰,信中对细节的较真,世故的精明,尤其是强硬的语气,一定使两兄弟非常震惊。[9]这个小小的冲突不容忽视。多萝茜显然决定要看管好自己的利益。华兹华斯也不再准备遵从他成功的律师哥哥。华兹华斯家族的重心移至格拉斯米尔。

236

二

这份新的自信导致了一个自私的决定。一八〇三年夏,华兹华斯和多萝茜计划与柯尔律治去苏格兰旅行。他们以健康为由,并坚定地告诉理查德,他们付得起旅费,旅行对他们有益。[10]但实际情况是,昔日的远足精神再度萌动,它曾经驱使华兹华斯徒步法国攀登阿尔卑斯山,穿越索尔兹伯里平原进入威尔士,漫步下萨克森,以及深入湖区最西部。在这股精神的推动下,他行动起来,不仅是为了犒劳自己,或预防冬季疾病。此时的华兹华斯太了解自己,深知当他一七九〇年在阿尔卑斯山间感叹"我生命中的每一天都将从这些画面中汲取幸福"时[11],他已触及诗性创造的本源。在格拉斯米尔定居近三年、出版两部诗集后,他开始寻找变化、刺激与感觉——诗歌的原材料。

乔安娜将留下来陪伴玛丽,多萝茜十分肯定,玛丽"不想一个人闷闷不乐地待着"。[12]两年后,多萝茜却告诉博蒙特夫人,下次旅行她一定带上玛丽,说明她开始认识到被一个小婴儿拴在家是什么感受。一八一〇年,玛丽流露出些许伤心,告诉华兹华斯,她渴望单独与他去威尔士或苏格兰。[13]但在一八〇三年,明智的她能够理解阿尔弗克斯顿的"三人帮"想要重聚,也知道对于丈夫来说,这场旅行即使不是必须,也是及时的诗意复元。

一八〇三年八月十五日,华兹华斯和多萝茜小心翼翼地摸索着"新奇的海伯尼亚交通工具",一辆爱尔兰双轮马车,和柯尔律治一起从凯西克出发。[14]两周后,在经历了许多恶劣天气和身体不适后,他们分道扬镳。柯尔律治决定独自跋涉,一个人踏上坚忍卓绝的旅程。华兹华斯兄妹面临的挑战也不小,但毕竟是两个人,并在九月二十五日返回家中。

多萝茜在《一八〇三年苏格兰之旅回忆录》中记录了一场没有计划的旅行,但旅行首尾呼应,令人满意。旅行从诗人彭斯开始,八月十八日,他们拜访了彭斯故居和墓地,并以沃尔特·司各特结束,九月十七日至二十三日,他们在司各特的陪同下探索了东部边区。在此期间,他们知道了苏格兰文化——苏格兰现代文学两位伟大的塑造者汲取养料的文化——与他们自身的文化是多么不同。向北走——最远至布莱尔阿索尔——他们发现这里的人们比一七九五年间雷斯冈的农民还要穷。他们还发现,当地人大多不会讲英语。尽管华兹华斯在法国可以讲法语,剑桥却没有教他盖尔语。另一个发现让他们深有感触:对于生活在自给自足经济中的人们来说,金钱并没有多少吸引力。偏远的地理位置决定了男人和女人的生活方式,他们不得不与险要的地势和恶劣的天气奋争。即使在九月,坐在敞篷的马车里,相互依偎的华兹华斯和多萝茜依然感到刺骨的寒冷。在格伦科,站在罗伯·罗伊的墓前,他们懂得了对于在失败中铸就民族和地域身份的人们来说,历史——以及“过去”这个概念——是多么重要。一些年后,华兹华斯在他的檄文《辛特拉协定》中谈及爱国主义的性质,他赞赏道,在苏格兰,“直到今天,无论在壁炉边还是公路上,只要人们提起威廉·华莱士,他们就双眼放光,声音激动,想起一切温馨的往事”。[15]他们的苏格兰之旅本身并不浪漫——睡在潮湿的床单上,有时饿得发慌,糟糕的马车事故,还有感冒、疲惫、淋雨。但这些困难似乎并没有影响他们感受苏格兰的浪漫,也没有减少他们对生活匮乏却慷慨好客的当地人民的感激。四十年后,华兹华斯依然清晰地记得罗蒙湖渡口那位美丽的高原姑娘。[16]在一首诗中,华兹华斯记下了他和多萝茜莫名的激动:面对卡特琳湖上的落日,一个女人大喊道:“什么!你们往西走。”[17]下面这个时刻再现了多萝茜记录的许多经历——八月二十八日,在通往塔伯特的路上:

> 我们往前走,沿着山路来到山顶,近旁的田野里传来依稀的盖尔语呼唤声,我们突然停下。那声音来自一个小男孩,在湖山之间,穿着灰色格子裙,可能在呼唤牛儿回家过夜。他的出现深深地触动想象:薄雾笼罩着山坡,黑暗将山路封锁,大雨如注,一眼望不到房屋,孩子家在哪里。他的衣着、喊声、面貌与我们熟悉的一切都截然

不同。威廉对我说,这本身就是一个文本,承载着高原生活的全部历史——他的忧郁,朴素,贫穷,敬畏,最重要的是,与超凡的大自然交流而产生的幻象感。[18]

整个旅行中,两个旅人都尝试"阅读"眼前的景象和他们的经历,正如上述引文最后一句所示,他们回来后依然继续思索着这些见闻。[19]多萝茜一直在整理、回忆这次旅行,写下《回忆录》,直到一八〇五年五月底完成。和往常一样,华兹华斯以不同的方式来处理这次经历,让旅途中的片断和意象渗透到他想象的深层。一些诗写于回来后不久,比如《未访耶罗》和《致一位高原姑娘》,但直到一八〇五年,他才开始"叩问记忆"(他自己的妙语),追溯那些最令他感动的经历。[20]在那段极度悲伤的时期,欢乐和力量从苏格兰之旅的回忆中涌起,再次证明了华兹华斯的信念:在现在的经历中,他贮存"未来岁月的 / 生命与食粮"。

三

一八〇三年见证了两场友谊的建立。这样自然的事情本不必多说,只是,出于种种原因,华兹华斯往往被当成一个孤独且难以接近的人。他最动人的诗歌大多表达了幽境独往的兴奋,以及"独处之中那自立自足的力量"。对于许多人来说,海兹利特的观察一语中的:"天地间似惟有他和宇宙存在。他活在自心忙碌的孤寂中。"[21]无疑,中年的华兹华斯变得自我保护、敏感易怒,傲慢之中频频流露出传说中的"自我中心的崇高"(egoistical sublime)。

的确,华兹华斯认为友谊是艰难的。一八〇三年,十七岁的托马斯·德昆西寄来一封热情洋溢的信。七月,华兹华斯在回信中写道:

"我的友谊并不由我掌握：友谊是天赐，没人能强求，它不在我们的能力范围之内：一份健全的友谊是时间和境遇的结果，当这些因素适宜，它会像野花一样萌发、疯长，否则，寻求它只是徒劳。"他对柯尔律治说的话更令人难忘："我天生爱得慢，不爱也慢。"[22]但所有这些话，以及他所有的个人生活都表明，华兹华斯是一个敬畏友谊的人，他对朋友的依恋很深，并且，随着时间和境遇的检验，将越来越看重友谊的纽带。

第一个新朋友是司各特。九月，华兹华斯和多萝茜拜访了司各特。他慷慨好客，不惜时间陪伴他们，与他们分享地方知识，使华兹华斯兄妹倍感亲切。人们对他的好感也给他们留下深刻印象——多萝茜注意到，"家家户户待他如家，衷心欢迎"。[23]但特别吸引华兹华斯的是一种共鸣，他在司各特身上感到一种同样的激情，这种激情正逐渐成为他生命的核心动力。

司各特只比华兹华斯小一岁，职业是律师，当塞尔扣克郡法官已有三年了。在耶德堡的巡回法庭中，华兹华斯兄妹看着他"在沙哑的号角声中，戴冠佩剑，行进在法官的队列里"。他们还发现人们对他充满敬意：梅尔罗斯的客栈老板明明有床位却告诉多萝茜客满，"直到法官亲自告诉她，他不介意与威廉同宿一间"，才拿出空余的房间。[24]但他的激情属于边地——它的风景、历史和文化。多萝茜声称："他的地方情结比我见过的任何人都更强烈。"注意，她并没有加上一句"除了威廉"。[25]

《苏格兰边地歌吟集》(1802)是司各特编著的第一部歌颂地方情结的诗集，尽管他本人并未贡献诗歌，但这场爱的劳作足以说明华兹华斯为何知道自己得遇知音。[26]在这部歌谣集中，司各特通过长篇的历史介绍和详实的注释证明了自己是一位真才实学的历史学家，相信民间的歌谣传统蕴藏着必须保存的历史。如同华兹华斯在一八〇〇年《抒情歌谣集》序言中所为，司各特也通过他的诗集呈现出什么是真正的诗歌传统，挑战着流行趣味：

240

　　读者一定不要期待在这些边地歌谣中找到精致的情绪,更不用说文雅的表达,尽管这类风格的写作在现代作家的笔下比比皆是。但我必须指出,在这些诗节中,粗鄙的游吟诗人融入了天然的悲怆,或激起了粗犷的能量。[27]

这种"天然的悲怆"和"粗犷的能量"也是司各特在自己的《最后的游吟诗人之歌》中努力表达的。在华兹华斯和多萝茜的耶德堡出租屋里,司各特为他们背诵了前四篇。

司各特认为,诗人能够保存并传承历史,通过想象触及歌谣中久已逝去的声音。华兹华斯非常认同,知道他可以向司各特学习苏格兰历史和诗歌的知识。华兹华斯奉行他的信念——"如果双方不能互相启发、娱悦,那就不是宝贵的友谊",迫切地维系着与司各特的纽带。[28]从苏格兰回来后不久,他给司各特写了一封感谢信,提到他的诗和苏格兰边地,并敦促他尽快造访格拉斯米尔,落款写道:"你真诚的朋友,我这样落款,尽管很少对任何人使用如此严肃的字眼。"[29]

在这封信里,华兹华斯寄去他的十四行诗《作于[奈德帕斯]城堡》。洛克哈特说,司各特将这首诗熟记于心。一八○五年一月十六日,他寄去另一首纪念苏格兰之旅的抒情诗《未访耶罗》,说写这首诗"不无取悦你之意",并邀请司各特修订文中的地名,使它更像一首地道的边地诗。[30]起初,这种诗歌交流看似维系两人友谊的持久纽带,但渐渐地,两人都意识到,他们对诗歌的态度存在分歧。初次见面时,华兹华斯对司各特的无心之语感到震惊,"他有信心,只要他愿意,就可以从书商那里赚更多的钱"。[31]当《最后的游吟诗人之歌》(1805)和《马米恩》(1808)证实了他的信心时,华兹华斯为自己的经济不利辩解,认为司各特屈尊迎合读者的品味,有损自己的才华。在司各特方面,他永远不能理解华兹华斯为何不愿考虑大众品味,认为华兹华斯缺乏"判断力,导致他选择的题材不能引起公众的共鸣。这样做不明智，对他自己也不公平"。[32]

然而，作为朋友，司各特依然拥有华兹华斯的好感，而且更加牢固。他始终慷慨好客。华兹华斯也始终佩服他对一方爱土的忠诚奉献。最终，他不得不承认，司各特"比任何一个人有生之年播撒的快乐都更多，更单纯"。[33]最重要的是，当晚年的司各特奋力还债、抗击病魔，他似乎成为一位鞠躬尽瘁的作家的高贵形象。华兹华斯晚年写过一些真正的好诗，都献给了这位"伟大而友善的人"。[34]

第二场重要的新友谊同样长久，且没有受到竞争或嫉妒的影响。一八〇三年夏，华兹华斯遇到一位被司各特称为"迄今为止，我认识的最通情达理、令人愉快的人"——乔治·博蒙特爵士。[35]

使两个人走到一起的，是博蒙特对湖区的眷恋和对艺术的崇敬。一七七七年初次游览湖区后，他和妻子玛格丽特次年来到凯西克度蜜月，并在一七七九年他的首次学院展上展出了《凯西克一景》。他在世纪末之前至少还去过湖区五次，证明了他对此地的深情。一八〇三年，他回到凯西克，租下格丽塔府的部分房间。[36]

假如他知道谁租了其余的房间，他可能会有所犹豫，因为年初时，博蒙特曾在伦敦威廉·索斯比的家中见过柯尔律治，而且不喜欢他。然而，他很快就被柯尔律治的谈话迷住了，尤其感动于他对华兹华斯才华的无私拥护。阅读《抒情歌谣集》带给他的快乐因见到诗人本人而提升，以至于离开凯西克前，他委托柯尔律治转交给华兹华斯一份契约，将阿普尔斯威特的一块土地赠送给华兹华斯。这块地就在斯基多峰下。

这份非同寻常的慷慨让华兹华斯受宠若惊。他以前就知道博蒙特欣赏他。博蒙特曾将自己的两幅画作送给华兹华斯，足以为证。但这次馈赠却意义不同——这显然是恩惠。卡尔弗特曾给他相似的惊喜，但那时两人彼此熟识，属于同一代人、同一阶层。博蒙特和他并不熟，比他年

长十七岁,在埃塞克斯、莱斯特郡和伦敦都有地产,这位实力雄厚的地主
242 显然不属于他的社交范围。八个星期悄然逝去,他才接受这一馈赠,并
急切地解释这封感谢信何其难写,足以说明这种关系令他紧张。不论双
方如何否认,至少在初级阶段,两人不是平等的。[37]他请求博蒙特允许
他自视为"这片土地的管家",可以自由地修缮建筑;如果不可行,就交
还土地。

博蒙特的回复证明了"善解人意的……心灵"(华兹华斯语);他同
格拉斯米尔圈子的往来始终如此,直至一八二七年去世。[38]他表示,他
的行为一方面是为了取悦柯尔律治——"我很快发现,最好的方式莫过
于迎合他的朋友";另一方面也出于他的信念——"当你们[华兹华斯与
柯尔律治]频繁交流,从大自然美景中获得的喜悦就会复加,这会激发
你们写诗",我也就间接为"世界的欢乐和改善"做了贡献。他在信尾表
达的诚恳,即使最谨慎的受惠者也无法抗拒:"种植,开垦——建造与
否,悉听尊便,且让我无论活着还是死去,都知道这个美丽的地方——它
的岩石、堤岸、山涧——都属于你这样的心灵。"[39]

这封动人的信为两人的友谊清除了障碍,华兹华斯后来公开表示,
这是"我一生的幸运"。[40]友谊的基础是彼此的尊敬——华兹华斯承认,
博蒙特一家对他有着"无法抗拒的吸引力",但友谊的发展是因为,他们
不仅尊敬、欣赏对方,还愿意向对方学习。[41]博蒙特是一个热情的收藏
家,也是成立国家美术馆的倡导者。他本人也是一位艺术家,其天赋足
以赢得劳伦斯、韦斯特、康斯太勃尔①、海顿、威尔基、法灵顿等人的尊
敬,这些人曾在莱斯特郡的科尔顿或伦敦的格罗夫纳广场受到他的热情

---

① 约翰·康斯太勃尔(John Constable,1776-1837),出生于英国萨福克郡,十九世纪最伟
大的风景画家之一,善于捕捉瞬息万变的自然景色,对风景画传统具有革新意义,影响了法国
风景画和浪漫主义绘画。他认为"绘画"即"情感"。代表作有《干草车》《斯特拉福特磨坊》等。

招待,形成了一个博蒙特朋友圈,华兹华斯后来也被介绍进来。在第一次书信往来后,华兹华斯很快就和他讨论起约书亚·雷诺兹爵士的《演讲》,这本书是博蒙特送给他的。他在信中说,希望以后有机会时,博蒙特能用自己的藏品指导他欣赏"精妙而独特的绘画美,我恐怕永远不能充分熟识绘画作品,从中有所发现"。[42]博蒙特则相信华兹华斯的天才。多年来,他和博蒙特夫人一起热情举荐华兹华斯的优点,在伦敦的圈子中引起惊人的波澜。根据法灵顿的说法,早在一八〇四年三月,博蒙特就告诉朋友们,"他对华兹华斯无限感恩,因为他的诗使他受益匪浅,净化他的心灵,胜过任何布道"。[43]

　　这份友谊的伟大力量在于促进了彼此的馈赠和共享的快乐,这种互动反过来也巩固着这份友谊。阿普尔斯威特这份厚礼使华兹华斯为乔治爵士写了一首十四行诗,《博蒙特!你希望我建 ／ 一座美好的村舍》。[44]他以相似的方式对另一件礼物表示了感谢。一幅科尔顿地带的风景画促成另一首十四行诗,《美术的力量值得赞叹,能让 ／ 游云停在华美的画面》。华兹华斯后来向博蒙特坦言,在一段刻骨铭心的悲伤时期,他曾在此诗此画中寻找安慰。两人友谊的纽带更加牢固了。[45]在华兹华斯全家的另一个至暗时刻,博蒙特曾为他们提供住所。作为回报,华兹华斯辛勤地为乔治爵士的新家建造了花园。(见第九章)一八〇七年九月,穿越科克斯通山口时,落日的美景令两人愉悦,整整一小时华兹华斯都激动无言。十四行诗《当黄昏的停云绵绵延伸》和《漫游》第二卷的一段诗文都记录了这段经历对诗人的意义。值得注意的是,多年来,博蒙特也经常在信中提起这段经历,还在自己那本《漫游》中划出相关诗行,作了旁注。[46]友谊使两人温暖。一八一一年,博蒙特甚至想在华兹华斯家附近建一座房子,地点就在安布尔塞德的拉芙里格湖。计划的落空使华兹华斯非常遗憾,他当时写的一些诗流露了这种情绪,如《致乔治·豪兰德·博蒙特准男爵书》《自康伯兰西南海岸———一八一一》,

243

以及三十年后对这件事模糊却真诚的回忆。[47]

华兹华斯结识新朋友博蒙特一家时,一位老朋友也再续前缘。在葡萄牙待了一段时间后,骚塞回到英国,正指望找个安身之处。"天啊,你在凯西克!"一八〇三年三月十二日,柯尔律治写道,并补充说华兹华斯和骚塞"现在应该比四五年前相处得更好"。[48]五月,骚塞来到凯西克考察,九月搬进格丽塔府。柯尔律治的预言应验。十月十六日,华兹华斯告诉司各特,"我以前很少见到骚塞,没想到现在却更喜欢他,他的言谈举止令人愉快,且饱读诗书。"[49]友谊不是一蹴而就的。骚塞来到湖区时,曾非常担心柯尔律治对妻子(骚塞妻子的姐姐)的行为态度,认为他本该在凯西克家中陪伴家人,却花了大量时间在华兹华斯家寻求安慰。一八〇七年,柯尔律治下定决心与萨拉分开,骚塞把愤怒的矛头指向了阿尔弗克斯顿-格拉斯米尔地区这伙自我陶醉的人。在一封信中,他先是批评华兹华斯一家"总是纵容他[柯尔律治]的全部蠢行,倾听他对妻子的抱怨,他说痒,就帮他挠,而不是给他涂上硫黄药膏,把他独自关起来",接着又谴责了华兹华斯本人的虚荣和自我中心。[50]

然而,时过境迁,两人之间形成了一种纽带。济慈关于友谊的说法最适合此处:"稳妥起见——先知道一个人的缺点,然后被动,如果在这之后你还是不自觉地被他吸引,那么你就无力断绝这个关系了。"[51]华兹华斯不能将骚塞奉为诗人——尽管他"非常喜欢"《麦多克》一诗,但他觉得"这首诗缺乏诗人心灵的最高天赋:真正的想象,以及关于人性与人心的知识"——但他逐渐佩服骚塞的勤奋和对文学的忠诚。[52]骚塞品行端正,近乎清高,但他对柯尔律治一家的支持令人敬佩。同所有朋友一样,华兹华斯对骚塞晚年隐身书斋的行为感到遗憾,但他从来没有忘却,当他哀悼弟弟之死以及后来两个孩子的夭折时,这个书生给予他的同情是多么真诚温暖。

四

最重要的朋友依然是柯尔律治。一八〇三年八月至一八〇四年一月期间,他与巷尾一家的关系迅速恶化,令人沉痛。阿尔弗克斯顿的所有朋友都深爱彼此,都特别依赖"这呢喃、闪烁、／ 流淌着爱的圣泉"(华兹华斯晚年语),因而回避了越来越强烈的断裂感。[53]华兹华斯一家一如既往地爱着柯尔律治,但要尊敬一个对家庭和自身健康(既然他要挣钱养家)如此不负责任的人却变得越来越难。柯尔律治则热爱并欣赏他们所有人,无论作为个人还是家庭;但嫉妒和痛苦啮噬着他,夹杂着一种自我厌弃,他只在笔记本中秘密地流露过这些自责。即使这份关系正在瓦解,但他们都在努力维系,坚持了一些年。但这场挣扎对诗人华兹华斯产生了深刻的影响。

这种紧张关系在苏格兰之旅中已经暴露。"我从来没有怀着如此不祥的沉重心情开始一场旅行。"柯尔律治告诉骚塞,主要害怕天气会加重他的病情,因为诊断说,"毫无疑问,这是一种残酷的弛缓性痛风"。[54]但柯尔律治显然还有其他恐惧。可以理解,华兹华斯兄妹的亲密使他感到被排斥在外。在一则伤心的笔记中,他承认得知华兹华斯写了一首新诗时曾感到嫉妒,以及"些许丑陋的痛苦和内心的畏缩"。[55]像疲惫的旅人一样,他们变得易怒,差点为小事争吵,比如博罗岱尔的巨砾有多大。每个人都认为对方患有健康疑虑症,只有分开才能避免私下怨念爆发为公开指责。

他们回来后,关系更加紧张。一八〇三年十月十四日,柯尔律治写信给普尔,说起华兹华斯的"沉浸自我",尽管他声称只是感到"出于朋友的遗憾和毫无私心的担忧",却无法掩饰他的怨恨:"我看他越来越陷

245

入疑病的幻想,完全活在忠实的信徒中间——每一件最微不足道的事,甚至连他的吃喝,都让妹妹或妻子来做——我不寒而栗,担心一层隔膜蒙蔽了他的良知之眼。"[56]十二天后,一场哲学讨论终于酿成公然的争吵。海兹利特正在凯西克为柯尔律治、其子哈特莱以及华兹华斯画像。尽管海兹利特开始了画家生涯,但并未失去哲学-神学讨论的热情。一七九八年,他曾为华兹华斯的诗歌和柯尔律治的雄辩而激动,惊叹:"诗人们以何等目光看待大自然啊!"如今,在关于如何看待自然的问题上,他更认同华兹华斯而非柯尔律治的观点。柯尔律治的笔记本记录了这场"极不愉快的争论",认为他的攻击者们"如此大逆不道地谈论圣智",海兹利特暂且不论,但华兹华斯的错误让他痛苦,他最后写道:"哦,最亲爱的威廉! 雷①、德勒姆会像你谈论自然那样谈论上帝吗?"[57]

年末,这场危机终于爆发,紧张暂时得到释放。一八〇三年最后几个月,柯尔律治几近身心崩溃。他对妻儿的责任感从未动摇,但他知道无法履行责任——因此鄙视自己。他的书信和笔记证明了他活跃的思想活动,但却没有实际的成果来报答韦奇伍德的恩惠。他告诉普尔,希望在适当的时候"向你和他人解释看似杂乱无章的目标和成果",但要实现此希望,他需要健康。[58]他不承认病痛的加重是吸食鸦片和挣扎戒毒的结果,而是执着地认为温暖干燥的气候可以拯救他。这个词并不过分。他这一阶段的书信一直执着于此。一八〇三年十二月二十日,他来到巷尾,与华兹华斯一家辞行,准备前往旅行中的第一段:地中海。

在格拉斯米尔,他彻底崩溃了。他在这儿待了三个多星期,大部分时候卧病在床,用多萝茜的话来说,"噩梦缠身",常尖叫着惊醒,以至于不敢入睡。[59]"不断要咖啡、浓汤或别的",柯尔律治又自私又烦躁,但玛

---

①　约翰·雷(John Ray,1628-1705),十八世纪最杰出的博物学家,也是一位有影响的哲学家和神学家,常被誉为英国自然史之父,著有《剑桥植物目录》和《造物中的上帝智慧》。

丽和多萝茜以"胜似母爱"的温慈护理他,坐在他床边安抚噩梦中的柯尔律治。[60]柯尔律治的反应可以说明此时他们之间的关系。一方面,他深深感激。离开格拉斯米尔那天,他在给理查德·夏普的信中提起华兹华斯一家——"我所见过的最幸福的一家"——还提到这种幸福的根源,以及他不变的信念:华兹华斯"将成为公认最伟大的一流哲理诗人"。[61]另一方面,他很快就私下写道,"健康人士心地坚硬",并将自己的脆弱敏感与华兹华斯的"健康疑虑症"进行对比。[62]直到逃离在即,柯尔律治的情感才像过去那样纯粹无杂地涌向格拉斯米尔。一八〇四年四月四日,他从朴次茅斯给"最亲爱最尊敬的威廉"和"我最心爱的多萝茜"写了一封告别信——"哦,最最亲爱的朋友们!我爱你们,爱得痛苦"。[63]五天后,承载着柯尔律治的斯彼德维尔号轮船启航,前往西西里和马耳他。直到两年多以后,华兹华斯一家才再次见到他。

五

柯尔律治的危机令格拉斯米尔一家深感不安。就连那封动情的告别信都令人痛苦。他们曾经认识的那个才思敏捷、启发灵感的人如今承认"消沉,灰心,丧失希望,莫名地从生活中抽离……只想退隐为石,内心不再搅动;或被风吹得四散,没有个体的存在"。[64]从现在起,柯尔律治成为"众多忧郁、恐惧和不快情绪"的焦点。[65]然而,华兹华斯受到一种更加具体的影响,因为他对自己诗人身份的认识离不开记忆中阿尔弗克斯顿时期的柯尔律治,以及他们共同的《隐士》理想。

　　一八〇三年底,柯尔律治显然对华兹华斯最近的一切行为都充满敌意。十月十四日,他对普尔宣布,在"反复迫切——几乎持续不断的——请求和抱怨"下,华兹华斯终于屈服,已经"写下《隐士》的开头","一部伟大作品,将使他远航在辽阔的大海上,风平浪静,不必抢风调向,收起风帆,拉紧或解开绳索——伟大作品必然使他将注意力和情感置于伟大事物和崇高概念之内——这是他的天然组成部分——偏离它就会染疾生病——回归它即是特效治疗,是治疗也是保健"。柯尔律治更进一步——这时他乞求普尔毁掉此信——宣称他"讨厌《抒情歌谣集》中几首诗的构思",这类写作引诱华兹华斯放弃了他"原先的山路,而徘徊在窄巷"。[66]

柯尔律治相信,写作短诗对华兹华斯确实有害,他的厌恶也不仅针对《抒情歌谣集》。他思索着与海兹利特和华兹华斯的争论,在笔记本中私下对华兹华斯说:"当然,一味观看事物的表面,欣赏它们的美,与它们真实或想象的生命共情,是有害健康和心智成熟的,正如一味窥探、破解将破坏单纯的情感和宏大完整的想象。"[67]观看与欣赏恰恰是华兹华斯在一八〇二年抒情诗中所为。萤火虫,毛茛花,兄弟湖畔吃草的牛儿,对于柯尔律治来说不仅是琐事,而且毁掉了华兹华斯的才华。

248　　　怀疑彼此的诗歌观点存在根本分歧是一回事,但没完没了地抱怨,坚称对方的写作有害则是另一回事。柯尔律治的观点一定困扰着华兹华斯。在两本《抒情歌谣集》(1800,1802)中,他让读者看到一位富于原创性和挑战性的抒情诗与叙事诗作者。他喜欢一八〇二年的抒情诗,喜欢他对十四行诗的驾驭。然而,在他身边的人看来,在托宾、洛什、韦奇伍德兄弟、普尔、博蒙特夫妇、骚塞等朋友的心目中,更重要的是,柯尔律治认为,华兹华斯的诗人身份属于众所周知的《隐士》。作为诗人,公众眼中的华兹华斯和私人眼中的华兹华斯之间产生了令人不安的分歧。

公众——或至少某些圈子——如何看他,华兹华斯早已清楚。一八〇一年六月,《每月镜刊》在评论一八〇〇年《抒情歌谣集》时,将这种新型诗歌与一种令人反感的新哲学等同起来,但并不想"收回我们热情的颂词",赞美"华兹华斯先生,可被视为帕纳索斯诗歌学院的资深教授"。[68]弗朗西斯·杰弗里在新创刊的《爱丁堡评论》中更加犀利,不够厚道。一八〇二年十月,他表面上讨论骚塞的《塔拉巴》,实际上却在攻击新"诗派",视其为"偏离诗歌与批评正轨的异见者",他们"目前构成了最可怕的阴谋集团,为了推翻对诗歌的合理判断"。杰弗里点名攻击华兹华斯,称《抒情歌谣集》序言为"某种宣言"。这背后是政治分歧在作祟,但至少体现了对华兹华斯的重视。杰弗里还声称,华兹华斯在语言层面的激进思想颠覆社会秩序,此乃这些新派诗人的普遍潮流,他们"怒气冲冲,无所事事,不满于社会的现有体制"。[69]

华兹华斯妄称——难以置信的是,这并非最后一次——对杂志书评一无所知,但他却发现,"《塔巴拉》评论的伪装下完全是对我的攻击"。他认真地怂恿塞尔沃尔在他自己的书册之战中打击杰弗里和《爱丁堡评论》,足以说明他的愤怒。[70]华兹华斯声称不了解"这个众说纷纭的诗派",但他不会不知道,对某些人来说它是真实而冒犯的存在。一八〇三年,不知名的彼得·贝利出版了一卷诗集,一半戏仿、一半抄袭华兹华斯,嘲讽序言的写作风格,并在一个注脚里轻蔑地提到华兹华斯。[71]华兹华斯和柯尔律治小题大做,把攻击贝利当作"事业",柯尔律治打算行动,最终却由骚塞执行。[72]"够了,这些胡言乱语。"一八〇三年十月,华兹华斯愤慨地对司各特说,但这些"胡言乱语"依然使他耿耿于怀,促使他在六个月后针对那个"名叫彼得·贝利的讨厌鬼"写了一段语无伦次的自辩文字。[73]

华兹华斯和柯尔律治都感到担心。一七九八年,作为《反雅各宾派》的牺牲品,柯尔律治曾告诉科特尔,他的名声臭了,而华兹华斯还默默无闻。[74]如今,他却发现,正当他越来越意识到两人的真正分歧时,昔日激进诗人的名声却将他与一种新诗派联系起来,而华兹华斯成为其中公认的主力。华兹华斯则发现,一七九〇那个危险的年代他都躲过了人们的注意,没想到现在却成了"宗派主义者"(柯尔律治语)。[75]而且,杰弗里的批评是公正的——缺少同情,或许也不够精确,但是公正。《抒情歌谣集》确实反对流行趣味;《序言》确实是一篇宣言;歌谣显然激进。华兹华斯在此之后也没有发表任何文字来修正人们对这些歌谣和序言的看法,或者说明它们体现的哲学和政治思考。"将来,"柯尔律治断言,华兹华斯将成为"公认最伟大的一流哲理诗人"。[76]然而眼下,人们只知道华兹华斯是《抒情歌谣集》的作者。

六

华兹华斯的种种焦虑一定汇集于一个特别悲伤的时刻。一八〇四年一月四日,南下前的柯尔律治写道:"在格拉斯米尔外围的制高点,华兹华斯给我朗读他神圣自传的第二部分。"[77]在诗的结尾,华兹华斯说起他对人性怀有胜似罗马人的信念,赞美大自然的力量,从中找到"永不衰替的欢乐之道 / 和最纯净的激情",并向他的诗人兄弟道别:

> 别了,一路平安:
> 愿健康的体魄与安恬的心境
> 与你相伴! 无论身处人群,
> 还是在更多寂然独处的时分,
> 愿你的日子长久,寿命延年,
> 那将是人类的一大幸事。[78]

250

华兹华斯重拾一七九九年《序曲》结尾的目标,尽管迄今两人都未能实现。柯尔律治既不健康也不安宁,也没有写出堪称"人类之幸事"的伟大作品。华兹华斯安家山间,收获累累,但这部诗中欢呼的"体面的劳作"依然有待实现。[79]

这个象征性时刻很像《迈克尔》诗中迈克尔与路可的立约,甚至格拉斯米尔的山间场景也与诗中相似。这一时刻开启了华兹华斯一生中的丰产时期。他的一切重要作品都源于这次重续誓约。这些诗体现了华兹华斯对其诗人生涯深刻而持久的反思,语气中流露出前所未有的庄重。在不同的程度上,它们都与柯尔律治、阿尔弗克斯顿的奇迹之年以及《隐士》相关。

一八〇三年十一月二十一日,多萝茜有些忧虑地说,哥哥还没有"干正经事"[80],但他一旦开始(很可能就在给柯尔律治朗读他"神圣的自传"之后),就一发不可收拾。一七九八年以来,他始终没有为《废毁的茅舍》和《游走商贩》找到满意的形式。如今,他把商贩的哲思史与玛格丽特的故事结合起来,写成一首长达八百八十三行的诗,详细地刻画了商贩这一鲜活的人物以及诗人-听者与商贩-叙事者之间的戏剧性互动。[81]我们无法判断,他重返这首原先看似有问题的诗,是因为看到它可能融入一部更加宏大的诗歌作品,还是因为,当他思索着这首诗时,一部更加宏大的诗歌由此诞生。显然,一八〇四年手稿 E 已基本成为后来发表在一八一四年《漫游》第一卷中的形式。至一八〇四年三月六日,华兹华斯终于自信地宣布,他已经完成"精神和哲思诗"的"一卷",他将把"人生的盛年和主要的心力奉献"给这部诗。[82]

三月初,华兹华斯还写了两首充满沉思的抒情诗:《颂歌:责任》和《颂歌:忆童年而悟永生》。[83]前一首诗没人喜欢。诗中充斥着抽象概念,除了更加严肃的维多利亚人之外,几乎没人引用过它,因为它缺少华兹华斯诗中常见的令人难忘的因素——节奏、韵律、措辞和鲜明的意象。相反,《永生颂》是华兹华斯在节奏和韵律方面最伟大的成就,其中很多词组已进入人们的语言,或成为他人书籍的题目。作为华兹华斯最伟大的沉思诗歌,这首诗和《丁登寺》始终都引人注目。在他的各种诗集中,他总是确保《颂歌》的排版位置在众诗中脱颖而出,也说明了他对这首诗的看重。[84]然而,两首颂歌是互补的,都反映了一八〇四年华兹华斯对其立命之作的思考。

一八〇四年二月八日,柯尔律治曾短暂地幻想,假如他和华兹华斯一起待在一个气候宜人的地方,比如西西里,他们会有什么收获;但他很快就停下来:"但是,终有一死的人生注定没有持久的幸福,除非通过尽职尽责来获得——你多么幸福,亲爱的威廉!你的尽责之道在葡萄架和榆树林之间,在爱、欢乐和壮美之间。"[85]这并非随意评判。一八〇三年底,柯尔律治沉浸于康德的《道德形而上学基础》。他在笔记本中抄下一段段文字,一如既往地进行深刻而迫切的反思。作为哲学探询者,他认同康德关于权威和法律的很多观点;但作为易错的人类,他深知在抽象真理和实际生活之间有一道鸿沟。十二月六日,他声称,"康德及其全部学派……都是糟糕的分析者,只会提出概念。"同时,他知道,他并不觉得在他心中理性和意志是同义的,因而认为康德是"一个讨厌的心理学家"。[86]

华兹华斯的《颂歌:责任》反映了他和柯尔律治就此话题的交谈,对两人来说都并非抽象概念。正如华兹华斯所有的回顾性诗歌,在这首诗中,他同样先写到一种存在状态,只为迎接另一种更真纯、更美好的状态。华兹华斯表示,"年轻气盛"时,他一直以为爱与欢乐就是生活的全部。但如今,他寻求另一种力量,以便使自我与自然法则相结合。这是平静深思后的成熟需求:

> 我衷心祈求你的管束,
>
> 并非灵魂不安动荡,
>
> 抑或心中内疚痛苦;
>
> 而是当我静思默想:
>
> 这不变的自由使我厌倦;
>
> 偶尔的欲望是沉重负担:

愿我的希望不必再改名换姓，

我渴求永远如一的平静。

诗中呼唤的力量来自"严厉的立法者！〔他〕确实怀有 ／ 上帝最仁慈的恩惠"，华兹华斯正是将生命托付给这种力量：

从此刻起，我将

自己交付于你的指引；

哦，让我的弱点告终！

赐予我——这个愚人，

自我牺牲的精神；

赐予理智的信心；

让我——你的奴隶——活在真理之光中！

《颂歌：责任》远非退隐，也不是背离早先的信念，而是使诗人进一步投身于人生理想和使命。

七

　　《颂歌：责任》是一首过渡诗。一八〇四年，华兹华斯对它并不满意。他抓住每一次誊稿的机会进行修改。一八〇六年底，当手稿准备付梓时，柯尔律治为它的定稿做了贡献。在主题和语气上，这首诗预告了后来的诗，比如《快乐的战士》《皮尔城堡挽歌体诗节》，甚至还间接地影响了《莱尔斯通的白母鹿》。另一方面，《永生颂》既是对早期作品的有力肯定和总结，也是对一八〇五年《序曲》完稿前其他重要诗歌的完美补充。[87]一八〇二年三月,华兹华斯曾写下前四节。他哀悼渐渐逝去的"灵视之光",这在柯尔律治的《沮丧:一首颂歌》中得到对比和一定程度的回应。如今,当华兹华斯回到令人不安且充满挑战的诗节,而不是写一首不同的新诗来表达当前的思绪,他从现有的诗节发展出沉思性结构,使开篇的追问为后面的诗节做好铺垫。

253　　　在一至四诗节中,华兹华斯追问:"如今在哪里,那辉光与梦想?"两年后,华兹华斯重返此诗和它止步的追问。一八〇四年初,他补充了一部分内容,其中四个诗节讲述童年和成年的过渡;另有三个诗节肯定了一些核心信念。一般认为,随着这些内容的补充,华兹华斯"完成了"这首颂歌;但我们没有理由相信,当华兹华斯最初写下以"曾几何时"开篇的前四节,并为柯尔律治朗诵时,他认为这是未完之作。诗节自成一体,一场刺痛人心的哀悼,一首哀哭不可避免之损失的挽歌。然而,到一八〇四年,这些诗节渐渐显得不够完整了。那个"如今在哪里"的呼唤仿佛要求一个回应,华兹华斯准备作答。

　　　促使华兹华斯进行颂歌第二阶段创作的,是他成为父亲及抚育婴儿的亲身经历吗? 有可能。当然,华兹华斯一家已经对儿童有所了解。在阿尔弗克斯顿与小巴希尔的生活已提供许多一手经验。而且,儿童也始终出现在他的诗歌里——比如抒情诗《我们是七个》和《写给父亲们的轶事》。《序曲》第二卷"幸运的婴儿"片段提出婴儿在母亲怀中哺乳时,意识已经形成。《私人谈话》中的诗行发展了这一思想,声称"儿童有福且强大;他们的世界 / 更加平衡;一半在脚下, / 一半在空中"。[88]没有什么比身为父母的经历更能激发出最基本的人类情感。比如《迈克尔》中的老牧人和妻子伊莎贝尔:

　　　　　　一个孩子,胜过所有其他礼物,
　　　　　　带来希望和展望未来的思想。

华兹华斯婚后的第一个孩子约翰在一八〇三年六月诞生。他出生后，人们总是在信中念叨他"高贵的面容"。萨拉·柯尔律治出生于六个月前，华兹华斯在一八〇三年夏天看到她时，说她拥有"我在凡人脸上见过的最神圣的面容"。[89]

但《迈克尔》继续写道：

> 一个孩子,胜过所有其他礼物,
> 带来希望和展望未来的思想,
> 以及不安的搅扰,因为他们,
> 按照自然的趋势,终将逝去。

《致六岁的哈特莱·柯尔律治》也感人至深地表达了这种不安的搅扰。面对小男孩充沛的精力和天生的快乐，诗人却以一种肃穆的语调对他讲话：

> 哦,神圣的景象! 幸福的孩子!
> 你是如此自由不羁,
> 想起你常令我忧心忡忡,
> 为你未来的命运担心。[90]

或许这些诗行受到了阿尔弗克斯顿和巴希尔回忆的影响，因为巴希尔正表现出情绪紊乱的迹象。或许，诗人想到了自己的儿子，玛丽也正怀着他们的第二个孩子。可以确定的是，一八〇四年，华兹华斯反复创作与婴儿、成长和年老有关的题材。在这创造力的极盛时刻，无论真实的孩子扮演着什么角色，幻景中的儿童占据了诗人的想象。

一些诗歌体现了诗人对天真之魅力的思考。在《序曲》第七卷，华兹华斯忆起住在大都市的经历,那时他曾尽情领略伦敦光怪陆离的景象。一次,在一个剧场的空地,他看到一个漂亮的小男孩,只有一岁:

> 他被放在
> 一个被剧场人员摆满甜点的
> 台子上,他坐在那儿,四周
> 是碰巧在场的观众,多是荒淫
> 放荡的男人和厚颜无耻的女人。
> 他们不时喂他两口,或抚弄
> 几下,他自己也嚼着喝着桌上的
> 东西,一边玩着水果与杯子,
> 其间诅咒与笑话的污言秽语
> 在周围此起彼伏,如春天雨后
> 百鸟争啼。那位母亲也在场,
> 但我对她所知甚少,而如今
> 我几乎把她忘得一干二净。
> 但这个被轻浮与卑劣围在
> 中央的可爱男孩却清晰如新,
> 就像从熊熊燃烧的熔炉中走出,
> 却毫毛无损。常常,他在我眼前
> 浮现,仿佛大自然为他涂上
> 防腐的油膏,由于某种特殊优待,
> 他停住,不再生长,注定活着,
> 无论将来,还是以往,来来去去
> 都只是一个孩子,不参与我们
> 在成长岁月中面对的悲伤与内疚,

> 痛苦与屈辱，一种过度的美
> 将他装点于那悲惨的境地。[91]

在诗人眼中，至少在其记忆中，孩子的天真有一种大美，能使他免于毁灭；但华兹华斯很清楚，这世界不容逆转；诗中别处提到的"婴童的热切心愿"将在马修·阿诺德所说的"尘世的熔炉"中得到"检验"；儿童终究要屈从于社会习俗，并认识到种种局限。[92]

《序曲》中最引人注目的一段诗文提供了一种语言，来召唤童年这一人生阶段：

> 在那朦胧时分，
> 人生的拂晓，当我们初见
> 黎明的大地，开始识别，期待——
> 在此后那漫长的见习期，
> 或尝试阶段，当我们尚未学会
> 接受生命的局限，去忍受那种
> 乏味的附庸地位，当悬而未决的
> 灵魂尚不愿断念，忏悔，服从，
> 虽与习俗轭套在一起，却精神不羁，
> 尚如未驯而不服的良驹，——啊！
> 在如此年华，我们能感到、能深知
> 何方有我们的友人。[93]

看到那些"精神不羁、尚未驯服"的景象总是令华兹华斯感动不已。在作于一八〇二年春的一首最美妙的诗中，他描述了与两位孤儿乞丐的相遇。诗人批评他们自称母亲死了：

> "先生,她已经死了很多天。"
> "乖孩子,你们在撒谎;
> 那是你们的妈妈,我说——"
> 然后,一眨眼的工夫,
> "来,来!"一个喊道;话音未落,
> 两人又飞快跑去做其他娱乐。

256　　十五年后,华兹华斯在一首续篇里重返这些男孩,开篇写道:"如今他们在哪儿? 那些嬉戏的男孩?"结尾则仿佛重复着给哈特莱·柯尔律治的诗:

> 羊羔在一块块岩石间跳动,
> 萌芽的树林里回荡着歌声;
> 那旧时曾令我愉快的信念,
> 如今,我依然信心不减;
> 这信念见证那欢乐的一双,
> 穿过熔炉之火而毫发无伤;
> 倘若如此想法不过是自欺,
> 仁慈的精灵! 难道我们要怀疑
> 有了你们甜美的影响,
> 他们是那么快乐健康;
> 有了上天的关照垂爱,
> 至少免于致命的伤害?
> 无论他们在尘世有何等命运,
> 注定享有悲悯和不朽的青春。[94]

诗行间充满强烈的渴望。一面是不为尘世熔炉损伤的儿童；另一面则认识到人生不得不与损失妥协，接受生命的局限。

　　华兹华斯这一阶段的作品闪耀着对童年奥秘的敬畏。在一首纪念一八〇二年夏与卡罗琳在加莱海滩散步的十四行诗中，诗人对同伴说：

> 亲爱的孩子！亲爱的小姑娘！我的同伴，
>
> 假如你此刻没有感到庄严的思想，
>
> 你神圣的天性并不因此有所损伤：
>
> 你终年躺在亚伯拉罕的怀中：
>
> 在圣殿最深处的神龛朝拜，
>
> 上帝与你同在，我们却浑然不知。[95]

与亚伯拉罕同在天堂的圣经典故家喻户晓，以至于不再具有真正的神学含义。倒是《序曲》中的一段诗文具有宗教内涵，或至少有所暗示：

> 我们的童年——
>
> 我们单纯的童年——高坐
>
> 强大的王位，强于自然万力。
>
> 我不想由此推测前世的存在，
>
> 也弗论这如何预示来世的生命，
>
> 但这是事实；在那朦胧时分，
>
> 人生的拂晓……[96]

257

诗人宣称不知如何思索前世或永生，然而他却相信：单纯的儿童或许知道答案，或者说，关于童真的思考能让我们洞彻"这秘密的重压"。

　　更多诗文证明，在一八〇四年的短暂时光内，华兹华斯努力表达着童年、天真、丧失天真、终有一死等思想,想象着一种既深入世间又超凡脱俗的存在状态,成为华兹华斯成熟作品的水印。[97] 比如《序曲》第六卷的一段有力宣言:

> 肉眼不见的世界,伟大栖居于此,
>
> 在那里潜伏,无论我们年轻还是垂暮。
>
> 我们的命运、天性和归宿
>
> 在于无限——别无他处……[98]

一八〇四年初扩写的颂歌中有更加充分的表述。在诗的第一部分,华兹华斯打了个比喻。我们来自天界,乘着灿烂的云霞。囚牢的阴影开始笼罩成长中的男孩,但他尚能看到光。可是,光渐渐褪去——褪为“日常的光线”。习俗,日常,成长——诗人对孩子说,不要匆忙,很快,“习俗就会压在你身上 / 沉重如霜,幽深如命”。

　　如果这首诗到此结束,那么,这可是个悲伤沉郁的结尾。还好不是。在一八〇四年文本的第二部分,诗人唱起“感恩与赞美之歌”。童年的世界如沐天光,对它的回忆持续提供着“我们全部时日的光源”,“我们全部视野的主要光线”,这样的回忆能够

> 　　支撑我们,温暖我们,
>
> 让我们的喧嚣岁月看似永寂
>
> 之中的一个个瞬间:

258　因此,

> 于是,在云淡风轻的时节,
>
> 　尽管远居内陆,

我们的灵魂却看到永生之海，

　　这海水领我们来到此间，

　　也能在瞬间登临彼岸，

看到孩子们在岸上嬉戏，

听到强大的海水奔涌不息。

华兹华斯的所有经典诗歌都是在肯定"补偿"，即使诗中最悲哀地诉说着人类共有的失落感。但是，没有哪首诗——哪怕是《序曲》——比这首伟大颂歌的结尾更加雄辩有力：

尽管昔日灿烂耀眼的光芒

如今永离我的视野，

　　尽管什么都无法挽回

草叶的华彩和花朵的光辉，

　　我们不会悲伤，而是找到力量，

　　它来自那残留的余烬；

　　来自始于生命本源的同情心，

　　一旦萌生则永不消泯；

　　来自从人类的苦难创伤

　　涌出的慰藉人心的思想；

　　来自看破死亡的信念，

来自培育哲心的流年。

哦，你们这溪泉、草场、山峦、树丛，

没有什么能割断我们的友情！

我在内心深处感到你们的伟力；

我只不过失去了一种乐趣,

却受制于你们更频繁的影响。

我爱那河道里奔流的小溪,

胜过我如小溪般轻快奔跑的时光;

新生的一天以其纯真的光芒

依然可亲;

那簇拥在落日周围的云朵,

染上一抹凝重肃穆的颜色,

来自俯瞰人生有涯的目光;

又一场角逐,又赢得棕榈。

感恩我们赖以生存的人心,

感恩它的温柔、欢乐和忧惧,

那盛开的最最卑微的小花,

常带给我泪水所不及的深刻思绪。[99]

八

在相对贫瘠的一八〇三年之后,《颂歌:责任》和《颂歌:忆童年而悟永生》堪称可观的收获,但在华兹华斯全部诗歌生涯最稳定丰产的这一时期,这两首诗也只是他创作的一部分。一八〇四年七月二十日,他对乔治·博蒙特说:"当一个天才不顾暂时的利益(无论金钱还是赞誉),将注意力完全集中于本质上有趣且恒久的事物,将自己完全奉献给最能提升人性的事业,并乐在其中,这是多么令人振奋的一幕!"[100]表面上,他在谈论约书亚·雷诺兹爵士,但当他思索着自己的宏大目标,想到与之匹配的"深厚信念:必须孜孜不倦、勤勤恳恳",他显然想到了自己。这可以理解，因为半年来，华兹华斯重新走上了"原先的山路"，写下了数千行最深奥的诗文。

华兹华斯的所作所为无可厚非——幸存下来的大量手稿为证——但其行为的意义就另当别论了。尽管致力于主要的创作，但他并不是在撰写《隐士》，而是在写关于自己心灵成长的诗歌《序曲》。《隐士》纹丝未动，直到一八〇六年才重新动笔。然而，一八〇三年末，柯尔律治曾为华兹华斯重返巨作而高兴。《游走商贩》也表明柯尔律治并未完全看错华兹华斯的方向。我们不禁要问，到底发生了什么？

读一读当时的手稿即可得出结论：一七九八至一七九九年的模式再度上演。《隐士》计划宏大却笼统，又少了与柯尔律治的哲学交谈，华兹华斯不知如何进展。他闭关写作，不是撰写关于"自然、人类与社会"的诗，而是讲述自己的心灵。[101] 他给柯尔律治的信足以为证。一八〇四年三月六日，他告诉柯尔律治："我迫切需要你关于《隐士》的说明。"三月底，听说柯尔律治病得很重，华兹华斯又哀求他尽快写好之前承诺的《隐士》说明并且寄出："万一我活着，你先死了，却没有留给我这个纪念，我的压力该有多大啊。"[102] 可见，华兹华斯又在回避他无法面对的艰巨任务。

但这些手稿也有更加积极的意义。一八〇四年一月四日，华兹华斯给柯尔律治朗读了一七九九年《序曲》的第二部分。结尾充满自信的诗行激励他完成了《游走商贩》，作为《隐士》的一卷。但这些诗行也促使他思考：他获得了什么，没获得什么；他现在是谁；什么样的伟大作品既适合他的才华，也能满足时代的需求。

华兹华斯意识到必须面对这些纠结的思绪，这是进行《隐士》创作的前提，而且，思考过程本身可以成为诗的素材，与整体的哲思诗歌密不可分。想到这些，他豁然开朗。他意识到，关于《隐士》的焦虑，自我怀疑，迷茫，害怕自己的心灵退化，所有这些不必回避或压抑，而是要面对、表达并写入诗里。意识到这些让他释放出创作的能量。一八〇四年初，他写下全诗的开篇,兴师动众地呼唤弥尔顿的力士参孙和《复乐园》中的基督,也呼唤着走入堕落世界的亚当与夏娃,想象着自己正面对人生的重大考验。昔日的欢乐信心与如今的消沉忧惧形成对比,是这部诗歌的前奏。一八〇五年五月,他以欢乐的笔触结束全诗,重新准备好和柯尔律治一起投身于两人合作的《隐士》计划。在这首尾之间,华兹华斯认识到,要去探索这些踌躇不定、追根究底的个人声音,从而使表面的迷茫成为催生的法则,由此诞生一部深邃的诗歌。

随着写作的进展,华兹华斯对作品的价值更有信心,这进一步说明他在一八〇四至一八〇五年间的活动具有积极意义。一七九九年《序曲》只是有限的私人传记,一种治愈行为,旨在将"责备"转化为"能量",从而进行"体面的劳作"。华兹华斯向博蒙特坦言,他启动一八〇四年写作,是"因为我没有准备好进行更艰巨的任务,对自己的能力也失去了信心"。[103]然而,当扩展后的诗歌逐渐成形,华兹华斯开始坚称,尽管这部新诗次于《隐士》,但无疑堪当其中的一部分。他对德昆西说这是一部"更加宏大的重要作品"的"支流",但对博蒙特,他说这是《隐士》的"前厅"。在一八一四年《漫游》前言中,他用这个建筑比喻来阐释《隐士》计划。[104]两个意象表达了相同的态度。华兹华斯的文学分寸感不容许自己在主要哲思著作《隐士》问世前就出版这样一部坦白的自传,因为这会让公众以为他自命不凡。但在一八〇四年,他满怀憧憬,盼望着名正言顺出版的那一天早日到来。

九

一八〇四年冬末春初,巷尾的村舍成了一个诗歌工厂。二月八日,离开英国前,柯尔律治求要一册华兹华斯的全部诗稿——"想想在西西里它们对我意味着什么！"[105]尽管家务繁忙，严冬的恶劣天气雪上加霜，且怀孕初期的玛丽屡感不适，多萝茜和玛丽还是立刻行动起来，她们与时间赛跑，在柯尔律治启航前，抄好一本诗稿。这份誊清本现藏于华兹华斯图书馆，娟秀的字迹掩盖了背后的辛劳。多萝茜说，华兹华斯的诗"到处都是，这个本子里有一些，那个本子里有几首；这一节在这张纸上，另一节在那一张纸上。这使得誊写的困难倍增"，而且，手稿"字迹模糊难辨，抄起来十分辛苦"，需要诗人"随时监督"。[106]当华兹华斯不在她们身边解读他潦草的字迹时，他则撑伞漫步户外，在创作的辛劳中踱来踱去。多萝茜说，"尽管他散步的距离往往是四分之一英里或半英里，但他牢牢地控制在选定的界限内，仿佛有狱墙阻隔似的。"[107]

　　起初，华兹华斯设想，"这部关于我人生初年的诗歌由五部分或五卷组成"，手稿依据也表明他几乎完成了。[108]《序曲》的编者马克·L.里德比任何人都更熟知这些手稿，他认为第三卷本该讲述剑桥和霍克斯海德；第四卷关于书籍；第五卷——按照五卷本计划是全诗的最后总结——讲述更高尚的心灵。[109]然而，当华兹华斯这样踱来踱去时，他开始被另一些想法吸引，预示着创作更加宏大诗歌的许多可能。三月第一周结束时，他似乎已经彻底改变了计划。现在，他已经写好关于一七九〇年徒步旅行的部分，以及一七九一至一七九二年旅居法国的经历，构成了一八〇五年《序曲》的第六卷和第九卷，以及第十卷的一部分。

　　在第七卷开篇，华兹华斯承认：

262

> 这部作品进展缓慢。
> 整个夏天一无所为，
> 一方面自愿休假，
> 也因为外界的阻碍。

这显然是一种诗歌策略——浪漫主义诗歌史上尤其重要的一种。与弥尔顿为他崇高的诗歌祈求神助不同，华兹华斯邀请读者与他邂逅于自己的诗中，一起思量影响持续创作的个人原因。但这些诗行也是事实陈述。夏天的好天气适合访友。九月底，华兹华斯和多萝茜乘着双轮马车，到恩纳岱尔、沃斯岱尔和达登河谷游览。游客们的必游之地。八月十六日，玛丽生下女儿多萝茜，即后来所说的多拉。[110]

然而，秋天将尽时，华兹华斯又开始写作了——多萝茜写道，"星光下漫步，冬日的风，是他的乐事——我觉得，在这个季节，他的大脑比任何时候都更加丰产"。[111] 尽管不是直线进展，他现在正创作第七卷、第八卷以及第十卷的余下部分。《序曲》的所有写作在一八〇五年二月戛然而止，约翰的死让格拉斯米尔这户人家陷入惊愕与悲恸。但四月底，华兹华斯又继续写作了。一八〇五年六月三日，他能够释然地告诉博蒙特："两个星期前，我完成了这部诗。"[112]

很多方面显示，十三卷本《序曲》源于一七九九年两卷本《序曲》。两部诗都温柔地献给柯尔律治，他并非惟一可能的听众，但却是最理想的读者。两部诗歌都是自传，其中确凿事实服从于整体构思，旨在揭示作者如何成为一位独特的诗人。但一八〇五年《序曲》不仅仅是一七九九年《序曲》的扩大版，表达着早先故意缄默的内容。这是一八〇四至一八〇五年的诗，体现着华兹华斯此时最执着的关注。

多萝茜不经意间传给凯瑟琳·克拉克森的一则消息引出华兹华斯的第一个关注。一八〇三年十月三日，华兹华斯去安布尔塞德，"志愿为格拉斯米尔最大多数的人服务"。[113] 自从五月十八日《亚眠和约》正式终止以来，人们对法国入侵的恐惧与日俱增。这是完全合理的。浩大的军队和船舶集结待命，只要拿破仑一声令下，就会穿过海峡。拿破仑认为法国"要为六百年来的耻辱复仇"，他写道，"只要这一夜八小时对我们有利，就能决定整个宇宙的命运。"[114] 为了应对可能的入侵，阿丁顿政府增加地方民兵,保卫国家。征兵很成功:一支超过三十五万人的志愿军严阵以待,准备捍卫这片养育他们的土地。司各特是当地民兵的热情一员;博蒙特也组建了一支军队,他在一八〇三年十月二十四日写给华兹华斯的信中说:"我向你的军事努力致以最崇高的敬意。这些事不适合诗人或画家,但恐怕我们最终都要迎难而上。"

或许,与安布尔塞德的志愿军训练时,华兹华斯发现了他性格中深藏不露的一面。在《安家格拉斯米尔》中,他出乎意料地承认喜欢战争故事:

> 即便此时此刻,当我读到
> 两艘战舰勇敢交战的故事,
> 他们在致命之战中势均力敌,
> 并奋战至死,我依然很高兴,
> 明事理的成人不该如此:我希望,
> 我燃烧,我挣扎,我的精神与之同在。

晚年的华兹华斯曾说,他"曾怀着极大的兴趣研究军事史和战术,并一直幻想自己有军事指挥的天赋"。对于军事行为的自豪感显然洋溢于《漫游》的一段诗文中,华兹华斯通过牧师之口发起了征兵的号召:

> 最远的山谷都能听到这召唤——参军!
> 然后,平生第一次,你在这里看到
> 军人的红装取代了牧羊人的灰祆,
> 在树林和田野之间诡异地闪烁。
> 十个强悍的小伙都穿上耀眼的军装,
> 锃亮的武器为他们增色,每周从这

偏僻的山谷行军,来到中央的地点,

与周边地区百里挑一的精英集合,

在这里,他们或许能够学得

战争的基本知识。[115]

264　　　一七九三年,华兹华斯坐在教堂里,内心动荡不安,无法为祖国的胜利而祈祷。如今,十年后,他响应志愿军的号召,准备投身抵抗法国入侵的战争。尽管全国都在征兵,但华兹华斯的军事热情或许看起来滑稽——至少从一位法国将军的角度来看。多萝茜敏锐地认识到,如果法军入侵到需要哥哥献身的地方,那么这场侵略已经胜利了。然而,从华兹华斯的视角来看,他愿意每周和志愿军训练两到三次,这行为本身已非同寻常。这说明他正在重新审视政治,他的"戎装"就是最直观的形式证明[116],另一种形式是一组令人振奋的十四行诗,写到对入侵威胁的抵抗;最复杂的形式则是一八〇五年《序曲》。

　　尽管柯尔律治从未穿上军装,但他也摇旗助威——他和华兹华斯之间的异同耐人寻味。在一八〇二年十月和十一月《晨报》上的一组文章中,柯尔律治曾鄙视虚伪的和平;抨击波拿巴如一个恶魔,是法国大革命意料之中的产物;盼望法国君主制复辟;描述他独特的反雅各宾派思想;在斯图亚特不敢原文发表的两封耸人听闻的书信中,他批判福克斯不惜一切代价去换取和平,不管这会给自己的国家带来什么威胁。这些文字的现代编者指出,"在所有这些文章中,柯尔律治似乎忘记了早先的希望和承诺……"[117]柯尔律治写给乔治·博蒙特爵士的信会让我们做出更加严厉的判断。[118]在这封冗长而曲折的辩解书中,柯尔律治完全背弃了自己的初心。当年曾将间谍引入下斯托伊的布里斯托讲稿、《守望者》以及所有激进主义倾向,如今遭到驳斥,不是需要重新审视的观点和态度,而是垃圾,不过是"婴儿的蠢话"。那曾经使柯尔律治在布里斯托力压群敌的信念如今被斥为雄辩者的虚荣，"享受狂热的幻想，流利的言辞，轻浮躁动的心，速度与激情"。柯尔律治与所有激进的朋友断绝往来，声称他和骚塞远离一切组织和活动——那些"国家政体肠子里的蛔虫"。他极力挣脱自己的过去，开始重写他的历史，在《文学生涯》中达到巅峰。

华兹华斯却以不同的形式重估他的过去。当然，在一七九三至一七九八年间，他没有出版任何反动言论，因而没有一个可以公开谴责的激进历史，与柯尔律治和一八一七年发表极端反动作品《瓦特·泰勒》①的骚塞不同。[119] 即便如此，我们仍怀疑华兹华斯会像柯尔律治那样给博蒙特写信，因为他最强烈的本能是在过去的自己和现在的自己之间寻找关联，以便证明生命的内在完整。"我天生不能忽视老友，"一八〇四年初，华兹华斯向兰厄姆保证，"我活在过去，不会喜新厌旧。"[120] 三十三岁的人能说出这样的话，让人惊讶。华兹华斯不会舍弃任何有价值的东西，尤其是自己的过去。

过去的朋友重新出现，使他想起他们的动荡岁月。其中之一是约翰·塞尔沃尔。一八〇三年十一月二十六日，他来到巷尾与华兹华斯一家吃饭。一七九八年在阿尔弗克斯顿共度的记忆一定如潮水般涌来，那时，这位在一七九四年叛国罪审判中死里逃生的"煽动者"，在国家政权的震慑下，正在寻找一处退隐之地。另一位是威廉·弗伦德，他因宗教异说和反战观点被逐出剑桥，加入了伦敦的激进主义圈子。在一七九〇年代，他是最早为思想和言论自由事业作出牺牲的人。如今，弗伦德寄给华兹华斯一本他写的《爱国主义，或对我们祖国之爱》，如此热情拥护

---

① 瓦特·泰勒是 1381 年英格兰农民起义的领袖。为反对人头税，呼吁社会改革，发起起义，从坎特伯雷挺进首都。虽然起义获得了初步的成功，但泰勒在伦敦谈判期间被忠于理查二世的官员杀害。

英国的言辞,让人难以想象作者曾遭到教会和政体的迫害。这篇"献给大英联合王国志愿兵们"的文章搜索圣经和古今历史,来证明爱国主义"源于本性",并得出结论:"基督教并未禁止本性的需求,也没有否认爱国的权利。"[121]

弗伦德强调英国爱国主义的"英国性",并以阿尔弗雷德大帝为例("阿尔弗雷德这个人物是有史以来最优秀的例子"),这也许会吸引华兹华斯,因为他最近的十四行诗,如《致肯特人民》《预期》《预料中的入侵》,以及四首题为《一八〇三年十月》的诗,都继承了一八〇二年十四行诗的特点。[122]尽管英国已经道德败落,充满尔虞我诈,但若恢复那创造往日辉煌的纯洁精神和统一目标,英国依然是全世界最大的希望。当民族身份受到威胁,华兹华斯是坚定的爱国者。事实上,一八〇二年他力劝约翰读斯宾塞的《论爱尔兰的当前状况》,表明他认同关于谁是敌人的普遍(且传统)观点。[123]但在一七九一年,华兹华斯也是一位"爱国者",只是这个词的内涵不同,意指法国革命的同情者。[124]当他在一八〇四至一八〇五年间创作《序曲》时,他试图站在当下自我认知的制高点去理解过去的自己,相信——与柯尔律治不同——虽然他作为爱国者的意义前后不同,但在本质上,他还是同一个人。

华兹华斯采用三种策略,都产生了相似的效果。诗文表明,一个成熟的人不仅不需要否定先前的信念,而且还可以从中发现许多本身良善、有益道德的东西。[125]首先,他思索着革命的欢乐黎明;思索着他和琼斯徒步穿过法国村庄时,在每一张脸上看到的喜悦;也思索着点燃这一切的理想主义激情。诗中有一个情感丰沛的重要时刻,博布伊偶遇一位少女:

> 一位饱受饥饿摧残的少女
> 她拖着疲惫的自己,尽力与她的

小母牛同行。

他宣告：

我们就是

为此而战。

华兹华斯忆起，在这一刻，他感到一种责任。他也相信：

一个幽灵

在四处游荡，势不可挡，绝除

如此赤贫指日可待，我们该会

看到自由的大地随其本愿，

得以酬答那些孤弱低微的民众，

那些辛勤耕耘的劳动者。[126]

在《爱丁堡评论》中，杰弗里坚持他的信念，认为这里存在着根本的阶级差异：“一位有修养之人的爱、悲哀或愤慨与小丑［农民］、商人、卖货姑娘的爱、悲哀或愤慨本质不同。”[127]华兹华斯对饥饿少女的反应恰恰出自相反的信念，杰弗里在《抒情歌谣集》中正确地辨出了它：“我们拥有同一的人心。”[128]在那充满希望的岁月之后发生的一切——罗伯斯庇尔上台，恐怖统治，拿破仑崛起，如今，以其称帝为代表的最后堕落——都证明年轻的华兹华斯是多么不了解人性或权力的诱惑，也证明他对社会运作的理解非常幼稚，但诗中的一切并未削弱这种本能的博爱与慷慨精神所具有的魅力。这种精神幸存下来，并继续体现在《废毁的茅舍》和《抒情歌谣集》中。

　　华兹华斯进一步表示,《致兰达夫主教书》和一七九四年致马修斯书的作者曾计划通过《慈善家》杂志为思想自由而战,也在明智地回应着发生的事件。当一八○四年的爱国志愿兵回首一七九三年爆发的战争,以及随后的政府镇压年月,他的愤怒再度涌起,因为想到:

　　　　我们的领袖们(别的且不说),当时
　　　　所为似渴望将守护群羊的法律之杖
　　　　变成谋杀的凶器,至少显出
　　　　这般模样;这些统治国家的人,
　　　　明知那个人播种死亡,收获的
　　　　也只有死亡,或比死亡更恶劣,
　　　　但虽有他的先例,却像孩子一样
　　　　模仿,竟无知地要重蹈覆辙。
　　　　仅在不敬方面,他们是巨人,
　　　　在武器和战略上却很低级,
　　　　如暗中作恶的毒虫,狼狈为奸
　　　　只为损毁正义,扼杀自由。[129]

　　一八○五年,司各特汇报说,萨默维尔勋爵承认曾派人监控阿尔弗克斯顿的民主派。[130]他毫无悔意,认为“曾经是雅各宾,永远是雅各宾”。假如他能读到这段诗文,他一定会说这证明了他的正确。[131]

　　第三个策略决定了《序曲》最艰难的部分如何呈现。这一部分就是华兹华斯从法国回来后的内心骚动。回顾过去,华兹华斯发现,从一七九三至一七九六和一七九七年之交——亦即从《索尔兹伯里平原》和《兰达夫》到《边界人》与《废毁的茅舍》——在这段时期,他的方向最不确定。然而,他终于能够浴火重生,对自己的诗才满怀信心,不久就迎接了创作《隐士》的挑战。在《序曲》第十至十一卷,他想象这是一场考验,不知要持续多久,但其烈度却毫无疑问,第十卷八六三至九〇四行的恢宏诗文即是明证。他声称自己误入歧途且越陷越深:

从一开始
就被错误的推论愚弄,一时间
堕入荒谬;而这错误是由于外界
偶发的事件使心灵偏离大自然的
轨迹,使其越来越糊涂;心灵被
误导,也误导我做错事。[132]

268

然而,需要注意的是,在此,成熟的诗人仍在强调:尽管方法和前提有误,但年轻人的目的依然高尚。他被一种憧憬、一种希望占据:

我渴望人类
能挣脱毛虫般的生存状态,
尽情展开那双自由的彩翼,
做自己的主人,欢乐无忧。
多么高贵的抱负! 时至今日,
我依然能感到此抱负,但带着其他
更加幸福的思想;因为我曾茫然
四顾,为实现这一转变,却通过
不符合自然规律的途径……[133]

在这段诗文的结尾,华兹华斯承认他在建构一部作品,"虚妄的想象,超越 / 经验和真理的限度"。凭借着强大的想象力,《序曲》既是一部记录,也是一段证词,见证了华兹华斯达到上述认识的过程。

"想象","经验","真理"——这些概念之间的关联是一八〇四至一八〇五年《序曲》的另一主要关注。在一八〇〇年为《山楂树》所写的说明中,华兹华斯使用了"想象"一词,但他觉得有必要加以说明。他的解释非常直白:"想象,我指的是通过简单元素产出强烈效果的能力。"[134]然而,当他评价《麦多克》"缺乏诗人心灵的最高天赋:真正的想象,以及关于人性与人心的知识"时,想象一词的含义则更为深刻。[135]骚塞的诗"充满美丽的画面和描述",生动活泼,其中一个人物的处境"极其有趣",他的言辞偶尔"特别有趣",但这首诗缺乏终极的力量,即真正的想象——无论这到底是什么。一八一五年对想象的定义和一八〇〇年那条一样直接,但无疑更加庄严、博大:"幻想刺激并迷惑我们天性中的临时部分,想象则点燃并支持永恒部分。"[136]

269　第一个定义和最后一个定义之间的距离标识出十八世纪关于想象这一最丰富术语的全部使用范围。在第一个定义中,想象是一种创造性功能,与创造艺术作品有关。在最后一个定义中,想象是人类精神存在的一种功能。从第一个到最后一个的距离无疑说明,华兹华斯的诗歌确实反映了他的思想变化。一七九八年和一七九九年的哲理诗,以及《抒情歌谣集》序言,大体属于以洛克、哈特莱和普里斯特利为代表的联想论心灵模式。一八〇四至一八〇五年的诗歌则强调心灵的创造力及其在所有感官行为中的关键作用。与这一模式相关的有康德、谢林,以及柯尔律治——华兹华斯的思想来源。[137]

然而,需要强调的是,尽管一七九八年以来,华兹华斯对于"想象"一词的理解变得精深,以至于他现在对心灵的运作有了不同的看法,但他依然持有同样的疑问,追求同样的目标。《我认为……并非无益》关注善感的心灵与外部世界的互动,试图回答个人的感官经验为何能够有助于道德意识的发展,促成爱以及社会良善。《序曲》通篇关注同样的问题。诗中最重要的一组场景——第六卷的穿越阿尔卑斯山片段和第十三卷的攀登斯诺顿峰片段——使用的语言和概念并非由一七九八年的华兹华斯形成,但其潜在的关注始终如一。一些讲求实用的道德说教者坚称诗歌要**有用**,华兹华斯便开始探索如何解释想象的价值,证明想象的道德功用,从而证明其诗歌使命之有效。

这些内容使《序曲》听起来非常抽象,但并非如此。与阿肯塞德的《想象的愉悦》(举个例子。这部作品的内容背叛了它的题目)不同,《序曲》引人入胜,因为它全部的"哲学"都来自一个人的人生故事,并以各种各样的具体经历抓住读者的心。然而,要理解全诗的整体结构,终究会导致抽象,因为诗的核心是想象、爱、真理,也因为这些概念基于对一种终极抽象理念的信仰:

<blockquote>
那超越一切

生命的生命,独立于时空,

巍然无动于情感欲念的起伏,

它即是上帝,独享上帝之名。[138]
</blockquote>

因为,简要地说,《序曲》是一场宗教情怀之旅,一部精神追求之歌。诗 270
中认为,想象力能将人的感官经验转化为知识,从而塑造世界。想象与爱联手,使人与其同类结盟。人通过想象而活着,成为活跃宇宙的一员:

<blockquote>
并未被感官印象所奴役,

而是被复元、唤醒,更适合

与不可见的世界进行精神交流。[139]
</blockquote>

这便是他"至高无上的天赋"——想象的至高力量使人瞥见包罗万象的

神性：

> 如此心智实为造物主所赐，
>
> 因为确实是非凡的能力，
>
> 因此，他们拥有至福，那就是
>
> 自知，并习惯于将其融入
>
> 每一个景象，每一个思想，
>
> 乃至全部的感官印象；
>
> 因此才有了宗教，信仰，灵魂的
>
> 无尽追求，无论迂曲推理还是直觉领悟，
>
> 因此，内心独立自主，宁静信手拈来，
>
> 情感无需远虑，也不必畏惧，
>
> 因情感至烈时，才最最可靠。
>
> 因此，日常生活充满欢乐的剧情；
>
> 因此才有了道德判断的真理，以及
>
> 外部宇宙取之不竭的欢乐。[140]

十

"看破死亡的信念"很快得到考验。一八〇四年八月，约翰·华兹华斯第二次出海中国归来，他立刻着手筹资，准备第三次航行。一八〇五年二月一日启航时，他满怀希望，以为前途可期："一场很好的远航……如果不是**最好**的。"[141]然而，二月五日下午晚些时候，阿伯加文尼伯爵号在波特兰角的石灰岩沙洲触礁。一些乘客被撤离。另一些人在船体瓦解时被移到安全的桅杆或浮木上。还有一些人紧紧抓住绳索，

在冰冷的海水中等待救援。三百八十七名乘客和船员中,一百四十一人幸存,但约翰不在其中。他忠于职守,四副托马斯·吉尔平最后一次看 271 到他是在午夜前,他抓着绳索,冻得失去知觉,随后没入海浪。

二月十一日,理查德的信将噩耗传到格拉斯米尔。两天来,玛丽、多萝茜和华兹华斯悲痛欲绝。"悲哀将……且必将得到释放。"华兹华斯写信对骚塞说,"我们患难与共,没有理由抑制悲伤。"[142] 提到约翰,他们只会想到"安慰、期许和快乐"。随着他的死去,华兹华斯深感"这个群体不再完整"。他慨叹道:"愿上帝让余下的我们永远相守",说明他感到自己最珍视的一切——这片爱土上的稳定家园——受到了威胁。[143]

"不要认为我们的悲伤不合情理,"华兹华斯恳切地对博蒙特说,"在我认识的所有人中,[约翰]有着最理智的愿望,最恬静的性情,最完美的自制。"[144] 现在,他为弟弟写的一切文字都是这种语调。想到约翰是个完美的人似乎能带来安慰,尽管这也会催人泪下。华兹华斯简单地告诉司各特,"弟弟是我们心中的骄傲和快乐,是前所未有的温柔、驯良、勇敢、坚定、高贵的灵魂。"[145] 对博蒙特,他说得更加充分:

> 我已故的弟弟……在此红尘浊世中一生清白。除了脾气有点急躁(比如说做了一件蠢事,或发生小小的争执时),他没有一丝那个行业的邪恶。我平生从未听他说过一次咒骂,甚至一句粗俗的言辞,甚或只是影射。他有着最纯洁的女人所具有的谦逊。谨慎,温良,克己,坚忍,合理的愿望,高雅的乐趣,单纯的举止、生活和习惯,他真是一个理想的人……[146]

对洛什,华兹华斯强调,与传言不同,约翰因公殉职,对于这次海难无可指责。在生命的最后时刻,他和生前一样,"在任何场合都坚守职责",至死不渝。[147]

约翰之死是华兹华斯成年生活中的诸多剧痛之一——此后还有两个幼子的夭折,多萝茜的精神崩溃,最后是多拉的死——而他的书信并未否定这一点:"我感到生命的某一部分被割去了,再也无法复原。"[148]

272 然而,当最初的悲痛化为持续的哀伤,华兹华斯似能面对他的损失,有意识且深思熟虑地将其看作成熟时期的考验。在收到理查德的来信两天后,他写信给克里斯托弗,"现在,我和她们[多萝茜和玛丽]一同哭泣,别无他求。以后,我希望我们都能坚忍。""坚忍"是他反复提到的词。[149]这个传统的基督教观念回答了他痛苦的追问:"为什么把他带走?"人类的理性无法得出这个"可怕的"结论:"假设死亡能摧毁理性,那么,与万物的原动力和主宰者相比,无论我们多么卑微,我们的本性比他拥有更多的爱心",除非"有另一个更好的世界"。[150]但华兹华斯这段时期的其他任何信件都没有涉及更进一步的神学玄想。这就说明,尽管这一假设能帮他抵御悲哀,却不能给他个人奋斗所需的激励。他需要的是坚忍。在写给乔治·博蒙特的信中,他援引亚里士多德的观点:"惟有……坚忍无惧死亡……坚忍教会吃苦和忍耐,让我们选择无畏。"[151]

当华兹华斯引用上述文字,他实际上是在回忆约翰的品质,但亚里士多德的话之所以吸引他,无疑也因为这符合他自身的处境。坚忍能帮助他渡过危机——华兹华斯说他信赖上帝,选择无畏,即是忠于约翰。他对博蒙特和洛什做出解释。华兹华斯说,约翰——

> 鼓励我坚持,专注目标。他会为我工作(这是他的原话),为我,及他的姐姐;而我将努力为这个世界做些什么……这就是他的目的,他为了我的幸福付出的努力!上帝啊,请赐予我生命和力量来实现我的目标!我永远不会忘记他,他永远不会在我眼前消失,我们之间的纽带还在,就像他活着时一样,不,更加神圣,让我竭尽全力,一

如他直到生命的最后一刻依然竭尽全力高尚地活着。[152]

一七九八年,华兹华斯以一种快乐的沉重拥抱《隐士》设想。从那以后,这个计划就成了他对柯尔律治的亏欠,成为一种负担。但他始终严肃对待这个计划,相信自己正朝着这个方向努力,即使他早就知道这部诗显然永远无法完成。如果我们记得,在一八〇五年,完成《隐士》成为一种信念,且因弟弟的死而变得神圣,那么我们就不难理解此中原因了。

十一

三四月份的时候,华兹华斯有一种"强烈的冲动,想写一首诗记录我弟弟的美德,作为对他的纪念"。然而,他"无法承受"这个话题,在即兴吟咏中犹豫不前,不敢让玛丽或多萝茜将其写下,怕她们再度陷入悲伤。[153]然而,完成《序曲》、转向《隐士》是一种责任,一想到约翰会为他的诗人兄长重返责任而感到骄傲,他就充满了力量。四月,他开始重估已有的《序曲》后半部分素材,创作全诗的尾声。他很快完成第十一卷的大部分内容和第十二、十三卷的全部,五月底完成全诗。

最后这部分为《序曲》雄心勃勃的宏大框架奠定了基石。华兹华斯庆祝自己的想象力得以幸存,赞美记忆带来源源不断的神秘能量,然后在攀登斯诺顿峰片段中思考想象的性质和功能,接着唱起爱的赞歌。但这也是感人至深的个人档案。他赞颂爱是终极的力量:

> 一切辉煌,一切真与美,
> 都来自爱,那遍布一切的爱;

> 爱是我们的起点和终点；
> 爱若不存，我们无异于泥尘。[154]

然而，当诗接近尾声，抽象的爱被赋予具体的人物形象，正是这些人的爱使他得以存在。第十三卷二一一至二四六行是献给多萝茜的优美献词，感谢她带来的温柔感化。紧随其后的，是对柯尔律治的感谢，感谢他同样带来丰厚的影响。正是柯尔律治的形象激发出全诗最后的凯歌。华兹华斯期待着柯尔律治归来时的喜悦：

> 以康复之躯归还到我们身旁：
> 重逢的眼泪会流到一处，
> 然后共享许多乐事，尤其是
> 这一部爱的奉献，会让我们愉快。[155]

当他回首当年阿尔弗克斯顿的时光，想起他们曾"一起纵情于诗性的想象"、形成宏大的《隐士》设想，华兹华斯重整旗鼓，尽管不确定是否拥有足够的生命和才能，他再次宣告：作为"自然的先知"，他和柯尔律治依然共同肩负着神圣的使命——给人类带来启迪，教他们懂得

> 人类的心灵
> 能比其居住的大地美妙
> 千百倍，以高卓的美超拔于
> 世事的体系(尽管人们的所忧
> 所愿中有过那么多革命式巨变，
> 这体系仍为改变)，因其本身
> 有着更神妙的材质与织体。[156]

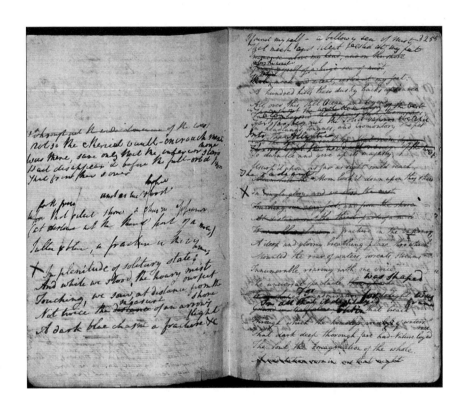

《序曲》，手稿 A（1805-1806），多萝茜抄写的第一个誊清本开篇，显示出华兹华斯后来在此基础上的修改和删减。（格拉斯米尔：华兹华斯基金会）

275 　　完成《序曲》后，华兹华斯告诉博蒙特，他感到一种新的沮丧，想到约翰本应欣赏他的作品，而事实上却不能，甚至这部诗歌本身"似乎就很沉重，现实远不及期望"。[157]而且，这部重要的长篇作品不能出版，除非一部更长、更重要的作品完成。十月份朗曼再版的《抒情歌谣集》只能强调一个事实：评论者和诗歌读者只能通过两本自一八〇〇年以来没有实质变化的诗集来评价他。

　　然而，完成《序曲》是一个重要的时刻，具有积极的意义。在回顾中，华兹华斯把握过去，梳理回忆，赞颂那些使他成为诗人的力量，不是像苍苍老者那样对一生进行圆满的总结，而是宣布他注定要跻身伟大诗人的行列，证明在格拉斯米尔安家写作的决定英明，重申为他的生命和写作赋予意义的诗人使命。

　　华兹华斯重拾两种活动，说明他已充满信心，振作起来。约翰去世后，巷尾家中备受喜爱的花园受到了冷落。"哎呀，我们的花园不同以往了！"多萝茜写道，"没有清扫，也没有开垦——灌木疯狂生长。看到它都使我们伤心。"[158]栖居者与栖居地的割裂——华兹华斯在《废毁的茅舍》中强力渲染的主题——再次发生。但五月时，他们"回到这个令人伤心的花园，重新将它打理得井然有序"。去年年底，华兹华斯曾对博蒙特提起，"最近，我们在后山的小果园里盖了一个圆形小亭，里面铺满苔藓，外面盖上石楠"。但约翰死后，这个凉亭就停工了。现在它才竣工，他们可以坐在里面读书、写作，"平谷里的绿野和一些湖水"永远映入眼帘。[159]

　　同样，那些昔日无法面对的，如今得以重返。华兹华斯回到因约翰之死而变得神圣的地点。一八〇〇年九月二十九日，他和多萝茜在格里斯岱尔湖附近与约翰作别，道路延伸至帕特岱尔山谷，他们"久久伫立，看着他匆忙奔下岩石峭壁，直至消失在视线之外"。华兹华斯七十三岁时依然能指出当时的地点,误差不超过两三码①。[160]一八〇五年六月八日,他和一位邻居重返此地钓鱼,但关于约翰的记忆涌上心头,他离开同伴,在汹涌的泪水中即兴写下一首诗,纪念约翰和他们曾经道别的地方。两天后,他背着鱼竿回来,并在同样的地点与玛丽和多萝茜欢乐地分别,前往帕特岱尔小住。多萝茜对博蒙特夫人评论道:"你将看到,当他到约翰常去的地方(因为他喜欢帕特岱尔一带),做约翰喜欢的事,他的心中发生了快乐的变化。"[161]

276

当华兹华斯在法菲尔德峰和海芙琳峰下独自写作,任凭泪水尽情流淌,他终于感到释怀,能够写下对约翰的悲伤。之前,他曾向博蒙特坦言,这个题材对他来说太过痛苦,如今,在三首非常个人、感人肺腑的诗中,他主动地勇敢面对曾经最令他悲伤的内容。[162]在作于格里斯岱尔湖的诗《我只寻找痛苦与悲哀》中,他思忖着当年约翰匆忙跑下山去时,他也永远地离开了格拉斯米尔。一八〇一年四月二日,约翰曾写到他喜欢怀特岛上的花朵——"日落后的雏菊就像小小的白色星辰,分布在墨绿色的田野上"——在《致雏菊》中,华兹华斯想到这些,以及约翰坟墓上的花朵,感到欣慰,治愈了得知约翰的遗体在海上漂泊了六个星期才被葬于国家另一端时的痛苦。[163]最后,在《这个本子收到悲伤的礼物!》中,华兹华斯在约翰的笔记本中写下一些诗歌,知道弟弟再也不会读到。"我写下的每一行都为了带给他快乐。"他告诉洛什。[164]如今,他完全清楚,要维系这一纽带只能凭借令人安慰的个人想象:

> 于是,我写下的内容,
> 你看不到,他人也不能,
> 他们无法阻止泪水奔涌;

————————
① 一码的长度将近一米。

> 如果可以，我要在你我之间
>
> 编织一条秘密的锁链，
>
> 希望由此获得一些慰藉，
>
> 纪念那段过去的岁月。

这三首诗并非墓志铭——华兹华斯认为它们完全是私人感情的表达——但它们体现了华兹华斯眼中墓志铭的本质，"因为爱而神圣的真理——逝者的品质与生者的情感融合的产物！"[165]以这样的方式纪念约翰帮助华兹华斯走出了《序曲》完成后的消沉。

277　　友情和夏日活动也有助益。八月初，骚塞在巷尾住了几天。十一号，华兹华斯途经帕克寓所——多萝茜在此拜访萨拉和汤姆·哈钦森——并由此前往凯西克回访骚塞。[166]格丽塔府的家庭聚会邀请了沃尔特·司各特。次日，当他们一起走去沃滕德拉斯时，他们一定谈起了诗——但每个人的处境是多么不同。骚塞刚刚出版了新作《麦多克》，正为它的反响提心吊胆，悲观地预感他"不会从中得到实质的报酬"。[167]与此相反，司各特在一月份出版了《最后的游吟诗人之歌》，一经推出马上畅销，证明大众愿意为有趣的诗歌买单，司各特也甚为欣慰。[168]而华兹华斯——虽然一八〇〇年以来没有出版新作，却有了带头谋反诗歌秩序的名声，经济拮据，几乎交不上房租。[169]世间成就的不同并未影响相聚的欢乐——司各特直到亲眼看到简朴的格拉斯米尔鸽舍才认识到差别有多大。[170]八月十四日，华兹华斯、汉弗莱·戴维和司各特登上帕特岱尔（他们前一晚在此度过）之外的海芙琳峰，直到一八四三年，华兹华斯依然能温馨地忆起司各特沿着"阔步缘"（Striding Edge）跋涉的情景，一路上用"他惯有的故事和趣闻"吸引着同伴。[171]

　　一八〇五年夏天，抒情诗写作对华兹华斯最有帮助。很快，他就觉得可以出一本诗集了。[172]去年年底，华兹华斯曾见过理查德·杜帕，骚塞的艺术家兼作家朋友。华兹华斯答应尝试将杜帕雄心勃勃的《米开朗基罗传》从意大利语译成英文。[173]他捡起在剑桥时学过的意大利语，并进一步练习十四行诗的创作技巧，这些有益身心，但其他写作更加重要，因其来自强烈的个人经历，而且是与亲爱的妹妹共享的经历。多萝茜如今也在为约翰哀悼。

　　一八〇五年春，多萝茜正在完成她的《一八〇三年苏格兰之旅回忆录》，她对地点与距离、日期与时间的追问一定触动了诗人的回忆。首先是纪念我相的诗《狭长的山谷》，然后是《西行》，作于六月三日，根据多萝茜在誊清本中的说明，当时他们"和小多萝茜正走在碧绿的田野间，我们经常在那里散步，沿着罗莎河"。此后，直到转年，其他苏格兰主题的诗歌相继完成：《罗布·罗伊之墓》《孤独的割麦女》和《致彭斯的儿子们》。

　　《孤独的割麦女》——所有这些诗中最精美的一首——别有韵味。假如华兹华斯没有见过一望无际的高原上那些孤独的身影，就不会有这首诗。然而，真正使这首诗诞生的，并不是记忆中的场景，而是友人托马斯·威尔金森《不列颠群山之旅》中的一句话："路遇一位独自收割的女人：她一边弯腰用镰刀收割，一边用厄尔斯语唱歌；这是我听过的最甜美的人声：她的曲调带着温柔的哀伤，悦耳动听，余音绕梁。"[174]仅在数月前，华兹华斯曾试图描绘富于创造和想象的高级心智所具有的非凡才能：

> 他们从微末的诱因
> 构筑最宏大的景象；时刻警醒，
> 乐于创造，也甘愿被激发，
> 因此，唤醒他们无需不同凡响的
> 鸣叫，生活在富于活力的世界……[175]

在华兹华斯的抒情诗中,《孤独的割麦女》,连同《决心与自主》,最佳地体现了上述才能的运作。寥寥数语以其本身的美打动华兹华斯,唤醒他记忆中的一些形象、色彩和感觉,最终形成一个具体的意象,全诗美妙动人,仿佛即兴创作,仿佛他正向眼前劳作中的姑娘挥手致意:

> 看啊! 独自一人在田野上,
> 那个孤独的高原姑娘!
> 独自收割,独自唱歌;
> 停下,或悄悄走过!
> 独自收割、捆扎稻谷,
> 哼唱的旋律忧郁凄苦;
> 哦,你听,她的歌声弥漫
> 在这幽深的山谷之间。

缺乏物质舒适,惟有劳作艰辛,却在自己歌唱的力量中欣然自足。正是这一形象将他深深打动。

注释

[1] 柯尔律治致理查德·夏普,1804 年 1 月 15 日,《柯尔律治书信集》,第二卷,第 1032 页。

[2] 多萝茜致凯瑟琳·克拉克森,[1803 年 6 月 7 日或 14 日],《早期书信集》,第 391 页。

[3] 多萝茜致凯瑟琳·克拉克森,[1803 年]7 月 17 日,《早期书信》,第 396 页。

[4] 玛丽致华兹华斯,[1810 年]8 月 1-3 日,华兹华斯致玛丽,[1810 年]8 月 11 日,《新增书信》,第 26、27 页。

[5]《玛丽书信》,第 xxi 页。

[6] 玛丽致华兹华斯,[1810 年]8 月 1-3 日,《威廉与玛丽·华兹华斯情书》,贝丝·达灵顿编(伊萨卡,1981),第 49 页。

[7] 柯尔律治致理查德·夏普,1804 年 1 月 15 日,《柯尔律治书信集》,第二卷,第 1032 页。

[8] 巴伦·菲尔德在他的《华兹华斯回忆录》中的报告,杰弗里·利特尔编(悉尼,1975),第 100 页。

[9] 关于约翰筹款的事及其引发的压力,更多信息见《约翰书信》,第 34-35 页,第 37 页;沃森,《传记》,第 289 页。

[10] 华兹华斯与多萝茜致理查德,1803 年[7 月 17 日],《早期书信》,第 398-399 页。

[11] 华兹华斯致多萝茜,1790 年[9 月]6 日[和 16 日],《早期书信》,第 36 页。

[12] 多萝茜致凯瑟琳·克拉克森,[1803 年]7 月 17 日,《早期书信》,第 397 页。

[13] 多萝茜致博蒙特夫人,1805 年 8 月 7 日,《早期书信》,第 617 页。玛丽致华兹华斯,[1810 年]8 月 1-3 日,《新增书信》,第 26 页。

[14] 多萝茜·华兹华斯,《苏格兰之旅回忆录》,卡萝尔·凯罗斯·沃克(纽黑文与伦敦,1997),第 89 页。另见唐纳德·E.海顿,《华兹华斯的苏格兰旅行》(塔尔萨,1985),第 9-30 页。

[15]《文集》,第一卷,第 328 页。

[16]《芬尼克笔记》,第 26 页:"感谢上帝,[《致高原姑娘》]结尾的预言应验了。如今,我的第七十三个年头即将结束,但我清楚地记得她,还有她周围美丽的景物。"见柯蒂斯编,《两卷本诗集》,第 192-194 页。

[17]《西行》,见柯蒂斯编,《两卷本诗集》,第 185-186 页。威廉和多萝茜及时见到了卡特琳湖。1790 年代,人们"发现了"它的美,但 1810 年司各特的《湖上夫人》出版后,这里就成了旅游热点。关于这首诗和游客的令人震惊的信

息,见妮古拉·J. 沃特森,《文学观光者》(汉姆米尔斯,2006),第 150-163 页。

[18]《回忆录》,第 114 页。

[19] 见菲奥娜·斯塔福德,《忙碌的孤寂:华兹华斯在苏格兰·1803》,收录于 D. 达夫与 C. 琼斯编,《苏格兰、爱尔兰和浪漫主义美学》(刘易斯堡,2007),第 93-113 页,是迄今为止关于华兹华斯此行对苏格兰之体验最有洞见的研究。

[20] 根据奥布里·德维尔的看法,在一次交谈中,华兹华斯用这个词组描述司各特的写作方法。见格罗萨特编,《文集》,第三卷,第 487 页。

[21]"独处之中那自立自足的力量",1805 年《序曲》,2. 78。海兹利特引文,见《海兹利特全集》,第十九卷,第 11 页。

[22] 华兹华斯致托马斯·德昆西,1803 年 7 月 29 日,《早期书信》,第 400 页。华兹华斯致柯尔律治,[1808 年 5 月或 6 月],《中期书信》,第一卷,第 245 页。

[23]《回忆录》,第 215 页。

[24] 约翰·吉布森·洛克哈特,《沃尔特·司各特爵士生平回忆录》(七卷,爱丁堡与伦敦,1837-1838),第一卷,第 404 页。多萝茜引文,见《回忆录》,第 207 页。

[25] 多萝茜致博蒙特夫人,1805 年 5 月 4 日,《早期书信》,第 590 页。华兹华斯与司各特、苏格兰及苏格兰诗歌(尤其是彭斯)的关系,见菲奥娜·斯塔福德,《地方情结:诗歌的领域》(牛津,2010)。

[26] 第一版两卷本《歌吟集》出版于 1802 年 2 月,第二版三卷本出版于 1803 年 5 月。1804 年 4 月,理查德·夏普将第二版作为礼物送给华兹华斯。见《早期书信》,第 469 页。

[27]《苏格兰边地歌吟集》(两卷,凯尔索,1802),第一卷,第 xcv-xcvi 页。

[28] 华兹华斯致博蒙特,1804 年 8 月 31 日,《早期书信》,第 499 页。

[29] 华兹华斯致司各特,1803 年 10 月 16 日,《早期书信》,第 413-414 页。

[30] 洛克哈特,《沃尔特·司各特爵士生平回忆录》,第一卷,第 407 页。华兹华斯致司各特,[1805 年]1 月 16 日,《早期书信》,第 530 页。

[31] 洛克哈特,《沃尔特·司各特爵士生平回忆录》,第一卷,第 405 页。

[32] 亨利·克拉布·罗宾逊记载,1812 年,华兹华斯"认同这一言论'即司各特受欢迎的秘密在于其观念的从俗,老百姓可以一下子理解'"。见《罗宾逊与华兹华斯圈书信集》,第一卷,第 82 页。对司各特本人,华兹华斯写到他很愉快地读了《马米恩》,但是,"我认为你的目的已经达到;从任何方面来看,这并不是我所希望你追求的目的。你知道我关于写作的观念,既包括题材,也涉及风格。你会明白我的意思的"。[1808 年]8 月 4 日,《中期书信》,第一卷,第 264 页。司各特的评论,引自《沃尔特·司各特爵士日记》,W. E. K. 安德森编(牛津,1972),1827 年 1 月 1 日,第 259 页。

[33] 华兹华斯致威廉·罗恩·汉密尔顿,[1831 年]10 月 27 日,《晚期书信》,第二卷,第 441 页。

[34]《芬尼克笔记》关于《重访耶罗》的说明。见《芬尼克笔记》,第 47 页。这些诗——将在后面的章节论述——是《重访耶罗》《沃尔特·司各特爵士离开艾伯茨福德前往那不勒斯》《阿奎彭登特附近的思索》。在《詹姆斯·霍格之死即兴宣泄》中,司各特也是强有力的存在。

[35]《沃尔特·司各特爵士日记》,安德森编,第 278 页。

[36] 博蒙特(1753-1827)信息翔实的传记,见费莉西蒂·欧文与大卫·布雷尼·布朗,《天才收藏家:乔治·博蒙特爵士传》(纽黑文与伦敦,1988)。《华兹华斯与博蒙特书信集》,杰茜卡·费伊编,即将出版。

[37] 华兹华斯致博蒙特,1803 年 10 月 14 日,《早期书信》,第 406-411 页。关于博蒙特与华兹华斯的关系及其不断变化的动态,见蒂姆·福尔福德,《华兹华斯的诗歌:1815-1845》(费城,2019),第 41-89 页。

[38] 华兹华斯致博蒙特,1803 年 10 月 14 日,《早期书信》,第 407 页。

[39] 博蒙特致华兹华斯,1803 年 10 月 24 日,华兹华斯图书馆。

[40] 两卷本《诗集》(1815)的卷首插图是模仿乔治·博蒙特爵士的绘画而作。长长的献词中提到博蒙特早期对湖区"这个地方的崇高与秀美"的仰慕,结尾说道:"愿此作品在你画笔的装饰下,能成为我们友谊的永久纪念,这份友谊

是我一生的幸运……"

［41］华兹华斯致博蒙特,1804 年 8 月 31 日,《早期书信》,第 499 页。

［42］华兹华斯致博蒙特,1804 年 12 月 25 日,《早期书信》,第 517 页。见杰茜卡·费伊,《素描与品味的养成:华兹华斯、雷诺兹与乔治·博蒙特爵士》,《英语研究评论》,第 69 期(2018),第 706-724 页。

［43］《约瑟夫·法灵顿日记》,肯尼斯·加里克,安格斯·麦金泰尔与凯思琳·凯夫编(十六卷,纽黑文与伦敦,1978-1998),第六卷,第 2271 页,1804 年 3 月 21 日。以下简称"《法灵顿日记》"。

［44］作于 1803/1804 年;发表于 1842 年。见柯蒂斯编,《两卷本诗集》,第 532-533 页。

［45］作于 1811 年;发表于 1815 年,题为《看到一幅美丽的图画》。从 1820 年起,题目中会说明乔治·博蒙特爵士是这幅画的作者。华兹华斯在《芬尼克笔记》中提起,1812 年,当他为两个孩子的夭折而悲痛时,这首诗与这幅画对他是多么重要。见《短诗集:1807-1820》,卡尔·H.凯查姆编(伊萨卡与伦敦,1989),第 76、514 页。

［46］作于 1807 年;发表于 1819 年。《短诗集》,第 43 页。《漫游》,II.864-868。

［47］作于 1811 年;经较大修改变动后,发表于 1842 年。见《短诗集》,第 78-95 页,第 514-517 页。

［48］柯尔律治致骚塞,［1803 年］3 月 12 日,《柯尔律治书信集》,第二卷,第 937 页。

［49］华兹华斯致司各特,1803 年 10 月 16 日,《早期书信》,第 412-413 页。

［50］骚塞致约翰·里克曼,［1807 年 4 月中旬］,《骚塞书信集》,林达·普拉特、蒂姆·福尔福德与伊恩·派克编,《浪漫主义社交圈》电子刊物,https://www.rc.umd.edu/editions/southey/letters。

［51］约翰·济慈致本杰明·贝利,1818 年 1 月 23 日,《济慈书信》,第一卷,第 210 页。

［52］华兹华斯致博蒙特,1805 年 6 月 3 日,《早期书信》,第 595 页。

[53]《抱怨》,9-10 行,见柯蒂斯编,《两卷本诗集》,第 253 页。

[54] 柯尔律治致骚塞,1803 年 8 月 14 日,《柯尔律治书信集》,第二卷,第 974-975 页。

[55]《柯尔律治笔记》,第一卷,第 1463 条:"什么?尽管全世界都赞美我,我却没有心爱之人欣赏我的诗歌——我从未听到一个心爱的声音吟诵只言片语,在某个甜蜜的场合,在自然景色中,在晚风中——"文中引语出自第 1606 条。

[56] 柯尔律治致托马斯·普尔,1803 年 10 月 14 日,《柯尔律治书信集》,第二卷,第 1013 页。

[57]《柯尔律治笔记》,第一卷,第 1616 条。

[58] 柯尔律治致托马斯·普尔,1804 年 1 月 15 日,《柯尔律治书信集》,第二卷,第 1036 页。

[59] 多萝茜致凯瑟琳·克拉克森,1804 年 1 月 15 日,《早期书信》,第 430 页。

[60] 柯尔律治致托马斯·普尔,1804 年 1 月 15 日,《柯尔律治书信集》,第二卷,第 1035 页。

[61] 柯尔律治致理查德·夏普,1804 年 1 月 15 日,《柯尔律治书信集》,第二卷,第 1034 页。

[62]《柯尔律治笔记》,第一卷,第 1825、1826 条。

[63] 柯尔律治致华兹华斯一家,1804 年 4 月 4 日,《柯尔律治书信集》,第二卷,第 1115-1117 页。

[64] 同上,第 1116 页。

[65] 华兹华斯致詹姆斯·洛什,1805 年 3 月 16 日,《早期书信》,第 566 页。

[66] 柯尔律治致托马斯·普尔,1803 年 10 月 14 日,《柯尔律治书信集》,第二卷,第 1013 页。

[67]《柯尔律治笔记》,第一卷,第 1616 条。

[68]《每月镜刊》,第 11 期(1801 年 6 月),第 389 页。见伍夫,《批评遗产》,第 144 页。

[69]《爱丁堡评论》，第一期（1802 年 10 月），第 63-83 页。见《批评遗产》，第 153-159 页。

[70] 华兹华斯致约翰·塞尔沃尔，[1804 年 1 月中旬]，《早期书信》，第 432 页。第 431 页一条很长的注释中给出了攻击塞尔沃尔的细节。

[71] 同上，第 433 页。贝利在他的《诗集》（1803）中对华兹华斯的冒犯之一，见《早期书信》，第 413 页。另一个显然出自他诗集的序言，其中声称"序言只是对诈骗的供认不讳——作者对购书者的诈骗——为诱骗读者购买不值此价的东西而做出道歉"。

[72] 在《年度评论·1803》关于贝利《诗集》的一篇未署名书评中，骚塞攻击他是个"文学骗子，通过欺诈骗取信誉，穿着偷来的衣裳混入良友"。见伍夫，《批评遗产》，第 161-165 页。

[73] 多萝茜与华兹华斯致柯尔律治，[1803 年 12 月 9 日]，华兹华斯致司各特，1803 年 10 月 16 日，华兹华斯致德昆西，[1804 年]3 月 6 日，《早期书信》，第 424、413、455 页。

[74] 柯尔律治致约瑟夫·科特尔，[1798 年 5 月 28 日]，《柯尔律治书信集》，第一卷，第 412 页。

[75] 柯尔律治致骚塞，1803 年 1 月[8 日]，《柯尔律治书信集》，第二卷，第 913 页。

[76] 柯尔律治致理查德·夏普，1804 年 1 月 15 日，《柯尔律治书信集》，第二卷，第 1034 页。

[77]《柯尔律治笔记》，第一卷，第 1801 条。

[78] 1799 年《序曲》，II. 473-496，509-514。

[79] 1799 年《序曲》，I. 453。

[80] 多萝茜致凯瑟琳·克拉克森，[1803 年]11 月 21 日，《早期书信》，第 423 页。

[81] 关于修改的更多细节叙述，见吉尔，《华兹华斯的重游》，第 47-82 页。这首诗参见手稿 E，《废毁的茅舍》，第 382-448 页。

[82] 华兹华斯致德昆西，[1804 年]3 月 6 日，《早期书信》，第 454 页。

[83] 两首诗的文本历史都很复杂。具体细节见柯蒂斯编，《两卷本诗集》，导言，第 104-110 页，第 269-277 页。所有引文同手稿 44，即 1804 年春为柯尔律治准备的诗集。

[84] 1807 年这首诗发表时，题目只是《颂歌》。更复杂的题目和题辞是 1815 年根据亨利·克拉布·罗宾逊的提议增补的。见《罗宾逊与华兹华斯圈书信集》，第二卷，第 838-839 页。

[85] 柯尔律治致华兹华斯一家，1804 年 2 月 8 日，《柯尔律治书信集》，第二卷，第 1060 页。

[86]《柯尔律治笔记》，第一卷，第 1705、1717 条。

[87] 值得注意的是，杰拉德·曼利·霍普金斯非常欣赏这首颂歌——比华兹华斯的其他任何作品好得多——认为它"相当于或者超越他的其他一切作品"。他思索着其中的诗艺："处理如此精致。诗韵错落有致，富于音乐；节奏此起彼伏，充满欢乐。"霍普金斯致理查德·沃特森·狄克逊，1886 年 10 月 23-24 日，《杰拉德·曼利·霍普金斯书信集》，第二卷，第 822 页。

[88]《我并不喜欢……》，23-25 行，见柯蒂斯编，《两卷本诗集》，第 254 页。

[89] 婴儿约翰引起的兴奋和喜悦，见多萝茜致托马斯·克拉克森夫人，[1803 年]6 月 26 日，[1803 年]7 月 17 日，[1803 年]11 月 13 日，见《早期书信》，第 395、396 页，第 418-420 页。华兹华斯的话，见柯尔律治致骚塞，1803 年 8 月 14 日，《柯尔律治书信集》，第二卷，第 977 页。

[90]《致六岁的哈特莱·柯尔律治》，11-14 行，见柯蒂斯编，《两卷本诗集》，第 100 页。

[91] 1805 年《序曲》，7.383-407。巴比伦国王尼布甲尼撒立起金像，并命令所有人都要俯伏敬拜。耶路撒冷的三个人沙得拉、米煞、亚伯尼歌拒绝，便被扔进熊熊燃烧的熔炉。火焰太热，甚至烧死了丢他们进来的卫兵。但是，他们在熔炉里似乎见到第四个人，仿佛神之子。国王下令放他们出来："王子、官员、船长、大臣都聚集一处，亲眼看见烈火无力伤害这些人的身体，他们毫发无伤，衣服

也完好无损,身上也没有烧焦的味道。"(但以理书 3:27)

[92] 1805 年《序曲》,2.26。马修·阿诺德,《特里斯坦与伊索尔德》,III. 119。

[93] 1805 年《序曲》,5. 536-547。

[94]《乞丐们》,37-42 行,见柯蒂斯编,《两卷本诗集》,第 115 页。《续诗》,37-48 行,发表于 1827 年,见《短诗集》,凯查姆编,第 232-233 页。

[95]《这是美好的夜晚》,见柯蒂斯编,《两卷本诗集》,第 150-151 页。

[96] 1805 年《序曲》,5. 531-537。

[97] 我在此借用谢默斯·希尼在其讲座《觉入文字》中的美好表达:"技艺要求你将自己观察、发声和思考的基本方式作为水印,融入你诗行的质感和织体中;是调动身心的全部创造力将经验的意义体现在限定的形式中。"见《拾得即拥有:1971-2001 文选》(2002),第 19 页。

[98] 1805 年《序曲》,6. 533-539。

[99] "诗歌在你身上悄然蔓生",菲利普·拉金称《颂歌》差点儿要了他的命:"一个星期六的早晨,我驾车行驶在 M1 公路上,收音机里传来这首诗,这是'诗歌时间'节目:那是个美好的夏日清晨,有人突然读起了《永生颂》,我泪眼模糊,看不清路,正以每小时七十英里的速度行驶在中间车道上……"见《必要的写作:杂文集·1955-1982》(1983),第 53 页。

[100] 华兹华斯致博蒙特,1804 年 7 月 20 日,《早期书信》,第 491 页。

[101] 华兹华斯向詹姆斯·托宾描述《隐士》的主题,[1798 年]3 月 6 日,《早期书信》,第 212 页。

[102] 华兹华斯致柯尔律治,[1804 年]3 月 29 日,《早期书信》,第 464 页。

[103] 华兹华斯致博蒙特,1805 年 5 月 1 日,《早期书信》,第 586 页。

[104] 华兹华斯致德昆西,[1804 年]3 月 6 日,华兹华斯致博蒙特,1805 年 6 月 3 日,《早期书信》,第 454、594 页。1814 年,华兹华斯在《漫游》的前言中称[《序曲》和《隐士》]"之间的关系……就像一座哥特式教堂中的前厅与主体。在此隐喻的基础上,他还可以继续补充:细心的读者会发现,那些他们久已知晓

的次要作品,通过适当的安排,都与这个主体工程有关,犹如那种建筑中常见的一间间斗室、祈祷堂和壁龛"。

[105] 柯尔律治致华兹华斯一家,1804 年 2 月 8 日,《柯尔律治书信集》,第二卷,第 1060 页。

[106] 多萝茜致柯尔律治,1804 年 3 月 6 日,多萝茜致凯瑟琳·克拉克森,1804 年 3 月[25 日],《早期书信》,第 448、459 页。

[107] 多萝茜致博蒙特夫人,1804 年 5 月 25 日[和约 30 日],《早期书信》,第 477 页。

[108] 华兹华斯致弗朗西斯·兰厄姆,[1804 年 1 月 24 日-2 月 7 日],《早期书信》,第 436 页。

[109] 1805 年《序曲》,上册,第 34-38 页。

[110] 作为教父母,博蒙特夫妇送了十英镑礼金。多萝茜的感谢信中有一段美好的话,值得详细引用:"……我们将用这笔钱种植一小片土地,这将成为'多萝茜的树林',就在我们家附近,无论我们在哪里安顿——这些树木属于孩子自己。起初,它们如同兄弟,与她一起长大;年复一年,她和这些树木一比高低;但是,如果风和日丽,等她二十岁的时候,这些树木就会成为蔽护与浓荫,说不定会孕育出她最温柔、最完美的思绪。"1804 年 9 月 22 日,《早期书信》,第 502-503 页。

[111] 多萝茜致博蒙特夫人,[1805 年]11 月 29 日,《早期书信》,第 650 页。

[112] 华兹华斯致博蒙特,1805 年 6 月 3 日,《早期书信》,第 594 页。

[113] 多萝茜致凯瑟琳·克拉克森,[1803 年]10 月 9 日,《早期书信》,第 403 页。

[114] 引自安德鲁·罗伯茨,《拿破仑大帝》(2014),第 331 页。J. E. 库克森,《英国武装人民:1793-1815》(牛津,1997),尤第八章《武装的民族主义》;配有大量精彩插图的《拿破仑与侵略英国》,亚历桑德拉·富兰克林与马克·菲利普(牛津,2003);理查德·麦特拉克,《华兹华斯与 1803-1805 年间的"大恐怖"》,《华兹华斯社交圈》,第一期(2015),总第 46 期,第 21-26 页。

[115] 《安家格拉斯米尔》手稿 B,929-933 行。理查逊夫人的回忆,引自

《回忆录》,第二卷,第 457 页。《漫游》,7.784-792。

[116] 华兹华斯致博蒙特,1803 年 10 月 14 日,《早期书信》,第 409 页。

[117]《随笔》,第一卷,第 cviii 页。

[118] 柯尔律治致博蒙特,1803 年 10 月 1 日,《柯尔律治书信集》,第二卷,第 998-1005 页。

[119]《瓦特·泰勒》写于 1794 年,直到 1817 年才出版,而骚塞并不知道。关于出版和引发的争议,见马克·斯托利,《罗伯特·骚塞传》(牛津,1997),第 253-263 页。

[120] 华兹华斯致弗朗西斯·兰厄姆,[1804 年 1 月 24 日-2 月 7 日],《早期书信》,第 436 页。

[121] 威廉·弗伦德,《爱国主义,或对我们国家的爱:一篇散文》(1804),第 208 页。这本书现藏于华兹华斯图书馆。

[122]《1803 年 10 月》("人们或许以为是天灾");《1803 年 10 月》("如今有钱的俗人都感到沮丧");《1803 年 10 月》("当我凝望事物的表面");《致肯特人民》("自由的先锋,你们这肯特人民");《1803 年 10 月》("六千名老兵在演练战争的竞技");《预期》。1807 年这一组诗作为《献给自由的十四行诗》发表在《两卷本诗集》中,见柯蒂斯编,《两卷本诗集》,第 168-173 页。《期待》曾发表于《信使》,1803 年 10 月 28 日;在华兹华斯的建议下,由博蒙特转发并重印在新创刊的《反高卢》上,第 11 期(1804),第 426 页。见《早期书信》,第 411 页。

[123] 华兹华斯致 ?,1802 年 11 月,《早期书信》,第 379 页。在入侵威胁的整个时期,人们都认为,尽管 1800 年的《联合法案》带来了新的政治局面,但只要时机出现,叛乱的爱尔兰人会协助法国人入侵。爱尔兰爱国者罗伯特·艾米特(1803 年被处决)的活动未能减轻这种恐惧。

[124] 1805 年《序曲》,9.123-125:

> 因此[我]很快
> 成为一个爱国者,我的心全都
> 献给人民,我的爱属于他们。

[125] 关于《序曲》这一部分的"修辞结构",我认为最有启发的论述依然是理查德·格莱维尔 1989 年的研究,他共情地分析了"《序曲》如何在批判热情但无纪律的仁慈时,更加有力地批判了当时尚不具备这种'无纪律'的人"。这篇分析重印在《威廉·华兹华斯的〈序曲〉:资料汇编》,斯蒂芬·吉尔编(纽约,2006),第 321-340 页。

[126] 1805 年《序曲》,9. 511-526。

[127]《爱丁堡评论》,第一期(1802),第 66 页。伍夫,《批评遗产》,第 156-157 页。

[128]《康伯兰的老乞丐》,第 146 行。

[129] 1805 年《序曲》,10. 645-656。

[130] 罗伯特·骚塞致托马斯·骚塞,1805 年 8 月 22 日,《骚塞书信集》。骚塞这样描绘萨默维尔:"一个平庸顽固的屠夫-弄臣复合物,都是坏杂种,混在一起就更糟。"

[131] 杰出的历史学家托马斯·巴宾顿·麦考利[勋爵]也这样认为。1850 年,读罢刚出版的《序曲》,他在日记中写道:"这部诗极度雅各宾,简直是社会主义。"(1850 年 7 月 28 日)

[132] 1805 年《序曲》,10. 883-888。

[133] 1805 年《序曲》,10. 835-843。

[134]《山楂树》的说明,发表于 1800 年《抒情歌谣集》,第 350-353 页。

[135] 华兹华斯致博蒙特,1805 年 6 月 3 日,《早期书信》,第 595 页。

[136] 1815 年序言,见《文集》,第三卷,第 37 页。

[137] 关于柯尔律治和想象的书目可能有数百本。詹姆斯·恩格尔,《创造性想象:从启蒙到浪漫主义》(麻省:剑桥;伦敦,1981)是必不可少的一本。同样,亚历山大·舒茨的《华兹华斯与柯尔律治论想象》,收录于《牛津威廉·华兹华斯指南》(第 499-515 页),对于感兴趣的读者来说,这篇文章是最好的出发点。

[138] 1805 年《序曲》,6. 154-157。

［139］同上,13.103-105。

［140］同上,13.106-119。

［141］约翰·华兹华斯致华兹华斯,[1805 年]1 月 24 日,《约翰书信》,第 155 页。关于约翰的海上生活以及他的遇难,理查德·E. 麦特拉克的《深深的痛楚:威廉·华兹华斯、约翰·华兹华斯和乔治·博蒙特爵士:1800-1808》(纽瓦克,2003)是不可或缺的资料。尤其参见第 86-106 页,讲到阿伯加文尼伯爵号的沉没。

［142］华兹华斯致骚塞,1805 年[2 月 12 日],《早期书信》,第 542 页。

［143］华兹华斯致詹姆斯·洛什,1805 年 3 月 16 日,致理查德,1805 年 2 月 11 日,《早期书信》,第 566、540 页。

［144］华兹华斯致博蒙特,1805 年 2 月[约 23 日],《早期书信》,第 547-548 页。

［145］华兹华斯致司各特,1803 年 3 月 7 日,《早期书信》,第 553 页。

［146］华兹华斯致博蒙特,1805 年 3 月 12 日,《早期书信》,第 556 页。

［147］华兹华斯致詹姆斯·洛什,1805 年 3 月 16 日,《早期书信》,第 565 页。

［148］同上。

［149］华兹华斯致克里斯托弗·华兹华斯,[1805 年 2 月 13 日],《早期书信》,第 543 页。

［150］华兹华斯致博蒙特,1805 年 3 月 12 日,《早期书信》,第 556 页。

［151］同上,第 557 页。

［152］华兹华斯致博蒙特,1805 年 2 月[约 23 日],《早期书信》,第 547 页。

［153］华兹华斯致博蒙特,1805 年 5 月 1 日,《早期书信》,第 586 页。

［154］1805 年《序曲》,13.149-152。

［155］同上,13.424-427。

［156］同上,13.446-452。

［157］华兹华斯致博蒙特,1805 年 6 月 3 日,《早期书信》,第 594 页。

［158］多萝茜致博蒙特夫人,1805 年 5 月 4 日,《早期书信》,第 592 页。

[159] 多萝茜致博蒙特夫人,1805 年 6 月 11 日,《早期书信》,第 598 页。华兹华斯致博蒙特,1804 年 12 月 25 日,1805 年 6 月 3 日,《早期书信》,第 518、593 页。

[160] 多萝茜致博蒙特夫人,1805 年 6 月 11 日,《早期书信》,第 598 页。另见《芬尼克笔记》关于《挽歌:纪念我的弟弟约翰·华兹华斯》的说明,引自柯蒂斯编,《两卷本诗集》,第 682 页。

[161] 多萝茜致博蒙特夫人,1805 年 6 月 11 日,《早期书信》,第 599 页。

[162] [《为约翰·华兹华斯写的挽歌》]的手稿,见柯蒂斯编,《两卷本诗集》,第 608-618 页。

[163] 1805 年 3 月 20 日,约翰的遗体被打捞上来,葬于威克里杰斯。见《约翰书信》,第 50-51 页。

[164] 华兹华斯致詹姆斯·洛什,1805 年 3 月 16 日,《早期书信》,第 565 页。

[165]《论墓志铭》,第一篇,见《文集》,第二卷,第 58 页。在 1842 年的《早年与晚年的诗》中,华兹华斯发表了《我只寻找痛苦与悲哀》的修订版,作为《挽歌》的一部分,并用副标题解释了约翰的死以及这首诗的创作背景。

[166] 1804 年,加洛山的租期结束后,汤姆·哈钦森搬到帕克寓所农场,位于阿尔斯沃特北端两英里之上。萨拉与兄弟同住,直到 1806 年初到华兹华斯家做客,最终使她永久地和他们住在一起。

[167] 骚塞致查尔斯·温,1805 年 4 月 16 日,《骚塞书信集》。

[168] 七百五十本四开本版本一扫而光,第二版成为急需,并在同年内售罄。五年内几乎卖了一万五千本。

[169] 约翰·沃森通过细节证明了他的评估:他们"按照中产阶级的标准来说——非常贫穷"。见沃森,《传记》,第 343 页。

[170] 1806 年 4 月 10 日,司各特这样向安娜·西沃德描述华兹华斯:"良善,简朴,真切地将每一个需求和愿望控制在微薄的收入范围内。"见《司各特书信集》,H. J. C. 格里尔森编(十二卷,1932-1937),第一卷,第 287 页。

[171]《芬尼克笔记》关于《阿奎彭登特附近的思索》的说明。见《芬尼克笔记》，第 69 页。华兹华斯也记得，戴维因为厌倦了交谈中的文学话题而离开山顶上的两位诗人，独自走向格拉斯米尔。

[172] 多萝茜两次向博蒙特夫人表明，华兹华斯一直在考虑出版短诗作品，但还是决定不出版了。(1805 年 10 月 27 日，11 月 4 日，《早期书信》，第 634、636 页)不出两年，他出版了这样一部诗集《两卷本诗集》。

[173] 关于华兹华斯对杜帕精装插图版作品的贡献，见托马斯·欧文，《华兹华斯与骚塞的米开朗基罗译本：1805-1806》，《现代语言注疏》，第一期(2017)，总第 132 期，第 68-75 页。

[174] 华兹华斯在 1807 年的一条注释中承认这首诗受惠于友人的描述，见柯蒂斯编，《两卷本诗集》，第 415 页。威尔金森是克拉克森一家(住在阿尔斯沃特湖上的尤斯米尔)的友人兼邻居，也是朗斯岱尔勋爵的同事，信奉基督教贵格派。他住在埃蒙河上的扬瓦特。1806 年，华兹华斯和他在花园里劳作，劳动激发了一首"有名"的十四行诗《致友人的铁锹》。关于这首诗的精妙讨论，以及威尔金森的恳求，杰茜卡·费伊评论道："华兹华斯欣赏威尔金森谦卑的诗歌、简单的举止和高超的园艺。"见杰茜卡·费伊，《华兹华斯的隐修传承》(牛津，2018)，第 70 页。另见希尔顿·凯利赫，《扬瓦特的托马斯·威尔金森，华兹华斯与柯尔律治之友》，《大英图书馆期刊》，第八期(1982)，第 147-156 页。

[175] 1805 年《序曲》，13.98-102。

第九章　一八〇六至一八一〇

一

一八〇五年圣诞节，多萝茜给凯瑟琳·克拉克森写了一封长信。眼
前的现实生活让她无法集中精力——约翰尼在外面大喊大笑，浑身湿
透；小多萝茜感冒，烦躁不安；两枚葡萄干布丁正在锅里沸腾，一块牛里
脊在炉火前险些烧焦——但她的心却在过去。楼下厨房里的莫莉·费
什让她想起六个圣诞节之前初到巷尾的情景，想起此后的年月，当然，也
想起约翰。总之，她总结道："尽管来这里时，我们青春已逝，但我觉得，
这些年是我人生最幸福的时光，——至少，似比过去任何时候都好，虽
然，当我竭力忆起那些更早的岁月，那些更加无忧无虑的欢乐，我的心也
会颤抖、疼痛。"[1]多萝茜有没有意识到她在援引《丁登寺》和（更加直接
的）《序曲》？或许没有，但她应和着诗句"早年岁月那些无忧无虑的欢
乐"[2]，说明她深深地沉浸在誊写《序曲》的冬季任务中了；而且，哥哥献
给柯尔律治的回忆性诗歌也使她更加怀旧。

多萝茜既感到节日的喜庆和满足，又夹杂着一份失落。华兹华斯的
心情也是一样。当他们焦急地等待柯尔律治的消息时，华兹华斯"通过
阅读来滋养心灵，准备开始"《隐士》创作，至少，多萝茜让博蒙特夫妇信

以为真。[3]实际上,他在听从一个非常不同的内心冲动。一八〇六年一月至三月,华兹华斯创作了《车夫本杰明》,一部巧妙的长篇戏剧叙事诗,讲述一位往返于凯西克和肯德尔之间的车夫,虽心地善良却嗜酒成性,最终失业的故事。华兹华斯后来说,这个悲喜交加的故事是爱的写作,爱体现在他对本杰明的赞美上——他对马儿的关心,对地形的直觉,他的慈悲与欢乐。[4]诗文的风格让人想起一七九八年的戏剧性歌谣和一八〇二年的抒情诗。诗中对地方的虔敬,对格拉斯米尔和瑟尔米尔旅程的描述,使《车夫本杰明》与《迈克尔》《地方命名诗》以及所有歌唱格拉斯米尔生活的诗歌结盟,甚至可以把它视为诗人在一七九九年十二月以后写的任何一首诗。

　　然而,一八〇六年,这首诗对华兹华斯的意义不言而喻。当他描写本杰明向北驶向凯西克时,他本人闯入叙事,打破想象和现实的界限,致意那块刻满名字的岩石。曾经,当格拉斯米尔的这群朋友经过同一条路时,他们将名字首字母刻在石上:

> 啊!最亲爱的地点!亲爱的姓名岩,
> 你能平息我俩心中的烈焰!
> 啊!不要以为这轻快的歌声,
> 对你和你宝贵的信任不公,
> 这些记录来自我至爱之人,
> 他们温柔、勇敢、善良,无论
> 友情还是血缘都倍感亲切,
> 亲手在你忠实的胸膛镌写!
> 不,只要我尚怀温存的情绪,
> 或需要寻求疗伤和治愈,
> 我就会维护你合法的权利

　　不受侵犯，直到生命停息。

在格丽塔府和巷尾之间的路上，这块石头依然矗立，诉说着未竟之愿，像迈克尔羊圈的遗迹一样刺痛人心。当他们在石头上刻下字母时，约翰正准备着出海致富，柯尔律治与华兹华斯彼此忠诚，且忠于《隐士》。《序曲》的尾声重申了这份忠诚，但《车夫本杰明》却弥漫着挽歌般的惆怅。华兹华斯知道，随着约翰之死和柯尔律治之衰，那植根于格拉斯米尔、铭刻于姓名岩的创作统一体已经破裂。

　　华兹华斯完成这首新诗时，他和多萝茜对柯尔律治充满担心。去年十月，他曾对博蒙特爵士坦言："对柯尔律治的期待让我心神不宁。"但如今，他们倍感折磨，觉得他可能被法国人抓走了，或在大海上迷失了。一月，多萝茜对博蒙特夫人感慨道，"我们是多么无力！盼望，盼望，永远在盼望。"[5] 然而，一八〇六年三月二日，他们终于得知，他平安无恙，已经抵达那不勒斯，正在归家途中。三月二十九日，华兹华斯前往伦敦时，他热切盼望柯尔律治也在此时抵达。

　　华兹华斯南下主要是出于自我保护。玛丽有孕在身，人们本该希望他在家里。不过，他的缺席或许更受欢迎。多萝茜、玛丽、萨拉和华兹华斯都"挤在"房舍里，"密不透风"，一八〇六年三月，多萝茜写道，再加上两个孩子约翰和多萝茜，年轻的保姆汉娜·卢思韦特，"现在每张床上都睡两个人"。感冒从一个人传给另一个，华兹华斯"被痔疮困扰"，而且，他们都因柯尔律治的不祥预兆而紧张。[6] 刚到伦敦，华兹华斯就告诉凯瑟琳·克拉克森："我来这儿主要是尽可能多聚会观光，待上一个月，莫名地希望这一切有益身心健康：我现在的状况不如去年夏天。"[7]

　　这是一次重要的访问，标志着华兹华斯进入伦敦的上流社会。当然，他在伦敦本来就有老友，他也去找了他们——葛德文，蒙塔古，兰姆，并朗读了《车夫本杰明》，让大家开心。如今，得益于乔治·博蒙特爵士

281

的关系,他接触了另一些人,包括高雅艺术界的约瑟夫·法灵顿,亨利·
埃德里奇,大卫·威尔基,以及詹姆斯·诺斯科特。[8]住在博蒙特位于格
罗夫纳广场的家中,华兹华斯甚至出席了斯塔福德侯爵夫人的宴会。在
查尔斯·詹姆斯·福克斯夫人的舞会上,罗杰斯把他介绍给福克斯本
人。许多年后,华兹华斯依然会开玩笑地讲起他和福克斯的戏剧性对
白——福克斯从牌桌边起身说道:"很高兴认识华兹华斯先生,尽管我
们关于诗歌和政治的观点都不一致。"华兹华斯答道:"但你必须承认,
在诗歌方面,我是辉格党,你是托利党。"[9]

282　　　　此后,华兹华斯非常喜欢去伦敦,不惜长途跋涉拜访故交,也乐于结
识新知,其中一位成为他一生最重要的朋友。一八〇八年三月,和查尔
斯·兰姆共进早餐时,他被介绍给亨利·克拉布·罗宾逊,一位很有修
养、游历广泛的亲德派和不信奉国教者。华兹华斯对他的好感油然而生。
"见面时,华兹华斯热情地伸出手来,"罗宾逊对兄弟说,"他很信任我,还
说来看望我,增进友谊。由于我很敬重他,他这样做自然使我受宠若
惊。"[10]罗宾逊——"最善良的生灵"(华兹华斯后来这样称呼他)——成
为一位忠实的朋友,甚至在几十年后玛丽孀居的日子,最终成为她的支
柱。[11]华兹华斯的社交圈越来越广,后面章节里的许多朋友多在此时出
现,或初识于伦敦的早餐,比如兰姆家这种;或邂逅于隆重的聚会,比如银
行家诗人塞缪尔·罗杰斯主办的派对。晚年的华兹华斯因喜欢伦敦的社
交活动而被人嘲讽,但是,他若不喜欢,则未免有失人性。然而,一八〇六
年伦敦行中最重要的一件事要比这些聚会或高谈阔论对他触动更深。

　　　　在皇家美术学院的展览上,博蒙特展出了三幅画。其中一幅取材于
华兹华斯的诗作《山楂树》,一定给诗人带来单纯的快乐。但另一幅画
《暴风雨:皮尔城堡》(A Storm: Peele Castle)却触及他心灵深处。皮尔
城堡(Piel Castle,这是正确的拼写)屹立在弗内斯南端的岛屿上,对面是
一七九四年夏末华兹华斯曾经逗留的兰普塞德小村庄。在博蒙特的画

中,城堡的断壁残垣在雷电撕裂的天宇下岿然不动,一艘轮船在咆哮的大海上奋力抗挣。博蒙特担心海难画面会使华兹华斯想起约翰的死,于是尽量转移他的视线,但他后来承认,其实不必多虑。[12]华兹华斯不再像一年前那样不知不觉陷入悲伤。面对博蒙特的画,他陷入沉思,画面(眼前的画作与华兹华斯脑海中的一七九四年画面)与现实(平静的大海与约翰溺亡的大海),过去与现在,天真之心与磨砺之心融为一体。不同于《颂歌》("曾几何时")①能量充沛、错落有致的长短句,《挽歌体诗节,有感于乔治·博蒙特爵士的〈暴风雨中的皮尔城堡〉》以克制的四行诗节写成,结尾赋予克制以希望,仿佛重现着约翰刚去世后,华兹华斯努力想保持的态度:

> 这巨大的城堡,岿然超拔,
> 我喜欢看它勇敢的模样,
> 披着超然物外的旧时铠甲,
> 无惧雷电、狂风和惊涛骇浪。
>
> 别了,别了,与世隔绝的心,
> 别再沉迷梦境、远离同类!
> 那种快乐,无论在哪里,
> 都因盲目无睹而可怜可悲。
>
> 欢迎坚毅,欢迎耐心的欢笑,
> 欢迎许多尚需忍耐的景象!
> 如我眼前这一幅,或者更糟——

---

① 即后来的《永生颂》。

在希望中我们且忍且哀伤。[13]

华兹华斯对兰厄姆炫耀道,整个伦敦期间,他都"忙得不可开交,读书时间不超过五分钟"。[14]然而,一回到格拉斯米尔,他又一如既往地投入日常活动。他告诉博蒙特夫人,"我回家后,主要时间都在户外,大多在湖畔的树林……一天早上,就在那里,缪斯女神悄然而至……"[15]他写了三首关于伦敦趣闻的诗,《闲趣》《观星者》和《音乐的力量》,以及《挽歌体诗节》。更重要的是,他重返《隐士》。八月一日,他告诉博蒙特,已经"写了七百多行"。[16]

这是重要的宣告。初次见面时,博蒙特就知道华兹华斯正在酝酿一部伟大的哲思作品。《序曲》显然是其前奏。完成这部诗之后的一年来,华兹华斯一直迫切希望继续进行安身立命之作。现在,他终于如愿以偿。或许是《挽歌体诗节》和对约翰的怀念给了他动力。柯尔律治归来在即,无疑也是一种推动。华兹华斯重返一八〇〇年诗歌《安家格拉斯米尔》,诗中有对约翰和柯尔律治两人的深情厚谊。他补充了新的内容,将全诗修改为一卷连贯的引言,并在结尾自信地宣布了一个宏阔的主题:"关于人类、自然与人间生活"。[17]

然而,给博蒙特信中的其他文字同样重要,且令人担忧:"我……已经写了七百多行。如果柯尔律治回来,我们可能会谈到这个话题,那时我就畅谈无阻了。"华兹华斯已经写了一卷引言,但引出什么?《安家格拉斯米尔》是一部感人至深、发人深思的作品,但并未暗示下文如何。结尾的诗文似有预示,然而,即使心灵的探索将通过鸿篇巨制来实现,我们依然很难想象,这样曲高和寡的诗行如何切实构建一部尚未动笔的独创之作。一八〇六年八月,华兹华斯相信与柯尔律治的交流将使他振作,如同一七九八年和一八〇〇年。他将忠于两人共同的使命;柯尔律治将列出纲要,辅助他将信念变成现实。

十月，当他们终于重聚，他才发现这个期待多么不现实。数月来，华兹华斯一家望眼欲穿。柯尔律治登陆英国的消息一经确认，多萝茜激动万分，甚至无法平静下来给凯瑟琳·克拉克森写信，直到亲眼见到他。然而，当相聚的时刻终于到来，它却发生在错误的时间、错误的地点——酒店房间里的秘密会谈。努力抑制的震惊、愤怒和恐慌更为会面带来阴影，仿佛未来年月的不祥之兆。

一八〇六年六月十五日，玛丽诞下一子——托马斯。这是玛丽迄今为止最痛苦的一次分娩，身体状况随之衰退。孩子的到来和母亲的虚弱使巷尾的生活更加艰难。夏天的时候挤一挤，没有个人空间，尚可忍受。但是冬天，多萝茜认为家里很不健康。长远来看，他们必须搬家。眼下，他们亟需一个更宽敞的地方过冬。乔治·博蒙特爵士正在莱斯特郡的科尔顿建一幢新房，曾劝华兹华斯一家在博蒙特夫妇去伦敦时搬到毗连的霍尔农庄。现在，他们感激地接受了。十月二十六日，他们前往肯德尔，乘坐马车开启了漫长难耐的南下之旅。

启程时，他们都很失望，因为尚未见到柯尔律治；同时非常懊恼，因为他们已经推迟了很久才出发，只能在博蒙特夫妇前往伦敦前短暂相聚。但柯尔律治似乎无法面对他们，或他的妻子——华兹华斯一家认识到这才是他回避北方的真正原因。华兹华斯认为，"他不敢回家，不想和柯尔律治夫人住在一起……多可悲啊！"[18]柯尔律治八月十七日就上岸了，此后大多待在伦敦，拖延与妻子的见面，一个月也没给她写信。最终，他动身北上，抵达彭里斯，希望联系萨拉·哈钦森，只是，她在半小时前去了肯德尔，以便与华兹华斯一家会合，前往科尔顿。柯尔律治在信中说，他不能为了一个短暂的见面去肯德尔。华兹华斯一家派人送信请他一定要来。但柯尔律治改变了主意，抢在信使之前来到另一个客栈，并派出他的信使。

在给凯瑟琳·克拉克森的信中，多萝茜描述了这场令所有人痛苦的团聚：

他完全变了，然而有时，当他谈到与自己无关的事情时，他又振作起来，让我看到过去的他；但和我们单独相处时，他从不会这样。那时，他很少谈到自己，或者我们，或我们共同的朋友，除非我们逼他说；然后他立刻转移话题，谈起马耳他，亚历山大·波尔爵士，政府的腐败，绝口不谈我们渴望知道的事。[19]

柯尔律治避而不谈私事并不稀奇。一个月前，华兹华斯曾在信中严厉批评他对妻子太残酷，"对朋友和熟人……也好不了多少"。[20]尽管他们认识到柯尔律治与妻子萨拉很不合适——"柯尔律治不适合她，她也不适合柯尔律治，我真为她难过"，这是多萝茜的判断——但他们希望柯尔律治想一想他的责任和孩子的需求，这样，"或许他可以安心回家，享受友情……投入研究，照顾孩子"。[21]当然，回归家庭的前提是，他必须完全克制对萨拉·哈钦森的感情；华兹华斯一家认为，他也要放弃冬天的伦敦讲学计划。由于他曾表明想和妻子分居（至少对兰姆一家说过），由于他很骄傲戴维请他在皇家学院讲学，也由于他认为对萨拉·哈钦森的爱是他生命中惟一的纯粹，所以，肯德尔这场不合时宜的会面不能更糟。惟一不变的是曾将他们紧紧维系的强烈情感，以及华兹华斯的信念：必须帮柯尔律治一把——"我认为，如果要为他做些好事，那一定是286 我来做"。[22]十一月七日，他接受了柯尔律治离开妻子的决定，并让他在科尔顿栖身，希望他能安心工作。

二

华兹华斯一家抵达科尔顿时，状态都不太好。三天的长途旅行使孩子们筋疲力尽，尤其是托马斯，似乎患上百日咳。玛丽心情低落，萨拉牙痛频频。华兹华斯除了持续的痔疮烦恼外，又得了感冒——"一场重感冒，我这辈子最严重的一次"。[23]但新环境很快就弥补了旅途的艰辛。新鲜感令人兴奋。落日让平淡的风景变得壮观。夜色中的煤矿闪着光芒，美得荒凉。家里，除了浓烟滚滚的烟囱和洗衣不便外，一切都令人满意。充裕的房间，不熄的炉火，滚烫的炉灶（烧的煤采自该地产），农场和奶坊的供给——博蒙特爵士甚至还让他们随意享用酒窖。

博蒙特夫妇无比慷慨——华兹华斯一家在科尔顿一直住到一八〇七年六月——但他们的慷慨不会引起任何不安，这一点很重要，因为华兹华斯近来体会了尴尬的感激是什么滋味。去年春天，他已经担心家人未来的住宿问题，于是看上了帕特岱尔的布罗德山庄。他授权托马斯·威尔金森交涉购房事宜，出价不超过八百英镑，部分现金，部分按揭。然而，另一位可能的买主帕特岱尔牧师介入，并将出价涨到一千英镑。威尔金森——罗瑟地区的"地产通"——去找罗瑟勋爵了。爵士说自己出差价两百英镑，但要求威尔金森对华兹华斯保密。威尔金森当然没有答应，向华兹华斯全盘托出，还说布罗德山庄已经是他的了。华兹华斯困惑不解。他对博蒙特爵士说："真奇怪，难道威尔金森不知道，如果我不愿意自己掏钱出高价，那么我更不愿意让别人买单……"[24]他也感到尴尬。他已收到一笔可观的资助——不管多么用心良苦——他虽不知道这位资助人是谁，但馈赠本身足以证明他的地位与权势恰如二十多年前那位疯狂邪恶的坏伯爵。华兹华斯的感谢信矜持简短。[25]信的语气说明，对于西北部地区最大的地主和最有权势的人物，他能给予的只有感谢和措辞谨慎的恭维。

博蒙特夫妇从不会让华兹华斯感到不自在。阿普尔斯威特的馈赠固然曾使他困惑，但他从不怀疑博蒙特欣赏他的诗，因此，馈赠是合理的回赠。更多的礼尚往来愉快地维系着互惠的平衡，增进了彼此的情感。博蒙特赠送画作，偶尔现金，甚至派人送来猎物，华兹华斯则以诗相赠。当博蒙特夫妇开始在伦敦过冬时,乔治爵士告诉华兹华斯:"如果我对你说,认识你们这亲爱的一家人提升了我们对你们的兴趣或敬意,那未免矫揉造作。"华兹华斯的回复很简单:"我亲爱的乔治爵士,您的信让我不胜感动。对我来说,蒙您厚爱,并想到这份爱的基础,我就感到莫大的幸福。"[26]华兹华斯始终乐于为朋友付出。当精明的乔治爵士在科尔顿给他奉献的机会,他的热情接受使他全家、博蒙特夫妇——甚至他自己——都非常惊讶。

乔治爵士建议华兹华斯为他的新房建一个冬日花园。他确信这个挑战会吸引华兹华斯。在格拉斯米尔,华兹华斯一家将小小的后山培育成一个美丽的乡村花园,灌木丛和山上采来的植物使整个园子颇具个性。在一封最雄辩的信中,华兹华斯曾表示花园的成功不是偶然,其背后是对种植与造园法则的深思熟虑。为了说明他和多萝茜曾多么用心地观察苏格兰旅行中的庄园景致,他宣称"土地规划……可被视为一门艺术,在某种程度上与诗歌、绘画无异;同所有艺术一样,其目的是或应该是在理智的控制下调动情感……更确切地说,协助大自然调动情感……"[27]但没有人相信他真有兴趣或能力完成寄给博蒙特夫人的计划书。这个长达三千五百字的惊人文件推荐了具体的植物、色彩、大小、形状,一切都围绕一个"核心景观"。下面是典型的一段:

> 沿着小路向前,我们将穿过一条小径的尽头,我后面会讲到它。这时,我们来到一块小小的林中空地,或曰开阔空间,四周种植着整齐划一的常绿植物,隐蔽幽静。这小小的空地中应设一方水塘,里面养两条金鱼,如果它们能适应全年露天的气候;否则,换成最鲜艳且更坚强的小鱼:这些小生灵将成为池塘以及整个地方的"精灵"。这个景致的色调应尽可能与树木一致,常绿的围篱,头顶的天空,脚下的青草,两个沉默的栖居者,除了偶尔一朵野花外,园中只需呈现这些意象就够了。

华兹华斯说服了园丁长克雷格先生,冬去春来,花园就落成了。[28]

　　对华兹华斯来说,这是重要的时刻。诚然,即使没有亲身体验过四季更迭、千变万化的大自然,也可以精通图画理论,并从吉尔平的书中获取专业术语。但华兹华斯熟知丘山、湖泊、云影、树木和色彩,知道它们不是克劳德镜①中或书籍插图中的静止意象,而是变化不息的动态力量。不过,在一八〇五年十月给博蒙特写信和设计冬园之前,他尚未形成关于"自然美鉴赏"的想法。写信与成功的实践使他获得威信。当他与博蒙特的朋友尤维达尔·普莱斯会面时,尽管后者的《论图画美》(1794)标志着风景理论的新阶段,但华兹华斯仿佛一位水平相当的同行。[29]未来,人们常请教华兹华斯,尤其是种树经验。最重要的是,这一成功鼓舞他尽情地抒写风景,通过诗歌和散文形式,成为湖区的主要阐释者。

三

　　华兹华斯很忙,但和其他人一样,他也在焦急等待。十二月二十一日,柯尔律治终于来了,同来的还有哈特莱。当柯尔律治再次投入他们一家人的怀抱,所有人都如释重负。两天后,多萝茜告诉博蒙特夫人: "我想,这是我一生中最快乐的时光,我们和他在炉火旁共度了一个时辰,他又恢复了往日的神采,虽然我们只聊日常和朋友,但我们觉察到他内心安宁,已妥善处理好家庭事务。"[30]

289

---

　　①　克劳德镜(Claude glass),以法国画家克劳德·洛兰(1600-1682)命名的小镜子(没有证据表明克劳德使用过这种镜子),也称"黑镜子",旨在模仿克劳德的风景画风格。镜子通常为椭圆形,是一枚凸透镜,反映广角画面;镜面涂上黑色,呈现幽暗的色调。克劳德镜是十八世纪画家们喜爱的物件,他们常随身携带这个小镜子到户外写生。作画时,他们始终背对风景,从镜框中截取有限而暗淡的画面,耐人寻味。

柯尔律治归来后不久,同一丛炉火成为英国文学史上最动人一幕的背景。此后的几个晚上,华兹华斯为他朗诵《序曲》,第十三卷结尾的希望实现:当柯尔律治"以康复之躯归还到我们身旁","这一部爱的奉献,会让我们愉快"。华兹华斯有理由感到骄傲。自从一八〇四年柯尔律治前往地中海以来,他又创作了八卷诗歌,甚至还放弃了数百行相当不错的诗文。当他以雄浑有力的诗行重申两位诗人作为"大自然的先知"所担当的使命,并以此结束他的朗诵,他理应感到自己的成功,随着柯尔律治的归来,也可以勇敢面对《隐士》的创作。

一八〇七年一月,柯尔律治写下酬和之作素体诗《致威廉·华兹华斯,作于他朗诵心灵成长诗歌之后的夜晚》。他的诗暴露出潜在的紧张和矛盾心绪。[31]柯尔律治称华兹华斯为"明智的朋友!良善的教师!",称这部"谱写高尚情操的圣歌 / 以其自身的音乐吟唱",证明华兹华斯已跻身于"不朽之人的 / 唱诗班"。然而,他也不可避免地想到《序曲》第十三卷的回忆:

> 那年夏天,漫步于昆托克碧草
> 如茵的山坡和茂树浓荫的山谷,
> 你以高昂的兴致和动人的语言,
> 吟咏着那位苍苍老者的幻象,
> 那目光炯炯的水手

这无疑又引起自责。柯尔律治说,那时,他有一颗"高贵的心灵",如今却烦恼万千:

> 固执的忧惧遮蔽了希望的目光;
> 而希望与忧惧几乎难解难分;

　　我感到青春已逝,成年虚度,

　　才华荒废,学识徒劳无用;

　　我在林间漫步时采撷的一切,

　　耐心劳作培育的一切,与你

　　交流的一切都已展示——不过如花朵

　　撒在我尸上,长在我坟上,

　　同一个灵柩,同一个墓穴!

290

华兹华斯的丰产与自己的枯竭形成对比,使人痛心;自知是个不称职的合作者,又酿成"自我伤害的毒药"。柯尔律治对华兹华斯诗歌的专注——以及钦佩与爱——只能抑制却不能去除这些负面情绪。

　　令人惊讶的是,《致威廉·华兹华斯》表面上为华兹华斯的成就献上"胜利的花环",实际上却在自我剖析。柯尔律治私下记载着更加深刻的痛苦。一八〇六年十一月二十八日,他为萨拉·哈钦森取了一个名字,"艾尔毗左弥尼"(Elpizomene)——意中人——并在笔记中声明,他对她的爱没有改变:"我亲爱的人! 我爱你 / 我真的爱你……"如今在科尔顿,柯尔律治却开始折磨自己,不仅理由充分地怀疑萨拉更喜欢华兹华斯,而且还担心两人已经定情,发生在十二月二十七日上午十点五十,距科尔顿教堂半英里处的斯林斯顿女王头像客栈。柯尔律治自认为缺少"女性所爱的特征:雄健,阳刚,英俊",倍感折磨,年底时表达了看到"星期六早上的景象——那张床"时的痛苦,并悲惨地抗议:"华兹华斯比我更伟大,更好,更阳刚,天生更讨女人喜欢——我,可怜的我啊! ——但是,他——哦,不! 不! 不! 他不会——他不会,也不想如我这般爱你,萨拉!"[32]

　　柯尔律治究竟看到了什么? "华兹华斯与萨拉在床上的'景象'是真的吗?"最博学的柯尔律治传记作者问道,"还是某种出于嫉妒的酒后幻觉?"华兹华斯的传记作者们只能依赖柯尔律治的笔记和华兹华斯与妻妹的关系。后者——至少对本书的作者来说——完全排除了华兹华斯与萨拉·哈钦森有何暧昧的可能,理查德·霍姆斯也承认"柯尔律治本人似乎也不很确定"。[33]然而,无论当时,还是后来,对这一情景的反复想象都让柯尔律治痛苦万分。

291　　柯尔律治的笔记读来痛心,华兹华斯的一首诗更加沉痛。诗中表达了他的痛苦和失落。《抱怨》一诗属于"爱人的抱怨"这一文学传统,但一八〇七年初在科尔顿,这些诗文不仅是文学传统的产物:

> 变了——我真不幸;
> 不久前,你的爱
> 是我心扉的圣泉,
> 惟知流淌不息;
> 流淌,从不介意
> 你的慷慨我之所需。
>
> 多少个幸福的时刻!
> 我拥有无上的快乐!
> 如今,这呢喃、闪烁、
> 流淌着爱的圣泉,
> 成了什么?我可有勇气说?
> 一口井隐秘冷漠。
>
> 一口爱的井——也许深邃——
> 我相信它是,且永不枯竭:
> 有何要紧,如果井水

寂寂长眠,忘却一切?
——这个变化发生
在我心扉,我真不幸。

柯尔律治一定在诗中认出了自己。[34]对更加丰产的华兹华斯的敬羡演变为噩梦般丑陋且挥之不去的迷信——华兹华斯更惹人爱,因为他更有男子气概。不难想象,一八〇六年冬至一八〇七年春,为了维持科尔顿的日子,人人都如履薄冰,谨言慎行。但他们都说服自己,总会过得下去。柯尔律治到来前,多萝茜曾担心无法控制他的白兰地。一月二十四日,她对博蒙特夫人承认,柯尔律治恐怕永远无法彻底戒掉那些"烈性的刺激"。但是,二月,"柯尔律治决定和我们住在一起"似乎成为事实,华兹华斯一家有必要寻找更大的房子。五月,孤独、无家可归的柯尔律治告诉斯图亚特,成为华兹华斯家庭的一员是他的"全部希望"。[35]

家庭和谐得以维持,部分原因是大家正为华兹华斯的声望奔忙。早在一年多前,华兹华斯就打算出版一些小诗,但据多萝茜对博蒙特夫人的解释,他放弃了,觉得"沉默已久的他应奉上更有分量的作品"。[36]由于"沉默的诗人"刚刚出版了第四版《抒情歌谣集》,多萝茜的前半句话并不成立,但后半句显然是对的。华兹华斯认为,必须拿出更实在的作品,或至少是新作。一八〇六年十一月初,他决定创作新诗。起初,他计划出一卷诗集,但很快朗曼同意出两卷。多萝茜、玛丽和萨拉誊写两部早期诗稿,柯尔律治协助监督校样,并与诗人合作完成了几经修改的《颂歌:责任》终稿。一八〇〇年格拉斯米尔的忙碌与合作重现,那时他们在准备《抒情歌谣集》,华兹华斯的圈子享受这种齐心协力的工作。四月初,终稿寄出。一八〇七年四月二十八日,《两卷本诗集》出版。[37]

合作或许使华兹华斯与柯尔律治团结,但出版却给两人带来芥蒂,以至于多年以后,两人的关系依然能感到它深远的波动。

在引言"致读者"中,华兹华斯本想告诉读者,"一段时间以来……忙于"创作"一部鸿篇巨制",且完成时间遥遥无期,他迫不得已出版一些短诗。[38]在最后一刻,这些私人表述被明智地删去了。原因不详——或许考虑到印刷费用——但其他证据表明,假如"致读者"发表了,将有违这部诗集的初衷和热情推动。显然,华兹华斯非常重视《两卷本诗集》。朗曼最初出价很低,华兹华斯甚至曾打算自掏腰包出版。他细心安排诗歌布局,分门别类,如"苏格兰旅行所作","我自己的心境","献给自由的十四行诗"。诗集的新近编者认为,他这样做旨在"营造更加丰富多彩的阅读体验,胜过不分类的形式"。[39]他认真监督书稿印刷,甚至指导印刷工人排版:"两卷本诗集的印刷要与《抒情歌谣集》统一,每个诗节四行,每页四个诗节;根据题目的长度,每首诗的首页只印两到三个诗节……请注意,这意味着永远不要把同一个诗节拆分在不同的页面上……越快越好,非常感谢……"[40]

《两卷本诗集》对华兹华斯很重要。两本书虽不起眼,也没有理论性序言,但实际上却向世人和柯尔律治宣告了华兹华斯的诗歌独立。从某种角度来看,阿尔弗克斯顿时期的计划正如期进行:《序曲》写毕,交由柯尔律治评判;结尾提到的艰巨任务《隐士》,如今也可直面。然而,从另一个角度来说,一八○七年华兹华斯出版《两卷本诗集》时的情况却十分不同。无论《隐士》结果如何,华兹华斯似乎决意开拓一番事业,并向公众展现自己的诗人身份。虽然《抒情歌谣集》以他的名义出版了三版,但这部诗集,连同自我辩护的理论性序言,归根结底无法撇清与柯尔律治的瓜葛,以及他在华兹华斯首个创作辉煌期扮演的角色。然而,华兹华斯现在推广的这些诗完全属于他重返湖区后的岁月,是他发表过的最具挑战的诗。尽管很多诗描写个人世界,一些甚至明显带有自传色彩,另一些还显露出柯尔律治退避三分的"一反传统的谦卑语言和诗律,刻板甚至繁冗的事实"[41],但这部诗集不设任何序言来引导读者的反应。一位评论家敏锐地指出，整部诗集"以内容丰富见长……既有家常的水桶或友人的铁锹，也有骑士风格的《艾格蒙特城堡的号角》"。[42]诗集证明了《抒情歌谣集》以来华兹华斯的进展，向自己和朋友们证明了丰富新颖的创作弥补了《隐士》的停滞不前，最后也有力地证明了柯尔律治的责难——"写这么多小诗的习惯"注定"对他有害"——是完全错误的。[43]或许，《隐士》最终将奠定华兹华斯作为哲思诗人的身份，但《两卷本诗集》证明了他是十七世纪以来最有创意、最丰产、最富于变化的抒情诗人。

　　一旦《两卷本诗集》的事情告终，仲春四月，天气转好，白昼变长，宜于旅行，全家人都去伦敦度假，只留下多萝茜照顾孩子们。华兹华斯一家住在巴希尔·蒙塔古家里，或弟弟克里斯托弗位于兰贝斯的家中，他现在是坎特伯雷大主教的家庭牧师。他们探访老友，包括葛德文；四处观光，尤其在司各特的陪伴下游览了伦敦塔。当然，他们尽量多与博蒙特一家在一起。在乔治爵士的陪同下，华兹华斯在皇家美术学院的展览上见到法灵顿，可能还有康斯太勃尔。诗人与画家初识于一八〇六年十月，当时康斯太勃尔住在温德米尔北端布雷泰府的哈登家里。由于康斯太勃尔第一次来湖区，他们可能有所往来，但那次会面未能成就一场友谊。华兹华斯谈到他如何像儿童一样感受世界，康斯太勃尔只觉得他太自我中心。[44]大约五月五日，萨拉去布里看望凯瑟琳·克拉克森。翌日，华兹华斯一家与司各特前往科尔顿，柯尔律治留在伦敦。不久，司各特继续北上，华兹华斯兄妹依依不舍，一路相送至利奇菲尔德。六月三日，博蒙特夫妇抵达。他们举行了小小的仪式，庆祝华兹华斯设计的冬园落成，华兹华斯和乔治爵士还一起种下一棵雪松。一星期后，华兹华斯一家结束了科尔顿的漫长逗留。他们设计了一条悠闲的返家路线，经诺丁汉和谢菲尔德前往哈利法克斯，拜访老朋友斯雷尔克德夫人、罗森一家和马绍尔一家。大约七月六日左右，玛丽、萨拉和孩子们先动身了，

294

留下多萝茜和华兹华斯继续徒步探险。他们沿着沃夫河漫步,来到博尔顿修道院;穿过荒野,抵达歌达峭壁和马勒姆山谷,然后到达塞特尔。七月十日,家人在肯德尔会合,一起回家。

　　他们已经离家八个多月了。如今,看到熟悉亲切的地方已然面目全非,他们都很伤心。死神夺走了一些朋友和熟人,包括怀斯本地区的助理牧师老辛普森先生,以及去年离家时患百日咳的小女孩。"贝恩里格斯山上的树都被砍掉了,"多萝茜写道,"更糟的是,牧师公馆旁的巨大梧桐,甚至那些比钟楼的尖顶还要高的最美的冷杉也都被砍倒了。"[45]

295 虽然回到家很高兴——孩子们尤其开心——但他们对未来忧心忡忡。他们一致决定从鸽舍搬到格拉斯米尔的一所大房子"艾伦山庄",但租期未定,看来他们又要忍耐一个拥挤的冬天了。

　　然而,只要自由的夏日犹在,华兹华斯一家就欣然享受。七月,博蒙特一家又北上回到凯西克,华兹华斯立刻去看他们,多萝茜也相随,待了十二天。托马斯·克拉克森即将完成他的伟大作品《非洲奴隶贸易废除史》,有一天也到访格拉斯米尔。八月,华兹华斯陪同博蒙特一家来到罗瑟,第一次见到对他未来至关重要的人,刚刚被册封为朗斯岱尔伯爵的威廉·罗瑟爵士。他正在重建罗瑟城堡,雇用了博蒙特爵士科尔顿新居的建筑师乔治·丹斯,但年长的丹斯把这项任务移交给他优秀的学生罗伯特·斯莫克了。[46]去年工程业已动工,华兹华斯和朗斯岱尔在景观设计方面的许多共识使他们得以忽略两家过去的纠葛或伯爵在购买布罗德山庄一事上的慷慨。八月末,华兹华斯应邀到温德米尔的洛伍德酒店与霍兰德伯爵夫妇共餐,进一步说明他受到上流社会的青睐。[47]九月十三日,博蒙特夫妇返回南方,这个夏天就在华兹华斯夫妇短暂的湖区西北游中结束。他们来到达登河谷,这个地方对华兹华斯来说格外亲切;夜宿西斯威特客栈,巧遇安布尔塞德艺术家威廉·格林。这次邂逅使他们从熟识成为朋友,不料却以诗人为艺术家撰写墓志铭而告终。

华兹华斯高度欣赏格林的作品和人格。[48] 这短暂的巡游中还有一程怀乡之旅：他们重返科克茅斯家园，"女贞树篱上依然爬满玫瑰，恍若三十年前"。[49]

四

华兹华斯在《序曲》第七卷写道，秋日奏响冬之预歌，催促他快马加鞭，加紧创作。此时他又听到这些预告。他为《两卷本诗集》创作了《布鲁姆城堡宴歌》。游吟诗人为庆祝克利福德伯爵在玫瑰战争后恢复财产和荣誉，歌颂着湖区东部的传说和历史——埃蒙河，伊甸，斯基普顿，布鲁，以及布鲁姆城堡本身。这里有华兹华斯最动人的诗行，解释了伯爵如何在牧羊人的养育下平安长大，"野蛮的角逐，／复仇，一切凶残之念荡然无存"：

> 在清贫的茅屋中他找到爱，
>
> 每日的教师是林木山泉，
>
> 还有浩瀚星空的沉默，
>
> 还有寂寂孤山的酣眠。

对当地风土人情的热爱唤起诗人的历史想象，夏天的博尔顿修道院之行又加速了它的萌动。关于一五六九年的北方起义，华兹华斯曾在珀西的《英国古诗遗珍》中读过一首同名歌谣，也在尼科尔森与伯恩的《威斯摩兰和康伯兰历史与古迹》中看过这段历史。现在，惠特克《克雷文总铎区历史与古迹》中的一个传说又给华兹华斯带来诗歌灵感。十月，他开始创作长篇历史叙事诗《莱尔斯通的白母鹿》。[50]

华兹华斯对这部作品非常投入[51]，晚年还义正辞严地为其辩护，但从一开始，这其中就包含着一种矛盾，或可说明为何这首诗没有在一八〇八年发表，为何一八一五年发表时以失败告终，为何喜欢华兹华斯全部诗歌的读者依然不喜欢这首诗。一方面，这首诗看似能够赚钱。司各特《最后的游吟诗人之歌》销量可观——一八〇六年，华兹华斯对司各特说："在伦敦，你和你的游吟诗人随处可闻。"——华兹华斯创作了相似风格的《白母鹿》。[52]该诗讲述了诺顿家族在北方起义中的作用，变化娴熟的八音节诗行轻快地推进着跌宕起伏的故事。叙事方式、人物语言、情节构思都和司各特一样生动。很难想象华兹华斯会完全为了市场而写作，但他确实为钱发愁——他不得不让朗曼把《两卷本诗集》的稿费提高到一百基尼——现在，当他选择这样一种历史题材，他知道读者可观，司各特即是证明。[53]

297　　　但另一方面，华兹华斯不是司各特，《莱尔斯通的白母鹿》也不会满足《最后的游吟诗人之歌》的读者。一八〇七年五月，华兹华斯自信地告诉博蒙特夫人，这部诗的成功寄望于未来："关于大众对[《两卷本诗集》]的反响，没有人比我的期待更低。""不幸的是，"他宣称，"对于那些和光同尘（或甘愿如此）的人来说，十有八九是不会真正喜欢诗歌的。"他援引柯尔律治的名言："每一个伟大而独创的作家，根据其伟大或独创的程度，必须创造自己的品味，为后人所欣赏……如果可能，那必然是**未来之作**。"[54]《白母鹿》的写作仿佛在保证这个自辩的预言必将兑现。诗人将焦点从"粗俗可见的外部事件"（起义失败）转移至"精神领域的胜利"（艾米莉听从兄弟的旨意，学会忍耐）。[55]诗人后来解释，在白母鹿的故事中，所有"浪漫的"潜质在诗意的处理下转化为一种更高级的话语，最终达至"动物的神性"升华。[56]如司各特所示，以及十年后大获成功的拜伦将要显示，读者需要的是以诗歌形式写成的浪漫故事，富于色彩、事件和情绪变化。但《莱尔斯通的白母鹿》与《最后的游吟诗人之歌》或《海盗》的全部交集在于这只是一个诗体故事。

一八〇八年二月底,完成一稿后的华兹华斯南下伦敦。尽管是冬天,他却长途跋涉,因为柯尔律治似乎需要帮助。他们听说,"柯尔律治觉得自己**活不了**几个月了"[57],虽然华兹华斯一家半信半疑,但柯尔律治放弃在皇家学院讲座一事似乎说明情况非常严重。然而华兹华斯在伦敦有自己的事。他决定为一千本《白母鹿》开价一百基尼,希望在伦敦安排出版事宜,并获得柯尔律治对新作的评价。但事实上,这次旅行既未达成满意的商业洽谈,也未获得有益的评价,而是一团乱麻。两个人各有烦恼,而且互相挑剔。华兹华斯苦于负面书评,这会影响他养家糊口;柯尔律治则担心讲座、健康,最重要的是,混乱的感情生活。他们依然同十年前一样互相安慰、支持,但如今的关系只是昔日友谊的幻影,名存实亡。私下里,每个人都苛责对方,彼此间若有任何情感交流也被这种紧张关系扭曲了。结果,一八〇八年春,每个人都向最终的决裂迈出了更大一步。

华兹华斯将《白母鹿》交给朗曼。尽管《两卷本诗集》的负面书评已使他处于弱势,但他居然拒绝让出版人审稿,局面对他更加不利,没有成交也就不足为奇。四月三日,华兹华斯接到萨拉健康状况的警报,离开伦敦,柯尔律治于是成了华兹华斯的全权代表。尽管他自己的事情已经够让他烦恼的,但他还是再次为华兹华斯奔波起来,成功地说服朗曼,并承诺负责监督书稿的印刷。

然而,为华兹华斯工作搅动了柯尔律治的积怨。五月十二日,他将所有的怨恨、伤痛和自怜发泄在一封信中,还写下一条可怕的笔记备忘,历数华兹华斯一家对他的所有言行:多萝茜和玛丽的纵容使华兹华斯"高度自以为是",普尔、韦奇伍德兄弟、骚塞以及他的亲兄弟们的残酷无情,最重要的是,幸福的婚姻使华兹华斯变得铁石心肠。[58]这封信本身没有幸存下来,但从华兹华斯的回复来看,它揭开了另一些新伤旧痛。

298

华兹华斯不得不为自己辩护。柯尔律治的许多责难虽然有伤人心,但本身都是鸡毛蒜皮的小事。然而有一件最痛心的事却并非如此——柯尔律治认为华兹华斯试图监控他和萨拉的通信,并毒害她的心灵,使其仇视他。华兹华斯认为写信人一定"不幸精神失常",于是草拟了一封庄重平静的回信,回应柯尔律治指出的具体问题,但更注重普遍的行为法则。[59] 几乎可以肯定,华兹华斯很明智,认为还是不寄为好。然而,他最终的行为却比直接训斥更加伤人。华兹华斯在个人本能和家庭压力之间左右为难、筋疲力尽,最终决定《白母鹿》只为取悦自己。他直接致信朗曼,取消一切出版计划,并明确表示柯尔律治不该插手。

299 柯尔律治出离愤怒,在五月二十一日写给华兹华斯的信中揭开层层伤口。首先,他澄清自己并不像兰姆那样讨厌这部诗,但这样做明显等于批评这部作品。在一段字迹难辨的段落中,柯尔律治谈到未发表的《克莉斯塔贝尔》《最后的游吟诗人之歌》与《白母鹿》的复杂关系,懊恼于华兹华斯再次从他的诗获得灵感,而他自己却无力完成。最后,柯尔律治直截了当地说,他"与朗曼重新洽谈显然是经过授权的",他很生气华兹华斯越过他直接与出版商联系并提出致命的意见:他"无权插手"。[60] 两天后,柯尔律治写信给《爱丁堡评论》的弗朗西斯·杰弗里——"湖畔派"的批判者,在一番思想交流后,他试图说服这位当今最有影响力的批评家:他不再与华兹华斯和骚塞为伍。[61]

柯尔律治的愤怒使本已凄凉的时光雪上加霜。华兹华斯在伦敦的逗留惨淡无果,但一八〇八年四月三日清晨,当他离开河滨邮局,怀着"愁苦忧郁的心情"启程回家时,他忽然捕捉到雪中的城市素景,"恢弘庄严的圣保罗教堂在落雪的纱幔下更加肃穆"。在《决心与自主》中,凄清荒野中一位拾水蛭的老者曾让他感到"训诫"。如今,"此地此景,出人意料",带给他相似的影响。他告诉乔治爵士:"我不再悲伤,虽未能完全平息不安的心绪,却仿佛立即找到安全的停靠之港。"[62] 但家中既无安宁也不安全。华兹华斯回到格拉斯米尔时,萨拉·哈钦森虽然不再虚弱,但却咳血,似为肺结核初期的症状,他很担心,"就萨拉目前的身体状况来看,这是严重的警报"。[63]更糟糕的是,四月六日,他的儿子约翰疑因脑膜炎病倒,饱受病痛折磨,全家陷入恐慌。"我们接受了自己的损失,惶恐不安地思索着这可怜无辜的孩子遭受的痛苦。"大约四月十八日,多萝茜写道,看到孩子在三位女性的精心呵护下终于熬过严重的流感,她虽然筋疲力尽,但如释重负。[64]发生在格拉斯米尔的一桩悲剧也使他们痛心。三月十九日夜晚,两位穷苦的村民乔治和萨拉·格林在朗岱尔山谷和伊兹岱尔山谷(他们家所在地)之间积雪覆盖的丘陵里死去了,留下八个十六岁以下的孩子需要抚养,另一个孩子莎莉已经在华兹华斯家做工。玛丽积极地和当地其他妇女一起为孩子们寻找住处。华兹华斯成功地从私人朋友和公众人物那里筹得资金,为孩子们的生活、衣着和教育提供基金,直到他们长大成人。五月,在华兹华斯的敦促下,多萝茜把这些事情写成感人的记录,不是为了现在发表,而是留待"三四十年后",那时,这些文字将如《迈克尔》或《兄弟》一样,纪念一场乡间的悲剧和共同的悲悯。[65]

使华兹华斯更加焦虑的,是与多萝茜的争吵。去年七月,她越来越担心入不敷出,向凯瑟琳·克拉克森抱怨道:"唉,诗歌是个坏生意;威廉的诗卖得很慢。"但她对《白母鹿》非常乐观。虽然她知道这部诗绝不会像《最后的游吟诗人之歌》那样流行,但认为"故事情节可以弥补曲高和寡的诗文,会比他之前的作品好卖,或许能帮我们渡过难关"。[66]当她得知华兹华斯在伦敦没有拿到出版合同,空手而归时,她怒气冲冲地责怪哥哥:

> 我们非常焦虑,听说你,威廉!完全放弃了出版那首诗的念头。别人怎么反对你,我不在乎——如果你把一百基尼拿到手,有什么不好?而且,要是他们知道你手头有一首诗要出版却把它收回,他

们会批评你的。我们相信,所有听过这首诗朗诵的人也都相信,这个故事令人振奋——没有钱,我们怎么过?新房子!新家具!一大家子人!两个佣人,还有小莎莉!我们连半年都**过不下去了**;莎莉不适合去别处,我们必须把她再带回以前的家,然后解雇一个佣人,自己干活累得皮包骨。最亲爱的威廉,鼓起你的勇气——克服你对出版的厌恶——它只不过是个**小麻烦**,一切都会过去,我们会有钱,至少能舒服地过一年。[67]

这呼声来自一个心力交瘁的女人。柯尔律治或许会为她"过度的财务焦虑"感到悲哀,认为这证明了"美好的希望和往日的欢欣正在衰减",但多萝茜却不那么想。[68]十四年来,她一直过着勉强糊口的生活,但如今她不再年轻,阿尔弗克斯顿时期的欢乐也无以为继——三个小孩要照看,第四个即将在夏末出生,萨拉·哈钦森已成为家里的常驻成员,她的妹妹乔安娜也有加入的可能。他们需要更多空间和钱财。五月,他们穿过村子搬到艾伦山庄,终于解决了空间问题。华兹华斯曾宣称克朗普先生新盖的房子是一座"难看的宫殿",但现在为了解决困难,他也欣然接受了。更出人意料的是,华兹华斯发现克朗普为人非常友善,还向华兹华斯请教种植和土地布局。华兹华斯自然很高兴。[69]但他决定不理会多萝茜和玛丽出版《白母鹿》的请求,因此,家庭收入的忧患与日俱增。

五

华兹华斯处理《白母鹿》的方式不合常理,不够圆融,标志着从一八〇七至一八〇八年起,他进入了人生中一段黑暗的时期。慷慨与欢乐,以及曾在一七九八年打动海兹利特的"嘴角那情不自禁的笑意",越来越蒙上狭隘的自我中心的阴影。一八〇八年,诗人、戏剧家乔安娜·贝里来湖区度假,华兹华斯带领她游览了一天。她向他们共同的朋友沃尔特·司各特吐露,华兹华斯"才华横溢,文采非凡",但她担心,"他对世界的不满和对人类的苛责日益增长,使他不能享有本该属于他的快乐"。[70]骚塞的说法缺少同情,他在同年写道,华兹华斯身上有一种"绝对而强烈的自私","纯粹的自私,如果本·琼生是他的同时代人,一定会把他写入剧本"。尽管克拉布·罗宾逊对华兹华斯印象深刻,但他初见诗人时的第一印象却是"他不关注别人……也不放过他反对的人"。[71]然而,值得注意的是,骚塞和罗宾逊所说的"自我中心"倾向,都仅限于华兹华斯对"自己作品"和"自身价值"的狂热。作为丈夫、父亲、兄弟、养家者的华兹华斯却绝无自私。惟有威胁其诗人身份的事情才会惊动他——而此时此刻,这一身份正受到最严峻的挑战。

《两卷本诗集》的书评极具杀伤力。一八〇七年七月,拜伦称赞了诗集中的一些十四行诗和《布鲁姆城堡宴歌》,但认为其他诗不过是"老生常谈","语言幼稚……矫揉造作,并不朴素"。八月,《批判性评论》杂志哀叹华兹华斯幼稚的虚荣,恳请他"多待在他的图书馆,少沉浸于'他自己的心境'"。十一月,《讽刺家》杂志认为这些诗大多是"卑劣的垃圾作品",与"鹅妈妈组曲"同属一个系列。十二月,弗朗西斯·杰弗里在《爱丁堡评论》中逐一列出具体诗作,作为"判决这部作品"的罪证:《乞丐们》,"愚蠢和造作的典型";《爱丽丝·菲尔》,"如此垃圾";《未访耶罗》,"冗长造作的写作";《先见》,"空洞无物的典范";《颂歌》,"无疑是诗集中最不可理解的作品"。在一八〇八年一月的《折衷评论》中,詹姆斯·蒙哥马利认为这些诗与《抒情歌谣集》相比是一场灾难,并称《颂歌》是"崇高、柔情、空洞和荒谬的大杂烩"。四月,《内阁》杂志的评语是"卑劣的宣泄","垃圾","自负","矫揉造作","华而不实的空话"。[72]

华兹华斯正在接受审判。杰弗里已证明了这一点。他强调《两卷本诗集》的重要性在于重新肯定了作者早年批判的诗歌倾向，因而"使这个问题受到考验"。华兹华斯也遭到嘲笑。一八〇八年，《朴素：讽刺说教诗》给出了《新诗派研究者指南》[73]，哀叹真正的朴素正在退化，并戏仿学院式的论调，引用许多荒唐的例子，来证明自身的论断。尽管表面上指向华兹华斯、骚塞和柯尔律治，但主要的攻击目标是华兹华斯。大半本书都以嘲讽的语气引用华兹华斯的诗行，由于断章取义，且堆砌在一起，看起来未免可笑。这部讽刺作品的题词充满恶意——必须消灭这些伪诗人，因为他们的作品颠覆理性，反抗权威（古代诗人和诗歌法则），违背常识——结尾还恐吓道：

> 与其违背疯子的意愿给他治疗（cure）
>
> 不如将他致死（kill）。

在一八〇八年八月二十八日的《检查者》中，利·亨特诋毁华兹华斯廉价可鄙，把他列入"古代著名江湖郎中学院"的一员。次年三月，《英国批评家》重提讽刺诗《朴素》，认为其对《两卷本诗集》的批评完全合理："如此肤浅幼稚的想法，如此苍白磕绊的诗文，实属罕见。"[74]

华兹华斯很现实，知道这些关注会带来什么后果。他恳请兰厄姆在《批判性评论》中发挥他的影响："书评对书籍销量的影响超出一般预期。这部诗集的销售对我至关重要。"骚塞说得更精辟：评论者"不会毁掉我们的桂冠，但会让我们的稻谷发霉"。[75]《两卷本诗集》销量很差。无论博蒙特夫人如何热情游说、劝人归附——她非常热情[76]——一小撮追随者并不能弥补恶意书评带来的伤害。七年后，一千本诗集中余下两百三十本滞销。[77]

当理查德的事业蒸蒸日上，克里斯托弗的神职一路晋升，华兹华斯却连养家都举步维艰。但舆论攻击带来的最坏结果并非销量。谩骂可以忍受——"矫揉造作""幼稚""愚蠢"等词反复出现。谴责可以无视——湖区隐士抛却文明与精神食粮。这无知的论断或许会影响销路，却不会扰动诗人。甚至杰弗里的攻击也没有想象的那么严重——他抨击华兹华斯的"体系"，批评疯狂的诗人们"不遗余力**背离**自己提出的标准"。一八〇〇年和一八〇二年序言中的语言理论虽受到质疑，华兹华斯也无心辩护。然而，评论者们谈到的另一个话题却绝对重要，不容回避。归根结底，杰弗里的唇枪舌剑只有一个论点：华兹华斯依然执迷不悟，"用他最庄重、最温柔或最热情的思想描写大部分读者视为低级、愚蠢或无趣的事物"。[78]

　　杰弗里一语中的，他的评论告诉华兹华斯，在他最看重的地方，他失败了。评论者喜欢十四行诗和《宴歌》并不奇怪，因为他们熟悉这些诗的体裁；但他们蔑视其他抒情诗，尤其是"我自己的心境"系列，这就意味着华兹华斯没有成功唤起人们对熟悉、平凡和卑微事物的想象。一八〇八年四月，杰弗里称这是乔治·克莱布一贯的风格，因为他"展示了我们在现实生活中全都见过或可能见过的事物，从中唤起人人都感到兴奋的情感和思想"。[79]几个月后，华兹华斯表示，恰恰相反，"克莱布描述的只是诊断书或诉讼书一般的事实，与缪斯女神无关"。[80]这两种关于诗歌想象的判断反映了评论者和诗人的本质区别，并将延续到下一个十年。[81]

　　尽管未必有什么坏事发生，华兹华斯却全副武装起来。他曾告诉博蒙特夫人，"伦敦的聪明人和自诩聪明的人"对诗歌无感——这是个可悲的事实，"因为，不能感受诗歌（我所理解的诗歌）就意味着不爱人类，不敬上帝"。他担心，甚至那些"严肃、善良、可敬的人（如果他们能感受，他们会喜欢的）"也会忽略他诗歌的意义，因为"他们的想象力睡着了；然而，没有想象力，就无法听到我诗歌的语声"。[82]这些话不能被当作一个受伤者的草率之语。华兹华斯依然坚信，民族复兴与读者想象力的提升密不可分。然而，如此崇高的情操未能使他免于严厉的抨击，也未能阻止杰弗里明目张胆地夺走他的读者，判定他"有辱大众品味"。

304

华兹华斯以两种方式应对批评攻击的影响。一种对自己造成伤害，尽管完全可以理解。他收回《白母鹿》，此后未发表一部新诗集，直到一八一四年。这件事本身并不那么重要，重要的是不发表的决定使他越来越与这个缺乏理解的世界为敌。他一直对批评敏感，现在则变得极端自卫。比如，兰姆对《白母鹿》的反应激起了华兹华斯的长篇大论，他在写给柯尔律治的信中论述这首诗的优点，最后以抨击兰姆结束："兰姆要为自己不能欣赏其中的诗情画意感到羞耻……有一点可以肯定，兰姆缺少理智，因此缺乏理解，更无想象。"[83] 在未来的十年里，华兹华斯的朋友们常因同样的宣泄而心灰意冷。

更大的隐患是，华兹华斯的设防影响着他在诗人-读者关系方面的形象。在《安家格拉斯米尔》中，他曾援引弥尔顿的诗句"但求解语者，不畏知音希"，但在一八〇二年《抒情歌谣集》序言中，他却强调诗歌的普遍性和诗人的价值：尽管诗人天赋异禀，他却是"对人类说话的人"。然而，一八〇七年五月，华兹华斯向博蒙特夫人表示，他并不在意他的诗给"所谓的公众"带来的"即时影响"，似乎轻视了他的大部分潜在读者；更不祥的是，在写给骚塞的信中，谈及杰弗里的评论时，他甚至称没有反应的读者"处于堕落状态"。[84] 五个月后，多萝茜描述了华兹华斯最凄冷的一面："他不喜欢发表——甚至厌恶——要不是因为他**没有**那么多钱，他宁愿将全部作品死后出版。"[85] 蔑视中产阶级读者，认为他们无可救药地堕落或愚昧，将成为十九世纪和二十世纪初诗人、小说家喜欢的浪漫安慰，但对于创作了《废毁的茅舍》和《迈克尔》的诗人来说，如此自我安慰却是致命的。他的诗基于"我们天性中伟大而朴素的情感"；一八〇〇年，华兹华斯相信他的诗能够提升人们的想象力，"在当代尤其必要"。[86]

一八〇八年二月，华兹华斯告诉博蒙特："我希望被视为一位教师，或者什么都不是。"这种使命感支撑着他，使他对负面评论作出更有创造力的回应。[87] 杰弗里的批评令人恼怒，不仅因为它是错的，还因为华兹华斯知道自己不是《爱丁堡评论》所说的那种诗人。至少他还有更多"证据"。《废毁的茅舍》和《游走商贩》,《安家格拉斯米尔》和《序曲》,这些尚未出版、很有价值的素体诗是诗人的安身立命之作(《丁登寺》的书评一向很好)。他眼中的自己不仅是描写"我自己的心境"的诗人,而且还是一位哲思诗人,弥尔顿的传人,《隐士》的作者。然而,当柯尔律治向杰弗里保证,他自一七九〇年代以来一直在前进时,杰弗里指出,世人只相信眼见为实。[88] 私下的信念,未发表的想法,不能作为证词。在这一点上,杰弗里没错。当华兹华斯最终以一位发表的诗人打破沉默,他的力量势不可挡。一八一四年,九卷本哲思素体诗《漫游》出版,自称只是《隐士》的一部分。诗人在自传性质的序言中说,《隐士》是诗人酝酿良久的鸿篇巨制,其全部的写作生涯就是为了完成这部作品。次年,华兹华斯出版了抒情诗集,并撰写理论性导言,重印离经叛道的《抒情歌谣集》序言。杰弗里曾说起考验。这便是答案。然而,一八〇八年,华兹华斯知道,他不得不继续与《隐士》妥协。

306

六

春夏之交时,他为《隐士》写了三首素体诗。每一首都来自亲身观察。第一首几近完成,令人满意,写的是雪中的圣保罗大教堂,诗人曾在四月八日写给博蒙特的信中描述这一景象。在华兹华斯的很多诗中,诗人通过外界的启示或记忆的力量治愈沮丧、失望或损失之痛。在《圣保罗大教堂》中,诗人强调"丰厚的补偿"来自"想象的神圣力量"。[89]

> 朋友!当我离开你时,
> 爱与忧的矛盾压在心头。

我在巨大的都市启程，
目光低垂，两耳不闻，
双足无主却足以领我前行，
一步步走得心绪沉重。
这时，看啊！并非我的烦忧
完全平息(那不可能)，
而是这突然的馈赠，
这馈赠来自想象的神力！
让我不安的灵魂找到栖居。
这一切来得那么突然，
当我就这样漫步街头，
我抬起沉重的双眼，
在那一瞬间，如惊鸿一瞥，
熟悉的地点呈现心灵的幻景：
街巷在晨曦的安详中舒然敞开，
幽深而空旷，坦畅而苍茫，
洁白，冬季最纯净的白色，
同落雪的田野或山川一样
美好，清新，无瑕。没有游影，
除了偶尔一位如影的过客。
远处，依稀朦胧，沉寂微明，
在蜿蜒曲折、宁静无人的
长街对面，巍然屹立着
宏大庄严的圣保罗殿堂，
纯洁，静默，肃穆，美丽，
遗世而独立，透过纱幔，

　　它自己的神圣的雪之纱幔。

　　另一首诗也写到心灵的幻景,几十年后,经过大改,以《致云朵》为题发 307
表。诗人说,在莱德尔和格拉斯米尔山谷之间,当他望着云朵"穿过山
谷飘移在奈布山顶"时,他获得灵感,写下这首诗。[90]

　　最后也是最长的片断最为重要:《报春花丛》。诗文开头哀叹了他在
科尔顿期间,格拉斯米尔遭受的变故——砍伐树木对村庄的亵渎,忠实居
民辛普森一家的终结,萨拉·哈钦森的病危。[91]然而,当诗人认识到人生
就是"持续不断地历劫"时,他得出这样一个想法:人渴望获得"终极自
我"的平静。他问道,将僧侣们维系在一起的"主要纽带"是什么?

<blockquote>
不过是
　　对平静的普遍且本能需求,
　　渴望确定无疑的安宁,
　　内心与外界,谦卑与崇高,
　　希望与记忆合一的生命,
　　安静不变的大地,恒定
　　自治的人心,以及冥想中
　　寂然呈现的天堂。[92]
</blockquote>

　　这种思想使人想起圣巴希尔和圣格里高利①以及种种隐修生活。诗人

_____

　　① 巴希尔(St Basil of Caesarea, 330-379,史称恺撒利亚的圣巴希尔),恺撒利亚(今土耳
其)的主教,颇有影响的神学家,支持尼西亚信经(Nicene Creed),反对阿里安异端(Arian
heresy)。他曾在恺撒利亚、君士坦丁堡、雅典求学,求学过程中遇见格里高利(St Gregory of
Nazianzus,330-389,史称纳西昂的圣格里高利),成为好友。后来,巴希尔去东方求学,研究隐
修生活,格里高利也加入了他。通过他们的讨论,巴希尔写下隐修生活原则。格里高利也是著
名的神学家,著有《神学演讲》。

始终对修道院遗址感兴趣。那个曾到弗内斯修道院历险的学童长大后成为不辞艰辛拜访拉维尔纳修道院的花甲诗人。他最后的一些诗歌都在抗议人们对废墟的破坏；在这座废墟旁，他和童年的伙伴们曾欢乐嬉戏，对"翘腿而坐的骑士和住持的石像"感到惊奇。[93] 只是，当幼年华兹华斯聆听着大厅里鸣啭歌唱的鹟鹩，并诗意地幻想着自己愿永远住在那里时，他不会多想这断壁残垣的历史意义或隐修生活的真实面貌。但成年的诗人会。如杰茜卡·费伊指出，一八〇六至一八〇八年间，华兹华斯特别热衷于思考这些问题，参访修道院遗迹，阅读中世纪隐修生活的起源和实践，使他对废墟有了更深刻的理解，认为它们是一座座"丰碑，标志着社群与景观（人们寻求安慰和希望的地方）的关系"。[94]

　　然而，华兹华斯这段时期的隐修兴趣并非怀古。他对隐修生活提出的问题越来越与自己的生活相关。当他思索着僧侣、隐士、圣巴希尔以及种种隐修生活时，他不断触及"隐居"的实质。隐居何以有别于隐退？隐居何时才不会带上自私的罪名？或者，就他个人的情况来说，当他在一七九九年底"回到故乡的山峦"，这种人生选择有何意义？

　　华兹华斯早已知道如何回答这些问题、平息自责。在《安家格拉斯米尔》中，诗人承认他和多萝茜"双双退出日常世界"，但诗中强调，幸福的新生活必然要求诗人尽职尽责：

> 但是，我们活着，绝不仅仅
> 是为了享乐；不，必须做些什么。
> 我不能带着毫无自责的快乐
> 走在狭隘的地方，别无他想，
> 没有长远的责任，漠不关心。[95]

"必须做些什么"？华兹华斯在一段壮志凌云的诗文中明确回答了这个

问题。一八一四年《漫游》出版时,这段诗文最终成为《隐士》之"纲要"。《漫游》的另一段诗文(5.47-57)强调,"退出"不等于"放弃"。诗人心怀感激,认为拥有"平静的命运和幸福的抉择"是何其幸运,并阐明了这一抉择的性质:

> 选择从俗世的热恼中
> 退出,安住于寂静的幽居,
> 隐蔽,但不回避社会职责,
> 绝尘,但不是放弃……

回到故乡的山峦并不意味着放弃"社会职责",恰恰相反,这是受命至高的责任。[96]

　　"绝尘,但不是放弃"。这是华兹华斯反复强调的区别。但一八〇八年,这个问题开始受到人们的质疑——不仅是弗朗西斯·杰弗里。一八〇二年,第三版《抒情歌谣集》的出版使华兹华斯备受鼓舞,他对约翰·威尔逊说,一位伟大的诗人"应当在一定程度上校正人们的情感,给人们带来新的感受,使他们的情感更健康,更纯洁,更恒久,简言之,更符合自然,即永恒的自然,以及事物背后的伟大推动力。他既与人们同行,偶尔也应走在人们之前"。[97]然而,《两卷本诗集》的书评表明,或许这位走在人前的诗人已经从我们的视线中消失了。

　　三年前,在《序曲》结尾,华兹华斯曾再次表示将与柯尔律治一起致力于他们的安身立命之作。一八〇八年,华兹华斯回归《隐士》;若要完成安身立命之作(即《隐士》),这正是他此刻该做的事情。但是,在一阵文思泉涌的创作后,写作渐渐停摆;《报春花丛》半途而废。实际上,这也标志着以这种形式进行的《隐士》创作告终。

　　华兹华斯无法继续的直接原因是,这些沉思片断既无法融入现有或计划的结构,也不大可能形成新的框架。华兹华斯告诉罗杰斯,这些诗属于他的"长诗"的一部分,但是,什么长诗?[98]十年来,《隐士》仅存于概念,尽管《废毁的茅舍》和《安家格拉斯米尔》让未来的《隐士》初露端倪,但两首诗都未暗示更加宏大的结构路在何方。因此,《隐士》的完成部分最终只停留在《漫游》。幸运的是,华兹华斯的自信不减,很快投入一项不同的工作,表达着关于"自然、人类与社会"的观点,对体裁和预期读者都充满希望。在《致兰达夫主教书》十五年后,诗人又回到政论写作了。

七

艾伦山庄虽然不漂亮,却是一幢大房子,坐落在格拉斯米尔村庄以西的山坡上,似能满足华兹华斯一家的全部需求。大人们终于拥有了自己的房间,有足够的空间供朋友们留宿,孩子们也有了一个小小天堂,一边是西尔维山,一边是湖水。他们养了一头奶牛、两头猪。可是,一八〇八年十二月,多萝茜说这房子"没法住了",道出了所有人的心声。一旦在格拉斯米尔找到另一座合适的房子(很可能找不到),他们将再度搬家。[99]艾伦山庄永远没能成为真正的家。

宜居的主要障碍是浓烟。搬进去之前,多萝茜就注意到房子直面"强劲的东风,除了北边,三面都没有遮挡",但那时她担心的只是冷。[100]随着冬天的来临,他们才发现,几乎没有一个烟囱能够排烟。她告诉简·马绍尔:"一个暴风雨天,只有哥哥的书房可以生火——烟囱浓烟滚滚,我们不得不在正午时分抱着婴儿上床取暖。我手里拿着蜡烛,看不清路,被椅子绊倒了。"[101]一切都脏兮兮的——"洗干净的碗盘刚放进储藏室,就又落满了灰尘"——但他们必须忍受眼睛和喉咙的刺痛,因为,如果不生火,这座潮湿透风的大房子将无法忍受。克朗普先生派来懂烟囱的人,问题有所减轻,但没有根本解决。

艾伦山庄似乎只是临时的栖身之地,这其中还另有原因。其中之一是,长远来看,他们希望住在文法学校附近,比如霍克斯海德。另一个迫在眉睫的原因是高昂的花销。无论怎么节省,新房的装修费用都是一笔可观的数目,无法维持。多萝茜一直为此焦虑,只好缠着做事拖延的理查德,让他为华兹华斯一家的经济状况帮忙,求他付清未结的账单,甚至要他给自己一点零花钱作为礼物。当她和玛丽、萨拉以及佣人们为洗衣、烘焙、做饭和没完没了的清扫而辛苦奔忙时,她满脑子都是煤炭的开销和如何精打细算。一八〇九年五月,多萝茜坦言,除非华兹华斯下定"决心在《信使》或其他报纸上发布出版事宜,贴补家用……否则我不知道这日子怎么维持下去"。[102]

艾伦山庄的开销总是与家庭成员的规模有关,尽管时有波动,但人口从来不少。一八〇八年九月初,柯尔律治不顾近来的所有争吵,还是搬了进来,这是租房之初的计划。哈特莱和德温特现在安布尔塞德上学,周末会来这儿与爸爸团聚。后来,他的女儿萨拉也来待了一个月,直到被柯尔律治夫人接走。令人诧异的是,柯尔律治夫人也待了一个星期,与她同在一个屋檐下的还有她分居的丈夫,丈夫爱的女人,以及她怪罪的一家人,认为他们多少要为她破裂的婚姻负责。不算短期逗留的客人,比如汤姆和乔治·哈钦森,以及周末的男孩们,家里有十几个人吃饭是常有的事。

十一月,另一位访客给他们的生活带来了快乐和新鲜——托马斯·德昆西。整整一年前,一八〇七年,在四年断断续续的书信往来和迟疑不决的接近之后,二十二岁的德昆西终于见到了他的偶像华兹华斯。[103]德昆西是柯尔律治的崇拜者——曾匿名给他三百英镑——也成为萨拉·柯尔律治和她孩子们的好友,如今他很快迷上了华兹华斯全家。他们的朴素生活和与众不同令他印象深刻,他很激动能融入一位仰慕已久的诗人之家。对于华兹华斯一家，尤其是家中的女性来说，他们喜欢他，只是因为他"可爱、温柔、快乐"。一八〇七年，德昆西回到牛津时，还是那里的本科生，但是现在他住进艾伦山庄，"恍若家中的一员"（多萝茜语）。[104]他爱孩子们，孩子们也爱他。当他们分开时，多萝茜总是向他汇报孩子们的咿呀儿语，这其中必然包括："他什么时候来呀？"一八〇九年二月，一心想过格拉斯米尔式的生活，德昆西租下巷尾的鸽舍，不惜钱财，开始改造，以便容纳他巨大的藏书。庆祝新年时，他把华兹华斯全家接到他们的故宅，还在山谷中放烟花，哄孩子们开心。

　　德昆西的出现再次验证了华兹华斯一家人的魅力，只是，如今，家庭的主要成员正在一个前所未有、危机四伏的局面中努力维持和谐。从一开始，多萝茜就觉得不该留宿柯尔律治和他的孩子们，毕竟他遗弃的家就在附近。她也不相信柯尔律治能控制那些使他不易相处的恶习。柯尔律治孤独，觉得没有人爱他，稍遇冷落就特别敏感。他的女儿萨拉曾记录一件悲伤的经历。谈到艾伦山庄时期，她回忆道：

　　　　我想，我亲爱的爸爸特别希望我懂得爱他，爱华兹华斯一家和他们的孩子，不要只是粘着我妈妈和自己的小世界。所以，当妈妈来到艾伦山庄，爸爸见我飞奔向她，再也不要和她分开时，他就非常恼火。我记得他对我表达了不满，批评我冷漠无情。我不理解。华兹华斯家的孩子们走进来安慰他。我坐在一旁，无动于衷，因为，没有什么比嫉妒之心更能冰封感情了。你觉得自己做错了事，或至少伤害了人，但你不知道为什么——不断有人要你付出爱，或某种你不能马上给予的情感，这一切让人心寒、困惑、痛苦。爸爸责怪我，将我的冷酷与华兹华斯孩子们稚嫩的关爱进行对比。我溜走了，躲入房子后面的树林。我的朋友约翰——当时我称他为未来的丈夫——来到树林找我。[105]

而且,柯尔律治不会看不到德昆西正在赢得华兹华斯一家的好感与信任,而在阿尔弗克斯顿,这一切只属于他。

和之前在科尔顿时一样,他们投入紧张而热烈的脑力活动,家庭事务让位于收集信息、誊写(或听写)诗稿,寄发信件,协商出版——一本新书诞生时的所有阵痛。小萨拉·柯尔律治看着爸爸、德昆西、骚塞和华兹华斯在艾伦山庄踱来踱去、念念有词。尽管她记得最清楚的是她多么想抽出他们口袋中那摇摇欲坠的手帕,她还是能感到他们"议论国事时的那份热情,仿佛这就是他们自己的事,仿佛这就是他们个人的烦忧!"[106]她对家庭氛围的记忆是可信的。柯尔律治正在策划一份刊物,以便挽回《守望者》的损失,也为证明雅各宾时期以来,他已经走了很远。华兹华斯也渴望公开发声。一八〇二年以来,他在十四行诗,尤其是《两卷本诗集》中的那组十四行诗中环顾政治局势。他告诉博蒙特夫人,"这些十四行诗集中谈论公民自由和民族独立。"[107]不过,他更多的想法以及对政治局势的失望依然限于私人信件或饭桌闲谈。德昆西第一次听到华兹华斯"表达似乎极其不忠的情绪"时曾大为震惊。[108]一八〇八年,一个热门话题吸引了他的注意力,激发他以一七九〇年代初以来不曾有过的自信公然发声,以便为相当一部分反对意见代言。

一八〇八年五月,西班牙爆发全国性起义,反对法国入侵、约瑟夫·波拿巴自封西班牙国王。英国承诺给予援助。八月,韦尔斯利将军领导的军队在葡萄牙海岸登陆,进军里斯本。朱诺领导的法国军队溃败,但英军并未乘胜追击。根据法方提出并在八月底达成的协议第二条,败军可以"携带武器和装备撤出葡萄牙,不被视为战犯;抵法后,享有服兵役的自由"。[109]九月十六日,消息在英国媒体传开,立刻被视为国家耻辱。一支败军居然可以颁布自己的撤退条约,且毫发无伤,荣归故里。十一月,调查委员会成立。但整个十月,华兹华斯、骚塞等人都在努力呼吁当地民众的关注,旨在以郡县的名义向国王抗议"国家的奇耻大辱"。[110]

313

得知朗斯岱尔勋爵并不支持后，华兹华斯公然挑衅，通过报纸和小册子深入更多读者。

他全心投入《辛特拉协定》①的写作——说"入迷"或许更恰当。华兹华斯晚年忆起："你无法想象，我是怀着多么深沉的情感投入西班牙反抗法国篡权的斗争。多少次，凌晨两点，我从艾伦山庄……走到盖普山顶，等待从凯西克来的邮车带来报纸。"十二月，多萝茜写道，这个话题"对他的吸引力简直无法形容。他从早到晚都想着西班牙和葡萄牙"。既然柯尔律治曾说，他和华兹华斯凌晨三点还在工作，那么从早到晚之间恐怕没有间隔多少时光。[111]一八〇八年十二月二十七日和一八〇九年一月十三日，斯图亚特的《信使》发表了华兹华斯的部分文章，但此后他集中精力撰写全文，以便形成一本充实的小册子。二月底，一贯热心助人的德昆西去伦敦监督印刷。假如他经历过华兹华斯出版过程的痛苦，他或许会有所迟疑。华兹华斯与印刷商交涉时始终颐指气使，自我中心，不为别人考虑。德昆西辛苦地应对华兹华斯无休无止的指令，常常一知半解，还要整理"华兹华斯的西比尔书页②——焦虑的作者总是改变主意，仿佛变化莫测的风将书页吹散"（柯尔律治语）[112]，到头来华兹华斯还怪他拖延。当他为围攻萨拉戈萨写的一条重要注释被删掉后，他斗胆"抱怨了他［华兹华斯］对我的不公……"华兹华斯只是轻描淡写地道了歉，然后又提出更多要求。[113]

书稿准备后期，华兹华斯曾害怕因诽谤罪被关进纽盖特监狱。萨拉·哈钦森觉得很好笑，声明"我们女人……一点都不怕纽盖特——只

314

---

① 这里指华兹华斯关于半岛战争和《辛特拉协定》的同名檄文。下文出现《辛特拉协定》时大多同此。

② 根据柯尔律治的说法，西比尔是古代通灵的女神。她们将预言写在树叶上，并把树叶放在她们睡觉的洞口。如果人们不及时把树叶收集起来，树叶就会被风吹散。她们本来就模糊而寓意丰富的预言就更难解读。

要有花园散步,我们可以过得很好"[114],但饱受折磨的德昆西却要负责
检查书稿,看看有没有危险段落,并与印刷厂协商删去。德昆西竭尽全
力高效工作,并非像华兹华斯猜疑的那样拖延。这本小册子直到一八〇
九年五月二十七日才出版,不是德昆西的错。

《辛特拉协定》花了华兹华斯很多心血,胜过他其他任何散文作品。
尽管一八〇八年十一月二十六日,骚塞曾指望随时听到完稿的消息,但
它耗费的时间超出了华兹华斯的预期——最后,连家人也难掩懊恼。为
什么他如此投入?许多原因不言自明。写作《莱尔斯通的白母鹿》时,
华兹华斯曾轻视司各特提供的历史信息,而依赖他所谓的"传统与平常
的历史记录"。[115]他只选取适合诗歌的材料,这无可厚非。但是现在,
他的论点必须建立在精确可信的信息之上才会有效。关于西班牙和葡
萄牙的地理与文化史,他可以请求骚塞的帮助,但其他细节必须取诸各
种各样的资源,且须谨慎对待。很显然,华兹华斯急于产生影响。他怀
疑,他的名字,特别是与《抒情歌谣集》或《两卷本诗集》放在一起时,会
使那些随时准备"发出昔日雅各宾主义的呼喊"的敌人怒发冲冠。[116]撰
写这篇文章需要特别耗时的谨慎。然而,柯尔律治触及了最重要的原
因,他说,"[这个小册子的]大部分内容都是对另一部伟大哲思诗歌的
掠夺,它本该用慷慨激越的素体诗[音调]写成,拥有教义般的雄辩,神
谕般的威严,成为这部长诗的一部分。"[117]柯尔律治想的当然是《隐
士》——他说得没错。华兹华斯在《辛特拉协定》上花费了太多时间。
当他用普遍法则去检验政治事件,此前没有机会以散文语言表达的思
想、情感和信念滔滔迸发,仿佛他在间接地创作《隐士》。

华兹华斯的论点很直接。《辛特拉协定》是一场军事灾难,因为它
背叛了盟军,丧失了摧毁拿破仑的机会——这个"堕落的灵魂"就像撒
旦,毫无廉耻,不值得宽恕。《协定》也是国家耻辱,揭露了英国的状态。
实施并纵容这一协定的领导人并非缺少勇气或才干,而是缺少"博大的

315

智慧"和想象。英国的统治者们没有看到激发美利坚人民追求独立的自由精神势不可挡;也没有看到法国大革命初期的宏大精神气象。如今,他们同样"对正义法则傲慢无礼,对人性情感茫然无知",没有看到西班牙起义体现了一种精神力量,这种力量本身足以使"一个民族获得根本的救赎"。这是衰败的迹象——并非英国的领导们贪赃枉法、腐败堕落(尽管他们也贪),而是"谨慎、精明以及世俗看重的一切价值"使他们不能理解本国的历史,不知是什么使凡夫成为英雄,也不懂得,归根结底,重要的不是武器,而是"人的德性和情操"。

华兹华斯通过讨论战术、《协定》条款和其他支撑文献,有力地表达了军事方针的争议。但华兹华斯《辛特拉协定》的真正力量在于其充沛的能量和独特的巴洛克修辞。如果华兹华斯有何参照的话,那是弥尔顿而非伯克;但不止一次,作品中的意象和表述风格令人想到《法国革命沉思录》,《辛特拉协定》并不会因为这一比较而有何损伤。两位作家都有一种愿景——伯克憧憬过去与现在的有机统一,华兹华斯则仰赖精神力量;两者都通过韵律、节奏、意象以及英语句法的灵活变化表达了一种愿景,而非定论。《辛特拉协定》是英国浪漫主义散文中的杰作。

然而,不难理解为什么这本小册子销路不好,或者为什么朗斯岱尔伯爵不喜欢它。法灵顿认为,这篇作品"品味很差,没有政治题材应有的直白和朴素,而是一种不合时宜的夸张"。[118]简言之,伯爵认为很难懂。可以理解,因为一些句子长达一页。但也可能因为,他精明地看出《辛特拉协定》在本质上是写给这个时代的文章,具有鲜明的激进倾向。华兹华斯哀叹法国政策的走向,但他既愉快地回忆了革命的初始,也再次谴责了一七九三年英国政府的邪恶,竟对自由发起战争。在一首激扬的诗歌《"哦,悲伤! 哦,英格兰的不幸"》中,他想象自己的国度受到"她的阿尔弗雷德、锡德尼和弥尔顿"的谴责。但《辛特拉协定》真正的激进主义思想不在于此,而在于反复提到的人性、共情与人心。政客和廷臣囿于"排外且虚伪"的处境,缺少有效的知识——即"关于人类的知识"。

一八〇九年六月七日法灵顿记下了一次餐桌上的交谈:"博蒙特夫人谈起华兹华斯关于《辛特拉协定》的小册子,评价很高,认为超越伯克和其他人的政治写作。——……乔治爵士淡淡地说,博蒙特夫人说起这本书,好像人们雇她卖书似的。——她说,她已经卖了一些了。"[119]但即使博蒙特夫人的推崇也无济于事,两年后,五百本中的一百七十八本被当作废纸卖掉了。《辛特拉协定》没有对政策和国民生活产生影响,但对华兹华斯来说却至关重要。自一七九〇年代晚期以来,他一直在洞察自己的激进岁月。他将《边界人》、政治主题十四行诗和《序曲》中的思想与反思放在一起重估。《辛特拉协定》既聚焦于这一切,也让他充满能量,准备迎接未来的探索。不出一年,华兹华斯再次因为过于努力地创作新诗而病倒。

八

华兹华斯承诺要让他的檄文《辛特拉协定》经得起"民族独立与自由原则的检验"。[120]当他奋力创作这本小册子时,柯尔律治也在致力于一项工作——他的周刊《友人》,目的是"为人们提供一切事物的规范:文学,艺术,道德,法律,宗教"。[121]

这项工作淋漓尽致地体现了柯尔律治风格。多年来,他一直想办这样一份刊物。一八〇八年秋,当他开始实现这个梦想时,他满腔热情;但要在一八〇九年一月出版,未免操之过急,因为新年到来时,他还没找到印刷商和出版商。柯尔律治动用一贯惊人的能力与资源,在彭里斯找到一个印刷商,安排报纸配送,成立订阅网络,组织分发工作,同时制定每周的文章目录,全都由他本人撰稿。这不仅需要知识、思想和雄辩——

这些他有;而且,作为每周发行的刊物,还需要坚持不懈的自律——他不具备。柯尔律治似乎正在从事一件他最有可能失败的事业。华兹华斯一家并不乐观。三月,华兹华斯告诉普尔,他"不抱太大希望"。两个月后,《友人》还没有出版,华兹华斯声称最好"永不开始。这实际上**不可能**,他根本不可能坚持下去……"[122]当然,他劝普尔烧掉这封信。但是,一八〇九年六月一日,第一期发行时,华兹华斯与多萝茜都承认,柯尔律治的决心令人赞叹,《友人》创刊大吉。[123]

然而,这项工作对谁来说都是一个挑战。从第四期开始,萨拉·哈钦森成了柯尔律治的抄工。两人常干到筋疲力尽。然而,至十月二十六日第十一期时,柯尔律治已经透支。他开始用自己的旧作,以及华兹华斯能提供的任何合适材料。

饱受煎熬、束手无策的编辑,一封精心策划的读者来信,引出了华兹华斯的第一篇散文投稿。一八〇二年,约翰·威尔逊曾给华兹华斯写来热情睿智的信。最近,威尔逊经济独立、富有,搬到温德米尔。在过去的一年里,这个"友善的年轻人"征服了格拉斯米尔的邻居。[124]彼此往来十分愉快。华兹华斯向这位年轻的崇拜者敞开手稿。活力四射的威尔逊对艾伦山庄的所有人都慷慨好客。一八〇九年六月,他甚至带华兹华斯外出一周钓鱼。[125]年底,他决定帮柯尔律治一下,遂给《友人》写了一封长信,落款是"马希蒂斯",意为"学生"。信中问道,如何引导一个年轻的理想主义者接触世界。[126]"马希蒂斯"认为,青年需要这样一位导师,他"天资卓越,却乐于传布被人漠视的真理"——如此之人正是华兹华斯。

"马希蒂斯"的来信含糊其辞,充满假设,表述重复,对华兹华斯的溢美之言近乎荒谬,但它的目的达到了:回信无可推卸。华兹华斯的回复非常有趣,不是因为其中的智慧和教育灼见(尽管这些同样重要),而是因为这封信说明,如今的华兹华斯对自己的经验多么自信。他一边估量青春的潜能,一边再次捍卫自己的人生选择。他认为,人容易受到红尘俗世和自身才华的诱惑。前者承诺"众人的欢闹",后者则带来"孤独不懈的劳作,或许终生默默无闻,或者一生遭到轻蔑、侮辱、迫害和仇恨;但令人欣慰的是,会得到少数知音的鼓励,良知的认可,或许还预示着不朽之名——迟来却持久的结果"。[127]华兹华斯重拾早年《序曲》的语调,优美地谈起大自然的教育方式、理性的提升、书本知识,但坚称"导师"不能代替亲身体验。年轻人必须犯他们自己的错误,因为"心智最能够安心依靠的,莫过于那些使真理得以水落石出的结论,而这些真理与一度曾被狂热追捧的错误恰恰相反"。[128]

《给"马希蒂斯"的回信》是一篇偶得之作,这篇文章既综合了华兹华斯此前见诸诗歌与书信的所有教育思想,又推动(如同《辛特拉协定》)他进入下一个主要的诗歌创作期。他给《友人》的第二篇散文同样重要、有趣。一八〇九年底,华兹华斯翻译了意大利诗人基亚布雷拉的六首《墓志铭》,有感而发,写了三篇随笔。当柯尔律治发现一八一〇年二月二十二日那期《友人》"彻底缺稿"时,华兹华斯将第一篇给了他。[129]《论墓志铭》这组随笔吸收了他过去的思想,证明了他现在的实践,也为一八一四年和一八一五年重申道德家、诗人和美学家之抱负做好准备。每一篇随笔都以热忱明澈的文字呈现了华兹华斯的信念、关注和心智力量。[130]

第一篇随笔阐述了世人纪念逝者的动机。华兹华斯迫切地表达了自己的信念:除非"我们悟到或确信我们本性的某一部分不死",以此制衡我们关于死亡的知识,否则,"万物的体系如此空虚,和谐与统一如此匮乏,手段与目的如此失调,哪里有什么安宁与欢乐"。读到这段气势磅礴的文字时,《我们是七个》,《丁登寺》,《序曲》第一卷、第二卷、第六卷、第八卷,《颂歌》(再次出版时加上了重要的副标题,"悟永生")会全部涌现。华兹华斯强调,"一座宁静的乡间教堂"兼具实用与象征意义,是"生者和逝者所在社区的鲜明中心,是与两者最密切相关之地"[131],

319 这又使人想起《兄弟》。华兹华斯认为教堂是信仰的外部象征,他对教堂的敬畏源于童年记忆中霍克斯海德社区那"宛若登极的女王",源于将人们维系于"关联与爱"[132]之中的力量,或许,此刻更源于《皮尔城堡挽歌体诗节》中荣辱不惊、超然物外的精神向往。

第二篇随笔以其博大的人性精神使人想起《抒情歌谣集》。该文思考了朴素墓碑上铭刻的美德与现实人生的关系。华兹华斯认为,两者的关联比人们想象的更加紧密。邪恶引起我们的注意,但"有多少人了解底层人民遭受的磨难,或者,他们渡过磨难时的坚毅与欢欣……"接着,文章讨论了具体的墓志铭语言。一两页后,在第三篇随笔中,华兹华斯显然在完善一八〇二年《抒情歌谣集》附录中思索的诗歌语言问题。他的观点"品味、智性力量与国家道德相互依存"只是重复了《抒情歌谣集》序言中的为诗一辩。但有些东西是新的——华兹华斯的细致阅读和犀利论证。他对词组、诗行和意象条分缕析,充满激情,俨然一篇学术训练之作。作为诗人和批评家,他研究文本时充满敬畏,认识到"语言是令人敬畏的工具,不可草率对待。它们对思想的主宰胜过任何外部力量"。

第二篇与第三篇随笔没有发表在《友人》上:周刊悄无声息地停刊了。一八一〇年三月十五日,第二十七期《友人》成为绝唱。在已发行的前十五期中,虽然华兹华斯和柯尔律治再度交流,却不能像过去那样,通过合作化解甚至抑制个人矛盾。诚然,这种交流也对双方有益。没有华兹华斯的帮助,这份报纸会更早垮掉。另一方面,《友人》对华兹华斯也很好。针对杰弗里的批评,柯尔律治为《我心欢跃》辩护;大肆吹捧

320 《辛特拉协定》;重印华兹华斯的几首《十四行诗》和《序曲》中两段很长的诗文;以此确保华兹华斯的名字和作品经常出现在读者眼前。[133]然而,说来令人悲哀,颇具讽刺意味的是,尽管柯尔律治公开赞美"我尊敬的朋友威廉·华兹华斯",但是,创办一份报刊的压力——这份报刊偏

偏叫作《友人》——加剧了潜伏已久的危机,最终摧毁了阿尔弗克斯顿时期友谊的余烬。

早在报刊尚未发行前,华兹华斯就向普尔表达了他"深思熟虑的观点":

> 柯尔律治不会也不能做出对自己、对家庭或者对人类有益的事。尽管天资卓越,知识渊博,但他终归一事无成;因为他在思想和道德方面的错乱毁了这一切——事实上,他没有任何意志力,也不能在责任或道义的约束下行动。[134]

《友人》的中止证明了以上判断的前半部分;对于华兹华斯一家来说,柯尔律治的个人行为证明了余下部分。他们渐渐认为,柯尔律治在压榨萨拉,当她越来越瘦弱,病越来越重时,多萝茜在写给凯瑟琳·克拉克森的信中大发雷霆:"别以为他对萨拉的爱使他停止了工作——别当真:他对她的爱不过是一场梦幻泡影——否则他应该尽可能让她幸福。不!他只是喜欢把她放在身边,任其使唤,对他效忠,一旦她妨碍了他的其他欲望,那就完了。"[135]这封愤愤不平的信与一八〇二年日记中焦虑但充满关爱的记录不同。多萝茜显然在表明柯尔律治只是"冲动的奴隶",一个惯于自欺欺人的家伙,绝对自私。"我们对他不抱希望。"一八一〇年四月,她写道。十一月,她认为他不可救药:"我对他很绝望,尽量不去想他。"[136]

九

就在华兹华斯与柯尔律治的友谊濒临瓦解时,华兹华斯又回到了最初使两人确立友谊的《隐士》计划。这真是可悲可叹。这一回归有很多原因。从一开始,柯尔律治就希望这部长诗能针对他们那一代人说些什么么。一七九九年,他告诉华兹华斯:"我希望你写一首诗,写给那些在法国大革命彻底失败后,对人类的完善丧失一切希望的人……这会大有裨益……"[137]华兹华斯从未停止对这些问题的思索。《辛特拉协定》已经说明他有许多话要说。他谈到政治,理想,信念,希望——不是无知的乐观,而是阅尽沧桑而证明的人性潜能。但是,《辛特拉协定》中的激扬文字说明,如今,政治思考不再是抽象理性的演练。华兹华斯依然记得法国大革命之初以及英法战争爆发时他的所感所思。当他反思当时心灵的思辨过程,他也在深入地审视自己(当然也包括柯尔律治)。当他思索自己的人生,他不得不面对《两卷本诗集》书评中隐含的批评:人们认为他故意避开生活的主流,隐逸于世外桃源,陷入自己的幻想。

《隐士》始终是为了证明华兹华斯回归故乡山林之必要,而此时此刻比以往任何时候都更需要它出场,以便反击杰弗里之流。但这部诗歌已经沉没。《安家格拉斯米尔》尚未发表,一部宏大的引言,引向虚无。《报春花丛》和《致云朵》虽揭示了华兹华斯最深切的关注,却无法推进,最终不了了之。真正的思想——深思熟虑、表达充分的思想——时见于散文《辛特拉协定》、《论墓志铭》甚至《给"马希蒂斯"的回信》,却不在激昂的素体诗音乐中。华兹华斯陷入瓶颈。他的解决方法是回归《隐士》之源,回归一七九八年的那首诗,那始终萦怀、有待挖掘的《废毁的茅舍》。

在最近一次修改中,这首诗已达到令人满意的完成状态。但是,在商贩指导诗人-听者理解人类苦难的戏剧对白方面还有扩展的可能。如今,华兹华斯正以一种简单而大胆的手段探索这里。玛格丽特的苦难是《废毁的茅舍》的核心内容。在诗歌开始之前,玛格丽特已经死了。她只活在商贩的记忆和叙述中。现在,华兹华斯想象着商贩(重命名为流

浪者)与诗人遇见一位活着的受难者。同诗人一样,他需要从流浪者的
智慧中受益,但不同的是,他并未准备接受。换句话说,诗歌的戏剧潜质

得以扩大,以便接受真正的挑战和问题,不是初出茅庐之人的浅见,而是
一位饱经沧桑者的人生感悟。[138]

　　华兹华斯的新角色"孤独者"体现了诗人自己人生中潜在的黑暗因
素,重要的是,这个人物也取材于诗人读过的所有隐居生活范例。曾抱
有人类复兴的革命憧憬,却终究落空;追求真理,却遇挫败;信赖独立的
理性,却遭背叛;一个没有角色的自我中心者——这样一位孤独者隐退
于遥远的群山一角,以自己的失意为食。他渴望宁静,也理解僧侣隐士
为何寻求平静:

　　　　　不是逃避悲伤与痛苦,不是
　　　　　片刻的喘息,度假或休战,而是
　　　　　为了证悟终极的自我;一生
　　　　　平静,无风无浪,无憾无惧;
　　　　　过去,现在,乃至永远![139]

然而,孤独者的渴望是致命的,与华兹华斯在《安家格拉斯米尔》中歌颂
的隐居生活恰恰相反。他阅读大地的表面,却固守成见,未能透过表面
彻悟本质。

　　尽管如此,他依然感到喜悦。当三个人初次相遇,孤独者讲述了一
个灵视时刻,透过云雾,他幻见一座庄严之城:

　　　　　云雾溪岩和翡翠般的草地,
　　　　　彩霞山峦和宝蓝色的天宇,
　　　　　天地和谐而交相辉映,

> 万象融融而浑然一体，
>
> 泯于彼此而成美妙阵势：
>
> 庙宇，宫殿，城堡，宏大
>
> 华丽的境界无以名状，
>
> 涌现于祥云瑞彩之上。[140]

正是在这想象的空间中，流浪者逐渐登场。他认为失意的隐士荒废了可以使他重生的力量。流浪者坚信，有"一种力量足以 ／ 抚慰凡俗人生的苦难"，仅此一种，即"对上帝的绝对信仰"，但这种信仰并非来自权威，而是源于觉醒的、永不停息的想象，通过阅读大自然的表征，彻悟不灭的彼岸。[141]

323

许多诗文都精彩绝伦，但简短的引文无法尽显其品质。缜密的观点，丰富的句式，精心编排的长句，只有完全沉浸在这部长诗中的读者才能领悟这美妙的和谐。这些诗文都没有独立发表，直到一八一四年作为《漫游》第二卷至第四卷出版。我们不清楚华兹华斯创作此诗时，心中是否已有全诗的计划，但这些诗对他当下的意义怎样高估都不为过。这部素体诗的许多内容堪与《序曲》媲美——尽管有很多差别，但拥有同样的力量。在一段迷茫甚至荒芜的时期之后，华兹华斯达到了创作的巅峰，满怀信心，下笔有神。流浪者和孤独者的对话不断指向早期的诗歌——《责任颂》《永生颂》《皮尔城堡挽歌体诗节》以及《序曲》。一七九八年的诗文《我认为……并非无益》终于以完整的形式出现在《隐士》中。[142]这种回溯绝非偶然。华兹华斯再度表达对想象力的信念，审视自己在多大程度上、以何种方式依然能够说出一七九八年《丁登寺》中的话：

> 因此，我依然
>
> 热爱茵茵草场与密树茂林，

还有山川，以及我们在这

青青大地看到的一切；耳目

所及的强大世界；一半是创造，

一半是感知；庆幸能在自然

与感官的语言中认出我纯粹

思想的港湾，我心灵的乳母，

向导和守护者，以及我全部

精神生命的灵魂。

济慈后来称《漫游》为"本时代三大乐事"[143]之一。这部作品将成为把华兹华斯奉为智者和精神导师的维多利亚湖区迷们最常相伴的诗歌。以后视的眼光来看，我们可以发现一个有趣的巧合：事实上，当华兹华斯创作着他全部诗歌中的上品时，他也在写作另一本常被人们随身携带的书——第一版《湖区指南》。

这部重要作品的形成充满不确定。一八〇七年，华兹华斯曾想过写一本指南，但一八〇八年，他向佩林神父强调，在尝试写作的过程中，"一种无法克制的乏味感"将他压倒。虽然生活在湖光山色之间，但他声称："若让我正式地描述它们，我却四顾茫然……从哪儿开始，又到哪儿结束。"[144]然而，一八〇九年六月，诺福克郡雷瑟姆地区（东、西部）的教区牧师约瑟夫·威尔金森问柯尔律治，他或者华兹华斯是否愿意写一本介绍湖区景色的书。在搬到诺福克之前，威尔金森曾住在格丽塔府附近的奥玛斯威特。此人值得一提。他不是那种"搞"湖区创作的时髦艺术家，而是一位有才华的业余爱好者，用爱与真知描绘曾经栖居的风景。而且，他还是一位老友。不过，华兹华斯仍在犹豫。夏天，游客挤满客栈，"新来者"在此建房，城里人对这里越来越感兴趣，但他显然不相信市场，害怕《康伯兰、威斯摩兰和兰开夏郡选景》将破坏威廉·格林的生动。威尔金森向他保证,两者的作品非常不同。此外,可以肯定,华兹华斯受到稿费的吸引,最终答应了,转年就为四十八幅版画写好了正文。[145]这本书没有署名——原因不详,也不知是谁的决定。

可以确定的是,当华兹华斯开始写作,他并未感到"无法克制的乏味"。他将这个任务视为自己的创作,完全不顾版画的内容,也不管人们对这本精美手册的介绍文字有何期待。实际上,这是一本等候已久的书,如今它迎来了契机。华兹华斯引用《抒情歌谣集》序言中描写的山间生活,也在诗歌注脚里提及当地的风俗、语言和隐蔽的胜景,(他并不知道)迷人的诗文至少引诱了一个游客走向达登河谷。[146]他曾在诗中赞美这里的风景与居民。最重要的是,他读过很多极有影响的地貌书籍,足以知道他不想要什么。他想要表达的内容基于对地方的体悟,来自他不分四季不舍昼夜不顾天气遍及湖区的脚步。当他写作时,他不是鉴赏者,而是栖居者。《选景》是稀有的珍本书,但读者可以找到华兹华斯后来独立出版的《湖区指南》。[147]这是华兹华斯最动人、最浅显的散文,抛开"指南"一词隐含的实用色彩,人们更容易看出它是浪漫主义写作的瑰宝。

《选景》字里行间都流露出华兹华斯对所写内容的热爱——他甚至称,湖区的雨和任何地方的雨都不同,虽然很大,但不会让人心情低落,而是让人振奋,因为雨伴着空濛的云雾不断幻化出新的风景。他尤其喜欢渐变的色彩,特别是秋色,以及大自然的千姿百态。远景近景都值得玩味——远山如"萦绕想象的幽灵",近旁的湖水波光潋滟。但《选景》不仅是对自然美景的描写。当华兹华斯讲述着湖区群落的特色:村舍,农场,石墙,道路,他也在铺展一幅自然、经济与人类发展和谐共处的图景:

> 这些山谷的起点是由牧羊人与农耕者组成的理想国,每个人的犁铧都只为养家糊口,偶尔也为了邻居的食宿。两三头奶牛可以为

每一户人家提供牛奶和奶酪。教堂是惟一高过这些房屋的建筑,是这个纯净共同体的最高领袖。……这里没有出身高贵的贵族、骑士或乡绅;但这些谦卑的山之子知道,五百年来,他们行走、耕耘的这片土地都属于他们的名字和血统……[148]

这是“四十年前”的情况,如今,华兹华斯称,这种状态受到种种外力的威胁。他始终以自己的出生年一七七〇年为参照,仿佛它真的标志着一个时期的结束。华兹华斯感慨自己无力影响经济因素,但猛烈抨击那些随处可见、本可阻止的冷漠建筑。

华兹华斯倡导有机社群这一伯克式愿景,它的历史书写于干砌石墙,它的精神中心是牧区教堂——生者与逝者会合之地。与此同时,华兹华斯汇集了他全部的信念,这些信念曾以其他方式出现在《安家格拉斯米尔》《迈克尔》《兄弟》《序曲》以及近作《辛特拉协定》《论墓志铭》和未来的《漫游》诗稿中。现在,他这样做还有另一重意义。一些评论者为华兹华斯贴上“湖畔派”的标签,用这个无礼的字眼蔑视他狭隘的地方狂热,及其连带的社会、政治和诗歌方面的颠覆性思想。在《选景》中,华兹华斯重申他的“湖畔派”身份,宣称这个头衔是光荣的徽章。

326

十

在华兹华斯创作《选景》和未来的《漫游》诗稿的整个时期,全家人都承受着极大压力。多萝茜一如既往地为钱苦恼。他们试图“放弃喝茶的习惯”,她告诉理查德,“如果可能,找一所煤炭便宜的房子”。柯尔律治的在场也使他们感到沉重。多萝茜抱怨他直到中午才起床,只是从他的房间出来吃饭,“有时……一言不发”。[149]一八一〇年四月,华兹华斯的次女凯瑟琳(生于一八〇八年九月)突发惊厥,一度右侧瘫痪。玛丽再次怀孕,五月十二日诞下他们最后的孩子,与他父亲同名。他们都需要一些改变。

　　玛丽临产时,他们开始行动。五月初,柯尔律治返回格丽塔府长住。每个人都如释重负。小婴儿威廉在六月二十四日受洗,德昆西和约翰·威尔逊作为教父出席。一个星期后,多萝茜和华兹华斯前往科尔顿。玛丽的环境没有变化,但少了柯尔律治和其他人,她一定倍感轻松。华兹华斯从科尔顿前往拉德诺郡的汉德威尔,约翰·蒙克豪斯和汤姆·哈钦森正在这里农耕。在这里,他与萨拉·哈钦森重聚,她三月就来这儿与哥哥和堂兄同住了。多萝茜去了另一个方向,先去她哥哥的母校剑桥朝圣,接着又去布里看望亲爱的凯瑟琳·克拉克森。九月初,华兹华斯回到艾伦山庄,一个月后,多萝茜归来。

　　夏天结束时,人们又痛苦地想起阿尔弗克斯顿和不复存在的往昔。一八一〇年九月底,巴希尔·蒙塔古携第三任妻子来到湖区,体验这滋养着他尊贵朋友的美景。自然,他也联系了柯尔律治。他觉察到格丽塔府的无常,也感到没有伦敦的刺激和明确的目标,柯尔律治势必愈加颓废。于是,蒙塔古看到回报柯尔律治的机会,以便感谢他早年对自己的恩惠。他给了柯尔律治一个家。十月十八日,蒙塔古前往伦敦,柯尔律治与他同行。

　　对于华兹华斯来说,从一八〇六年柯尔律治返回英国至一八一〇年他最终离开湖区,这段时期有着双重意义。从事业上来看,他接受了一次检验。《两卷本诗集》的反响是一次打击,《莱尔斯通的白母鹿》的撤回是一场失败。但他都走过来了,并且预见有朝一日,《隐士》的大部分内容和建立在全新诗歌法则上的诗集将使评论家们震惊。从诗歌创作来看,华兹华斯虽然沉默但并非无闻。家庭方面是一个艰难的时期。华兹华斯生存的基础——婚姻与家庭生活——绝对稳定,但也面临着巨大的压力：抚养五个幼子的财务压力，被迫从鸽舍搬到烟熏火燎的艾伦山庄，约翰和凯瑟琳的重病，多萝茜的疲惫，萨拉令人担忧的症状，与柯尔律治关系的破裂。华兹华斯遭遇第二次严重眼疾，威胁着未来的失明。[150]然而，当一家人向柯尔律治和蒙塔古挥别时，他们不知道人生最痛苦的时期即将拉开帷幕。

注释

[1] 多萝茜致克拉克森，1805 年 12 月 25 日，《早期书信》，第 659 页。

[2] 1805 年《序曲》，1.649。《丁登寺》，第 74、83 行。

[3] 多萝茜致博蒙特夫人，1805 年 12 月 25 日，《早期书信》，第 664 页。

[4] 华兹华斯致汉斯·巴斯克，1819 年 7 月 6 日，《中期书信》，第二卷，第 547 页。见《车夫本杰明》保罗·F. 贝茨编（伊萨卡，1981），第 3 页。以下引文皆出自手稿 I。

[5] 华兹华斯致博蒙特，1805 年 10 月 17 日和 24 日，《早期书信》，第 628 页。多萝茜致博蒙特夫人，1806 年 1 月 19 日，《中期书信》，第一卷，第 2 页。

[6] 多萝茜致凯瑟琳·克拉克森，1806 年 3 月 2 日，《中期书信》，第一卷，第 10、12 页。

[7] 华兹华斯致凯瑟琳·克拉克森，1806 年 3 月 28 日，《中期书信》，第一卷，第 19 页。

[8] 两年后，博蒙特的一封介绍信使华兹华斯通过托马斯·劳伦斯爵士见到约翰·朱利乌斯·安格斯坦的绘画收藏，它们后来成为国家美术馆的核心藏品。华兹华斯 1808 年 4 月 8 日的信表达了他对博蒙特爵士的感激，感谢爵士让他见到如此上乘之作。

[9] 另有不同说法。根据罗杰斯的回忆，这次相遇没有那么戏剧性。见《塞缪尔·罗杰斯茶叙回忆录：亚历山大·戴斯牧师初次整理》，莫查德主教编（1952），第 61 页。根据约翰·戴维夫人的说法，引文乃华兹华斯晚年的回忆。见乔治·麦克林·哈珀，《威廉·华兹华斯：生平、作品与影响》（两卷，1916），第

二卷,第 113 页。

[10] 亨利·克拉布·罗宾逊致托马斯·罗宾逊,[1808 年 3 月],《罗宾逊与华兹华斯圈书信集》,第一卷,第 52 页。这次会面是友谊关系网的良好范例。罗宾逊曾通过克拉克森一家认识了多萝茜,又通过克拉克森一家,逐渐认识兰姆一家;通过兰姆一家,他见到华兹华斯。他是将华兹华斯介绍给诺里奇圈子的关键一环,这个圈子还包括艾金一家,尤其是安娜·莱蒂娜·艾金①,即巴鲍德夫人。

[11] 华兹华斯致约翰·凯尼恩,1838 年 8 月 17 日,《晚期书信》,第三卷,第 631 页。

[12] 在 1806 年 6 月 29 日的信中,博蒙特爵士解释道:"我没给你看《皮尔城堡》,尽管这幅画就在展厅里,因为我担心看见它会使你痛苦……"引见《年谱》,第二卷,第 321 页。博蒙特画了两幅油画,小的那幅现藏于格拉斯米尔的华兹华斯基金会,大的在莱斯特博物艺术馆。关于华兹华斯在何时看到什么,详细论述见理查德·E.麦特拉克,《深深的痛楚:威廉·华兹华斯、约翰·华兹华斯和乔治·博蒙特爵士:1800-1808》。

[13] 爱德华·威尔逊在《华兹华斯〈挽歌体诗节〉中的圣保罗和慰抚之言》(《英语研究评论》,第 43 期〔1992〕,第 75-80 页)中指出,这首诗最后一行暗引《圣经·新约》帖撒罗尼迦前书 4:13。暗引的文字出自《公祷书》墓旁短祈祷文"葬礼仪式":"哦,仁慈的上帝……也曾通过他的使徒圣保罗教导我们,不要为绝望的人们悲伤,因为他们与上帝同眠。"在《两卷本诗集》中,这首诗出现在《山鸣谷应》(写的是查尔斯·詹姆斯·福克斯之死)之后、《颂歌》("曾几何时")之前。因此,1807 年诗集以三首关于损失和死亡的诗结束。

[14] 华兹华斯致弗朗西斯·兰厄姆,1806 年 11 月 7 日,《中期书信》,第一卷,第 89 页。

[15] 华兹华斯致博蒙特夫人,1806 年 6 月 3 日,《中期书信》,第一卷,

---

① 安娜·莱蒂娜·艾金(Anna Laetitia Aikin,1743-1825),英国诗人、批评家、儿童文学作家。

第35页。

[16] 华兹华斯致博蒙特,1806年8月1日,《中期书信》,第一卷,第64页。

[17]《安家格拉斯米尔》,第100页。

[18] 华兹华斯致博蒙特,1806年9月8日,《中期书信》,第一卷,第78-79页。

[19] 多萝茜致凯瑟琳·克拉克森,1806年11月6日,《中期书信》,第一卷,第86-87页。

[20] 华兹华斯致柯尔律治,1806年9月18日,《中期书信》,第一卷,第80页。

[21] 多萝茜致博蒙特夫人,[1806年9月末],《中期书信》,第一卷,第84页。

[22] 华兹华斯致博蒙特,1806年9月8日,《中期书信》,第一卷,第78-79页。

[23] 华兹华斯致弗朗西斯·兰厄姆,1806年11月7日,《中期书信》,第一卷,第88页。

[24] 华兹华斯致博蒙特,1806年8月5日,《中期书信》,第一卷,第68页。

[25] 华兹华斯致罗瑟勋爵,1806年8月19日,《中期书信》,第一卷,第74-75页。

[26] 博蒙特致华兹华斯,1806年11月6日。引自华兹华斯的回信,1806年11月10日,《中期书信》,第一卷,第92页。

[27] 华兹华斯致博蒙特,1805年10月17日和24日,《早期书信》,第627页。

[28] 华兹华斯致博蒙特夫人,[1806年12月?],《中期书信》,第一卷,第112-120页。关于花园的建造和意义,见杰茜卡·费伊,《华兹华斯的隐修传承》,尤第92-98页;彼得·戴尔与布兰登·C.尹,《华兹华斯的花园与花朵:乐园精神》(伍德布里奇,2018),尤第61-121页。拉塞尔·诺伊斯的《华兹华斯与风景艺术》(布鲁明顿,1968)始终是必要的研究文献。

［29］尤维达尔·普莱斯（1747-1829）著有《论图画美》（赫里福德，1794），他对风景美学的后期发展有重大贡献。博蒙特夫人使他对华兹华斯产生好感。1810 年，两人在普莱斯位于赫里福德郡福克斯的庄园见面。普莱斯喜欢谈论的一个话题是古希腊语和拉丁语的正确发音，晚年，他不断就此向诗人请教。（书信手稿，藏皮尔庞特·摩根图书馆）

［30］多萝茜致博蒙特夫人，1806 年 12 月 23 日，《中期书信》，第一卷，第 121 页。

［31］《柯尔律治诗歌全集》，第一卷，第 816-819 页。

［32］《柯尔律治笔记》，第二卷，第 2938、2998 条。

［33］霍姆斯，《柯尔律治：幽暗影像》，第 83-85 页。

［34］1806 年，华兹华斯说《致彭斯的儿子们》"主题太过隐私、神圣，不宜公开"。耐人寻味的是，对于《抱怨》一诗，他似乎没有这种保留。见柯蒂斯编，《两卷本诗集》，第 xxvii 页。

［35］多萝茜致凯瑟琳·克拉克森，1807 年 2 月 16 日，《中期书信》，第一卷，第 137 页。柯尔律治致丹尼尔·斯图亚特，［约 1807 年 5 月 5 日］，《柯尔律治书信集》，第三卷，第 14 页。

［36］多萝茜致博蒙特夫人，1805 年 11 月 4 日，《早期书信》，第 636 页。

［37］柯蒂斯《两卷本诗集》讲述了这段复杂诗文从手稿到出版的过程。

［38］1807年没有发表。刊印在柯蒂斯编辑的《两卷本诗集》中。（第 527 页）

［39］同上，第 36 页。

［40］同上，第 56 页。

［41］柯尔律治致骚塞，1802 年 7 月 29 日，《柯尔律治书信集》，第二卷，第 830 页。

［42］理查德·克罗宁，《浪漫主义诗歌的政治：寻找纯净共同体》（贝辛斯托克，2000），第 116 页。

［43］柯尔律治致托马斯·普尔，1803 年 10 月 14 日，《柯尔律治书信集》，

第二卷,第 1013 页。

[44] 约翰·哈登是一位富裕的绅士艺术家。从 1804 年起,他全家与华兹华斯一家保持着稳定的友谊。关于此事的生动描述,见达芙妮·福斯克特,《布雷泰府的约翰·哈登:1772-1847》(肯德尔,1974)。法灵顿说,"康斯太勃尔提到华兹华斯孤芳自赏。"见《法灵顿日记》,1807 年 12 月 12 日,第八卷,第 3164 页。

[45] 多萝茜致凯瑟琳·克拉克森,1807 年 7 月 19 日,《中期书信》,第一卷,第 156 页。威廉和多萝茜将"他们不在期间,教区发生的伐木与人亡"这两件事关联起来。在《彼此即一切》中,露西·纽林清晰地阐释了这一关联。(第 219 页)

[46] 更多细节见霍华德·科尔文、J. 莫当特·克鲁克、特里·弗里德曼,《威斯摩兰罗瑟城堡建筑绘图》,《建筑史专著》,第二期(1980)。关于该地最壮观的遗址之一,及其早期摄影照片见杰弗里·彼尔德,《坎布里亚大庄园》(肯德尔,1978)。这座城堡现经维护,可以参观,华丽的花园也已修缮。

[47] 霍兰德夫人发现华兹华斯"其人胜过其作,不善交谈"。她认为,华兹华斯正在"准备一本湖区旅游指南",当人们对"山边白房子的效果"产生分歧时,华兹华斯总是固执己见。见《伊丽莎白·霍兰德夫人日记:1791-1811》,伊尔切斯特伯爵编(两卷,1908),第二卷,第 231 页。

[48] 格林 1823 年逝世,葬于格拉斯米尔教堂墓园。格林是华兹华斯的忠实读者,华兹华斯则在自己的《湖区指南》中致敬格林。受格林遗孀之托,华兹华斯为格林写了墓志铭。见 M. E. 伯克特与 J. D. G. 斯劳斯,《安布尔塞德的威廉·格林:湖区艺术家(1760-1823)》(肯德尔,1984)。

[49] 多萝茜致简·马绍尔,1807 年 9 月 19 日,《中期书信》,第一卷,第 165 页。

[50] 托马斯·珀西,《英国古诗遗珍》(三卷,1765)。约瑟夫·尼科尔森与理查德·伯恩,《威斯摩兰和康伯兰历史与古迹》(两卷,1777)。托马斯·邓纳姆·惠特克,《克雷文总铎区历史与古迹》(1805)。费伊在《华兹华斯的隐修传承》中详细讨论了华兹华斯参考的文献。

[51] 更多细节见《莱尔斯通的白母鹿》,克莉丝汀·杜加斯编(伊萨卡,

1988)。重要文献还有《芬尼克笔记》第 32-33 页说明;以及华兹华斯对这部诗的评论,见华兹华斯致弗朗西斯·兰厄姆,1816 年 1 月 18 日,《中期书信》,第二卷,第 276 页。

[52] 华兹华斯致司各特,[1806 年 6 月 15 日前],《中期书信》,第一卷,第 41 页。

[53] 晚年,华兹华斯竭力强调将他的诗与司各特的任何一首诗相比较是"欠考虑的"。在前面引用的《芬尼克笔记》说明中,华兹华斯声明,他们探索历史素材的角度是"截然不同的"。但 1808 年,柯尔律治向华兹华斯坦言:"我害怕人们说这是对沃尔特·司各特的模仿。"1808 年 5 月 21 日,《柯尔律治书信集》,第三卷,第 111 页。

[54] 华兹华斯致博蒙特夫人,1807 年 5 月 21 日,《中期书信》,第一卷,第 145-151 页。

[55] 华兹华斯致柯尔律治,1808 年 4 月 19 日,《中期书信》,第一卷,第 222-223 页。

[56] 华兹华斯致弗朗西斯·兰厄姆,1816 年 1 月 18 日,《中期书信》,第二卷,第 276 页。彼得·J. 曼宁在《〈莱尔斯通的白母鹿〉、〈辛特拉协定〉和职业生涯》中指出,诗中的诸多分歧说明,无论华兹华斯如何保持历史距离,他并不确定如何处理叛乱主题,见《阅读浪漫主义作家:文本与语境》(纽约与牛津,1990),第 165-194 页。

[57] 多萝茜致简·马绍尔,[1808 年 2 月 23 日],《中期书信》,第一卷,第 198 页。

[58]《柯尔律治笔记》,第三卷,第 3304 条。

[59] 华兹华斯致柯尔律治,[1808 年 5 月底或 6 月初],《中期书信》,第一卷,第 239-245 页。柯尔律治的痛苦从以下事实可见一斑:1808 年 3 月 9 日,柯尔律治向凯瑟琳·克拉克森吐露,华兹华斯的"友谊以及他妹妹多萝茜的友谊是我人生中惟一……没被残忍欺骗或迷惑的重要经历"。见《柯尔律治书信集》,第三卷,第 79 页。

[60] 柯尔律治致华兹华斯,[1808 年 5 月 21 日],《柯尔律治书信集》,第三卷,第 107-115 页。

[61] 迪尔德丽·科尔曼在《杰弗里与柯尔律治:四封未发表的信》中刊印了杰弗里的回复,讨论这一重要交流的意义,见《华兹华斯社交圈》,第 18 期(1987 年冬),第 39-45 页。

[62] 华兹华斯致博蒙特,1808 年 4 月 8 日,《中期书信》,第一卷,第 209 页。

[63] 同上。

[64] 多萝茜致凯瑟琳·克拉克森,[约 1808 年 4 月 18 日],《中期书信》,第一卷,第 214-216 页。

[65]《格拉斯米尔教区乔治与萨拉·格林的故事:讲给一位友人》,E. 德塞林科特编,并写了一篇很有用的导言,后由希拉里·克拉克编辑再版,补充了注释和插图,题为《格拉斯米尔的格林一家》(伍尔弗汉普顿,1987)。

[66] 多萝茜致凯瑟琳·克拉克森,1807 年 7 月 19 日,1808 年 3 月 28 日,《中期书信》,第一卷,第 156、203 页。

[67] 多萝茜致华兹华斯,1808 年 3 月 31 日,《中期书信》,第一卷,第 207 页。

[68] 柯尔律治致华兹华斯,1808 年 5 月 21 日,《柯尔律治书信集》,第三卷,第 110 页。

[69] 华兹华斯致理查德·夏普,[约 1805 年 2 月 7 日],《早期书信》,第 534 页。

[70] 乔安娜·贝里致沃尔特·司各特,1808 年 10 月 22 日,《乔安娜·贝里书信集》,朱迪斯·贝利·斯莱格尔编(两卷,麦迪逊,1999),第一卷,第 240 页。

[71] 骚塞致玛丽·巴克,1808 年 2 月 2 日,见《年谱》,第二卷,第 372 页。亨利·克拉布·罗宾逊致汤姆·罗宾逊,[1808 年 3 月],《罗宾逊与华兹华斯圈书信集》,第一卷,第 52 页。

[72]《文娱月刊》,第三期(1807 年 7 月),第 65-66 页;《批判性评论》,系列三,第 11 期(1807 年 8 月),第 399-403 页;《讽刺作家》,第一期(1807 年 11 月),第 188-191 页;《爱丁堡评论》,第 11 期(1807 年 10 月),第 214-231 页;《批评荟萃》,

第四期(1808 年 1 月),第 35-43 页;《内阁》,第三期(1808 年 4 月),第 249-252 页。关于《两卷本诗集》的书评与观点,更多文献见伍夫,《批评遗产》,第 169-345 页。

[73] 作者理查德·曼特,后成为唐恩与康纳地区主教。见华兹华斯致爱德华·奎利南,1830 年 9 月 10 日,《晚期书信》,第二卷,第 324 页。伍夫,《批评遗产》,第 262-284 页。

[74]《检查者》,1808 年 8 月 28 日;《英国批评家》,第 33 期(1809 年 3 月),第 298-299 页。

[75] 华兹华斯致弗朗西斯·兰厄姆,1807 年 7 月 12 日,11 月 4 日,《中期书信》,第一卷,第 155、174 页。第二封信引用了骚塞。

[76] 博蒙特夫人很有影响。她转化了尤维达尔·普莱斯,却未能成功说服法灵顿去研究《抒情歌谣集》序言。"乔治爵士更温和些。他警告我质疑夫人的危险,补充道,'博蒙特夫人不容许别人质疑她的观点,就像鲍纳主教对于宗教问题不容置疑一样。'"见《法灵顿日记》,1809 年 3 月 28 日,第九卷,第 3425-3426 页。

[77] 里德,《文献》,第 26 页。

[78] 沃尔特·司各特匿名在《爱丁堡年度记录·一八〇八》(实际出版于 1810 年)中有力地表达了同样的观点:虽然"不列颠缺少一颗更良善的心灵——更纯洁、更人性的高尚情操之源",但华兹华斯的情况是,"由于缺乏对世界的观察和了解,他错误地认为微不足道的事情能满足人类的思考,因而常陷入孤独的玄思"。见伍夫,《批评遗产》,第 297 页。

[79]《爱丁堡评论》,第 12 期(1808 年 4 月),第 133 页。杰弗里非常热衷于攻击"湖畔派",但考虑到他的政治和文化背景,也是可以理解的。见《英国浪漫主义和〈爱丁堡评论〉:二百周年纪念文集》,马西米利亚诺·德玛塔与邓肯·吴编(贝辛斯托克,2002),尤第 124-145 页。

[80] 华兹华斯致塞缪尔·罗杰斯,1808 年 9 月 29 日,《中期书信》,第一卷,第 268 页。

[81] 杰弗里写彭斯的时候再次攻击华兹华斯,将彭斯"成熟的"诗文与华

兹华斯"矫揉造作如儿童咿咿呀呀的感叹词,以及老奶妈哼哼唧唧无意义的虚词"对比,《爱丁堡评论》,第 13 期(1809 年 1 月),第 249-276 页。他嘲讽了很多诗文,尤其是凯瑟琳·克拉克森所说的那段:"我从未读过如此傲慢邪恶的诗文。"见《年谱》,第二卷,第 423 页。

[82] 华兹华斯致博蒙特夫人,1807 年 5 月 21 日,《中期书信》,第一卷,第 145-151 页。

[83] 华兹华斯致柯尔律治,1808 年 4 月 19 日,《中期书信》,第一卷,第 222-223 页。

[84] 华兹华斯致骚塞,[1808 年 1 月],《中期书信》,第一卷,第 162 页。

[85] 多萝茜致简·马绍尔,1808 年 5 月 11 日,《中期书信》,第一卷,第 236 页。

[86] 《抒情歌谣集》序言(1800),《文集》,第一卷,第 126-127 页。耐人寻味的是,华兹华斯曾对柯尔律治说起,想引用塞缪尔·丹尼尔的《马索菲勒斯》中的诗行作为《莱尔斯通的白母鹿》的题词。在丹尼尔的诗中,诗人针对世人的轻蔑,捍卫诗歌和人文知识,声称在当代哪怕只有一个知音,他就心满意足了。华兹华斯致柯尔律治,1808 年 4 月 19 日,《中期书信》,第一卷,第 223-224 页。

[87] 华兹华斯致博蒙特,[1808 年 2 月],《中期书信》,第一卷,第 195 页。

[88] 1808 年 5 月 27 日,杰弗里合理地强调作家的声誉必须建立在已发表的作品上:"当我把柯尔律治先生和华兹华斯先生、骚塞先生一起归类,我指的是撰写《圣女贞德》幻象部分以及十四行诗的柯尔律治——这些是大众对他所知的一切——它们依然活在人们记忆中。"(华兹华斯图书馆)

[89] 题目为编者所加。华兹华斯生前,这些诗行没有命名,也未出版。细节与文本见《报春花丛,以及晚年为〈隐士〉所作之诗》,约瑟夫·E. 基舍尔编(伊萨卡与伦敦,1986)。

[90] 发表于《早年与晚年的诗》(1842)。见《报春花丛》,第 62-71 页,"阅读文本"。

[91] 见《报春花丛》,第 39-56 页,"阅读文本"。

[92]《报春花丛》,第 279-308 行。

[93] 弗内斯修道院之行,见 1805 年《序曲》,2. 99-144。

[94] 在《华兹华斯的隐修传承》中,费伊按时间顺序梳理了一个有用的列表,即"华兹华斯拜访或研究过的隐修场所列表",共列出四十个地点,还有一张地图。

[95]《安家格拉斯米尔》[手稿 B],875-879 行。

[96] "回到故乡的山峦",出自《漫游》(1814)序言,这是华兹华斯发表过的最充分的解释,来说明隐居是"建构一部不朽的文学作品"的必要条件。

[97] 华兹华斯致约翰·威尔逊,[1802 年 6 月 7 日],《早期书信》,第 355 页。

[98] 华兹华斯致塞缪尔·罗杰斯,1808 年 9 月 29 日,《中期书信》,第一卷,第 269 页。

[99] 多萝茜致简·马绍尔,1808 年 12 月 4 日,《中期书信》,第一卷,第 280 页。1810 年初,他们似乎打算搬到温德米尔南端的一处住所。见艾伦·G. 希尔,《华兹华斯准备搬离格拉斯米尔(1810 年):一封未发表的信》,《英语语言评注》,第 44 期(2006),第 96-102 页。

[100] 多萝茜致凯瑟琳·克拉克森,[1807 年]12 月 28 日,《中期书信》,第一卷,第 183 页。

[101] 参考注释 99。

[102] 多萝茜致德昆西,1809 年 5 月 1 日,《中期书信》,第一卷,第 325 页。

[103] 见格莱维尔·林德普,《吸鸦片的人:托马斯·德昆西传》(1981),尤第 134-155 页;托马斯·德昆西,《威廉·华兹华斯》,收录于《泰特杂志和布莱克伍德杂志文选:1838-1841》,朱利安·诺斯编,《托马斯·德昆西文集》(二十一卷),第十一卷,第 46-50 页。

[104] 多萝茜致凯瑟琳·克拉克森,1808 年 12 月 8 日,《中期书信》,第一卷,第 283 页。

[105]《萨拉·柯尔律治回忆录与书信》,[伊迪丝·柯尔律治]编(两卷,

第三版,1873),第一卷,第18-19页。

[106] 同上,第19页。

[107] 华兹华斯致博蒙特夫人,1807年5月21日,《中期书信》,第一卷,第147页。

[108] 见林德普,《吸鸦片的人》,第154页。1806年6月17日,法灵顿写道,一位共同的朋友汇报说,华兹华斯的谈话证明他"强烈的共和倾向。他认为,每一个行政部门都有义务尽可能考虑大多数民众的需求,始终保持**平等**的态度,尽管不能完美实现,但我们已经朝着它的方向取得很多进展,并且还会更多"。见《法灵顿日记》,第七卷,第2785页。

[109]《文集》,第一卷,第352页。以下所有引文出自这本全集中的《辛特拉协定》,第193-415页。

[110] 同上,第196页。

[111]《作于伦敦,1802年9月》,《芬尼克笔记》中关于此诗的说明。多萝茜致简·马绍尔,1808年12月4日,《中期书信》,第一卷,第280-281页。柯尔律治致丹尼尔·斯图亚特,1809年1月3日,《柯尔律治书信集》,第三卷,第160页。

[112] 柯尔律治致丹尼尔·斯图亚特,1809年5月2日,《柯尔律治书信集》,第三卷,第205页。

[113] 德昆西致多萝茜,1809年4月1日,约翰·E.乔丹,《德昆西致华兹华斯:一部友谊传记》(伯克利与洛杉矶,1962)。华兹华斯的回信,[1809年4月7日],《中期书信》,第一卷,第317-319页。

[114] 华兹华斯与萨拉·哈钦森致德昆西,1809年5月5日,《中期书信》,第一卷,第330页。

[115] 华兹华斯致司各特,1808年5月14日,《中期书信》,第一卷,第237页。

[116] 华兹华斯致弗朗西斯·兰厄姆,[1809年3月底],《中期书信》,第一卷,第312页。

[117] 柯尔律治致丹尼尔·斯图亚特,1809年6月13日,《柯尔律治书信

集》,第三卷,第214页。

[118] 《法灵顿日记》,1809年6月6日,第九卷,第3478页。

[119] 同上,第3482页。

[120] 摘自这本小册子的扉页。摹本见《文集》,第一卷,第221页。

[121] 《友人》,第二期,第13页。

[122] 华兹华斯致托马斯·普尔,1809年3月30日,5月30日,《中期书信》,第一卷,第310、352页。

[123] 多萝茜致凯瑟琳·克拉克森,1809年6月15日,华兹华斯致丹尼尔·斯图亚特,1809年[6月14日],《中期书信》,第一卷,第356、359页。

[124] 多萝茜致凯瑟琳·克拉克森,1808年3月28日,《中期书信》,第一卷,第206页。

[125] 威尔逊在一首冗长的诗《垂钓者的帐篷》中纪念了这次出行,诗前有华兹华斯的题词,诗文对华兹华斯有诸多回应,诗中还直接提到华兹华斯及其家人,以表敬意。见《棕榈岛及其他诗》(爱丁堡,1812)。

[126] 《友人》,第17期(1809年12月14日),见《友人》,芭芭拉·E.鲁克编(两卷,1969),第二卷,第222-229页。这封信是威尔逊与朋友亚历山大·布莱尔合写的。关于此信的介绍和文本,见《文集》,第二卷,第3-5页,第26-34页。

[127] 华兹华斯的回复见《文集》,第二卷,第6-41页,包括介绍和评论。引文出自第15页。

[128] 同上,第21页。《友人》很关注通过犯错获得真理。1808年12月4日,兰达夫主教查德·沃特森(1793年华兹华斯的批评对象)曾提醒柯尔律治人们已将他等同于"民主的原则",并敦促他考虑"在这项工作伊始公开放弃那些原则是否会有帮助……"柯尔律治在最初几期恰恰致力于此,最明显的是第11期(1809年10月26日),发表了今天最为人熟知的诗文"能够活在那样的黎明已是幸福"(1805年《序曲》,10.689-727)。在期刊的语境中,这段诗显然是在说明青年人容易在普遍理想的诱惑下犯错。见鲁克编,《友人》,第二卷,第147-

148 页,第 472 页。

[129] 多萝茜致博蒙特夫人,1810 年 2 月 28 日,《中期书信》,第一卷,第 391 页。

[130]《论墓志铭》,见《文集》,第二卷,第 45-119 页。此后不再列出页码。

[131] 在[1809 年 3 月底]写给弗朗西斯·兰厄姆的信中,华兹华斯称他是多么"依恋"英国国教,这在他的想象中等同于"英国人民"。见《中期书信》,第一卷,第 313 页。

[132] 这个重要的词组出自 1802 年《抒情歌谣集》序言:"[诗人]是人性的堡垒,支撑者与维护者,所到之处无不播撒关联与爱。"

[133]《友人》,1809 年 8 月 10 日,9 月 28 日,10 月 26 日,11 月 16 日,12 月 21 日,12 月 28 日。

[134] 华兹华斯致托马斯·普尔,1809 年 5 月 30 日,《中期书信》,第一卷,第 352 页。

[135] 多萝茜致凯瑟琳·克拉克森,1810 年 4 月 12 日,《中期书信》,第一卷,第 399-400 页。1808 年 8 月 16 日及 1809 年 2 月 22 日,乔安娜·哈钦森说萨拉似乎病得很重。见《年谱》,第二卷,第 394、409 页。

[136] 多萝茜致凯瑟琳·克拉克森,1810 年 11 月 12 日,《中期书信》,第一卷,第 450 页。

[137] 柯尔律治致华兹华斯,[约 1799 年 9 月 10 日],《柯尔律治书信集》,第一卷,第 527 页。

[138] 关于这首诗戏剧潜质的发展,见萨丽·布舍尔,《重读〈漫游〉:叙事,回应与华兹华斯的戏剧语声》(阿尔德肖特,2001)。

[139]《漫游》,3.383-387。若无特别说明,所有引文皆出自第一版 1814 年文本,见《漫游》中的"阅读文本",萨丽·布舍尔、詹姆斯·A.巴特勒与迈克尔·C.杰伊编(伊萨卡与伦敦,2007)。以下简称"《漫游》"。

[140]《漫游》,2.853-861。

[141]《漫游》,4.10-11,22。《诗集》,第五卷,第 110 页。这个观点在整个

第四卷展开。

[142] 最明显的例子见 3. 1206-1275。华兹华斯也将《序曲》创作时期的诗文草稿加入其中,尤其是从第 763 行开始的诗文"我们靠仰慕、希望和爱活着",见 1805 年《序曲》,2. 378-382。

[143] 约翰·济慈致本杰明·海顿,1818 年 1 月 10 日,《济慈书信集》,第一卷,第 203 页。

[144] 华兹华斯致 J. 佩林,1808 年 10 月 2 日,《中期书信》,第一卷,第 271-272 页。这显然与霍兰德夫人的理解矛盾,见注释 47。

[145] 文本、介绍和评论,见《文集》,第二卷,第 123-465 页。威廉·威尔斯版画依据的威尔金森绘画现藏于华兹华斯图书馆。

[146] 见彼得·比克奈尔与罗伯特·伍夫,《发现湖区:1750-1810》,第 38-39 页。两位作者根据未发表的日记手稿发现,1799 年 7 月,剑桥的詹姆斯·普朗普特曾想完全依赖华兹华斯在《黄昏漫步》(1793,第 171 页)中的说明沿达登河上游徒步:"华兹华斯先生推荐达登河的景色,诗人关于自然风景的文字是最精彩的。"由于时间有限,普朗普特未能如愿。

[147] 这部作品初版时名为《北英格兰湖区地貌描写》,是诗集《达登河》(1820)的附录。1822 年和 1823 年,这本书以袖珍书的形式独立再版,题目稍加改动。1835 年第五版时,题为《北英格兰湖区指南》。《浪漫主义圈》编辑的电子版见:https://www.rc.umd.edu/editions/guide_lakes。

[148] 研究该时期诗歌中的政治(不是政治与诗歌)的一本佳作即从这段文字得名理查德·克罗宁,《浪漫主义诗歌的政治:寻找纯净共同体》。

[149] 多萝茜致理查德·华兹华斯,[1810 年]1 月 9 日,致凯瑟琳·克拉克森,4 月 12 日,《中期书信》,第一卷,第 385、399 页。

[150] 1805 年 1 月,华兹华斯先得了沙眼,即眼睑发炎,后一直复发,妨碍读书或写作,使他对光高度敏感。1820 年起,他常常戴着绿色眼罩或眼镜来缓解状况。眼镜现藏于华兹华斯基金会。

第十章 一八一〇至一八一五

一

"我们发现,柯尔律治总是和威廉闹别扭。"一八一一年五月,多萝茜写信告诉凯瑟琳·克拉克森。倘若她知道柯尔律治正在抓狂——因为他确信华兹华斯背叛了他,他最亲爱的朋友成了他"最残忍的诋毁者"[1],那么她也许会用一个比"闹别扭"更重的词。

华兹华斯苦于蒙塔古不知自己的隐衷,于是在离开格拉斯米尔之前告诉他,和柯尔律治住在一起意味着什么。这本身并非不忠。骚塞认为,一个人可以对另一个人自由谈论他们共同的朋友。但他也精明地说,正常的礼数对柯尔律治和蒙塔古都不适用:"一个起心动念都是错,另一个则破罐破摔。"[2]破罐子到伦敦后,便向柯尔律治倾倒了一切:他说自己"受华兹华斯之托",要告诉柯尔律治,华兹华斯对他这个"没救的醉鬼"已经绝望了,说他总是在附近的小酒馆赖账,已经成了艾伦山庄"绝对的讨厌鬼"。[3]

柯尔律治与蒙塔古立刻决裂了,但"华兹华斯及其家人造成的永不愈合、正在化脓的伤口"却折磨着他。[4]他觉得,华兹华斯一边收留他,一边却隐藏着对蒙塔古之流吐露的情绪,自己多年来一定看错了人。当他在考文特花园酒店孤独地回顾自己的一生,一直压抑的愤恨,久已遗忘的创伤,全都浮上心头。所有的烦恼一起涌现:华兹华斯在一七九八年柯尔律治与劳埃德、兰姆争吵中的责任;他们保护萨拉不受他爱情骚扰的决心;华兹华斯在《白母鹿》一事上的冷酷;多萝茜对哥哥的崇拜,以及越来越让人反感的世故;他的诗名依然在遭受重创,因为人们认为他是《抒情歌谣集》反动理念和实践的始作俑者——最无法容忍的是,他相信自己"没有**被爱过**,他付出的爱,只不过是给别人带来愉悦"。[5]一八一〇年十一月三日,柯尔律治写下长长的笔记,仿佛要赶在发疯之前奋力驾驭无法忍受的痛苦,对自己十四年来的人生经历进行解读:

> 很多事情,我早该看清——去年的事件,尤其是上个月的事情,直到如今才让我看清真相。——这世上没有人爱过我。无疑,这一定是(部分是,或主要是)我自己的原因。小事上缺乏安全感,鸡毛蒜皮的烦恼,草率对待希望,总之,只要想起任何人,痛苦就比欢乐多——这可以解释失去友谊的原因——但实际上我从未拥有过,我有的不过是友谊的影子,满足于**我的**崇拜与依恋——我想,这一部分归咎于我的自卑倾向;看到朋友的优点,我总是贬低自己和自己的才能。[6]

在柯尔律治最绝望的日子里,艾伦山庄的一家人对他的痛苦却一无所知。柯尔律治此时在伦敦。他的妻子将消息传给华兹华斯一家,他们不理解他的行为,正如他也不理解他们。听信蒙塔古的话却不直面华兹华斯,将这件事对别人说三道四——这真的是柯尔律治吗?多萝茜相信他们没有错。她起初觉得柯尔律治的"胡思乱想很快就会自己消失",但好几个月过去了,还没有一点伦敦的消息,她越来越苦恼。和柯尔律治一样,多萝茜也忘不了痛苦的回忆;而柯尔律治在科尔顿和艾伦山庄留宿期间,给她留下不少。转年,她粗暴地说,至少在她看来,柯尔律治的行为"证明了我们长期以来的看法,他很高兴有借口离开我们,这样就能为他对己对人的不负责任找到托词"。[7]多萝茜恼火、偏执,她相信她的朋友们(尤其是凯瑟琳·克拉克森)也和她一样。华兹华斯没有动摇。他不会向柯尔律治解释,除非他亲耳听到他的抱怨,而不是别人的转述。

二

这场争吵像"一道晴天霹雳"[8]刺穿柯尔律治的心。对于华兹华斯,这更像是酝酿已久、终于爆发的风雨。但这件事给他造成的影响是同样巨大的。这份疏离也为本已紧张的生活带来更大的压力。

事业方面,华兹华斯进退维谷。他的名声只限于趣味相投的小圈子。对于博蒙特夫人和凯瑟琳·克拉克森这样的忠实读者来说,他的诗人地位不容置疑,但对于评论家和买诗集的大众,《抒情歌谣集》和《两卷本诗集》的作者依然是戏仿家和讽刺家们取乐的对象,不在儒生雅士的关注范围内。[9]法灵顿记载,在博蒙特爵士的劝说下,切斯特菲尔德勋爵购买了一八〇七年诗集,卖书的人非常惊讶。"我给了七先令六便士。一般人花六便士就可以买到手。"[10]然而,华兹华斯对诗人身份的认同感不仅在于已出版的诗歌,也在于那个尚未完成、不为人知的宏大构想。而柯尔律治与之密不可分。华兹华斯似乎不知道,对于他的抒情诗,柯尔律治的心情是多么矛盾;他也没有察觉,当他说得多写得少时,他的诗人同行作何感受。克拉布·罗宾逊猜测,"柯尔律治心中暗藏一种文学层面的嫉妒"。华兹华斯不得不驳回这个想法[11],因为这为近来的岁月蒙上太多的阴影。但他有理由相信柯尔律治依然期待他创作出

第一部真正的英语哲理诗。《隐士》是他与柯尔律治共同的策划,《序曲》是写给柯尔律治的诗。这个计划的一部分终于即将告成——《漫游》,在雷斯冈的树荫下,柯尔律治曾那么热切地聆听它的开篇。然而,潜在的裂痕差点让华兹华斯删掉《序曲》结尾的诗行,抹去诗人使命中一个有待完成的目标。

家庭方面,华兹华斯也压力重重。一八一一年五月,全家离开艾伦山庄,搬到格拉斯米尔教堂对面废弃的牧师公馆,不料房子阴冷、多烟,排水很差,下雨天时,他们不得不挣扎着蹚过沼泽回到家中。由于烟囱破旧,往往只有一间房间宜居——萨拉·哈钦森说,"一想到威廉为这些琐事浪费了多少时间,就让人难过。"[12]他们都开始梦想漫长的远行,但在"我们目前的贫穷"[13](华兹华斯语)状况下,旅行的开销不可想象。作为一个不断扩大的家庭之主,华兹华斯尤其感到财务的压力。四个大人——玛丽、多萝茜、萨拉和他自己——需要吃饭;五个孩子嗷嗷待哺,而且,他始终觉得必须对柯尔律治的儿子们更加负责,这也可能涉及财务——哈特莱和德温特正在安布尔塞德上学。他自己孩子的教育是真正的问题。约翰善良正直,但姑姑多萝茜悲哀地说,"他显然是他这个年龄段中最糟糕的学生";小多萝茜——"够聪明,但……太不稳定"——没有取得令人满意的进步。[14]华兹华斯热情支持安德鲁·贝尔博士的新教育体系,即所谓的"马德拉斯"方法,他甚至开始每天在当地的学校讲课几个小时,更有甚者,他开始以身作则,规律地去教堂礼拜,用多萝茜的话来说,是"为了孩子们的缘故"。[15]那位曾在《抒情歌谣集》中赞美儿童、在《迈克尔》中歌颂父母之爱的诗人如今成了居家男人。

中年的华兹华斯常被认为疏离,自我,坚不可摧,不如明显脆弱的柯尔律治更有人情味儿。这个形象符合事实,但不是全部真相。华兹华斯相信自己的才能,但他现在为自己能否拥有读者而深感焦虑。他沉浸于自己的诗歌,但时时为孩子们的幸福、健康和教育担心,哪个孩子都少不了他的关注、时间或者爱。不过,华兹华斯生活的某个方面是绝对安全无忧的。在结婚近十年后,他对妻子产生了完全的依赖,更重要的是,他自己也知道。一八一〇年五月的一封信毫不含糊地证明了这一点。信中,华兹华斯表达了他的感激、爱慕、温存,最关键的是,他对妻子持续不断的激情,仿佛第一次认识到他的生命完全建立在她的基础上。有一个瞬间尤其感人:

> 我是如此深沉、温柔、始终如一地爱你,我的灵魂心满意足,快乐而幸福,以至于我几乎无法提笔写别的事情。——听说你对我的甜蜜相思曾追随你流动的梦幻,我是多么有幸;我的爱,醒时睡时,都让我和你在一起,就像你与我不分离![16]

"追随你流动的梦幻"呼应着诗人在《序曲》开篇对德温河的致意,也将 332
玛丽融入为他生命"赐福"的众多意象之一。

三

一八一二年,华兹华斯与柯尔律治的争执陷入危机。二月,柯尔律治的冬季讲座一结束,他就北上看望家人。他在安布尔塞德接到两个儿子,令人惊讶的是,他坚持迅速回凯西克,经格拉斯米尔却不停,过华兹华斯家门而不入。不久,多萝茜知道他已经到了,就写信给格丽塔府,请他来做客,但他没有理会。三月二十八日,他又回伦敦了。华兹华斯显然想不到柯尔律治或许有些胆怯,或许,近在咫尺而不相见的原因是,他需要华兹华斯一家作出某种表示,让他知道这个熟悉的家庭圈子依然欢迎自己。对于华兹华斯,柯尔律治的行为仿佛故意的侮辱,成为最后一根稻草。早在年初,他就计划去伦敦。现在他开始行动,四月底就到了那儿,怒火中烧,"决定就此烦恼与柯尔律治和蒙塔古对峙"。[17]

华兹华斯之所以坚定决心,还因为理查德·夏普出人意料地给他看了柯尔律治的一封信,信中声称,他最近一次回到凯西克的经历使他确信华兹华斯已成为他"最残忍的诋毁者"。[18]事情都过去一年半了,柯尔律治还写这种信,华兹华斯当然很生气,一到伦敦,就决不放过他。他认为,如果柯尔律治和蒙塔古在一位仲裁者(比如说约书亚·韦奇伍德)的监督下与他见面,就会真相大白。当然,柯尔律治拒绝出席这种准法庭,实际上,只要蒙塔古在,他就不会出场。心地善良、聪明过人的罗宾逊开始担当中间人,在一轮轮外交式的谈判后,他说服华兹华斯寄出——同时也说服柯尔律治接受——一份郑重声明,否认他曾"委托"蒙塔古对柯尔律治说任何事,虽然"柯尔律治列举的伤心事在**形式**上是真实的,但在**本质上绝非属实**"。[19]

伤口愈合了,至少表面如此,这是两人的选择。华兹华斯的部分辩解是他的话被误传了——他怎么可能说出"没救的醉鬼"这样的话,"从道义上也是不可能的"——但他不能否认确实警告过蒙塔古要提防柯尔律治;不管他有没有说过"绝对的讨厌鬼",他总归说了些什么,无风不起浪;而柯尔律治也心知肚明。但他也想妥协,华兹华斯的书面说明给了他一个台阶,让他保持尊严。不管怎样,柯尔律治的伤口是无法痊愈的。一年后,他告诉普尔,他对华兹华斯的感觉再也回不到过去了。在未来的年月,尽管两人的亲密有所恢复,谈起这次裂痕,他依然视之为一生中最大的创伤。[20]

唇枪舌剑暂时平息,华兹华斯又投入伦敦的社交圈。像任何一位在大城市放风的丈夫一样,他向妻子汇报一切:聚会让人疲惫,理发贵得离谱,他不幸需要几件新衣……虽然如此,这些家书——其中不乏他最好看的书信——还是让我们看到一位尽情享乐的诗人。在伦敦，他不是初来乍到，尽管博蒙特一家的时髦地址早先帮助他进入了政治舞台和社交圈子，但如今他不再被视为博蒙特的门客。他一直在走动，不光是安静的聚会。兴奋的派对上，他看到的事物既辣眼睛，又让他目不转睛，比如那时尚女郎的"双乳宛若两个巨大的圆锥形干草堆，或者更像尖顶的干草垛，坚挺挺地冲着观者"。[21]他与律师、政客摩肩接踵，与文人雅士谈笑风生，也再次拜访了蒙塔古、罗杰斯、鲍尔斯、康斯太勃尔、威尔基、尤维达尔·普莱斯，或许还有海顿。与乔安娜·贝里多次聊天后，他在家书中写道："我非常喜欢贝里小姐，她举止投足都有英国大家闺秀的风范；毫无做作，却有一种最为优雅迷人的率真。"[22]与此相反，同安娜·莉蒂希娅·巴鲍德的会面却加剧了厌恶："一条老毒蛇"。[23]与汉弗莱·戴维（现在是汉弗莱爵士）的友谊得到巩固，因为他们发现了一个交集：两人都喜欢钓鱼，华兹华斯甚至哄骗戴维借给他一根鱼竿，实际上希望戴维送给他。[24]华盛顿·奥尔斯顿给诗人留下深刻印象；华兹华斯后来公开表示，奥尔斯顿是个"天才，我很荣幸与他为友"。[25]在议员理查德·夏普的介绍下，华兹华斯参加了下院的辩论，遇见了罗宾逊的熟人，有贵族，有绅士，最尊贵的当属朗斯岱尔勋爵，"他的胸前有一颗星，膝上佩戴嘉德绶带"，甚至还见到了摄政王的夫人卡罗琳公主。五月十一日晚，华兹华斯应邀参加罗杰斯的著名派对。在大厅里，华兹华斯遇见了二十二岁的拜伦——他告诉玛丽，"这可是伦敦的风云人物，刚出版了《少侠哈罗德游记》"——他传来令人激动的消息：斯宾塞·珀西瓦尔首相刚刚在下院被刺杀了。[26]在这样的地方，以这样的方式，如此快捷地听到这样的消息——华兹华斯知道，他正处在国家生活的中心。

334

不到一个月，他就乐极生悲了，伴着不必要却发自内心的内疚。凯瑟琳·华兹华斯生于一八〇八年九月六日，一直很娇弱。爸爸总叫她

"他的中国小娃娃",说明她很可能患有唐氏综合征。[27]一八一〇年四月,她开始惊厥,康复后,右腿丧失了一些功能。一八一一年八月,一家人到布特尔海滨度假,就是希望海水浴能改善凯瑟琳的状况,但华兹华斯不得不对博蒙特承认,她没有"什么好转"。[28]一八一二年六月三日至四日夜里,凯瑟琳复发惊厥而夭折。对她的父母来说,这次打击更糟糕的地方是,他们都不在她身边,无论临终还是下葬。在伦敦,华兹华斯可以在数小时内听闻珀西瓦尔的暗杀,但远离格拉斯米尔,在埃塞克斯郡的博金拜访克里斯托弗的他直到一个星期后才听说自己的女儿已经过世。那时她已经长眠于格拉斯米尔教堂的墓地。玛丽在汉德威尔过长假,快乐地与丈夫和多萝茜通信,了解格拉斯米尔的家长里短。当华兹华斯终于见到她时,他立刻发现,由于"她一直疼爱的孩子"死时她不在身旁,深深的自责加重了她的悲伤。[29]

华兹华斯与玛丽交游排遣,总算熬过了夏天。十二月一日,他们的第三个孩子托马斯死于麻疹,葬在妹妹身边,只有六岁半。

接二连三的打击立即带来巨大影响。多萝茜认为,托马斯死后,玛丽只是因为全力挽救其他感染麻疹的孩子才没有完全崩溃。但她陷入深深的抑郁,消瘦,疲惫,常常突然哭泣,无法自控。在公开场合,华兹华斯尚可控制自己——罗宾逊认为,凯瑟琳死后,与德昆西相比,华兹华斯的行为"属于一个既多愁善感又内心强大的人"。[30]同样的话也适用于他在一年后写的十四行诗《惊喜》,诗中写到失去"心肝宝贝"的悲恸,令人动容。然而,十二月,华兹华斯对骚塞的私下坦白却让我们看到一个自知脆弱却勉强支撑的人:"亲爱的骚塞,我不知如何描述我的心情;我用灵魂能给予的最大的爱去爱这个男孩,如今他被夺走了——交出这个宝贝虽让我内心痛苦,但我感到比从未拥有过他更加富足……哦,骚塞,可怜可怜我吧!"[31]

这些打击的更大影响将持续他的余生。一八一三年,华兹华斯重回

《漫游》手稿,修改了诗中孤独者的自传性叙述,通过戏剧化的语声倾诉
了他所遭受的巨大考验。[32]在失去了一切至爱之后,孤独者隐居山林,
过着不算不快乐但却极简的生活,不信,不望,不轻易去爱。痛苦,幻灭,
恐惧将他击败。塑造这个人物时,华兹华斯也辨出自己不得不承受的压
力;但同诗中的孤独者一样,他也活在一种永不消失的失落感中。大约
四十年后,当他向奥布里·德维尔描述"孩子们的生病细节时,他激动
不安,言辞精确而急躁,仿佛丧亲之痛就发生在几个星期之前"。[33]面对
无法解释的一切,多萝茜将投靠最常见的基督教慰藉:"世上没有安慰
可言,惟有坚信上帝的意愿是我们最好的安排——尽管我们太盲目,看
不出好在哪里","愿我们都……相信,我们在此世遭受的苦难是为了让
我们在更好的彼世臻于完美"。[34]华兹华斯重回《漫游》,决心完成哲思
诗歌的这一部分。一八一四年,他出版了自己最具宗教情怀的诗歌。然
而,一些明眼人看出作品中的怀疑不安,因为华兹华斯表达的——并继
续表达的——不是对**信仰的表白**,而是对信仰的探索。

四

一八一三年,华兹华斯的压力来自三重彼此相关的需求:他需要挽 336
救妻子的健康;他需要多赚些钱;他需要出版作品、建立功名,驳斥《爱
丁堡评论》近来最伤人的评论:他应该为《两卷本诗集》中的大部分诗歌
"感到羞耻",乔治·克莱布才是这个时代"最创新的诗人"。[35]

玛丽眼下的需要非常明确。丧子的打击虽令她惊魂未定,但她出门
就能看到马路对面他们的坟墓,这会使她长久地衰落下去。托马斯曾经
每天往返于教堂到学校的小路,现在,他葬在生前与小伙伴们玩耍的地
方。华兹华斯一家必须搬走[36],多萝茜为家中所有人代言:搬离这个

"让她感到满目荒凉、空虚死寂"的地方。在购买另一所格拉斯米尔房产的谈判失败后,一八一三年五月,他们最终搬入莱德尔山庄,这是隔壁莱德尔庄园的弗莱明夫人刚刚获得的房产。

这次,他们终于没有失望。莱德尔山庄坐落在奈布峰的山坡上,宽敞,舒适,排水性好。与之前的牧师公馆相比,莱德尔山庄不知要好多少倍:"……这肯定是你见过的最漂亮、最宜人的地方了",萨拉热情地给伦敦的表兄托马斯·蒙克豪斯写信,"我真希望你此刻就能看到我们眼前的温德米尔湖,在落日的映照下熠熠生辉……"[37]搬家的麻烦,清洗,挂帘,拆包,分类,正是玛丽和多萝茜所需要的,可以让她们分分心。他们通过当地的拍卖购置了家居用品,淘到的东西和出价行为本身都让他们感到兴奋。他们甚至还平生第一次购置了"一张**土耳其!!!** 地毯——放在餐厅,一张布鲁塞尔地毯放在威廉的书房"。多萝茜向凯瑟琳·克拉克森保证,他们这样布置不是"为了招待社会名流",而是因为,他们觉得该让自己舒服一些了;而且,他们决意让这里成为真正的家园。[38]

多萝茜的语气比过去轻松,因为,财务的困难看似已经缓解了。一八一二年初,他们非常拮据,华兹华斯不得不求助于朗斯岱尔勋爵。在二月六日的信中,他没有长吁短叹,而是写到自己的使命,独立于文学派系,两个家族之间的关系,但这终究是一封乞讨信,华兹华斯很不愿意写,特别是当他想到,当初卡尔弗特给他钱就是为了让他自由无忧地发展他的才华。朗斯岱尔勋爵没有现成的职位给他,但夏季到来时,他从罗杰斯和博蒙特爵士处确认了他的财务困难后,他慷慨地给华兹华斯每年一百英镑,直到他找到有薪水的职位。华兹华斯虽然感激却不情愿,但也只好接受,因为他真的别无选择。不过,两个月后,朗斯岱尔给他找了一份工作,他也就如释重负了。一八一三年四月底,他就在诚实的岗位上尽职工作了,签署债券,担保抵押。他现在是康伯兰郡威斯摩兰和彭里斯地区的印花税分发专员。华兹华斯成了国家税收服务的代理。

这场失败是自我背叛的妥协吗？也许是。显然，没有哪个行为给他的名誉带来更加持久的伤害。但这些问题值得重新考虑。一八一〇年代末，拜伦替所有年轻一代的浪漫主义诗人表达了对华兹华斯的失望，嘲笑他"在朗斯岱尔勋爵的饭桌上"讨好逢迎。[39]写下《丁登寺》的诗人似乎成了托利党的帮佣。拜伦将金钱和政治联系起来并没有错。假如朗斯岱尔勋爵知道《致兰达夫主教书》，他就不会推荐其作者担任政府职务。若不是华兹华斯特别感激朗斯岱尔体面地弥补了父亲曾经遭受的不公，如今又与其父之子建立友谊、表达敬意，他也不会愿意在接下来的几年中为这位贵族勋爵和他的利益效劳。

尽管拜伦的观点是对的，但年轻的勃朗宁却不那么正确。《迷途的领袖》开篇太让人难忘：

> 只是为了一把银两他离开我们，
> 只是为了将缎带粘在他的衣上——[40]

这是对华兹华斯的恶语中伤，而拜伦的评论则不是。华兹华斯的效忠不是用金钱收买的。他的确拿了一把银两，因为，工作是满足诗歌天职和家庭需要的体面途径。只有比华兹华斯更浪漫，或者更自私，或者更惯于有钱的人才会说艺术的召唤本来就比家庭的需求更加重要。

回过头来看，值得注意的是，那确实只是**一把**银子而已。华兹华斯和他的父亲一样，不会草率对待他的新责任。他操心办事程序，铲除下属低效，凭良心工作，比分内要求的更加尽职尽责。一八〇六年，华兹华斯一家的朋友、布雷泰府的哈登夫人估算说，"在这个国家，一年若没有一千英镑"，是不可能"过得舒服的"。[41]沃尔特·司各特也会同意。华兹华斯和骚塞与这些人平等往来，但他们却承受不起——毫不夸张——

338

与司各特他们同等的生活水准。一八一三年,边地的游吟诗人谢绝了桂冠诗人的殊荣,骚塞接受了,不仅是为了荣誉,也为了那可怜的九十英镑年薪。华兹华斯起初以为印花税分发工作一年能有四百英镑,但实际上要少得多,那花二十二基尼买的土耳其地毯始终看似一种奢侈。[42]

五

我们很容易过分夸大这些年月,强调诗人与格拉斯米尔的告别或者接受薪职的无奈。面对可能的需要,华兹华斯告诉丹尼尔·斯图亚特,他准备"离开这个地区,只要薪水合适……"那一定是重大的迁徙。[43]但莱德尔山庄不过在格拉斯米尔那条路的下方,拉芙里格山连接着两个地方,罗莎河在两个湖泊之间流淌,一条美丽的山路从莱德尔山庄后面经过,最终与巷尾村舍上方的小巷汇合。华兹华斯并非第一次与比他地位高的人打交道,他也没有一夜暴富或受到款待。在他的新家和他的过去之间还有一个微妙而可喜的关联:安·泰森,他在霍克斯海德的妈妈,曾为莱德尔山庄早期主人迈克尔·诺特的夫人服务,而诺特本人也曾是印花税分发员。

然而,一八一三至一八一五年毕竟是一个分水岭,一如一七九九至一八〇〇年。搬到莱德尔山庄标志着新生活的开始:与柯尔律治的裂痕,丧子的悲痛,甚至财务的压力,都缓解了。在家庭稳定的基础上,华兹华斯再次主动塑造他的作家生涯,完成主要诗歌,安排多种出版,汇集二十年来的创作成果。

重建信心的最明显标志是,一八一四年,华兹华斯与玛丽又有时间和盘缠去度假了,这是玛丽盼望已久的。在彻底检修双轮马车后,七月十八日,华兹华斯、玛丽和萨拉启程北上。华兹华斯曾告诉司各特,苏格兰是"我去过的最有诗意的地方",这一次,他决定走得更远。[44]他们按照顺时针方向,经莫法特、格拉斯哥、斯特灵和因弗拉里,于八月十四日来到因弗内斯,然后南下。十天后,他们抵达爱丁堡。在皇后街,他们与约翰·威尔逊的母亲度过了许多时光,据萨拉说,他们也见了"城里的所有**高人**"。至于另一些人,即使好天气没有诱惑他们去郊外玩,华兹华斯也是绝对不见的。这里是敌人的要塞,它的高人都在《爱丁堡评论》。不过,他倒是交了一个长久的朋友:罗伯特·皮尔斯·吉利斯,这位怀有文学理想的年轻人见到华兹华斯后,对诗人的崇拜立即变成了虔敬。[45]

九月一日,在爱丁堡南部的特拉奎尔,罗伯特·安德森博士加入了他们。他是《英国诗人》丛书的编者,华兹华斯非常看重这套书。"埃特里克的牧羊人"詹姆斯·霍格也来了,带他们游览耶罗。[46]华兹华斯深受感动,写下《游耶罗》。一八〇三年,他喜欢在《未访耶罗》(1807)中说未尽之兴更吸引想象。如今,他终于看到了耶罗。他重温早先的诗歌,写下续篇,既赞美此地实际的美,也认识到这动人的美景依赖文学联想和心灵作用。这虽不是一首欢乐的诗——兰姆准确地觉察到诗中"未能尽如人意的忧伤"——但这是华兹华斯一八一五年《诗集》中最为自信的一首抒情诗。[47]

离开耶罗,他们继续赶路,前往司各特的家艾伯茨福德。司各特本人不在家,但他的妻女热情地接待了他们,令华兹华斯终生难忘。[48]九月九日,他们回到了家。

苏格兰的假日最直接地预示了华兹华斯一家的光明前景。然而,乔迁莱德尔山庄更深远的影响却不能用某一件事来代表。年复一年,莱德尔山庄这个地方和它的概念本身都凝聚了所有家庭成员的深厚情感,他们爱这个房子、花园和它宜居的氛围。一八二五至一八二六年,当租契似乎不能续约时,华兹华斯惊慌失措,紧急行动,写信诉苦,甚至动用自身的影响。鉴于他后来长久地成为莱德尔山庄的圣人,当时的不安未免有些可笑,却在情理之中。失去莱德尔山庄不仅是失去一幢房子,也意味着失去与他们重塑新生密切相关的地方。

在莱德尔,他们以多种方式复原着巷尾鸽舍的愉快生活,将艾伦山庄与牧师公馆流放到糟糕的记忆中。在这幢大房子里,他们过着舒适的生活。同鸽舍一样,这里也成为一块磁石,吸引着亲朋好友和后生晚辈——不是神龛,而是家园。同鸽舍一样,他们辛勤地打造花园(如今得到修缮,对外开放),但这一次,他们享受着一种历史延续感,在前人的基础上挖掘,种植,设计,规划。他们创造的花园有许多用途,偌大的空间足够让一个人在这边安享清静,而另一个人在露台上尽情锻炼,但其象征意义同样重要。当他充分利用山坡上的平地和远近的风景,莱德尔的花园重申着巷尾小园的宣言——这一家人坚定地扎根于此,不是面对大自然,而是与大自然融为一体。

然而,在一个重要的方面,莱德尔山庄的生活不是将艾伦山庄和牧师公馆割断的事物重新编织在一起,而是重组与重塑,甚至,是一个全新的开始。在与柯尔律治破裂后,紧接着是孩子们的夭折和玛丽的衰退,这些不幸动摇着华兹华斯原有的家庭安全感,在未来的岁月,他将努力重建。对他个人来说,这不可避免地意味着重新评估过去的友谊,并小心翼翼结交新的朋友。

华兹华斯完成一个人生乐章的时机以恰当的节奏出现。一八一二年,华兹华斯一家与法国的安奈特和卡罗琳重建联络。他们从信中获悉她们的现状,但一个意想不到的源头让他们了解得更多。战犯尤斯塔斯·博杜安联系了华兹华斯,他从兄弟让-巴普蒂斯特那里知道了诗人的名字,因为这位兄弟想娶卡罗琳。玛丽以其一贯的宽宏和正直,像操心丈夫的所有家人一样,立刻关心起他的第一个孩子,希望能为“亲爱的卡罗琳”做些“实在的事”,只要他们能过得好。[49]一八一六年,玛丽的愿望实现了：卡罗琳结婚时，华兹华斯决定每年给她三十英镑，这笔慷慨的数目一直持续，直到一八三五年华兹华斯给了她一笔财产。但这绝不是冷冰冰的、用钱了事的态度。婚礼原打算在一八一四年举行，卡罗琳和安奈特都"特别希望"多萝茜至少能够出席。[50]虽然我们不知道华兹华斯能否参加，但多萝茜一语中的：拿破仑从厄尔巴岛的逃离中止了一切计划。滑铁卢之后，有传闻说卡罗琳到伦敦旅游了。一八一六年二月，尽管婚礼悄无声息地举行，华兹华斯和多萝茜都不在场，但真心的关爱使两家一直保持着密切的联系。当玛丽说"愿上帝保佑她［卡罗琳］，我会好好爱她的；如果必要，我愿与她共度余生"时，她是发自内心的。[51]

卡罗琳的婚事让华兹华斯一家展现出最好的一面。它唤醒了温情的回忆，也让他们所有人都觉得，这样一个完满的结局弥补了早年不负责任的开始，完全合理。相比之下，德昆西的婚礼却暴露出他们最糟的一面，让我们看到华兹华斯一家的大人们多么无礼和挑剔，不知他们是否觉察到那潜在的危机——不管多么微弱。

一八一六年十一月，格拉斯米尔和莱德尔之间奈布农场的玛格丽特·辛普森诞下一子，直到来年二月才嫁给他的父亲德昆西。多萝茜嘲笑德昆西的激情和激情的对象，错误地声称这个"愚蠢的胖姑娘"会毁了他——显然没有看到德昆西和她哥哥早年行为的相似性。[52]华兹华斯非常震惊，没想到德昆西会娶一个比他地位低的人。一八一四年，当他的哥哥理查德娶了他的佣人时，他也一样惊讶。虽然华兹华斯不得不承认嫂嫂是个"安分守己、秀外慧中的人"，他依然固执地认为，这样的联姻"不光彩"。[53]

道德与社会层面的过失加速了华兹华斯和德昆西两家后来的疏远。他们之间本来就有一些不愉快。一八一一年，德昆西毁掉了兄妹俩在鸽舍深情打造的青苔凉亭，更糟糕的是，他还砍掉了花园里的树。多萝茜

尤其感到"受伤与愤怒"。萨拉·哈钦森说,多萝茜声明"以后再也不理

342　他了"。[54]看一看玛丽、多萝茜和萨拉的评论就会发现,从这一刻起,她们对他的失望将愈演愈烈。[55]然而,若不是婴儿和婚事使他们对这位昔日好友深感忧惧(他们真的不知怎么应对),他们的关系也不会如此迅速地恶化。德昆西虽然博学多才,却似乎无所事事。而且,他喜欢拖延,不管他表现得多么热情,决不能相信他会兑现承诺。他吸毒成瘾,如今却为了满足私心,将一个他显然无力养活的孩子带到这个世上。总之,德昆西开始像柯尔律治。尽管柯尔律治和华兹华斯一家感情很深,但他也耗尽了他们的支持与同情。现在,德昆西似乎正以柯尔律治的方式走向毁灭。华兹华斯一家决定不再卷入这样的事情。渐渐地,他也就被疏远了。

六

当一系列同等重要却非常不同的事件同时发生时,任何叙述都要冒着风险,只将那些彼此关联的事件筛选出来,并优先考虑具有同样分量的因素。玛丽的健康比华兹华斯完成《漫游》更加重要吗?孩子们的喧闹会不会侵犯他寂静的内心风景?很难说一个人的精神、思想和家庭生活哪个更重要,对于华兹华斯来说尤其如此:他拥有崇高的诗歌理想,但作为丈夫、兄长和父亲,他同样拥有崇高的家庭责任感。然而,对他来说,在一八一二至一八一五年间的重重压力中,最重要的无疑是挽回他的名声。

自从《两卷本诗集》后,杰弗里的诽谤就没有消停。"湖畔派诗人"的"伟大船长"虽隐居世外,但并非遥不可及,而杰弗里不放过任何机会。[56]一八一二年,他对威尔逊《棕榈岛》的书评指桑骂槐,尤其恶心。

文章指出，"司各特、坎贝尔或克莱布的发达"不是靠"歌颂铁锹或鸟蛋，拾水蛭的人或身披粗呢斗篷的女人，锅碗瓢盆或洗衣桶"。[57] 还有老生常谈：一八〇七年的抒情诗荒诞可笑，它们就是华兹华斯的缩影。但就在杰弗里重揭旧伤的时候，他的受害者也在准备致命反击。至一八一四年，他已蓄势待发。

华兹华斯准备了一把双刃剑，要将斗争进行到底。一八一三至一八一四年，《漫游》完稿。诗中增加了一位"牧师"人物，但松散的戏剧性结构保持不变，每一个人物——流浪者，孤独者，牧师和诗人——通过自己的经历讨论一些主要问题，比如公共道德与个人道德，农村贫困与城市-工业贫困，教育问题。最后，流浪者重申了对宇宙间"积极法则"的信念，其最高贵的王座是人类的灵魂。但在诗的结尾，朋友们许诺下次见面继续讨论，诗人也以同样的语气承诺"未来的劳作"。

这部鸿篇巨制（至少体量上如此）还有一篇序言，华兹华斯解释了《隐士》计划，以及这部哲思诗歌与他其他诗歌的关系。因此，读者还需再买两本诗集，内容包括一七九三年诗选、抒情歌谣集、一八〇七年以来的抒情诗，近作《游耶罗》和《拉奥达米亚》。[58] 但这并不是一本大杂烩。华兹华斯按照一八〇九年以来的思考，将诗歌分门别类——"想象的诗歌"，"建立在情感上的诗歌"，"幻想的诗歌"，"来自感觉与思索的诗歌"，等等——将全部作品汇集在一起，证明这些抒情诗"共同构成一部完整的作品，同时也是哲思诗歌《隐士》的附属物"。[59] 在这些彼此关联的诗歌之后，华兹华斯还将进一步证明他的诗才：将出版扩写的《莱尔斯通的白母鹿》，或许还有其他长诗《彼得·贝尔》和《车夫本杰明》。

华兹华斯将充分证明他丰富而有力的想象。即使作为书籍本身，这些诗集也将产生深远的影响。《漫游》是精美的大四开本，共四百四十七页，开篇是一首十四行诗献词《致正直尊贵的嘉德骑士威廉·朗斯岱尔伯爵》，还用六页分别概述了九卷诗文的内容。正文后是六页注释，

343

长达十六页的散文《论墓志铭》，也有注释。诗集定价两基尼，没有装

344　订，确实很贵。[60]《威廉·华兹华斯诗集：包括〈抒情歌谣集〉及作者多
种作品》是献给"乔治·霍兰德·博蒙特准男爵"的，恭维的献词足足三
页多长。每一册卷首还有博蒙特画的《露西·格雷》和《皮尔城堡》场
景。《莱尔斯通的白母鹿》同样奢华，阔绰的大行距大四开本，卷首是博
蒙特画的博尔顿修道院，以及献给玛丽的八诗节斯宾塞体诗歌，诗人直
呼其名，称她为"亲爱的妻子！"购买者——华兹华斯对销售量非常期
待——不必读这些诗就可以看出作者自视与斯宾塞、弥尔顿为伍，同高
人雅士为友。

　　这次出版是全方位的冒险：诗歌的篇幅，出版的时间，版式——但
或许最重要的是《漫游》的序言。在这里，华兹华斯终于向公众透露了
他宏大的构想。他声称，这是他献身诗歌后初结的哲思果实，也预告着
未来更多的硕果可期。当他隐居故乡的山峦，"期望能构建一部不朽的
文学作品"，他先是对自己的才能进行了初步考察（终于承认了《序曲》
的存在），这让他"下定决心创作一部哲思诗歌，包含对人、自然与社会
的观点，题为《隐士》"。华兹华斯调换了《隐士》和《序曲》的实际年代
顺序，仿佛他的安身立命之作是按照计划进行，如一座"哥特式教堂"缓
缓升起，自传体诗歌是它的"前厅"，其他次要作品如"一间间斗室、祈祷
堂和壁龛"。完成后的《隐士》将由三部分组成，序言结尾处的伟大"纲
要"介绍了它的构思和规模，华兹华斯请求弥尔顿助他一臂之力，帮他
确定自己的疆域和力量的源泉：

　　　　　　"但求解语者，不畏知音希！"
　　　　　人中至圣的诗人这样诚祈，所得
　　　　　胜过所求。——尤芮尼娅，我需要
　　　　　你的向导，或一位更伟大的缪斯，

若她惠临大地或高居云霄!

我必须踏在阴影密布的大地,

必须深深沉落,再高高升起,

在与极天仅一纱之隔处呼吸。

所有的力量——所有的恐惧,单独或结伴,

始终都以人的形式出现——

耶和华——与他的雷霆,天使嘹亮的

合唱,还有至高无上的宝座——

345

我经过他们,不惊不怖不畏。

混沌,最底层地狱里最黑暗的深渊,

乃至梦里才能掘出的更幽冥的空洞,

也不会孕育出那种恐惧和敬畏:

它降临在我们身上,当我们洞察

自己的心灵,洞察人类的心灵,

我常徘徊之处,我的歌的主要音域。

美——大地上活生生的风姿,

胜过匠心独具的精巧灵魂

用大地的材料制成的最美、

最理想的物品——等候着我的脚步;

当我移动,她在我前面搭起帐篷,

时刻与我为邻。乐园,极乐世界的

仙林,福岛——宛若旧时大西洋上

发现的乐土,谁说它们就该是逝去

事物的历史,或子虚乌有的虚构?

因为,当人类善于洞察的心智

在爱与圣洁的情感中与这个

美好的宇宙联姻，就会发现，

这一切不过都是日常的产物。

——我，早在这幸运时刻到来之前，

将在僻静的地方歌唱这支婚曲，

歌唱这伟大的完美，——用只讲述

我们本性的语言，唤醒在死亡中

长眠的凡夫俗子，引领空虚者走向

高贵的喜乐；当我的声音宣布

个体的心灵（其进取力或许

并不亚于全人类）如何

与外在的世界美妙契合；

——同样地，多么美妙啊，

——这个话题鲜为人知：

外部世界也与心灵和谐相契；

两者齐心协力成就的伟大

创造（不能用更低的名称

称呼它）：——这就是我宏大的主题。[61]

在这篇至关重要的序言中，华兹华斯做了许多事情。他忠于阿尔弗克斯顿时期的自己和柯尔律治，那里是《隐士》最初萌芽的地方；他心怀《安家格拉斯米尔》中抒发的幸福感，以上引文正是选自这篇长诗。他声明，"隐居的诗人"不是逃避尘世，而是投入至深。他声明，他出版的所有诗歌，从《抒情歌谣集》到被蔑视的《两卷本诗集》中的抒情诗，都是那恢宏建筑的一砖一瓦，其重要意义才刚刚崭露。这是诗人的宣言，先知的预告，是华兹华斯出版的最重要的自白。然而，这篇序言和诗集都并不会在短期内实现他的任何目标。

《漫游》出版于一八一四年八月，印数五百本。海兹利特立即为利·亨特的杂志《检查者》撰写书评，他也援引弥尔顿来说明华兹华斯艺术的属性："可以说，他创造自己的素材；他的思想即是他真正的主题。他的想象孵拥着'无形的虚空'并'使之孕育'。"然而，海兹利特断言，他的才能却与诗歌的戏剧性结构矛盾，因为：

> 华兹华斯先生心灵的意图和倾向与戏剧性相悖。它排斥一切人物变化，一切场景更迭，一切舞台上——或现实生活中的——冲突、机关和荒诞，一切可以缓和或改变其本来发展方向的事物，嫉妒一切竞争。他心灵的力量猎食其心灵本身，仿佛世上惟有他自己和宇宙。他活在自心忙碌的孤寂中，在深邃思想的沉寂里。[62]

海兹利特对华兹华斯想象特征的描述是诗人获得的最有见地的评论，但这篇书评还是引起了烦恼，部分因为书评作者痛惜诗人没有公平地处理法国大革命——"我们青春的明媚梦想；自由的启明星点亮美好的曙光"；部分因为海兹利特那任性而极端的断言，"乡下人都互相憎恨"；但或许最重要的是，称赞华兹华斯"精密善思的心灵"并不会使人们跑出去买书。[63]华兹华斯迫切希望拥有广泛的读者。听说德文郡公爵旅行时带着哥哥的诗，多萝茜非常高兴，希望哥哥能获得这些杰出人士的好评，以便"他们能驳倒那些作家[即书评作者]"。[64]华兹华斯也从上层人士的赞美中获得安慰——比如博蒙特爵士传达的伦敦主教的观点。但他很现实，知道除非第一版卖得快，否则不能发行第二版平价版，而他的诗将面临失败，只会成为有钱人图书馆里精致的藏品。他需要另一篇有分量的书评。

书评十二月问世。"这绝对不行"——杰弗里在《爱丁堡评论》上的文章这样开始，一个无法忘记的开头，引出了华兹华斯遭遇的最恶毒的评论。[65]其杀伤力之大在于书评本身的力度、清晰与严密。杰弗里对华兹华斯毫无共鸣,因此不会产生灵光洞见——那种使海兹利特成为伟大批评家的共情;但他对《漫游》的反驳并无明显的错误、低级或恶意。大部分内容很吸引人,比如,他非常聪明地误读诗歌的序言,假装警告读者还有更多同样篇幅的四开本待出;或者他以常人的思维拒绝将商贩视为诗意的虚构:"一个走街串巷卖法兰绒和手帕的人能有这样的高谈阔论,很快就会把他的顾客全都吓跑。"[66]但即使这样的幽默也受制于更加严肃的目的。杰弗里指责华兹华斯"为诗歌献身"的说法,因为他觉得这是一个血本无归却不愿放弃的人绝望的自吹自擂。他再次指出,只有一个自我陶醉的隐士才会继续崇拜"他自己在湖边山头竖起的廉价偶像",一个被"循道宗牧师神秘空洞的啰唆"蛊惑的疯子,认为自己"是神圣真理和信条的代言人"。杰弗里总结道,实际上,这首诗的主旨很平常,只不过用"神秘的说教"让它显得高深莫测。

可赞许处即赞许——特别是第一卷玛格丽特故事引起的悲悯[67]——但就连他的赞许也顺带着诅咒,因为他认为,如此诗才只会让人们更加抱怨华兹华斯"偏离"了他的才华,并将这种迷途归咎于他那荒唐的"体系"和不可救药的标新立异。杰弗里开玩笑地说,这位诗人,就让他继续沉溺吧:"我们觉得,华兹华斯先生显然没救了。"

杰弗里的书评巧妙地颠覆了华兹华斯诗歌和序言表达的每一个观点。他的隐居切断了与文明社会的交流;他的预见不过是幻觉;他的诗歌想象理论一派胡言;他的风格冗长;他的高谈空洞;他的"哥特式教堂"建在沙滩;他全部的作品不是揭示了真理,而是合成了荒谬。

348　　华兹华斯假装鄙视这个攻击,但他的语言暴露了他的痛苦。"你无法从脑海中抹去这个污点,"他告诉凯瑟琳·克拉克森,"就好比你无法洗掉衣服上的顽渍",尽管他说不想"碰他的[杰弗里的]书,免得弄脏手指",但他还是反击了。[68]又一次判断失误。他本想把《抒情歌谣集》序言作为附录重印在新诗集里,但既然杰弗里认为他可悲地执着于自己的"体系"、故步自封,这样做或许会承认这不断重复的诽谤是合理的。于是,一八一五年一月,他匆匆写下一篇新序言,为诗歌的分类辩护,更重要的是,以最宏大的语言界定了他认为这些诗歌体现的想象。[69]尽管序言不乏有趣的评论和令人难忘的表达,比如"幻想只是暂时地唤醒并迷惑我们的本性,想象才能激发并维系永恒",但正如《每月评论》所言,它既没有"清晰的观点",也缺少"谦恭的语调"。[70]然而,序言本身无伤大雅。错就错在华兹华斯又为序言附上一篇《随笔:序言之补充》,抨击那些评论者"想象麻木,内心僵硬",而将自己与斯宾塞和弥尔顿并列,属于"优选的灵魂,其世上的声名注定如同美德,必须通过斗争才能存在,通过宿敌才能活跃"。[71]

克拉布·罗宾逊担心华兹华斯的痛苦与怨恨会"给敌人带来胜利的欢乐",他想的没错。[72]华兹华斯将乔叟、斯宾塞、莎士比亚和弥尔顿召集到他的一边,并为"天才"作出定义,还用他的诗歌作为检验,这样很容易使自己成为敌人的目标,而杰弗里没有犹豫。年底,他为《莱尔斯通的白母鹿》写下书评,开头写道:

> 我们认为,这是我们见过的最糟糕的四开本诗歌;老实说,尽管我们并未期待踌躇满志的华兹华斯先生很快就能变得优秀,但当我们说这部诗集是所有错误的欢乐集合体、没有一丝美感时——这恰恰是他那派诗歌的特点,我们不会奇怪。一句话,这正是那个诗派中某些恶敌的构思,故作荒唐……[73]

嘲讽之词步步逼人。在序言中,华兹华斯自嘲为"喝白开水的人",于是,杰弗里就捏造出一位沉醉于孤芳自赏的诗人形象,或者说,这位诗人"不幸选错了饮料——或选错了瓶架"。他嘲笑这样的故事也虚张声势印成四开本,但退一步说这种糟糕的材料若放在司各特或拜伦手里一样会成功——这是杰弗里最伤人的一次比较。书评其余部分对诗歌逐章进行了简括式的概述,言辞尖刻,令人难堪。

如此斗争,华兹华斯无望获胜。他炮轰杰弗里"愚蠢",但杰弗里绝非愚蠢。他聪明机智,《爱丁堡评论》的成功似乎给了他放纵的特权,让他任性不公。然而,华兹华斯再次出击——再次判断失误。

一八一五年晚期,华兹华斯听说彭斯的弟弟吉尔伯特·彭斯需要一些建议,以便最佳呈现哥哥罗伯特的生平和作品,驳回"书评人和小册子作者的诽谤"。[74]华兹华斯的回复变成了一封公开信《致彭斯友人书》,一八一六年出版。这封信雄辩有力地维护了他自少年时代就热爱的诗人,既给予诗人应有的关注,又对"人非圣贤,孰能无过"表示同情,但在信的结尾,华兹华斯失去了平衡和理智,愤怒地攻击他的宿敌。他形容杰弗里是个恶毒、堕落、狂热的毁谤者,受"虚荣心"之驱使,"不知消停,不计后果,难以对付,难以取悦,难以满足"。他是文人中的拿破仑或罗伯斯庇尔。对彭斯声誉的关切与结尾段落的语言如此失衡,只让华兹华斯显得可笑。"华兹华斯先生……有着疯子的嗓音和外貌,他的牙齿紧紧咬着《爱丁堡评论》的蓝色封面,"他昔日的信徒约翰·威尔逊嘲笑说,"但世界不会被他虚伪的热情所蒙骗,以为他在打抱不平。他同情的不是罗伯特·彭斯——而是威廉·华兹华斯。"[75]杰弗里的回复要聪明得多。在为威尔逊的《瘟疫之城及其他诗歌》所写的书评导言中,他承认自己敬畏真正的诗人,向来乐于包容纤芥之失,正因如此,只要他看到这些超凡脱俗之人流露出"更加卑劣邪恶的迹象……与诗性人格不符时——比如,对竞争对手的嫉妒;对达官贵人的奴颜婢膝;宗派放纵或个人恩怨"[76],他就更加苦恼。为维护自己的批评公正,杰弗里苦心经营出这份辩词,长篇累牍,手段精明——绝非愚人之作。

七

一八一五年初，莱德尔山庄的一家人到处搜罗关于《漫游》的好评："一位不认识的德比郡绅士"的赞美，"一位利物浦贵格派夫人"的仰慕，查尔斯·兰姆"说这是最好的书"，"年迈的劳埃德夫人……手不释卷"，德昆西转达了两位一神论者的欣赏，以及"玛丽·安和莉蒂希娅·霍金斯"的"赞美信"。[77]他们高兴地听说，博蒙特夫人对这部作品充满热情，不过多萝茜很精明，她担心"她的热情会压倒她的谨慎，到头来妨碍推销诗集的初衷，还不如言辞节制些来得有效"。但实际上，他们无处寻找安慰。兰姆自认为他为《季度评论》写的书评是"我写过的最漂亮的文章"，但却被编辑吉福德改得面目全非，以至于多萝茜觉得它残存的"微弱赞美"比《爱丁堡评论》的恶语中伤更加有害。[78]《英国评论家》削弱了他的正面评价，而强调诗歌晦涩难懂："没几个人拥有善音的灵魂，足以解开他更加玄奥的和声"——对此，忠于哥哥的多萝茜如是评价："苍白无力的文字"。[79]

"关于《漫游》，我已经不感兴趣了。"[80]一八一五年初，华兹华斯告诉骚塞，但是，没有人相信。最不相信的是凯瑟琳·克拉克森，当她向诗人转达了朋友帕蒂·史密斯的评论时，不料却收到一封激烈的驳斥信。华兹华斯维护这部素体诗的多样性（"英语中再没有第二首诗能与之媲美"），维护它的意象，以及多重风格的合理性。最激烈之处是，他完全驳回《漫游》体现了不道德的宗教观这一指控。他让步说，《丁登寺》可以被误读，倘若一个人"以冷酷之心阅读，用文字取代精神"；但《漫游》不容误解：

她指责我分不清作为上帝作品的大自然与上帝本身。但是,她从哪儿看出我传达了这种理论?她凭什么说《漫游》的作者将自然与上帝视为同一?他确实不认为那至高无上的存在同宇宙的关系好比表匠与表。实际上,在我看来,在我国的宗教教育中,在我们对圣经的使用中,最有害的做法莫过于无休止地谈论上帝"制造"——哦!关于这个话题,有一天早上,你的通信人曾听到我与我四岁甜蜜小儿的床头对话。"上帝怎么制造我的?上帝在哪儿?他怎么说话?他从来不和**我**说话。"我告诉他,上帝是一种精神,不像他的身体,能摸得到;更像他脑海里的想法,看不见摸不着。——风儿抚摸着冷杉的树梢,天空与阳光在黝黑的树枝间舞动——"我在那儿看见了一点点他!"这绝不是父亲哄孩子的闲话。看在老天的分上,当你和孩子们谈论宗教时,再别提**制造**。《隐士》的一个主要目的就是将人们的量化思维降低到适当的水平。[81]

这是有趣而又悲哀的时刻。放在一七九八年,华兹华斯会把这段对话变成一首抒情歌谣,小威利也会加入《我们是七个》,成为维多利亚时代插画家喜爱的主题。然而,一八一五年,华兹华斯心情沉重。帕蒂·史密斯的反应以及虔诚的詹姆斯·蒙哥马利在《折衷评论》上的类似疑惑都让他意识到,对于那些比杰弗里更具宗教情怀的人来说,《漫游》传达的信念不是"平常",而是应该摒弃。[82]

华兹华斯四面楚歌,但最坏的还没有来。四月三日,柯尔律治对博蒙特夫人谈起了他对《漫游》的第一印象。总的来说,这首诗不如《序曲》好;第一卷废毁的茅舍故事是全诗最好的部分;诗中存在某种内伤,他虽没有指明,却若有所思地说:"我有时觉得,在亲身经历、情感和理性的联合作用下,华兹华斯**自己**让**自己**相信了大多数人从小就知道或至少在年轻时代接受的种种真理,然后,他将这些真理本身的全部深度和分量附加于信条和文字。结果是,在他人看来,这些表述就像老生常谈、平凡无奇。"[83]前面的章节引用过柯尔律治的这段推测,在此值得重提,因为这段话很有洞见,也极富同情。但柯尔律治并没打算让华兹华斯看见。然而,他还是看到了。他十分悲伤,出于自我辩护,他要求柯尔律治为他的批评作出说明。华兹华斯写道,他从博蒙特夫人那里获悉的情况带来"困惑",而不是"启明"。[84]柯尔律治的回复甚至可以启明盲人。

柯尔律治害怕再次引起误会,这可以理解。他询问是否可以写信寄去批评意见,在作出任何评论之前先获得许可,并试图缓和这个打击,但最终,该说的还是要说出来。柯尔律治认为华兹华斯正沉浸于《隐士》的哲思部分,当他列出他拟定的内容范围时,他从一七九〇年代至今的全部思想都汇集于一个伟大的想象。只有长篇引用他的信件,才能体现他关于"《漫游》不是什么"的大量证据:

> 我想,首先,你是从感官与人类活动空间的互动来思考人类抽象的官能;先是感觉,触觉,然后是眼睛,最后是耳朵,为宏伟的信仰大厦奠定下坚不可摧的基础,除去了洛克和教条主义者那沙土般松软的诡辩,从更加合理、更加高级的意义上证明了感官是心灵与精神的鲜活产物和衍生品,胜过"心灵由感官组成"这一说法。其次,我认为,你考虑的是具体的人类,驳斥了蒲柏的《人论》,达尔文,以及无数迷信者的谬论——甚至(说来奇怪)连一些基督徒也相信人从大猩猩进化而来——这违背一切历史,一切宗教,不,一切可能——在一定程度上肯定了人的堕落,实际上,虽不能从意志的本质来理解其可能,但可以通过经验与良知来证明其真实——思索了世界不同时代、不同状态的堕落之人——野蛮人——未开化——文明人——僻静的小屋,或边界人的茅棚——村落——制造业重镇——海港——城市——大学——并未回避一切众生为之呻吟的

邪恶，以便明确指出摆脱奴役的救赎方案，与大自然妥协而不是为敌——**反基督分子**必然是且已然是障碍所在——最后，以气势磅礴的说教阐明了真正的哲学与真正的宗教必然统一的观点，两者殊途同归，不同之处在于：前者是分析与综合的迂回过程，而后者则是直觉的体悟，前者的主要作用是完善后者——简言之，有必要进行一场人类心灵的革命，改变心灵发展与训练的方式，用生命与智慧（从植物上升到另一级生物，即不同程度的智力演化为一种新的状态〔人，自我意识〕，虽然程度不同，但并无本质区别）取代机械哲学。机械哲学将最体现人类智慧的一切推向死亡，并自我欺骗地误将清晰的图像当作明晰的观念；一味要求观念，而直觉本身可能就是（或者说等于）庄严的真理。——简言之，事实升华为理论——理论成为法则——法则成为有生命、有智慧的力量——真正的理想主义必然通过现实主义来自我完善，而现实主义又必然将自己提炼为理想主义。——[85]

看完这段话，我们很容易付之一笑——尤其是那重复两次的"简言之"——但华兹华斯肯定笑不出来，因为这封信标志着他与柯尔律治友谊中最痛苦、最反讽的时刻。《隐士》的计划诞生于阿尔弗克斯顿时期激动人心的高谈阔论、吟诗诵词和互相欣赏。六年后，华兹华斯依然不明确创作的方向，恳请柯尔律治寄来"《隐士》的说明。我无法形容我是多么看重这件事"。[86]如今，十年过去了，柯尔律治终于寄来了——也结束了漫长的错觉。多年前，柯尔律治曾对他的友人说，"你是伟大的诗人，拥有神圣的灵感，正处于启示的时刻，但你也常常是一位善思善感的哲人——你的诗就是你的哲学，产生于情感的风云——波涛汹涌的大海"，他说的没错。[87]但用兰姆的话说，华兹华斯的诗歌源于"活生生的日常经验"，其价值恰恰在于能够"融入我们心灵的血液和生命的琼浆"。[88]华兹华斯过去不能阐释柯尔律治的哲学体系,现在也不能。尽管《隐士》作为一个概念逗留了些许年月,但它的生命(即使在理想中)在一八一五年就死了。

华兹华斯遭受的打击足以摧毁大多数作家的自尊。他的诗即便没有真正被嘲讽,至少受到了严肃的质疑,因此销量不好。[89]哄抢司各特或拜伦诗集的时髦读者不买他的书,中产阶级读者也不买他的账,尽管他们对严肃文学日益强烈的渴求正使其成为市场上越来越强大的力量。[90]一八一五年二月,多萝茜想尽量乐观些——他们认为,《漫游》已经卖出二百六十九本——但六个月后,她就卸去了伪装:"至于我们,我们永远不会发财;因为我现在看得很清楚,直到我亲爱的哥哥入土那天,他的作品也不会赚钱……不管他的诗集多么便宜,我相信,它们要等到很久以后才会有广泛的销量。"[91]华兹华斯并没有倒下,部分因为家人的支持,部分因为他确实拥有小范围读者——但求解语者,不畏知音希,但最重要的是,他依然固执地相信自己的才能。谈到他作品的最终命运,他告诉凯瑟琳·克拉克森:"我既不操心,也不焦虑,相信如果它体现上帝——那么它必然永存;如果'真理的灵魂'不在其中,如果'神圣的想象与天赋'没有弥漫其间,那么它必然灭亡。"[92]面对现在的伤痛,展望未来是一种安慰。

354

八

当W. J. 福克斯将自己阅读华兹华斯诗歌的感受告诉罗宾逊时,他解释说他之所以没有全心全意去读,是因为他还没有"**加入他的组织或成为他的哥们儿**"。[93]只有一伙崇拜者才能充分欣赏华兹华斯。这个说法并不是第一次。十二年前,想到华兹华斯"完全活在忠实的信徒中间",舒适地依偎在"炉火旁的沙发里"(这是济慈典型的象征语言),柯尔律治"不寒而栗"。[94]在他第一个创造力最旺盛的时期,即一七九八至一八〇七年,他知道有人欣赏他的诗,不管这些人有多少,曾让他备受鼓舞;在此后的日子,也曾帮助他面对责难,坚持下去。如今,在他人生的至暗时期,这个信念依然奏效,他欢迎这个小圈子的成长,毫不掩饰他的渴望。

　　一八一五年五月初,华兹华斯和玛丽陪哈特莱·柯尔律治去牛津,看他在默顿学院安顿好,就继续前往伦敦,开始了为期两个月的旅行。[95]和往常一样,在伦敦意味着精力充沛地见人。一些是名人。他与威廉·威尔伯福斯吃早餐;拜访利·亨特,他是《检查者》的合作编辑,因嘲弄摄政王坐了两年牢,刚刚出来。[96]但大部分是老友或熟人——兰姆一家,博蒙特一家,法灵顿,沃尔特·司各特,葛德文,丹尼尔·斯图亚特,罗杰斯,华盛顿·奥尔斯顿,以及理查德·希伯(柯尔律治不在城里)。华兹华斯一边维持旧友,一边结交重要的新知。五月二十三日,他和画家本杰明·罗伯特·海顿共进早餐(一八一二年,他们可能有过短暂的会面)。很快,朋友之间互相介绍,他又认识了托马斯·努恩·塔尔福德和巴伦·菲尔德,两位都是羽翼渐丰的律师;还有正在崛起的政治记者、编辑约翰·司各特。

　　塔尔福德(生于一七九五年)和菲尔德(生于一七八六年)都是年轻人,他们与诗人的友谊牢固地建立在对华兹华斯诗歌的忠诚之上。这个词并不大,因为他们的确是门徒。当他们初遇时,塔尔福德刚刚出版《试论当代的诗才》,开篇写道:"想到华兹华斯先生的崇高风格,我们的脚步颤抖;当我们走近时,恍若进入圣地。"[97]这篇漫长评价的其余部分依然保持着狂喜的状态,每一个字(尤其是对《爱丁堡评论》的攻击)一定带来快慰。塔尔福德的忠诚从未动摇。在一八三七年悲剧《伊昂》的序言中,他承认通过菲尔德熟悉了华兹华斯的诗歌,改变了他对文学的品味和感悟。一八四四年,他在湖区买下一幢房子,以便亲近晚年的诗人。[98]

菲尔德同样热情,同样忠诚。他后来曾这样描述自己:"崎岖的上班路上享受《抒情歌谣集》的快乐,巡回法庭中随身携带《漫游》,不顾被《爱丁堡评论》嘲笑的风险。"[99]他们没有机会巩固友谊,因为一八一六年菲尔德去了新南威尔士;一八二四年回来后,一八三〇年又去了直布罗陀。但甚至早在一八一五年,菲尔德就表示,他是最受欢迎的那种信徒,对华兹华斯的诗了如指掌。他着迷于诗人的技术层面,注意到华兹华斯一八一五年之后的所有修改痕迹,遇到疑惑就向诗人提出质疑,最终成为第一个为华兹华斯的诗歌和美学理论作出全面分析和辩护的人。[100]

约翰·司各特的短暂友谊(一八二一年,他死于决斗)却有所不同。塔尔福德和菲尔德相信华兹华斯曲高和寡的诗总有一天会赢得人们的赞誉,但司各特却在华兹华斯身上听到时代的声音。他在《辛特拉》中写道:"这语气和情感让我听到此刻急需的声音,它能够唤醒英国人民去追求上天安排的正义与独立,从恭顺的道义感中获得抵抗的力量。"作为政治监察官,司各特抨击任何领域的腐败、荒淫与专制,但他也是一位活跃的爱国者,欢迎华兹华斯成为他的盟友,并在一八一六年二月四日的《捍卫者》杂志上刊印了华兹华斯的两首滑铁卢十四行,相信诗的基调正合时宜。他写道:"人性必须摆脱诋毁才能证明自己的清白,仿佛她惟有通过罪恶才能摆脱罪恶,——惟有摆脱一切人情,摆脱本能的情感与神圣的冲动,让她的心变得坚硬,才能摒除某些偏见。"[101]

海顿是华兹华斯所有新朋友中最让人兴奋也最难相处的一位。他们的深入交往始于一种特别的方式。为了给《基督进入耶路撒冷》寻找超凡的头像,海顿说服华兹华斯留下面部模型。

　　他像一位哲人。司各特约好和他吃早餐。他进来时,石膏刚刚弄好。华兹华斯穿着我的长袍,坐在另一间屋里,两手相合,恬静、沉稳而庄重。我走向前,让司各特来看一看这奇特的景象,希望他说第一次看到这位伟大诗人如此特别的样子。

　　我缓缓打开门,他无辜地坐在那儿,全然不知我们的阴谋。他是如此威严,看不见,也说不了话,拥有灵魂全部的神秘与沉默。

　　当他出来吃早餐时,他又呈现出往常的欢乐,他的光彩与灵机让我们愉快,也感到敬畏。[102]

357　　第二天,海顿依然为他们的交谈而激动,在日记中写道:"我不知道还有哪个人像他一样纯洁,让我如此膜拜。"[103]

　　华兹华斯对海顿的感觉不是崇拜,而是吸引。有感于画家的艺术抱负,他激动地向海顿描述他同样超卓的《隐士》理想。海顿称之为"一位诗人前所未有的宏大目标"。[104]一八一五年底,为了"聊表敬意",华兹华斯寄去三首十四行诗,其中一首通过神圣的使命将诗人与画家联合在一起:

> 朋友,我们肩负崇高的事业!
> 创造性艺术(无论她使用词藻
> 还是铅笔那空灵缥缈的色调)
> 都需要全心全意付出一切,
> 虽敏感精微却不乏英雄气节,
> 以便将坚定的信念注入到
> 缪斯女神孤独的喃喃歌谣,
> 即使放弃这敌对的全世界。
> 哦! 当无名困苦的长久负累

本杰明·罗伯特·海顿,华兹华斯面模,四十五岁时作,1815年6月11日。海顿说,整个过程中,诗人"像一位哲人"。(格拉斯米尔:华兹华斯基金会)

常让我们心情低落、忧烦，

依然努力追求光明的酬报，

不要让我们的灵魂枯萎，

不要，不要再优柔寡断：

奋斗的艰辛是为了伟大的荣耀！[105]

一八一五年，这些豪壮的诗文将两位艺术家紧紧相连，但也悲哀地预示了未来友谊的破裂。因为，华兹华斯和海顿称兄道弟时，两人的机遇也在向不同的方向发展。诗人渐渐获得了"光明的酬报"，而画家还要在"无名困苦的长久负累"中挣扎。一八二〇年，华兹华斯拒绝借钱给海顿，因为他知道有借无还。海顿当时咽下了他的失望，但四年后，在写给玛丽·拉塞尔·米特福德的诉苦信中，他却大发雷霆："相信我，华兹华斯冷酷无情，他给你写十四行诗，却眼看着你挨饿，也许再给你写一首——至于面包，他不会给你，他的**崇高事业**不允许！——他**太尊敬**你了。"[106]一八三一年，两人和解。华兹华斯确实又写了一首十四行诗，《致海顿，观其画〈圣海伦娜岛上的拿破仑·波拿巴〉有感》，纪念两人重归于好。但为时已晚，彼此都不会有更多往来。此时，华兹华斯正准备出版他最成功的诗集，而海顿却饱受折磨，每况愈下，一八四六年自杀。

在一八一五年的伦敦之行中，华兹华斯看起来比较放松。"从来没有谁那么快乐地消磨时光。"海顿在一次愉快的汉普斯泰德漫步后写道。[107]但华兹华斯也很暴躁。他在葛德文的一本新书中偶然看到下面这段话："一切现代诗歌不过是新瓶装旧酒，递到我们手里时已是二手，甚至二十手。"根据兰姆——这本书不幸的主人——记载，"他出离愤怒"，抓起一支铅笔在书页边缘写道："'这是谬论，威廉·葛德文。署名威廉·华兹华斯。'"[108]在一件事上，他决不妥协：拒绝与海兹利特见面。罗宾逊听说，一八〇三年，海兹利特曾"粗鲁地攻击"凯西克的女人们,因此认为华兹华斯的"冷酷"与海兹利特回赠的刻薄主要源于个人恩怨。[109]海顿也听说了这件事,认为只要华兹华斯稍作让步就可以防止裂痕扩大:"你若屈尊拜访他……他的虚荣心就会得到满足,他的恶毒就会有所缓和。"[110]不过,尽管海兹利特对华兹华斯的评论确实是尖刻的人身攻击,如同当时大多数新闻评论,但它们却绝非来自个人恩怨。海兹利特是讲原则的人,在他看来,华兹华斯现在放弃了(他认为)他们曾经共有的理想、希望和看待社会问题的态度。一八一六年,华兹华斯出版寥寥,也将证明他的失望。

注释

[1] 多萝茜致凯瑟琳·克拉克森,[1811 年]5 月 12 日,《中期书信》,第一卷,第 488 页。柯尔律治致理查德·夏普,[1812 年]4 月 24 日,《柯尔律治书信集》,第三卷,第 389 页。

[2] 骚塞致华兹华斯,[1812 年 4 月]。

[3] 根据柯尔律治的笔记第 3991 条和他写给 J. J. 摩根的信[1812 年 3 月 27 日],显然,尽管华兹华斯对他行为的议论让他崩溃,但使他深受伤害的是蒙塔古转达的内容,而不是他是否"受托"或"被授权"告知他这一切。

[4] 柯尔律治致 J. J. 摩根,[1811 年 10 月 12 日],《柯尔律治书信集》,第三卷,第 338 页。

[5]《柯尔律治笔记》,第三卷,第 3991 条。

[6] 同上,第 4006 条。

[7] 多萝茜致凯瑟琳·克拉克森,[1811 年]5 月 12 日,《中期书信》,第一卷,第 490 页。多萝茜致玛丽和华兹华斯,[1812 年]5 月 3 日,《中期书信》,第二卷,第 14 页。

[8] 柯尔律治致理查德·夏普,[1812 年]4 月 24 日,《柯尔律治书信集》,第三卷,第 389 页。

[9] 例如,以下作品对华兹华斯进行了戏仿:[詹姆斯与贺拉斯·史密斯],

《被拒的致辞》(1812)；[约翰·汉密尔顿·雷诺兹],《月桂叶：或新实验颂歌》(1813)；[约翰·艾格],《被拒的颂歌：或十二位流行诗人的诗歌三级跳》(1813)。

[10]《法灵顿日记》,第十卷,第3829页,1810年12月20日。

[11] 华兹华斯致玛丽,1812年5月7-9日,《补充书信》,第59页。

[12] 萨拉·哈钦森致约翰·蒙克豪斯,[1812年]3月28日,《萨拉书信》,第45页。

[13] 华兹华斯致巴希尔·蒙塔古,[1811年]11月16日,《中期书信》,第一卷,第515页。

[14] 多萝茜致凯瑟琳·克拉克森,1811年6月16日,《中期书信》,第一卷,第497页。

[15] 多萝茜致凯瑟琳·克拉克森,[1811年]5月12日,《中期书信》,第一卷,第487页。在贝尔的体系中,挑选出来的督导员经过指导后,要指导更小的学生,由此增强每一位老师的效力。华兹华斯和柯尔律治强烈支持这个体系——"除了印刷术之外,这是最高贵的发明,造福人类"(《中期书信》,第二卷,第210页)——在贝尔与约瑟夫·兰卡斯特(另一位教育改革者)之争中,他们支持贝尔。希尔和摩尔曼提到华兹华斯对马德拉斯体系的"痴迷"。(《中期书信》,第二卷,第210页注释3)这是一种痴迷,但可以理解。华兹华斯正确地认识到,在一个迅速工业化的国家,大众的教育问题注定要成为重要的国家问题。R. J. 怀特指出,华兹华斯和柯尔律治支持贝尔而不是兰卡斯特,说明他们鼓励国教掌管事务。非国教派支持兰卡斯特。见柯尔律治,《俗人布道》,R. J. 怀特编(伦敦与普林斯顿,1972),第40-41页。

[16] 华兹华斯致玛丽,1812年5月7-9日,《补充书信》,第59页。

[17] 华兹华斯致凯瑟琳·克拉克森,[1812年]5月6日,《中期书信》,第二卷,第16页。

[18] 柯尔律治致理查德·夏普,[1812年]4月24日,《柯尔律治书信集》,第三卷,第389页。这封信使华兹华斯非常不安,他抄下了相关部分。见多萝茜

1812 年 5 月 3 日的信,《中期书信》,第二卷,第 16 页。

[19] 罗宾逊关于这段陈述的记录,见《亨利·克拉布·罗宾逊论书籍与它们的作者》,第一卷,第 74-75 页。这里引用的华兹华斯给多萝茜的备忘录,见《补充书信》,第 70 页。

[20] 柯尔律治致托马斯·普尔,[1813 年 2 月 13 日],《柯尔律治书信集》,第三卷,第 437 页。1822 年 10 月 8 日,柯尔律治在写给托马斯·奥尔索普的一封苦痛自怜的信中,他甚至又给华兹华斯加了一条罪名,视其为一生中"四件撕心裂肺的伤心事"之一。见《柯尔律治书信集》,第五卷,第 249 - 250 页。

[21] 华兹华斯致玛丽,1812 年 6 月 1 日,《补充书信》,第 104 页。

[22] 同上,第 103 页。

[23] 1800 年至 1812 年间,华兹华斯对巴鲍德夫人的性格和诗歌从欣赏转变为蔑视。见邓肯·吴,《华兹华斯的阅读:1800-1815》,第 10-11 页。她的诗《一八一一》讲述民族衰落,引起很多分歧。见 E. J. 科莱利,《1811:诗歌、抗议与经济危机》(剑桥,2017)。

[24] 华兹华斯带着鱼竿去了托马斯·哈钦森的农场汉德威尔,玛丽正在这里。1812 年 6 月 19 日,她给格拉斯米尔写信汇报说,威廉在天黑后去池塘钓鱼,当时,"用他自己的话说,正下着瓢泼大雨。他后来说,他是为了满足口腹之欲才去钓鱼的,但我相信,一定是他儿时的精神在活跃——愿上帝让这种精神延续"。见《补充书信》,第 132 页。

[25]《颂歌:作于一个无比绚丽的傍晚》的注释,1820 年。见《短诗集》,第 546 页。

[26] 华兹华斯致玛丽,1812 年 5 月 9-13 日,《补充书信》,第 65 页。

[27] 多萝茜致德昆西,1809 年 8 月 1 日:"她不戴帽子,没有头发——她爸爸管她叫作他的中国小娃娃。"(《中期书信》,第一卷,第 365 页)直到近代,患有唐氏综合征的儿童还经常被称为"蒙古症",因为他们外观上具有蒙古人特征。感谢穆丽尔·斯特拉坎让我参考了尚未发表的凯瑟琳病情研究。

[28] 华兹华斯致博蒙特爵士,1811 年 8 月 28 日,《中期书信》,第一卷,第 507 页。

[29] 华兹华斯致凯瑟琳·克拉克森,[1812 年]6 月 18 日,《中期书信》,第二卷,第 26 页。1812 年 5 月 29 日至 31 日,玛丽给华兹华斯的信中有一个感人的注释,是她晚年加的,当她读着写给丈夫的幸福的信,全然不知女儿的死讯。见《威廉与玛丽·华兹华斯情书》,贝丝·达灵顿编,第 198 页。

[30]《亨利·克拉布·罗宾逊论书籍与它们的作者》,第 103 页。他写道,"德昆西先生一看到华兹华斯就哭了起来,仿佛比父亲本人还受触动。"德昆西非常狂躁,在[1812 年 6 月 13-15 日]写给多萝茜的信中,他敞开心扉,诚恳地表达了对凯瑟琳的爱:"许多次,当我们单独相处,她会用她甜蜜的小胳膊搂着我的脖子,欢喜地亲吻我,让我非常感动。没有人能根据她在外人面前对我的行为来判断我们单独游戏或聊天时她对我表示的爱意。"德昆西毫不见外地把自己当成华兹华斯家的一员了——三个"宠爱她的人——她妈妈,她爸爸,我……"之一。在格拉斯米尔,他不止一次(根据他自己的讲述)"在她的墓前过夜"。格莱维尔·林德普在《吸鸦片的人》中很有见地地论述了"他悲伤中的歇斯底里因素",及其对华兹华斯一家的影响。(第 199-202 页)

[31] 华兹华斯致骚塞,[1812 年 12 月 2 日],《中期书信》,第二卷,第 51 页。四年后,骚塞九岁的儿子赫伯特去世时,华兹华斯也安慰了他。见《中期书信》,第二卷,第 305-307 页。

[32] 见第三卷,584-679 行。1813 年,华兹华斯通过观察玛丽和孩子们的行为,写下《母亲的悲伤》,但直到 1842 年才发表。见《短诗集》,第 119-122 页,以及第 523 页引用的芬尼克笔记:"这首诗在一定程度上属于孤独中的感怀,描写了孩子夭折后,他本人及妻子的感受。容我冒昧地补充一下,**仅作私下参考**:我观察了妻子在失去两个孩子后半年内的情绪与习惯,并在诗中忠实地再现了这些特征。"

[33]《华兹华斯回忆录》,格罗萨特编,《文集》,第三卷,第 489 页。可以理解,华兹华斯对幸存下来的孩子更加担心。多萝茜和萨拉都觉得他太溺爱威利

了。"看到父亲为孩子苍白的脸色感到不安,会让你非常痛苦……天堂的风也不能靠近他,父亲整天守着他。"萨拉对妹妹乔安娜说,1815 年 11 月 24 日。见《萨拉书信》,第 87 页。多萝茜更加犀利:"哦,萨拉,他被宠坏了,真是太可惜了。"见多萝茜致萨拉,1815 年 4 月 8 日,《中期书信》,第二卷,第 225 页。

[34] 多萝茜致库克森太太,[1812 年 12 月 31 日],多萝茜致凯瑟琳·克拉克森,[1813 年]4 月 6 日,《中期书信》,第二卷,第 59、88 页。

[35]《爱丁堡评论》,第 20 期(1812 年 11 月),第 438 页(关于《被拒的致辞》的书评),第 304 页(关于克莱布《故事》的书评)。

[36] 多萝茜致简·马绍尔,[1813 年 5 月 2 日],《中期书信》,第二卷,第 95 页。

[37] 萨拉·哈钦森致托马斯·蒙克豪斯,[1813 年 5 月 16 日],《萨拉书信》,第 53 页。

[38] 多萝茜致凯瑟琳·克拉克森,[约 1813 年 9 月 14 日],《中期书信》,第二卷,第 114 页。

[39]《唐璜》,未发表的序言。见《拜伦诗歌全集》,杰罗姆·J. 麦甘编(五卷,牛津,1980-1993),第五卷,第 82 页。

[40] 发表于《戏剧传奇与抒情诗》(1845)。年轻的勃朗宁很可能想到华兹华斯 1842 年获得王室津贴、次年获得桂冠诗人荣誉的事。然而,那时候,大多数人都不在意将荣誉颁发给这位暮年的诗人。那些可能在意的人,比如说雪莱、拜伦,已经死了。但接受印花税工作一事确实对他的声誉产生了即刻影响。1814 年,皮考克(笔名为"P. M. 欧唐诺文")在《善变的普罗透斯爵士:讽刺歌谣》中攻击了拜伦、骚塞等人。这首诗通篇戏仿了华兹华斯的"简单"风格,已为人熟悉。新的地方在于他攻击了"在威斯摩兰地区印花税专员的收据里"捕捉到的政治变节者语言。

[41] 杰西·哈登,1806 年。见达芙妮·弗斯科特,《布雷泰府的约翰·哈登:1772-1847》,第 32 页。

[42] 华兹华斯要给他的雇员约翰·卡特付薪水,还要给他的前任威尔金

先生每年一百英镑,所以他起初每年拿到手的只有两百英镑。关于他职责的更全面叙述,见玛丽·摩尔曼,《威廉·华兹华斯传:晚期岁月,1803-1850》(牛津,1965),第244-253页;朱丽叶·巴克,《华兹华斯传》,第448-449页。

[43] 华兹华斯致丹尼尔·斯图亚特,1812年10月13日,《中期书信》,第二卷,第48页。

[44] 华兹华斯致沃尔特·司各特,1805年11月7日,《早期书信》,第641页。

[45] 萨拉·哈钦森致哈钦森夫人,[1814年]9月2日,《萨拉书信》,第79页。吉利斯在《文学老将回忆录》(三卷,1851),第二卷,第139-144页,讲述了他与诗人的初见,以及他们关于诗性生活属性的交谈。

[46] 1816年,霍格在他的诗集《诗镜》中用三首诗精彩地戏仿了华兹华斯的素体诗。见艾伦·朗·斯特劳特,《埃特里克的牧羊人詹姆斯·霍格传记与书信》(拉伯克,1946),以及《牛津国家传记辞典》,第2004条,道格拉斯·S.麦克撰写,https://doi.org/10.1093/ref:odnb/13470。

[47] 查尔斯·兰姆致华兹华斯,[1815年4月28日],《兰姆书信》,第三卷,第147页。

[48] 在司各特的女儿索菲亚去世后,华兹华斯给她的丈夫约翰·洛克哈特写信,清晰地回忆了当年索菲亚带他参观艾伯茨福德的动人情景。[1838年]4月27日,《晚期书信》,第三卷,第562页。

[49] 玛丽致华兹华斯,1812年6月6日,《威廉与玛丽·华兹华斯情书》,第238页注释23。

[50] 多萝茜致凯瑟琳·克拉克森,[1814年]10月9日,《中期书信》,第二卷,第158页。

[51] 同上。

[52] 多萝茜致凯瑟琳·克拉克森,[1817年]3月2日,《中期书信》,第二卷,第372页。

[53] 华兹华斯致克里斯托弗·华兹华斯,[1814年]11月26日,《中期书

信》,第二卷,第 171 页:"看他干的蠢事,娶这么年轻的一个人,且不说与仆人建立关系多么不光彩,而且,这还是他自己的仆人。"

[54] 萨拉·哈钦森致玛丽·蒙克豪斯,[1811 年]12 月 3 日,《萨拉书信》,第 36 页。

[55] 参见,比如,《萨拉书信》,第 36-37 页,第 88 页;《中期书信》,第二卷,第 80-81 页;《玛丽书信》,第 24-25 页。全面的论述,见林德普,《吸鸦片的人》,第 203-220 页。

[56]《爱丁堡评论》,第 19 期(1812 年 2 月),第 373 页。

[57] 同上,第 374-375 页。见《批评遗产》,第 323 页。

[58] 在 1815 年《诗集》中,华兹华斯也加入了多萝茜的三首诗:《给一个孩子》,《母亲的归来》和《一位村民给她孩子的诗》。他在序言中说,他"从女作者那里……抢来"这些诗,它们是"作者的一位女性朋友"写的,但兰姆觉得华兹华斯本该"在角落里写一个 D,不知情者会以为这是出版商的标记;但知情人会觉得这是个令人愉快的提示"。见《兰姆书信》,第三卷,第 141 页;引自苏珊·列文,《多萝茜·华兹华斯与浪漫主义》(新不伦瑞克与伦敦,1987),113 页。

[59] 华兹华斯关于诗歌分类的计划,详见他给柯尔律治的信,[1809 年 5 月 5 日],《中期书信》,第一卷,第 334-336 页。引自 1815 年《序言》,《文集》,第三卷,第 28 页。

[60] 威廉·圣克莱尔写道:"四开本《漫游》,以其篇幅而论,或许是英国出版的最昂贵的文学作品了。"他认为,按照华兹华斯大部分时候的收入标准,他"几乎买不起自己的书"。见《浪漫主义时期的阅读民众》,第 201-202 页。

[61] 这些诗行出自《安家格拉斯米尔》(手稿 B),即《隐士》第一部分之第一卷。

[62]《华兹华斯先生新诗〈漫游〉的特点》,载《检查者》,1814 年 8 月 21 日,8 月 28 日,10 月 2 日。《海兹利特全集》,第十九卷,第 10-11 页。书评和重要的背景资料,见《批评遗产》,第 366-381 页。华兹华斯圈子认为海兹利特这一行为出于个人恩怨,来自过去的尴尬经历。事情是这样的:1803 年,海兹利特匆

匆离开湖区,为了逃避当地人的愤怒,因为他对一个年轻女子的行为不当。在1814 年 1 月 11 日的一封信中,骚塞对约翰·里克曼说是他帮助海兹利特"逃离了康伯兰";10 月,玛丽心照不宣地与多萝茜谈论某些事件(《玛丽书信》,第 24页)。罗宾逊也知道一些事,见下面注释 109。但到底发生了什么,我们不得而知。可以确定的是,到 1814 年,华兹华斯圈子的所有人都相信海兹利特行为不检点而且恩将仇报。

[63] 在[1814 年]10 月 9 日写给凯瑟琳·克拉克森的信中,多萝茜往好处想。她的观点是:海兹利特热情地谈论诗歌的哲学部分,但认为叙事部分是个"累赘";普通读者当然更喜欢看叙事部分;因此,海兹利特的书评一定有利,因为它能够为孤立无援的作品提供支持。见《中期书信》,第二卷,第 160 页。

[64] 多萝茜致凯瑟琳·克拉克森,[1814 年]11 月 11 日,《中期书信》,第二卷,第 165 页。

[65]《爱丁堡评论》,第 24 期(1814 年 11 月),第 1-31 页。1814 年 12 月 6日出版。

[66] 同上,第 30 页。杰弗里对序言的评论:"华兹华斯先生冗长的观点究竟为何,我们无从精确判断;但我们不禁怀疑,它们是自由主义思想,会吓坏大多数现代读者。根据序言来看,整部诗歌——或者其中之一,因为我们真的不知道究竟是一首还是两首——是传记性质;将包含作者心灵的历史,他诗歌才能的起源和发展,直至成熟得足以胜任他计划已久的伟大作品。现在,摆在我们面前的四开本涉及他少年时期在康伯兰山谷的散步,跨度刚好三天;所以,借助于强大的**计算**,我们可以估计整部传记的大致范围。"同上,第 1-2 页。

[67] 大部分书评作者都称赞十六年前《废毁的茅舍》的叙事,无意中使他们的评论更加尖锐。

[68] 华兹华斯致凯瑟琳·克拉克森,[1815 年 1 月],《中期书信》,第二卷,第 191 页。

[69] 1815 年《序言》,见《文集》,第三卷,第 23-52 页。

[70]《每月评论》,第 78 期(1815 年 11 月),第 225 页。关于 1815 年《序

言》的讨论和文献综述,见大卫·达夫,《浪漫主义与文体的功用》(牛津,2009),尤第 89-94 页。

[71] 关于这篇《随笔》,见《文集》,第三卷,第 55-107 页。引文出自第 67 页。1815 年 5 月 7 日,詹姆斯·霍格告诉约翰·默里,他听说文学界都在"放肆地嘲笑华兹华斯先生的新序言,认为它们自我中心的虚荣和荒诞举世无双"。见《詹姆斯·霍格书信集》,吉利安·休斯编(三卷,爱丁堡,2004-2008),第一卷,第 249 页。

[72]《亨利·克拉布·罗宾逊论书籍与它们的作者》,第一卷,第 165 页。

[73]《爱丁堡评论》,第 25 期(1815 年 10 月),355-363 页。见《批评遗产》,第 539-548 页。

[74]《文集》,第三卷,第 111-136 页。序言和评论解释了复杂的创作环境。引文出自詹姆斯·格雷致华兹华斯,引自《文集》,第三卷,第 111 页。格雷通过对《漫游》的溢美讨好华兹华斯:"试问,有没有一部天才之作包含那么多关于人类心智的深刻思想,那么多简朴、悲怆而迷人的生活画面。玛格丽特和孤独者的悲怆真让人无法承受。"书信,1815 年 11 月 28 日,华兹华斯图书馆。

[75]《爱丁堡评论》[后来的《布莱克伍德的爱丁堡杂志》],第一期(1817 年 6 月),第 265 页。威尔逊匿名写作,声称华兹华斯的"思想才智,在所有方面都远远不如他愚蠢诽谤的那位杰出人士[杰弗里]"。(第 266 页)威尔逊又写了两篇文章,一篇高度赞美,一篇猛烈抨击。对此古怪行为的解释,见《批评遗产》,第 607-614 页。

[76]《爱丁堡评论》,第 26 期(1816 年 6 月),第 460 页。

[77] 华兹华斯与多萝茜致凯瑟琳·克拉克森,[1814 年 12 月 31 日],华兹华斯与多萝茜致萨拉·哈钦森,[1815 年]2 月 18 日,《中期书信》,第二卷,第 182、202、205 页。

[78] 兰姆致华兹华斯,[1815 年 1 月 7 日],《兰姆书信》,第三卷,第 129 页。多萝茜致普莉希拉·华兹华斯,[1815 年 2 月 27 日],《中期书信》,第二卷,第 207 页。

[79]《英国评论家》,第三期(1815 年 5 月),第 450 页。多萝茜致凯瑟琳·克拉克森,[1815 年]6 月 28 日,《中期书信》,第二卷,第 243 页。

[80] 华兹华斯致骚塞,[1815 年 1 月],《中期书信》,第二卷,第 187 页。

[81] 华兹华斯与多萝茜致凯瑟琳·克拉克森,[1815 年 1 月],《中期书信》,第二卷,第 188-189 页。

[82] 詹姆斯·蒙哥马利发表在《折衷评论》的书评(系列二,第三期〔1815 年 1 月],第 1319 页)令人瞠目。见《批评遗产》,第 416-437 页。书评中不乏赞美之词,但核心问题是要求知道诗人是否得到救赎。蒙哥马利概述了华兹华斯关于救赎的"思想",声称其正确,但认为显然不够充分。"我们并不是说华兹华斯先生将《圣经》中的救赎说排除在他的思想体系之外,但他显然没有把'耶稣基督视为[救赎的]基石'。"这样的论调还有很多。华兹华斯一家对书评的接受或可说明他们多么渴望一丝安慰。1815 年 5 月 29 日,骚塞写信给蒙哥马利转达华兹华斯的意见,诗人对他"给予的慷慨赞美、友好和明辨,尤其是不同于主流论调的思想"非常满意。与蒙哥马利不同,威廉·库克森认为不必对《漫游》的宗教思想进行如此苛刻的审查。1814 年 8 月 20 日,他给这位他一直不赞赏的外甥写信说:"就我而言,我格外满意……因为你描写启示宗教时表现出的友善与欢乐。"(华兹华斯图书馆)

[83] 柯尔律治致博蒙特夫人,1815 年 4 月 3 日,《柯尔律治书信集》,第四卷,第 564 页。

[84] 华兹华斯致柯尔律治,1815 年 5 月 22 日,《中期书信》,第二卷,第 238 页。

[85] 柯尔律治致华兹华斯,1815 年 5 月 30 日,《柯尔律治书信集》,第四卷,第 574-575 页。

[86] 华兹华斯致柯尔律治,[1804 年]3 月 6 日,《早期书信》,第 452 页。

[87] 柯尔律治致华兹华斯,[1803 年 7 月 28 日],《柯尔律治书信集》,第二卷,第 957 页。

[88] 兰姆在解释为什么他认为将《抒情歌谣集》配上一篇引起争议的宣言是

个错误时,说了上述话语。1798 年,华兹华斯在解释为什么系统的道德哲学没能产生好的效果时,说了那番话。兰姆致华兹华斯,[1801 年 1 月 30 日],《兰姆书信》,第一卷,第 266-267 页。华兹华斯,[《论伦理观念》],《文集》,第一卷,第 103 页。

[89]　截至 1816 年 6 月,《漫游》卖出去三百三十一本。1834 年,五百本中余下的三十六本分配给作者。《诗集》更成功些,但 1817 年底,五百本中还余下一百一十七本。1820 年 11 月,最后的三十六本以批发价售出。(里德,《文献》,第 37、40 页)1814 年 5 月 5 日,华兹华斯将自己可能的销量与司各特和拜伦相比。(《中期书信》,第二卷,第 148 页)他有理由悲哀。至 1815 年,司各特的《最后的游吟诗人之歌》已出版十五版了;四开本《岛上爵士》出版一个月就卖了一千八百本。拜伦的《海盗》(1814)出版一个月,默里卖了两万五千册,又花了两千英镑购买《少侠哈罗德》和《西庸的囚徒》的版权。

[90]　1812 年,《爱丁堡评论》(第 20 期,第 280 页)曾评论克莱布的读者群:"在这个国度里,为娱乐或知识而读书的中产阶级人士恐怕不少于二十万。"这个数据是否准确并不重要。重要的是,这篇关于诗歌的书评认识到一种新的读者群。在 1817 年至 1825 年间出版的四十版库珀作品中,可以看到确凿的证据:读者"渴望知识与教育,诗歌品味过于保守";"除了司各特和拜伦,没有哪一位诗人如此频繁地重印,一直保持热门"。见诺玛·拉塞尔,《一八三七年以前的威廉·库珀书目》(牛津,1963),第 xvi 页。

[91]　多萝茜致萨拉·哈钦森,[1815 年]2 月 18 日,多萝茜致凯瑟琳·克拉克森,[1815 年]8 月 15 日,《中期书信》,第二卷,第 202、247 页。

[92]　华兹华斯致凯瑟琳·克拉克森,[1814 年]12 月 31 日,《中期书信》,第二卷,第 181 页。

[93]　W. J. 福克斯致罗宾逊,[1815 年 2 月 6 日],《罗宾逊与华兹华斯圈书信集》,第一卷,第 83 页。

[94]　柯尔律治致托马斯·普尔,1803 年 10 月 14 日,《柯尔律治书信集》,第二卷,第 1013 页。济慈致海顿,1818 年 4 月 8 日,《济慈书信》,第一卷,第 265 页。

[95]　华兹华斯急于去见朗斯岱尔勋爵,他最近给华兹华斯布置了怀特黑

文地区海关税收工作。这个重要的职位意味着更多的工作量,而且还要搬到怀特黑文去。华兹华斯显然不想要这份工作,但觉得这个职位太好了,必须登门谢绝才说得过去。

[96] 亨特对华兹华斯的态度始终不定。他曾在《诗人的盛宴》(发表在《反光体》,第二期〔1814〕,第313-323页)中嘲笑华兹华斯,但他对华兹华斯送他的1815年《诗集》的反应却是肯定的:他是"[华兹华斯]最热情的崇拜者之一"。1815年6月11日,他们见面时也热情友好。第三版《诗人的盛宴》(1815年7月)彻底改变了这首诗的大部分早先观点。见尼古拉斯·罗,《炽烈的心:利·亨特传》(2005),第231-232页。

[97]《小册子作家》,第五期(1815年2月),第462页。塔尔福德给一个儿子取名为威廉·华兹华斯·塔尔福德。

[98] 1835年,《伊昂》私下流通,1836年上演,此后出版。

[99] 巴伦·菲尔德,《华兹华斯回忆录》,利特尔编,第122页。

[100] 华兹华斯对菲尔德的手稿做了许多评注,但他既困扰于其中的不准确,又害怕这会引起过去的矛盾。1840年1月16日,他告诉菲尔德,他"坚决不同意"出版。利特尔编,《华兹华斯回忆录》,第17页。

[101] 两处引文都出自约翰·司各特致华兹华斯的信,1816年2月7日,华兹华斯图书馆。关于司各特,见帕特里克·奥利里,《摄政时期的编辑:约翰·司各特传》(阿伯丁,1983)。

[102]《本杰明·罗伯特·海顿日记》,威拉德·比塞尔·蒲柏编(五卷,麻省:剑桥,1960-1963),第一卷,第450页,6月13日。以下简称"《海顿日记》"。模型作于6月11日。见《年谱》,第二卷,第606页。

[103]《海顿日记》,第一卷,第451页。海顿也用诗人的名字给自己的儿子命名:弗雷德里克·华兹华斯·海顿。

[104] 海顿致华兹华斯,1816年11月18日,华兹华斯图书馆。

[105] 华兹华斯致海顿,1815年12月21日,《中期书信》,第259页。诗歌发表于1816年4月1日的《捍卫者》。海顿1815年11月27日的信给华兹华斯

带来灵感:"我会永远记得你给我的友谊及其秘密的欢喜,记得你对我成功的关切。上帝一定会赐予我的!我将忍受贫困、痛苦、悲惨与无名,但这条路我决意走下去,决不会退缩一步。"见《本杰明·罗伯特·海顿:书信与茶叙》,弗雷德里克·华兹华斯·海顿编(两卷,1876),第二卷,第19页。收到这首十四行诗后,海顿在日记中写道:"我无法形容我的感受,在起初的极喜之后,感觉自己被高举在世界巨眼之前,感觉言语已是多余……"《海顿日记》,第一卷,第491-492页。他对华兹华斯写道:"你是第一位公正对待我的艺术的英国诗人。"1815年12月29日,《本杰明·罗伯特·海顿:书信与茶叙》,第二卷,第20-22页。

[106] 关于拒绝借钱及海兹利特有趣的信,见斯坦利·琼斯,《B. R. 海顿论当代人:一封新信》,载《英语研究评论》,新刊,第26期(1975),第183-189页。

[107]《海顿日记》,第一卷,第451页。

[108] 玛丽和查尔斯·兰姆致摩根夫人和夏洛特·布伦特,[1815年5月22日],《兰姆书信》,第三卷,第161页,第167页注释。

[109] 1815年6月15日,罗宾逊记下他对海兹利特事件的理解:"在凯西克时,海兹利特好像差点就被人们抓去坐牢,因为他对女人无礼攻击……"见《亨利·克拉布·罗宾逊论书籍与它们的作者》,第一卷,第169页。1816年2月10日,他在聚会后写道:"海兹利特对华兹华斯太刻薄了,他总是这样。"同上,第179页。

[110] 海顿致华兹华斯,1817年4月15日,华兹华斯图书馆。引自摩尔曼,《晚期岁月》,第281页。

第十一章　一八一六至一八二○

一

一八一五年八月二十一日,斯基多峰上燃起熊熊篝火,庆祝滑铁卢战役的胜利。当狂欢的人们享用着烤牛排、葡萄干布丁、潘趣酒,渐渐微醺时,燃烧的松脂球滚下山去。惟一的事故是,华兹华斯身穿伊迪丝·骚塞的斗篷,"俨然一位西班牙贵族",撞翻了做葡萄干布丁用的烧水壶,"本想偷偷走开,不被发现",但是,旁人辨出了惹祸的人是"红衣绅士"。骚塞幸灾乐祸,带领一伙人围着华兹华斯跳舞,边跳边唱:"是你踢翻了水壶! 是你! 先生,是你!"骚塞没有记载玛丽和多萝茜是否加入了这歌唱的队伍,但很有可能,因为这是温和的酒神狂欢——至少,一个不知姓名的"小赖子"喝得酩酊大醉,深更半夜无法走路,不得不被马——而且是"倒骑驴"——驮下山去。[1]

篝火晚会上的华兹华斯,嬉戏于亲朋好友之间——这画面值得流连,因为,在一八一五至一八二○年期间,这样的情景不多。初入中年,华兹华斯为钱发愁,为玛丽、多萝茜和萨拉·哈钦森操心,不时也为幸存的孩子们担忧——自从凯瑟琳和托马斯夭折后,每一次孩子生病都是一场噩梦;他也担心国家面临瓦解的危险;挂虑自己的工作——印花税分发不是挂名的闲职。最重要的是,他还面对着只有自己才能准确规划,只有他本人才能应对的问题:人生角色和诗人未来——他还没有取得初拜缪斯为师时所期待的成就。[2]在一首旨在坚定彼此艺术决心的十四行诗中,他向海顿保证,"我们肩负崇高的事业"。他也承认,寻找"光明的酬报"意味着效忠缪斯,即使"放弃这敌对的全世界"。华兹华斯并不知道,实际上,当他写这首诗时,他已经开启了一段不幸的人生时期:他"全心全意"构想的一切伟大目标都将持续受到挑战。

360

二

斯基多峰顶的篝火是地方性活动,是一场长达二十二年之久的战争终于结束时的释然和欢乐。四个月后,一八一六年一月十八日被宣布为"全国感恩日",人们感谢上帝"终止我们与法国的战争",全国人民发起了更加庄严的庆祝仪式。[3]华兹华斯的献礼是同年晚期出版的一部诗集《感恩颂:一八一六年一月十八日;以及与近期公共事件有关的其他短诗》。从商业角度来看,这部诗集是个彻底的失败。骚塞的《诗人朝圣滑铁卢》印数两千,两个月内售罄,十八年后,华兹华斯的五百本诗集还有一半积压在朗曼的仓库里。[4]这并不奇怪。在"其他短诗"中,早先寄给海顿的三首十四行诗很吸引人,但一八一六年,其他诗歌没能打动读者,此后也没有。这部诗集的意义值得探讨,不是为了重申这些颂歌令人愉悦——晚年很多作品都是——而是因为这本诗集既体现了华兹华斯一段时期的思想高潮,也是理解诗人晚年岁月的关键。

诗集前面是一篇晦涩的"致读者",开篇写道:

> 本文不是为了赢得支持或索取包容,而是为了避免误解。作者

冒昧地指出,这本诗集源于爱国主义,迫不及待要纪念那场使大英帝国从所有其他国家中脱颖而出的事件。

361

这位诗人或许完全不配触及如此重要的题材,因为,在他的眼前,国家正在当前的困苦中挣扎,足以为这个事件笼罩上一层厚厚的幔纱,掩藏甚至遮蔽这伟大道义胜利的光华。如果作者沉浸于喜悦,不受这些困苦的制约,并坚信这些痛苦只是暂时,请不要指责他麻木不仁。国家慷慨解囊,拯救欧洲,是基于不列颠民族的集体智慧。在和平时期,这种民族智慧蕴藏的能量不亚于战争时期,那些心怀希望的人相信,我们财富的酒杯将逐渐斟满。[5]

"当前的困苦"是什么?无须多言。一八一二年五月,约翰·贝林罕刺杀了首相,因为他认为是政府的经济政策导致了自己的毁灭,这件事反映了国家当时的状态。当他在下议院与珀西瓦尔对峙时,其他迷惘的苦难大众正在追随"尼德·卢德"(Ned Ludd),以此矫正他们遭受的不公。一八一〇至一八一二年,北方工业地区捣毁机器的运动使议会感到害怕,于是发明另一种绞刑,引发了一八一四年更为猛烈的破坏工厂和捣毁机器行动。食品暴乱偶尔爆发。在科克茅斯的一场骚乱中,骚塞敏锐地辨出"卢德精神"。至一八一六年,他确信,"所有可以想象的革命导火线正在我们当中酝酿"。[6]

华兹华斯对这些社会征兆的反应是复杂的。他试图直面它们的意义,同时也希望将其泯于更高的真理。一八一二年,社会秩序的崩塌仿佛无可避免。"如果政府不表现出坚定的态度,骚乱、暴动和谋杀将愈演愈烈。"他在写给玛丽的信中说,并在另一封信中补充道,以他的观察,"没有什么比伦敦最底层的人更凶猛野蛮"。[7]在《抒情歌谣集》(1800)序言中,他曾指出,"日益增长的城市人口"与其他众多因素一起"钝化着心灵的鉴赏力";如今,他的话更加意味深长:"近三十年来,社会底层如瘟疫般蔓延,积聚了大量的无知人口;现在,后果暴露出来,没头脑的人们大喊着民族性彻底变了,实际上,从我们出生以来,它就在潜移默化地进行,病越来越重,如今爆发出所有的危险与缺陷。"[8]他认为,群氓没有受过教育,无知,贫穷,狂热,就像一七九〇年代初的巴黎暴民,容易被煽风点火。在他看来,议会中的反对党,从布鲁姆到伯德特,议会外的科贝特①,并非推崇自由,而是主张摧毁一切自由的起义。战争期间,他训斥约翰·司各特:反对党"不知羞耻,他们的行动仿佛被波拿巴收买了似的"。[9]

然而,这个充满苦难与纷争的国家战胜了"那个蛮勇的江湖骗子、无情的亡命之徒"——拿破仑。[10]而且,当社会问题恶化,华兹华斯却乐观而谨慎,相信国家能够战胜困难。他依赖两种信念,一种合理可靠,另一种令人质疑,但足以支撑这个日不落帝国。两种信念都表达在一八一六年诗集的"致读者"和颂歌中。

滑铁卢的胜利靠的是枪支弹药和骑兵步兵,华兹华斯认为,这证明了一个国家只能通过"兢兢业业地培养军事力量"才能获得自由。但光有枪不够。在《辛特拉协定》和所有伊比利亚十四行诗②中,华兹华斯坚持一个真理:

> 过于自负的政客长期依赖
> 战舰、军队和外部的财富,
> 但国家的健康源于内部。[11]

---

① 威廉·科贝特(William Cobbett,1762-1835),英国散文作家,记者,政治活动家。代表作有《骑马乡行记》,记录自然景色与乡村见闻,文笔朴实犀利。

② 在拿破仑战争中,半岛战争(The Peninsular War,1808-1814)的主要焦点是占领伊比利亚岛。华兹华斯对此非常关切,大约在1809年至1810年写下一组十四行诗,表达了对法国和拿破仑的态度,赞扬西班牙人民的抵抗精神,即"伊比利亚十四行诗"(Iberian Sonnets),发表在1815年诗集中。

一八一一年,出于对查尔斯·帕斯利上尉的著作《大英帝国军事政策和制度》(1810)的感恩,华兹华斯断言,只有当武力"基于正义、权利、知识和对人类道德情操的敬畏"时,战争才能胜利。在抵抗拿破仑的战争中,归根结底是"国家意志"发挥着决定作用。[12]华兹华斯认为,事实已经证明这一点。"上苍"已将"**毁灭之剑**"——"可怕的许可证"——放到英国手中[13],但《感恩颂》不仅歌颂利剑,也赞美"伟大的道义胜利"。

这首诗首先表达了**感恩之情**,也是一位诗人持续的宗教沉思:当他在他的花园里,聆听教堂的钟声发出如期的召唤。这首诗基于一种圣经传统,即人在上帝面前的正当礼仪,强调谦卑的拯救力量。理查德·格莱维尔在讨论《感恩颂》时指出,"实际上,这是华兹华斯与英国国教的最初妥协"。[14]

363　华兹华斯相信同胞已展现出精神的力量,这是他对和平保持乐观的基础。教育无知大众是首要问题,但全民进步尚需更多努力:

> 全新的教育路线,更崇高的道德情操,更瑰丽的想象,少一点狭隘琐碎、冷漠盲目的理性,后者对待国事就好比盖一幢新房,斤斤计较。如今,治理国家需要那种同伟大的艺术家挥笔泼墨或强大的诗人赋诗吟歌时相似的斟酌和冲动:大体遵循法度,纲要事先理清,但作品的完成必须托付给虽存在而无形的事物。[15]

最无形却最有力的事物便是一个民族的民族感——对于华兹华斯来说,现在,英国人要意识到自己的英国性:

> 我们父辈的土地!我珍爱它
> 从懂事开始的第一次欢喜:
> 当我阅读你英勇的骑士列传,

激动得抱着书不能入眠！

哦,英格兰! ——比宝贵的生命还要宝贵,

若我忘记你的勇猛,就不要再让

这忘恩负义的儿子听到

你绿叶的沙沙声响和你滔滔的海浪![16]

伯克一定会为这段诗文鼓掌。

在一封写给约翰·司各特的信中,华兹华斯攻击了反对党在战争期间的行为,认为他们的举动"背叛了所有真诚的英国人,天理难容"。他是如何得出这一判断的? 另一封愤怒的信澄清了这一切。华兹华斯既针对反对党全体,也指出一些大人物,他写道:

想象他们列队走进威斯敏斯特的大厅,再从那儿进入隔壁的教堂,相信他们在这些令人敬畏的神圣之地竭尽所思,并坦言你对结果究竟是否满意。想象他们站在碧绿的山上俯瞰洋洋大观: 各式各样的尖顶、钟楼与村庄,所有赏心悦目的英格兰风光。他们会产生我们期待的那种情感吗? 简单地说,他们会敬畏英国性吗? 他们看重就连对手也十分重视的国家政教建制吗?[17]

三

华兹华斯对"政治变节"的指责非常敏感。年轻的激进分子则自认为铁证如山。"雪莱……把华兹华斯的《漫游》带回家来,我们读了一部分: 非常失望。他是个奴隶。"玛丽·雪莱在日记中写道。她的丈夫也哀叹他的迷失:

364

> 你曾像磐石筑成的避难堂
>
> 屹立在盲目奋争的众人之上：
>
> 在体面的清贫中，你的声音
>
> 编织献给真理与自由的歌音，——
>
> 背离这一切，你让我悲哀，
>
> 既然如此，你不必存在。[18]

这位"自然诗人"在宗教和政治上日趋保守，在雪莱眼中，他不再是"那颗孤星，在寒冬子夜的狂风中，／ 将光芒照耀在孱弱的树干上"。恰恰相反，华兹华斯坚称他的观点没有改变。"我的**原则**没有任何改变。"他告诉约翰·司各特。五年后，对詹姆斯·洛什，他以同样的口吻为自己辩护：

> 假如我对政府的理解没有任何修正，我会觉得自己毫无用处——我的青春必然没有激情，我的成年必然不善反思。如果让我对那些滥用"叛逆者""变节者"这类词语的人发声，我会反过来指控他们，并且说，你们情随缘转，心随事迁，我则坚持真理……[19]

实际上，华兹华斯没有**发表**任何让这个辩词站不住脚的言论。《感恩颂》的政治态度可以追溯至《漫游》、伊比利亚十四行诗和《辛特拉协定》，以及一八〇二年十四行诗，但在此之前，他只有《抒情歌谣集》《黄昏漫步》和《景物素描》。[20] 然而，假如华兹华斯发表了所有写过的文字，那么他就很难否认他的改变。《致兰达夫主教书》，《索尔兹伯里平原》和《索尔兹伯里平原历险》，尤维纳利斯风格作品，何况还有为《慈善家》写的纲要，以及给马修斯的信，其中坦率地表达了他的政治立场。所有这些都将成为不利的证据。[21] 它们被藏匿起来，他没有发表过任何

见不得人的文字,或需要矢口否认的东西。但他的密友们发表过。一八
一七年,当他们的过去被出乎意料地揪了出来,华兹华斯也被牵扯进去。

一八一六年十二月,柯尔律治出版了《政治家手册:或圣经是政治
能力和先见的最佳指南》,一篇关于当前社会问题的文章,或曰"俗人布
道",面向最有能力解决这些问题的读者,即"社会的高级阶层"。[22]在
海兹利特看来,柯尔律治一直是保守派的帮佣,"每天的文章都……想
朝臣之所想"[23],所以,他立即对这本近作发出攻击。《政治家手册》出
版过程中,海兹利特诋毁柯尔律治是个空话连篇的叛徒;出版后,他又连
发三弹:一次在《爱丁堡评论》,两次在《检查者》。[24]柯尔律治懒散、任
性、自负,据说是个没有固定立场的人,一个形而上学的骗子,但是他并
不总是如此——这正是海兹利特炮轰之处。他提醒《爱丁堡评论》的读
者留意柯尔律治的《守望者》和《致人民》,又在写给《检查者》的一封信
中回忆了柯尔律治一七九八年布道给他留下的第一印象,高贵而雄辩,
为了真理,无所畏惧:"和这次一样,那场布道也涉及战争与和平,教会
与政体——不是两者的联盟,而是彼此的分立——世界精神与基督教精
神,两者不同,互相对立。"

关于《政治家手册》,海兹利特已经写了很多;若不是这些叛徒被赤
裸裸地带到敌人面前,这场战争很可能已经硝烟散尽。一八一六至一八
一七年之交,社会问题和政治动荡恶化。改革的呼声日益尖锐。伦敦温
泉场大众集会,突袭摄政王马车,这些事件导致了人身保护法的暂停和
对新闻界的镇压。骚塞、柯尔律治和华兹华斯无疑站在自己的立场上。
在一八一六年十月的《季度评论》中,骚塞呼吁政府消灭煽动性言论,镇
压异见,不惜一切代价维持公共秩序。[25]但一七九〇年代,当约翰·塞
尔沃尔而非"雄辩家"亨利·亨特对大众演讲时,当叛国罪审判证明了
"贵族的无礼与傲慢"时[26],当哈第、霍恩·图克、塞尔沃尔及其他被告
被宣布无罪,证明了合理抗议的效用时,当博特尼湾的流放者和阿尔弗

THE

STATESMAN'S MANUAL;

OR

THE BIBLE THE BEST GUIDE TO POLITICAL SKILL AND FORESIGHT:

A Lay Sermon,

ADDRESSED TO

THE HIGHER CLASSES OF SOCIETY,

WITH AN APPENDIX,

CONTAINING

COMMENTS AND ESSAYS

CONNECTED WITH

THE STUDY OF THE INSPIRED WRITINGS.

BY S. T. COLERIDGE, ESQ.

" Ad ist hæc quæso vos, qualia cunque primo videantur aspectu, adtendite, ut qui vobis forsan insanire videar, saltem quibus insaniam rationibus cognoscatis."

LONDON:

PRINTED FOR GALE AND FENNER, PATER-NOSTER ROW;
J. M. RICHARDSON, ROYAL EXCHANGE; AND
HATCHARD, PICCADILLY.

1816.

柯尔律治,《政治家手册》(1816),扉页克斯顿的间谍显示了立法者和执行者为了维护社会秩序不惜一切代价时——那时候,诗人们的反应却截然不同。一八一七年,当年的事实以最令人尴尬的方式暴露出来。

一七九四年,骚塞在他的悲剧《瓦特·泰勒》中曾宣扬抵抗专制。剧本未能发表,手稿也不见了。一八一七年二月,它居然出版了,与《季度评论》同时出现。[27]骚塞申请禁令被拒,但实际上,任何法律行为都无法挽回其杀伤力。在煽动性集会法案的辩论中,一位反对党议员斥责骚塞是恶毒的叛徒,醉心于镇压一度为之奋斗的自由。在三月九日的《检查者》上,海兹利特通过《瓦特·泰勒》中的例子证明了骚塞的变节。[28]柯尔律治立刻在三月十七日、十八日的《信使》上为骚塞辩护。他回顾了骚塞的早期生涯,帮他清除所有指控,首先将他早期作品的热情归因为"一个年轻诗人"的单纯狂热,其次强调了骚塞本人的品德。[29]此时此刻,我们很难想出比这更笨拙的辩词了。海兹利特抓住年轻诗人的滑稽形象,先后在《晨报》和《检查者》上[30]梳理了骚塞的出版史,列出有待检查的题目,提醒读者这个单纯的年轻人作品之多足以让他成为《反雅各宾派》的主要攻击目标。但骚塞并非独自一人。华兹华斯和柯尔律治都曾是雅各宾派。而且,海兹利特坚称,他们最好的作品都是在这一旗帜下完成的:

> 作为诗人与天才,他们的所有权威必须丢到革命与改革的天平上衡量。他们的雅各宾原则的确导致了他们的雅各宾诗歌。既然他们放弃了前者,他们的诗歌也就失去了力量……他们的天才、风格、韵律,乃至拼写,都是革命的。

海兹利特将攻击范围扩大到三位诗人,并非柯尔律治的错。他有事实为证,还有好的记性。然而,他给骚塞的讽刺性建议——"申请对柯

366

尔律治先生的禁令"——却是好意。多萝茜说道,"说起不靠谱的辩护人,[柯尔律治]当属第一。"[31] 从华兹华斯的角度来看,更糟糕的还在后面。在出版事故频出的这一年里,柯尔律治的下一本书来得太不是时候。

华兹华斯一八一五年《诗集》的序言让柯尔律治坐立不安。如果说《抒情歌谣集》(1800,1802)的序言"一半是[他]大脑的产物",那么,他觉得一八一五年序言则更多地依赖他的理论。[32] 一位编辑说,柯尔律治对"华兹华斯的新序言耿耿于怀",想立即出版自己的新诗集,写序言,用与华兹华斯诗集一模一样的形式,然而,序言越写越长,成了一本书,为他自己的文学生涯和见解辩护。[33]

《文学生涯》本来计划一八一五年出版,但直到一八一七年七月才问世,仿佛是"湖畔派诗人"与杰弗里、海兹利特之战的延续。柯尔律治的目的是阐述自己哲学、宗教、美学思想的发展;确定在诗歌理论和实践方面与华兹华斯的差异,以便更好地界定朋友的伟大之处,反驳评论家们的诋毁与误读。考虑到两人疏离的伤口刚刚愈合,加之匆忙、疾病和焦虑的胁迫,他的成果还算可观:这是一部发人深思、愉快可读的自传,一部哲学宗教论文,一部至今依然被列入必读书目的华兹华斯批评,就连华兹华斯本人在修改自己的作品时也参考了其中的内容,虽然起初并不甘心。[34] 然而,为了达到写作目的,柯尔律治不可避免地重提他们雅各宾式的激进岁月:《守望者》,阿尔弗克斯顿的间谍事件,与杰弗里的持久战。而且,他对《爱丁堡评论》的独裁者进行了猛烈攻击,讨伐他的人品,这就导致杰弗里在同年晚期前所未有地发表了一篇署名书评,为自己辩护。[35]

整个一八一七年,昔日那个激进的华兹华斯,那个声称与"君主和贵族统治(无论如何改良)"和"每个世袭特权"[36]为敌的华兹华斯,那个曾在大革命期间的法国诞下一女的华兹华斯,都在低空盘旋,虽未被传唤,却卷入文学大战。但被传唤的威胁却是真实不虚的。海兹利特没有忘记他与诗人们的初见,以及柯尔律治写下的每一个字:他的早年岁月,他与骚塞的关系,《反雅各宾派》对他们的迫害;不存在的"湖畔派诗人"也使他想起那段时光。

"我敢肯定,华兹华斯会不高兴的。"柯尔律治想到,他在《文学生涯》中证明了华兹华斯理论的错误,认为他"只在少数诗节中实践了这一理论,成为创作中的瑕疵"。[37] 然而,还有一个原因使华兹华斯对《文学生涯》感到不安。一八一五年,他请求柯尔律治不要发表《致华兹华斯》——柯尔律治聆听华兹华斯朗诵献给他的诗(即《序曲》)之后写下的献辞。华兹华斯认为,"这份赞词对我俩都不利,当我的诗出版时,也会因先前的赞美而受到巨大阻力。"[38] 首先,关于"湖畔派诗人"的互相赞赏,大众从杰弗里之流那里已听到太多传闻。华兹华斯害怕柯尔律治这首热情洋溢的诗又为公众提供证据,使两人闹笑话。其次,他也很在意这部伟大作品的保密性。柯尔律治封藏了这首诗,但他公开的内容很快加剧了华兹华斯的双重焦虑。柯尔律治对一八一五年诗集的讨论既包括文本细读,也有整体评价,言辞犀利,过目难忘,至今依然是华兹华斯诗歌批评的试金石。但他也暗示了尚未完成的作品,将读者引向未来。"华兹华斯先生**将**写出什么,非我所能预知,"他写道,"但我能怀着最激动的信念宣布他能写什么。这是第一部真正的哲理诗。"[39] 这两句话旨在奉上最高的赞美,却字字充满预示。华兹华斯本人曾在《漫游》的序言里预告过《隐士》,如今,柯尔律治公开重申他对这一工程及其建筑师的信心。但在给华兹华斯的信中,他说起的《隐士》暴露了两人关于哲思诗歌的严重分歧。随着《漫游》的出版,华兹华斯不知道这个伟大工程该如何继续。至此,这个计划已有二十年之久了。

368

四

"不要再优柔寡断。"一八一七年头几个月,华兹华斯一定经常想起他对海顿的劝告,因为眼下的焦虑几乎将所有的诗歌活动排挤在外了。一八一六年四月,理查德·华兹华斯病危,他对华兹华斯和多萝茜的财务监管将如何继续?华兹华斯所有的隐忧都浮出水面。理查德被迫立下遗嘱,保障他们的未来,但他五月的去世暴露出他自己的问题也是一团乱麻,华兹华斯卷入其中,不得不亲自写信、出差,处理问题。

还有一个问题,可能会给华兹华斯造成个人损失。一八一七年一月,他的一个下级分发商、朗斯岱尔科尔比地区的霍尔先生"耍无赖",导致三百英镑税收遗失,银铛入狱。华兹华斯的担心可以理解,他害怕自己要为盗窃的钱财负责,于是给他的上级写信,详细解释了情况。即使这封信没有完全澄清霍尔先生的"无赖",至少让我们看到这个危机以及每日的印花税分发需求,给诗人造成多么大的压力。[40]

两个月后,多萝茜向凯瑟琳·克拉克森描述了危机中的华兹华斯:"威廉被我哥哥理查德的事情弄得非常痛苦——律师的拖延——还不清的债务——官非的威胁——不解的信件——一切都困扰着他,一切都是[陌生的?]——更糟的是,不知何时是个完。"[41]然而,她确实看到了一丝希望:用她的话说,威廉又开始"他的旧活计"了。"旧"字很重要。她告诉凯瑟琳:"今天,他写了一首十四行诗。我们心里都在欢呼,'哦,太开心了!'"多萝茜理应欢呼"和散那"①,即使只在心里,因为,在这段精神涣散的时期,面对眼前的种种压力,遵从写作的需要显然拯救了作

①　和散那(hosanna),圣经中表示崇拜、赞美或喜悦的感叹词。

为诗人的华兹华斯。

　　华兹华斯听从他的天职,广泛实践诗歌艺术。从形式上,他尝试十四行诗、颂歌、铭文、翻译、挽歌、传奇;从题材上,他讲述浪漫故事,国家历史,古典传说,地方风物,以及"我自己的心境"的种种变奏。大多数诗歌无意进入华兹华斯的精选集,"无忧的欢乐"已然消失。然而,在一八一七年的一些颂歌里,我们还可以听到霍普金斯所说的早期抒情语声的"起伏、流转、欢欣与创造"。[42]

　　《一八一七年颂歌》(后来题为《春之颂》),《作于一个无比绚丽的傍晚》,《颂歌: 科克斯通山口》,《彼岸花颂,一八一七年五月》及其《同主题诗歌》(《够了,攀登的辛苦!》)构成一组有趣的诗歌。在更加公众性的作品《漫游》和政治题材的十四行诗、颂歌之后,华兹华斯回归一位抒情诗人的力量源泉。每一首诗都是对一种自然现象的思考,如一只劳作中的蜜蜂,一场日落;或一件事情,如攀登海芙琳峰,穿越科克斯通山口;每首诗都通过高度的想象来解释经验的意义。博蒙特夫人说科克斯通颂歌"作于从科克斯通山顶到帕特岱尔的徒步中",即使这不完全准确,按照华兹华斯晚年的说法,这首诗确实呈现了"许多次穿越这个山口时的所思所感,无论白天黑夜,阳光风雨,独自一人或挚友相伴"。[43]这首诗得到真实生活的检验:诗人走过这段路程。《作于一个无比绚丽的傍晚》则是"有感而发,作于我们家莱德尔山庄前的小山上"。[44]诗人回忆了一次户外经历,即兴赋诗一首。生动的诗文将诗人和读者都根植于此时此刻:"倘若这绚烂的光辉 / 转瞬即逝,我或许会向沉默的云朵投去 / 迷茫的目光; / 但它被赋予了驻留的力量。"此时此刻,诗人也沉默了,"想象的光华逝去, / 夜幕降临……"

　　然而,华兹华斯回归抒情创作是高度自觉的行为,采用了甚至沉浸于一种回顾的秋声。对于我们这位诗人,回顾总是意味着自我投射,是过去与现在的融合,只有他最亲近的人才能明了此中深意。比如,在

370

《彼岸花颂》的第二首诗中,写给多萝茜的诗行已存于手稿十几年了。[45]
但所有这些诗都关注作为时间生物的人类,关注无始以来与无穷未来之
中的经验。最重要的是,《作于一个无比绚丽的傍晚》还邀请读者通过
诗人作品的演化来思考时间的流逝。看到绝美的大地,诗人非常感动,
想起早年的诗歌《永生颂》,便在注释和诗文中引用了其中的意象——
大地似披着天界的光芒。[46]两首诗都承认原始目光(primal vision)的消
失。但是,早年的诗强调收获与成长,后来这首则更加默然,为可遇而不
可求的"灵光乍现"奉上动人的感恩礼赞。

　　失与得的主题将这首诗与华兹华斯早年的很多诗歌联系起来,但有
一个特征说明它不仅是早年诗歌的补充,也是未来诗歌的预告——诗中
那望向天堂的目光。《丁登寺》赞美了"一种崇高感, / 源自某种弥漫
深远的事物, / 寓于落日的辉光";《永生颂》直言我们的家与上帝同
在;但两首诗的重点都不是彼岸的世界。《作于一个无比绚丽的傍晚》
则强调了来世。诗人赞美落日之美,但声称"从那没有日升月落的世界
中 / 获得一份馈赠, / 融和着天堂的瑰丽,铺展 / 在不列颠牧羊人脚
下的大地"。一八二〇年出版前,诗人又在手稿中进行了增补,加深了
这种思绪。华兹华斯看到华盛顿·奥斯顿的绘画《雅各的梦》,于是补
充了一些诗行。他写到,湖区朦胧的山峰仿佛"光辉的阶梯; / 耸入晴
空, / 止于——史无记载之处! / 诱惑着想象前去攀登, / 与不朽的
灵魂为伍"。在《创世记》和奥斯顿的画中,雅各梦见"大地上立起一个
梯子,顶端直达天堂:上帝的天使上上下下……雅各从梦中醒来说,上
帝肯定在这里;我过去却不知道"。(28:12-16)

　　多年来,华兹华斯一直越来越明确地表达灵魂不朽的信念;现在,一
个小小的版本细节昭示了这一点。一八〇七年,当《颂歌》("曾几何
时")发表时,它的题目只是《颂歌》;然而,一八一五年再版时,它不仅是
华兹华斯第一本全集的巅峰之作,一组挽歌的总结,而且拥有独立的扉

页,宣布着《颂歌：忆童年而悟永生》。[47]在《作于一个无比绚丽的傍晚》中,对于"困于大地的……灵魂",永生的征兆变得更加丰富,乃至成为确定无疑的事实。

尽管一八一七年诗集获得成功,但这些诗的基调说明,诗人知道,他富有想象力的人生即将奏完一个乐章。早期抒情诗的热情活力不见了,正是那份能量体现了诗歌对日常生活的无限想象。然而,即使华兹华斯对人生的想象不断被更加强烈的超验体悟所巩固,这份想象从未失去对"一个平凡而甜美的早晨"的好奇。年轻的华兹华斯正因如此才成为"虔诚的灵魂";这也是他最后诗作的脉搏,其中一首诗稿的题目是《一朵将影子投在拉芙里格峰的雏菊》。[48]

此时此刻,华兹华斯人生的重要问题一定是："下一步呢?"华兹华斯已经快五十岁了。在二十八岁至三十七岁之间,他出版了抒情诗和一篇长文,为诗歌语言和题材的实验作出解释和辩护。一八一四年,他曾向全世界公开壮志凌云的哲思诗歌理想,并在一部诗歌的序言中进行详细阐述,而这部诗歌本身的篇幅和超卓足以成为任何诗人的丰碑。次年,全集出版,体现了丰富的诗歌想象,另一篇散文宣告了想象的重要,也再次证明了作者高超的历史和理论能力。但这部优秀的作品产生了什么影响呢? 一年内,《漫游》的销售变得如同涓涓细流;《莱尔斯通的白母鹿》连细流都算不上。一八一五年印的五百本《白母鹿》,两年后还有一百一十七本库存。[49]一八〇二年,华兹华斯曾自问自答,勇敢而骄傲："诗人是什么?"诗人是"对人类说话的人"。如今,人到中年的诗人不断保持远观。他对自己现在的知名度感到知足。一八一六年,他向海顿保证说,若想充分认识他的"诗人价值","还需时间"。他对弟弟克里斯托弗则说,"我的诗写给未来"。[50]前者是对十五年来批评攻击不失尊严的回应。后者若是实语,则意味着悲哀的回避。

372

五

　　一年来，华兹华斯烦恼万千，一八一七年诗集能写出来就已经很不错了。而且，年底时，还有些事悬而未决。十一月，华兹华斯觉得不得已要去伦敦与克里斯托弗商量，但当他带上了玛丽和萨拉，这次出差就成了度假。

　　天气和城市别提多扫兴了。十二月，雪早早地来了。还有伦敦的雾，笼罩着窄巷，萨拉说，"不仅浓重，而且昏黄"，把里里外外弄得"像烟灰一样脏"，中午就要点灯烛了。[51] 但伦敦毕竟是伦敦。他们玩儿得开心：逛街，看戏，听歌剧，在托马斯·蒙克豪斯家玩儿，或者外出访友。一个月后，萨拉对这些频繁的应酬感到厌烦，终于叹息道："我**希望**我们晚上再不要出去了。"[52] 最难忘的瞬间都集中在安妮王后大街的蒙克豪斯家或李森格罗夫的海顿工作室。蒙克豪斯单身，生性好客合群，一心一意要让表兄玩得尽兴；海顿看到他崇拜的朋友回到伦敦，更是激动万分。

　　十二月二日和二十二日，华兹华斯为海顿当模特。两位艺术家生动地上演了《朋友，我们肩负崇高的事业！》：海顿作画，准备将华兹华斯植入《基督进入耶路撒冷》，而他的模特大声朗读弥尔顿、《丁登寺》、《快乐的战士》和《漫游》第四卷。"他铿锵有力，"海顿写道，"宛若大自然的精魂，纯粹，本质。他的头颅仿佛由一块长满青苔的岩石雕刻而来，来自大洪水之前的时代！……鼻子宣告着一个奇迹。"一八一七年节礼日①那天，海顿终于将华兹华斯放到伏尔泰和牛顿旁边，他非常满意，称之为"奇妙的对比"。[53] 一八一八年一月十五日，他再次给海顿作模特，这次

---

　　① 节礼日（Boxing Day），圣诞节后的第一个工作日。

是献给玛丽的粉笔素描。[54]

　　正是海顿促成了华兹华斯与济慈的初次会面。一八一六年十一月，二十一岁的济慈在十四行诗《伟大的灵魂正在尘世逗留》中赞美了海顿、利·亨特和华兹华斯。海顿给北方的华兹华斯寄去一份诗稿，并引用济慈的话："听说你要把它寄给华兹华斯，我激动得无法呼吸，你知道，我将怀着怎样的敬意为他献上美好的祝福啊。"[55]不久之后，济慈将自己的处女作《诗集》(1817)寄给华兹华斯。《抒情歌谣集》出版时，济慈还是个孩子；当华兹华斯在《漫游》和一八一五年《诗集》中作出伟大宣言时，济慈的诗艺也逐渐臻于成熟。对他来说，《漫游》仿佛是"这个时代的三件赏心乐事之一"。[56]他在《诗集》的献词中写道："作者向W.华兹华斯致以真挚的敬意"，这并非客套，而是一个长期沁浸在华兹华斯诗歌中的人表达的真诚感激，感谢这些诗在很大程度上影响了自己对诗歌生涯的至高构想。[57]海顿安排了两人的会面，不是在他家中，而是在汤姆·蒙克豪斯那里。当他们走向安妮王后大街时，海顿发现，济慈"想到即将发生的一切"，流露出"至纯无杂的快乐"。[58]

　　根据海顿的记载，那天晚上，济慈背诵了他"精美的潘神颂"，不料华兹华斯只是干巴巴地说了句："一首很不错的异教诗。""年轻的崇拜者"严重受挫，他"感受**至深**"，从未原谅这次冷落。海顿的这番描述常常出现在针对华兹华斯"自我中心主义"的指控中，但这是值得怀疑的。一个版本出自海顿晚年的回忆，这时他"患有自大狂妄想症，已濒临精神失常的边缘，几个月后他就摧毁了自己"。另一个版本来自海顿对华兹华斯抱有敌意的时期。关于这次冷落，还有一个流传的版本，来自济慈的朋友约瑟夫·塞文，但他当时并不在现场。正如济慈最近的传记作者尼古拉斯·罗所言，"如果真的像海顿所说的那样是故意冷落，济慈本人似乎并未有所察觉，在后面的几个星期里，他至少还见了华兹华斯五次。"[59]

374

十二月二十八日,海顿画室,济慈、兰姆、托马斯·蒙克豪斯、华兹华斯和海顿在一起聚餐,他们谈论着荷马、莎士比亚、弥尔顿、伏尔泰和牛顿,一片喧闹。海顿在日记中写道,华兹华斯"心情不错",但他的庄重总是被兰姆的疯癫破坏,因为兰姆每一次干杯都变得更加迷醉与疯狂。其他客人吃过饭后也来了,包括印花税务局的审计员约翰·金斯顿,他特意为了见华兹华斯才来。他一定很快就希望换个场合正式约见。的确,海顿注意到,金斯顿是"一个非常温和友好的家伙",眼前这波西米亚式的一伙人让他不知所措。当他试图发起合适的谈话时,他说道:"请问,先生,难道您不觉得弥尔顿是非常伟大的天才吗?"济慈笑弯了腰,华兹华斯非常尴尬,但是醉意醺醺的兰姆抵不住诱惑,想要讽刺一下这个自以为是的小官僚:"'您说什么,先生?''呃,先生,'审计员索然无味地说,'我在说……''您当真这么说吗,先生?''是的,先生。'他回答道。'哎呀,那么,先生,我说,打嗝,您是——您是一个蠢货。'"尽管海顿的回忆可能添油加醋了,但基本内容可信。他忆起兰姆在金斯顿身边大摇大摆,走来走去,想看看他隆起的头盖骨,以便判断什么样的脑袋才能说出如此"高深的言论"。[60]

当海顿在这良宵的余晖中写下日记时,他试图描绘整个场景:

> 这画面别有情趣:华兹华斯坐在那儿,还有济慈和兰姆,我的画《基督进入耶路撒冷》在他们身后屹立,偶尔被壁炉中闪烁的火焰照亮。华兹华斯重复着弥尔顿的诗句,那声调仿佛圣保罗的丧钟与亨德尔的音乐和鸣。然后,兰姆发出机智的火花,济慈则遐想连篇:萨蒂尔,牧神,鸽子,白云,萦绕于滔滔不绝的交谈。我从来没有经历过比这更愉快的一天,而且我相信,鲍斯威尔的任何作品都比不上这些诗人的产物。他那个时代确实没有这样的诗人。今夜配得上辉煌的伊丽莎白时代,也将长久地闪现于"心灵的目光,是

独处时的至福”。

欢声笑语,诗兴大发,甚至兰姆的逗趣儿,一切都让人想起阿尔弗克斯 375
顿,只不过少了柯尔律治。实际上,前一天晚上,华兹华斯和柯尔律治曾
在蒙克豪斯家团聚,但这场会面并不成功。柯尔律治以其神秘的方式
(罗宾逊语)对绘画艺术展开长篇大论,但这些曾迷住华兹华斯的滔滔
话语如今只让他感到懊恼,称之为“冰冷无情的自相矛盾”。华兹华斯
无礼地与柯尔律治针锋相对。事后,罗宾逊暗自认定:“我平生第一次
对华兹华斯感到不悦。”[61]

　　这一次,这个聪明敏感的观察者无法想象眼前的一切,因为月初时,
华兹华斯还叮嘱他二十七号要注意礼仪。在弟弟克里斯托弗家吃早餐
时,华兹华斯坦言,他觉得《文学生涯》很粗俗。或许他觉得柯尔律治在
人生这个阶段就出版传记未免奢侈。或许,他不喜欢书中的回避与省
略。罗宾逊看得清楚,他认为华兹华斯不喜欢被迫成为别人作品的核
心,更何况柯尔律治宣称这是他的自传。他觉得书中的赞美和批评同样
讨厌,尤其是批评。这些话都不能对柯尔律治直言。华兹华斯和他相处
很不自在。在十二月三十日的另一次聚会中,罗宾逊注意到两个人都礼
貌地保持着距离。[62]

六

　　同样在一八一七年十二月,华兹华斯从汤姆·蒙克豪斯那里听到一
些传闻,他马上又传给了朗斯岱尔勋爵。据说,一个候选人,好像叫亨
利·布鲁姆,正打算在下一次大选中赢得威斯摩兰。这真是“荒唐之
举”。一直以来,罗瑟家族负责提名两个郡县成员。这一次,大家公认

罗瑟勋爵的两个候选人——他的两个儿子罗瑟子爵和亨利·罗瑟上校——肯定会顺利通过。但一月初,这个"荒唐之举"成了真实的威胁。[63]华兹华斯一行回到家时,布鲁姆已经成为公职候选人。北上途中,他们停留在科尔顿,玛丽从这儿写信给汤姆·蒙克豪斯,用妻子嘲讽丈夫的语气奚落诗人的狂热:"威廉依然想象他在威斯摩兰能有用武之地。"[64]她显然不知道丈夫将变得多么痴迷,也不知道他将为罗瑟的事业投入多少精力。

376

布鲁姆在肯德尔的竞选准备使华兹华斯颇为震惊,更加确信这次是动真格的了。但他从来不觉得这是单纯的地方事件。某些终身拥有土地的人准备与罗瑟家族竞选,其实暗示了一场范围更广的病症,华兹华斯自信地诊断出这一隐患。自从一八一〇年以来,布鲁姆就与大多数自由事业联系在一起。[65]他为约翰和利·亨特的诽谤罪以及曼彻斯特激进分子的煽动罪辩护。他支持言论自由,所以,华兹华斯认为媒体也支持他。此时的媒体成了社会与政治的溶剂,一如法国大革命初期一样。布鲁姆支持非国教派;支持城市与工业,而非土地利益;支持反对党,而非当权派。华兹华斯对这个聪明善变的律师-政客的判断是否准确并不重要。即使布鲁姆本身并不是雅各宾派,他的行动方式也与雅各宾派无异,必须阻止他。华兹华斯向朗斯岱尔勋爵保证说:"这个举动可不是简单的地方政治,其背后的意图和本质,如果不加以控制和反对,不仅会对威斯摩兰造成无边烦恼,还会危及整个王国。"[66]布鲁姆是《爱丁堡评论》的主要支持者,对于华兹华斯来说,这当然也不是轻罪。

在接下来的六个月里,直到七月三日选举结束,华兹华斯不知疲倦地为托利党效劳。他的家人也和他一起——他甚至开玩笑地说,可怜的威利得了黄疸病,是个"十足的黄色派"①,即托利党。[67]六月,济慈来到

---

① 托利党的代表颜色。

湖区,听鲍内斯的一个服务生说,华兹华斯曾在这儿亲自为罗瑟家族拉选票,他非常震惊。当他来到莱德尔山庄时,听说诗人去罗瑟那儿了,他更是失望。[68] 假如济慈在竞选期间的任何一天来访,他也会失望的,因为华兹华斯一直在忙前忙后。惟一的安慰是,一旦投身这场战斗,他志在必得。公平,尊严,得体,统统抛弃。他为罗瑟列出政治盟友和熟人。他出去吃饭,打探风声,然后回来汇报。他试图威吓《肯德尔纪事》的编辑,建议朗斯岱尔勋爵收买这份报纸,最终还协助创办了一份竞争报纸:《威斯摩兰报》。当来自伦敦的第一任编辑不太得力时,德昆西在七月就任。华兹华斯觉得,从商业角度来说,德昆西并不是完全可靠的人选,但至少他是坚定的右派,于是才推荐他。当他的表现也不尽人意时,罗瑟家族毫不犹豫地给他施加压力。[69]

377

　　华兹华斯一直监控着地方动向,他写信给《肯德尔纪事》,抗议不符事实的报道,署名为"符合事实的朋友""真实之友"。反对党给他起了个绰号,"疯狂的大话"(Bombastes Furioso)。① 他还发表了《给威斯摩兰土地所有者的两篇致辞》。[70] 第二篇部分内容涉及人身攻击。华兹华斯质问,布鲁姆的钱从哪儿来的? 暗示着匿名的邪恶后台。他的历史呢? 一八〇六年,他曾讨好朗斯岱尔勋爵,为了被提名为罗瑟地区候选人——看,这个被揭穿的伪君子。[71] 布鲁姆谈人权——汤姆·潘恩也谈,他是公认的无神论革命派。但两篇致辞并不局限于这次竞选,而是涉及更加广泛的政治,其意义在于清晰地揭示了华兹华斯思想的重心。华兹华斯不得不重估自己的过去,不断重回法国大革命,回到英法之战的源头,回到它的运作方式,也回归国家的和平状态,为了说明反对党陷入了一种意识形态,若在一七九〇年,这或许情有可原,但如今,鉴于已

---

① 模仿意大利文艺复兴时期作家阿利奥斯托(1474-1533)的作品《疯狂的奥兰多》(Orlando Furioso)。

经发生的一切，这只能证明自己的愚蠢，且不说叛国。议会中的反对党合法而且必要，如今却暗中支持激进分子的煽动，破坏社会的凝聚力。科贝特和更加邪恶的威廉·霍恩之流曾滥用言论自由，后者亵渎神明的讽刺文章败坏了那些不大识字的心灵，任何一个明智的当权者都无法容忍。[72] 必须立法反对所有这些敌人，正是文明社会的包容助长了他们；但目前更迫切需要的是认识到"代代世袭的家族所掌握的权力"并非基于暴力专制，而是能确保"庇护，救援，典范，知识，进步；自由民共享的一切利益与幸福，他们出于社区利益的考虑和人类善良的本性，使父母般的权威柔化为兄弟情谊"。[73]

选举本身证明了激进的反对党扰乱了社会团结稳定，这本来就是其目的。罗瑟家族能够依赖人们的尊敬和自身的优势赢得选票，而布鲁姆则不得不制造声势，巴结思想独立的地主，奉承他们是历史的先锋。多萝茜想象布鲁姆是"法国恐怖法庭上蛊惑民心的政客……他很像法国人"。[74] 对于那些没有选举权的大众来说，他带来激动人心的事情和眼前必然的政治后果：啤酒。二月十一日，肯德尔纵情欢闹；三月底还有一场这样的狂欢，为了迎接布鲁姆。多萝茜相信，"威斯摩兰的人们准备闹革命了"。[75] 这毫无根据。在阿普尔比地区的选举中，布鲁姆失败了。七月三日的又一场骚乱后，人们就消停了。但罗瑟家族及其支持者没有放松。选举后，华兹华斯建议朗斯岱尔勋爵最好册封更多忠实的地主，甚至组织集团购买土地，确保更多的选票。一八二〇年，布鲁姆再次竞选，再次失败。华兹华斯也再度积极地参与了竞选活动。

注释

[1] 罗伯特·骚塞致亨利·骚塞，1815 年 8 月 23 日，《骚塞书信集》，第四卷，第 121-122 页。

[2]《痴儿》(1798)，347-348 行："十四年来拜缪斯为师，／ 我们的契约牢

不可破。"

[3] 理查德·格莱维尔,《语境中的华兹华斯〈感恩颂〉:两百年来的阅读》(彭里斯,2015),第3页。这本书是我必备的研究资料。我非常感恩。

[4] 菲利普·萧,《滑铁卢和浪漫主义想象》(贝辛斯托克,2002);里德,《文献》,第47-48页。

[5]《感恩颂》(1816),第 iii-iv 页。这篇重要的"致读者"没有收录于《文集》。

[6] 骚塞致威廉·皮奇将军,1813年1月22日。骚塞致奈维尔·怀特,1816年1月8日。

[7] 华兹华斯致玛丽,1812年5月9-13日,5月23日,《补充信件》,第66、92页。

[8] 华兹华斯致凯瑟琳·克拉克森,[1812年]6月4日,《中期书信》,第二卷,第21页。

[9] 华兹华斯致约翰·司各特,1816年2月22日,《中期书信》,第二卷,第21页。

[10] 同上。

[11]《一八一〇》,1-3行。发表于1815年《诗集》,是《献给自由的十四行诗》组诗的第二十七首。《感恩颂》诗集中的一个注释称这首诗为十四行诗组诗的"续诗"。

[12] 华兹华斯致查尔斯·帕斯利,1811年3月28日,《中期书信》,第一卷,第477-478页。完整信件将近四千字,令人震惊,见第473-482页。骚塞认为,帕斯利的书"每个英国人都应该人手一本,而且熟记于心"。骚塞致埃比尼泽·埃利奥特,1811年2月7日,《骚塞书信集》,第三卷,第298页。

[13]《感恩颂》,160-161行。

[14] 格莱维尔,《语境中的华兹华斯〈感恩颂〉》,第7页注释3。

[15]《中期书信》,第一卷,第481-482页。《漫游》第九卷336-362行"生动地规劝底层人民接受普遍教育",是杰弗里引用并认可的少数片段之一。

《爱丁堡评论》,第 24 期(1814 年 11 月),第 27 页。

[16]《感恩颂》,137-144 行。

[17] 华兹华斯致约翰·司各特,1816 年 4 月 18 日,《中期书信》,第二卷,第 304 页。

[18]《玛丽·雪莱日记》,葆拉·R. 费尔德曼与黛安娜·司各特-基尔沃特编(两卷,牛津,1987),第一卷,第 25 页。引文出自雪莱的十四行诗《致华兹华斯》。

[19] 华兹华斯致约翰·司各特,[1816 年]2 月 25 日,《中期书信》,第二卷,第 282 页。华兹华斯致詹姆斯·洛什,1821 年 12 月 4 日,《晚期书信》,第一卷,第 97 页。

[20]《景物素描》是政治诗,但诗中对自由的热情追求既没有煽动性,也不血腥,所以,即使 1817 年曝光,也不会让华兹华斯感到尴尬。两首诗的节选部分都发表于 1815 年诗集中,题为《尤维纳利斯风格作品》。

[21] 华兹华斯致威廉·马修斯,[1794 年]5 月 23 日和 6 月 8 日,《早期书信》,第 118-120 页,第 123-129 页。

[22] 柯尔律治,《俗人布道》,R. J. 怀特编。1817 年 3 月,《俗人布道》继《政治家手册》之后出版。

[23]《克莉斯塔贝尔》的书评,《爱丁堡评论》,第 27 期(1816 年 9 月),第 67 页。

[24]《检查者》,1816 年 9 月 8 日,1816 年 12 月 29 日,1817 年 1 月 12 日。《爱丁堡评论》,第 27 期(1816 年 12 月)。《海兹利特全集》,第七卷,第 114-118 页,第 119-128 页,第 128-129 页;第十六卷,第 99-114 页。

[25]《议会改革》,载《季度评论》,第 16 期(1816 年 10 月),第 225-278 页。骚塞呼吁政府"及时制止煽动性活动,不要等到演化为谋反和叛国行为时,再去制裁和惩罚"。

[26] 华兹华斯致威廉·马修斯,[约 1794 年 12 月 24 日,1795 年 1 月 7 日],《早期书信》,第 137 页。

[27] 更多细节,见 W. A. 斯佩克,《罗伯特·骚塞:大文豪》(纽黑文与伦敦,2006),第 171-172 页。"《瓦特·泰勒》流布和销售都很广泛,估计卖了六万册,使之成为骚塞最畅销的作品,具有讽刺意味的是,骚塞却拿不到一分版税。"(第 171 页)

[28] 骚塞在《致议员威廉·史密斯先生书》中为自己辩护,5 月,引起新的文学骚乱。华兹华斯在给洛什的信中使用了"叛徒"一词,让人想起史密斯对骚塞的描述。关于海兹利特,见《海兹利特全集》,第七卷,第 168-176 页。

[29]《随笔》,第二卷,第 449-460 页。

[30]《晨报》,1817 年 3 月 22 日。见《随笔》,第三卷,第 277-279 页。《检查者》,1817 年 3 月 30 日。见《海兹利特全集》,第七卷,第 176-186 页。

[31] 多萝茜致凯瑟琳·克拉克森,1817 年 4 月 13 日,《中期书信》,第二卷,第 380 页。

[32] 柯尔律治致骚塞,1802 年 7 月 29 日,《柯尔律治书信集》,第二卷,第 830 页。

[33] 柯尔律治,《文学生涯》,詹姆斯·恩格尔与 W. 杰克逊·贝特编,第一卷,第 1 页。这一版本给出了全面的创作说明。

[34] 在 1817 年[9 月]19 日的信中,华兹华斯告诉 R. P. 吉利斯,他只浏览了《文学生涯》的部分内容。(《中期书信》,第二卷,第 399 页)然而,华兹华斯 1820 年诗集的修改却说明他吸纳了柯尔律治的意见。

[35]《爱丁堡评论》,第 28 期(1817 年 8 月),第 488-515 页。杰弗里的辩词在第 507-512 页。

[36] 华兹华斯致威廉·马修斯,[1794 年]6 月[8 日],《早期书信》,第 123 页。

[37] 柯尔律治致 R. H. 布拉班特,1815 年 7 月 29 日,《柯尔律治书信集》,第四卷,第 579 页。引自《文学生涯》,第一卷,第 liv 页。

[38] 华兹华斯致柯尔律治,1815 年 5 月 22 日,《中期书信》,第二卷,第 238 页。

[39]《文学生涯》,第二卷,第 156 页。

[40] 华兹华斯致亨利·帕利,1817 年 1 月 17 日,《中期书信》,第二卷,第 356-358 页。

[41] 多萝茜致凯瑟琳·克拉克森,[1817 年]4 月 13 日,《中期书信》,第二卷,第 379 页。

[42] 引自罗伯特·勃朗宁,《异域乡愁》:"那是明智的歌鸫:每一首歌他都唱两遍, / 以免你认为他再不会重拾 / 最初那美妙无忧的欢乐!"杰拉德·曼利·霍普金斯,《致罗伯特·勃朗宁》:"哦,那么,假如在我拖沓的诗行中,你错过 / 那起伏、流转、欢欣与创造。"

[43] 华兹华斯致罗宾逊,1817 年 6 月 24 日,《中期书信》,第二卷,第 392 页。芬尼克笔记,《科克斯通山口颂歌》。见《短诗集》,第 545 页。题目在手稿中发现,是博蒙特夫人的字迹。

[44] 芬尼克笔记,《短诗集》,第 546 页。

[45] 更多细节,见《短诗集》,第 251 - 255 页;吉尔,《华兹华斯的重游》,第 23-24 页。

[46] 1817 年的诗歌发表在 1820 年的《达登河及其他诗歌》中。华兹华斯在紧随《作于一个无比绚丽的傍晚》之后发表的一则说明中提到《永生颂》。(第 197 页)

[47] 在第七章已经提到,罗宾逊晚年声称是他建议华兹华斯加上了新的标题,"说服其必要性,能指引读者感知它[颂歌]的主旨"。见《罗宾逊与华兹华斯圈书信集》,第二卷,第 839 页。

[48] 1805 年《序曲》,4.330-345,"献身诗歌的散步"。《多么美妙,多么甜美》,见《最后的诗:1821-1850》,杰瑞德·柯蒂斯编(伊萨卡与伦敦,1999),第 387-389 页。以下简称"《最后的诗》"。

[49] 所有版本细节参考里德,《文献》,第 34、40、44 页。

[50] 华兹华斯致海顿,1816 年 1 月 13 日,华兹华斯致克里斯托弗·华兹华斯,1816 年 3 月 25 日,《中期书信》,第二卷,第 275、292 页。

[51] 萨拉·哈钦森致多拉，1818 年 1 月 4 日，《萨拉书信》，第 115 页。

[52] 同上，第 114 页。

[53] 海顿，《日记》，第二卷，第 147-148 页，第 171、173 页。

[54] 同上，第 182 页。1818 年 1 月 4 日，萨拉·哈钦森告诉多拉："海顿先生想为你父亲画一幅粉笔画，送给你母亲。"在［1818 年］9 月 12 日的信中，海顿对华兹华斯坚称："我认为这幅画属于她，且非她莫属。"（华兹华斯图书馆）见弗朗西斯·布兰夏德，《华兹华斯的肖像》，第 55-60 页，第 149-150 页。

[55] 海顿致华兹华斯，1816 年 12 月 31 日，华兹华斯图书馆，这封信的内容及其照片见罗伯特·伍夫，《华兹华斯基金会珍品》（格拉斯米尔，2005），第 156-157 页。

[56] 济慈致海顿，1818 年 1 月 10 日，《济慈书信》，第一卷，第 203 页（另外两件事分别是海顿的绘画和海兹利特的品味）。海顿的那本《漫游》现藏于康奈尔大学图书馆。在第四卷第 851 行附近，海顿写道，"可怜的济慈以前总是最喜欢这一段。"

[57] 诗集现存普林斯顿大学图书馆。题写赠言的扉页重印在《普林斯顿大学图书馆记事》上，第 38 期（1977 年冬-春），图 40。

[58] 海顿致爱德华·莫克森，1845 年 11 月 29 日。见《济慈社交圈》，海德·爱德华·罗林斯编（两卷，麻省：剑桥，1948），第二卷，第 143-144 页。

[59] 同上。海顿的第二次描述见 1824 年写给玛丽·拉塞尔·米特福德的信。1820 年，华兹华斯曾拒绝借钱给海顿，海顿非常生气。在这封信里，海顿指责诗人是"老萨蒂尔……纵欲，野性，贪婪"，"披着虔诚与诗歌外衣的老野兽"，势利眼，马屁精，伪君子，远不如柯尔律治或海兹利特，甚至将华兹华斯夫人（"他斜眼的老婆……他丑陋的老婆"）与海顿夫人（"公认的美人儿"）进行对比。斯坦利·琼斯，《海顿论同代人：一封新发现的信》，载《英语研究评论》，新刊，第 26 期（1975），第 183-189 页。罗伯特·基廷斯，《约翰·济慈》（1968），第 167 页。尼古拉斯·罗，《约翰·济慈》（纽黑文与伦敦，2012），第 196 页。苏·布朗，《约瑟夫·塞文传》（牛津，2009），第 42 页。

[60] 海顿,《日记》,第二卷,第 173-176 页。头盖骨的细节见海顿的自传《历史画家本杰明·罗伯特·海顿:自传与日记》,汤姆·泰勒编(三卷,1853),第一卷,第 353-356 页。

[61]《亨利·克拉布·罗宾逊论书籍与它们的作者》,第一卷,第 214 页。

[62] 同上,第 213、215 页。

[63] 华兹华斯致朗斯岱尔勋爵,[1817 年]12 月 13 日,《中期书信》,第二卷,第 404-405 页。

[64] 玛丽致蒙克豪斯,1818 年 1 月 23 日,《玛丽书信》,第 32-33 页。

[65] 布鲁姆也发起了对罗瑟家族在圣比斯文法学校丑闻的指控,涉及长期租约和煤矿税收。不确定华兹华斯是否知道这件事。见彼得·J.曼宁,《阅读浪漫主义:文本和语境》,第 273-299 页。

[66] 华兹华斯致朗斯岱尔勋爵,1818 年 1 月 18 日,《中期书信》,第二卷,第 411 页。

[67] 华兹华斯致朗斯岱尔子爵,1818 年 3 月 16 日,《中期书信》,第二卷,第 441 页。

[68] 约翰·济慈致汤姆·济慈,1818 年 6 月 25-27 日,致乔治与乔治亚娜·济慈,1818 年 6 月 27 日、28 日,《济慈书信》,第一卷,第 299 页,第 302-303 页。"你怎么看——华兹华斯与布鲁姆!!悲哀——悲哀——悲哀——然而他的家人永远支持他。咱们还能说什么呢?"文学史上的一件趣事是,当济慈经由湖区北上时,年轻的托马斯·卡莱尔正在南下。1818 年 8 月,他在格拉斯米尔附近游荡。

[69] 见林德普,《吸鸦片的人》,第 224-237 页;约翰·E.乔丹,《德昆西致华兹华斯:一部友谊传记》,第 278-327 页。华兹华斯请教创办报纸的实际问题。斯图亚特提醒他困难重重,但同意新的喉舌确实必要。1818 年 3 月 9 日,他写道:"我记得十五个月之前看过《肯德尔报》,觉得那是国内最雅各宾派的报纸了。"(华兹华斯图书馆)斯图亚特的谬论很好地说明了人们的观点变得多么极端。

[70] 关于这场战役的细节,见《文集》中的文本和注释,第三卷,第139-228页。"疯狂的大话",见《中期书信》,第二卷,第471页注释2。

[71] 华兹华斯曾用讽刺诗写过这个话题,他通过文字游戏,将布鲁姆这一姓氏的发音与黄色的"金雀花"(Broom)联系起来,见《短诗集》,第272-273页。

[72] 霍恩擅长讽刺檄文,大胆抨击热门话题或人物性格,并通过丰富的插图和排版形成很强的视觉效果;还因为戏仿信经和祈祷文而出名。当渎神诽谤罪名不成立时,多萝茜声称:"霍恩的无罪审判足够让人讨厌英国陪审团。"(《中期书信》,第二卷,第410页)华兹华斯表示同意。他强烈支持1819年12月生效的《渎神与煽动诽谤法案》。霍恩的危险在于他对底层人民很有吸引力。见奥莉维娅·史密斯,《语言政治:1791-1819》(牛津,1984),第154-201页。

[73]《文集》,第三卷,第160、186页。

[74] 多萝茜亲眼目睹了布鲁姆进入肯德尔,这段记录见1818年3月23日的信,《中期书信》,第二卷,第443页。

[75] 多萝茜致凯瑟琳·克拉克森,[1818年]3月29日,《中期书信》,第二卷,第454页。

第十二章　一八二○至一八二二

一

379　　华兹华斯现在很忙，一边执行理查德的遗产事宜，一边积极投身政治活动，连他的家人都开始为他焦虑了。玛丽觉得，"威廉被分心，不能做他该做的事情，真是不幸。"萨拉则担心"诗歌与所有美好伟大的事物将在竞选中迷失"。[1] 多萝茜私下里责怪他不该花那么多时间辅导约翰，但他的弟弟克里斯托弗却直言道："我渴望听到你继续创作《隐士》——所以，想到你的时间被占用，我很难过……你的时间真的太宝贵了，不能浪费在这些事上。"[2] 可以看出，家人们已经完全把华兹华斯的事业和他的安身立命之作当成自己的事了。他们的关心可以理解，却没有必要。理查德的事情已经圆满解决，竞选也取得了胜利。不管从哪方面来看，华兹华斯仿佛获得了新的能量，来做他"该做的事情"。一八一八年竞选一结束，他就充满活力地回归写作和出版了。用后视的眼光来看，他此时的探索标志着诗人生涯的十字路口。

　　一方面，他重温旧作。华兹华斯的确在进行新的创作，但他也有许多没有放弃的旧作。《索尔兹伯里平原诗》(1793-1799) 与《边界人》(1796-1797) 一直隐于书稿 (比《瓦特·泰勒》更安全)，目前也暂未惊动。《序曲》(1799-1805)和《安家格拉斯米尔》(1800)要等到《隐士》完成才能出版。但是,《彼得·贝尔》(1798)和《车夫本杰明》(1806)一直活跃在他的想象中,一八一九年,他将这两部生动的叙事诗出版。[3]这个决策充满风险。一八一五年,华兹华斯已经冒险将多年前的旧作《莱尔斯通的白母鹿》修改出版,结果彻底失败。但事实上,在这次名誉扫地之后,即使他如今再出版自视甚高的作品,也没有什么可损失的了。

380

最终,《彼得·贝尔》引起轰动。由于出版前做了宣传,济慈的朋友、敏锐的约翰·汉密尔顿·雷诺兹匆匆写出《彼得·贝尔:一首抒情歌谣》,调用他对华兹华斯早期诗歌的详细了解,创造了一个大杂烩,既体现了典型的"朴素"风格,又"狡黠地"(约翰·沃森语)模仿了华兹华斯"自鸣得意的散文"《抒情歌谣集》序言和补篇。[4]"胎儿彼得"(雪莱语)[5]发表于一八一九年四月十五日,真正的彼得一周后降生。文学界对两个彼得的议论热火朝天,两周后,华兹华斯的"彼得"喜获再版。雷诺兹促成了华兹华斯最成功的销售。

《彼得·贝尔》的出场咄咄逼人。华兹华斯将此书敬献给骚塞,称他为"我亲爱的朋友",故意骄傲地与这位声名败落的桂冠诗人站在一起,以此证明杰弗里之流长久以来所说的"湖畔派"确实存在。然而,他也说明,这首诗属于一七九八年,并重申多年前《抒情歌谣集》最初表达的美学信念,提醒读者他的事业始于诗歌实验,具有严肃的社会和道德目的,而且,二十年后,他依然矢志不渝。一八〇〇年,华兹华斯曾希望,如果"《抒情歌谣集》的创作愿景真的实现,一种诗歌即将诞生,能给人类带来恒久的裨益和乐趣"。如今,他希望《彼得·贝尔》"无论多么卑微,依然能在我国的文学中拥有一席之地"。华兹华斯捍卫这首诗卑微的题材,明确指向《文学生涯》,意在表明他并不认为柯尔律治已经穷尽了关于"想象"的讨论。[6]

看到华兹华斯对《抒情歌谣集》时期的诗歌依然执迷不悟,许多评论家以其人之道，还治其人之身。熟悉的诽谤之词再度出现："智力错乱"；"这无疑是华兹华斯先生最糟糕的一首诗"；"华兹华斯先生又一篇骇人的说教之作"；"真正的天才之所以行为古怪，潜在原因正是这种明显的弱智"；"喋喋不休、有气无力的废话"；"愚蠢至极，英语中任何表达轻蔑的词语……都不配"。[7]但克拉布·罗宾逊大可不必认为"出版这部不幸的作品使他的声誉倒退了十年"。[8]这些猛烈的攻击几乎已成为一种仪式。蔑视华兹华斯的读者会因为这些批评巩固了他们的观点而满意，但对于那些自一八〇七年以来，不论外界评论如何，依然支持华兹华斯的读者来说，这种陈词滥调的评论无甚影响。

华兹华斯不但没有灰心丧气，反而立即出版了《车夫本杰明》。这部诗已经付印，《彼得·贝尔》正在热销，萨拉·哈钦森说，评论家们"又可以鸡蛋里挑骨头了"。[9]华兹华斯将这首诗献给兰姆，再次提醒读者这是一部早期作品，作于一八〇六年。既然一八〇七年《两卷本诗集》的出版已经毁了他的名声，出版这首诗是一种高傲的反抗。兰姆很高兴获此殊荣，并假装沮丧地说，都怪装订不好，这本书好像"每次打开都是致献页"。[10]但《车夫本杰明》不像同期出版的《彼得·贝尔》那样成功，没有再版。[11]

二

就在华兹华斯整理旧作，准备和它们一起曝光在公众面前时，他也不觉回到一部不能公开的早期诗作——他的自传体长诗。早在一八〇五年，这部献给柯尔律治的诗即宣布"完成"，所有十三卷诗文都被誊写在两份娟秀的手稿上，确实拥有"完成"之作引以为傲的面貌。这自然符合多萝茜的期待。她曾告诉博蒙特夫人，她在"忙着抄写他自传体诗歌的终稿。我说'**终稿**',指的是准备付印,这不会等太多年的"。然而,多萝茜的黑体字暗示了某种保留,她将在下一句中澄清:"当然,在出版前,他会根据朋友或自己的(或者都有)建议做一些修改。"[12]确实。一八一九年初,华兹华斯的文书约翰·卡特又抄了一份诗稿,用该诗编者的话来说,"华兹华斯重燃修改热情"。[13]

华兹华斯再度审视这部讲述自己心灵成长的诗歌。他二十八岁开始创作这部诗歌,三十五岁完成,如今,年过半百的他再次回顾这部长诗。在诗歌开篇,诗人追忆童年之前,一段引导性诗文谈到回顾往昔所产生的距离感:

> 毕竟有广阔的
> 空间隔开现时的我与过去的
> 日子,只让它实在于我的
> 内心,因此,回味往事时,我常常
> 自觉有两种意识,意识到我自己,
> 意识到另一种生命。[14]

对于大多数人来说,一件纪念品,一张照片,一本曾经喜爱的书会让我们的心灵意识到这种时空之隔,但对于华兹华斯来说,当这部自传体诗歌的手稿在面前摊开,他一定格外痛苦地感到"两种意识"。人到中年,读着早年编织的诗歌,而诗文试图抓住一个更早的自己:他的经历,他的情感;目的是"将往事之魂置于神龛, / 为了将来的复元"。每一次阅读这部诗歌,这些诗文的作者都不得不对这个目的表示质疑:往事之魂如何禁得起审视?华兹华斯的答案是:修改。毕竟,这是他的人生,这些是他的文字。

一八一九年的许多修修补补后来都删去了,或另有改动,因此,在这部作品的成诗史上无足轻重。然而,有两处重要变化值得注意。一处是第六卷增补的沙特勒兹大修道院修士被逐片段。一七九〇年八月,华兹华斯和罗伯特·琼斯曾拜访这座修道院。那是他们瑞士阿尔卑斯之旅的中途停留。一八〇五年的诗稿仅用三行描写了这一经历:"两天后,沙特勒兹修道院 / 接待了我们,在那里, / 我们在肃穆的孤寂中休憩。"(6.422-424)现在,一八一九年,华兹华斯聚焦于一七九二年政府军队驱赶修士的时刻。暴行破坏了圣地的孤寂与宁静,诗人想象着沮丧的大自然对士兵发出呼声:"住手,收住你们那亵渎神明的黑手",因为这座修道院体现着"信仰与多思的理性, / 依赖上天赐予的真理的福音",也因为它周围的山川森林将给未来的人们提供想象的食粮,并与之长存:

383

> 能与人类永远共存,
> 思索,期望,崇拜和体味,能苦苦
> 挣扎,能在惶恐中任内心迷失,
> 并能在混沌的深渊内将肉体的目光
> 引向远方,最终得到抚慰。[15]

这些诗行凝聚了诗人十年来关于信仰的慰藉、独处冥思的魅力以及"不可征服的心灵"(见献给杜桑·卢维杜尔的十四行诗)的所思所写,体现了诗人晚期诗歌的肃穆与雄辩。

这部自传体诗歌的第二处重要变化不是增补,而是删节。华兹华斯正在修订十三卷本的第九卷,其中包括一对恋人的故事——沃德拉克与朱莉亚,他们的爱情毁于国家和家庭的暴政。诗人称在法国听说这个故事,并将其改编为革命前法国的寓言;但是,在流畅的自传性回忆中穿插近四百行的诗文,是一段太长的插曲,而且不无尴尬。显然,华兹华斯插入这个片段的理由并不在于这个故事本身,而是因为,这个悲哀的爱情故事代替了诗人自己在法国的爱情经历。[16]

一八一九年,华兹华斯决定删去这个片段——但不是丢弃。《沃德拉克与朱莉亚》的故事单独发表在下一部诗集《达登河》(1820)中,诗前有一个注释:"下面这首诗本是一部作品的片段,但限于篇幅,或许无法包括其中。诗中的事实都确凿无疑,没有也无需任何虚构。"即使在一八二〇年,"或许"二字未免含糊其辞,因为这个故事再没有进入《序曲》。这个注释的目的在于,再次提醒华兹华斯的读者,诗人依然在创作一部重要的秘密诗歌。同时,将《沃德拉克与朱莉亚》避开自传体诗歌的语境单独出版,也确保了评论家和读者不会从这对年轻的法国恋人的故事中捕风捉影,将其与诗人的生平联系起来。

三

一八一九年版诗集的书评还在不断涌现,华兹华斯已开始启动下一部诗集了。一段时间以来,他一直在创作十四行诗。一八一八年十二月,玛丽在写给萨拉的信中描绘了一幅画面。她知道萨拉一定会喜欢的:"此时此刻,威廉坐在那儿,已经一上午了……双脚搭在壁炉围栏上,诗稿在他手中——不,它们现在滑落到他的膝盖上了,他累得睡着了——他已经工作很久了。"[17]与《彼得·贝尔》一起出版的三首十四行诗,灵感来自骚塞的朋友威廉·韦斯托尔所作的《约克郡中东部岩洞风景》,他高超的凹版腐蚀版画技艺赢得了华兹华斯的尊敬。[18]《车夫本杰明》包含了十二首十四行诗,除了一首之外,都是最近创作的。[19]然而,对华兹华斯的诗歌生涯更重要的,是三十三首十四行诗,一八二〇年出版的《达登河》。[20]

达登河避开了主要的旅游路线。自从诗人少年时期初次探索上游地带之后,这里对他始终别具意义。很久以前,在《黄昏漫步》的注释中,他已经指出,"沿着达登河上游走……你会发现这些山峰中最浪漫的景致。"[21]在一八〇七年出版的《两卷本诗集》中也有一首十四行诗《致达登河》。一八一一年,华兹华斯和玛丽探索了达登河谷和康尼斯顿之间的山峦,并在一篇未发表的散文中回忆了途中"着实迷人"的美景。[22]如今,华兹华斯重温这首早期的十四行诗,在此基础上创作了赞美达登河的十四行诗组诗,并从散文中掠取信息作为组诗的注释。

组诗开章明义,既充满挑衅,也洋溢着欢乐,并非歌唱古典诗歌或东方乐曲中的著名江河,也不赞美阿尔卑斯山中的浩荡激流,而是描写:

> 诗的清流,纯净,活泼,自由,明快,
> 因为达登河,久恋的达登河,是我的主题。

随后,诗歌追踪了一场想象中的河畔漫步,从莱诺斯山的河源直至布罗汉姆河口。旅人或在某处停下来休憩,或观察真实的而非文学或田园生活。整部组诗虽然有趣,但大部分诗文并不抓人。全诗的结尾很有气385 势,诗人超越具体的场景,转而思索这条河为何如此抓住他的想象:

> 我想起你,我的同伴和向导,
> 你正滚滚流去。——不必伤逝!
> 因为,达登河! 当我回顾你的航程,
> 我看见过去、现在和未来的一切;
> 河流依旧流动,并将川流不息,
> 它的形式永存,它的运作不停;
> 而我们,勇敢,强大,英明,
> 我们人类,在青春的朝晨抗拒
> 自然,我们必将泯灭;——罢了!

如果我们双手创造的事物足以

幸存,效力,并对未来有益;

如果,当我们走向沉默的坟茔,

伴着爱,希望和信仰的超凡力量,

我们感到,我们比自知的更伟大。

这组十四行诗后来被收录于华兹华斯的《诗萃》,一八二〇年诗集的框架遂被埋没,只有能看到善本书的人才有望见到。但若想把握《达登河》在华兹华斯诗歌生涯中的巨大意义,就有必要看一看这本独立出版的诗集有何特征。

这本诗集以《达登河》十四行诗组诗开篇,以修订版散文《湖区地貌描写》结束。后者介绍了威尔金森的版画,早在十年前就出版过。这次再版,一方面为了吸引更多的读者,毕竟,威尔金森的作品昂贵,流通又少;另一方面,"意识到这部散文和这几首诗属于同一种精神,我想,这些散文或许能为某些诗歌作出具体的阐释"。除了达登河十四行诗外,"几首诗"还包括一八一七年为攀登海芙琳峰、穿越科克斯通山口和一个绚烂美丽的傍晚所作的诗。

十四行诗组诗本身嵌在散文的框架中。开篇是关于达登河的地理介绍,执意融入了许多地方词汇:"达登河发源于莱诺斯山,地处威斯摩兰、康伯兰和兰开夏郡的边界;也是后两个郡的界线,总长二十五英里,在沃尔尼岛和米勒姆伯爵领地之间汇入爱尔兰海。"[23]在"后记"中,诗人说他拥有彭斯的授权,诗中抒写的不是神话或历史中的著名江河,而是湖区之外的人都不曾听闻的河流。[24]

散文和诗文在这部诗集中交相辉映。第十八首十四行诗《西斯威特教堂》提到一位"福音教师":

> 他的善事多得数也数不清：
>
> 他是乔叟热情歌颂的神父；
>
> 拥有赫伯特所说的天授技能；
>
> 温柔的戈德史密斯献上不朽的赞赋！

这首诗配以一篇长文《罗伯特·沃尔克神父回忆录》。《回忆录》恰切地纪念了一位默默无闻的杰出人士。散文一边记录这位模范基督徒三十四年的牧师生涯，一边呼应着《地貌描写》的核心精神，即人的价值。在此，有必要再次引用前面章节提到的(第325页)重要宣言：

> 这些山谷的起点是由牧羊人与农耕者组成的理想国，每个人的犁铧都只为养家糊口，偶尔也为了邻居的食宿。两三头奶牛可以为每一户人家提供牛奶和奶酪。教堂是惟一高过这些房屋的建筑，是这个纯净共同体的最高领袖。……这里没有出身高贵的贵族、骑士或乡绅；但这些谦卑的山之子知道，五百年来，他们行走、耕耘的这片土地都属于他们的名字和血统……

一八一〇年，华兹华斯写下这段宣言，但那时是作为威尔金森插图的配文匿名出现。十年后，他重复这段文字，已是《地貌描写》的作者，著有最佳的湖区指南。

其他内容也有力地支持着诗集《达登河》对湖区的推崇。给弟弟克里斯托弗的献词是这组十四行诗的序言，还辅以一首长达七十八行的献诗。如今，克里斯托弗学术和神职双丰收，正奔波于"帝都的喧嚣"之中。[25]这首诗《致W—博士神父》意在将他的理智与情感转移到其他场景，好让他从市井喧嚣中抽身：

> 从泰晤士河那骄矜的水畔，
>
> 从兰贝斯那尊贵的尖塔，
>
> 移至更谦卑的溪流,更翠绿的树荫。

诗人描绘了一种传统的仪式:游吟诗人的圣诞来访。童年时,诗人一家 **387**
常常在日历上标出这个特殊的日子,现在也延续着这个礼仪。当乡村音
乐家"用强健的手掌击响和弦",挨家挨户送上节日问候,他们不仅将山
谷间的所有居民都联系起来,也帮助维系着这里的世世代代:

> 互相点头致意——心灵卸去
>
> 沉郁的面具,洋溢喜悦的笑容;
>
> 激动的泪水不禁涌起,
>
> 为那些再也不闻的熟悉姓名;
>
> 小夜曲点亮晶莹的泪光,
>
> 为安睡摇篮的婴儿吟唱!

诗人说,他尊重克里斯托弗远离故乡山峦的选择,但他承认,即使如此,
他依然渴望弟弟回到曾经的归宿:

> 然而,你,我,我们一家,
>
> 都曾聆听这永不磨灭的仪典;
>
> 都曾看到人们容光焕发,
>
> 往日的光芒如实再现;
>
> 如大自然淳朴的力量闪烁,
>
> 在单纯的童年照彻你我!

曾经,华兹华斯被贴上"湖畔派"的标签,批评者用无礼的字眼嘲笑诗人狭隘的地方狂热,及其关于社会、政治与诗歌的反动思想。如今,《达登河》以最强大的声音表明,诗人自视为湖区最重要的代言人与赞美者,不仅吟咏自然的美景,也歌唱当地的价值。[26]

　　一八二〇年四月,《达登河》出版。反响与一年前无甚差别。有人纠结诗集的题目:"一个湖畔诗人选择一条河作为诗歌的主题,是顺理成章的事。但是,哪条河激发了诗人的想象? 叫什么名字? 达登!"该评论者认为河的名字"很粗俗";约书亚·康德尔在《折衷评论》中认为它"很荒诞"。《每月评论》猜测华兹华斯先生可能喜欢捉弄人。但是,随着《欧洲杂志》对诗集的高度赞许,其他正面评论也蜂拥而至:"我们认为……他无与伦比,体现着最真实的崇高,最动人的悲怆,最愉悦的单纯,最深刻的哲思,是这个时代至高无上的诗魂。"[27]《地貌描写》受到赞誉。[28]《罗伯特·沃尔克神父回忆录》获得好评,广为引用。一八一七年的几首颂歌被誉为"绝佳""美轮美奂"。达登河十四行诗组诗被视为"全书的瑰宝……美不胜收"。《沃德拉克与朱莉亚》获得溢美之词:"我们必须承认,在所有英语爱情诗中,这首诗无与伦比……生动的优雅,神奇的魅力。"《每月评论》认为,这部诗集的长处在于大体是"一部杰出的翻案诗,华兹华斯先生唱出了他最佳的风格,胜过他关于散文与诗歌区别的所有诗论,或毋宁说异端"。《布莱克伍德杂志》声称,对于那些真正爱诗的人来说,华兹华斯从未遭受冷落,但无疑,此时此刻,他刚刚声名"鹊起"。[29]

四

　　时间的流逝和全集的"吞并"常使我们忽略《达登河》的另一个重要历史特征。三年前,柯尔律治在《文学生涯》中写道,他曾尝试通过诗歌梳理关于"人类、自然与社会"的思索。当他追溯一条流动的小溪,一种相似的流动随之浮现,但是,"由于种种原因,他最终没能完成《小溪》这首诗"。[30]"人类、自然与社会",让人想起华兹华斯在《隐士》纲要中的类似表达。更接近的,是他在一七九八年一封信中对此诗的描述。[31]华兹华斯一定也意识到,他早年的哲思诗人理想离不开柯尔律治的丰沃才思。尽管他承认柯尔律治在《隐士》计划中的角色,但他决不想表达更多的感激。在达登河十四行诗组诗的漫长"后记"中,他表明自己的立场,说这些十四行诗是多年来在不同场合所作:

> 我就这样不知不觉地写作,没有注意到侵犯了柯尔律治先生自认为属于他的领地。二十年前,他曾说起要创作一首题为《小溪》的乡土诗歌。在一部近作里,他大致描述了这首诗。但我认为,一个具体的主题不会僭越一个泛泛之谈。而且,十四行诗的结构也使我免于侵犯柯尔律治先生或许依然想要履行的权利……我可否斗胆希望,这些十四行诗不仅不会因透露了某些主题而妨碍柯尔律治先生的创作,反而可以使他忆起自己那更加全面的方案,从而促使他完成那首诗?[32]

痛点在于"自认为"。当兰姆把自己的近作题献给柯尔律治时,他承认自己的缪斯已经远去。但他担心,柯尔律治的缪斯同样也一去不返:"如今,你再也不写克莉斯塔贝尔和老水手了。"[33]只是,兰姆的语气充满忧伤;华兹华斯的语气则夹杂着责怪、自卫和恼怒。

五

华兹华斯一年出版了五本诗集,令人惊叹。他也意识到,随着这些诗集的出版,他诗人生涯的一个段落告终。

一八三〇年代以前出版的书籍并没有坚固耐用的外壳,只有脆弱的薄板,有时甚至只是用纸皮包起来。买书的人把书装订好,就把外面的纸皮丢掉了。因此,人们往往把多年来购买的单行本诗集统一装订成一套。当《达登河》出版时,出版商告诉消费者,"这本诗集,连同《感恩颂》(1816 年 1 月 18 日作)、《彼得·贝尔》和《车夫》组成作者《诗萃》的第三卷,也是最后一卷",还另外附上一张扉页。这样,读者装订时,这本诗集就不是独立的《达登河》,而是《威廉·华兹华斯诗集》的第三卷。第一卷和第二卷是一八一五年《诗集》。同年,华兹华斯的《漫游》再版,排版装帧与其他三卷相似。假如读者自一八一五年起买过诗人的所有诗集,现在就可以连同《漫游》一起装订为全套了。此前若想拥有《漫游》,可只有昂贵的四开本。

一八二〇年还出版了一套不同的四卷本《威廉·华兹华斯诗萃》。太多的文献信息阻碍了阅读,读者感到迷惑,情有可原;或许,他们还对华兹华斯的"机会主义"有所失望。迷惑乃情理之中,失望则不应该。一八二〇年四卷本诗集并非精明的营销策略,不是新瓶装旧酒,骗取读者的钱财;而是一部全新的诗集。书中呈现了华兹华斯愿意保留的所有诗歌,重新考虑了排序,修订了全部诗文,还加上了文论。华兹华斯有意识地审视并重现过去所写的一切。细述这个版本未免有些单调,但有两个特点非常重要。首先,诗集不仅展示了华兹华斯自选的经典,而且还按照他希望的方式呈现给读者。修订后的《黄昏漫步》与《景物素描》全文出版(一八一五年仅发表了节选部分),但诗集并没有按照时间排序。尽管目录说明了这些诗歌初次发表的时间,但诗集依然保留了一八一五年的分类原则。《永生颂》依然独立排版,有自己的扉页,作为第四卷的压轴诗,标志着抒情诗的巅峰。

其次,整部经典都经过了细密的检查和修订。华兹华斯承认,"修

390

补"是他的"弱点",一种强迫性行为,占据了"一生中的许多时光"。标点,大写,单词,词组,诗节——全都要重新检查,不轻易放过任何一个字。虽然大部分是小修小补,我们却不能低估诗人付出的心血。他对出版商坦言:"在这种工作中……付出与收获是不成正比的,而且……常常几个小时的努力到头来都是徒劳。"[34]

　　一些修改说明,华兹华斯不是神话,他也在乎人们的评论,并作出回应。在《文学生涯》中,柯尔律治曾评价《爱丽丝·菲尔》是个失败——如今它被删去。柯尔律治还觉得《永生颂》里的几行诗句让人失望——这些也被删掉。[35]一些评论家以及克拉布·罗宾逊都反对《彼得·贝尔》中的"冒犯性段落"和"过于粗俗的表达"——他都做了修改,虽然该诗才发表一年。一八〇七年,高原的盲童乘着"家常的桶"漂浮。一八二〇年,这个吹毛求疵者的眼中钉被换成"海龟的壳"。然而,大多数修改并不像罗宾逊说的那样,意味着华兹华斯"决定向大众品味做出让步"[36],相反,他认为自己所有的诗歌都处在进行态,永远没有完成时。不管一首诗写于一八〇〇年还是一八一七年,它都重生于一八二〇年。一些修改令人震惊。《迈克尔》的高潮部分曾打动许多读者:

> 爱有一种慰藉的力量,
> 能让一件事容易忍受,
> 不再劳神,也不伤心。

几乎没有人能想到,二十年后,最后一行节奏鲜明、具有典型华兹华斯风格的诗文居然被删掉了。巴伦·菲尔德不是惟一对《皮尔城堡挽歌体诗节》的修改感到震惊的人:

添上一道光，

这辉光不属于大海或陆地，

神圣的礼仪和诗人的梦乡。

变成：

添上一道光，

这光芒不为大海或陆地所知，

而是借自年轻诗人的梦乡。[37]

然而，"修补"一词并不意味着"修订"就是华兹华斯作品和诗人身份的核心。尽管他多年来一直密切关注单册诗集的出版，但他决定要让每一本诗集融入他不断演进的全部诗歌。因为，在他的眼中，这些诗体现了经历和表达的演化统一。一八二〇年，华兹华斯出版了他的新经典。当时，萨拉·哈钦森说："**他说**从今往后，他将专攻《**隐士**》，不再改来改去，自寻烦恼了。"[38]强调的语气似乎在说，她了解诗人胜过诗人自己，因为，这部诗集只是其他诗集的先兆，所有诗集都耗费了华兹华斯相当的精力。

六

一旦四卷本诗集付梓，华兹华斯终于可以实现一个日益强烈的愿望。一八二〇年七月十一日上午，他再度穿越加莱海峡。一起出行的是大批人马——玛丽和多萝茜，托马斯·蒙克豪斯和他新婚三天的新娘，简·霍罗克斯和姐姐及女佣。

392　　八月十五日，他们抵达卢塞恩，事先与亨利·克拉布·罗宾逊约好在此见面。但他们还想见另一个人：罗伯特·琼斯，华兹华斯一七九〇年第一次欧陆之旅的同伴。南下途中，玛丽和华兹华斯住在琼斯位于北牛津郡索尔顿的牧师公馆中（多萝茜已到伦敦）。看到老朋友整装待发，琼斯想起当年两人在法国和瑞士披星戴月、漫长跋涉的日子。但即使他身体健康——这个"善良的家伙"发福了[39]——教区和家庭的责任也使他无法脱身。[40]琼斯只好满足于间接的重游。他在一八二一年写道："我特别想知道你的路线，还有，一八二〇年你在瑞士的见闻是否让你偶尔忆起……一七九〇年你以迥然不同的目光看到的事物。"

琼斯的提问说明了为什么他本该加入华兹华斯的旅行。"时隔三十年故地重游，将是人生中一件特别难忘的事。"[41]的确。他知道，对于华兹华斯来说，这次旅行是重启重要的经历。表面看来，一切都不同了。华兹华斯年过半百，不再是二十岁的热血青年，承担着照顾妻子和妹妹的责任。当年，琼斯和他背包徒步，游历四方。如今，大队人马和行李往来于一个个客栈。一七九〇年，两人真的不得不精打细算，而一八二〇年，华兹华斯不停地与客栈老板和车夫讨价还价，只因为他不想被当作有钱的英国人被敲竹杠。但在很多方面，华兹华斯与一七九〇年无异——精力充沛，吃苦耐劳，乐于尝试，心意坚决。

最重要的是，他决定重返阿尔卑斯。多萝茜在《欧陆之旅日记·一八二〇》中写道："瑞士是我们的终点和目标。"[42]起初，旅行还算舒适从容，尽管华兹华斯令同伴担心，甚至懊恼。"你爸爸写了一首优美的十四行诗。"多萝茜告诉莱德尔山庄的家人，"这对我们来说更糟，因为我们没能好好游览布鲁日。"玛丽汇报说，虽然大家都很高兴，但她的丈夫"却恰恰相反，他在写十四行诗"。[43]她的烦恼可以理解：她渴望一个愉快的假日，不被创作中人的坏脾气干扰。

在比利时，他们拜访了滑铁卢战场。多萝茜写道："我们站在草地和麦田里，脚下**堆积**着无数的同胞。虽然了无痕迹，却感受良多。"在一首纪念性十四行诗里,华兹华斯表达了相似的思想,写到人们在历史遗迹中常常感到的不安,甚至迷茫:"我们寻求的意义了无所踪。"他只能宣布:"我们怀着人们**应有的**感受, / 附近隐匿着无数被荼毒的生灵, / 沉默的大地传来恐怖的呼吸声。"[44]他们继续游览,打卡著名的旅游景点:尚未竣工的科隆大教堂,莱茵河大峡谷,沙夫豪森瀑布。然而,刚来到山下,华兹华斯就忘了自己的一把年纪,并显然希望其他人也和他一样。在日内瓦与霍罗克斯姐妹分别后——她们受不了这种艰辛的旅行——华兹华斯一行乘车、骑骡甚至步行,经圣哥特哈德山口进入意大利米兰,然后又从桑普朗山口返回。

尽管华兹华斯一家三人朝夕相处,但实际上,他们的旅行体验却各不相同。玛丽第一次见到阿尔卑斯山和意大利的湖泊,她欣赏着曾经听丈夫讲过,也在他的自传体诗歌中读过的风景。多萝茜也是第一次亲眼见到这些胜景,但是,她对这些景色的想象远远早于玛丽·哈钦森成为哥哥的爱人之前,追溯至哥哥总是最先与妹妹分享一切的年代。她依然保留着一七九〇年哥哥从阿尔卑斯寄来的信,现在,她忆起"我青春时那些无形的愿望——无望的愿望——哥哥三十年前的漫游,那年圣诞节哥哥在佛恩塞特给我讲的故事。当我们走在牧师公馆花园的石子路上,伴着月光或星辉,他经常反复说起那些经历"。[45]旅途中,多萝茜也反复忆起哥哥给她讲的故事或写的文字,仿佛此时此刻,三十年前的间接体验依然占据她的心灵。

玛丽和多萝茜都写了游记。华兹华斯只写出一些并不出彩的诗,结集为《欧陆之旅纪念·一八二〇》,一八二二年出版。但是,多萝茜日记中的某些瞬间,以及华兹华斯此前的所有写作,都表明这场旅行对他意义非凡。一七九〇年,他曾因震撼而欢呼:"崇高与秀美的事物目不暇接,使我的灵魂始终处在忙碌的喜悦中……"[46]一八〇四至一八〇五年,他也曾重温阿尔卑斯经历的喜悦、失望和艰辛,并从中获得不同的形式和意象,构成《序曲》中最丰美的诗文。在《漫游》中,当他讲述孤独者的人生时,他也曾挖掘这些回忆。此刻,他重归记忆之源。科莫湖畔,多萝茜相信,他们可以辨出"三十年前那个迷惑的夜晚,我哥哥曾经走过的路"。(1805 年《序曲》,6.617-657)[47]华兹华斯认出了贡多塔楼,他和琼斯曾在那里度过一个恐怖之夜,"水声 / 咆哮,震撼屋宇"(1805 年《序曲》,6.578-579),但是,不管多萝茜怎样恳求,他都不肯进去。桑普朗山口附近那条走错的路也被发现:"当他发现这就是那条曾经使他迷失的小路时,我无法形容他的感动! 往日的情感涌上心头,清新如昨,也隐约感到三十载之隔。"

对于多萝茜来说,这个不断重复的"三十载"仿佛是对人生有涯的启示,但有一刹那,她认识到华兹华斯多么深刻地揭示了昨日融归今日。临近夏蒙尼冰川时,她这样写道:

> 在山顶走了一会儿,我独自一人来到峡谷旁,突然从悬崖边俯瞰一个狭长、平坦、碧绿的山谷,棕色的小木屋星星点点。伫立山顶,俯瞰下方绿树浓荫的山谷,好一片田园生活、宁静幽隐的景象。威廉向我走来。如果我曾经感动过,那么现在,当他告诉我这就是他曾说起的那个山谷,那"原始的山谷",以及他津津乐道的"碧绿的幽境",这个地方变得更加有趣! 这是他经过瑞士时遇到的第一个山谷,"如今,"他说,"我发现三十年前的回忆和眼前的现实一样鲜明!"

这个美妙的关联构成了华兹华斯对经验的想象和把握——过去与现在,直接感受与记忆感受,切身体验与间接体验,生活与写作。一七九〇年,二十岁的"狂热者……崇拜大自然千变万化的形态",曾在阿尔卑斯山间宣布,"我生命中的每一天都将从这些画面中汲取幸福"。[48]三十年后,面对眼前的现实,人到中年的诗人发现,他的记忆不辱使命。然而,

394

多萝茜的日记表明，他们凝望的景象并不是直接的现实。她引用《序曲》第六卷四四五至四五二行的诗文，忆起十四年后的华兹华斯"将往事之魂置于神龛，／ 为了将来的复元"。在两次旅行之间的"三十载人生中"，华兹华斯将经历封存于记忆，也使其凝驻于诗歌。

395

　　旅行以重要的重游告终。九月三十日，华兹华斯一行抵达巴黎。次日，"一点钟在卢浮宫"[49]，玛丽第一次见到了安奈特。华兹华斯的法语够用吗？能让他顺利地将他第一个孩子的母亲介绍给他后来孩子们的母亲吗？我们不知道。多萝茜的日记缄默不语，玛丽的记录惟有地址和日期。然而，有一个重要细节被记下了。在一个月的探望期间，卡罗琳始终称华兹华斯为"父亲"。[50]华兹华斯上一次见到安奈特时，他即将成婚，卡罗琳还是个小姑娘。如今，女儿已经成家，有了自己的孩子。

　　在这段每个人都百感交集的时光中，另一场相逢也连结着今昔。一七八七年，当少年华兹华斯打开《欧洲杂志》，看着自己的处女作十四行诗《见海伦·玛丽亚-威廉姆斯小姐读悲情故事而啜泣》时，他还没有见过她；一七九一至一七九二年间寄居法国时，他也无缘与她相见。现在，在共同的朋友克拉布·罗宾逊的引荐下[51]，机会来了。两个晚上，两位诗人互相寒暄，互赠礼物。威廉姆斯将尚未发表的新作送给华兹华斯，华兹华斯则送给她一套最新的四卷本诗集。[52]为表敬意，华兹华斯背诵了她的十四行诗《致希望》；作为答谢，她在下一本诗集的注释中提到这次朗诵，以示荣幸。[53]当他初次在想象中向海伦·玛丽亚·威廉姆斯致意时，他还是个读书的少年，十七岁的他为赋新词而酝酿感情。但是此刻，在真实的"海伦·玛丽亚·威廉姆斯小姐"面前，五十岁的他背诵起她的十四行诗《致希望》，却毫无矫情。华兹华斯始终能熟记自己珍爱的诗歌；他对威廉姆斯的诗仰慕已久，并将依然如此。一八三三年，他力劝亚历山大·戴斯将威廉姆斯的十四行诗收入他正在编辑的文选——"《致希望》那首诗绝佳"。[54]

华兹华斯一行到达巴黎前，已经遭遇了跳蚤的骚扰、糟糕的食物、贪婪的客栈老板，还使尽浑身解数用三种语言与船夫、马夫和骡夫沟通。当他们的船因天气和风向原因取消后，因为急于回去，他们换乘了另一条船。不料，船却搁浅了，分崩解体。幸运的是，船还没有进入深水区，他们可以待在沉船上等候救援。在布洛涅耽搁了一阵后，一八二〇年十一月七日，他们终于回到英格兰。在伦敦，他们拜访旧友，包括柯尔律治，还参观了埃尔金大理石雕塑。克拉布·罗宾逊不知道华兹华斯是否喜欢这些雕塑，但旅行中的观察使他懂得"［华兹华斯］愉快的时候是安静的，他只对华兹华斯小姐谈论他的快乐"。[55]多萝茜到克拉克森家过圣诞了。她的哥哥与嫂嫂北上，先经过剑桥，克里斯托弗刚刚当上三一学院的院长；又来到科尔顿，最后及时地赶回家中欢庆圣诞。

396

七

当他们离家启程时，华兹华斯曾坚持远行的第一站去"彼得卢"。一年前，十一条生命在此遇害，另有伤者无数。当时，农民军冲入人群，要抓捕正在对曼彻斯特激进分子集会慷慨陈词的"演讲者"亨特。这个地点促使华兹华斯严肃思考当时的社会状况。另一个地点是索尔顿——老友、独身牧师琼斯的所在地。这里有一位远离尘嚣的人，然而每天，他都尽力以最有意义的方式行善，满足信众的精神与世俗需求。令华兹华斯触动的，还有索尔顿牧师公馆的状态，朴素却实用，隐蔽却显然与教堂和教区浑然一体。他立即创作了一首"献诗"，献给"这卑微而美丽的牧师之家"。[56]回家路上，他们经历了天平另一端的教会生活。他们住在剑桥三一学院新院长、弟弟克里斯托弗家中。骚塞形容克里斯托弗"热衷"于正统教义，认为"四十条信纲中，三十九条都不能满足他宽大的良知"。[57]在此期间，华兹华斯发现，剑桥也在见证着英国国教的精神复兴。现在，与宏伟的教堂相称的，是"年轻学子极大的学习热情"和新进院士的激情。他告诉朗斯岱尔伯爵："根据在此目睹的一切，可以预言，崛起的一代前途无量。"[58]剑桥之后，他们去科尔顿看望博蒙特一家。当华兹华斯和乔治爵士一起讨论新教堂的选址时，他们自然"想起往事，充满惊叹与感激；展望未来，怀抱希望与憧憬"。[59]

朴素的索尔顿牧师公馆与宏伟的国王学院教堂；历史传统与科学未来相结合的三一学院及其院长；位高任重的理想绅士乔治·博蒙特爵士——这些意象构成《教会素描》的缘起。这组十四行诗共一百零二首，讲述英格兰基督教的历史。短短数月就完成如此非凡的创作战绩，离不开与之并行的大量历史阅读，但组诗并不是一位诗人考古学家的冥思。[60]如同《辛特拉协定》《漫游》和《感恩颂》一样，它也谈论当代的问题。尽管当时很难预见，但实际上，《教会素描》是未来（至少）二十年后思想志趣的先锋。[61]在引言中，华兹华斯承认，天主教解放运动使他焦虑不安，促使他思考"通过诗歌方式，或许能更好地呈现我国教会史的一些特点"。不仅是诗歌。在一篇很长的注释中（该注释刊出了索尔顿牧师公馆十四行诗），他思索着文明儒雅、生活安定的牧师是多么重要，"长久以来，在英格兰的许多地方，[他们]一直是并仍将是抵抗野蛮的重要堡垒，使闭塞的农民接触到时代的进步思想"。[62]两年前，在诗集《达登河》中，《罗伯特·沃尔克神父回忆录》已经从人性的角度体现了基督教的真实精神。如今，他回顾历史，将沃尔克这样的神父置于教会历史的语境下，追本溯源，结尾的十四行诗展望未来，满怀憧憬，与《达登河》组诗的最后一首呼应。千百年来，长河在战争、腐败、纷争的污染中绵绵流淌，但如今：

流动的河水中,罪恶的玷污越来

越少,长河滚滚,光明熠熠,

直至抵达永恒之城——

它为正义完美的灵魂而筑!

亨利·克拉布·罗宾逊认为《教会素描》是"[华兹华斯]最伟大的作品
之一"。他自称华兹华斯的"使徒",致力于"改变"那些"嘲笑者"的信
念;但一名"使徒"的观点并非大多数人的判断,无论当时还是此后。[63]
华兹华斯现已熟练掌握十四行诗这种形式,《教会素描》中的诗篇都技
艺精湛。第十六首《无常》多被收入文学选读,是华兹华斯晚期风格的
最佳典范:

音乐从低向高攀升、消融,

又从高至低滑过肃穆的音阶,

一串串音符永远保持和谐;

一阵阵悦耳却又悲伤的钟声,

惟远离罪恶之人能够听清,

他们不贪婪,也不太忧烦。

真理不磨灭,她最持久的容颜

却终会消释,犹如严寒的霜冰,

清晨让山峦与平原银装素裹,

然后消失;像昨日的高塔覆倾,

虽戴着华贵的王冠,这冠冕

却用野草织成,如此脆弱,

禁不起偶尔打破沉寂的呼喊,

或无法想象的时间之手触碰。[64]

然而,总的来说,这些诗并未证明用诗歌呈现教会历史有何特别优势。尽管这组诗不像早期的十四行诗那样拥有自信的语言和活跃的节奏,但在诗人的精神生活中,《教会素描》的写作却标志着一个十分重要的时刻。这个年轻的激进分子曾鄙视"微不足道的助理牧师",过着单调乏味的生活;也曾控告兰达夫主教,但他始终对教堂建筑充满感动:霍克斯海德那"雪白的教堂","俯视着自己的领地,投出慈爱的目光";他也相信教会的凝聚力与延续力。[65]《教会素描》体现了教堂在历史进程中的演化力量;教堂是信仰的可见象征;是人民的社区,无论缁素。十年前,华兹华斯曾经坦言"不需要救赎者",这话要是让狂热的三一学院院长听见,一定大为震惊;就连克拉布·罗宾逊也出于谨慎,在日记中一笔带过这惊人之语。现在我们也无法证明,在多大程度上,华兹华斯变得更加正统。[66]他厌恶宗教伪善,质疑只在意识形态层面追求纯洁的宗派主义者,拒绝向读者确认《漫游》的宗教观严格遵守三十九条信纲。然而,至一八二二年,他开始忠于英国国教,认为国教有助于防止无政府主义和社会倒退,在他未来关于政治和国家文化的全部思索中,他始终捍卫国教的这一作用。

399

八

一八〇〇年,华兹华斯曾写到大自然永恒的形态独具魅力,因其至高无上的存在:

> 能超越岁月
> 带给人心的每一个变迁
> 将我们的情感牢固地系在

> 一起,并维持着人生所有
>
> 阶段之间的种种关联。[67]

没有什么比这个思想更吸引他的想象。"逝去的日子 ／ 重返……";
"似用链条将我的情感捆绑";"惟愿自然的虔敬 ／ 维系我生命中的每
一天";"回首,达登河……我看见过去、现在和未来";还有《未访耶罗》
《游耶罗》《重访耶罗》。[68]这样的例子不胜枚举,足以证明华兹华斯追
溯事物关联、保存生命完整、复原并重审往昔的强烈冲动。一八二〇年
的欧洲之旅是华兹华斯最重要的重游。在阿尔卑斯和巴黎,他抚今追
昔,验证记忆。

　　一八二一年,多萝茜开始写游记,正如她曾记录一八〇三年的苏格
兰之旅。这恰好激发了华兹华斯为这场旅行写下诗歌。起初,这仿佛只
是额外的活动——"我为你的日记写一些诗吧"——但很快,他就完全
投入了。[69]十一月,萨拉开始规律地给他们的旅伴汤姆·蒙克豪斯寄送
诗稿,以她一贯的包容接受华兹华斯今天写完、明天就改的常态,"修
改,完善……差点儿毁了我的手抄稿",每当他宣布写完了,毫无疑问,
"一两天内……就会另有一稿"。[70]《欧陆之旅纪念·一八二〇》组诗献
给"亲爱的旅伴们",一八二二年出版。

　　一七九〇年,华兹华斯曾写信对妹妹说,"三个小时的阿尔卑斯山
徒步给我们留下了永不磨灭的印象。"[71]如今,他重温当年的欧陆历险,
而这一次,多萝茜与他同在。重返"这些美妙的景象"使他深深感动,但
纪念这场旅行的诗歌,用诗人自己的话说,却并未燃起激情。[72]组诗依
照他们的行程展开,从加莱出发,至多佛返乡。一面是体现欧洲特色的
建筑、纪念、风景、传说、风土人情,另一面是浓浓的乡愁,最后两首十四
行诗无疑使人想起一八〇二年的十四行诗《登陆日作于多佛附近的山
谷》。在倒数第二首诗中,诗人写到在布洛涅港附近搁浅的遭遇,"一个

400

英格兰 / 爱国者"被搁浅在"高卢的海岸"。最后一首十四行诗也写于
"登陆后——多佛山谷",诗人"出神地"凝望着英国的风景,

> 此刻,伴着奇异的愉悦,
>
> 种种不会被遗弃的意识
>
> 只为唤起一种感觉,为使
>
> 精神更平静,更超然,为使
>
> 乡村更静谧,更幽远。

复数的"意识"跃入眼帘,使人想起诗人仅在另一首诗中有过相似的表
述。在《序曲》讲述童年游戏的诗文中(本章前面引用过),成年的诗人
承认:

> 毕竟有广阔的
>
> 空间隔开现时的我与过去的
>
> 日子,只让它实在于我的
>
> 内心,因此,回味往事时,我常常
>
> 自觉有两种意识,意识到我自己,
>
> 意识到另一种生命。[73]

《序曲》的前几卷明确指出了童年欢乐与失意时分(诗人写作时的状态)
之间的鸿沟和意义,但是,这组宏大的纪念十四行诗却留下悬而未决的
问题:后来的种种"意识"是什么?为何它们如此重要,以至于不会被
"遗弃"?

　　《纪念》组诗中还有一首最奇特的诗,最为引人注目。华兹华斯以
《收到出版社样章后漫笔》总结全书。[74]诗中,他巧妙地运用文学修辞,

称这本"自以为是的书"渴望被人们阅读,但诗人自己却不舍得给它"离去的许可":

> 再唱一首献歌——自发的情感
> 暗涌——冷落的事物重升——
> 我的灵魂如疯狂的诗神主宰
> 帕那索斯山,闪电飞驰,以有形的
> 线条引领无形的雷鸣和声。
> 所有曾看到的,复归我视野,
> 所有曾听过的,重返我耳中,
> 所有的感受,在此刻重温。
> 在脚步望而生畏的地方,
> 惟有双翼能够勇敢驰骋,
> 我在那里自在翱翔,直面
> 萦绕于心的主题,穿越
> 记忆的航程,如午夜梦回般
> 鲜明——城市,平原,森林以及强大的水声。

在此后的七个诗节中,诗人回顾这场旅行,抒发游历所感。最后,诗人向这部诗集献上告别的祝福:

> 去吧,我的小书! 追求你的路;
> 去吧,去取悦温柔与善良的人;
> 愿你的低语不被扼止,要知道,
> 尚待开采的宝藏将赐福未来的乐曲。

诗人仿佛承认前面的纪念诗歌不够完美，未能极尽诗歌之力表达他的所见、所闻、所感，未来的尝试或许将探索尚未开采的宝藏，那将是全部诗集中最为生动、最富想象的诗篇。

九

一八二二年，华兹华斯还首次单独出版了《湖区风景描写》。两年前，《达登河》诗集曾以这部散文作结。多萝茜提供的内容（她关于攀登斯凯弗尔峰的描写）大大扩充了这本书。如今，这本书这样做广告："新增了许多内容和阿尔卑斯景色描写"。出于实用，这本书小巧便携，还包含了一幅内容详细、印刷清晰的折叠地图，另有"游客信息指南"部分。五先令六便士的价格非常诱人，五百本书九个月售罄。一八二三年，又出版了增订本。[75]

从一八一五年出版第一部诗歌全集到一八二二年，华兹华斯共出版了五种单行本诗集，一套四卷本诗集，一部湖区指南散文，著述可观。但他现在已经五十多岁了，十三年内再也没有出版原创诗歌。

注释

[1] 萨拉·哈钦森致托马斯·蒙克豪斯，1818 年 4 月 13 日，1820 年 4 月 10 日，《萨拉·哈钦森书信集》，第 132、180 页。

[2] 克里斯托弗·华兹华斯致华兹华斯，1819 年 4 月 17 日，华兹华斯图书馆。引自《中期书信》，第二卷，第 532-533 页。克里斯托弗特别焦虑，认为华兹华斯不该接受朗斯岱尔勋爵提出的地方治安官一职。杰茜卡·费伊善意地令我注意到 1819 年 3 月 23 日的一封信（华兹华斯图书馆），其中博蒙特和华兹华斯打趣道："所以你现在是法官啦！我听说过法官迈达斯，但从来没听说过法官阿

波罗。"同克里斯托弗一样,乔治爵士希望这一职位"不要让你太劳神,使你无法思索更加重要的天职"。然而,由于没有其他证据表明华兹华斯接受了这一职位,我们不得不认为诗人确实拒绝了这个工作。

[3] 关于两首诗写作和出版的全部历史,见《彼得·贝尔》,约翰·E.乔丹编,《车夫本杰明》,保罗·F.贝茨编。

[4] 雷诺兹是华兹华斯的真诚崇拜者。他年轻时曾寄给华兹华斯一首诗,感谢"您的诗带给我深深的快乐"。(1814年11月12日,华兹华斯图书馆)1816年,他又通过海顿奉上《水泽仙女》,并附上一封信:"他用诗歌的娇美花朵环绕着哲学殿堂的圆柱。"(1816年9月28日)见《约翰·汉密尔顿·雷诺兹书信集》,列奥尼达斯·M.琼斯编(内布拉斯加,林肯,1973),第5页。1819年还发表了一首诗《死驴:一首抒情歌谣》,被认为是托马斯·博伊尔·默里所作。两首仿作都与华兹华斯的《彼得·贝尔》一起得到评论。见布莱恩·R.贝斯,《华兹华斯的诗集、补充作品和仿作》(2012),第121-139页;大卫·斯图尔特,《华兹华斯、仿作、出版与影响:1814-1822》,《欧洲浪漫主义评论》,第29期(2018),第601-618页,该文作者指出仿作依赖被模仿作品的广泛知名度。

[5] 雪莱,《彼得·贝尔三世》,"序诗"第三行,作于1819年,但直到1839年才出版。

[6]《文集》,第一卷,第120页。《彼得·贝尔》,第41页。引自献词:"如序诗所示,《彼得·贝尔》这首诗的创作基于这样一种信念:想象的运作不仅无需超自然媒介的介入,而且,尽管没有这种媒介,在诗歌的可能范围内,通过日常生活中最卑微的事件,依然能够唤起想象的功能,并带来同样的快乐。"

[7]《文学通讯》,1819年5月1日,第275页;《文学纪事》,1819年5月29日,第21页;《审查者》,1819年5月2日,第282页;《折衷评论》,系列二,第12期(1819年7月),第73页。《每月评论》,系列二,第89期(1819年8月),第421页;《月刊》,第47期(1819年6月),第442页。

[8]《亨利·克拉布·罗宾逊论书籍与它们的作者》,第一卷,第230页。

[9] 萨拉·哈钦森致约翰·蒙克豪斯,1819年5月7日;引自《车夫本杰

明》,第 24 页。1819 年出版时,这首诗的题目是《车夫》。

[10] 兰姆致华兹华斯,[1819 年 6 月 7 日],《兰姆姐弟书信集》,E. V. 卢卡斯编(三卷,1935),第二卷,第 250 页。

[11]《车夫》一诗引出了仿作《车夫本杰明:一部欢乐自满的诗体故事》,作者是谁尚存争议,但很有可能是 J. G. 洛克哈特。这首诗戏仿了华兹华斯惟我独尊的出书过程:序言,注释,图说,最后还有"致读者"。无论作者是谁,他是一个熟知华兹华斯作品的人。见贝茨,《车夫本杰明》,第 26 页;贝斯,《华兹华斯的诗集、补充作品和仿作》,第 211 页注释 36。

[12] 多萝茜致博蒙特夫人,1805 年 11 月 29 日,《早期书信》,第 650 页。

[13] 马克·里德指出,我们并不确知是什么促使华兹华斯准备这份新抄本。里德称之为"C 阶段《序曲》"。见 1805 年《序曲》,第一卷,第 78-80 页。

[14] 1805 年《序曲》,2. 28-33。

[15] 1805 年《序曲》,"C 阶段"文本,6. 469-480。

[16] F. M. 托德的《政治与诗人:华兹华斯研究》是一部始终有价值的开拓性著作。托德第一个指出了《沃德拉克与朱莉亚》与海伦·玛丽亚·威廉姆斯的《法国书简:1790 年夏》中记载的一则真实故事非常相似。

[17] 玛丽·华兹华斯致萨拉·哈钦森,1818 年 12 月 1 日,《玛丽书信》,第 41 页。

[18] 这些十四行诗分别是《纯净的泉流》《歌达峭壁》和《马勒姆山谷》,收录于《短诗集》,凯查姆编,第 276-278 页。它们最初发表于《布莱克伍德的爱丁堡杂志》(1819 年 1 月),是韦斯托尔未经华兹华斯许可擅自投稿的。诗人有些不快,但两人的友谊却发展起来,直到韦斯托尔 1850 年去世。华兹华斯最后的书信之一就是写给韦斯托尔之子的(1850 年 3 月 6 日),信中忆起艺术家始终是莱德尔山庄"受欢迎的客人",还补充说"湖区的造访者若想将这里的美景如实带回家中,一定会选择他的画,并永远珍视"。见《晚期书信》,第七卷,第 916 页。关于华兹华斯与韦斯托尔的关系,见蒂姆·福尔福德,《湖畔诗人的晚期诗歌》(剑桥,2013)。

［19］另外的那首是《当黄昏的停云绵绵延伸》，作于 1807 年，灵感来自华兹华斯穿越科克斯通山口时看到的一幕。当时他正从优斯米尔的博蒙特家返回自己家。博蒙特爵士不止一次在信中提到这次经历，描述华兹华斯看到"山间显现的壮丽景象"时，"至少整整一个小时都激动无言"。见《短诗集》，第 43 页，第 495-496 页注释。

［20］有一些是早期诗歌，做了修改。关于这组诗，见《十四行诗组诗和旅行诗歌：1820-1845》，杰弗里·杰克逊编。1820 年诗集的全称是《达登河，一组十四行诗；〈沃德拉克与朱莉亚〉与其他诗歌；附有〈北英格兰湖区地貌描写〉》，第 38 页。

［21］《黄昏漫步》，第 50 页。这是 1793 年初版第 171 行的注释。

［22］见《一篇未发表的游记》，《文集》，第二卷，第 298 页："……没有什么比迎接旅人的景色更加狂放美丽……在这些景色面前，再多的溢美之词都显得苍白，但我还是毫无顾忌地说，任何一个感觉正常的人，当他在九月底进入山谷，看到草场上新萌的碧草，看到许多树叶虽然褪了色，却还没有落，一定会觉得这个景象太迷人了。"

［23］在第一版中，这个注释错将"莱诺斯丘陵"（Wrynose Fell）写成了"Wrynose Tell"，很有可能是伦敦的打字员不熟悉湖区的地名。

［24］华兹华斯引用彭斯的诗体书信《致奥奇垂的威廉·希姆森》，信中声明"很多悦耳的诗行"都歌颂过"伊利索斯河，台伯河，泰晤士河与塞纳河"，但他和他的诗人朋友更愿意"沿着小河漫步"，在他们当地寻找缪斯。华兹华斯学童时代就读到这首诗，一生常常引用。见拙文《华兹华斯与彭斯》，载《彭斯与其他诗人》，大卫·萨金特与菲奥娜·斯塔福德编，第 156-167 页。

［25］克里斯托弗·华兹华斯四十六岁时成为圣玛丽兰贝斯地区牧师、下院发言人牧师、有所著述的学者，很快又成为剑桥大学三一学院的院长。《致 W—博士神父》见《十四行诗组诗》，杰克逊编，第 78-80 页。这首诗写得太晚了，没能收入《达登河》诗集，但从 1820 年四卷本诗集开始，它始终作为这组十四行诗的序诗出现。

[26] 有一个微小的细节值得关注。1820 年,华兹华斯的名字出现在《〈康伯兰歌谣〉作者罗伯特·安德森诗集》(两卷,卡莱尔,1820)的订购名录上。这些诗集的出版是为了支持这位和华兹华斯同龄的诗人,他用康伯兰方言写诗。

[27]《欧洲杂志》,第 77 期(1820 年 6 月),第 523 页。

[28] 尤维达尔·普莱斯告诉博蒙特夫人,《地貌描写》"家家都应该有一本;因为这本书不仅很好地描写了当地典型的美景,而且还指出了哪些该做、哪些本不该做,令人印象深刻。全文以最佳的品味和感觉写成,审美原则公正全面。我们国家每个地方的改良者都应该人手一册"。(1820 年 8 月 6 日,手稿藏于皮尔庞特·摩根图书馆)

[29] 引自《文学纪事和每周评论》,第二期(1820 年 7 月),第 420-422 页。《折衷评论》,第 14 期(1820 年 8 月),第 170-184 页。《每月评论》,第 93 期(1820 年 10 月),第 132-143 页。《不列颠评论》,第 16 期(1820 年 9 月),第 47、49 页。《英国评论家》,系列二,第 15 期(1821 年 2 月),第 134 页。《布莱克伍德的爱丁堡杂志》,第七期(1820 年 5 月),第 206 页。见伍夫,《批评遗产》,第 755-794 页。

[30]《文学生涯》,第一卷,第 196 页。

[31] "人类,自然,人间生活……"见《漫游》(1814)序言;"我的目的是描绘自然、人类与社会",华兹华斯致詹姆斯·托宾,1798 年 3 月 6 日,《早期书信》,第 212 页。另见华兹华斯致詹姆斯·洛什,1798 年 3 月 11 日,《早期书信》,第 214 页。

[32]《十四行诗组诗》,第 76-77 页。

[33]《查尔斯·兰姆文集》(两卷,1818),第一卷,第 vii 页。

[34] "弱点":华兹华斯致托马斯·鲍威尔,1840 年 1 月 18 日,《晚期书信》,第四卷,第 8 页。华兹华斯致爱德华·莫克森,[1836 年 12 月末],《晚期书信》,第三卷,第 337 页。两封信都转引自《华兹华斯的重游》,第 19 页。第一章《三思》对华兹华斯的修修补补提供了更多细节。

[35]《文学生涯》,第一卷,第 74 页;第二卷,第 68 页,谈到《爱丽丝·菲

尔》,第140-141页谈到《颂歌》。柯尔律治死后,《爱丽丝·菲尔》重新收录于华兹华斯经典。

[36]《亨利·克拉布·罗宾逊论书籍与它们的作者》,第一卷,第241页。

[37] 关于修改,见华兹华斯致菲尔德的重要信件,1828年4月16日,10月24日,《晚期书信》,第一卷,第600-603页,第640-647页。谈到《皮尔城堡》诗行,菲尔德直率地告诉华兹华斯:"我看不出你有何权利收回文字,剪断它们的翅膀,将其驯服。"(华兹华斯图书馆)出自《晚期书信》,第一卷,第645页。1832年,华兹华斯改回原稿。

[38] 萨拉·哈钦森致约翰·蒙克豪斯,[1819年11-12月],《萨拉·哈钦森书信》,第165页注释93。

[39] 玛丽·华兹华斯致萨拉·哈钦森,1820年5月30日,《玛丽书信》,第58页。

[40] 1816年,琼斯获得索尔顿地区牧师职务,享有圣俸和房产,但直到1809年或1810年才在此居住。由于种种原因,也包括教区的花销,琼斯负债,从1822年起成为缺席牧师。见布朗耐克·霍顿,《罗伯特·琼斯:索尔顿牧师(1787-1835)》,《牛津风物志》,第73期(2006),第73-84页。

[41] 两处引文皆出自琼斯的信件,1821年2月23日,华兹华斯图书馆。

[42]《多萝茜日记》,E. 德塞林科特编(两卷,1941;1952),第二卷,第23页。见唐纳德·E. 海顿,《华兹华斯的欧洲之旅·I》(塔尔萨,1988),第41-109页。帕米拉·伍夫,《威廉、玛丽与多萝茜:华兹华斯一家的欧陆之旅·一八二〇》(格拉斯米尔,2008)。

[43] 多萝茜和玛丽致萨拉·哈钦森和多拉·华兹华斯,1820年7月21日,《中期书信》,第二卷,第621、616页。

[44]《多萝茜日记》,第二卷,第29页。十四行诗《拜访滑铁卢战场之后》,见《一八二〇年欧陆之旅纪念》(1822)。

[45] 同上,第86页。

[46] 华兹华斯致多萝茜,[1790年]9月[6日和16日],《早期书

信》,第 32 页。

[47]《多萝茜日记》,第二卷,第 244 页。《序曲》内容详见该诗相关部分。此后的多萝茜日记引文分别出自第 258-259 页,第 260-261 页,第 280 页。

[48] 同上。

[49]《玛丽·华兹华斯日记》,华兹华斯图书馆。

[50] 亨利·克拉布·罗宾逊记下了这个细节,但他认为,卡罗琳公开称华兹华斯为父亲"令人尴尬"。见《亨利·克拉布·罗宾逊论书籍与它们的作者》,第一卷,第 248 页。

[51] 华兹华斯图书馆所藏的威廉姆斯两则笔记说明,她曾多么热情地渴望这次会面,罗宾逊为她牵线准备。威廉姆斯告诉华兹华斯,尽管她大部分时光在国外度过,但她依然能感受到英语诗歌的魅力:"因此,华兹华斯先生会相信,她是多么深刻地感受到他作品的力量;如果失去与他见面的惟一机会,她将多么遗憾。"1814 年,罗宾逊曾将华兹华斯的诗推荐给威廉姆斯(《亨利·克拉布·罗宾逊论书籍与它们的作者》,第一卷,第 148 页);1816 年给她寄过《感恩颂》诗集。关于两位诗人的关系,见理查德·格莱维尔,《华兹华斯与海伦·玛丽亚·威廉姆斯,或情感的危险》。

[52] 露西·纽林注意到,根据玛丽·华兹华斯的说法,他们随身携带了 1820 年诗集,"以未完成的状态装订起来"。(《彼此即一切》,第 243 页)华兹华斯送给海伦·玛丽亚·威廉姆斯的这套诗集现为本书作者收藏。

[53] "这部诗集以《致希望》开始,因为我对它有所偏爱,并有一个骄傲的理由:最近,华兹华斯先生造访巴黎期间,光临寒舍,背诵了这首多年前读过的诗。"见《不同题材的诗》(1823),第 203 页。出版后,威廉姆斯送了华兹华斯一本。见《华兹华斯的诗人》,邓肯·吴编,第 139 页。

[54] 华兹华斯致亚历山大·戴斯,[约 1833 年 4 月 22 日],《晚期书信》,第二卷,第 604 页。

[55]《亨利·克拉布·罗宾逊论书籍与它们的作者》,第一卷,第 257 页。

[56]《教会素描》(1822),第 120 页注释。《十四行诗组诗》,第 231-

232 页。

[57]《亨利·克拉布·罗宾逊论书籍与它们的作者》,第二卷,第 641 页,记载了 1807 年骚塞的观点。

[58] 华兹华斯致朗斯岱尔勋爵,1820 年 12 月 4 日,《中期书信》,第二卷,第 648 页。关于"三一学院学生"对诗人的意义,见约翰·怀亚特,《华兹华斯与地质学家》(剑桥,1995),尤第 71-104 页。

[59]《教会素描》(1822)中的"致读者"部分,第 v 页。《十四行诗组诗》,第 137 页。

[60] 费伊在《华兹华斯的隐修传承》中研究了华兹华斯在北英格兰基督教历史方面的阅读,第 168-195 页。

[61] 关于这一点,有很多书目,限于篇幅,此不赘述。读者可以参考迈克尔·韦勒的《故敌:十九世纪英国文化中的天主教与新教》(剑桥,2006),其中论述了研究教会史对探讨当今宗教发展轨迹的意义。

[62]《教会素描》(1822),第 120 页注释。《十四行诗组诗》,第 231 - 232 页。

[63]《亨利·克拉布·罗宾逊论书籍与它们的作者》,第一卷,第 282、268 页。1822 年 12 月 21 日,多萝茜向罗宾逊承认,销路不好使哥哥非常低落:"我觉得他今后再也不会——出版任何诗了——因为它们积压在手里——卖不出去——我猜,《素描》和《纪念诗》连一半都没卖出去。"见《晚期书信》,第一卷,第 178 页。多萝茜说的没错,《素描》只印了五百本,十二年过去后,几乎连一半还没卖出去。见里德,《文献》,第 69 页。

[64]《无常》第 14 行完美体现了华兹华斯对早年诗歌的回忆。1796 年,他曾在"哥特故事"中写过这一行"或无法想象的时间之手触碰",却没有发表,只有片断幸存。见《边界人》,第 752 页,第 68 行。更多讨论,见《华兹华斯的重游》,第 22-23 页。

[65] 华兹华斯致威廉·马修斯,[1791 年]9 月 23 日,《早期书信》,第 59 页。1805 年《序曲》,4.13-15。

[66]《亨利·克拉布·罗宾逊论书籍与它们的作者》，第一卷，第87、158页。在后一处笔记中，罗宾逊反思华兹华斯的"感伤与玄学神秘主义"，评论道："华兹华斯是一个正直的人，不会故意欺骗；或许，他并不完全了解这些话题，使得虔诚的读者质疑他的思想和感觉方式。"

[67] 这段诗文与《迈克尔》有关，见《华兹华斯诗集》，第二卷，第481页。

[68] 引文出自1805年《序曲》，11.333–334,3.167；《我心欢跃》，以及《达登河》"结语"诗。

[69] 多萝茜致凯瑟琳·克拉克森，[1822年]1月16日，《晚期书信》，第一卷，第104页。

[70] 萨拉·哈钦森致托马斯·蒙克豪斯，[1821年]11月23日和[11月26日]，《萨拉·哈钦森书信》，第225、228页。

[71] 华兹华斯致多萝茜，[1790年]9月6日[和16日]，《早期书信》，第33页。

[72] 根据芬尼克笔记记载，1801年，华兹华斯聆听多萝茜朗诵弥尔顿的十四行诗后说："我的激情被点燃了，如果可以这么说的话……"见《芬尼克笔记》，第19页。约翰·怀亚特在《华兹华斯的旅行诗歌：1819–1842》（贝辛斯托克，1999）中很好地论述了这组诗歌。（第55–79页）值得注意的是，华兹华斯认为《日蚀,1820》体现了"宗教颂歌（至少在英语中）罕有的抒情精神和跃动"。在整部诗集中，罗宾逊最喜欢这一首。见《十四行诗组诗》，第430页。

[73] 1799年《序曲》，2.26–31。

[74]《十四行诗组诗》，第404–407页。罗宾逊给多萝茜的一封信（1822年2月25日）激发了这首诗以及其他纪念诗歌的创作。见《罗宾逊书信》，第一卷，第110–112页。

[75]《湖区指南》的版本史很复杂。1835年后，肯德尔出版商哈德孙和尼科尔森接管这本书，华兹华斯不得不放弃编辑权。关于细节，尤其是多萝茜的贡献，见《文集》，第二卷，第123–135页；彼得·比克奈尔，《湖区风景如画：1752–1835,文献研究》（温彻斯特,1990），第115–118页。

第三部分　迟暮之年

"声名——迟来却持久的影响。"

（《给"马希蒂斯"的信》）

第十三章　一八二二至一八三二

一

一八二二年,杰弗里宣布,"湖畔派诗歌现已濒临灭绝。"[1]七年后, 帕森和怀特的湖区名录却将华兹华斯列入威斯摩兰"杰出人士",是"湖畔派诗歌之父"。[2]在某种意义上,两种说法都对。"湖畔派诗歌"始终是评论者附加的标签,但这并非完全没有道理。在《抒情歌谣集》和《达登河》之间有一种明显而有力的关联。献给"故乡河流"的十四行诗组诗与《地貌描写》一起确立了华兹华斯作为"北英格兰湖区"第一歌者的地位。但《欧陆之旅纪念》和《教会素描》一点儿都不"湖畔",它们标志了一段荒芜时期的开始,在此期间华兹华斯没有创作重要的诗歌,不管是不是"湖畔派"。也许杰弗里是对的:也许"湖畔派诗歌"的时刻已经结束。但它的影响显然还在。虽然华兹华斯诗集的销售依然平平,但他的声望却与日俱增。在杰弗里口中,"湖畔派"是个嘲讽,但不到十年,每一位安布尔塞德的客栈老板都知道,当游客问莱德尔怎么走时,他们是想一睹"湖畔派诗歌之父"的风采。

当然,敌意与质疑不会突然消失,华兹华斯也始终是个薄脸皮。《文学报》上关于《教会素描》和《纪念》的负面评价使他深受其伤,尤其是因为,他觉得出版商朗曼是杂志的股东,他理应获得有利的评价。[3]尽管他不容《布莱克伍德杂志》进入家门,但他确实看了一八二八年约翰·威尔逊对他诗中缺少具体基督教义的批评。[4]华兹华斯的温和反应令人惊讶。他很久之前就得出结论:威尔逊非常偏激。他说的不无道理。"他是个执迷不悟的俗人"——是他最严厉的评论。[5]但他对骚塞的老朋友昌锡·黑尔·汤森德却没有那么包容。汤森德一年后在《布莱克伍德杂志》上攻击华兹华斯。"吃饱了撑的",哈特莱·柯尔律治说得粗鲁,却一语中的。华兹华斯则称他为"从《爱丁堡评论》的腐尸中爬出来的一条可怜的蛆"。[6]

但这些不过是小小的障碍,不会影响如日方升的名望。虽然华兹华斯直到一八三〇年代才有些安全感,但整个二十年代,负面评论都不敌诗歌正在发挥的影响。诗人现在是德高望重之人。一八三一年,他曾经就读的剑桥大学圣约翰学院就证明了这一点。鉴于诗人的"作品旨在提升美德与宗教"[7],院长邀请他亲自挑选一位"杰出的艺术家"[8]画一幅肖像挂在学院。

华兹华斯欢迎评论界的欣赏与公共的荣誉,但其声名鹊起的最鲜明标志是家门口熙熙攘攘的人群。一八二〇年八月,萨拉写道,一位绅士来访,询问"出于对威廉的敬意"是否可以"参观书房"。[9]这位欧文先生是领头羊,在他之后,一大批朝圣者蜂拥而至,在未来的三十年里,踏破莱德尔山的小路。并不是所有访客都有幸见到诗人,但那些经人介绍而来的客人,不管关系多么浅淡,诗人都不惜时间,慷慨接待。有时还交了新的朋友。比如,热情的崇拜者、非国教派牧师约瑟夫·亨特来访时,华兹华斯花了两个小时带他参观莱德尔山庄,和他详细探讨英国早期诗歌——亨特最热衷的话题,还邀请他第二天再来做客。两人建立友谊,不仅因为亨特是诗人真正的信徒,擅长跋山涉水,还因为他是一位热情的宗谱学家,他对华兹华斯家族渊源的了解引起诗人的兴趣。[10]

华兹华斯在美国也越来越受到尊重。自从一八○二年,他的盗版书就在美国猖獗了,但如今,想到自己一直在为一个新兴国家的文化做出贡献,他也就息怒了。一八二二年,著名的波士顿牧师威廉·埃勒里·钱宁来访。钱宁觉得《漫游》堪比神谕天启,晚年时,他还说"除了莎士比亚",华兹华斯是他"读得最多的诗人"。[11]一八二四年,纽约主教约翰·霍巴特,一八二五年,耶鲁法学教授亨利·达顿,一八二八年,哈佛宗教文学教授安德鲁·诺顿相继到访。[12]一八二七年,教育学家先驱伊丽莎白·皮博迪的一封信尤其有趣,让我们看到一个热情的灵魂(如一八○二年的约翰·威尔逊)与诗人的诗歌本质发生共鸣:

> 在我很小的时候,乃至我全部的青春时期,我对大人与小孩交流的方式都不满意——尤其觉得学校的教育体系和整个教育理论都有缺陷,只诉诸人性中或可称为机械的部分——而心灵却遭到忽视……我接受的教育缺少那种心脑相连的力量……我已经得出结论,**诗歌**是发展[儿童]高贵天性的最佳手段。这个信念不断增长,尽管除了**你的**诗,我从来没有发现任何其他作品能满足我的需求。[13]

一八二六年,华兹华斯在费城贵格派商人、慈善家埃利奥特·克莱森的请求下,为他的莱德尔之行赠言。值得关注的是,华兹华斯没有草草地写上一句他的诗文,像他后来在许多这样的场合所为,而是在克莱森的本子上写下一段关于英美关系的长文,结尾如下:

> 我衷心希望,我们之间的敌意消失;愿我们想起对方时,不是为了彼此伤害,而是怀着友好和善意;愿竞争的目的只为使两个在血缘、制度、习俗和语言方面如此紧密相连的国度越来越值得对方尊

一八二二年,407

重。这是政策的要求,正义的趋势,也是自然的许可。[14]

这不是空话。艾伦·希尔从华兹华斯的交谈和书信中搜集了大量信息,涉及"美国社会的问题与前景,教会的凝聚力,美国文学的未来",说明他比大多数同时代人更加超前,因为他的兴趣不是"副业,而是他核心关注的延伸"。[15]

那些急于普及华兹华斯诗歌的人也证明着他的重要地位。一八二五年,艾伦·坎宁汉敦促他出版一本选集。华兹华斯当时表示反对,因为他正准备再版全集,担心其他出版物会影响全集的销售——例如一八二八年巴黎的盗版诗集——但他并不反对这个想法本身。[16]这一点很有意义。自从一八〇〇年以来,华兹华斯一直操控着自己作品的传播,将每一版诗集视为全集演进过程中的又一里程。现在,他首次同意在自己有生之年由其他编辑推广他的作品,至少在理论上许可了。一八二八年,坎宁汉几近成功,但一八三一年,约瑟夫·海恩获胜。[17]海恩是难以抗拒的人选。作为布里克斯顿学校的校长,他热忱地相信诗歌的教育价值。当华兹华斯看到海恩的实际行动时,他此前对他是否足够谨慎的一切疑虑都荡然无存。奎利南描述了华兹华斯对海恩学校的访问:

> 男孩们起立鞠躬,坐下注目;在命令下拿出铅笔和写字板;老师要求他们一行行写出作于威斯敏斯特桥上的十四行诗……写完后,几个男孩轮流朗读,且读得很好。然后,老师要他们解释"河水随心所欲地愉快流动"的意思。一个男孩作了月亮对潮汐影响的长篇大论,似乎很有批判精神;另一个说,因为没有风;有的说泰晤士河上没有防波堤阻挡河水流动;还有的说拱桥没有锁,不能关住进出的水流。等等。有一个男孩说,因为没有船——这是最接近的答案。诗人做出解释,然后老师邀请他亲自朗诵这首十四行诗,诗人

拒绝。老师恳请，诗人反对；老师坚持，诗人屈服。我从来没有听他朗诵得这么好。孩子们显然也能感到，报以雷鸣般的掌声。诗人要求给孩子们放半天假——获准了——掌声雷动……[18]

一八三一年，《威廉·华兹华斯先生诗选：主要适用于年轻学生》由年轻的新出版商爱德华·莫克森出版。[19]前言为学生朗读诗歌的习惯作出辩护，认为这是"有益健康、举止、理解力和社交感情的教育方式"，狄更斯的麦却孔掐孩（M'Choakumchild）先生最好读读这篇。[20]此时此刻，华兹华斯进入了历史，不仅在诗歌层面，也在十九世纪英国教育理论和实践方面。

海恩希望将华兹华斯的诗歌诉诸高尚的目的。但其他纠缠他的编辑们却不这么想。一八二〇年代和一八三〇年代，出版商们开辟了一个"年刊"市场，这种书装帧精美，大多是插图版诗歌和散文——很像今天的"咖啡桌图书"①，是送礼佳品。[21]《护身符》《纪念品》《文学纪念》《珠宝》和名字同样诱人的其他年刊给的稿酬都很高。在编者的反复怂恿下，华兹华斯最终同意为弗雷德里克·曼塞尔·雷诺兹的《纪念品》撰稿，十二页诗歌一百基尼的稿费实在难以抗拒。[22]他和这个文学市场中的临时摊位之间的交易导致了怎样的责难、愤怒和自弃，并不重要。[23]重要的是，年刊的编辑们都追着他投稿。这些人都是商人，赚钱是他们的目的。他们的不懈表明，尽管华兹华斯的全集可能卖得很慢，但他现在已是畅销的名人。

然而，不断增长的声望建立在过去的成就上。华兹华斯的名誉基于他一八一五年之前出版的诗歌。在一八二二至一八三五年之间，他没有出版具有实质影响的作品。

_____

① 一种插图丰富的大开本豪华图书，通常很贵。

创作的荒芜并不奇怪。人们不必认同"浪漫主义"诗歌创作的理想条件——痛苦,孤寂,想象,等等——也会发现,在华兹华斯人生的第五个十年,许多因素都不利于创作。"我寻找一个主题但徒劳无获",这是叶芝晚年的诗句,表达了诗人深深的焦虑。[24]华兹华斯也在追问,"下一个呢?"并不断害怕答案或许是,"寥寥无几"。一八二六年,他承认被一个念头困扰——是否他已经"写了太多"。两年后,他说:"我的灵感,恐怕已经枯竭了。"一八三一年,他告诉海顿,缪斯已将他抛弃。[25]这些年来,他为家庭操心,还要周期性地受到眼疾的折磨,比以前任何时候都更严重,更频繁。此外,还有一个同样重要的诗歌之敌:步入中年的华兹华斯开始享受社交生活和名人光环。

二

一八一三年,凯瑟琳和托马斯夭折后,凯瑟琳·克拉克森思索着华兹华斯的处境,精明地说:"我们的朋友没有浅交——他们有邻居——但他们目前的处境,需要和他们身份相当但并不亲密的朋友,当他们逐渐厌烦这类访客,他们将从中获益。"[26]十五年后,她大概会为相反的情况叹息。一八二〇年代和一八三〇年代,华兹华斯一家如脱缰之马,放任"他们自由的天性"(凯瑟琳·克拉克森语),全心投入社交生活:娱乐,旅游,晨聚,晚宴,看戏,听歌。"我们老了,应该好好利用我们的时间,联络久经考验的老朋友。"华兹华斯在写给琼斯的信中说。[27]但他的行为举止可不像老了的样子。花甲之年,他骑着多拉的小马,从兰开夏到剑桥,在倾盆大雨中一天跑了三十七英里。[28]他也不只是维系旧友。他常常几个星期,有时甚至数月不在家,到头来,不仅获得长途跋涉所需的体力,而且重燃结交新友必备的激情,这很难得。一八三〇年,在哈特莱·柯尔律治看来,他仿佛"一年年不像诗人,更像多才多艺、体面好客的乡村绅士"。[29]这不仅是哈特莱一个人的看法。

　　莱德尔,伦敦,科尔顿(他们差不多答应每年来访一次),如今还有剑桥——这些是华兹华斯一年中固定的驿站。他的重返剑桥发生在一个非常重要的时刻。一八二〇年,弟弟克里斯托弗达到事业的巅峰,成为三一学院院长。在此后的二十年里,华兹华斯在看望弟弟的过程中结识了一批当代最杰出的数学家——约翰·赫歇尔,乔治·皮考克,威廉·胡威立,乔治·比德尔·埃尔利——剑桥科学创新的主要推动者。一些人成了终生的朋友、莱德尔山庄的常客,但他们的友谊不仅基于相互的好感和寒暄。托马斯·欧文最近指出,这其中还有智性的尊敬和投入,证明了五六十岁的诗人比在剑桥读书时更加重视数学科学的新思想。[30]

　　他们尽情享受莱德尔的夏天。比如,一八二二年八月,多萝茜对爱德华·奎利南解释,为什么"夏天——过去的和未来的——全都排满了"。[31]克拉克森一家住了两个礼拜。之后来了两位姑姑,乔安娜·哈钦森,埃尔伍德太太,还有亨利·罗瑟上校。克里斯托弗·华兹华斯和儿子住在常青藤村舍,就在通往莱德尔山庄的小路脚下。很快,罗伯特·琼斯也会来住三个礼拜。在未来的夏天,这些贵客的数量将被熟人或完全陌生的访客超过。有时候,他们有介绍信;但更多时候,他们只是出于对华兹华斯诗歌的敬慕而来。

　　家乡湖区也有很多欢乐,还不乏时髦活动。一八二五年,斯托尔斯庄园的约翰·博尔顿举行了三天的庆祝会,欢迎坎宁和司各特爵士。八月二十一日的聚餐上,与华兹华斯同在的还有司各特、坎宁、洛克哈特、约翰·威尔逊(现在是爱丁堡大学教授)、弗雷德里克·本廷克勋爵夫妇、詹姆斯·格雷厄姆爵士、三位显要的议员和几位律师。第二天,威尔逊主持了香槟宴和赛艇会,五十艘赛艇在湖面上荡起双桨。[32]一八二六

411

年,萨拉写道,"整个夏天宾客盈门",还补充说,华兹华斯"只是**偶尔开心一下**",因为他在"忙着写诗"。[33] 他的烦躁可以理解。在一个段落中,萨拉草草列出许多活动:博蒙特爵士、罗杰斯和"一些普通乡亲"出席的大型宴会;音乐晚会;婚礼和婚宴;洗礼;"伊兹岱尔大型野餐";一连串客人;还有更多数不清的活动,"所以,我不知道我们的**狂欢季**何时结束"。一年后,萨拉在描述夏季活动时,懊恼地说他们"纵情放荡",她指的是十七次攀登塞德尔山,六十五人的舞会,"房子都住满了……我们不得不向邻居借三张床"。[34] 一八三一年夏末,华兹华斯心情大好,在写给约翰·凯尼恩的信中说,他们享受了"前所未有的欢乐:赛艇,舞会,聚餐,野餐,在湖畔,在岛上,在山巅——夜晚有烟花——白天在绿草地上跳舞……在我口述此信的房间,三天前举行了一场舞会,四十位才子佳人翩翩起舞,还有一些妇女、老处女和老头子——明天,同样在这间房间,我们将办一场鹿肉宴"。[35]

在同一封信中,华兹华斯表示,欧洲大陆的动荡是"猎人们今年夏天来湖区寻欢作乐"的原因,但实际上湖区已经越来越热门,最有名的景点无疑是诗人本身。但他并不总能满足人们的期望。一八三〇年,度假的罗斯金一家"去了莱德尔教堂,而没有去安布尔塞德,因为我们听说华兹华斯先生去莱德尔了……我们很幸运",十一岁的罗斯金写道,但"我们对这位绅士的样子非常失望,因为,大多时候他好像都睡着了"。[36]

在伦敦,人们也捕捉到了华兹华斯的睡态。一八二三年四月,罗宾逊组织了一场音乐晚宴,邀请了蒙克豪斯一家,弗莱克斯曼一家,罗杰斯,柯尔律治,还有他的朋友吉尔曼一家。罗宾逊承诺这是"一流的音乐",华兹华斯便推辞了所有其他邀请。然而,尽管他说自己"十分愉快",他却遮着脸睡着了。[37] 不过,华兹华斯的书信,以及许多目击者对他旅行的描述都表明,华兹华斯在伦敦的表现不像一个年过半百之人。

他不知疲倦地享受着伦敦的一切——全景画,博物馆,怪物秀,意大利歌剧,还有话剧。威廉·杰丹记得,一八三〇年,他曾和华兹华斯一起去看皇家美术学院的展览。站在透纳的《杰茜卡》前,华兹华斯咕哝着,"你看过这样的东西吗……在我看来,画家好像很喜欢吃生肝,直到吃坏了肚子。"[38]其他"证人",如罗杰斯,托马斯·摩尔,当然,还有罗宾逊,都写到他在早餐、晚宴和远足中恣意纵乐。

一八三一年三月的一个傍晚,华兹华斯与弗朗西斯·杰弗里终于狭路相逢。事情发生在詹姆斯·麦金托什爵士举办的聚会上,约翰·洛克哈特也是座上客。两人都表现得礼貌得体。杰弗里请求被介绍给诗人;诗人也和他说了话,据亨利·泰勒说,仿佛"一个老于世故之人",仿佛"对两人之间发生的事情一无所知"。杰弗里评价华兹华斯"一点诗意都没有,是个固执、明理且世故的人",或许暴露了顺利沟通后的释然。[39]我们不禁要问,洛克哈特是否会想起他在一场文学凤怨中的不同表现,最终以约翰·司各特中枪而死告终?[40]

这次会面大家都很有分寸,但早先的一个场合却十分尴尬。一八二四年三月至四月期间,华兹华斯造访伦敦。海顿安排他与意大利流亡诗人乌戈·福斯科洛见面。司各特曾说福斯科洛"丑得像狒狒,目中无他人"[41],他的变化无常更是臭名远扬。海顿请华兹华斯与他喝茶,或许有些恶作剧的成分。如果真是这样,他没有失望。只见福斯科洛"在屋里转圈——兴奋地飞速旋转着单片眼镜,仿佛触电一般",与华兹华斯争论人类的行为是否可能公正无私。华兹华斯认为,生活中有许多公正无私的例子,并列举了一些或可出现在《漫游》中的故事。福斯科洛怒不可遏,在华兹华斯眼前挥舞着拳头,大吼道:"呸!全都是顾自己,先生,顾自己!"他就这样结束了这场争论。海顿的学生威廉·比威克写道:"华兹华斯岿然不动……闭上双眼。"[42]

这样的文艺聚会还有很多。比如一八二三年四月,华兹华斯与柯尔律治、兰姆、摩尔和罗杰斯去汤姆·蒙克豪斯家做客。后者认为这是"这一季最热闹的聚会"。[43]但这个圈子也不只限于文艺。一八三〇年十二月二十三日,华兹华斯在兰贝斯宫与坎特伯雷大主教威廉·豪利共餐,不久后还与伦敦主教查尔斯·布罗姆菲尔德吃饭——两位都成为坚定的朋友。一八三一年一月底,他汇报说:"我在一位伯爵家吃了五顿,同王子吃了两次……你们要为重要场合做好准备,行为举止要庄重,像我这样。"[44]四月,他住在伦敦思想政治精英的中心霍兰德庄园,根据当时的传闻,他就改革法案问题狠狠地训斥了约翰·拉塞尔。

亨利·泰勒观察到,在伦敦时,华兹华斯"把时间全花在社交上,混在形形色色的男人中间,也享受风姿各异的女人陪伴"。[45]泰勒精准地指出了华兹华斯现在看重的东西。伦敦提供了娱乐消遣、政治兴奋和所有激动人心的事物,但最重要的是,它让你维系旧情,结识新友。大多数时候,他看望罗宾逊最多,也去见罗杰斯、司各特和塔尔福德,弥补与柯尔律治的裂痕,也与海顿重修旧好,因为一八二四年后,两人的友谊冷了。他找葛德文,也从不错过兰姆,珍惜彼此三十载的友谊。

但华兹华斯也建立了新的友谊。公职戏剧家亨利·泰勒主持了一场早餐沙龙,请来年轻的知识分子和有政治抱负的人。他回忆道:"华兹华斯碰巧在伦敦,我就叫他来;虽然他老了,其他人都年轻,他的政治观点和他们不同,但他谈话的力量和睿智,他的友善亲和,他深广的哲思和宏阔的想象,让大家很开心。"[46]泰勒最著名的"边沁派"客人是约翰·斯图亚特·穆勒。正如他在《自传》中写的,在一八三一年二月二十七日见到诗人之前,他在一场精神危机中读到华兹华斯的诗歌,深受感动。[47]不久后的夏天,他前往莱德尔,以表敬意。穆勒"发现,近距离接触时,[华兹华斯]比我从他作品中想象的更令人仰慕,愉快可亲。这种情况很少发生,除非你对其人的信念倍增,于是你的快乐也会倍增"。[48]

著名演员威廉·查尔斯·麦克雷迪年轻时,也在日记中写下他的皈依时刻:华兹华斯的诗歌"在某些方面,让我变得更智慧,让我想要变得更好"。[49]一八二三年六月,他在伦敦见到诗人;同年还去拜访了莱德尔山庄。一八三一年,华兹华斯不便和麦克雷迪吃饭,但又不想错过他,于是请他来吃早餐。[50]萨拉曾说,约翰·凯尼恩"对[华兹华斯诗歌的]字句,比作者自己还熟悉",巩固着这份始于一八一九年的友谊。[51]华兹华斯图书馆里保存了凯尼恩给诗人的书信。所有这些健谈、真挚的信件都证明了骚塞的判断:凯尼恩是最讨人喜欢的好人。[52]一八二五年,年轻的女性玛丽亚·简·朱斯伯里将自己的作品《幻景》题献给华兹华斯。这位自称研究华兹华斯诗歌已有三年之久的女作家获得了诗人的好感,当他们在同年见面时,她更是赢得了诗人全家的喜爱。

朱斯伯里是多拉的密友,华兹华斯通过她又认识了费莉西娅·赫曼斯。当赫曼斯一八三〇年搬到附近的鸽巢(Doves Nest)时,她也给莱德尔的圈子带来了温暖。赫曼斯是个多产的诗人。一八一六年以来,她出版的作品都很成功,最近还华丽地登上那些年刊。在她名利双收的巅峰时期,她还获得了《爱丁堡杂志》弗朗西斯·杰弗里的认可。[53]虽然司各特对乔安娜·贝里坦言,赫曼斯的诗"过于诗意,不是我的品味",但他喜欢她在艾伯茨福德的陪伴。当她在莱德尔山庄住了半个月后,华兹华斯也对罗杰斯说:"我们很喜欢赫曼斯夫人——她的谈话就像她的诗,充满感性——她特别喜欢乡下这里。"[54]

然而,在华兹华斯最近所有的新交中,有两个人对他尤其重要,尽管方式不同。一位是数学天才威廉·罗恩·汉密尔顿,二十二岁成为都柏林三一学院天文教授,很快又荣升爱尔兰皇家天文学家。[55]他们的初次会面就预示了未来的友谊:两人尽管相差三十五岁,但彼此强烈吸引,成为忘年之交。汉密尔顿忆起,一八二七年九月十六日,和华兹华斯在安布尔塞德喝过茶后,他提议送诗人回莱德尔山庄:"他接受了我的提议，我们一路交谈甚欢，以至于到他家时（大约一英里），他提议陪我走回安布尔塞德。你知道，我肯定不会拒绝。不仅如此，当他再次转身回家时，我也再次转身陪他一起。当我回到旅馆时，已经很晚了……"[56]

华兹华斯仿佛重遇年轻的柯尔律治。当他们徜徉于安布尔塞德和莱德尔之间，汉密尔顿一定努力地给华兹华斯解释他对后牛顿（post-Newtonian）数学本质的理解。[57]不过，汉密尔顿不仅是数学神童，也是语言天才，饱读英国和欧洲诗歌，他自己也是诗人。所以，华兹华斯也有很多话对他说。每当汉密尔顿向他请教写作问题时，诗人都给他清晰、有力、详尽的指导，可见被这位年轻人旺盛的创作力深深打动。[58]他们都相信，科学探索需要"注入……诗歌精神"，才能臻于"智性完美"。在这个共识下，一老一少互相欣赏，坚定不移。[59]汉密尔顿推荐朋友拜访莱德尔山庄，并常常寄来自己和妹妹伊莱扎的诗，请诗人指正。华兹华斯则称汉密尔顿为"我非常器重、欣赏并喜爱的一个人"，他始终认为汉密尔顿是他平生见过的"两个天才"之一——另一个是柯尔律治。[60]

另一位重要的新朋友则非常不同。爱德华·奎利南是拿半薪的爱尔兰龙骑兵中尉，娶了诗人、藏书家埃格顿·布里奇斯爵士的女儿。奎利南犹豫再三，才鼓起勇气敲开莱德尔山庄的门。这次来访的成果对华兹华斯及其全家都至关重要，但其实也很可能产生完全不同的结局。出于误会，华兹华斯对这位客人格外冰冷，差点儿把奎利南气跑了，正当此时，多拉出现。她父亲的心情顿时晴朗，客人也云开日出。他在日记中写下对"那甜蜜的姑娘"一见倾心的时刻。萨拉·哈钦森也善巧地出面，柳暗花明，客人与诗人在花园中散步谈诗，还留下来吃了晚饭。不久后，一八二一年，他和家人搬到拉芙里格山下的一座房舍里，离莱德尔山庄只有几步之遥。[61]

一年后，一八二二年，奎利南的太太杰迈玛在一场家庭事故中严重烧伤，当她病情恶化，在五月二十五日去世时，她的丈夫正在伦敦。陪在她身边的只有多萝茜。奎利南立即前往布里奇斯家位于肯特郡的李普莱奥里庄园,把两个小孩杰迈玛和罗莎送去照看。但他和华兹华斯一家的纽带依然牢固。奎利南本身是诗人,对华兹华斯怀有强烈的好感,也由衷感谢他热心帮忙张罗亡妻在格拉斯米尔教堂的墓碑一事。尽管华兹华斯与这个抽雪茄、信天主的爱尔兰军人格格不入,但他依然友好报之。然而,真正的纽带系在华兹华斯家人那里。玛丽、多萝茜、萨拉和多拉将奎利南失去妈妈的"宝贝们"视如己出,奎利南也非常感激她们曾照顾自己的妻子。他走后,规律的写信闲谈,以及伦敦的会面,使他们越来越亲近。

在未来的年月,所有这些新朋友(还有很多没有提及)对华兹华斯都非常重要。首先,他们比他年轻。华兹华斯到了一个朋友们相继离世的阶段。一八二三年,华兹华斯为威廉·格林写了墓志铭。一八二五年,汤姆·蒙克豪斯去世。一八二七年,博蒙特爵士病故。华兹华斯在写给罗杰斯的信中说:"我认识他快二十五年了,他从来没有对我或我的家人有过一次冷眼或恶目。"[62]十年之间,继博蒙特爵士之后,司各特、柯尔律治、兰姆、威廉·卡尔弗特和萨拉·哈钦森相继谢世。这些朋友无论如何都无法取代,但他们给予的支持、思想的激奋、友好的关心,或可找到弥补。和很多人不一样,晚年的华兹华斯不仅拥有家庭的后盾,还有中年结交的年轻朋友为伴。

他们的重要,还在于与下一代作家、艺术家和知识分子的关联。华兹华斯诗意萌生、政治觉醒时,库珀是主流诗人,伯克和潘恩是风云人物,巴士底狱的倒塌象征着欧洲旧秩序的终结。三十年代,他成为旧时代的遗老,但他的新朋友向他保证他不是。更重要的是,他不觉得自己是一座让人膜拜的丰碑。塔尔福德、麦克雷迪、凯尼恩,这些人都是狄更斯、萨克雷和伊丽莎白·巴雷特的知交,也是新兴一代编辑、记者、文学经纪人和出版商的朋友,他们一起创造并开拓着不断扩大的文学的大众

417

市场。华兹华斯绝非红尘中人，但他也不可能与之脱节。一八二五年，海兹利特出版了一组随笔，题为《时代的精神》。一八四四年，理查德·亨吉斯特·霍恩出版了《时代的新精神》，试图展示维多利亚时代早期的特征。两本书中都有华兹华斯。在霍恩的书里，华兹华斯不是遗迹，而是新时代的组成力量。

华兹华斯决定尽情交游。实际上，最明显的表现是，他现在频繁旅行。既然旅行意味着劳顿、开销，甚至溺水的危险（如一八二〇年），人们大概以为年过半百的华兹华斯应该安定下来了，但他依然喜欢云游，自称为"永远的彼得·贝尔"。[63]一八二三年，在科尔顿、牛津、伦敦和李普莱奥里观光后，华兹华斯和玛丽在五月和六月游览了比利时与荷兰。次年八月，罗伯特·琼斯带他们到北威尔士游玩，观光项目还包括与著名的"兰戈伦名媛"——埃莉诺·巴特勒女士和尊贵的庞森比小姐品茶。第二天，一首写给"恋爱中的姐妹"的十四行诗被送到她们手上。[64]一八二八年六月，在博蒙特爵士遗赠的资助下，华兹华斯和多拉一人拎着一个地毯包①就轻装上阵了。他们将前往比利时、莱茵兰与荷兰。值得一提的是，他们还说服柯尔律治加入了旅行。整整二十五年前，华兹华斯、柯尔律治和另一个多萝茜也曾一同启程，不料却因互相指责而分道扬镳。那次，以及后来所有的伤口，仿佛终于痊愈了。有两个人见证了这一切，并写下动人的记录。朱利安·查尔斯·扬格和托马斯·科利·格拉顿有一个共识——柯尔律治一如既往喋喋不休，华兹华斯克制奉陪，任凭柯尔律治在谈话中占据上风，仿佛承认老朋友智高一筹。[65]

一年后，他再度出发，去探索新天地。在汉密尔顿的鼓励下，华兹华斯和约翰·马绍尔及其子詹姆斯于一八二九年八月三十日启航，从霍

---

① 地毯包（carpet-bag），源于美国内战时期，当时许多人从北方迁到南方淘金，经常将行李装进用便宜结实的旧毯子制成的包里，故名。十九世纪流行于欧美，是一种轻便的旅行包。

利希德驶向爱尔兰,开始了五个星期的艰苦旅程,走遍了这个国度的所
有地方,除了遥远的中西部。[66]华兹华斯描述了旅行中的一站,足以说
明为了获得亲身体验和知识,他已准备好承受一切:

> 清晨五点钟,我们每人骑着一匹糟糕的爱尔兰租赁马匹,离开
> 肯梅尔。骑了三小时,然后吃早餐;在格伦加里夫海湾坐船两小时,
> 到一座美丽的海湾房舍或城堡拜访本特利勋爵的哥哥怀特先生,在
> 他漂亮的庭院里散步,与怀特夫人和她两个有趣的女儿吃午饭……
> 在糟糕的路上骑马三小时回到肯梅尔;到达时已经八点——第二天
> 早晨四五点钟起床——六点半吃了一顿可怜的早餐,骑马出发;骑
> 了十一爱尔兰里(大约五英里)后,开始步行,爬啊爬啊,终于爬到
> 一座山顶,下山走了不到一千五百英尺,又登上一座同样高的山;下
> 山,攀登爱尔兰最高峰卡朗图厄尔山,海拔三千至四千英尺——下
> 山走了两小时——然后又走了两小时——骑上被我们放在山中的
> 马,骑了四爱尔兰里,十点钟到达基拉尼——一天什么都没吃,除了
> 那顿糟糕的早餐——一片干面包,两碗牛奶,一杯威士忌。[67]

而这位跋山涉水的人转年却悲伤地写道,"我的日子自然而然地走向终
点了……"[68]

三

舞会,赛艇,会友,身不着家,海外云游——所有这一切对华兹华斯
都有好处,却不能激发诗歌,或者说,不能让他写出流芳百世的诗歌,或
对《隐士》有何贡献。事实上,爱尔兰之旅没有什么收获,以至于华兹华

斯后来承认："很遗憾……我的诗歌没有记录这么有趣的国家。"[69]但即使他减少社交,安安静静地过日子,他也未必更加多产。因为,虽然他这段时期有很多娱乐,还经常旅游,但大多时候,他忧心忡忡。悲伤,痛苦,甚至强烈的焦虑能刺激肾上腺素,激发想象。但华兹华斯的焦虑不仅不孕不育,还耗费时间和精力,偶尔,还让他跌入忧郁的低谷——不是孕育诗歌的拜伦式绝望或阿诺德式悲观,就只是忧郁。

419 　　尽管华兹华斯经常眼睑发炎,很长时期不能阅读写作,但他总的来说还很健康。一八三〇年,多萝茜炫耀说:"他依然是莱德尔湖上最棒的滑冰者,至于爬山,最年富力强的人都不是他的对手。"[70]十八个月后,站在海芙琳峰之巅,华兹华斯用行动证明了这不是妹妹的空谈。虽然他很强壮,但他的至亲却并非如此。玛丽常常腰疼,腿脚越来越不好使。[71]多拉阳光明媚,活力四射,却弱不禁风,容易感冒,感染疾病,引起父亲过度的保护和担心。多萝茜身体垮了。一八一九年,四十八岁的她告诉凯瑟琳·克拉克森,她只剩下六颗牙了(不久后全都拔掉了),有"一副老太太的嘴巴和下巴",看起来像七十岁。[72]她的身体看起来还蛮结实——"我从来没有这么瘦过,"一八二一年,她写道,"我走路轻松,和二十岁时一样"[73]——但她也越来越容易生病。一八二九年四月,她病得很厉害,华兹华斯以为她要死了。"对我们脆弱的心来说,这是多么大的打击啊,"他在写给罗宾逊的信中说,"要是她走了,我的新月将黯淡无光,哦,简直不堪设想。"一八三一年底,她再次病倒,卧床十周。华兹华斯寄望于克里斯托弗的祈祷,承认他最大的忧虑是"她的康复越来越缓慢了"。[74]

　　一八二五年,另一种威胁使华兹华斯全家都感到不安。华兹华斯与房东弗莱明夫人的关系一直不太稳定。这种租赁关系通常如此。一八二二年,他将亲笔签名的《纪念》与《教会素描》赠予她;次年还写了两首诗,感谢她的慷慨和虔诚,为修建莱德尔教堂做出贡献。[75]然而,与此同时,作为租户,华兹华斯也常常抱怨莱德尔山庄的房屋状况,坚持要求她启动答应已久的修缮。一八二五年,任性的弗莱明夫人一怒之下,命令华兹华斯全家彻底搬走,以便让一位姑姑入住。华兹华斯知道如何尊敬比他地位高的人,但他决不容忍这般威胁。他迅速作出反击,出"天价"买下毗邻的土地,委托当地的建筑师乔治·韦伯斯特设计一幢更加阔气的房子,要风景如画且有历史感,已经开始商量建材了。[76]不管弗莱明夫人愿不愿意,她不仅有华兹华斯全家继续作为邻居,而且还有一幢崭新的大别墅竖在她的教堂和她自己家之间。华兹华斯的反攻奏效了,那位姑姑不想搬来了。到年底时,这场虚惊已经了结。

华兹华斯深感不安。莱德尔山庄或许屋顶漏雨,后屋狭小,但这里毕竟是全家人在孩子夭折后重建生活的地方。室外,他精心设计了花园,就像当年设计科尔顿的冬园一样。室内,三个大人虽有各自的需求和习惯,却共同营造了和谐的生活氛围。弗莱明夫人的冲动不仅侵犯了华兹华斯作为租户的权利,还更加严重地驳回了他对秩序、延续和把握人生的需求。

而且,这个外部威胁来的时候,莱德尔山庄正承受着内部的压力。华兹华斯一直为孩子们操心。约翰没能进入查特豪斯公学,华兹华斯就亲自教他——简直是灾难。萨拉·哈钦森观察到,约翰反应慢,怕父亲,而父亲似乎对他感到绝望。[77]一八二〇年,他就读塞德伯中学。一八二三年,父亲不得不承认约翰对付不了剑桥的数学,于是,他进入牛津大学新学院。华兹华斯写给牛津奥里尔学院约翰·基布尔的求助信让我们看到一位慈爱却过于焦灼的父亲,一心想要铺平儿子的道路,但实际是操控孩子未来的潜在欲望。[78]他始终这样。约翰迫于父母持续的压力,朝神职方向发展。他第一份助理牧师工作在科尔顿附近的惠特维克,托了博蒙特的关系。他的第一个有固定收入和房产的教区牧师职务在莫尔斯比,来自父亲的资助人朗斯岱尔勋爵。约翰做事犹豫,缺乏自信,非常被动,哈特莱·柯尔律治很不客气地说,他现在成了"一个彻头彻尾的体面牧师"。[79]他惟一一次独立的行动是向伊莎贝拉·柯文求婚,她是沃金顿庄园亨利·柯文的女儿。一八三〇年十月,他迎娶伊莎贝拉,颇有些排场。华兹华斯放心地写道:"父亲给女儿的嫁妆太慷慨了,足以让你打消任何顾虑。"[80]

华兹华斯总算没有白为约翰操心,但对威利,则无济于事。"求职。少年,十五岁,胜任任何工种,但他能坐着就不站着,能骑马就不走路,最爱的事是躺着。"一八二五年八月,多拉和玛丽亚·简·朱斯伯里在海边度假时,虚构了一份《肯特河岸信使报》,并写下这可笑的广告。这则广告总结了家人对他的印象。[81]威利先后在伦敦和查特豪斯上学,一八二二年六月病重回家。父母对他疏于照顾的状态非常震惊,在几个月的紧张护理后,决定把他留在安布尔塞德,在道斯先生的学校读书。这个迷人却任性的少年似乎一无所长。一八二八年,他想参军,为了获得军职,却私下用计,使每个人都大跌眼镜。华兹华斯强烈反对,扑灭了这惟一一次独立的火花,又退回到保守的权宜之计,比之前更加绝望。威利可以经商吗?哥哥约翰能辅导他古典学和数学的大学入学考试吗?或许朗斯岱尔勋爵可以给他找个合适的工作。"他**总得**有个着落啊,"华兹华斯叹息道。[82]最后,威利去德国学习商务德语了,但一八三一年回国后,依然没有工作,也显然不适合工作。[83]父亲一手操办,儿子坐享其成,同年,小威廉·华兹华斯成了父亲在卡莱尔的印花税分发人。

"他总得有个着落啊,不管能为他做什么。"[84]这是悲哀的感慨。华兹华斯自己年轻时,可是强烈抵触他人企图为他"做"什么。他蔑视所谓的安全保障,而是追随自己的兴趣爱好,生活清贫,只有在无法妥协时才接受别人的帮助。《序曲》证明了他的信念,即一切——计划与偶然,欢乐与恐惧,乏力与活力,沮丧与兴奋,是是非非——都融为一体,达成神秘却有益的结局。但对自己的孩子,华兹华斯显然害怕无计划的盲目。他烦恼，求助，拉关系走后门，安排他们的前程。或许，对哈特莱·柯尔律治的焦虑加重了他的担忧。一八二〇年，哈特莱失去了奥里尔奖学金，只好回到安布尔塞德，在这儿教了一阵书，最后成为人见人爱的流浪绅士。[85]

　　每当哈特莱到莱德尔山庄取妈妈寄来的钱或包裹，华兹华斯都会想起柯尔律治的《子夜寒霜》和自己的诗《致六岁的哈特莱·柯尔律治》，想起其中预言性的诗行：

> 哦，神圣的景象！幸福的孩子！
> 你是如此自由不羁，
> 想起你常令我忧心忡忡，
> 为你未来的命运担心。

当然，华兹华斯也担心钱的问题，他对伊莎贝拉·柯文嫁妆的评论已经　422
说明这一点。像许多吃过苦的父母一样，他希望自己的孩子免受财务之患。然而，尽管他一片好心，他的溺爱与操控既毁了孩子，也毁了自己。约翰与父亲疏远，威利成了父亲的影子，而华兹华斯则陷入持久的老父亲之忧，现在的焦点是多拉。

四

　　家患与国事两面夹击。虽然两边都各有愁事，但两种忧虑的性质却截然不同。作为父亲、丈夫和兄长，华兹华斯可以直接应对家庭问题。但国家政策就另当别论了。作为一位博学多才、游历四方的人，华兹华斯对自己分析社会和政治动向的能力充满自信；但作为诗人，他却没有力量影响政府决策,也没有特权干预他牵挂的国家大事。他顶多以代理的方式向那些有权有势的人灌输自己的思想,希望能影响时局。他奋笔疾书,进言万字,对朗斯岱尔的罗瑟子爵和极端保守派哈里·英格利斯男爵谈选举改革,对伦敦主教查尔斯·布洛姆菲尔德谈天主教解放,对剑桥的休·罗斯谈国家在教育中的角色。[86]虽然他觉得或许"在某个时机可能对大众发声",但他并没有这么做。[87]骚塞做了,写下《圣托马斯·摩尔:或关于社会进步与发展的对话》(1829)。同年,柯尔律治也发表了《论教会与国家的建制》。但在一八三二年《改革法案》颁布前,华兹华斯没有对英国政界的热点问题公开发表意见。

这份缄默值得注意,它提醒我们,要想了解华兹华斯在此时期的所有政治观点,只能去翻看他的聊天记录和私人信件。这当然是历史依据,但却不同于发表的言论,比如《辛特拉协定》。写给罗瑟子爵或布洛姆菲尔德主教的信,不同于写给陌生公众的倡议。华兹华斯的表述并不那么精确,文字也不是非常精致,论点和论据显然也不够公允,因为他不是在辩论,而是与那些志同道合的、有影响的人分享观点,坚定他们的决心。

即使他发表了教会与国家政治方面的文章,也不大可能对威斯敏斯特或报纸上争论的提案有实质影响,复杂莫测的政治操作最终导致了一八二九年《天主教解放法案》和一八三二年《改革法案》。华兹华斯强烈反对向罗马天主教作出任何让步,原因有很多,但都归为一个问题:"三百年前,使我们的祖先摆脱罗马天主教信仰的理由是否依然成立?"他认为,教皇"建立在摒弃个人判断"的基础上。既然罗马教会保留对圣公会财产的合法权利,那么,只消想一想"允许天主教徒合法占有新教教会财产"就很危险,且不说荒谬。早在一八○九年之前,华兹华斯就与开明的兰厄姆理论,"一边是卫理公会,另一边是天主教会,可怜的国教和英国人民该如何是好啊",但那时,天主教解放不过是纸上谈兵。[88]

如今,这成了真实的威胁,华兹华斯也就难掩对抗情绪了。他在比利时尤其爱尔兰看到的天主教徒使他深受感动,他希望新教徒也能"如此至诚地皈依仁慈的造物主,如此认命,如此虔敬",但他在爱尔兰感到的"教皇"威力使他十分不安。[89]大英帝国主体信奉的国教正受到颠覆。面对邪恶势力,我们应该斗争,而不是在法律的准许下,将其释放到祖国的土地。古老的敌人:华兹华斯投身这场战斗,清楚地知道战线在哪里。[90]

华兹华斯认为自己合乎逻辑。如果说,天主教徒的数量使让步合法,那么同样的说法也适用于英国非国教派。英国国教可以幸存,但其对地方和国民生活的主导和影响将有所牺牲。对于数量说的驳斥是华兹华斯反对扩大选举权的基础。他曾经说,"英格兰的政体,虽似将毁于一旦,却带给我自社会和政府产生以来最崇高的思索";或者,换个不太语出惊人的说法,"如今,我在我们现有的复杂体系中看到许多优势,是我以前忽略的"——尽管如此,他依然希望不要将权力完全"掌控在大资产者手中",他也会思索他所谓的"**尝试性**"改革。但选举权的扩大最终以"普遍选举权"收场,认识到这一点,他恳求上帝原谅一八三二年《改革法案》的作者们"犯下史无前例的重大政治罪过"。[91]

我们可以为这骇人之语找到许多借口。华兹华斯正失望地给朗斯岱尔勋爵写信——出言不逊可以想象。他很讨厌那些牧师不择手段推行法案。布里斯托的暴乱表明,恶势力正在猖獗。他那一代许多最优秀、最明智的人都和他想的一样——等等。但我们很难想象出一个更加荒谬的判断,或者一个更令人沮丧的结论:一八一八年(华兹华斯曾积极投身选举)之后,华兹华斯的政治想象是如此贫乏。

在早先的危机中,华兹华斯挥笔写下献给自由独立的十四行诗,也通过适合公共事件的颂歌体裁庆祝胜利。但那些危机本身不仅激动人心,还为想象提供了食粮。一八〇二年,在外敌入侵的威胁下,华兹华斯

424

在诗歌中召唤弥尔顿和莎士比亚,来护念受到拿破仑威胁的英国与英国性。而拿破仑本人就是一个激发想象的符号。蒂罗尔的客栈老板霍弗,威廉·退尔,萨拉戈萨的英雄帕拉福克斯,费迪南德·席尔,以及"瑞典皇室"古斯塔夫四世,所有这些人物出现在一八〇九至一八一〇年的十四行诗中,这些诗歌颂了英勇的抵抗,绝佳地证明了"一个国家的健康源自**内部**"。杜桑·卢维杜尔,纳尔逊之死,一八〇七年克拉克森废除奴隶贸易法案的胜利,查尔斯·詹姆斯·福克斯之死——华兹华斯能够为这些公共事件赋予想象,进行创作。但是,尽管一八二二至一八三二这十年在政治上和前两个十年一样重要,华兹华斯在此时期却一无所获。对于年轻一代的某些人来说,时代的事件意味深长。比如,卡莱尔的《时代的征兆》(1829),麦考利对骚塞《对话》的犀利批判(1830),都以卓绝的姿态解读了时代事件,因为他们从想象和预言性的视野中看到事件更大的意义。[92]但是,对于华兹华斯来说,社会动荡,宗教异见,政治欺诈,这些刺眼而令人迷惑的现实,超出想象。他深有感触,"缪斯已将我抛弃,"一八三一年,他告诉海顿,"她被时代的邪恶吓跑了。"[93]

五

这是华兹华斯最低落的时刻,但缪斯并没有抛弃他。或许,他的话使她蒙辱,她很快就到莱德尔山庄"花园毗邻的树林里"光顾他了,不到二十分钟,他就回到屋里,口述了一首写给海顿的十四行诗。[94]在另一个场合,缪斯也曾惠临,让人想起大约三十年前的一次神交。一八〇二年,华兹华斯在马背上写下《我的爱见过所有可爱的事物》,全神贯注,以至于没有留意手指已经冻僵。一八三〇年,他骑着多拉的小马奔走于兰卡斯特和剑桥之间,在"连续两天的暴风雨"中靠写诗打发时间,写下纪念博蒙特爵士的诗,以及一首献给查茨沃斯庄园的十四行诗。[95]在一八二四年的北威尔士之行中,他同样风雨无阻,当大雨倾盆,他以十四行诗《致魔鬼桥下的急流》相和酬唱。

不过,在华兹华斯一生最荒芜的时期,缪斯的光顾时有时无。他为一些特定场合写下几首诗,比如莱德尔教堂的竣工,以及伍斯特教堂的"悲哀"石。[96]也有一些写给家人朋友的抒情诗,比如写给玛丽的情诗《让其他诗人去歌唱天使》,献给伊迪丝·梅·骚塞、萨拉·柯尔律治和多拉的十四行诗《三女神》,和写给萨拉·哈钦森的十四行诗《真爱无需理由》。一八二三至一八二四年,华兹华斯翻译了部分《埃涅阿斯纪》;一八二八至一八二九年,他创作了一首可观的颂歌《声音的力量》,认为"可与我写过的任何作品媲美"。[97]但是,按照华兹华斯的标准,这些作品,甚至那首颂歌,都不成气候,而且风格各异,不可能作为独立的诗集出版。

两首诗可以让我们洞见华兹华斯想象的运作。一首是《亚美尼亚淑女的爱情》,可谓他最糟糕的作品,玛丽·摩尔曼评价道:"毫无生气,毫无想象。"[98]但这首诗有一个复杂的献词:

> 以下这首诗的主题来自作者的朋友凯内尔姆·亨利·迪格比笔下的奥兰多:笔者冒昧将该诗(不管多么卑微)献给他,感谢他众多宝贵的作品带来的愉悦和教诲,体现了往昔的虔诚与骑士精神。

426

上文提到的诗是《光荣的丰碑》,作者是一位"认为中世纪……比现代更鲜活、更可取"的年轻人。[99]改信天主教的迪格比是个骑士迷。他读遍了所有骑士书籍,走遍了所有欧洲城堡。《光荣的丰碑》是他编写的骑士文化大杂烩,是一本"英格兰绅士行为规范"。一八二八至一八二九年,这本教科书式的作品已经印了第三版,且有大量增订,感动了许多理想主义青年,包括丁尼生,也导致了维多利亚早期回归卡美洛(Camelot)

的中世纪复兴。当底层弱者占据着公共生活,当政治成为退让纵横,当城乡骚乱威胁着社会秩序,而功利主义立法者孤注一掷,或尝试权宜之计,或采取镇压措施,华兹华斯却被这样一本书打动,它将读者带回那个崇尚个人荣誉、内心纯洁、外在英勇的王国。[100]《光荣的丰碑》为华兹华斯早先的《快乐的战士》披上铠甲,应和着他的想象。现在,华兹华斯将伯克视为"最有智慧的现代人"也不足为奇了,因为他在《法国革命沉思录》里最令人难忘的雄辩之词就是哀叹"骑士的时代一去不返了——诡辩家、经济学家、算计者得势了,欧洲的荣耀永远地灰飞烟灭了"。[101]一七九三年,伯克看起来还像一个"狂热的说教者";如今,华兹华斯觉得他如同危机时代被人忽视的先知,于是努力在《序曲》(当然还没有发表)中增补诗文,向"伯克的天才"致敬。[102]

在他感到创作最贫瘠的时候,海顿也打动了他。看到诗人被他的画作《圣海伦娜岛上的拿破仑》所触动,海顿鼓励他写一首诗,发扬《朋友,我们肩负崇高的事业!》一诗中的情操。华兹华斯觉得只能勉强写一篇散文,回答道:"因为缪斯已将我抛弃。"[103]最后,他寄出这样一首诗:

海顿！让更好的判官赞美你的才艺:

铅笔勾勒逼真线条,彩笔描绘

迷人色彩;**我**只想赞美思想的痕迹,

正是这些带来真正的诗意;

那一片平静壮阔的苍茫;

长空无云——瀚海无浪;

只有一人独立山崖——

力争要将整个世界奴役。

双臂紧紧相合,背着的脸

染上暮色,在这荒凉的岛上,

　　那暮光或许来自隐身的太阳，

　　落山，如他没落的时运，却并非永远

　　西沉。无悔的伟力上下求索，

　　永恒的黎明就在他的前方。

　　九年之后，华兹华斯在《观〈滑铁卢战场上的威灵顿公爵〉肖像有感》一诗中赞美了海顿的另一幅画。这首晚些的十四行诗或许稍显逊色，但两首诗都是华兹华斯一八二二年之后最伟大的作品。它们的价值说明，在拿破仑战争的巨将中，他依然能觅得诗歌创作的可能性，这是在天主教解放和改革法案的无英雄时代所没有的。

　　一八二二年十二月，多萝茜悄悄告诉罗宾逊，她认为哥哥"有生之年，不会再发表任何诗了"。[104]这话也许不像看起来那样毫无根据。华兹华斯诗歌的销量不会让他开心。《旅行纪念》卖得很慢。《教会素描》销量更糟，这也不奇怪，谁让这诗集的题目如此枯燥；在出版十年后，库存还剩下四分之一。华兹华斯也许会说，他再也不把新写的诗独立结集出版了。[105]但这并不代表他对出版失去了兴趣——在这一点上，多萝茜绝对错了。出版新诗集也许不大可能，但华兹华斯作为诗人的全部身份都体现在他的全集里，于是，他一如既往地下定决心：继续出版全集；版式遵照他的意愿；通过修订文本和增加内容，每一版全集绝非一套五卷本的墓志铭，而是一棵正在开花的树，结出丰硕的果实。

　　全集销量也不好。例如，一八二〇年四卷本诗集出版第一年后，销量降到两位数；直到一八二五年，五百本印数的库存才所剩不多，华兹华斯才得以计划另一版诗集。尽管他抱怨利润都花在广告上了，但他也觉得朗曼的营销不利，想要放弃这家出版商，尤其当下一版新书的合同条款非常寒酸时，这种想法就更加强烈。[106]阿拉里克·瓦茨惊讶于华兹华斯的名声和他不相称的收益。"他们太压榨你了……我真心希望你不要再和他们往来……"他写道,但是,由于他推荐的赫斯特与罗宾逊公司破产了,而最大的出版商约翰·默里似乎"故意摆出一副资助人的架势",令华兹华斯非常反感,所以,他别无选择,只好继续同朗曼合作,一八二七年五月,五卷本诗集出版。[107]

这是华兹华斯的第三版全集(1815,1820,1827)。《旅行纪念》与《教会历史》融入经典,每一首诗都重新审读,精确到逗号和分号。《漫游》的修改尤其仔细。然而,华兹华斯知道,即使最热情的崇拜者也不能理解他呈现诗歌的方式和持续的修改。罗宾逊说,兰姆认为诗歌的排序只有一种,即"它们写作的顺序——这是诗人心灵的历史",但他却倾向于按照"人性关怀的重大目标"来分类——自然——童年与青春——积极人生——暮年——社会关系——当今世界。[108]华兹华斯感到不安,却坚定不移,并且十分肯定地说,"兰姆的时间顺序是最糟糕的顺序"[109],还从目录中删掉了原有的诗歌年表,仿佛在强调这些诗是诗性心灵的流露,而非具体某个诗人的心灵历史。每一版新修订的全集都是全部作品的再现,一个不断演化的整体,而不仅仅是通过补充新诗而扩充旧作。华兹华斯对读者的要求超乎想象。要想跟上诗人目前的写作,有必要检查每一首诗歌,而不仅是浏览目录、勾选新作。罗宾逊说:"我拥有的三版诗集是一组变奏,兴味盎然,值得瞩目。"这是慷慨的回应。[110]

沃尔特·萨维奇·兰多对华兹华斯的赠书给予同样热情的认可,但他的感谢信中却有一句无心之语,听起来有些刺耳:"惟一令我失望的是,没有看到《隐士》的下文。或许,如果一个人只愿你快乐,而不顾自己,那么他会希望这首诗总有一部分处于永远的未完成。因为,没有什么比诗歌创作的过程更令人愉快:当他写完了,他的疑惑与焦虑就来了。"[111]

若是在一八一五年,华兹华斯可能会接受一位兄弟诗人的话。但是，一八二八年，这些话只增加了他的疑虑。因为，每个人都在等待——并且担心。一八二一年，克里斯托弗欢迎《教会素描》的出版，但他希望这些诗"没有过于影响《隐士》的进程"，就像多萝茜悄悄对凯瑟琳·克拉克森说的，"威廉……顾不上《隐士》或讲述他自己人生的那部诗了，这让我们非常不安。五十岁以后，时间可浪费不起啊……"多萝茜和玛丽都感觉到华兹华斯的恐惧了。幸好，一八二四年他又复工了。玛丽承认，她不敢提自己的愿望，"以免他被这份期待吓到"。多萝茜告诉罗宾逊，哥哥觉得"任务太重，所以不敢起步"。一八二八年，当她告诉另一个朋友《隐士》没有进展时，她感慨道，"年华滚滚东逝"。多拉也来凑热闹，她对最近要发表的抒情诗很不耐烦，"因为，只有等它们不在这儿碍手碍脚时，他才会碰他的伟大作品。每天他都要改点儿什么，或者增加新的诗节——或一首全新的十四行诗——或者，一首诗刚写完，就变成了另一首全新的诗——而他永远承诺这是终稿"。[112]

这种期望是一种沉重的负担。二十年前，只有柯尔律治认为华兹华斯的抒情诗创作阻碍了《隐士》的进展。如今，他全家都这么觉得。华兹华斯有一种周期性幻想，认为"伟大的作品"依然在酝酿之中。一八二二年，他向兰多保证，《隐士》还活在他的思绪中，并找借口说，它之所以一直隐居在那里，是因为手稿太乱，他现在无法面对。四年后，他告诉罗宾逊，《当我们可能被迫离开莱德尔山庄》是"那部伟大诗歌部分内容的引子"；一八三一年，他许诺说，"今年冬天的任务就是《隐士》"。多拉虽然汇报了父亲的诺言，但她离父亲太近，足以洞穿真相："嘘，别告诉别人，我觉得冬天到来的时候，他不会有勇气。"[113]

华兹华斯确实失去了勇气，但他的活力和创造力还在。仅仅数月后，多拉写道："爸爸身体很好，比一千只蜜蜂还要忙碌。"[114]原来，华兹华斯故地重游，百感交集，既激发了新的创作，也使他更深切地沉浸于对自己过去的想象。

六

430　　一八三一年八月,司各特爵士在去意大利过冬之前,恳请华兹华斯来看他。华兹华斯迫不及待地想去。他很想再次到司各特家中看他,也希望多拉能和他一起去高原,相信她一定不虚此行。然而,严重的眼疾耽搁了出发时间,所以,他们九月十九日才抵达艾伯茨福德,离司各特启程只剩下五天了。

　　两位生病的老人互相问候。华兹华斯的眼睑严重发炎,每次发作还伴随着隐隐的头痛。他戴着一个绿眼罩。在卡莱尔,一个捣蛋鬼在他们身后大喊道:"一个男人戴眼罩,一个姑娘驾车跑。"[115]但司各特的情况更糟。过度劳累,财务危机,他犯了中风,他女婿说"这一次前所未有地严重"。[116]司各特说话和行动都不便,十分虚弱,医生禁止他喝酒,坚决要他避开苏格兰的寒冬。华兹华斯知道司各特不太健康,但直到亲眼看见他,才意识到多么严重,也明白了为什么司各特会说,"如果[华兹华斯]不快点来……恐怕就来不及了"。[117]

　　司各特将家人和朋友召集在他亲手创建、深深热爱的房子里。一天晚饭后,为了让主人开心,客人们有的唱歌,有的讲故事,司各特的女儿索菲亚"边弹竖琴,边吟唱古老的歌谣"。但这无疑是一种告别。拜访耶罗河畔的纽瓦克城堡让人想起司各特的《最后的游吟诗人之歌》,因为,正是在这里,司各特笔下年老体弱的游吟诗人得以栖身,唱起他的歌谣;但此行也让人想起两位诗人年轻力壮的日子。一八〇五年,《最后的游吟诗人之歌》出版时,司各特和华兹华斯一起攀登了海芙琳峰。[118]如今,华兹华斯注意到,司各特从马车上下来后,步履是多么艰难。这位边地游吟诗人喜欢"重游他最爱的那些地方",但是,当他们渡过特威德

埃尔顿三峰：司各特观景点。从比默塞德望去的埃尔顿山和特威德河，苏格兰作家沃尔特·司各特爵士最爱的风景。黑白照片，英国摄影师，二十世纪。（布里奇曼图像：埃尔加藏品·"边看边学"·私人收藏）

河回家时，"一抹浓重而悲哀的光芒，紫色而非金色"，在埃尔顿山上铺开，华兹华斯意识到，这次出行是司各特向这个地方的挥别，他已经使这里完全融入自己了。[119]不出几天，他就将此情此景写成一首纪念诗歌，也表达了他的忧惧，成为他晚年最好的一首诗：

> 烦忧，并非来自流云或泣雨，
>
> 也不是来自落日的悲怆之光，
>
> 笼罩在埃尔顿三峰之上，
>
> 强大的精灵在那里汇聚，
>
> 抱怨同样强大的灵魂即将远航，
>
> 特威德河，最乐于吟唱欢曲，

也一唱三叹悲哀的低语，

振作起来，你们不要悲伤！

全世界强大的善愿与他同在，

更高贵的祝福祈祷与他同行，

帝王将相、三军统帅都无此优待；

追随这伟大的诗王！要忠诚，

你们这海风，从地中海拂过，

将你的重负交给温柔的帕耳忒诺珀！[120]

九月二十二日，此行最后一天的上午，两位诗人终于可以私下聊天，准备话别。司各特在费莉西娅·赫曼斯一年前送给多拉的日记本上颤抖地写下一首诗，对她说："要不是看在你父亲的分上，我不会做这种事的。这或许是我最后的诗文了。"[121]司各特显然付出了巨大的代价。他甚 432 至把自己的名字都写错了。他在日记中悲伤地写道："我试图在［多拉的］日记本上赠言，但是写得很难看。没救了，就像裁缝说的，'缝针会磨损，肘部会脱臼'。"[122]

如果老朋友的羸弱使华兹华斯感慨，那么，这种告别的姿态更将他吞噬。司各特认为，向那些"依依不舍的朋友"话别是"生命的凝土瞬间瓦解"，但他以恰当的方式，使"忧郁的仪式"变得隆重。[123]当他们即将分别时，华兹华斯说，他希望司各特爵士能获益于意大利的气候和名胜古迹。司各特笑着答道：

当我来到那里，纵然日丽风和，

那将是另一个耶罗。[124]

只有诗人才能如此巧妙地引用只言片语，表达彼此之间的全部情谊。

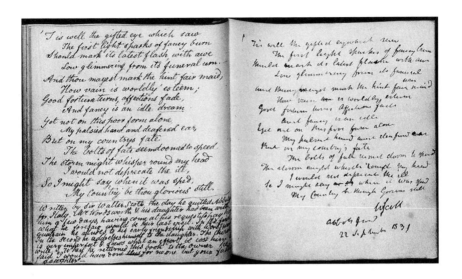

沃尔特·司各特爵士在多拉·华兹华斯日记本上的赠言，1831年9月22日。最后一行有两处拼写错误，还忘了写他自己名字中的"S"（后来加上了这个字母），足以说明司各特身体的衰弱。（格拉斯米尔：华兹华斯基金会）

一八〇三年，华兹华斯初次见到司各特，第二天未能拜访耶罗，为这件扫兴的事写下《未访耶罗》。后来，他告诉司各特，这首诗"不无取悦你之意"。[125] 如今，司各特引用其中的诗句，既忆起两人友谊的开始，也念及华兹华斯对他的第二次致意，即一八一四年的《游耶罗》，其中暗引了《最后的游吟诗人之歌》。

　　当华兹华斯与多拉继续北上，他不仅在向一位老友告别——"亲爱的沃尔特爵士！我爱这家伙！"一年前，他曾这样直率地说——而且也在致敬一位诗人，他凭借自身的坚毅与忍耐直面悲伤、损失与疾病，这正是华兹华斯本人在《决心与自主》中祈求的力量。[126] 司各特好比英雄时代的游吟诗人，他证明了自己的英雄气概，这一形象占据了华兹华斯的最后一首耶罗诗歌《重游耶罗》。这首诗将过去与现在、希望与现实、自然与想象优美地编织在一起，并且指出，正如边地游吟诗人曾以想象为

433

特威德河与蒂维厄特河赋予额外的美,他的诗歌也会从维苏威火山汲取力量,再为之赋予力量。这是对司各特的致敬,也是致敬于两位诗人共同效力的伟大想象:

> 那强大的自然,本性何在?
>
> 若不是那每时每刻
>
> 在我们心中响起的诗语,
>
> 她的形貌,能否让我们倾心?

华兹华斯认为,"这些诗文中有太多现实的压力,与前两首诗有些违和",但是他错了。[127]正是现实的压力与想象的慰藉之间的张力才构成这首诗的沉思基调,使其如此动人。《重游耶罗》的最后三行是对三首耶罗诗歌的总结,重新肯定了艺术与友谊的丰厚回报。这首有力的诗是一组续诗的完美终曲,但并未终结华兹华斯对司各特和耶罗的想象。在未来十年中,他两度汲取此间的回忆,创作了感人的挽歌。

　　如果华兹华斯在这次苏格兰之旅中没有任何创作,那么他或许可以说,他的灵感已经枯竭了;不过,艾伯茨福德之行和此后几个星期的游览为他慷慨提供了想象所需的一切食粮——过去与现在;记忆之感与重温之感,自己内心的回音或与心爱之人的共鸣。与司各特的告别确立了回顾的心境,而余下的旅行又强化了这一基调,因为华兹华斯重新踏上一八一四年、一八〇三年分别与玛丽和多萝茜走过的土地。这种运动使他振奋——他经常一天走二十英里——远离"国家糟糕局势"的新闻,华兹华斯比一八二二年以来的任何时候都更富有创造力。[128]他们从艾伯茨福德前往爱丁堡和斯特灵,进入高地,向西前往穆尔,然后才按熟悉的路线回家:因弗拉里——格拉斯哥——拉纳克——莫法特——卡莱尔——彭里斯,多拉高兴地写道:"亲爱的爸爸大部分时候在忙着写诗。"[129]回来后,他曾担心再也不会有的新诗集已初具规模。三年后,诗集出版时,六十五岁的诗人获得了意想不到的成功。《重游耶罗》比他出版的任何一本单行本诗集都更畅销。

一八三一年,华兹华斯回到家中,他知道,尽管苏格兰之旅让他振奋,但是"生命的三个季节已经逝去",于是行动起来。[130]一八三一至一八三二年越冬时,他和玛丽重新整理"严重受损、字迹难辨的手稿",多拉说他们"像奴隶一样,从早到晚地工作",诗人辨认、修改,他久经折磨的妻子负责誊清。让华兹华斯"废寝忘食,乃至忘记他关心的政治"的事情是整理过去的诗歌,以免有一天,万一他像司各特一样痛苦时,能有现成的誊清本付梓。[131]他确实信守诺言,重新回到《隐士》,但只是修改了很久以前写好但未发表的《安家格拉斯米尔》,似乎接受了死后出版的事实。不可避免地,他也回到《序曲》,始终觉得这首诗应该在《隐士》之后出版。他不停工作,准备新稿,补充了此前提到的"伯克的天才"片段。十二月,他的眼睛发出抗议,禁止他长时间在微弱的灯烛下辨认潦草字迹。二月,华兹华斯坦言"非常疲惫",但他的创造力还在喷薄。[132]虽然多萝茜的病情使他忧虑,《改革法案》的进展也令他沮丧,但他依然坚持工作。一八三二年六月,在他的监督下,四卷本修订版诗集出版。

注释

[1]《爱丁堡评论》,第37期(1822年11月),第449页。

[2] 威廉·帕森和威廉·怀特,《康伯兰、威斯摩兰……弗内斯历史、名录和地名索引》(利兹,1829),第57、617页。

[3] 评论发表于1822年3月30日,4月6日。朗曼告诉华兹华斯,有规定要求论文"不能受到图书销售的影响"。见《晚期书信》,第一卷,第127页注释4,第128页注释1。多萝茜致罗宾逊,[1822年]4月21日,信中表达了他们的愤怒,认为书评使他们丧失了"第一波销售可能带来的微薄利润"。

[4]《布莱克伍德杂志》,第 24 期(1828),第 917-938 页。罗宾逊使华兹华斯注意到这篇文章。尽管证据不明,但或许华兹华斯对《布莱克伍德杂志》的回避使他免受更深的伤害。1820 年 9 月,洛克哈特出版了柯尔律治写给他的一封私信,其中包括对华兹华斯的攻击。后来,洛克哈特的行为引起人们的道德谴责,以至于人们忽略了柯尔律治的攻击本身也是不道德的。(《柯尔律治书信集》,第四卷,第 966-974 页;第五卷,第 123-128 页)在[1817 年]11 月 23 日的信中,萨拉·哈钦森告诉汤姆·蒙克豪斯,华兹华斯不允许《伦敦杂志》或《布莱克伍德杂志》在家中出现。(《萨拉·哈钦森书信》,第 227 页)不过,萨拉显然看了这些杂志。

[5] 华兹华斯致罗宾逊,[1829 年]1 月 27 日,《晚期书信》,第二卷,第 17 页。

[6]《布莱克伍德杂志》,第 26 期(1829 年 9-12 月),第 453-463 页,第 593-609 页,第 774-788 页,第 894-910 页。《论华兹华斯的理论与作品》既攻击了华兹华斯的诗歌,也攻击了他的"信徒"。见华兹华斯写给骚塞([1830 年 1 月底])和奎利南(1830 年 2 月 4 日)的信,《晚期书信》,第二卷,第 198-200 页。哈特莱·柯尔律治的评论,见《哈特莱·柯尔律治书信集》,第 111 页。

[7] 詹姆斯·伍德致华兹华斯,1831 年 6 月 8 日,华兹华斯图书馆。

[8] 华兹华斯听取了罗杰斯的建议,请来亨利·威廉·皮克斯吉尔画像。他的十四行诗《致作者像》("去吧,忠实的肖像")就是写给这幅画的。通过 W. H. 瓦特的刻版,这幅肖像出现在 1836 年诗集的卷首和后来的诗集中,成为人们最熟悉的诗人相貌。华兹华斯不喜欢这幅版画。1840 年,皮克斯吉尔受罗伯特·皮尔之托,又为诗人画了一幅油画。见弗朗西斯·布兰夏德,《华兹华斯的肖像》,第 74-79 页,第 88 页。

[9] 萨拉·哈钦森致玛丽·华兹华斯,[1820 年]8 月 16 日,《萨拉·哈钦森书信》,第 189 页。

[10] 见大卫·钱德勒,《约瑟夫·亨特 1832 年关于华兹华斯的叙述》,载《注释与问询》,总第 244 期,第四期(1999 年 12 月),第 461-468 页。感谢钱德勒教授使我注意到亨特对这次访问的记录,其中有很多启发性细节。华兹华斯

曾给亨特写信询问谱系的事,1831 年 10 月 31 日,1832 年 1 月 30 日,《晚期书信》,第五卷,第 444-446 页,第 484-485 页。

[11] 约翰·比尔,《神与爱:华兹华斯、钱宁、梅尔斯、乔治·爱略特和罗斯金研究》(牛津,1998),第 100 页。

[12] 艾伦·G.希尔在一篇信息量很大的文章中给出了具体细节,《华兹华斯与他的美国朋友》,《人文研究通讯》,第 81 期(1978),第 146-160 页。

[13] 钱宁在拜访华兹华斯后,对年轻的皮博迪盛赞诗人;1828 年 8 月,哈丽特·古尔德在陪同诺顿夫妇拜访莱德尔山庄后,也对皮博迪称赞诗人,这就促使皮博迪在 1825 年 12 月 9 日写下这封信。然而,这封信直到 1827 年 6 月 17 日才寄出。直到 1845 年,彼此才有偶尔的书信往来。更多内容见玛格丽特·诺森多佛,《伊丽莎白·帕尔默·皮博迪致威廉·华兹华斯:八封信,1825-1845》,载《美国文艺复兴研究·1984》,乔尔·迈尔森编(夏洛茨维尔,1984),第 181-211 页;理查德·格莱维尔对皮博迪社交圈和作品的讨论,见《浪漫主义的对话:英美之间的延续 1776-1862》(第二版修订版,彭里斯,2015),第 118-126 页。

[14] 1826 年 9 月 11 日,伯格收藏手稿,纽约公共图书馆。

[15] 希尔,《华兹华斯与他的美国朋友》,第 148 页。关于这个话题的更多讨论,见《美国文学文化中的华兹华斯》,乔尔·佩斯与马修·司各特编(贝辛斯托克,2005)。

[16] 见华兹华斯致艾伦·坎宁汉,[1825 年]11 月 23 日。加里纳尼出版社出版当代英语诗人的精装单行本,宣称"是伦敦价格的三分之一至六分之一"。当然,这些是盗版书,华兹华斯认为,"巴黎版会大大伤害本已萧条的销售"。他是对的。里德指出,巴黎版是"第一本单册的[华兹华斯]全集,也是第一本大大影响英国销售的盗版书"。(《文献》,第 89 页)华兹华斯尽管对盗版感到懊恼,但不得不承认,诗集印刷得"准确无误,令人钦佩"。见华兹华斯致罗宾逊,[1828 年 12 月 15 日],《晚期书信》,第一卷,第 690-691 页。

[17] 关于细节,见《晚期书信》,第一卷,第 653-654 页及附录,给出了坎宁汉提出的前言和目录,第 703-704 页。海恩赢得了华兹华斯的认可,不只是因为

诗人认为海恩认同自己的诗歌目的:"奎利南先生说要删掉《痴儿》——正是因为海恩先生能看到这类诗歌的价值,我才允许他来做选集。"华兹华斯致爱德华·莫克森,1831 年 6 月 13 日,《晚期书信》,第二卷,第 401 页。

[18] 奎利南致多拉,1831 年 3 月 3 日,及其他信息,见《晚期书信》,第二卷,第 395 页。

[19] 爱德华·莫克森,曾在朗曼供职,现在自己创业。

[20] 在《坚硬时代》出版前一年,狄更斯就坚称想象力对于国家的健全非常重要。值得注意的是,在 1853 年 7 月 27 日写给 W. H. 威尔斯的信中,他甚至引用了华兹华斯的十四行诗《这世界我们无法承受》。

[21] 在《米德尔马契》(1871-1872) 第二十七章,尼德·普里姆戴尔认为,《纪念品》是"最能取悦一个女孩的东西"。乔治·爱略特讽刺地说,"丝绸版书籍标着现代的进步。"奢华版大开本确实很漂亮。

[22] 华兹华斯也感激雷诺兹在 1826 年推荐了一个成功的眼睛治疗方案。见华兹华斯致弗雷德里克·曼塞尔·雷诺兹,[1826 年]10 月 24 日,《晚期书信》,第一卷,第 489-490 页。

[23] 华兹华斯的叙述,见《晚期书信》,第二卷,第 14-15 页,第 27-28 页,第 90 页。全面的论述,见彼得·J. 曼宁,《〈纪念品〉中的华兹华斯,1829 年》,收录于《市场中的文学》,约翰·O. 乔丹与罗伯特·L. 帕顿编(剑桥,1995),第 44-73 页。

[24] 叶芝,《马戏团动物的逃跑》。

[25] 华兹华斯致约翰·凯尼恩,[1826 年]7 月 25 日,致奎利南,[1818 年]11 月 11 日],致海顿,[1831 年]4 月 23 日,《晚期书信》,第一卷,第 473、656 页;第二卷,第 378 页。

[26] 凯瑟琳·克拉克森致罗宾逊,[1813 年 3 月 29 日],《罗宾逊与华兹华斯圈书信集》,第一卷,第 77 页。

[27] 华兹华斯致罗伯特·琼斯,[1826 年]5 月 18 日,《晚期书信》,第一卷,第 448 页。

［28］1830 年 11 月 26 日,华兹华斯对威廉·罗恩·汉密尔顿的生动描述说明他知道汉密尔顿的表演非常出色。

［29］哈特莱致德温特·柯尔律治,［1830 年］8 月 30 日,《哈特莱·柯尔律治书信集》,第 111 页。

［30］在《华兹华斯、柯尔律治和"天界的语言"》(牛津,2019)中,托马斯·欧文梳理了华兹华斯关于"科学家"和数学的论述,精彩地阐释了数学学科的发展及其对华兹华斯的影响。

［31］多萝茜致奎利南,1822 年 8 月 6 日,《晚期书信》,第一卷,第 149 页。

［32］更多细节见《晚期书信》,第一卷,第 381 页注释 1。关于斯托尔斯和海军英雄纪念堂,见杰弗里·彼尔德,《坎布里亚大庄园》,第 33 页。

［33］萨拉·哈钦森致奎利南,［1826 年］8 月 23 日,致约翰·蒙克豪斯,［1826 年］9 月 19 日,《萨拉·哈钦森书信》,第 320、324 页。

［34］萨拉·哈钦森致奎利南,［1827 年］9 月 12 日,《萨拉·哈钦森书信》,第 351-352 页。

［35］华兹华斯致约翰·凯尼恩,［1831 年］9 月 9 日,《晚期书信》,第二卷,第 425-426 页。

［36］蒂姆·希尔顿,《约翰·罗斯金:早年岁月》(纽黑文与伦敦,1985),第 19 页。

［37］《亨利·克拉布·罗宾逊论书籍与它们的作者》,第一卷,第 293 页。

［38］《威廉·杰丹自传》(四卷,1852-1853),第四卷,第 240 页。《晨报》,1830 年 5 月 3 日,试图提出一个不同的形象,将这幅画比作"那个女人仿佛从芥末罐里跳出来似的"。

［39］《亨利·泰勒书信》,爱德华·道登编(1888),第 38 页。科伯恩勋爵,《杰弗里勋爵传》(两卷,1852),第一卷,第 322 页。

［40］1820-1821 年,《布莱克伍德杂志》和《伦敦杂志》之间的传媒战争演变为真枪实弹,引发死亡。洛克哈特和约翰·司各特在强烈的个人恩怨趋势下,发起了不可避免的决斗。洛克哈特领先,但他的朋友乔纳森·克里斯蒂扳动了

手枪。1821 年 2 月 27 日,约翰·司各特中弹而亡。具体细节,见帕特里克·奥利里,《摄政时期的编辑:约翰·司各特传》,第 132-167 页。

[41] E. R. 文森特,《乌戈·福斯科洛:一个意大利人在摄政时期的英国》(剑桥,1953),第 22 页,引自司各特日记,1825 年 11 月 24 日。

[42]《艺术家威廉·比威克传记与书信》,托马斯·朗德希尔(两卷,1871),第一卷,第 74-94 页,第 100-101 页。

[43] 托马斯·蒙克豪斯致霍罗克斯小姐,[1823 年 4 月 22 日],《罗宾逊与华兹华斯圈书信集》,第一卷,第 125 页。

[44] 华兹华斯致约翰·凯尼恩,[1831 年 1 月底至 2 月初],《晚期书信》,第二卷,第 366 页。

[45] 泰勒,《书信》,第 39 页。泰勒余下的评论引人注目:"……喜欢风姿各异的女人,他说他一直喜欢女人的陪伴。"

[46] 亨利·泰勒,《自传》(两卷,1885),第一卷,第 83 页。

[47] 约翰·斯图亚特·穆勒,《自传与文学随笔》,约翰·M. 罗布森与杰克·斯蒂尔林格编(多伦多,1981),第 136-163 页。穆勒写道,华兹华斯的诗歌"仿佛正是我寻找的情感教育,我仿佛从一个源泉汲取内心的欢乐,同情与想象的快乐,可以与全人类分享……"

[48] 约翰·斯图亚特·穆勒致约翰·斯特林,1831 年 10 月 20-22 日,《约翰·斯图亚特·穆勒早年书信:1812-1848》,弗朗西斯·E. 米内卡编(两卷,多伦多与伦敦,1963),第一卷,第 82 页。更充分的论述,见《华兹华斯与维多利亚人》,第 44-51 页。

[49]《威廉·查尔斯·麦克雷迪日记:1833-1851》,威廉·汤因比编(两卷,1912),1836 年 5 月 26 日,第一卷,第 318-320 页。

[50] 华兹华斯致麦克雷迪,[约 1831 年 3 月 14 日],《晚期书信》,第二卷,第 372 页。

[51] 萨拉·哈钦森致约翰·蒙克豪斯,[1819 年 11-12 月],《萨拉·哈钦森书信》,第 167 页。

[52] 骚塞致 C. W. 韦恩，1827 年 1 月 11 日："凯尼恩是……我认识的最好、最令人愉快的人；每个人第一眼看他就会喜欢上他，认识久了就更加喜欢他。"见《骚塞书信选》，约翰·伍德·沃尔特编(四卷，1856)，第四卷，第 41-42 页。

[53] 1826 年，赫曼斯(1793-1835)发表了《致华兹华斯》；1834 年，他将《人生场景与礼赞》献给华兹华斯。见《费莉西娅·赫曼斯：诗歌、书信与接受》，苏珊·J. 伍夫森编(普林斯顿，2000)，尤第 415-416 页，第 556-559 页。

[54] 司各特致乔安娜·贝里，1823 年 7 月 18 日，《司各特书信》，H. J. C. 格里尔森编(十二卷，1932-1937)，第八卷，第 53 页。华兹华斯致塞缪尔·罗杰斯，[1830 年 7 月 30 日]，《晚期书信》，第二卷，第 309 页。

[55] 标准传记是罗伯特·珀西瓦尔·格雷夫斯的《威廉·罗恩·汉密尔顿爵士传》(三卷，都柏林与伦敦，1882-1889)。更多补充信息，见托马斯·L. 汉金斯，《威廉·罗恩·汉密尔顿爵士》(巴尔的摩与伦敦，1980)。

[56] 格雷夫斯，《威廉·罗恩·汉密尔顿爵士传》，第一卷，第 264 页。十年后，华兹华斯说，汉密尔顿是莱德尔山所有人的最爱，"最令人高兴的是，如此杰出的天才，如此渊博的知识，还拥有如此热诚的情感和真正难得的朴素"。华兹华斯致诺森普敦勋爵，1838 年 9 月 14 日，《补充信件》，第 240 页。

[57] 关于汉密尔顿对华兹华斯的重要性，更充分的论述见欧文，《华兹华斯、柯尔律治和"天界的语言"》。

[58] 华兹华斯给汉密尔顿的回信堪比其正式的批评文章，应该广为熟知。华兹华斯以约翰逊的目光批评了词汇与意象的懈怠，但也有重要的概述，如，"逻辑理性与诗歌的无限关系，远远超出年轻无经验者(无论是作家还是评论家)的想象。的确，由于理性处理的诗歌材料如此微妙、灵活、复杂，应用理性就需要熟能生巧；需要一种分辨力，这绝非情感所能及，相反，情感首先是其障碍"。1827 年 9 月 24 日，《晚期书信》，第一卷，第 545-547 页。

[59] 引自汉密尔顿致华兹华斯的信，1830 年 2 月 1 日，其中解释了他将诗歌与科学作为人生伟大追求的态度。手稿现藏于康奈尔大学图书馆。

[60] 格雷夫斯，《威廉·罗恩·汉密尔顿爵士传》，第一卷，第 269 页。华

兹华斯致诺森普敦勋爵,[1838]年9月14日,《补充信件》,第239页。

[61] 奎利南的日记,见《晚期书信》,第一卷附录,第701-702页。

[62] 华兹华斯致塞缪尔·罗杰斯,1827年3月10日,《晚期书信》,第一卷,第518页。

[63] 华兹华斯致巴希尔·蒙塔古,[1831年10月19日],《晚期书信》,第二卷,第439页。

[64] 埃莉诺·巴特勒女士和尊贵的庞森比小姐彼此爱慕、隐居生活,成了人们羡慕和好奇的对象。华兹华斯在芬尼克笔记中写道,她们在琼斯生活的"沉思的山谷"中"过着引人注目的隐居生活"。见《最后的诗》,第41-42页;第424-425页重要注释。另见伊丽莎白·美弗,《兰戈伦名媛》(1971)。

[65] 朱利安·查尔斯·扬格,《查尔斯·梅恩·扬格回忆录》(两卷,1871),第一卷,第170-185页。托马斯·科利·格拉顿,《寻常路:以及那些路人》(两卷,1862),第二卷,第107-145页。凯蒂·沃尔德格莱夫以多拉的视角,精彩地讲述了这次旅行,见《诗人的女儿们:多拉·华兹华斯与萨拉·柯尔律治》(2013),第120-126页。

[66] 关于旅行的明晰论述,见唐纳德·E.海顿,《华兹华斯的威尔士与爱尔兰之旅》(塔尔萨,1985),第53-75页。带有评论的电子地图见 https://uploads.knightlab.com/storymapjs/05489351d2507e423715fc1443163ad3/wordsworths-irish-tour/index.html。9月20日至21日,一行人马拜访了埃奇沃斯镇,但诗人与玛丽亚·埃奇沃斯的会面是一场灾难。埃奇沃斯认为华兹华斯乏味无趣、自我中心。见玛丽琳·巴特勒,《玛丽亚·埃奇沃斯:文学传记》(牛津,1972),第443页。

[67] 华兹华斯致莱德尔山庄家人,[1829年]9月17日,《晚期书信》,第二卷,第135-136页。

[68] 华兹华斯致约翰·加德纳,1830年5月19日,《晚期书信》,第二卷,第265页。

[69] 《芬尼克笔记》,《鹰》,第48-49页。

[70] 多萝茜致玛丽·兰姆,1830年1月9日,《晚期书信》,第二

卷,第 101 页。

[71] 1831 年 4 月,从剑桥回家的路上,玛丽在诺丁汉发作,动不了了。曾在 1827 年将处女作送给华兹华斯的贵格派诗人威廉和玛丽·豪威特夫妇前来营救,给玛丽裹上毯子,用椅子抬到他们家中。华兹华斯说妻子"痛苦难耐"。见华兹华斯致奎利南,[1831 年 4 月 29 日],致多萝茜与侄子克里斯托弗·华兹华斯,[1831 年]5 月 9 日,《晚期书信》,第二卷,第 380-381 页,第 383 页。

[72] 1820 年 5 月,多萝茜把余下的牙齿也拔掉了,换了一副假牙。即使她货比三家后选择了伦敦最贵的牙医,她换的假牙可能是"滑铁卢假牙",即来自滑铁卢战役伤亡者的牙齿。见《晚期书信》,第一卷,第 589、597 页。

[73] 多萝茜致凯瑟琳·克拉克森,[1819 年]12 月 19 日,《中期书信》,第二卷,第 572 页;[1821 年 5 月 31 日],《晚期书信》,第一卷,第 62 页。

[74] 华兹华斯致罗宾逊,1829 年 4 月 26 日,致克里斯托弗·华兹华斯,[1832 年]5 月 5 日,《晚期书信》,第二卷,第 69、521 页。

[75]《致弗莱明夫人:观看威斯摩兰的莱德尔教堂奠基》和《同一场景》,发表于 1827 年。

[76] 词组"风景如画而有历史感"来自约翰·默多克编辑的《发现湖区》(1984),"作为建筑师的华兹华斯"条目,该文讨论 1820 年代的湖区建筑风格,指出其"丰富的折衷主义"确有"当地先例"。"韦伯斯特的房子看起来仿佛一个图画目录,借鉴了莱德尔庄园和莱德尔山庄的十七、十八世纪主题。"清晰且详细的论述,见安格斯·泰勒,《威廉·华兹华斯先生的住所》,《乔治风格建筑小组期刊》,第七期(1997),第 43-55 页。

[77] 萨拉·哈钦森致托马斯·蒙克豪斯,[1822 年]1 月 11 日,《萨拉·哈钦森书信》,第 230 页。

[78] 1815 年,基布尔见到华兹华斯,和穆勒一样,他觉得当面见到诗人本人更符合他的期待。见华兹华斯致约翰·基布尔,[1822 年]12 月 18 日,《晚期书信》,第一卷,第 174 页,以及注释 1 引用的基布尔热情洋溢的信件。

[79] 哈特莱致德温特·柯尔律治,[1830 年]8 月 30 日,《哈特莱·柯尔律

治书信集》,第 112 页。

[80] 华兹华斯致克里斯托弗·华兹华斯,[1830 年 6 月 12 日],《晚期书信》,第二卷,第 282 页。

[81]《肯特河岸信使报》,华兹华斯图书馆。为了多拉的健康,华兹华斯、玛丽、多拉和威利整个七月都在莫克姆湾北边的肯特河岸。多拉的一日游记录,见《晚期书信》,第一卷,第 376 页。

[82] 华兹华斯致威廉·杰克逊,[1828 年 10 月初],《晚期书信》,第一卷,第 630 页。

[83] 威利被送到不莱梅,跟随乔治·欧内斯特·帕蓬迪克(1788-1835)学习。托马斯·欧文,《G. E. 帕蓬迪克》,载《注释与问询》,新刊,第 58 期(2011),第 540-542 页,该文澄清了帕蓬迪克的身份问题,以及华兹华斯与他的来往。

[84] 华兹华斯致威廉·杰克逊,[1828 年 10 月初],《晚期书信》,第一卷,第 630 页。

[85] 起初,华兹华斯一家与骚塞反对哈特莱回来。《晚期书信》第一卷第 168-169 页注释 7 引用了骚塞一封无礼的信。骚塞害怕哈特莱像他父亲柯尔律治一样扰乱格丽塔府的生活。然而,华兹华斯全家还是竭尽全力帮助他,给他找住处,付账单,收邮件,等等,认为如果他生活方式古怪,不同常人,那还是在熟悉的地方更好,这里的人们了解他、喜欢他。

[86] 最重要的信是华兹华斯致罗瑟子爵,1825 年 2 月 12 日,《晚期书信》,第一卷,第 309-315 页。华兹华斯致朗斯岱尔勋爵,[约 1831 年 12 月 23 日],1832 年 2 月 17 日,2 月 24 日,《晚期书信》,第二卷,第 468-469 页,第 488-491 页,第 496-501 页。华兹华斯致罗伯特·英格利斯爵士,1825 年 6 月 11 日,《晚期书信》,第一卷,第 358-365 页。华兹华斯致休·詹姆斯·罗斯,1828 年 12 月 11 日,[1829 年 1 月底],《晚期书信》,第一卷,第 684-686 页;第二卷,第 18-25 页。华兹华斯致查尔斯·詹姆斯·布罗姆菲尔德,1829 年 3 月 3 日,《晚期书信》,第二卷,第 34-46 页。

[87] 华兹华斯致威廉·杰克逊,1829 年 4 月 10 日,《晚期书信》,第二卷,

第 65 页。

[88] 引自华兹华斯致罗伯特·英格利斯爵士,1825 年 6 月 11 日,致本杰明·道克雷,1828 年 12 月 2 日,《晚期书信》,第一卷,第 359-360 页,第 679 页。华兹华斯致弗朗西斯·兰厄姆,[1809 年 3 月底],《中期书信》,第一卷,第 313 页。

[89] 华兹华斯致克里斯托弗·华兹华斯,[1829 年] 9 月 5 日,《晚期书信》,第二卷,第 122 页。

[90] 迈克尔·韦勒著作的题目是《古老的敌人:十九世纪英国文化中的天主教徒与新教徒》(剑桥,2006)。

[91] 引自华兹华斯致威廉·罗恩·汉密尔顿,[1831 年]11 月 22 日,致詹姆斯·洛什,1821 年 12 月 4 日,致海顿,[约 1831 年 7 月 8 日],致朗斯岱尔勋爵,1832 年 2 月 24 日,《晚期书信》,第二卷,第 455 页;第一卷,第 98 页;第二卷,第 408、500 页。

[92] 托马斯·卡莱尔,《时代的征兆》,最初作为评论文章发表在《爱丁堡评论》上,第 49 期(1829 年 6 月),第 439-459 页。托马斯·巴宾顿·麦考利对骚塞《圣托马斯·摩尔:或关于社会进步与发展的对话》的书评,《爱丁堡评论》,第 50 期(1830 年 1 月),第 528-565 页。

[93] 华兹华斯致海顿,[1831 年]4 月 23 日,《晚期书信》,第二卷,第 378 页。

[94] 华兹华斯致海顿,1831 年 6 月 11 日,《晚期书信》,第二卷,第 396 页。十四行诗是《致海顿,观其画〈圣海伦娜岛上的拿破仑·波拿巴〉有感》。

[95] 华兹华斯致威廉·罗恩·汉密尔顿,1830 年 11 月 26 日,《挽歌体沉思》《丰沛的哀歌》以及《查茨沃斯! 你华美的庄园》,另:"当我经过被工厂破坏、死气沉沉的兰开夏,几片落叶让我想起春天,于是即兴写下几个诗节,作为献给五月的颂歌。"

[96]《伍斯特大教堂回廊地板上的墓石》,发表于 1828 年 11 月的《纪念品》。1827 年 12 月,华兹华斯看到这块墓石,上面只有一个单词"最悲哀的",以为是一个忏悔罪恶之人的墓志铭。出版后,华兹华斯得知真实的历史:"我收到一份伍斯特的报纸,上面刊登了这首诗以及一段文字,号称这块石头的**真实**历

史,像任何真实历史一样,完全毁了这首诗。"(华兹华斯致巴伦·菲尔德,1828年12月20日)石头下埋葬的其实是一位未发誓效忠斯图亚特王朝的牧师,"最悲哀的"铭文是他自己的选择。

[97] 华兹华斯致亚历山大·戴斯,1837年12月23日,《晚期书信》,第三卷,第502页。

[98] 摩尔曼,《晚期岁月》,第461页。

[99] 马克·吉鲁阿尔,《回归卡美洛:骑士精神与英国绅士》(纽黑文与伦敦,1981),第56页。吉鲁阿尔的著作论述明晰有力,将迪格比置于语境中,也以共情的笔触描绘了堂吉诃德式的骑士精神和十九世纪对骑士爱情的痴迷。

[100] 华兹华斯在剑桥遇见迪格比。1827年2月,萨拉·哈钦森推荐了这本书。(《萨拉·哈钦森书信》,第339页)1828年5月29日,罗宾逊写道:"华兹华斯提到迪格比的《光荣的丰碑》,赞赏有加。"(《亨利·克拉布·罗宾逊论书籍与它们的作者》,第一卷,第357页)不过,华兹华斯并不认为迪格比对当前局势的分析完全令人信服。见他写给侄子克里斯托弗的信,信中充满深思。([1828年]11月27日,《晚期书信》,第一卷,第668-669页)

[101] 华兹华斯致海顿,[约1831年7月8日],《晚期书信》,第二卷,第408页。《沉思录》,第70页。

[102] 1850年《序曲》,7.512-543。诗人创作这段诗文的艰难过程,见《华兹华斯的重游》,第128-140页。

[103] 华兹华斯致海顿,[1831年]4月23日,《晚期书信》,第二卷,第377-378页。海顿的回复——"我不会让你拿一篇无聊的散文打发我……",以及华兹华斯关于拿破仑和当时英国局势的信,见华兹华斯致海顿,1831年6月11日,《晚期书信》,第二卷,第396-397页。

[104] 多萝茜致罗宾逊,1822年12月21日,《晚期书信》,第一卷,第178页。

[105] 在最初有限的销售后——1822年至1823年间,《纪念》卖了一百七十二本,《素描》卖了一百四十五本——销售减少,两本书都成了积压库存。《素描》甚至都没有回本。

［106］细节和瓦茨的评论,见华兹华斯致阿拉里克·瓦茨,1825 年 10 月 18 日,《晚期书信》,第一卷,第 390-391 页。

［107］华兹华斯致塞缪尔·罗杰斯,［1825 年］3 月 23 日。作为中间人,罗杰斯积极与默里游说未果。华兹华斯幽默地表达了自己的愤怒:"我向你保证,我宁可一千次不出版,也不允许他们任何人［出版商］说我只不过是他们脸上的一根毫发。关照,资助,或任何词语,不过是粉饰他们的傲慢与自私的虚荣。"

［108］罗宾逊致多萝茜,［1826 年 2 月 20 日］,《罗宾逊与华兹华斯圈书信集》,第一卷,第 151-153 页。

［109］华兹华斯致罗宾逊,［1826 年］4 月 27 日,《晚期书信》,第一卷,第 444 页。

［110］罗宾逊致多萝茜,［1827 年 5 月 21 日］,《罗宾逊与华兹华斯圈书信集》,第一卷,第 183 页。

［111］沃尔特·萨维奇·兰多致华兹华斯,写信日期不详,1828 年 6 月 3 日寄到英国。发表于 R. H. 萨帕,《兰多写给华兹华斯与柯尔律治的信》,载《现代语文》,第 55 期(1957),第 73-83 页。尽管兰多和华兹华斯通信,但直到 1832 年兰多拜访湖区,两人才见面。

［112］克里斯托弗致华兹华斯,1821 年 8 月 5 日,华兹华斯图书馆。多萝茜致凯瑟琳·克拉克森,［1821 年］3 月 27 日,《晚期书信》,第一卷,第 50-51 页。玛丽致奎利南,［1824 年］10 月 26 日,《玛丽书信》,第 119 页。多萝茜致罗宾逊,［1824 年］12 月 13 日,《晚期书信》,第一卷,第 292 页。多萝茜致威廉·杰克逊,［1828 年］2 月 12 日,《晚期书信》,第一卷,第 582 页。多拉致奎利南,1829 年 12 月 19 日。引自《最后的诗》,第 449 页。

［113］华兹华斯致沃尔特·萨维奇·兰多,［1822 年］4 月 20 日,《晚期书信》,第一卷,第 126 页。《亨利·克拉布·罗宾逊论书籍与它们的作者》,第一卷,第 339-340 页,1826 年 10 月 6 日。多拉致弗莱明夫人,1831 年 10 月 20 日,见《多拉·华兹华斯书信》,霍华德·P. 文森特编(芝加哥,1944),第 91 页。

［114］多拉致玛丽亚·金奈德,1832 年 2 月 17 日,引自 1850 年《序

曲》,第5页。

[115] 华兹华斯致司各特,[1831年]9月16日,《晚期书信》,第二卷,第434页。根据约瑟夫·亨特记载,华兹华斯"不得不戴一个绿眼罩,他的眼睛严重发炎,甚至担心会失明"。参考注释10。

[116] 根据约翰·洛克哈特记载,司各特所有的"衣服都松松垮垮地挂在身上;面容消瘦憔悴,一侧脸颊的肌肉明显扭曲了"。见《沃尔特·司各特准男爵生平回忆录》(七卷,爱丁堡与伦敦,1837),第七卷,第276、281页。

[117] 华兹华斯致奎利南,[1831年]8月23日,《晚期书信》,第二卷,第421页。

[118] 显然,1805年攀登海芙琳峰的经历对华兹华斯来说意义重大。1832年7月21日,华兹华斯在写给罗宾逊的信中提到前天他登上了海芙琳峰的山巅,补充道:"我曾与 H. 戴维爵士、司各特爵士站在这峰巅之上;多少次,我同最亲近、最心爱的亲朋好友站在这里,如今,有几个已经不在了,另一些去了他们最后的归宿。"第二天,他对罗伯特·琼斯重复了同样的话。见《晚期书信》,第二卷,第546页,第548-549页。

[119] 芬尼克笔记关于《重游耶罗》的注释,第49-51页;《十四行诗组诗》,杰克逊编,第525-527页。注释太长,不便引用,但值得关注,讲的是事情发生十年后,一位老人对晚年生活中一次最感人的经历进行的反思。

[120]《沃尔特·司各特爵士启程从艾伯茨福德前往那不勒斯》,发表于《重游耶罗》(1835)。帕耳忒诺珀(Parthenope)指那不勒斯,奥维德和维吉尔这样称它。

[121] 见芬尼克笔记,以及 F. V. 莫利,《多拉·华兹华斯的本子》(1924),第73-80页。两年后,1833年8月20日,华兹华斯写信给赫曼斯,谈起司各特的赠言:"我们非常珍惜这个纪念,尤其是这些诗文证明了,在此时期,他的身体健康和心智能力都受到了损伤。"见《晚期书信》,第二卷,第637页。

[122]《沃尔特·司各特爵士日记》,W. E. K. 安德森编(牛津,1972;增订版,爱丁堡,1998),第742页。

[123] 同上,第752页。

[124] 芬尼克笔记。《未访耶罗》的引文出自《阿奎彭登特附近的思索》,76-77行。

[125] 华兹华斯致司各特,1805年1月16日,《早期书信》,第530页。

[126] 华兹华斯致塞缪尔·罗杰斯,[1830年7月30日],《晚期书信》,第二卷,第310页。

[127] 芬尼克笔记。另见华兹华斯致威廉·罗恩·汉密尔顿,[1831年]10月27日,《晚期书信》,第二卷,第441页:"这是符合事实的方式和心境。你是艺术家,应该知道,要使建立在诗歌真实之上、因时空距离而变得理想化的事物与当时荆棘丛生的现实相和谐,几乎是不可能的。"

[128] 华兹华斯致弗雷德里克·本廷克夫人,[1831年]11月9日:"在这段时期,我几乎忘了……国家的悲惨状况。"

[129] 多拉致弗莱明夫人,1831年10月20日,《晚期书信》,第二卷,第439页注释1。

[130]《为前面的诗歌一辩》,第26行。诗中声明,尽管《重游耶罗》中的"几首歌"没有"明显的构思",但它们都因一个共同的源头连结在一起:司各特和艾伯茨福德。

[131] 引自华兹华斯致约瑟夫·科克汉姆·米勒,1831年12月17日,《晚期书信》,第二卷,第463页。多拉致玛丽亚·金奈德,1832年2月17日,引自《序曲:1799,1805,1850》,乔纳森·华兹华斯,M. H.艾布拉姆斯和斯蒂芬·吉尔编(纽约,1979)。罗伯特·珀西瓦尔·格雷夫斯引用华兹华斯的侄子查尔斯的话,出自《安家格拉斯米尔》,第28页。

[132] 华兹华斯致约翰·加德纳,[约1832年2月2日],《晚期书信》,第二卷,第487页。

第十四章　一八三三至一八三九

一

　　一八三三年八月,詹姆斯·洛什在日记中写道:"我的老友、诗人华兹华斯和我们一起吃饭了……他现在年老体弱……"[1]对此,华兹华斯不会有何异议。在他此后几年的信中,他反复提起身体的衰弱。六十五岁时,他视力不好,牙齿脱落,脚趾增生,需要手术,于是想起莎士比亚的诗行:

> 在我身上你可看到那个时节,
> 黄叶,或有,或无,挂在
> 枯枝朽木间……[2]

然而,就在两年前,诗人还重游了马恩岛和苏格兰,愉快地忍受着新的不适(蒸汽轮船)和旧的烦忧(颠簸的马车和糟糕的客栈)。他一面说缪斯恐怕已将他抛弃,一面又写出四十五首十四行诗纪念这次旅行。一八三七年,他游览了罗马与威尼斯,近五个月的异国旅行本来已很辛苦,他还经受了暴雪与酷暑的考验,可见身体依然硬朗。这场旅行激发了另一组重要的纪念诗歌。七十岁时,他再次登上海芙琳峰,爬山途中还写下一首十四行诗。四十年前,华兹华斯曾在《迈克尔》一诗中描写牧羊人晚年的坚韧:

> 从小到大,他的身体一直
> 结实强壮。现在,他依然
> 在山间穿梭,仰望太阳,
> 聆听风声;和往常一样,
> 为他的羊群辛苦奔忙。

一八四〇年,当他登上海芙琳峰,一路上依然浅唱低吟,或许,他的脑海里也曾浮现这些诗行。

二

华兹华斯晚年时说,"漫游"是他一生的"挚爱",尽管年轻时"没有钱",不能尽情游走。[3]这句话的后一半从不成立,现在,花甲之年,当然更不属实。一八三三年七月,在儿子约翰和友人亨利·克拉布·罗宾逊的陪伴下,华兹华斯先后去了马恩岛、斯塔法岛和伊奥那岛。[4]诗人太喜爱蒸汽动力——曾在一首十四行诗中盛赞"汽轮、架桥和铁路"为"未来的变化趋势"——于是趁机坐船去了斯塔法岛和芬格尔岩洞。可是,很多人也去了。一八三〇年代,"芬格尔的神秘岩洞"成了旅游胜地——早在两百年前就预示了今天的烦恼——华兹华斯在另一首十四行诗中抱怨道,"人群熙攘",他无法**感受**"这闻名遐迩的景色"。[5]克拉布·罗宾逊显然对眼前的景色无动于衷,与同伴分道扬镳,前往爱丁堡,其他人则继续游览彭斯的故乡、卡莱尔、伊甸河,然后经阿尔斯沃特回家。

　　华兹华斯为这次旅行写的组诗《苏格兰之旅十四行·一八三三年夏》从未引起太多评论,这也许可以理解,但有几首诗很有趣,因为它们揭示了当时诗人的状况。华兹华斯的组诗按照行程展开,首先介绍了他的出生地科克茅斯。在《科克茅斯镇近旁》中,他梳理着自己的人生阶段,写到父母的遗骨,"被埋葬的小儿",自己目前的状态和对后代的期望——"在约定的比赛中青出于蓝"。在下一首十四行诗中,科克茅斯城堡的幽灵仿佛召唤着中年诗人,提醒他儿时曾在此嬉戏,也告诉他要面对现实:"我们俩都受到岁月的磨砺, / 曾经如此不同,如今不分彼此, / 当各自的大限到来,随时准备 / 没入尘埃。"[6]

　　这些诗都很特别。《科克茅斯镇近旁》以诗人请求孩子的原谅结束:

437
　　　　　如果,由于我的过错,我们

　　　　　共同受苦,哪怕只有片刻,

　　　　　这过失皆因爱起,就让爱来审问,

　　　　　让爱,只有爱占据你心。

这首十四行诗的题目①表明了作者的身份,说明诗中的叙述者不是虚构,而是作为自白诗人的华兹华斯。《科克茅斯城堡之魂》也有着奇思异想:童年嬉戏时,城堡将他困在黑暗的地牢中,但这是一种教诲,使他"在幼年时就思考坟墓与死亡"。两首诗都是一个深谙老苦之人的表白,尤其是"重温旧事带来 / 撕心裂肺的剧痛"。[7]

　　过去是一个强大的魅影,也游荡在其他十四行诗中,其中不乏佳句。

---

　　①　完整题目为《科克茅斯镇近旁(作者在此出生,父亲在此埋葬)》。

南下返家途中,华兹华斯与约翰经过彭斯的家乡。突然,同车的乘客指了指远方。于是有了下面这首动人的诗:

"看那儿!"小伙子骄傲地指向
绿树掩映下的低矮屋檐,
"那就是茅斯吉尔农庄,那片田原
就是彭斯犁地时发现雏菊的地方。"
寥远、宽阔,下方的平野伸向海洋,
海上云雾弥漫,艾伦峰冲破云翳;
这简单的注视让宁静的大地、天宇
海洋、空气都变得鲜活激荡。
在"泥土或板石的凌乱遮蔽处",
成千上万朵雏菊在云雀
窝边绚烂盛放,自生自灭,
却远远不如那一朵幸福,
虽死于无心的犁铧之伤,
却证明了诗的温存与爱的力量。

第九行出自彭斯的《致一朵山间雏菊》。一七八六年,在哥哥的鼓励下,多萝茜第一次阅读彭斯,尤其喜欢这一首。实际上,当马车前行,发出隆隆声响,每一个场景都使华兹华斯想起彭斯。他告诉艾伦·坎宁汉,"我很高兴看到吉尔马诺克、莫克林、莫斯吉尔农庄、艾尔河——他曾浪漫地走过这些山石树林——还有艾尔文和卢格尔,在彭斯用不朽的诗篇歌颂它们之前,没有人为这里吟唱。"想到彭斯也意味着想到多萝茜,想到兄妹俩第一次苏格兰之旅,以及三十年前彼此分享的一切。[8]

三

438　　　最近两年，多萝茜偶尔会感到不舒服，但到了一八三三年，她显然已经病重。[9]她要忍受肠胃的折磨，还因腿脚肿胀、苍白无力而行动不便，不仅经常卧床，也越来越依赖白兰地和鸦片酊来镇痛。一八三二至一八三三年病发时，华兹华斯觉得"康复的希望寥寥"；萨拉·哈钦森也不抱希望，担心"她和我们在一起的时间不多了"。但是，萨拉写道，华兹华斯"努力于绝望中存一丝希望"。九月，他在写给克里斯托弗的信中说，"她能不用搀扶、自己走一点路了，胃口很好……尽管疼痛不时发作。"[10]没有人如此乐观。一八三三年十月，克拉布·罗宾逊认为，"我很可能再也见不到她了。"[11]几个月的健康危机使多萝茜成了一个受惊的病人。第二年春天，她坦言，"阳光明媚，鸟鸣婉转，我太想走出家门了"，但是，可能的降雨和料峭的东风使她畏缩。[12]夏末时，曾像吉卜赛人一样喜欢流浪的多萝茜大部分时候被困在床，一天只有四到六个小时下地。转年，她的病情再次加重，只有加大鸦片剂量才能忍受病痛。[13]但这又造成另一重忧虑。家人得知鸦片会损伤大脑，于是竭力使她断掉这"危险的帮助"。[14]

　　　一八三五年末，鸦片酊、阳光与新鲜的空气显然都救不了多萝茜了。上一分钟她还在唱歌，下一分钟就对护士们"怒吼咆哮"了。玛丽委婉地说起"她常感不适的**体质**……肠胃有点紊乱"，却掩盖了现实中弄脏的衣服和床单。[15]偶尔病情好转时，家人会推着巴斯椅①，带多萝茜来到

---

　　①　一种带有折叠顶篷的早期轮椅，分为三轮或四轮两种。据说源于十八世纪的巴斯。一说它颇像老式浴缸。

露台上，但大多时候她待在屋里，一年四季都坚持待在炉火旁。与过去那个多萝茜相反的不仅是幽禁的生活。昔日亭亭玉立、活力四射的多萝茜现在暴饮暴食，变得很胖。

华兹华斯感叹，"我妹妹正遭受着致命的毁灭。"莱德尔山庄一家只好努力应对。[16]一八三三年十月，伊迪丝·骚塞崩溃，不得不送到疯人院待上数月[17]，而多萝茜还可以在家休养，在未来的二十年里，尽享家人毫不吝惜的关爱。然而，代价是巨大的，不仅在经济上（尽管家里不得不多雇一名佣人帮助每日的洗衣和护理工作），也在情感上。多萝茜的状况不是秘密——她不是《简·爱》中阁楼上的疯女人——但莱德尔山庄的生活毕竟不同以往了。"她会把陌生人吓死的。"一八三八年玛丽评论道，一如既往地面对现实，无畏，无怨。[18]

正当多萝茜的病情恶化时，一八三五年六月二十三日，萨拉·哈钦森因风湿热病逝。三十年来，华兹华斯一家很依赖她。她是诗人的抄写员，孩子们的另一个母亲，玛丽和多萝茜的友伴。萨拉伶俐，大度，可靠，不像别人那样敬畏诗人，她能化解矛盾，给所有人的生活带来欢乐。最重要的是，她是姐姐的支柱，然而现在，却在姐姐最需要她帮助的时候离去了。

"想到在世朋友的风采，一些地点变得明媚；而他们的死又为那里蒙上怎样的阴影！"[19]一八三〇年代，华兹华斯多次表达着这一思想的变奏。一八二九年，威廉·卡尔弗特死了。接着，一八三三年，詹姆斯·洛什去世；一八三五年，老朋友约翰·弗莱明也走了，读书时，他曾与华兹华斯环绕埃斯威特湖散步诵诗。一八三五年三月，理查德·夏普逝世；一个月后，罗伯特·琼斯，华兹华斯一七九〇年阿尔卑斯之旅的同伴，也离开了人世。

华兹华斯为所有这些朋友哀悼。人生关键时期的一个个纽带——文法学校，剑桥，阿尔卑斯，风之岭——正被切断。但是，另外三个朋友的辞世对他影响更深。一八三二年,在意大利休养的司各特并未好转,回家后不久就病故了。一八三四年七月二十五日,柯尔律治辞世。年底,十二月二十七日,兰姆在大街上摔了一跤后,也出人意料地死了。

在《重游耶罗》和《沃尔特·司各特爵士启程》中,华兹华斯已经哀叹司各特的衰弱,因此,当诗集《重游耶罗》一八三五年出版时,仿佛一册纪念之作。对于柯尔律治,他并没有马上公开致哀,但私下里,说起挚爱的友人,他似有千言万语。一八三四年八月,罗伯特·珀西瓦尔·格雷夫斯写到华兹华斯的谈话:

> 我们从他口中最先听到的一件事是一位朋友之死,他说,他和这位朋友的友谊已有三十多年了。然后,他继续谈论他,称他为平生认识的最了不起的人,因为他思想新颖,能即兴抛出本应通过复杂的体系推演而出的宏大而核心的真理。[20]

440 华兹华斯为兰姆写了一首《墓志铭》,私下流传。诗中追忆了兰姆的勤勉劳作、友善性格和基督徒的隐忍,结尾写道:"哦,如果世上曾有好人,他便是!"[21]但是,直到又一场死亡来袭,才使华兹华斯释放出复杂强烈的情感。一八三五年十一月,他从报纸上看到"埃特里克的牧羊人"詹姆斯·霍格的讣告。华兹华斯对霍格本人并无特别的好感,也不太关注他的作品。[22]然而,他的死却成为一种催化剂,激活了三十多年前一连串的回忆与情感。《为詹姆斯·霍格之死即兴抒怀》是华兹华斯最后一首杰作,也是他最好的挽歌。

诗的开篇对比了华兹华斯一八一四年和一八三一年两次耶罗之行。第一次有霍格作向导,第二次有"边地游吟诗人"司各特的陪伴。《游耶罗》和《重游耶罗》纪念了这些旅行。然而,诗人的悼文"耶罗山坡上的死神,／合上了牧羊人的双眼"暗指其第一首耶罗诗歌《未访耶罗》(其中"迷人的伙伴"一语借自汉密尔顿"精致的歌谣"《耶罗山坡》),也影射了多萝茜。[23]回忆一八〇三年苏格兰之旅中错过的耶罗,诗人不仅将司各特更加牢固地融入诗中,也忆起他们的同伴柯尔律治,忆起当时使他们产生分歧的焦灼与指责,标志着他们的友谊开始衰落。如今,华兹华斯"迷人的伙伴"已模糊难辨:柯尔律治和兰姆已死,司各特在德莱博格修道院中长眠,他用自己的一生向公众展示了一位艺术家在逆境中的奋争。华兹华斯对他们的纪念是一位友人的"致意与告别"(*ave atque vale*),是一位诗人为同行的哀悼,也是一位幸存者对自己逼近的死亡的预见:

> 强大的游吟诗人不再呼吸,
> 他在衰朽的废墟中长眠;
> 耶罗山坡上的死神啊,
> 合上了牧羊人的双眼;

> 滚滚流年不再从蛛丝马迹
> 两度丈量它平稳的航程;
> 因为柯尔律治的全部生命力
> 已在那瑰奇的源头封冻;

> 那迷醉之人,天神般的额头,
> 天堂般的双眸,沉睡于大地;
> 还有兰姆,欢乐而温柔,
> 也从他孤独的壁炉旁离去。

441

> 一如掠过山巅的云雾,

或者无法驾驭的海浪，

兄弟们接二连三，迅速

从阳光进入阳光照不到的地方！

而我，从婴儿的酣眠中早早

睁开双眼，苟延残喘只为

聆听那胆怯的声音轻声问道，

"下一个倒下消失的是谁？"

四

　　假如这首诗早几个月完成，就可以顺理成章地收录在一八三五年四月出版的《重游耶罗》里了。十三年来，华兹华斯第一次出版单行本诗集，虽然作品风格各异，但整体基调是回顾与哀悼。诗集题献给一位年长的诗人塞缪尔·罗杰斯，早在一七九二年，他就发表了第一部重要作品；但沃尔特·司各特爵士的影子遍布全书。在引言中，诗人追忆司各特，称《重游耶罗》纪念作者与司各特共度的一天，并提醒读者"作者关于这条著名河流的旧作"。当回顾的目光形成，序诗的首节便思索着几次旅行之间的岁月，从而引发出第一首诗——《沃尔特·司各特爵士启程从艾伯茨福德前往那不勒斯》。这首诗因司各特之死而更有意义，是一八三一年初创时所没有的。在这首感情深厚的十四行诗之后，是更加幽暗的诗歌，充满"严肃的忧郁"（玛丽·摩尔曼的精彩点评）。[24] 最后，组诗在对司各特和艾伯茨福德"伤心之门"的回忆中结束。

　　华兹华斯在结尾的《诗辩》中坚称这些"歌谣"之间"彼此联系"，这很明显，但其他诗歌缺乏统一。一首浪漫传奇，几则故事，挽歌，小品，颂歌,诗集《重游耶罗》反映了哈特莱·柯尔律治所说的"戏谑、精致和优美;却没有[华兹华斯]中年作品独有的深刻情感和严肃思想"。或者,借用一位后来评论者的话,这部诗集"来自幻想,而非崇高的想象,作者自知属于次要作品"。[25]然而,整部诗集的明显特征是虔诚,诗人明确宣传"命里有时"和人在天路历程中的命运等思想,也信奉"古代的虔诚与骑士精神"。(见华兹华斯《亚美尼亚淑女的爱情》引言)[26]但这种信仰源于诗人对"现在"的关注。诗人对圣比斯隐修史的深刻思考"发生在蒸汽船上"。诗的题目《乘蒸汽船驶离圣比斯岬所作的诗节》就暗示着过去与现在的关联:一边是诗人思考的古代社会秩序,建立在上帝教诲的"同类关爱"之上;另一边则是蒸汽船所代表的越来越功利的现实。[27]

《过去与现在》是一八四三年卡莱尔论国家状况的一本书,但它的标题也适用于比它早十年出版的《重游耶罗》。华兹华斯比以往任何时候更加关注国家的政治动向。一八三二年《改革法案》通过后,他继承了耶利米的衣钵。《法案》本身很糟,但其初露端倪的后果将更为恐怖。如今,华兹华斯滤掉一七九〇年代在法国亲眼目睹的许多景象——团结,欢乐,凯旋门,相信自己目睹了"大革命给所有阶级带来的普遍灾难,尤其是穷人"。"想到我们目前面临的威胁,我心如刀绞,"他写道,显然认同朗斯岱尔勋爵的观点,"既然改革后的议会并不会变得更好,国家政体的崩溃和彻底推翻将无可避免。"[28]

有时,华兹华斯就像《荒凉山庄》里的莱斯特·戴德洛爵士,终日念叨着泄洪闸和瓦特·泰勒,令人厌烦。偶尔,他的家人也会如实相告。一次,玛丽终于反抗了。当时她正在记录给克拉布·罗宾逊的信,其中涉及漫长的政治批判。她表示抗议,在段落中写道:"我,玛丽·华兹华斯,将不再就此话题多写一字。"[29]但这并不会使华兹华斯有任何收敛。《重游耶罗》中的《警告》写于一八三三年,是至暗时刻的华兹华斯-耶利米。事实上,这首诗太阴暗了,以至于华兹华斯一度犹豫是否出版,直到

442

一八三五年普选逼近，他才说服自己，有义务"在危机时刻，对同胞发出警告"。[30]

即使《警告》不是一首有趣的诗，它至少是有趣的文献，有两个特点值得一提。其一，华兹华斯对未来动荡的预言建立在对法国大革命的解读上。这并不新鲜。十九世纪中叶，惧怕无政府主义的人们依然记得巴士底狱的攻陷和巴黎暴民的愤怒。重要的是，在《警告》中，华兹华斯对法国大革命的解读变得更加缜密。在《序曲》中，他通过一手经验记录了事件的复杂，尤其是大革命如何影响了理想主义青年的抱负。但一八三三年的回忆变得偏激，他将所有可能或实际的裨益抹去，并且追问，英国人还能有什么指望：

不是他，从她［英格兰］成熟的实践

获得真理、公平和社会正义感；

然后看到，在法兰西的大地上，

躁动的政体成为疯狂的舞娘；

看见基石崩塌，洪水肆虐，

并不悲哀（因他自己也迷而不觉）——

从梦中醒来，才责骂做梦的人，

看到愚蠢的行为背叛了信任，

才懂得热望如何消失殆尽——

他也看到傲慢变得苍白无力，

虽悬崖勒马，却追悔莫及；

美好的理想倒下，死在路中，

罪恶不停地鞭打，催他们前行；

直到毁灭荡平一切土地，

直到不公永远都在伺机；

她眼前的一切都在证明：

民族美德的基础是大众。

其二，华兹华斯对社会征兆非常警觉，害怕新事物。蒂姆·福尔福德的观点可信。他指出，华兹华斯此刻的思想是对同时代人埃比尼泽·埃利奥特的回应。华兹华斯尊重他的诗艺，但完全反对他的政治倾向。[31]埃利奥特的《谷物法打油诗》(1831)对反人性的社会秩序发出抗议，斥责进口谷物关税保护了地主利益，却让面包的价格上涨，劳动阶级根本买不起。福尔福德敏锐地指出，埃利奥特的诗及其充满挑衅、决不妥协的序言"号召《抒情歌谣集》加入政治事业"。[32]这些诗描写了穷人的痛苦，表达了他们的愤怒，而且价格只是《重游耶罗》的零头，所以，穷人们也能买得起。

埃利奥特的同情没错，华兹华斯对此毫不怀疑，但他的政治方向具有危险的误导性。《警告》指出了这个问题。华兹华斯斥责国家领导人对激进分子的要求作出让步，认为这样只会使他们得寸进尺。但这首诗最迫切的警告面向"劳动大众"："迫于现实的不公"，他们投入诌媚者和骗子领导的队伍中——

444

哦，佩上那悔恨铸成的辔头，

阻止你首领一意孤行的预谋；

哦，愿万能的上帝施恩于你，

迷雾中引你到更安全的领地，

任何世间聪明都无法将你寻觅！

愿他从超越凡夫热恼的天穹，

在你周围播撒爱的纯净光明；

让希望静静恢复本来的面貌，

让真理水落石出，揭示分晓！

否则你曾因轻信而欢乐播种的土壤，

收割时惟有沾满血迹的恐怖手掌。[33]

在卡莱尔的《宪章运动》（1839）、狄更斯的《老古玩店》（描写了阴谋煽动者）（1840-1841）、迪斯雷利的《西比尔》（1845）和伊丽莎白·盖斯凯尔的《玛丽·巴顿》（1848）之前，华兹华斯就已经预言了未来宪章运动的可怕意象：“成千上万的人结集，街巷和旷野黑压压一片。”

在《警告》中，诗人和同时代最懦弱的人站在一起。但华兹华斯对时代精神或劳动大众的回应并不全然基于恐惧。比如另一首诗《人性》以及《重游耶罗》的重要散文《后记》就不是这样。

华兹华斯在《人性》中猛烈抨击：

可耻！我们的法律表面反对罪行，

却远远地成为罪恶的帮凶！

“英格兰不要奴隶”——骄傲的自夸！

实际上却是个天大的笑话！

从这个海岸，到那个海岸，

虽无**戴枷锁**的奴隶，她的地板

和泥土却在奴隶般的劳作下叹息，

贪婪无情的学派推演出所谓法律

分化出贫穷悲惨的大众，

将民族的健康、身体、智力、心灵

献祭给一个妄称“民族财富”的偶像，

在那劳动不休的巨大机器旁

是一股强烈涌动的渴望，

在那令人头晕目眩的车轴

之间，最廉价的劳力也有思想感受。[34]

一八二九年，诗人写下这段诗文时，是为了强调反奴隶制的主旨；但一八 445
三五年，最近暴露的真相使这首诗尤其具有现实相关性。题目《人性》
一定使某些读者感到不安，他们还在消化塞德勒童工报告中揭露的惨
状，尤其是少数人道主义读者，他们并不满意一八三三年《工厂法》迫使
工业界作出的让步。[35]但是，与这种奴役相比，另一种社会现象更令诗
人困惑。的确，剥削童工是社会的毒瘤，但这并不是蓄谋的结果，而是应
对不断变化的经济状况的权宜之计。华兹华斯认为，通过立法，可以缓
解这个问题。然而，一八三四年《济贫法修正案》却是蓄谋的产物，是调
查员、统计员和分析师所能给出的最佳方案——这才是真正令人忧虑之
处。面对混乱的现实，大量失业与无业人员，而非抽象的贫困，议会却颁
布了一项马尔萨斯式的法案。华兹华斯一向反对马尔萨斯的理论。新
济贫法规定，贫民只有在进入"济贫院"后方可获得救济。但那里条件
十分恶劣，除非别无选择，没人愿意进去。卡莱尔讽刺地说："如果接受
救济的贫民处境悲惨，他们就需要集体灭亡。所有抓老鼠的人都知道这
个秘密。"[36]

三十年后，狄更斯在《我们共同的朋友》后记中表达了对济贫法的
看法："我认为，斯图亚特王朝以来，英国还没有哪个法案被如此频繁地
恶意执行，如此频繁地公然践踏，如此频繁地监管不力。"[37]维多利亚时
代对济贫院制度的抨击大多是狄更斯的回声：济贫法惨无人道。然而，
一八三五年，在没有足够的证据之前，华兹华斯不得不采取另一种立场。
但即使他在一八六五年写作，他的批评思路依然不会改变，因为新济贫
法触犯了无论他如何改变政治立场都始终坚守的两条基本原则。第一，
国家应该尊重人民，应该培养一切激发人性的价值——自尊、独立（无

论多么低等）、希望、爱家、爱国，也就是说，那些身不由己、无以为生的人有权在不伤及自尊的前提下获得救助。"尽管笔者尊重立法者的个别经验和普遍智力……但仍要指出，该法案建立在一种臆断之上，即如果劳动者手上没有钱，那是他自己的错。"[38]

第二，一切从理论出发建立的法律都是可疑的。华兹华斯注意到，现有的济贫法需要修正，但他担心解决方案来自"政治经济理论"而非具体的现实生活。"很多人认为，每一个努力找工作的人都**可以**找到工作：如果这个论断成立，那么还有一个问题，什么工作？劳动者在多大程度上适合它？"一七九二年，当博布伊指着饥饿的小女孩说"我们就是／为此而战"时[39]，华兹华斯眼前的法国大革命才变得真实。一八三五年，尽管他的思想已发生沧海桑田的巨变，但他依然相信——一个理论的成败取决于它对个体案例的影响。

五

一八三六年，一个名叫菲茨詹姆斯·普莱斯的人给华兹华斯寄来拉丁文版的《游耶罗》——"Anne hac Arrovia est? an hocce flumen①..."[40]看到自己的作品被译为一门死语言，华兹华斯倒是很开心，因为此时，他已经确信诗集获得了成功。第一版《重游耶罗》的一千五百册九个月内售罄，证明了一八三二年诗集销量增长时产生的印象：他现在声名鹊起。在美国，从一八二四年起，就有了印刷精美的一八二〇年四卷本诗集；当《重游耶罗》在伦敦问世后，波士顿与纽约也于同年出版了这部诗

---

① 即该诗的第一行"And is this—Yarrow? —*This* the stream"，大意为"这是——耶罗吗？**这条**河流"。

集。而且,到一八三七年,华兹华斯拥有了美国编者,宾夕法尼亚大学的亨利·里德。里德赢得了他的信任,不仅因为他负责、聪明,还因为他和诗人一样在意文本的精确性。[41]"你知道吗?"华兹华斯在信中对克拉布·罗宾逊说,"波士顿正在印刷的一本诗集收录了我两万首诗……不管怎样,英语作者正成为强大的力量——只要他用心去写。"[42]一八三九年,当他收到"一位地位显要的印度绅士译成孟加拉语"[43]的十四行诗《作于威斯敏斯特桥》时,他知道自己的作品达到了另一个巅峰。

过去曾被指责的,如今得到赞同,华兹华斯很满意。他的朴素风格也得到重估。当读者感到《雾都孤儿》难以承受时,他们可以从容面对《我们是七个》中的小女孩或爱丽丝·菲尔的哭泣。[44]隐居湖区曾被嘲笑为一个可怜的宗教狂与世隔绝、万念俱灰的自我伤害;如今,却被视为一位伟大的宗教诗人应有的精神生活。杰弗里曾因他的独特想象而称其为疯狂的自我中心主义者,现在,化平凡(如水仙、毛茛)为奇迹的华兹华斯被视为极富想象的诗人和先知。

实至名归——这是"迟来却持久的影响"。一八三五年九月,华兹华斯当选肯德尔自然历史与科学协会荣誉会员。两年后,利物浦皇家学院授予他相似的荣誉头衔。一八三八、一八三九年,他分别荣获杜伦大学和牛津大学荣誉学位。一八三八年,他还被问及是否愿意竞选格拉斯哥大学校长。一八四〇年七月,孀居的阿德莱德王后游览湖区时,特意来探访了莱德尔山庄。三年后,华兹华斯成为维多利亚女王的桂冠诗人。七十一岁高龄时,他甚至受邀成为艾尔自治区的保守派代表。

每一封来信都进一步证明了华兹华斯的声誉。一些信过于谄媚,令人尴尬。比如,不靠谱的文学投机分子托马斯·鲍威尔在得到华兹华斯写的一个便条后,热情地说道:

当我阅读它时,一种奇异的快乐扑面而来——仿佛一缕阳光搅动我灵魂最深处——想到《彼得·贝尔》和《漫游》的作者在与我交谈,我恍然清醒;宛若曼农巨像头顶的阳光①,又如[春]之音乐——理念世界中的生命。

诸如此类,长达四页。[45]另一些来信令人困惑。托马斯·福布斯·凯尔萨尔来信要一份《重游耶罗》的手稿。华兹华斯被这坦率的要求打动,同意了;但他随后怀疑这是个恶作剧——其实不是。[46]另一个要求令人惊讶:

448　　华兹华斯先生——阁下,

我刚刚完成了一部上好的悲剧,或许是现存最好的悲剧之一——倘若您能帮我润色几[笔?],它将变得更好。我自作主张,下一封信就把它寄给您。——另外,我想管您借二十镑——剧本出版就还您。我在诗歌圈里地位很高、很高,您以前一定听说过我,我以我的信誉担保,请下一封信把钱寄来,一言为定。

我是阁下狂热的崇拜者

查尔斯·斯威恩

斯威恩是曼彻斯特一位多产的诗人,他一定收到了华兹华斯礼貌的回复,因为,一八四二年,他"怀着无限的崇敬"将自己的诗集《心灵及其他诗歌》——一部无聊透顶的作品——赠予华兹华斯。[47]华兹华斯甚至还

---

①　曼农巨像矗立在尼罗河西岸和帝王谷之间原野上,是古埃及著名历史遗迹。人们认为石像是希腊神话中的曼农,就给它取名为曼农巨像。后来,地震使雕像出现了裂缝。每当起风的时候,石像仿佛在唱歌一样,十分神奇。大约公元 2000 年前,一位希腊地理学家目睹了这一神奇的现象,在《旅行指南》中写道:"每当日出时分,石像就会说话,游人……认为最接近竖琴或琵琶弦断的声音。"

收到一封"情书"，来自"我的女性崇拜者"。他假装这是个恶作剧，但其实心里美滋滋的。[48]

　　然而，大多数来信都很受欢迎，不卑不亢，只是真诚地表达对他作品的感谢。比如威廉·戈姆爵士写到他如何在极度悲痛的时候求助于华兹华斯的诗歌：

> 它们陪伴我度过孤独的北德国之旅；——旅行，因为我无法忍受安静——如果您看到那些饱经风霜的诗集，看到诗集遍体伤痕，因为我用铅笔划出那些带给我无尽快乐的诗文——尤其是《漫游》中最可贵、最精彩的"校正沮丧"部分——在那里，你会明白我无以言表的感恩。

亨利·阿尔福德神父把自己的作品《心灵学校》送给诗人时说："感激不尽，聊表谢意。"[49]他表达了大家的心声。

　　赠书与手稿堆积如山，让人不安。华兹华斯始终待之以礼，实属不易。对于收到的赠书，他越来越熟练地变着花样给予答谢："真诚感谢您的关注，阅读您的书将带给我许多快乐。"[50]他甚至能够容忍那些向他征求意见的诗稿，但最后他对"那些严重困扰"他的"本子和签名"做出了反抗。一八四〇年，他声明自己业已在"只消几分钱邮费就可以寄来的……感谢信洪水"中沉没。[51]

　　一八三七年，莱德尔山庄收到的一封信最为奇怪，滔滔不绝，字体幼稚，写信人是个十九岁的青年：

先生：

　　我十二万分真诚地恳请您阅读这封信，并作出判断，因为自出生以来，到如今生命中第十九个年头，我一直生活在荒郊野外，隐居群山，不知道我是谁、能做什么。——我读书，就像吃饭喝水——一种真实的本能需求。我写作，就像我说话——出于冲动和情感；——它的发生、出现和结束，我没法控制。我并没有得到谁的奉承，滋长我的自以为是，因为，到现在为止，世上没几个人知道我曾写过一行字。——但是，如今不同了，先生，我到了必须为自己做些事情的年纪——我必须有一个明确的目标，来行使我的才能；由于我自己并不知道它们是否有价值，我必须请教他人——这里没有人能告诉我；而且，如果它们一文不值的话，我不能再把宝贵的时间浪费在这上面了。

写信人是布兰威尔·勃朗特，他寄来的只是"一个大工程的小引子"。信的开头写道，"那熠熠生辉的晚星 / 在黄昏中默放光明"。[52]显然，这封信表达了一个苦闷青年的诉求，但表达方式非常笨拙。"当今的时代没有值钱的作家；如果有更好的作家出现，必须为他敞开天地"——这太不会说话了。华兹华斯没有回信。他的沉默可以理解。这不过是又一封心理失衡的陌生来信。"但是，读这封信吧，先生，您的~~灵魂~~善心会为黑暗中人举起一盏灯。给我回信吧，哪怕只有一个字，告诉我是否该继续写作还是到此为止。"谨慎起见，还是不和这样的人建立通信为妙。但我们宁愿用一百封华兹华斯晚年的书信去换取哪怕一封他可能写下的回复。

　　一八三六年，威廉·博克塞尔从萨福克的哈德威克宅邸来信说："你在这儿有一群真心热诚的崇拜者……我相信，不去莱德尔山庄朝圣，他们是不会罢休的。"[53]"朝圣者"络绎不绝，但并非所有人都文明礼貌。爱德华·奎利南在日记中记录了一对夫妇在莱德尔山庄门外的对话。女士说："我们不要进去；你能不能爬到墙上摘一枝月桂或随便什么？我们**必须**带走点东西。"[54]不过，大多数在莱德尔山庄访客簿上留名的人都很正式，要么有朋友的介绍信，要么是以前朝圣者的引荐。

450

华兹华斯成了国家的丰碑。在《英国与英国人》(1833)中,布尔沃·利顿考量了促使人们对英国当代生活产生前所未有的兴趣的所有因素,并对华兹华斯做出公允的评价。[55]对很多人来说,去湖区旅游一定要看一眼莱德尔山庄。早在一八三〇年,一个当红导游居然表示,只看一眼不够,可以多看几眼:"外地人可以获准到房前的山上,那里景色迷人。"[56]

美国人继续来找他。哈佛的乔治·提克诺教授自从一八一九年结识诗人后,分别于一八三五、一八三八和一八四九年来访,增进友谊。一八三三年,拉尔夫·沃尔多·爱默生第一次访问英国,后在《英国人的性格》(1856)中描述了华兹华斯对他的接待。他觉得,"[华兹华斯]思想的条条框框"令人苦恼,但他承认,在谈论和背诵诗歌时,"他有自己的节奏",令人难忘。[57]奥维尔·杜威在《旧世界与新世界》(1836)中用大量笔墨记录了他同在一八三三年的旅行。如果他为谈论诗歌而来,那么他显然很失望。连续两晚,华兹华斯大多在谈论政治,只有在陪杜威散步、看日落后的格拉斯米尔时,他才像个诗人。"山坡因蒙了一层云影而更柔和,我从未见过这样的景象,我见过的绘画也不及万一。华兹华斯先生说,山坡仿佛'披着云衣'。"[58]一八三八年,未来的参议员查尔斯·萨姆纳怀着敬畏之心来拜访诗人。他写道:"当你敲开邻居的门,打听'华兹华斯先生住在哪儿?'这多么奇怪!就像叩响西敏寺的大门,求见莎士比亚先生或弥尔顿先生!""这位伟人"没有让他失望。[59]

但有些人失望了。一八三五年三月,年轻气盛的托马斯·卡莱尔在伦敦亨利·泰勒的家中——而非莱德尔山庄——见到了华兹华斯。他认为华兹华斯"是个真诚的人,但里里外外是个**小人物**"。说他失望也许不准确。卡莱尔本身是潜在的智者,他自己也很清楚这个事实,因此对这次会见期望很少,且"基本得到满足"——是的,华兹华斯自然,真诚,但也非常自负,半瓶智慧。[60]安东尼·特罗洛普的哥哥托马斯·阿道弗斯·特罗洛普期望值很高，失望值也很大。在自传《我的回忆》（1887-1889）中，特罗洛普追忆了一八三九年八月与母亲拜访华兹华斯的情景。他觉得，"华兹华斯举止敷衍，似乎在背诵事先准备好的漫长独白，并且不加修改地重复表演，就像那些擅长讨好社会名流的人常要他做的一样。"[61]或许，特罗洛普考虑更多的是名流的感受。根据他的记载，尽管他觉得乏味，特罗洛普太太倒很开心，也感到了华兹华斯的盛情。虽然她是贵客，但像她这样的客人还有很多。

所有这些访客都有益于华兹华斯建立声誉，无论通过私人书信和交谈，还是公开的回忆录、讲座和散文。然而，影响最大的一位——诗人，评论家，未来的华兹华斯学会主席——与诗人初见时还只是个学童：马修·阿诺德。一八三三年，经过两个夏天的勘察——其中一次住在艾伦山庄——拉格比的阿诺德博士与家人决定在湖区建一座度假房，就在拉芙里格峰庇护下的福克斯山，毗邻罗莎河，对岸是奈布山和莱德尔山。两家人于是相熟起来。当阿诺德博士与诗人就政治、宗教和国民教育争论不休时，小阿诺德被华兹华斯的风采深深震撼。日后，当他成为作家，他将努力评估诗人的魅力，并至少部分摆脱他的影响。[62]

一八四〇年代，人们对华兹华斯的溢美变得荒唐。一位身份不明的目击者记得，"乔治·博蒙特夫妇曾将华兹华斯带到他们在格罗夫纳街的住所……他们对诗人的崇拜遭到嘲笑，他的诗被视为一文不值"。然而，他也写到，在一次伦敦的聚会上，"他坐过的椅子被视为圣物……放到一边！"如此恭维，华兹华斯很快就感到"难以消受"。[63]但一位未知作家的评论却很公允，"很少有人能像他一样，**活着见证**舆论的改变，享受胜利的喜悦。"然而，成为名人的另一面，华兹华斯却极不喜欢——大众对诗人的隐私如饥似渴。他的敏感可以理解，但既想出名又不愿被骚扰的想法很不实际。一八三〇年代，他不得不面对现实。

一八三四年，柯尔律治死后，大量的生平资料如洪水决堤。同年九月,德昆西发表在《泰特的爱丁堡杂志》上的文章对柯尔律治的婚姻、生活习惯、吸毒、剽窃做出负面评价,引起轩然大波。"德昆西的背叛和歪曲让我感到从未有过的悲伤和愤怒。"哈特莱·柯尔律治写道,也为骚塞、华兹华斯和他们的家人代言。[64]但在华兹华斯看来,更糟的还在后面。一八三五年,柯尔律治的侄子亨利·奈尔逊·柯尔律治出版了《已故的塞缪尔·泰勒·柯尔律治茶叙范本》。一八三六年,托马斯·奥尔索普编辑的《柯尔律治书信、交谈与回忆》出版。次年,约瑟夫·科特尔的《已故的塞缪尔·泰勒·柯尔律治早年回忆录》问世。紧接着是一八三八年詹姆斯·吉尔曼的《塞缪尔·泰勒·柯尔律治传》。每一本书都让华兹华斯懊恼。《茶叙》透露了《隐士》的信息。[65]奥尔索普公开了一封柯尔律治写给自己的信,主要写到华兹华斯将宗教与世故混在一起。[66]科特尔在讲述两位诗人最亲密的岁月时,为了凸显自己慧眼发现两位天才,不惜销毁证据,歪曲事实。他还向世人透露了未出版的悲剧《边界人》。[67]吉尔曼写作漫不经心,甚至认为华兹华斯一度当过领薪水的记者。[68]

虽然华兹华斯的人生还在铺展,但他不得不承认,早年生活已成历史。迄今为止,他一直被视为柯尔律治的附属品,但一八三九年,德昆西为《泰特杂志》撰写的另一组文章则直指华兹华斯。[69]德昆西不仅无意泄露了尚未发表的《序曲》,而且还对玛丽的长相和多萝茜的衰弱妄加评论,简直不可原谅。这些家庭信息恰恰是华兹华斯视为神圣不可侵犯的。[70]他无法制止未来的侵犯,但他做了力所能及的事。当巴伦·菲尔德将他撰写的《华兹华斯回忆录》交给诗人时,回忆录的主人非常强硬。他告诉莫克森,"我完全反对出版菲尔德先生的书稿。"但对书的作者,华兹华斯更加温和,但同样坚定。他对菲尔德建议道:"最好不要像时下流行的那样,让人们看到那么多幕后的事情。"[71]

六

《重游耶罗》的成功使华兹华斯充满自信。实际上,他未免过于自信了,以至于在一八三六年做出即使对功成名就的作家来说都有点过分的事情——更换出版商。自从一八三一年他与莫克森合作出版了海恩选编的《华兹华斯诗选》,他就不自觉地转向了爱德华·莫克森。[72] 这位年轻人在出版他为兰姆写的《墓志铭》和塔尔福德的《查尔斯·兰姆书信》时表现出的高效和包容给华兹华斯留下深刻印象[73],他开始向莫克森征求出版下一本诗集和第二版《重游耶罗》的意见,莫克森的积极回复与朗曼的拖延形成对比。然而,华兹华斯与朗曼的决裂来得突然而决绝。一八三六年四月,华兹华斯期待朗曼推进一本诗集;但是,六月六日,他却草率地拒绝了朗曼的提案,至六月二十五日,他不顾出版方抗议,签署了一份声明:"华兹华斯先生……认为莫克森先生享有出版华兹华斯未来作品的优先权。"[74] 原因很明显,莫克森给的稿费多——"出版三千册诗集的稿费是一千镑"——即使算上各种各样的损失,一八三六年诗集本身的可能收入"几乎是天上掉馅饼的美事"。[75]

抓住华兹华斯是莫克森的一步好棋。这证明了他的野心和商业头脑,但也另有原因。莫克森本身是诗人,对诗人有好感,并立志创办一所值得缪斯光顾的出版社。[76] 当然,钱最重要,在财务方面,莫克森可以非常强硬,一八四二年他和诗人之间那些苛刻的书信可见一斑。但他和诗人的来往不仅限于账本。[77] 一八三七年,他陪诗人去了巴黎,也到湖区看望他,取悦他,做一些小差事,比如帮他到伦敦修眼镜、补假牙。

很快,华兹华斯就开始考验莫克森了。为出版一八三六至一八三七年诗集,他彻底修改了所有作品,以至于"几首诗有了新的版本;上百首诗改头换面;遍布各处的细节修改,使许多诗歌以迥然不同的面貌呈现在读者眼前"。[78]他的家人一如既往应征抄写大军:玛丽,多拉,奎利南——女婿似乎还有别的念想,他在一八三六年九月一日的日记中写道:"与其去打鹌鹑,不如帮华兹华斯先生'修修补补'(他的原话)……"[79]和往常一样,出版商和印刷商不得不忍受华兹华斯对诗歌完美的执着。他在一八三二年诗集上做出修订,又毫不犹豫地在修订上继续修改,他的字迹实在难辨;他也会寄来单独的纸页,与印刷本互相参照。一张幸存下来的校样上留有玛丽给印刷商的说明:"请寄一份改样。华兹华斯先生希望这是最后一次修改了。"[80]但并不是。自从一八〇〇年以来,华兹华斯始终是印刷商的噩梦。年底,玛丽已经受够了"埃文斯先生日复一日寄来的无休无止的校样,简直要把我们的眼睛弄瞎了"。[81]

454

这种规模的修改一直持续到一八三六年下半年,使华兹华斯变得烦躁易怒,身体不适。这一次,他太暴躁了,以至于转年他离家在外时,心里悔恨不已。他从萨尔茨堡寄来一封道歉信:

> 最亲爱的玛丽,每当我想到修改上一版诗集时,我对你——我珍贵无价的同道——是多么粗暴,我就祈求上帝使我俩延寿,这样我就可以补偿你,为此,也为我所有的卑劣。但你知道,这种限时而超负荷的工作常让我神经紧张,脾气暴躁。当时我觉得无法控制这种烦躁,但现在我觉得理应克制。我知道你已经原谅我了,像往常一样,但或许这让我更加不安。[82]

然而,华兹华斯的行为可能不仅是因为大规模的修改,"漫长的劳作","进展与付出不成正比";还因为修改的性质,因为,六十六岁的诗人认为这是"最后一次"修改了。[83]他将一生的作品拿来回顾。冷眼看待——或许过于冷酷——早年诗歌的"轻狂与朝气",大幅修改了《黄昏漫步》与《景物素描》。[84]但受到审视的不仅是"青春作品"。所有诗歌都被"打上补丁",就连完美如《威斯敏斯特桥十四行》也险遭改动。[85]既然柯尔律治已过世,《爱丽丝·菲尔》也就重归经典了,华兹华斯以前不发表此诗,只是出于尊重《文学生涯》对这首诗的评价。他很清楚,"在明断者的眼中,这版诗集的价值……在于我修改许多旧诗,重构乃至重写整个段落所付出的辛劳……我付出了巨大劳动,但无怨无悔"。[86]

一八三八年出版的另一部作品也给人终曲的感觉——《威廉·华兹华斯十四行诗:合订本》。华兹华斯声称并不在乎这本书,"只不过为了稿费"才出版,但这样说只是装装样子罢了。他一直热爱十四行诗这种体裁,当四百一十五首十四行诗结集在一起,每一首诗精美地印刷在单独的一页上,华兹华斯知道,这部诗集本身的艺术造诣不亚于《漫游》。[87]书前的引言写道:"对弥尔顿一些十四行诗的崇拜最初诱使我尝试这种体裁。这样说不是为了引起读者的重视,而是为了公开表达我作为诗人与个人对我们伟大同胞的无限感恩。"这是得体的致谢,也是明确的声明,宣告了华兹华斯十四行诗在文学史上的位置。

当华兹华斯考虑如何呈现毕生的著作时,这也牵扯到另一个明确的决定——他终于公开放弃了《隐士》。在一八三六年十二月十七日的信中,巴伦·菲尔德将自己对《重游耶罗》的看法告诉华兹华斯:"您的才华不但没有一丝衰退的迹象,反而随着年龄的增长而愈加醇熟。"他补充道,"哦! 接着写《隐士》吧。"[88]菲尔德并不知道,在他写这封信的时候,华兹华斯生前惟一出版的《隐士》部分已经付梓,而且有一处变化比所有其他修改都更加重要。自从一八一四年以来,每一版《漫游》的扉页都将其描述为"《隐士》的一部分";前言开篇则写道:"扉页已经宣告这只是一首诗歌的一部分……"[89]一八三六年后,这句话虽然没变,但已失去意义,因为扉页现在只写着"漫游",使前言——连同其中讲到的"一部由三部分组成的漫长巨作"——成为《隐士》的纪念。读者若没有购买一八三六至一八三七年诗集,或者不屑阅读扉页,就会继续期待华兹华斯兑现他多年的承诺。比如,一八三八年,詹姆斯·蒙哥马利在写到《漫游》时,就直率地问道:"其他部分呢?"[90] 但华兹华斯已经结束他漫长的伪装。一八三八年五月九日,乔治·提克诺幼稚地问华兹华斯为什么没有完成《隐士》。诗人转向他,"非常坚决地说,'为什么格雷没有完成他已经启动的一部主题相似的长诗? 因为他发现,他在做一件超出他能力范围的事情。这也是我的情况'"。[91]

当他的作品以崭新的面貌出现,当困扰他的幽灵终于消失,华兹华斯还剩下一个任务没有完成:《序曲》的最后准备工作——当人们对《隐士》充满期待时,他们必然也会想到这部诗歌。《漫游》的前言已经暗示,这部自传性诗歌是哲思长诗的"序曲",要等到后者完成才能出版。然而,现在情况变了。柯尔律治聆听华兹华斯朗诵《序曲》后写下的诗,在长久的隐没后,终于浮出水面。德昆西一八三九年的散文也使读者想起它的存在。但华兹华斯还是不想出版,理由是题材过于隐私。[92] 不过,他希望在死后出版这部作品。一八三八年八月,他开始给他的新朋友伊莎贝拉·芬尼克小姐朗读全诗。根据她的叙述,他很快就陷入了修改,尽管他"白天已经工作至少六七个小时",但实际上,他的心从未离开过这首诗。[93] 他重审一八三二年诗稿,常常改得乱七八糟,然后再交给多拉和伊丽莎白·库克森重新誊写全部十四卷诗文。[94] 他对修改工作的投入可以从一八三九年四月三日玛丽给多拉的信中略见一斑。在坐火车和马车去巴斯的路上,华兹华斯和玛丽不得不中途等待两个小时。诗人抓住机会:"爸爸和我只好下车,喝了热茶。爸爸对最后一节做了一些修改,我们从莱德尔出发前,他正改到这里……"[95] 再过四天,就是华兹华斯六十九岁的生日,玛丽说天气寒冷刺骨。

华兹华斯修改《序曲》时,他在展望未来。然而,他也在以一种不同的方式参与未来。一八三七年,塔尔福德提出一项法案,旨在将版权期

456

限从出版后二十八年或直到作者去世,延长到出版后六十年。这是华兹华斯一直关注的事情。一八一九年,他曾呼吁"文人受到的不公亟待全面校正"。随着事业的发展,这一情绪更加强烈。[96]多年来,尽管他的创作不断进步,但他的家人却不得不省吃俭用。如今,他的名声越来越大,他们理应享受它的好处。然而,在现有法律合同的约束下,他们的收益甚薄,没有什么盼头。华兹华斯反复指出,法律对文学不利,它只会鼓动作家追求眼前利益,迎合流行品味。这给他造成很大压力,以至于坦言,个人遭受的不公使他随时准备投入战斗。

尽管塔尔福德不断努力,但提案还是没有通过。直到一八四二年,才颁布了一项新修订的法案。[97]但是,假如单凭努力就可以解决问题,塔尔福德早就成功了,因为华兹华斯是顽强不屈的盟友。他游说每一个有关系的权贵,不管这关系多远,包括格莱斯顿和皮尔;他给出版社写信;在塔尔福德的指导下草拟给议会的申诉书。康奈尔大学图书馆里保存着大批著名人士写给华兹华斯的信,都保证会参加议会对提案的宣读讨论,或以其他方式支持提案;此外还有塔尔福德向华兹华斯汇报进展和策略的书信。一八三八年,华兹华斯满意地说:"我很确信,没有我亲自的努力……提案不会进展这么快。"[98]这说明了华兹华斯目前的地位。当塔尔福德最初提出议案时,他只是将华兹华斯视为版权法的巨大牺牲品,虽长期受到指责,但从未放弃对永恒艺术的追求;如今,迟来的荣誉将他奉为国家的骄傲。[99]

七

这位自比凋零黄叶的诗人继续展现出惊人的能量。一八三六年五月,他再度南下,展开了他最繁忙的一次旅行。在诺森普敦附近时,中途丧马,轮胎脱落,直到五月十一日快凌晨两点时才缓缓抵达伦敦。但当天中午,华兹华斯就去接待他的慈善家约书亚·沃特森家了,并给家人写下此行的第一封信。

当他终于感到累时,他已经像陀螺一样旋转了两个月,即使是他年龄一半的人都会疲惫不堪的。早饭,晨访,午餐,晚宴——华兹华斯遇见亨利·泰勒和他的许多朋友(詹姆斯·斯佩丁,爱德华·维利尔斯,詹姆斯·斯蒂芬,卡莱尔),克拉布·罗宾逊,约翰·凯尼恩和塔尔福德,理查德·蒙克顿·米尔恩斯(后来成为霍顿勋爵),格莱斯顿,朗斯岱尔勋爵,以及利物浦勋爵。他与莫克森谈生意,与罗杰斯、兰多和 H. F. 加里(但丁的译者)聊诗歌,与弟弟克里斯托弗和约书亚·沃特森论宗教。他游览动物园,参观达利奇画廊、埃尔金大理石、温莎城堡和奇西克庄园。他听康斯太勃尔的讲座,事后,画家在一封热情洋溢的信中说很"骄傲"华兹华斯来听他的讲座,并送了诗人一本画册,其中的风景与"我们宝贵的朋友、已故的乔治·博蒙特爵士"有关。[100]五月二十六日,他还在考文特花园观看了麦克雷迪成功出演的托马斯·塔尔福德的悲剧《伊昂》。尽管这是"我来伦敦后最快乐的一天",这一天却相当考验体力。[101]演出前,华兹华斯与兰多和塔尔福德一起吃了饭;演出后,还有庆祝晚宴,他坐在麦克雷迪旁边,见到了罗伯特·勃朗宁、玛丽·拉塞尔·米特福德,画家克拉克森·斯坦菲尔德和约翰·卢卡斯,以及约翰·福斯特等人。麦克雷迪兴高采烈,演出的成功使他倍感轻松。他在晚宴上恭维华兹华斯,说《伊昂》中的一段台词要归功于《边界人》。华兹华斯高度赞美塔尔福德的缪斯,不过,这位演员在日记中写道,华兹华斯很高兴人们注意到他的诗文更好。[102]

两天后,在一个非常不同的聚会上,华兹华斯结识了一位新朋友——伊丽莎白·巴雷特。约翰·凯尼恩曾邀请她参加诗人的招待会,但她拒绝了,因为她不喜欢人多。她的拒绝是幸运的。在一场盛大的聚会中,两

458

位诗人只能互相寒暄，但在凯尼恩安排的非正式见面中，他们得以真正交谈。伊丽莎白·巴雷特做了详细的记录。[103]她敬畏诗人，但不过分，坚持己见。他们谈起阿尔菲埃里①的生平与诗歌、莎士比亚、斯宾塞、乔叟、但丁、诗人生活的本质，最后还谈到是否天才都不约而同"伴有某种严重的智力或道德缺陷"。华兹华斯观点明确，认为道德缺陷"更多来自天才的缺失而非过剩"。伊丽莎白·巴雷特深受触动。他的嗓音"低沉平静"，她写道，"**仿佛蕴含真理**"。未来，华兹华斯"很喜欢"她诗中传达的"力量与真知"（尽管对他的品味来说"过于理想化"）[104]，但这位三十三岁的诗人给他留下了怎样的第一印象，我们不得而知。可以确定的是，当他发现她也在六月二日参观奇西克庄园的队伍中时，他并未有何不快。

六月十四日，华兹华斯写道："我的日程安排如下，明天与诺森普敦勋爵吃早餐，在家吃。周四与考特尼先生吃饭；周五与利物浦勋爵吃饭；周六与罗伯特·英格利斯爵士吃饭。"突然间，华兹华斯觉得受够了。"在伦敦无休无止地与不同的人见面……他们总想听我讲话，从不消停"，令他"疲惫不堪"。他想家了。六月底，他告诉家人："其实，我伤心，我想家。"[105]一星期后，他就回到了莱德尔山庄。

八

459　　华兹华斯从伦敦寄来的最后几封信充满乡愁，人们也许以为他再也不会离开莱德尔了，除非只是几天。然而，他根深蒂固的出游欲依然强烈。他后来说，"我这辈子一直强烈渴望参观罗马和意大利其他著名城

---

　　① 维托里奥·阿尔菲埃里（Vittorio Alfieri，1749-1809），意大利诗人、戏剧家，被誉为"意大利悲剧奠基人"。

区。"少年时对古典诗歌的爱好——尤其喜爱贺拉斯——持续了一生。因此,当他终于可以凭借一些亲身经验说,"对于熟知古典诗歌的人",奥维德和维吉尔的国度"是无尽的宝藏"时,他正是其中饱读诗书的一位。[106]他和克拉布·罗宾逊制订了旅行计划,而且还花了些工夫温习意大利语。[107]起初,华兹华斯有些顾虑,但他未来的旅伴用下面这段精彩的训导使他振作起来:

> 人人都知道,意大利的一切都和它的天气一样,**美丽而危险**。无视一切危险,证明你还**太年轻**。只想困难和危险,说明你已经**老了**。而我们正处在人生的盛年,虽不是绝对的黄金时期,但依然是体面的中年绅士,我们应该往好处想,同时也做坏的打算。[108]

一八三七年三月十九日,在罗宾逊和莫克森的陪同下,华兹华斯终于从伦敦乘蒸汽船出发前往加莱,开启了华兹华斯最后的伟大远征。[109]

一七九〇年华兹华斯与琼斯的旅行意义非凡,但在某些方面,一八三七年这次旅行更加重要。从三月十九日至八月七日,两位"体面的中年绅士"(莫克森最远只到巴黎)坐在花七十镑买来的一辆马车里,展开了他们的旅行。无论是法国的暴雪,还是意大利的酷暑,都没有阻止他们野心勃勃的征程:巴黎——夏纳——卢卡——锡耶纳——慕尼黑——海德堡——科隆——布鲁塞尔——加莱。

一到巴黎,华兹华斯立刻找到卡罗琳和她的丈夫、孩子。尽管我们很想知道这次见面的蛛丝马迹,但除了他们曾打探多萝茜姑姑的健康状况之外,我们一无所知。[110]巴黎之后,华兹华斯与罗宾逊南下,经尼斯离开法国。随后,在热那亚,他们遭遇了公海上的历险,华兹华斯开始担心他们将步雪莱之后尘葬身大海了。接下来是比萨、锡耶纳和罗马。由于那不勒斯爆发霍乱,采取强制隔离,帕特诺普未能成行,华兹华斯伤心

460

遗憾。两年后,他依然耿耿于怀,在法国行之后,从马赛坐船来到那不勒斯,如他所说,一八三七年旅行终于圆满。

面对古迹,华兹华斯很少激动。罗宾逊说,华兹华斯"没有我想象的那样对古迹感兴趣"。他补充说,比如在尼姆,华兹华斯"看到角斗场旁嬉戏的孩子时,高兴得大喊起来,'哦!我真想把那群孩子偷走,带回莱德尔山庄!'然后,'站在竞技场上方,他赞叹着脚下宏伟崇高的建筑,也赞叹着远处郁郁葱葱的茂林'"。[111]在帝国之都,他们尽享壮游的寻常快乐,但也有些快乐不同寻常——在坎帕尼亚,他们与牧羊人共度了一整天,观看罗马的牧羊人剪羊毛。与此同时,一场友谊正在华兹华斯和济慈的火焰守护者约瑟夫·塞文之间展开。塞文住在罗马,是济慈最后一次旅行的同伴,也是一八二一年陪同诗人走完人生最后一程的友人。他很高兴华兹华斯不仅答应和其他教父母一起出席儿子亚瑟的洗礼,而且还"举杯祝愿儿子健康"。塞文最近的传记作者指出,"在未来经济困难的全部岁月,华兹华斯在洗礼上用过的银酒杯始终是一件无价之宝,从来没有被送到当铺去。"[112]

华兹华斯在罗马的快乐主要因为——如果不全因为——介绍他与塞文认识的一位女性。"华兹华斯需要女人的陪伴和安慰……"罗宾逊狡黠地说。于是,弗朗西丝·麦肯基便给予了一切。她是西弗斯勋爵的女儿,聪明有教养,是罗马社区的名媛。罗宾逊和她有多年的交情,他很得意正是自己将华兹华斯的诗歌介绍给她,并改变了她最初的漠然。或许,他在罗马的快乐并不单纯。麦肯基小姐慷慨好客,这很重要。但同样重要的是,华兹华斯渴望女性的陪伴。然而,最最重要的是,他和麦肯基小姐非常投缘。她为他安排出行,敞开大门,盛情款待。华兹华斯在写给多拉的信中说:"若不是亲爱的麦肯基小姐,我在罗马的夜晚将无聊至极。我很喜欢她,我相信她也喜欢我。"[113]这份深深的好感逃不过罗宾逊的眼睛。从最开始,他就注意到,"晚上,我们和麦肯基小姐喝茶,她一直很友善。华兹华斯与她聊文学。显然,他表现得非常渴望获得她的好感,当然,他一定会的"。

他成功了。[114]他们互相写信,华兹华斯还迫切邀请她到莱德尔山庄来。一八四〇年,麦肯基去世时,华兹华斯表达了对她的敬意:"我从来没有认识过一个人,在有限的交往后,让我如此敬重,如此真心依恋。我在罗马的所有愉快记忆都离不开她的友善。如今,这一切蒙上了阴影。"[115]

两位旅伴怀着遗憾离开了罗马与麦肯基小姐。他们北上前往阿西西、佩鲁贾、阿雷佐和佛罗伦萨。华兹华斯觉得,大街上一半的"时髦人士"都是英国人。[116]当他们终于迎来片刻的小憩,在罗宾逊的怂恿下,华兹华斯像大多数游客一样,在"但丁的宝座"上坐下来,当他观看一幅拉斐尔的圣约翰时,他居然睡着了。[117]从佛罗伦萨,他们又去了博洛尼亚,然后是米兰。在米兰的旅馆里,他们巧遇出版商威廉·布莱克伍德的两个儿子。可以想象,诗人抓住这个机会,慷慨激昂地讲起版权问题。亚历山大·布莱克伍德自然不乐意花半个小时听"另一个版本的塔尔福德演讲"。然而,华兹华斯却以另一种方式给他留下深刻印象。他不敢相信华兹华斯还打算去威尼斯,"对于一位六十八岁的人来说,这么热的天……简直是冒险"。[118]

威尼斯见证了一个特别的时刻。两位旅伴早先在旅途中曾碰见乔治·提克诺夫妇,现在很高兴又在威尼斯重逢。提克诺有意让大家尽兴,特别安排了冈朵拉游船,请来船夫载着所有朋友水上游览。"天黑时才上船,[我们]在大运河上泛舟,驶向泻湖。一旦我们稳步前进,他们[船夫]就唱起歌来。"从塔索到大歌剧①,最后还唱起民歌,整整唱了

---

① 大歌剧(grand opera)原指巴黎歌剧院上演的大型豪华正歌剧,是十九世纪上半叶流行于法国的一种严肃歌剧,与当时的喜歌剧相对,后来专指十九世纪以来有对白的法国大型歌剧,通常四或五幕,反映历史题材,追求奢华的舞台效果,在剧中穿插华丽的芭蕾舞场面,不用干念宣叙调,采用大合唱和大乐队等宏大场面。罗西尼的《威廉·退尔》、瓦格纳的《黎恩济》、威尔第的《阿依达》等都可归入此类。最重要的代表作是迈耶贝尔的《新教徒》《非洲女郎》。

一个小时。提克诺写道："华兹华斯非常高兴,我们都宛若梦中。"[119]

462 华兹华斯将一切都讲给后方的家人,这些家书成为他写过的最长最有趣的书信,让我们看到一位永远不失娱乐精神的诗人,而且,他决意要享受这场旅行。他后来评论"但丁的宝座"时说:"我不知道人们有什么依据认为这块石头是但丁最爱的座位,但如果一个游客总是忙于怀疑事实,那他的旅行就很没意思。"[120]当他们到达彼得拉克的朝圣地沃克吕兹时,华兹华斯"非常激动,决定找找乐子,并且如愿了"。[121]疲惫,孤独,导游的愚蠢,都不能阻止他踏上艰辛的瓦隆布罗萨之行——这场朝圣是为了纪念弥尔顿和《失乐园》中的一句。[122]华兹华斯享受的是切身体验,而非二手经历。在罗马,令罗宾逊大为惊讶的是,华兹华斯被圣彼得大教堂的内部深深打动,与《达登河》中赞美的瓦斯岱尔小教堂相比,圣彼得的辉煌富丽超出想象。

华兹华斯最后的欧洲历险非常愉快,但也充满挑战。诗人担心自己的健康,种种不适也使他神经紧张,比如意大利人似乎会随时关闭教堂和公共建筑。而且,两位旅伴也有很多严重的分歧。罗宾逊虽是"最善良的家伙",但也是喜欢热闹的单身汉,华兹华斯抱怨他喜欢"逛街,八卦,去阅览室,咖啡屋,吃套餐,磕磕巴巴地讲德语或什么语"。华兹华斯在同一封信中还抱怨道,罗宾逊不喜欢早起,还想尽可能长久地远离英国。在旅行快结束时,每个人都觉得自己为了朋友的利益作出了牺牲。"我作出很多牺牲……但他并不知道,"华兹华斯悄悄告诉玛丽。[123]在罗宾逊看来,则截然相反:"我马上决定服从他的意愿,就像我一直以来所做的那样"——这条日记耐人寻味。[124]但有一件事——逗留的时间——华兹华斯显然得逞了。他坚持不要在奥地利和德国逗留,因为,到七月时,他已经强烈地想家了。"一个人必须独自出行,我指的是没有家人陪同,才能感到家庭的重要!"[125]罗宾逊很失望,但他的举止无可挑剔。如果华兹华斯当时没有感恩他的宽宏大量,那么最终他通

过诗歌公开表达了感激之情。当华兹华斯出版《意大利之旅纪念》时，　463
他将组诗献给他的旅伴，恰切而感人：

> 伙伴，你的快乐让我振作，
>
> 你的经验值得信任，日复一日，
>
> 我获得无价珍宝，满心欢乐，
>
> 不怕辛劳，也未觉道路曲折，
>
> 如果这些记录是回赠你的礼物，
>
> 只要它们合意，我将无比幸福。
>
> 感谢你那长流不息的善意，
>
> 随时牺牲自我，惟有我心里
>
> 知道，我对你多么感激。[126]

九

华兹华斯后悔没有早几年开始欧陆旅行，因为，尽管他的心"被无数的意象充实"，也"被活跃的感受唤起"，但他觉得自己现在太老了，无法将这些意象与感受诉诸诗歌，回应"高尚的目的"。他的旅伴也表示同意，对玛丽说："他要是在很多年前去意大利就好了。"[127] 为这次旅行写的诗结集为《意大利之旅纪念》，证明了两位旅伴的正确。

罗宾逊后来说，在旅行过程中，"往往，那些普遍热门的事物只是为了唤起他觉得亲切却缺席的事物"。[128] 比如一八三七年六月的科莫湖之行。对于罗宾逊来说，这是"纯粹无杂的快乐"，对他的同伴，却是另一回事。罗宾逊写道，华兹华斯"痛苦地忆起和老朋友琼斯共度的欢乐时光，一七九〇年，他俩曾在此地旅行。琼斯几个月前去世了。他在这里还有一份更温馨的回忆。一八二〇年他来过两次，第一次只有我和蒙克豪斯陪同，另一次他和妻子、妹妹一起"。华兹华斯向玛丽和多拉坦言，旅行中他一直沉默，知道泪水随时会夺眶而出，因为"往事历历在目，清新宛若昨日"。[129]

过去与现在、熟悉与陌生的交融是《纪念》诗集的最大魅力。大部分诗歌作于旅行之后，发表在一八四二年华兹华斯最后的单行本诗集中。[130]组诗作为整体，兴味盎然——思索了当代史学、隐修生活和幸存传统——但许多思绪来自家乡和意大利的景象和经历。更重要的是，在挖掘这些思想时，作者并未过多借助修辞的力量。然而，一些诗脱颖而出，它们都从过去与现在、熟悉与陌生的互动中获得能量。

这种互动表现为多种形式。《在瓦隆布罗萨》开篇即带我们回到过去，引用了《欧陆之旅纪念·一八二〇》中的两行诗文，还为读者注明出处。《拉维纳的布谷》开篇表达了诗人一八三七年五月二十七日在拉维纳修道院听到布谷鸟叫声时的欢乐，但随后的诗文表明，这"意想不到的问候"之所以令人愉快，主要是因为旅人想念"普通的英格兰树林"中常见的声音。意大利的布谷鸟满足了诗人怀乡的渴望。在另外两首诗中，人与人之间的纽带连接着过去与现在。在罗马，华兹华斯很喜欢夕阳下的一棵松树，并惊喜地发现它曾得到乔治·博蒙特爵士的救助。诗人非常感动，抱紧树干[131]，在《蒙特马里奥的松树》中写道：

> 哦，我的心里充满温柔！
> 被救的松树上方天空晴朗，
> 云朵美丽，勾起浓重的乡情，
> 死神夺走的朋友，白驹过隙的时光
> 取代了圣彼得不朽的穹顶
> 和罗马城全部的宏伟辉煌。

（在宾西亚山能初见它的芳容）

思乡与伤逝之情在诗文最长、情感最烈的一首诗《阿奎彭登特附近的沉思》中表达得淋漓尽致。这首诗回忆了华兹华斯与罗宾逊赴罗马途中在亚平宁山坡上休憩的时刻。山坡上一朵盛开的金雀花将诗人带回他自己的山峦——法菲尔德峰，森黛尔峰，格伦里丁岩和格伦科因丘陵，实际上，早在四十年前，他就在诗里写过这些名字神秘的偏僻地方。[132] 一八○五年，关于法菲尔德峰的回忆呼唤着司各特，他曾与诗人一起攀登海芙琳峰：

> 我们站在一起，那时他正壮年，
> 心中充满欢乐，仿佛大地上没有
> 忧愁，就像我们头顶朗阔的天空。

然后，疾病缠身的"北方圣人"形象突然闯入。诗人显然忆起在艾伯茨福德与司各特的最后一次会面。那时司各特正准备去意大利，希望那里的气候能帮他恢复健康，然而：

> 最美丽的自然景色，
> 最崇高的艺术珍品，丰富的历史遗迹，
> 都没有让你复元，只是无力地安慰着
> 全世界的爱人。

这是诗歌《沉思》的局部，是华兹华斯最后一次公开表达对司各特的情谊。而且，在旧作新诗交织的回忆中，这是我们最后一次听到华兹华斯最典型的素体诗声音。

十

《重游耶罗》出版后，华兹华斯声望日隆，获得了许多荣誉学位，先是杜伦（一八三八年），接着是牛津（一八三九年）。六月十二日，牛津大学的典礼颇有象征意义。华兹华斯和约翰·赫歇尔爵士、本生骑士及其他六人被授予荣誉学位，华兹华斯荣获民法博士，牛津大学谢尔登剧院里掌声雷动。《绅士杂志》评论道："和蔼可亲、成就卓越的诗人一定非常满意。"[133]华兹华斯显然很高兴。典礼上，约翰·基布尔作了传统的克鲁演讲①，盛赞华兹华斯是歌唱人性的诗人。[134]披着长袍、获得新学位的华兹华斯则为基督教堂学院二十岁的本科生——约翰·罗斯金——颁发了纽迪吉特诗歌奖。座无虚席的听众中还有马修·阿诺德和亚瑟·休·克拉夫②。此时此刻，下一代最重要的声音正在致敬当代最伟大的诗人。

这一时刻象征了华兹华斯古稀之年的地位。他对他的自然继承人拜伦、雪莱和济慈的影响是复杂的。他们都承认华兹华斯早期诗歌的自由革新力量，但在有生之年，他们也认为华兹华斯政治变节，因而扼腕叹息。然而，华兹华斯的崛起恰逢他们的早逝，所以，他的声名没有受到第二代浪漫主义诗人作品的挑战。如今，华兹华斯的早期诗歌在新一代人中获得共鸣，尽管语境相当不同。对于维多利亚早期的成熟作家来说，华兹华斯早年诗歌的政治动荡背景不过是历史云烟，他的政治转变也无

---

① 克鲁演讲（the Creweian Oration）以纳撒尼尔·克鲁勋爵命名，通常在校庆典礼上举行，由公共演说家或牛津诗歌教授演说。演讲会总结过去一年的大事，并纪念学校的资助人。

② 亚瑟·休·克拉夫（Arthur Hugh Clough, 1819-1861），英国诗人、教育家。

关紧要。[135]拜伦、雪莱和济慈都亲眼目睹《抒情歌谣集》的作者成为朗斯岱尔勋爵的密友和保守派的辩护人,但下一代人从《抒情歌谣集》《漫游》和《重游耶罗》中各取所需;他们的前辈对诗人的思想转变感到失望,但他们自己对此并不关心,只是在杰弗里从华兹华斯朴素的抒情诗中辨出对社会秩序的威胁时,他们才朦胧地意识到当时的政治环境。当年轻的一代从华兹华斯的诗歌中选择自己之所需,他们不可避免地也在重新阐释诗人,并非有意或争辩,而只是强调他们看重的价值。

有些人认为,华兹华斯歌颂被漠视的生命。在克鲁演讲中,基布尔称他是“惟一一位从正面描写穷人举止、追求与情感(无论宗教还是传统)的诗人,不仅如此,他还为他们披上圣洁之光”。[136]还有很多人也应和着基布尔的话。极力支持童工教育的索斯伍德·史密斯给诗人写来信件,因为他从华兹华斯的诗歌中读出人道主义倾向。[137]一八三八年,伊丽莎白·盖斯凯尔告诉一位朋友,她相信即使在曼彻斯特最穷的地区,都可以做到“人手一册……底层生活的诗歌”,为了表达她的意思,她引用了《康伯兰的老乞丐》中的一段诗文,这段诗文始于“……人身高贵”,终于“我们拥有同一的人心”。[138]盖斯凯尔夫人或许不知,就在几年前,华兹华斯本人恰恰挑出最后一行,认为这是使其诗歌不朽的原因,或者说,他依然坚信,《痴儿》这类诗是他成功的关键。[139]对于这些崇拜者来说——这个名单还可以增加——华兹华斯是卑微之人的歌者。

然而,另一些人却强调他作品中的另一种价值。且让我们看一看这次牛津之行的又一经典瞬间。学位仪式后的第二天早晨,华兹华斯与罗斯金在弗朗西斯·费伯[140]主办的莫德林学院早餐聚会上见面。华兹华斯是嘉宾。在这里,他还见到费伯的兄弟弗雷德里克、约翰·基布尔和约翰·亨利·纽曼。所有这些人很快将声名远扬,纽曼和费伯因为皈依天主教,基布尔则因为坚守圣公会。一八三九年六月,他们代表着一场旨在唤起英国国教精神复兴运动的思想核心,史称牛津运动或书册运动。当他们齐聚在费伯的房间里,是为了见一位对他们都有影响的诗人。

弗雷德里克·费伯从学童时代就是华兹华斯的忠实读者。他曾在一八三一年见过诗人。一八三七年,他携读书会回到安布尔塞德,并协助当地的牧师工作。他的第一部诗集《查威尔的睡莲》发表于一八四〇年,其中包括很多安布尔塞德场景,无一例外带着华兹华斯的影子。[141]基布尔是十九世纪畅销宗教诗集《基督年历》(1827)的作者。当他将任职牛津诗歌教授期间所作的讲座献给华兹华斯时,他深知诗人是他的伟大榜样。[142]一八三九年,纽曼遇见华兹华斯,他刚刚在《英国批评家》的一篇文章中将他特别列出,称之为"充满哲思"的诗人,其作品"诉诸……至高真理和情感"。在撰写《为吾生一辩》(1864)时,他还重回这篇文章,认为这是自己思想发展的重要文献。[143]

值得注意的是,作为英国国教的思想精英,他们每个人都承认华兹华斯的作品对自己的影响。[144]同样需要注意的是,诗人能够安然地和这些人共进早餐,因为他已经习惯和各种国教派牧师交往了。他的弟弟是高教会派。他的儿子是教区牧师。在他年长的朋友中,有主教,圣公会慈善家(如约书亚·沃特森),还有显赫的拉各比的托马斯·阿诺德博士。在他年轻的朋友中,有罗伯特·珀西瓦尔·格雷夫斯神父,他在湖区安家就是为了接近华兹华斯[145],还有奥布里·德维尔,一个无比虔诚的年轻信徒,一八五一年皈依天主教。德维尔坚持定期到诗人墓前凭吊,直到风烛残年。[146]

注释

[1] 引自帕米拉·伍夫,《友谊的肖像》(格拉斯米尔,2008),第31页。

[2] 华兹华斯致弗朗西斯·兰厄姆,[1835年]2月2日,《晚期书信》,第三卷,第19页。

［3］在芬尼克笔记关于《漫游》的说明中，华兹华斯将骚塞对书本的热情与自己对漫游的热情进行对比。见《芬尼克笔记》，第 79 页。

［4］见唐纳德·E.海顿，《华兹华斯的苏格兰之旅》（塔尔萨，1985），第 67-78 页。海顿关于华兹华斯旅行研究的系列丛书都有大量的信息和精彩的论述。

［5］文中引用的十四行诗依次是《汽轮、架桥和铁路》（"你们这些如影的存在"）和《斯塔法岩洞》（"我们看见，但是当然"）。华兹华斯在关于这些十四行诗的一条注释中谈到芬格尔的岩洞："事实上，作者冒着可能引起船长合理的不快的风险，又回到岩洞，在更适合发挥想象力的环境下探索了这个地方，发现这里与心灵美妙契合。"见《十四行诗组诗》，第 604、594、592、648 页。

［6］《十四行诗组诗》，第 577、578 页。另见约翰·怀亚特，《华兹华斯的旅行诗歌：1819-1842》，第 102-117 页。

［7］T.S.艾略特，《小吉丁》，85-88 行："重温旧事旧已带来 ／ 撕心裂肺的剧痛；可耻的 ／ 动机已然暴露，也意识到 ／ 犯了错误、害了他人，／ 而你原以为是善行。"

［8］华兹华斯致艾伦·坎宁汉，［1834 年］6 月 14 日，《晚期书信》，第二卷，第 722 页。更多细节，见拙文《华兹华斯与彭斯》，收录于《彭斯与其他诗人》，第 156-167 页。

［9］关于多萝茜的病情，最翔实的论述见帕米拉·伍夫，《多萝茜·华兹华斯与老年》，载《华兹华斯社交圈》，第 46 期（2015），第 156-176 页。罗伯特·吉廷斯与乔·曼顿在《多萝茜·华兹华斯》（牛津，1985）第 282-283 页引用了一位老年病医学顾问的观点，他认为多萝茜有类似阿尔茨海默症的老年痴呆症状。在我看来，威廉·奈特的观点很有意思。奈特是热情的华兹华斯研究者，在他为诗人写的传记中，他悄悄表达了自己的判断，认为多萝茜不仅因为走路太多、生活在不规律的诗人家庭而毁了自己，还因为"哥哥不应该如此纵容，而应该注意到她的自我伤害"。见《威廉·华兹华斯传》（三卷，爱丁堡，1889），第 258 页。苏珊·列文对多萝茜晚年的观点与此不同："然而，或许她的晚年就是她所选择的生活的合理结局。或许一系列逆转的发生，暴露出格拉斯米尔生活潜在的孤

立、敌意和攻击性。"见《多萝茜·华兹华斯与浪漫主义》，第68-72页。

[10] 华兹华斯致约翰·斯佩丁，1833年2月2日，华兹华斯致克里斯托弗，1833年9月25日，《晚期书信》，第二卷，第586、644页。萨拉·哈钦森致萨拉·柯尔律治，[1833年]2月[9日]，《萨拉·哈钦森书信》，第391页。

[11] 亨利·克拉布·罗宾逊致托马斯·罗宾逊，1833年10月6日，《罗宾逊与华兹华斯圈书信集》，第一卷，第247页。

[12] 多萝茜致安妮·波拉德，[1834年]4月12日，《晚期书信》，第二卷，第701页。

[13] 多萝茜总是用她走路的能力来衡量自己的健康状况。见她给凯瑟琳·克拉克森的信，[1821年5月31日]："不久前，我和哥哥在山上过了一整天，我们沿着曲折的山路爬到法菲尔德山顶，显然走了**至少十四英里**；我**一点都不累**。"见《晚期书信》，第一卷，第62页。

[14] 玛丽·华兹华斯致简·马绍尔，[1835年12月中旬]，《晚期书信》，第三卷，第140页。

[15] 华兹华斯致罗宾逊，[1835年12月15日]，玛丽·华兹华斯致简·马绍尔，[1838年]12月26日，《晚期书信》，第三卷，第144、653页。在《彼此即一切》中，露西·纽林指出，多萝茜的侄孙戈登·格雷厄姆·华兹华斯、华兹华斯家庭手稿的保管人声称多萝茜在1831年至1833年期间的日记太令人沮丧了，所以他"毫不犹豫地毁掉了它们"。（第292页）

[16] 华兹华斯致海顿，[1840年11月底]，《晚期书信》，第四卷，第146页。

[17] 1837年11月16日，伊迪丝·骚塞去世。华兹华斯给骚塞写了一首十四行诗，诗中，华兹华斯臣服于上帝让骚塞妻子和"我可怜的妹妹"生病的神秘意愿，并说他从老友"久经考验的 / 忍耐历程"中获得力量。这首诗出版时做了许多修改，以免暴露多萝茜的身份。文本和重要眉批见《最后的诗》，第322-323页。

[18] 玛丽·华兹华斯致玛丽·哈钦森，[1838年]10月8日，《玛丽书信》，第218页。玛丽·哈钦森是玛丽·华兹华斯的嫂嫂。哈特莱·柯尔律治在1836

年 11 月 6 日写给母亲的信让我看到悲哀的一瞬:"一两天前,我在莱德尔山庄……当然我没有见到华兹华斯小姐,但是我听到她的声音了,我宁愿听不到,因为,见证任何不能替代的痛苦都是无益的。"见《哈特莱·柯尔律治书信》,格蕾丝·伊芙琳·格里格斯和莱斯利·格里格斯伯爵编(1936),第 202 页。

［19］华兹华斯致塞缪尔·罗杰斯,［1835 年］4 月 5 日,《晚期书信》,第三卷,第 41 页。

［20］罗伯特·珀西瓦尔·格雷夫斯致费莉西娅·赫曼斯,1834 年 8 月 12 日。抄写稿在华兹华斯图书馆。发表于《回忆录》,第二卷,第 288-290 页。

［21］1835 年,这首诗的第一部分,即 1-38 行,曾作为《挽歌》私下印行。扩展后的版本收录于 1836-1837 年诗集。关于该诗复杂的历史,见《最后的诗》,第 291-304 页。

［22］华兹华斯认为霍格"无疑是个独特的天才",但"行为粗鲁,观点浅薄冒犯",他的作品因"疏于句式和语法"而严重扭曲。见《即兴抒怀》,芬尼克笔记,第 59 页;华兹华斯致 R. P. 吉利斯,1815 年 2 月 14 日,《中期书信》,第二卷,第 196 页。

［23］从 1807 年开始,华兹华斯在《未访耶罗》的注释中就承认借用了威廉·汉密尔顿的诗句。《即兴抒怀》的诗节格式也借鉴了汉密尔顿的诗。

［24］摩尔曼,《晚期岁月》,第 464 页。

［25］哈特莱·柯尔律治致母亲,［1836 年］8 月 21 日,《哈特莱·柯尔律治书信》,第 196 页注释 19。彼得·J. 曼宁,《阅读浪漫主义:文本和语境》,第 293 页。

［26］给凯内尔姆·亨利·迪格比的献词,第十三章引用过。

［27］《乘蒸汽船驶离圣比斯岬所作的诗节》,见《十四行诗组诗》,第 620-632 页。这首诗的篇幅证明了华兹华斯为此付出的努力。曼宁在《华兹华斯在圣比斯:丑闻、修女与华兹华斯晚期诗歌》中论述了这首诗的历史意义,解释了为何它需要诗人付出这么多心血,是权威的论述。参考注释 25。

［28］华兹华斯致伊莱扎·赫曼斯,1833 年 1 月 10 日,致家人,［1833 年 4 月 1 日］,《晚期书信》,第二卷,第 581、601 页。

[29] 华兹华斯致罗宾逊,[约 1833 年 11 月 14 日],《晚期书信》,第二卷,第 657 页。1835 年,罗宾逊说华兹华斯"愁眉苦脸"。见罗宾逊致 J. 马斯克利埃,[1835 年],《罗宾逊与华兹华斯圈书信集》,第一卷,第 255 页。

[30] 华兹华斯致托马斯·努恩·塔尔福德,1835 年 1 月 1 日,《晚期书信》,第三卷,第 3 页。

[31] 蒂姆·福尔福德,《华兹华斯的诗歌:1815-1845》。埃利奥特的书刚出版,华兹华斯就看了,还借给了骚塞。1836 年,他评价道:"这是他最好的作品,我们都没有做得更好,尽管他的作品中含有对现存事物的愤恨。"(第 195 页)

[32] 福尔福德,《华兹华斯的诗歌:1815-1845》,第 195 页。

[33] 《警告》,见《最后的诗》,第 255-260 页。

[34] 《最后的诗》,第 210-213 页。

[35] 根据 1833 年法案,九岁以下儿童不得成为童工,十三岁以下儿童每周工作不得超过四十八小时,十八岁以下儿童每周工作不得超过六十九小时。这说明了塞德勒调查揭露的情况是多么可怕,才使得这个法案看似仁慈。

[36] 托马斯·卡莱尔,《宪章运动》(1839),第三章《新济贫法》。

[37] 狄更斯对惨无人道的济贫院的最初抨击显然是《雾都孤儿》(1837-1838)。新的教区联合济贫院很快被称为"巴士底狱",直到 1910 年,阿诺德·本尼特在《克莱汉格》中还这样称呼它。

[38] 《重游耶罗》后记,《文集》,第三卷,第 246 页。此后的引文出自第 244 页。

[39] 1805 年《序曲》,9.519-520。

[40] 1836 年 5 月 28 日,华兹华斯图书馆。普莱斯在精彩的附信中写道:"冒昧献上以下作品……我的动力是希望向您、当代最伟大的诗人展示微不足道的涂鸦。"他补充道,"想到将与一位自己**深感**伟大的人联系起来,不管这关联多么微弱,都令我快乐。"

[41] 关于里德和更多信息,见《晚期书信》,第三卷,第 444 页。另见《华兹华斯与里德:诗人与美国编辑的书信,1836-1850》,L. N. 布劳顿编(伊萨卡,

1933）。

[42] 华兹华斯致罗宾逊，[1837 年] 1 月 28 日，《晚期书信》，第三卷，第 355 页。

[43] 华兹华斯致芬尼克，[1839 年 11 月 3 日]，《晚期书信》，第三卷，第 738 页。

[44]《雾都孤儿》出版于 1837 年至 1838 年。颇具讽刺的是，弗朗西斯·杰弗里看到《老古玩店》中小奈莉死去时曾号啕大哭。埃德加·约翰逊，《查尔斯·狄更斯：他的悲剧与胜利》（两卷，1952），第一卷，第 304 页。

[45] 托马斯·鲍威尔致华兹华斯，1836 年 10 月 10 日，华兹华斯图书馆。部分引自《晚期书信》第三卷第 461 页关于鲍威尔的注释。

[46] 见华兹华斯致托马斯·福布斯·凯尔萨尔，[约 1833 年 10 月 30 日]，华兹华斯曾向罗宾逊打听此人，[约 1833 年 11 月 14 日]，《晚期书信》，第三卷，第 655-659 页。

[47] 查尔斯·斯威恩致华兹华斯，1833 年 10 月 10 日，华兹华斯图书馆。斯威恩的题词引自 B. H. 布莱克威尔古籍目录，1985 年。

[48] 华兹华斯致家人，[1836 年 6 月]4 日，《晚期书信》，第三卷，第 241 页。

[49] 威廉·梅纳德·戈姆爵士致华兹华斯，1835 年 2 月 24 日，华兹华斯图书馆。此信另一部分出自关于戈姆的注释，见《晚期书信》，第二卷，第 704 页。关于阿尔福德，见《晚期书信》，第三卷，第 94 页。关于华兹华斯的名誉和影响，详见拙著《华兹华斯与维多利亚人》第二章。

[50] 华兹华斯致未知通信者，[1835 年?]5 月 19 日，《晚期书信》，第三卷，第 52 页。

[51] 华兹华斯致罗宾逊，[1837 年]12 月 15 日，《晚期书信》，第三卷，第 493 页。华兹华斯致爱德华·莫克森，[1840 年 2 月 18 日?]，《晚期书信》，第四卷，第 20 页。

[52] 维尼弗莱德·格林，《布兰威尔·勃朗特》（1961），第 127-128 页。《帕特里克·布兰威尔·勃朗特作品集》，维克多·A. 诺菲尔特编（三卷，伦敦与

纽约,1997),第二卷,第 588-596 页。完整信件,见《勃朗特家族:生活、友谊与通信》,T. J. 怀斯和 J. A. 锡明顿编(四卷,牛津,1932),第一卷,第 151-152 页。

[53] 威廉(后为威廉爵士)·博克塞尔致华兹华斯,1836 年 8 月 29 日。关于博克塞尔的信息,和他对华兹华斯的描述,见《晚期书信》,第二卷,第 376 页。

[54] 奎利南日记,1836 年 9 月 1 日,华兹华斯图书馆。1838 年 8 月 18 日,芬尼克对华兹华斯时间的流逝感到惋惜:"有些日子,一天当中能有二三十人在莱德尔山庄……"见泰勒,《书信集》,第 94 页。

[55] 爱德华·布尔沃·利顿,《英国与英国人》(两卷,1833),斯丹迪什·米查姆编(芝加哥与伦敦,1970)。

[56] 《利先生的康伯兰、威斯摩兰和兰开夏湖泊山峰指南》(1830),引自吉川佐子内容翔实的《威廉·华兹华斯和旅游的发明:1820-1900》(法纳姆,2014),第 58 页。

[57] 拉夫·沃尔多·爱默生,《英国人的特点》(1856),收录于《随笔与讲座》,乔尔·珀特编[美国文库](纽约,1983),第 775-778 页。爱默生的叙述与他在 1833 年 8 月 28 日的日记非常相似。

[58] 奥维尔·杜威,《旧世界与新世界:或欧洲旅行反思与观察日记》(两卷,纽约,1836),第一卷,第 104-112 页。

[59] 查尔斯·萨姆纳致乔治·S.希利亚德,1838 年 9 月 8 日,《查尔斯·萨姆纳回忆录与书信集》,爱德华·L. 皮尔斯(三卷,1878-1893),第一卷,第 355-356 页。

[60] 卡莱尔日记,1835 年 3 月 17 日;及其给兄弟约翰的信,1835 年 3 月 23 日。引自查尔斯·理查德·桑德斯,《卡莱尔与华兹华斯》,载《勃朗宁学会学报》,第九期(1981),第 115-122 页。另见弗莱德·凯普兰,《托马斯·卡莱尔传》(剑桥,1983),第 223-225 页。

[61] 托马斯·阿道弗斯·特罗洛普,《我的回忆》(三卷,1887-1889),第二卷,第 15-17 页。

[62] 关于阿诺德和华兹华斯的更多讨论,见《华兹华斯与维多利亚

人》,第 168-188 页。

[63] ? 致安妮·海曼,[1842 年?]10 月 2 日,耶鲁大学善本图书馆。华兹华斯致芬尼克,1841 年 6 月 29 日,《晚期书信》,第四卷,第 210 页。

[64]《泰特的爱丁堡杂志》,新刊,第一期,1834 年 9-11 月,第 509-520 页,第 588-596 页,第 685-690 页;第二期,1835 年 1 月,第 2-10 页。《泰特的爱丁堡杂志文选:1834-1838》,埃琳娜·克莱耶编,《托马斯·德昆西文集》(二十一卷,2000-2003),第十卷,第 287-347 页。哈特莱的评论出自他写给约瑟夫·亨利·格林的信,1836 年 6 月 7 日,伯格藏书,纽约公共图书馆。

[65] 1832 年 7 月 21 日条目大致记录了柯尔律治记忆中的华兹华斯哲思长诗计划。

[66] 奥尔索普(第 54 页)引用了柯尔律治 1820 年 8 月 8 日的信,其中批评华兹华斯"将上帝与尘世模糊(而非神秘)地混淆在一起……"以及他的"世故"。见《柯尔律治书信集》,第五卷,第 95 页。华兹华斯料到柯尔律治的信会使他痛苦。在一份关于私人信件出版的重要陈述中(1835 年 12 月 10 日),华兹华斯对莫克森说,"可怜的柯尔律治……容易在冲动下写出或说出考虑欠周的话。"见《晚期书信》,第三卷,第 134 页。骚塞更加悲观,他担心柯尔律治对华兹华斯的态度还会继续暴露出来。在 1836 年 4 月 14 日写给约瑟夫·科特尔的信件中,骚塞写道:"柯尔律治从我们这里获得很多帮助,很少有人能从已经失去的友谊中获得这么多帮助。华兹华斯的情况和我不同。他不知道柯尔律治后来怎样说他。但他继续对柯尔律治的孩子们尽一切朋友之责,即使他早就极力反对柯尔律治的生活作风,任何有责任感和道义感的人都会反对他的行为。"见肯尼斯·卡里,《罗伯特·骚塞新发现的书信》(两卷,纽约与伦敦,1965),第二卷,第 450 页。

[67] 华兹华斯非常厌恶作者出于"文学利益"出版他已摒弃之物这个想法。见华兹华斯致大卫·莱昂,1835 年 12 月 11 日,《晚期书信》,第三卷,第 137 页。这种态度解释了为什么玛丽满足了罗宾逊对《边界人》的好奇心,但补充说:"保密啊,不然它就遭殃了。"[1836 年]11 月 1 日,《晚期书信》,第三卷,第 314 页。

[68] 这个误解是丹尼尔·斯图亚特加上去的。华兹华斯在 1838 年 5 月 17 日给他写信,坚定地要求他改正过来。见《晚期书信》,第三卷,第 589 页。

[69]《湖区回忆:1807-1830》,《泰特的爱丁堡杂志》,第六期(1839 年 1 月、2 月、4 月),第 1-12 页,第 90-103 页,第 246-254 页。朱利安·诺斯编,《托马斯·德昆西文集》,第十一卷《〈泰特杂志〉与〈布莱克伍德杂志〉文选:1838-1841》,第 40-140 页。

[70] 德昆西评论了玛丽和多萝茜的长相,以及后者的忧郁和衰弱。露西·纽林评论道:"他公开分析她的衰弱,让人听起来很不舒服,尤其是污蔑她才华荒废、精力虚掷、意志力薄弱。"她还说,他的"别了,华兹华斯小姐!别了,曾经充满激情的多萝茜!"如同挽歌,"太不圆融"。见《威廉与多萝茜·华兹华斯》,第 299-300 页。

[71] 华兹华斯致爱德华·莫克森,1840 年 1 月 10 日,致巴伦·菲尔德,1840 年 1 月 16 日,《晚期书信》,第四卷,第 5、7 页。洛克哈特的《司各特传》使华兹华斯深感苦恼。见华兹华斯致托马斯·努恩·塔尔福德,[1838 年]1 月 8 日,《晚期书信》,第三卷,第 511-512 页以及重要注释 2。

[72] 两人之间的另一个关联是莫克森娶了兰姆的养女爱玛·埃索拉,华兹华斯在剑桥期间的意大利语老师阿戈斯蒂诺·埃索拉的孙女。

[73] 华兹华斯致莫克森,1835 年 11 月 20 日,12 月 10 日。两封信很重要,其中谈起他对塔尔福德提议出版《兰姆书信》的焦虑,不仅因为华兹华斯表明了他对出版书信集的态度,还因为这两封信说明华兹华斯觉得莫克森是可靠的出版商,可以与之谈论重要事务。

[74] 手稿,伯格藏书,纽约公共图书馆。华兹华斯的行为过于专横,故意把朗曼的估计视为提案。见华兹华斯致朗曼先生和公司,1836 年 6 月 6 日,《晚期书信》,第三卷,第 242 页以及注释 1 中朗曼的回复。

[75] 华兹华斯致家人,[1836 年 6 月]4 日,《晚期书信》,第三卷,第 241 页。

[76] 1826 年,兰姆将莫克森介绍给华兹华斯。当年以及后来 1828 年 12 月,他将自己的多本诗集送给华兹华斯(《圣诞节:一首诗》,带有题词,私人藏

书,美国)。他将自己的《十四行诗》(1835)第二册献给华兹华斯。见《晚期书信》第一卷第 497 页很有帮助的注释。

[77] 华兹华斯认为,1842 年 2 月 2 日的信表明莫克森对他们之间的交易感到后悔。他在 2 月 3 日(《晚期书信》第四卷,第 289-290 页)迅速做出回复,同样坚定。莫克森的书信现存华兹华斯图书馆。

[78] 杰瑞德·R. 柯蒂斯,《卫斯理的华兹华斯〈1832 年诗集〉》,载《哈佛大学简报》,第 28 期(1980),第 5 页。

[79] 华兹华斯图书馆,引自柯蒂斯,《卫斯理的华兹华斯〈1832 年诗集〉》,同上,第 8 页。

[80] 引自《黄昏漫步》,第 17 页。

[81] 玛丽致罗宾逊,[1836 年 12 月 19 日],《罗宾逊与华兹华斯圈书信集》,第一卷,第 334 页。埃文斯先生是布拉德布里和埃文斯的印刷商。玛丽的话说明,华兹华斯始终担心他的视力,而玛丽在临终前几乎完全失明了。

[82] 华兹华斯致家人,[1837 年 7 月 5 日];"限时"指的是与时间赛跑出版 1836-1837 年六卷本诗集,这套书是每月出版一卷的。

[83] 华兹华斯致莫克森,[1836 年 12 月底],《晚期书信》,第三卷,第 292-294 页。

[84] 奎利南日记,引自《景物素描》,第 19 页。

[85] 华兹华斯试图接受约翰·凯尼恩的反对意见,后者认为伦敦不会"赤身"或"穿衣"。他提出的修改意见并未起到改善作用。见华兹华斯致约翰·凯尼恩,[约 1836 年 9 月 24 日],《晚期书信》,第三卷,第 292-294 页。

[86] 华兹华斯致莫克森,[1837 年]1 月 28 日,《晚期书信》,第三卷,第 353 页。

[87] 华兹华斯很高兴莫克森在意书的装帧,因为他本不喜欢 1832 年诗集的设计;但他不大赞同莫克森想把《十四行诗》打造成"奢华书"的想法,尽管他说将服从"[他的]卓越判断"。

[88] 巴伦·菲尔德致华兹华斯,1836 年 12 月 17 日,《晚期书信》,第三卷,

第 355 页。

[89] 艾伦·G. 希尔在 1986 年英国学院讲座《华兹华斯的"宏大计划"》中（第 201-202 页）指出，尽管有心的读者早就熟知华兹华斯本人关于哲思诗歌的解释，但是，令他烦恼的是，"在柯尔律治的《茶叙》（1835）出版后，关于《隐士》计划的完全误导性的说法被人们普遍接受"。

[90] 詹姆斯·蒙哥马利，1828 年 1 月 12 日，华兹华斯图书馆。

[91]《乔治·提克诺传记、书信与日记》，G. S. 希利亚德编（两卷，1876），第二卷，第 167 页，引自《晚期书信》，第三卷，第 583 页。提克诺（1791-1871）是美国学者，后来成为著名的西班牙文学专家。1819 年 3 月，他第一次见到华兹华斯，华兹华斯给他朗读了《序曲》中的很多内容，还读了《彼得·贝尔》和《车夫》。1835 年 9 月，他来看望华兹华斯，待了三天。见《乔治·提克诺传记、书信与日记》，希利亚德编，第一卷，第 287 页，第 432-434 页。

[92] 柯尔律治的《致华兹华斯》初次发表于《西比尔诗叶》（1817），最近又重新刊印在 1834 年三卷本《诗集》中。华兹华斯致托马斯·努恩·塔尔福德，［约 1839 年 4 月 10 日］，《晚期书信》，第三卷，第 680 页："之所以一直阻止该诗发表，只是因为题材过于个人。"然而，他还对塔尔福德指出，鉴于当前的版权法，他越是拖延该诗的出版，对他的家人就越有利。

[93] 芬尼克致亨利·泰勒，1839 年 3 月 28 日，泰勒，《书信》，第 117-118 页。

[94] 关于手稿和照片，见 1850 年《序曲》。

[95] 玛丽与华兹华斯致多拉，［1839 年 4 月 3 日］，《晚期书信》，第三卷，第 673 页。

[96] 华兹华斯致 J. 福布斯·米歇尔，1819 年 4 月 21 日，《中期书信》，第二卷，第 534 页。

[97] 1842 年法案将版权期延长至作品出版后四十二年，或作者死后七年，哪个更长以哪个为准。关于这一法案对华兹华斯死后作品营销的影响，见《华兹华斯与维多利亚人》，第二章。

[98] 华兹华斯致约翰·吉布森·洛克哈特,[1838 年]5 月 4 日,《晚期书信》,第三卷,第 577-578 页。华兹华斯从洛克哈特处得知,尽管司各特创作了大量作品,但是,如果版权法不做出改变,他都无法挽救他的家艾伯茨福德。这促使华兹华斯加强他的努力。

[99] 塔尔福德关于华兹华斯的叙述,《晚期书信》第三卷第 407 页有详细引用。

[100] 康斯太勃尔的《纪念碑》描绘了矗立在科尔顿的雷诺兹纪念碑。1836 年,这幅画在皇家学院展出。在展览目录中,康斯太勃尔引用了华兹华斯的诗《你们这些菩提树排列在神圣的骨瓮前》。(《短诗集》,第 101-106 页)在 1836 年 6 月 15 日写给华兹华斯的信中,康斯太勃尔强调了他对博蒙特的感激,说道:"正是从他手中,我最初看到你的诗集——我怎样感恩才够充分……"见《晚期书信》,第三卷,第 263 页。次年,华兹华斯为国家美术馆捐赠一基尼用于购置康斯太勃尔的《麦田》,作为"向这位令人仰慕的艺术家致敬"。见华兹华斯致查尔斯·罗伯特·莱斯利,1837 年 9 月 2 日,《晚期书信》,第三卷,第 458 页。

[101] 华兹华斯致家人,[约 1836 年 5 月 28 日],《晚期书信》,第三卷,第 229 页。

[102]《威廉·查尔斯·麦克雷迪日记:1833-1851》,威廉·汤因比编,第一卷,第 318-320 页。在 1836-1837 年诗集中,诗句"行动是暂时的……"首次成为《莱尔斯通的白母鹿》的题词,但麦克雷迪记得,华兹华斯曾在更早的时候给他背诵过这一段。

[103] 手稿,伯格藏书,纽约公共图书馆。

[104]《亨利·克拉布·罗宾逊论书籍与它们的作者》,第二卷,第 562 页,1839 年 1 月 3 日。在收到她的《六翼天使及其他诗歌》(1838)后,[1838 年]8 月 17 日,华兹华斯告诉寄书人约翰·凯尼恩,他想看她的《被缚的普罗米修斯》(1833)。凯尼恩安排了赠书礼物,但不是巴雷特本人签名,而是她的父亲。这本书现存伯格藏书,纽约公共图书馆。

[105] 华兹华斯致家人,[1836 年 6 月 14 日],[约 1836 年 6 月 17 日],

[1836 年 6 月 29 日?],《晚期书信》,第三卷,第 251、254、269 页。

[106] 第一处引文出自《芬尼克笔记》,《意大利之旅纪念》,第 68 页。第二处引文出自华兹华斯致家人的信,[1837 年]5 月 19 日,《晚期书信》,第三卷,第 403 页。

[107] 华兹华斯与罗宾逊跟一位名叫恩里克·梅耶的人学习意大利语。梅耶是罗宾逊的朋友,他们在佛罗伦萨旅游期间,还说服他成为导游。见托马斯·欧文,《一份华兹华斯手稿和一个鲜为人知的文学关联》,载《注释与问询》,新刊,第 58 期(2011 年 3 月),第 74-75 页。

[108] 罗宾逊致华兹华斯,[1836 年 7 月 17 日],《罗宾逊与华兹华斯圈书信集》,第一卷,第 33 页。

[109] 关于这次旅行详细而精彩的论述,见唐纳德·E. 海顿,《华兹华斯的欧洲之旅·II》(塔尔萨,1988);另见一篇信息量大的论文,J. 道格拉斯·尼尔,《意大利旅游与重游:华兹华斯的"巨大债务"》,收录于《浪漫主义的领地:欧洲书写地方》,克里斯托弗·波德与杰奎琳·莱布编(2010),第 185-196 页。

[110] 卡罗琳与让·博杜安在 1816 年成婚,如今已四十多岁,有两个幸存的女儿,分别生于 1816 年和 1823 年。另一个女儿(生于 1819 年)在 1825 年夭折。

[111] 罗宾逊致弗朗西丝·麦肯基,1837 年 11 月 17 日,《晚期书信》,第三卷,第 438 页。

[112] 苏·布朗,《约瑟夫·塞文传》,第 209 页。

[113] 华兹华斯致多拉,[1837 年]6 月 4 日,《晚期书信》,第三卷,第 411 页。

[114] 弗朗西丝·麦肯基和华兹华斯之间还有一重关联。沃尔特·司各特爵士在罗马时曾住在她家,当时,她对罗宾逊汇报说,"看到他的变化那么大,多么令人伤心!他的记忆力减退,身体虚弱,只有偶尔才流露出往日的精神。"见《罗宾逊与华兹华斯圈书信集》,第一卷,第 228 页。

[115] 华兹华斯致罗宾逊,[1840 年]3 月 16 日,《晚期书信》,第三卷,第 48-49 页。麦肯基生动、亲切的长信现存华兹华斯图书馆。

[116] 华兹华斯致多拉,[1837年]6月4日,《晚期书信》,第三卷,第412页。

[117] 华兹华斯承认睡着了,见《芬尼克笔记》,第73页。

[118] 亚历山大致罗伯特·布莱克伍德,1837年6月21日。见[玛格丽特·]奥利芬特夫人,《出版社年鉴:威廉·布莱克伍德和他的儿子们》(两卷,爱丁堡与伦敦,1897),第二卷,第158页。

[119] 《乔治·提克诺传记、书信与日记》,希利亚德编,第二卷,第98页注释89。

[120] 华兹华斯为此写下十四行诗《在佛罗伦萨》,见《芬尼克笔记》,第72页。

[121] 《亨利·克拉布·罗宾逊论书籍与它们的作者》,第二卷,第517页,1837年3月27日。

[122] 见华兹华斯致多拉,[1837年]5月30日,《晚期书信》,第三卷,第404-409页。据说弥尔顿曾住在瓦隆布罗萨的修道院里。《失乐园》的诗句出自第二卷,第302-303行:"浓密,如秋叶落满瓦隆布罗萨的 / 小溪……"关于华兹华斯托斯卡纳修道院之旅的重要意义,见费伊,《华兹华斯的隐修传承》,第17-25页。

[123] 第一处引文出自华兹华斯致凯尼恩,1838年8月17日,《晚期书信》,第三卷,第630页。其他引文见华兹华斯致玛丽,[1837年]7月17日,《晚期书信》,第三卷,第425-430页。

[124] 《亨利·克拉布·罗宾逊论书籍与它们的作者》,第二卷,第531页,1837年7月25日。

[125] 华兹华斯致玛丽,[1837年]7月17日,《晚期书信》,第三卷,第429页。

[126] 罗宾逊告诉玛丽,题词是"我今生获得的最高荣誉",1842年4月23日。见《罗宾逊与华兹华斯圈书信集》,第一卷,第459页。

[127] 华兹华斯致家人,[1837年7月5日],罗宾逊致弗朗西丝·麦肯基,1837年11月17日,《晚期书信》,第三卷,第423、438页。

[128] 罗宾逊向克里斯托弗·华兹华斯追忆这场旅行时所说，1850年10月18日。见《回忆录》，第二卷，第329页。

[129]《亨利·克拉布·罗宾逊论书籍与它们的作者》，第二卷，第524页。华兹华斯致多拉和玛丽，[1837年]6月21日，《晚期书信》，第三卷，第417页。

[130]《早年与晚年的诗》(1842)。关于《意大利之旅纪念》，见《十四行诗组诗》，第731-794页。此后引用这本组诗中的诗歌时，将不再给出页码。

[131] 1837年5月6日，华兹华斯告诉玛丽和多拉，在蒙特马里奥，"我站在博蒙特爵士救过的松树下……触摸它伟岸的树干，差点儿就亲吻它了，出于对他的爱"。见《晚期书信》，第三卷，第398页。

[132] 关于《阿奎彭登特附近的思索》及早期诗文的详细讨论，见拙著《华兹华斯的重游》，第155-178页。

[133] 华兹华斯和朋友们在一起。"本生骑士"即克里斯蒂安·冯·本生男爵，是普鲁士驻罗马的使节。他夫人是英国人，他本人赞赏英国国教。在托马斯·阿诺德(他和妻子也在谢尔登剧院的观众席中)的介绍下，1836年，本生与华兹华斯相见；1837年在罗马还见过一次。另一个获得荣誉学位的人是高级律师亨利·A.梅里韦瑟，他是华兹华斯老友科尔顿牧师弗朗西斯·梅里韦瑟神父的哥哥。1836年5月，华兹华斯曾到伦敦拜访梅里韦瑟律师。

[134] 关于基布尔献词的重要讨论，见斯蒂文·普里克特，《基布尔1839年克鲁演讲：一所基督教大学的理念》，收录于《语境中的约翰·基布尔》，柯斯蒂编(2004)，第19-31页。

[135] 假如他们知道，或许会有更多影响。1844年，当基布尔太太"开始怀疑他早年曾是激进分子"时，基布尔犹豫是否将他的讲座题献给华兹华斯。1844年1月23日信件，引自布莱恩·W.马丁，《约翰·基布尔：牧师、教授与诗人》(1976)，第81页。

[136] 基布尔的演讲为拉丁文(手稿现存牛津大学基布尔学院)。我使用的是J. T.柯尔律治爵士在《约翰·基布尔神父回忆录》中的译文(牛津与伦敦，1869)，第249页。克里斯托弗·华兹华斯在《回忆录》第二卷第355-356页刊登

了拉丁文讲稿。普里克特(见《基布尔1839年克鲁演讲》)根据基布尔的笔记重构了这篇演讲。

[137]托马斯·索斯伍德·史密斯(1788-1861),一神论牧师,后来成为一位医生,因防止流行热的著作而著称。他也参与了1830年代和1840年代关于穷人健康、住房和教育问题的大多数运动。亨利·班伯里爵士辩解道,他未经授权就出版了华兹华斯1801年写给福克斯的信,是因为他觉得其中"不穿华服之人感受弥深"一句在当今"我们劳动阶级的状况"日益恶化的环境下,具有新的相关性。亨利·爱德华·班伯里爵士致华兹华斯,1838年6月8日,华兹华斯图书馆。

[138]伊丽莎白·盖斯凯尔致玛丽·豪威特,[1838年8月18日],《盖斯凯尔夫人书信》,第33页。

[139]华兹华斯致罗宾逊,[约1835年4月27日],《晚期书信》,第三卷,第44页:"如果我的诗不朽,我认为归功于这个特征。它们予人欢乐,原因只有一个:我们拥有同一的人心!"

[140]1839年4月17日,正是弗朗西斯·费伯写信询问华兹华斯是否接受民法博士荣誉学位。(华兹华斯图书馆)

[141]关于费伯的现代传记,见罗纳德·查普曼,《费伯神父》(1961)。

[142]约翰·基布尔,《基布尔诗歌讲座:1832-1841》(*De poeticae Vi Medica: Praelectiones Academicae*)(两卷,牛津,1844);英译本由爱德华·科尔萧译(两卷,牛津,1912)。题词在第一卷第8页:"致威廉·华兹华斯 / 真正的哲人,神启的诗人"。基布尔曾将题词寄给华兹华斯征求他的同意。见《晚期书信》,第四卷,第561-562页重要注释。

[143]《〈英国批评家〉与〈神学评论季刊〉》,第25期(1839年4月),第400页。约翰·亨利·纽曼,《为吾生一辩》,马丁·J.斯瓦格里克编(牛津,1967),第94页。

[144]G.B.丁尼生的《维多利亚时代的宗教诗歌:书册风格》(麻省剑桥与伦敦,1981)信息量大,充满洞见,尤其是关于基布尔和华兹华斯的讨论部分。

[145] 1835 年,华兹华斯帮助格雷夫斯获得了鲍内斯地区助理牧师的职位。华兹华斯图书馆藏有一首感人的十四行诗,日期是 1840 年 1 月 14 日,该诗开篇写道:

> 他们说我穷,的确,我没有
>
> 这世上的任何金银珠宝。

格雷夫斯列举了他拥有的宝贝:

> 有两个人,他们的爱如生命般珍贵,
>
> 那就是莱德尔的诗人和他圣洁的妻子。

[146] 1833 年,准男爵奥布里·德维尔爵士的儿子造访莱德尔山庄,并将《信仰之歌,虔诚的练习和十四行诗》(1842)献给华兹华斯。奥布里·德维尔(儿子)初次拜访华兹华斯是在 1841 年。他的《回忆录》(1897)说明了他对诗人的忠心。在诗人家住了一晚后,他称之为"一生最大的荣幸"。(第 125 页)另见威尔弗里德·沃德,《奥布里·德维尔:回忆录》(1904),其中大量参考了他的日记。这个精选的名单还要加上朱利乌斯·查尔斯·黑尔(后成为刘易斯地区的副主教)和他的兄弟奥古斯都(威尔特郡阿尔顿地区的牧师,卒于 1834 年)。黑尔不无谄媚地将第二版合作诗集《猜测真理》(1838)献给华兹华斯。见华兹华斯重要的感谢信,[1838 年]5 月 28 日,《晚期书信》,第三卷,第 592-595 页。

第十五章　一八四〇至一八五〇

一

莱德尔山庄早已习惯了迎接高低贵贱的宾客,但是,一八四〇年七月二十七日,他们的兴奋却不同寻常:威廉四世的遗孀阿德莱德王后大驾光临。这一天将尽时,多拉写信给弟弟威利:"你觉得妈妈今晚能睡着吗?她在自己家的大门口和王后握了手,就在这间房间里与王后交谈,她年迈的丈夫、老诗人与王后并肩散步、聊天,整整一个小时。全世界的人都聚集在我们家门前,瞻仰王后一行——汤米·特劳顿和他的乐队,数不清的旗帜,数不尽的灯草,将道路两旁装饰得十分美丽,从大瀑布门一直到我们家门口,迎接王后的到来,头顶是一如既往的碧树蓝天。"[1]全世界的人都目睹了一位健康矍铄的古稀诗人,在他可爱的妻女陪伴下,接受众人的致意。他们已使华兹华斯成为当地最著名的居民。然而,只有和他最亲近的人才知道,这位面对殊荣如此镇静的诗人,私下里却是一位烦恼缠身的老人。

华兹华斯三十二岁才结婚,属于晚婚。四十岁时,他最后的一个孩子出生。结果就是,他七十多岁还要为孩子们的未来焦虑,而大多数父母至少十年前就不再为此操心了。而且,他还是一个过分焦虑的父亲。

469　他显然为威利焦虑。他以后怎么生存？威利被动，缺乏自信，依然向父母寻求情感和经济支持。例如，一八三五年三月，为了让他开心，他的妈妈给他寄去一封信，还委婉地提醒他不要把钱浪费在打台球上。她写道："我们很高兴看到你的字变好看了——你写信的风格也提高了。培养简洁的表达习惯。作为练习，你爸爸建议你读一读你认为写得好或简练的任何散文或书信……"[2]一封写给二十五岁的男人的信居然用这样的语气，着实令人惊讶。华兹华斯这个年纪时肯定会把信撕得粉碎。但是，没有迹象表明，这封信影响了孩子与父母的关系。华兹华斯承认孩子对父母的依赖，还为孩子谋划工作。

如果威利能接替父亲的印花税工作，他的未来就更有保障。自从一八三五年起，华兹华斯就试图完成这一交接，但直到一八四二年，幸得权贵朋友相助，这个交接才得以实现。商务部副主席格莱斯顿大力支持，首相罗伯特·皮尔阁下亲自出马，七月，华兹华斯将职位移交给儿子；十月，威利就职。"由于[皮尔的]举荐，王室予以特别优待"，威利终身享有王室年俸养老金三百英镑。[3]

对于威利，父亲焦虑的不是困难和解决——两者没有区别，而是如何达到理想的结果。然而，对于多拉，华兹华斯却感到一种截然不同的焦虑，夹杂着忧惧、愤怒、嫉妒和自我怀疑。但他不能仔细审视这复杂的心情，因为那样做只会让他发现，他才是问题的核心。

一八三七年，多拉与爱德华·奎利南的友谊有所进展，谈笑戏谑变成了恋人情话。转年，多拉告诉爸爸，她打算订婚。[4]华兹华斯的回应可以理解，但缺少同情，让人无法接受。一八三八年四月，他给多拉写了一封信，充满教训意味，先是写到亨利·泰勒追求比他小十九岁的西奥多西娅·斯普林-莱斯，接着又提起儿子约翰与伊莎贝拉·柯文不幸的婚姻，对于女儿的处境却一笔带过："你在结尾说的话，我不感兴趣。事实上，有些内容我看不懂。那是我永远不会触及的话题，无论书面还是口头。不管我前瞻还是后顾，我都感到沮丧忧虑，我的余生也将继续如此。"[5]

华兹华斯对奎利南本人并无敌意。即使在两人争吵之后，华兹华斯依然承认，奎利南是"非常正直高尚的人"。[6]但他反对奎利南娶他的女儿——而且理由充分。四十七岁的奎利南比多萝茜年长十三岁，没有可靠的收入，没有稳定的住所，没有和善的脾气，只有两个待养的女儿和一段不太光彩的过去（细节即将在大法官法庭公开）。[7]多拉没有收入，也不会有巨大的遗产，更重要的是，她弱不禁风。华兹华斯的关爱的确使女儿窒息，诚如亨利·泰勒所说，他"太嫉妒了"；但是多拉的健康状况证明，父亲的保护是合理的。[8]尽管她并非体弱多病，但是，一八三六年，由于背痛（她曾多方求医），她已无法运动，甚至都不能划船去莱德尔湖上的小岛了，来回不过是几百米的路程。[9]

然而，华兹华斯毫不妥协的一八三八年四月声明无济于事，只是造成了矛盾的局面。一八三〇年，哈特莱·柯尔律治曾说，多拉"如果结婚，会比独身更健康"，并补充道，"但这爱情必须足够强烈，才能使她从父亲身边离开。她那么崇拜父亲，父亲也那么宠爱她。"[10]如今，三十四岁的多拉正承受着哈特莱预言的矛盾与痛苦。她既不想让父亲伤心，也不愿放弃奎利南，因而陷入焦虑。一八三九年初，玛丽承认，多拉"看起来脸色不好，没有胃口"。两年后，她的父亲说，多拉"又弱又瘦，我都不忍直视"。[11]

一八三九年，情况变得更糟。多拉透露，她的追求者要她在完全没有经济保障的情况下"冒险"结婚。在一封冷漠的信中（尽管末尾写到"深情的回忆"），华兹华斯要求奎利南说明，他到底有何根据，如此乐观地认为自己有能力养活妻子。[12]奎利南愤怒的回信使彼此更加疏远。他责怪多拉，多拉责怪父亲，母亲责怪她。奎利南认为"事已无望"，便对多拉直言道，归根结底，这场矛盾"在于你对父亲的爱和对我的友善之间"。[13]但是,这并不完全公平。钱是个问题。五月,他终于意识到这一点,于是决定在六月与华兹华斯谈判。华兹华斯终于让步说,"看来木已成舟。"奎利南喜出望外,立刻"从[他的]高头大马上跳下来",告诉多拉:"我和你父亲是真正的好朋友。"[14]转年,在伦敦,两人出双入对。克拉布·罗宾逊认为,这是"公开的'天使报喜'",宣布着"两人应有的圆满关系"。[15]

471

在这段悲伤的时期,伊莎贝拉·芬尼克是全家人的好天使。[16]一八三〇年,四十七岁的她第一次拜访莱德尔山庄,立刻成为华兹华斯一家"最喜爱、最珍重的人"。人人都盛赞伊莎贝拉·芬尼克。克拉布·罗宾逊称她为"人见人爱的女士,她身上罕见地融合着最热忱的宗教与最完美的开明"。亨利·泰勒在《自传》中热烈地写到芬尼克对他早年的影响,他不得不解释说,他对她"是仰慕,完全不是爱情"。对于玛丽·华兹华斯,她是"亲爱的女士,我们全家的宝贝"。[17]华兹华斯在一首十四行诗里将她比作"天将尽时的明星",称其为"我们心连心的亲爱姐妹"。[18]

全家人都和芬尼克小姐通信,但她和诗人之间的书信最能体现她的善良、才智和人格魅力。一直声称不喜欢写信的华兹华斯成了勤奋的通信人。一八四〇年曾流传一个笑话。他给芬尼克小姐寄去一首诗,但落款不是"**怀着**(with)我的爱",而是"**致**(to)我的爱"。莱德尔山庄负责写信的女人们没有写错。[19]华兹华斯称芬尼克为"我最亲爱的朋友","我心爱的朋友","我心爱的朋友和灵魂的妹妹",将她视为多萝茜、萨拉·哈钦森和婚后多拉的替代者。[20]诗人给她的信最推心置腹,情感之深不同寻常。他特别喜欢与芬尼克小姐在一起。一八三九年,他甚至和玛丽一起搬到安布尔塞德芬尼克的家中小住。华兹华斯对克拉布·罗宾逊坦言,这主要是"因为,如果我自己过于频繁地去找她,恐怕不大合适"。[21]多年后,克拉布·罗宾逊称芬尼克小姐是"华兹华斯最亲密的朋友"。[22]华兹华斯很幸运,玛丽也很包容,她和丈夫一样爱着他新结识的"灵魂妹妹"。

伊莎贝拉·芬尼克既是芳香的油膏,也是收敛的方剂。一八三八年,为了亲近华兹华斯一家,她搬到安布尔塞德。她给多拉建议,给玛丽援助,跟固执的父亲多次探讨,使大家都能心平气和地看待这桩婚事。最终,一八四一年五月十一日,婚礼在她巴斯的家中举行。[23]约翰·华兹华斯主持仪式,但是,陪同多拉走进圣詹姆斯教堂的是威利,而不是华兹华斯。第二天,奎利南对女儿罗莎解释道:

> 华兹华斯先生想到要与他惟一的女儿作别,太激动了,几乎在最后一刻才告诉我:"我已经告诉多拉,我可以陪你步入教堂,如果你希望;但是,对我的孩子说起这些已让我不能自已。我觉得,我可能受不了那一幕。"我们都求他**不要**来,所以,大家一致同意他的儿子威廉代替他。但在婚礼前后,他都给予我们最真挚的祝福:他和大家真的都太好了。[24]

我们不禁好奇:玛丽或华兹华斯是否还记得,一八〇二年,多萝茜也曾同样无法面对他们的婚礼?

二

作为诗人,华兹华斯有生之年的作品正受到大众的认可;但作为个人,他却因家庭事务烦恼缠身。人们也许以为,华兹华斯现在该沉默了。然而,在他七十大寿那天,诗人迎接灿烂的阳光,"心情欢畅",又写诗了。[25]一八三九年,他写了一些十四行诗,描写他意大利之旅的经历,回应着他对提克诺说起的"旅行的幽魂或余兴……人们喜欢眼前的事物，然而，只有当它们在记忆中封存一段时间后，才变得真正可亲"。[26] 在七十华诞后的八月，华兹华斯最后一次登上海芙琳峰。登山本身已是了不起的战绩，同样了不起的是，他的同伴奎利南汇报说，"一路上他都在写诗。"华兹华斯回到家后，用他自己的话来说，一首十四行诗的初稿已经"新鲜出炉"，写的是海顿最近的画作《威灵顿在滑铁卢战场沉思》。[27] 一八四〇年，他还写了一组十四行诗，思索死刑的合法性。克拉布·罗宾逊觉得组诗令人钦佩，亨利·泰勒认为组诗对当前的热点问题大有贡献。[28] 而且，还有一件事，对他的健康最为重要。他开始设想原以为不会再做的事：出版一部全新的诗集。

　　说来也是机缘巧合。一八三九年，托马斯·鲍威尔等人正在策划一本书，后来成为《现代版杰弗里·乔叟诗集》(1841)。[29] 鲍威尔唤起了华兹华斯的热情。他告诉克拉布·罗宾逊，"我对乔叟的热爱与尊敬没有边界"，还对莫克森和亨利·里德不断重复类似的话。他称乔叟为"世界上最伟大的诗人之一"，但要欣赏他的道德观，有必要领略他的戏剧才华。他还对伊莎贝拉·芬尼克说了一番更有趣的话。他写道，乔叟的幽默故事中多有"不雅"，但"据我所知，他从不好色，无论私下还是公开……他对女性的情感是至精至纯的，并用他那个时代最美的语言将其表达"。[30]

　　华兹华斯打算帮鲍威尔打造一本"雅俗共赏的伟大诗人作品集"，于是开始搜罗他一八〇一年翻译的乔叟诗歌。然而，找到合适的材料比他想象的更困难（尽管他让鲍威尔放心，他和玛丽正"勤奋地搜寻我们的手稿"），也更有趣。[31] 在久违的手稿中，他邂逅《索尔兹伯里平原》与《索尔兹伯里平原历险》，《边界人》，为一位乡村校长写的几首挽歌，还有纪念弟弟约翰的诗篇——全都没有发表过。他最近曾想起索尔兹伯里平原诗歌，因为约翰·凯尼恩的素体诗《月光》使他忆起一七九三年

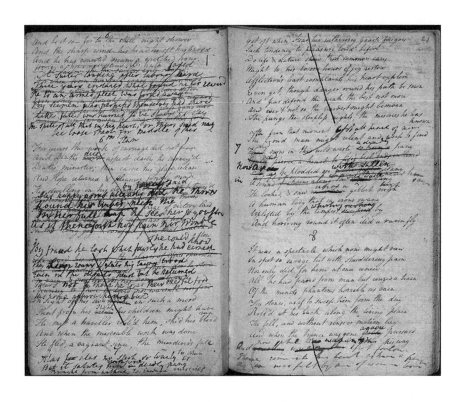

含有《索尔兹伯里平原历险》手稿的笔记本。华兹华斯创作实践的又一
例证。当他把未出版的《索尔兹伯里平原历险》修改为《疚痛与悲伤：或
索尔兹伯里平原上的事件》，他给四十年之久的手稿带来一场浩劫。
（格拉斯米尔：华兹华斯基金会）

在巨石阵的经历。他告诉凯尼恩,自己曾写过"一部斯宾塞体长诗",并对他说:"还没有发表,等我死后,有些部分或许值得出版,可列入'青春时期的作品'。"[32]华兹华斯也知道,人们在打探《边界人》。克拉布·罗宾逊从科特尔的《早年回忆》素材中得知这部作品,一八三六年曾敦促华兹华斯"无论如何要把它当作珍宝保存好"。他认为,"作为一位伟大的哲思与抒情诗人的戏剧实验",这部作品一定很有趣。[33]

出版这些诗歌还有个原因:这些作品还在他控制范围内。华兹华斯强烈认为,"搜集一位杰出作家笔端可能滑落的任何文字"是一种"侵犯",但是,柯尔律治和兰姆死后,他们的书籍和文章大量涌现,说明公众对此仍有需求。[34]他决定提前出版原打算死后发表而没有收录于经典的作品。说干就干,而且颇具个性。一八四一年三月,他告诉莫克森,他正在"抄写诗稿,大约两千多行,其中一些可追溯至久远以前的一七九三年"。[35]他没有说的是,他现在也在修改。一八四二年,索尔兹伯里平原诗歌作为《疚痛与悲伤:或索尔兹伯里平原上的事件》出版,诗文前的说明将创作时间置于一七九三至一七九四年,还给出了它的详细来历,即"一种文学传记"。《边界人》的附加说明同样指出,这部戏剧的缘起是严肃的。华兹华斯解释道,该剧体现了他所理解的"罪孽与邪恶",当时"他长居法国,大革命正迅速走向邪恶的极端"。但这两则说明都有误导性。华兹华斯虽鼓励人们对这些作品进行历史的甚至生平的解读,但实际上,他呈现给读者的却是经过修改的(《边界人》)乃至发生改观的(《疚痛与悲伤》)文本。[36]他决意操控诗中呈现的个人思想发展脉络。

华兹华斯出版这部最后的单行本作品的态度很奇怪。莫克森碰到了麻烦。他被指控出版了一部亵渎神明的诽谤性作品——雪莱的《麦布女王》。莱德尔山庄听到传闻说"莫克森要破产了",但这没有根据。[37]莫克森在信中告诉华兹华斯,时局艰难,"当前的出版业举步维艰"。[38]然而,诗人还是不顾莫克森的反对,拒绝将新出版的诗集拿去评论。结果,销量不佳。华兹华斯重提他老生常谈的辩词——这是大众品味的错。"阿诺德博士告诉我,他的孩子们似乎只爱看博兹[狄更斯]的续集,"他抱怨道,并怀疑"那个人的读者和类似人群是否对销量问题有实质的影响"。[39]

华兹华斯沮丧,粗暴,自卫。他声称出版这本书"极不情愿,只是不想给后人添麻烦"。[40]他首先对出版人莫克森抱怨道:"早知道修改这些诗要付出这样细致的劳动,我决不会出版它们。"[41]但每当他在过去唱出这种调调,这只能说明他的焦虑,而不是漠然,现在也是一样。幸存的手稿表明,华兹华斯在这部诗集上花了很多心血。他呈现给读者的,不是一位作家书房里的零碎纸片,而是一个连贯的整体,是对过去的总结。诗中有传记和历史色彩——注释中已经承认——但不止于此。书的序诗坚称,在这部诗集之前,更早的诗作"日积月累 / 彼此忠实,互相成就"。诗人以这样的语声吟唱:

> 诗的语声忠于每个人心中
> 播撒的爱之胚种,也忠于
> 最卑微的景象中蕴藏的美,
> 忠于同树林田野的愉快交流,
> 以及与人类基本悲哀的共鸣。

诗歌迫切地将讯息传递给"饥饿四十年代"的英国:

> 当始料不及的痛苦悲伤
> 在低落的人民之间泛滥,
> 或蔓入恶言引发的怒火,
> 为了颠倒黑白不计后果,

> 为了使人们普遍的心灵
>
> 偏离共同的善……[42]

476　同早期庄严宏大、壮志凌云的《隐士》之"纲要"相比,这首序诗显得苍白无力,然而却明确表达了华兹华斯自一八〇〇年以来一直怀有的信念——他的诗具有社会训诫意义,诗集与诗集之间彼此联系,"人类,自然与……人间生活"是他的主题。这是他最后的宣言。

三

　　《早年与晚年的诗》有些捉弄人。早期诗歌的注释暗示了生平线索,实际上却什么都没透露。诗集还包含了多萝茜和萨拉·哈钦森的两首诗,但处理方式有些尴尬。华兹华斯的一八一五年诗集已包含多萝茜的三首诗,但并没有指明作者,只是写着"一位女性朋友"。[43]兰姆表示抗议,批评华兹华斯,告诉他"本可以在角落里写一个 D,不知情者会以为这是出版商的标记;但知情人会觉得这是个令人愉快的提示"。[44]一八四二年再版时,华兹华斯或许想做出修订。《霍克斯海德的浮岛》署名"DW",《致知更鸟》落款为"SH"。但不知情者还是蒙在鼓里。而知情者中的两人——萨拉·哈钦森和查尔斯·兰姆——已经过世。第三位,多萝茜·华兹华斯,已经不在意这些了。

　　一八四二年诗集的一切都象征着终结。《早年与晚年的诗》是华兹华斯最后一部独立的诗集。① 对于公众来说,这标志着华兹华斯创作生涯的结束。然而,事实上,这次结集却不是诗人最后的回顾。在一部私

---

　　① 此后再出版的都是已有诗集的修订版或者全集合订本。

人自传中,他审视过去,开篇即问道:"难道是为此……?"有意识地标记出诗人生涯的开端。在另一部私人自传中,他标记出它的尾声。这一次,他不关注是什么造就了一位诗人;而是作为诗人,他有何成就。

一八四三年,华兹华斯向伊莎贝拉·芬尼克口述了诗歌的缘起和创作。[45]读者最好完整地阅读这部口述记录,不要把它仅仅当作信息来源,而是当作华兹华斯的另一部自传。

我们所说的芬尼克笔记始于一八四一年。很多因素促使诗人回首往事。年初,一月十日,安奈特·瓦隆去世。华兹华斯收到消息后心情如何,我们不得而知,但一定会唤醒许多回忆。一两个月后,当罗伯特·珀西瓦尔·格雷夫斯请求诗人给出瑞士旅行的建议时,回忆一定像潮水一样澎湃。华兹华斯的回信长达三页,仿佛在古稀之年重返二十岁的自己,那"十足的狂热分子",曾在一七九〇年信誓旦旦地向妹妹保证,"阿尔卑斯山徒步的记忆永不磨灭"。[46]华兹华斯回忆一七九〇年和一八二〇年两次旅行,给格雷夫斯提出具体的建议,包括地点、路线、地形。在长篇大论之后,这封信的最后一句似乎大可不必:"请注意,如前所述,我亲眼见证的每一步土地都其乐无穷。"

这句话也适用于这一年晚些时候诗人踏上的土地——一次重要的故地重游。在多拉的婚礼结束后,华兹华斯和玛丽,奎利南一家,还有伊莎贝拉·芬尼克从巴斯来到威尔斯,又从那里前往"柯尔律治先生、我和我亲爱的妹妹的老地方——阿尔弗克斯顿"。[47]当他重返威尔士、苏格兰和阿尔卑斯,现实与回忆的交织曾使他愉快,但这次重游却很冒险;因为他正回归一处圣地,物是人非一定使他深感不安。[48]然而,变化不大。芬尼克小姐告诉亨利·泰勒,他"很高兴再次见到那些场景……那些他魂牵梦系的地方"[49]:阿尔弗克斯顿宅邸,在那里,他曾因小巴希尔躲避他烦人的提问而写下《写给父亲们的轶事》;还有那个山谷,他和塞尔沃尔、柯尔律治曾说起到那里逃避"红尘的喧嚣与纷争";从霍尔福德峡谷流下的小溪是华兹华斯"最爱的地方",在那里他写下《早春诗行》。"他指出许多早年诗歌的创作地点,"伊莎贝拉·芬尼克写道,"并告诉我们它们的来历。"每一个场景也使华兹华斯想起往日的多萝茜——芬尼克小姐说这是他"惟一的心病"——但是,在这里清晰地忆起她的音容笑貌也是对她表达敬意。

　　华兹华斯心中荡起回忆的波澜——汤姆·普尔和年轻的巴希尔,海兹利特和兰姆,塞尔沃尔和间谍,当然,还有柯尔律治与《抒情歌谣集》。一八四二至一八四三年越冬之际,这些波澜变得更加壮阔,他忆起所有与诗歌创作有关的细节,从霍克斯海德时期至今。芬尼克笔记信息丰富,包括他的旅行、阅读、朋友、童年,以及他眼中的风土人情。许多内容涉及作家作品的判断,令人难忘。另一些内容让我们瞥见湖区的今昔——在《彼岸花颂》的注释中,华兹华斯曾对邻居的"双车库山庄"作出尖刻评论,即是一例。然而,芬尼克笔记的真正价值不在于独家信息,也不是灵光闪现,而是所有这些笔记让我们洞见华兹华斯作为诗人的基本关注:具体的地方,底层的生活,历史、政治、个人道德与宗教之间的关系;也让我们看到,华兹华斯一方面渴望歌唱地方与现实主题,另一方面又不愿"让诗魂戴上事实与客观环境的枷锁"(《黄昏漫步》注释),努力在两者之间寻求平衡。芬尼克笔记应与《序曲》一起读,并兼顾《文学生涯》的内容。笔记的意义在于,这是一位伟大的诗人最后一次尝试他毕生努力的方向:记录,阐释,化解矛盾,臻于和谐。

四

　　华兹华斯完成这部回忆录时,他最后的朋友——曾出现在雷斯冈、阿尔弗克斯顿和早期格拉斯米尔回忆中的朋友——骚塞,逝世了。一八三九年,骚塞与卡罗琳·鲍尔斯再婚,家庭破裂,不到一年,他的精神就出了问题。一八四〇年七月,华兹华斯去看他时,他都认不出来了,直到被告知名字——"霎时间,"华兹华斯悲伤地说,"他的眼里又闪现出往日的光芒,但很快又回到神志不清的模样,两手亲昵地轻拍着书本,像一个孩子。"[50]一八四三年三月二十一日,骚塞辞世。分裂的家庭没有邀请华兹华斯参加葬礼,但他还是设法前去了,奎利南陪同。一路上大雨倾盆。年底,他为克罗斯威特教堂的骚塞墓碑写下《铭文》("你们这些山谷与山丘")。[51]

骚塞自一八一三年起任桂冠诗人。如今,这一荣誉被移交给他的老友。宫务大臣写信说"能将这一殊荣颁发给一位使其增辉的人",他感到"不胜喜悦"。[52]华兹华斯婉拒了,声称自己太老了,不能履行桂冠诗人的义务。但宫务大臣向他保证,这"只是名义上的";罗伯特·皮尔爵士则更进一步,坚称女王陛下要求华兹华斯接受这一荣誉,条件是"你什么都不用做",这下他无法拒绝了。[53]

一八四三年四月,华兹华斯怀着"纯粹的快乐"接受这"至高的荣誉",但这并没有改变他过去五十年来形成的生活方式。相反,生活的重心比以往更加坚定:与玛丽相依的莱德尔山庄生活。华兹华斯依然充满活力,还能帮助园丁詹姆斯·迪克森植树、剪枝。一八四二年,一位客人本来期待与华兹华斯进行一场严肃的交谈,但他失望地发现,华兹华斯"一直在重新铺筑花园的石径,张口闭口都是石子,不同石子的质量,以及各自的优点"。两年后,一八四四年夏天,七十四岁的诗人不能如约将自己关于《非国教者教堂法案》的想法寄给克拉布·罗宾逊,玛丽说,因为他"在干草地上干活累着了"。[54]一年后,他说身体不舒服,因为"用斧子和锯子干活累着了,热着了"。[55]此外,他全年都在散步。"过度的运动和鲁莽的攀登"使他肌肉扭伤,他告诉芬尼克小姐,疼痛教他懂得"我必须向时间在我们身体上留下的无形变化低头了",但他显然没有。[56]比如,一八四三年十二月,奎利南给克拉布·罗宾逊写信说,他"与诗人在雨中雾里散步了大半个上午,诗人好像不拒一切天气;而且说这是美丽、湿润、肃穆的天气;好吧,我只觉得身上很湿润,因为防水衣几乎挡不住雨水的侵袭"。[57]

华兹华斯的心智也同样活跃——"他的思想充满活力,"女婿写道。[58]当然,华兹华斯能保持精神生机,是不断与朋友们交流的结果。暮年的华兹华斯与玛丽没有闭门独处。他们越来越喜欢和伊莎贝拉·芬尼克往来。据说,一八四六年,"[华兹华斯]每天都去找芬尼克小姐……给她一个响吻,或者坐在她的壁炉旁,敞开心扉"。[59]亨利·克拉布·罗宾逊几乎每年圣诞节都过来长住,由于他毕生都坚持阅读当代的佳作,他的谈话对华兹华斯来说是一场盛宴,因为诗人现在的视力已经不能看太多书了。罗宾逊是个好伙伴,他喜欢在晚上打牌;但他也是一位宝贵的净友,有自己的主见。

身边的事情也带来兴奋。一八四〇年代时,格拉斯米尔——莱德尔——安布尔塞德成了人才济济的地方。阿诺德一家住在福克斯山,胜友如云,高朋满座。[60]一八四〇年,华兹华斯帮助一位爱丁堡律师的遗孀伊丽莎白·弗莱彻买下伊兹岱尔的兰克里格房产。弗莱彻夫人四处旅游,广交朋友。华兹华斯第一次见到她还是三十多年前,后来就成了兰克里格的常客,人们记得他曾在那里种下冬青,劳动时"热情恳切,好像在做一件天大的事",一边干活一边低吟彭斯的诗。[61]弗莱彻夫人是阿诺德、亨利·泰勒和伊莎贝拉·芬尼克的朋友。她广泛的社交超出了华兹华斯的朋友范围,比如,她还认识曼彻斯特著名的知识分子工厂主威廉·拉斯波恩·格雷格,他在安布尔塞德有一处房子;她也认识伊丽莎白·盖斯凯尔,华兹华斯一八四九年与她初识,当时《玛丽·巴顿》已使她声名远扬。[62]

弗莱彻夫人热情好客,还接纳意大利流亡者。她的《自传》生动地

描写了湖区的人文环境。[63]兰克里格、福克斯山或者盖尔宅邸（芬尼克
小姐家）常常"谈笑有鸿儒，往来无白丁"。华兹华斯在此会见的朋友都
才识卓越，饱读诗书，广闻博见，且有政治觉悟。在这些朋友中，有一位
不仅包揽以上特点，还另有一个特征——她很古怪。一八四五年，哈丽
特·马蒂诺在安布尔塞德给自己盖了一座房子。她是作家，原始女性主
义者，追求健康卫生的时尚者，也是一位教化催眠师。一个绝对独立、个
性鲜明的女人闯入了安布尔塞德的社交圈。[64]她按照华兹华斯的建议，
在"圆丘"①建了一个花园，甚至接受他的批评——不要削山造景。但她
渐渐觉得诗人是个可亲的老糊涂，而华兹华斯则认为她讨厌，轻信，妄下
断语，"总之……是个危险的伙伴"。[65]但哈丽特·马蒂诺无疑是有思想
的，并能激发华兹华斯，这是那些敬畏桂冠诗人光环的人做不到的。

　　莱德尔山庄始终吸引着八方宾客，比如奥布里·德维尔和查尔斯·
麦克雷迪，还有始终熙熙攘攘的朝圣者。或许，最出人意料的一位是托
马斯·库珀，宪章运动积极分子，曾在斯塔福德狱中写了一部杰出的诗
《自杀的炼狱》，并于一八四五年设法出版。一八四六年九月，他突然出
现，满身尘垢，无人引荐，但华兹华斯还是接待了他。他回忆道，"父亲
般的微笑，发自内心的'你好啊! 很高兴见到你'——让我喜极而泣"。
他们谈论诗歌，拜伦，骚塞，丁尼生，还有政治——诗人的观点使库珀震
惊，他认为宪章运动者的目的是对的，但手段错了。当华兹华斯把"诗
人"多萝茜介绍给他时，他特别激动，留意到诗人对轮椅中的妹妹说话
时是多么"情深意切"。离开莱德尔山庄时，他"更加强烈地感到平生第
一次见到一位善良伟大的智者"。[66]

　　偶尔的伦敦之旅带来振奋，弥补着安静的莱德尔山居生活。华兹
华斯在一八四二年和一八四五年都去过伦敦，最后一次是一八四七年。

481

---

　　① 她为自己的住所取的名。

一八四二年,帝都带给他的兴奋不亚于年轻时,但是现在,这里不再是《序曲》中所说的"一片混乱",而是一个友好可亲的地方;他熟知伦敦的地图,这里不再是"人们眼中没有特征的世界",而是许多朋友的家,他们的门永远向他敞开。[67]印花税工作交接谈判,版权之争卷土重来,仿佛使华兹华斯重新振作起来,且能量无限。亨利·泰勒告诉伊莎贝拉·芬尼克:

> 昨天我几乎和他度过了一整天,幸好我还走得动。起初,他告诉我他有一条腿不好使了,恐怕不能像往常那样行走。然后,他就从斯普林北街(就在新路对面)走到了格罗夫纳北街,又从那里走到格罗夫纳广场的尽头,接着又走到贝尔格雷广场、卡多根广场、藩政院(他在那儿简单吃了管理员的午餐),上议院,当我们从那里出来时(我一直担心他过于劳累,且不说腿脚不好),他建议我们乘车去贝克街,顺便探视一下华兹华斯夫人,然后,我们又在摄政公园散步半个钟! 一切都从容不迫。从头到尾他都滔滔不绝,大部分时候活力四射。[68]

一八四五年的伦敦之行兴致不减。收到四月二十五日女王舞会的邀请,华兹华斯匆匆去找塞缪尔·罗杰斯请教礼仪。他身穿罗杰斯的宫廷礼服,腰佩汉弗莱爵士的剑,觐见女王。气度与风姿吸引了美国驻伦敦使节夫人的目光。华兹华斯郑重而愉快地向费城的亨利·里德解释道:"一位七十五岁、白发苍苍的老人,在众目睽睽之下,跪下亲吻一位年轻女士的手,着实令一个民主国家的异性惊讶……因此,我对艾弗利特夫人的触动并不感到奇怪……"[69]

华兹华斯喜欢解释这次邂逅的象征意味,那么,他一定也会意识到另一场相逢的重要意义吧。五月四日和六日,"我们时代的王牌诗人"

（伊丽莎白·巴雷特语）遇见了他的继任者。[70]早在一八三〇年，华兹华斯就认为阿尔弗雷德·丁尼生"前途无量"。[71]如今，在长久的沉默后，这位年轻的诗人证明自己才华横溢，诗艺无穷。一八四二年，华兹华斯出版他的告别诗集《早年与晚年的诗》时，丁尼生出版了第一部毋庸置疑的杰作。根据丁尼生的回忆，一天晚上，华兹华斯挽着他的手臂说："来吧，诗人兄弟，一起吃饭。""黑暗中"，当年轻的诗人"终于说起华兹华斯先生的作品带给他的快乐"时，"年迈的诗人握住他的手，同样友好地赞美他"。[72]五年后，华兹华斯视为"当代第一诗人"的丁尼生在他死后继任桂冠诗人。[73]

在这段时期，华兹华斯名声大噪。一八四六年，他与约翰·拉塞尔勋爵一起被提名为格拉斯哥大学校长候选人，幸好最终官方以决定的一票使华兹华斯退出，诗人如释重负。同年，华兹华斯当选爱尔兰皇家学会会员，这是一项重要的荣誉。仰慕的信件纷至沓来，莱德尔山庄堆案盈几，最动情的一封当属美国麻省查尔斯敦的萨拉·P.格林夫人的来信，信中还包含了莱德尔山女子寄宿学校的广告和她的讲稿《自然诗歌》。[74]华兹华斯还收到大量的献诗、生日颂歌和音乐作品。例如，华兹华斯图书馆就藏有济慈的朋友本杰明·贝利（时任锡兰的高级牧师）的诗歌选集。华兹华斯听说，伊丽莎白·巴雷特借来海顿画的海芙琳峰上的诗人像，摆在她家沙发脚下。[75]约翰·罗斯金在一八四三年出版的《现代画家》第一卷也引用了《漫游》中的诗句作为题词。[76]

华兹华斯还是一位精神导师。许多私下的评论可以为证。一八三五年，威廉·钱宁告诉华兹华斯，他的诗始终是"精神生活的源泉"。这类说法还有很多，都同样真挚、感恩。伊丽莎白·奥格尔写道，她到华兹华斯的诗歌中寻找力量，"在这里，她找到了——在这里，她第一次畅饮安宁、慰藉、平静而真切的欢乐之泉，（她满怀敬意地说）除了生命之源以外，哪里也没有如此丰沛的源泉"。约翰·西蒙这样总结华兹华斯对他的教诲:"他教给你一切,主要是要懂得——更谦卑地皈依神圣法则,更博大地热爱人类,更深切、更虔敬地体悟自然。"诗人、反奴运动积极分子托马斯·普林格尔将英格兰比作堕落的以色列,并在华兹华斯的诗中找到希望:"彼时以色列拥有塞缪尔——此刻我们拥有华兹华斯。"[77]

<h1 style="text-align:center">五</h1>

　　华兹华斯几乎封笔了,但他依然感到缪斯的惠临(不管多么捉摸不定),让他惊喜。一八四五年六月,他写道:"就在几天前,我终于写出一首小诗,这是我想了三十多年的。"[78]《从一座探出的山崖》是一首别致的小诗,歌唱了玛丽和萨拉·哈钦森两姐妹的情谊,写到两姐妹和诗人都喜欢的一处地方,位于格拉斯米尔与莱德尔之间,诗人还将她们的名字刻在两块巨大的岩石上。这首诗延续着四十多年前《地方命名诗》的创作冲动,所有对华兹华斯来说最重要的东西——无论那时还是现在——都体现在这二十五行里:他对玛丽和过世已久的萨拉的敬意;对自然景物的喜爱,那"肉眼凡胎见过的 / 最美的景色";对美的渴望,"当人类世世代代彼此追随,踏入 / 隐蔽的时间深渊",惟有美可以永存。[79]

　　其他值得关注的晚期诗歌也与早期诗歌密切相关。一八〇四年,华兹华斯曾以许多沉重的诗文努力表达一个思想:"我们依信仰与爱而生, / 明智恒定如许,我们 / 在生命的尊严中飞升。"如今,近四十年后,八行紧凑的诗文重返这一主题,或可作为华兹华斯许多作品的总结:

　　　　　某种亲切朴素的纽带
　　　　　将一切新旧美景相系;

我们看到的所有生命

全都依赖这个奥秘。

辉煌的天宇枉然，

美丽的林野何益，

除非，以信仰之眼

凝望，并学会如何去爱。[80]

484

《我认识一位老者》，作于一八四六年初，写的是一位在救济院维持生命的老人，但实际上却"如在囚室"，受到束缚，毫无自由。这首诗是对一七九七年《康伯兰的老乞丐》的回忆与肯定。

在这些回首过去的诗中，最感人的一首或许是《在弗内斯修道院》。对于华兹华斯来说，在童年时代，弗内斯修道院就是一处圣地。一八四五年六月，芬尼克小姐和凯特·骚塞从一场远足（包括这座修道院遗址）中回来说，"她们痛苦地看到（尽管景色如画），一群'劳工'正在古老的修道院内用餐，他们将铁路修到东边的窗户附近，从那里，人们甚至可以与乘客握手!!"第二天，华兹华斯写下这首十四行诗[81]：

那边的铁路劳工来此午休，

他们在废墟中小坐、行走，

但丝毫没有无聊的闲谈，

所有人的举止都肃穆庄严。

其中一位唱起悦耳的赞歌，

荒废已久的唱诗席再度神圣，

周遭死寂的大地振奋苏醒，

其他人都举目凝望，瞻仰

这宏大的穹顶，惊叹它如何筑成，

如何在云霄中保持力量与优雅；

所有人仿佛都感到此地的灵魂，

共同的敬畏是对上帝的赞美：

亵渎神明的强盗，且不讨伐你，

既然心地单纯的人们深受感动！

六十多年前，那座"巨大的修道院，残破的穹顶，／钟楼，雕像和生机勃勃的树木"深深地打动着学童华兹华斯，激发了《序曲》中最美好的童年游戏描写。当华兹华斯回忆着后来的另一个"瞬间"，此地的记忆在诗中再度浮现。一七九四年八月，华兹华斯到卡特梅尔拜访了一位老师的墓地，随后穿过莱文沙滩，偶然听到"罗伯斯庇尔死了"的消息。胜利的凯歌从他心中涌出，他欢迎"金色的时代"到来。[82]华兹华斯展望未来，但他也在纪念一位刚刚凭吊之人，因为，正是威廉·泰勒最初鼓励他成为一位诗人。如今，一八四五年，诗人不大可能重回弗内斯修道院，但他通过对劳工的想象，汲取"此地的灵魂"。

485

六

华兹华斯的诗歌在海内外的影响越来越大，但他却几乎不再参加公众活动了。他始终强调诗歌中隐含的教育思想。在一八四五年十二月十六日的一封信中，他谈到教育的价值和方法，是对《坚硬时代》的精彩预言。不过，他的诗歌可以发挥作用，无须莱德尔山庄智者出面。[83]惟独一次，他不得不直接发声，试图用他的名声和桂冠诗人官职的影响扭转一项公众事业。

华兹华斯并不反对铁路。一八三六年，他从伦敦写信给玛丽和多拉,兴奋地说:"哦,肯德尔通铁路了!"三年后,玛丽写道,"火车旅行非常愉快",尽管不便宜,也不像"我期待的那样迅速、平稳、快捷如飞"。[84]然而,一八四四年,当铁轨要修到湖区安布尔塞德附近的洛伍德时(很快改为鲍内斯附近,即现在的温德米尔火车站),她的丈夫害怕了。他立即抗议,写下一首十四行诗《关于肯德尔和温德米尔铁路项目》,发表在一八四四年十月十六日的《晨报》上。诗的开篇呼喊道:"难道英格兰没有一个角落能 / 幸免于难?"诗人对"功利主义者的虚妄诱惑"发出警告。接着,十二月十一日和二十日,他又在《晨报》上发表了两封长信,试图证明他的反对合理而非自私。另一首十四行诗呼应着诗人早年对"掠取与消耗"(getting and spending)行为的预警,宣告着"一种驱动力,即对金钱的饥渴, / 如一颗煞星主宰着英国"。[85]华兹华斯发起了一场书信大战,游说包括格莱斯顿在内的重要人士,希望能改变铁路的决策。[86]然而,他全部的努力——当然,他不是惟一的反对者——都无济于事。

华兹华斯的核心论点主要有两点,都很有说服力。首先,既然铁路沿线并无工业需求,那么,修铁路的目的必然是开发旅游业,榨取这个地区的惟一支柱——美景。然而铁路的入侵及随之而来的发展只会摧毁游客慕名而来的美与宁静。其次,只有在指导下,人们才能领略湖区的美。正当的指导来自书本和图画,但最好的体验是反复的亲身探索和熟悉。走马观花地游览一个完全陌生的地方是不可行的。

这两个论点都值得重视。如果华兹华斯的信件(已结集为一本小册子)基于这两点,就不会引起太多怒火。但是,他没有就此止住,而是进一步表达了忧虑。他担心"兰开夏的所有人和约克郡的大批人蜂拥而至,来迎接杜伦人和康伯兰、诺森伯兰的边界人",带来他们的艺人品味——"摔跤比赛,赛马,赛艇……小酒馆,啤酒屋",于是将亵渎这方净土,败坏本已脆弱的"底层居民"。[87]如此担心并不仅仅是老年人的胆怯。早在一八〇〇年《抒情歌谣集》序言中,华兹华斯已将"城市人口的激增"视为"钝化我们的鉴赏力"的元凶之一。对他来说,城市-乡村的对立从来不只是一种文学手段。但《晨报》书信的某些言语既流露出担忧,又有些清高。因此,不难看出,为什么连忠实的崇拜者如巴伦·菲尔德都希望他三缄其口,不要闹笑话:"华兹华斯先生……和女王一样,无非是假装'退隐',他们都想以此哗众取宠。华兹华斯先生一生都**自吹自擂**。除了经典的湖区诗歌外,他难道没有出版过一本货真价实的《湖区指南》?"[88]

菲尔德当然没错:他出版过。[89]华兹华斯的指南最初出现在一本湖区画册中,只有有钱人才能买得起;后经修改收录于一八二〇年《达登河》诗集,才触及更多读者,至少包括那些喜爱湖区诗歌的读者;此后,华兹华斯为故乡撰写的指南发行过三版,面向背包旅行者的市场。

487 一八二二年,华兹华斯将《湖区地貌描写》(1820)修改、扩充,增加了一幅漂亮的折叠地图,以及多萝茜描写的攀登斯凯弗尔峰经历(未署名)。次年,再度增补多萝茜的一篇散文,依然没有署名,成为《湖区风景描写》(1822,1823)。然后,一八三五年,《湖区指南》出版,扉页有显著修改。一八二二年和一八二三年版的扉页除了印有"湖区风景描写"外,还承诺"阿尔卑斯山风景特写";一八三五年版则删去了这个承诺,取而代之的是"供游人和居民使用"。[90]

游人络绎不绝。一八四七年四月底,火车徐徐进站,可以瞥见湖泊与岸上的远山。温德米尔湖上的游艇可以将乘客送至沃尔特海德和安布尔塞德,距莱德尔山庄只有几步之遥。对许多人来说,诗人的家成了必访之地。一八四八年八月二日,玛丽写信给伊莎贝拉·芬尼克:"此刻,一群年轻的游客正站在窗前(我在厅里写信),威廉在看报纸——当他抬起头来,窗外的每个人都向他深深鞠躬——他们看起来好像专门坐船过来,要在这儿待上一整天。"[91]

七

　　一八四五年,休·特雷明希尔恩请华兹华斯向那些"达官贵人(无论地主还是工厂主)"阐发他的教育思想,因为,"在很大程度上,他们要对其领地或附近的底层人民生活负责"。他还鼓励道,"现在,人们越来越愿意听你的声音了。"[92]一八四〇年代初期,另一些人也渴望听到华兹华斯的声音。一八四一年,奥布里·德维尔倡议华兹华斯为穷人们出一部诗歌选集,选择的标准是"能够不断提升穷人的心智,可以从熟悉的话题开始,循序渐进过渡至更多样复杂的主题,最后直指更高级的精神旨趣"。[93]两年后,曼彻斯特的神职人员理查德·帕金森请求华兹华斯允许他在自己的著作《古老的教堂时钟》前刊印《罗伯特·沃尔克神父回忆录》:"你的作品寓教于乐,比我这本书更适合底层阶级阅读,能使智慧的宗教法则深入社会底层,这些法则正在社会上层结出正果。"[94]致力于书册运动文献①的书商詹姆斯·彭斯同样呼吁社会关注他的《威廉·华兹华斯诗选》:"是时候重返他的诗歌了,那是我们最直接的教育工具。"[95]

　　德维尔和帕金森是真正无私利他的,但彭斯不是,尽管他表现得很高调。莫克森和华兹华斯对他未经授权的出版行为非常愤怒。[96]不过,莫克森也认同他的商业直觉。出版需要创新和挑战,特别是在"博兹"

488

---

　　①　书册运动文献(Tractarian literature),指的是与牛津运动(Oxford Movement)有关的文献。牛津运动是十九世纪中期拥有牛津大学教职的神职人员发起的国教会的天主教复兴运动。运动领导者纽曼、凯布勒、皮由兹等人发表了一系列最终汇总为《时代书册》(Tracts for the Times)的小册子,成为牛津运动的理论基础,因此也被称为书册运动。该运动主张恢复教会昔日的荣光和早期传统,保留罗马天主教礼仪等。

时代出版诗歌。他找到华兹华斯,想出版一种单行本诗歌全集,但华兹华斯拒绝了,担心这会影响六卷本诗集。然而,到一八四三年,多卷本诗集已失去新意,一八四二年版《早年与晚年的诗》需要融入经典,而且,华兹华斯已成为桂冠诗人。一本崭新诱人的诗集势在必行。诗歌全集一八四五年出版:单册,双栏,印制精美,扉页有一幅华兹华斯像,看起来仿佛来自远古世界的诗人;还有一幅莱德尔山庄插图。[97]

　　这版诗集对华兹华斯来说至关重要。他一如既往地严格监督书的编排,对插图、扉页文字、诗歌排序都给出详细指导。当然,这是他最后一次修改全部经典,既包括最近发表的诗歌,也涉及诗歌生涯之初的作品。他还希望用下面这句话作为诗集开篇的题词:"如果你的光真的来自天堂。"

八

　　和往常一样,在修改一八四五年诗集时,华兹华斯过度劳累,病倒了。玛丽觉得这是"长时间连续工作的后果,他一直在修改《漫游》中自以为不好的地方(**主要是韵律方面**)"。奎利南也认为诗人工作太卖力了,但他觉得"效果不大"。他说的大致没错。[98]大部分修改是微调,连华兹华斯最忠实的读者都未必能看出修改痕迹。然而,有一处修改,大概逃不过任何人的目光。当时人们心目中最重要的华兹华斯诗歌是489 《漫游》,而诗人对其中一段重要诗文进行了大量修改。在《漫游》第一卷玛格丽特和废毁的茅舍故事结尾,诗人听到玛格丽特的悲剧非常伤心,讲故事的流浪者试图予以安慰。从一七九八年最初写作,到一八一四年首次发表,再至一八四三年再版,诗人谈及妥协的智慧时,始终注重节制的悲哀和源于自然美景的力量。然而,一八四五年,这段诗文经过修改,将玛格丽特的死与诗人的悲置于基督教信仰的庇护下,从而实现了对两者的超越。

　　为什么? 华兹华斯过去经常在诗歌中挑剔宗教——或宗教的缺席。一八二一年,《英国评论家》杂志的一位评论者坚决认为,如果较真的话,《永生颂》传达的讯息是反基督教的,诗歌否定了原罪、人的堕落,因而也否定了赎罪,"一句话,(结论显而易见,)基督教的位置何在?"[99]华兹华斯并没有公开反驳,但是,二十年后,芬尼克笔记中有一条很长的《颂歌》注释,说明诗人多么认真地看待这个问题。《漫游》常使读者质疑这部诗歌的宗教维度。一八一四年,诗歌刚刚出炉,一位读者对其宗教取向的误读就引起了华兹华斯的愤怒回应。[100]二十年后,根据克拉布·罗宾逊的看法,那位认为《漫游》"完全反基督教"的牧师也许是个宗教狂,但并不是惟一的质疑者。一八四二年,约翰·威尔逊(笔名克里斯托弗·诺斯)曾问道:"玛格丽特是基督徒吗?"进而攻击诗中"启示宗教(本该存在)的完全缺席"。[101]

　　即使没有这些刺激,华兹华斯也有可能为一八四五年版诗集而修改《漫游》。在克里斯托弗·诺斯质疑的同年,《折衷评论》指出华兹华斯是一位泛神论者,同时也是一位感伤的高教会派秘密天主教徒。[102]这种言辞模糊的描述实际上也是某种确定,因为,同时被视为泛神论者和秘密的天主教徒,贵格派或一神论派,都证明了他的作品不限于任何一种信仰。至于华兹华斯本人,他曾屡次拒绝定义他的信仰;然而,对于一位曾表明"我的诗都散发着宗教气息"[103]的诗人,没有人怀疑他始终是坚定的国教拥护者。而且,一八四〇年代初,华兹华斯变得更加虔诚,也许并不完全是为了取悦伊莎贝拉·芬尼克——她一直"强烈渴望看到华兹华斯先生成为一个基督徒,在某个大教堂的树荫下安度晚年"——但足够虔敬,以至于一八四二年,他曾命人将一个杉木十字架钉在他卧室窗户的上方,以便醒来就能看到。[104]使华兹华斯变得如此虔诚的最大影响来自送十字架的人：弗雷德里克·威廉·费伯。[105]

一八四〇年，费伯住在安布尔塞德华兹华斯的远房亲戚本森·哈里森夫妇家，给他们的长子作家教。[106]尽管克拉布·罗宾逊反对这个"炽烈的宗教狂"的所有观点，但他承认无法抗拒其个人魅力。显然，他也为华兹华斯担心，因为诗人更容易被这位"友善风趣的年轻人"吸引。[107]次年，费伯出国期间，依然和华兹华斯保持书信往来。[108]一八四一与一八四二年之交，一八四二与一八四三年之交，他都回到安布尔塞德。当这位年轻的伙伴与华兹华斯、罗宾逊两位老人漫步于拉芙里格峰或莱德尔湖畔，他们为圣餐变体说争论起来。费伯在彼得伯勒附近的埃尔顿安顿下来后，曾绘声绘色地给莱德尔山庄的朋友们讲述自己与当地异见者的大战。尽管一八四五年十一月十七日的一则短笺宣布他皈依了罗马天主教，似中断了两家的联系，但他继续给奎利南写信；在一八四八年的一封信中，他依然热情地说，"我对华兹华斯全家始终怀有，并将永远怀有深情厚谊"。[109]

费伯仰慕华兹华斯，但他不像其他读者那样喜欢《丁登寺》《永生颂》以及《漫游》中那种模糊的、非教条的精神信念。读者也许觉得这与他们自己的宗教信仰和谐相融。相反，费伯质疑不明确的东西，更排斥具有典型华兹华斯风格的《丁登寺》，因为诗中暗示着他"极其恐惧"的泛神论思想。[110]他告诉基布尔，尽管他知道，对于很多人来说，华兹华斯一直是"播洒圣水的容器"（*Perirrhanterium*），他为诗人"早年不懂基督真理"而惋惜，并希望"当他的心灵更热忱地转向权威与信条"，他将表达对弥尔顿的"反感"，删去诗文中对弥尔顿的称呼——"人中至圣"。[111]

对于一位自视为弥尔顿传人的诗人来说，费伯这些傲慢顽固之语令人大惊失色，然而，他如愿了。一八四五年，《隐士》"纲要"中删去了"人中至圣"，足见费伯的说服力。[112]费伯给基布尔的信非常明确。这位年轻的牧师看重华兹华斯的诗歌,因为他觉得这些作品是牛津运动的先驱和原动力。他希望诗人及其作品能够更明确地参与到这项事业中来。当他受华兹华斯之托为《阿奎彭登特附近的沉思》撰写注释时,他借此机会赞美了牛津运动的裨益,"能在我们心中复原一种更真实、更恳切的虔诚,胜过仅在理智层面遵守礼节时产生的情感,因为后者拒绝让自己的态度与判断服从于古代的传统,令人惋惜"。[113]一八四二年,这则注释发表,当然,被视为华兹华斯的手笔。费伯声称,正是在他的敦促下,华兹华斯在《基督教十四行诗》中补充了下面这句话:"为了更好地向罗马教会表达敬意,感谢其在中世纪为基督教和人类做出的贡献"[114];当他将自己的作品《关于外国教会与人民的所见所思》(1842)题献给华兹华斯时,他也使读者注意到他们"关于神圣教会的礼仪、特权和教义的许多深刻交谈"。一八四四年,在纽曼编辑的《英国圣徒传》中,费伯在其撰写的圣贝加传记中引用了华兹华斯的《乘蒸汽船驶离圣比斯岬所作的诗节》,盛赞"他的诗以不同方式预言了天主教的复兴"。[115]

一八四四年十一月,华兹华斯参加了剑桥卡姆登协会的一次会议,出乎意料的是,会上,他被誉为"协会创始人之一",致力于教堂建筑的复兴。[116]这似乎是华兹华斯书册运动倾向的巅峰。一八四五年一月,克拉布·罗宾逊如释重负地写道,华兹华斯"不是[协会]亲天主教派活动的狂热支持者";年底,费伯皈依罗马天主教,根据罗宾逊的记载,诗人后悔"曾说过皮由兹主义的好话",并"表示他强烈反对费伯"。[117]

九

作为诗人,华兹华斯最后一次重要的工作是出版一八四五年诗集。　492
尽管一八四七年再版单行本诗集和一八四九至一八五〇年出版最后的

六卷本诗集时,他对细节依然足够警觉,但他却再也不能像修订一八四五年诗集时那样投入了。一八四五年十二月,他向克拉布·罗宾逊坦言,"他终于觉得累了";六个月后,他不仅疲惫,而且沮丧。[118]在一个非常低落的时刻,他告诉伊莎贝拉·芬尼克,他常常觉得自己的一生"虚度光阴",玛丽在信的结尾补充道,这老家伙总爱这么想,现在,他"越来越喜欢沉默地坐在壁炉旁,散步时也越来越容易累了"。[119]一八四六与一八四七年之交的圣诞节,克拉布·罗宾逊写道,华兹华斯几乎不再和任何人讲话,"也不反驳我的胡说八道了,几年前他可绝对不能容忍"。[120]

当莱德尔山庄有人说起他的沉默时,他会回答:"是的,老年的沉默。"[121]但华兹华斯的消沉不仅是年老的征兆。与其说他的关节变得僵硬,不如说,一连串悲伤使他麻木。一八四三年,玛丽最后的妹妹乔安娜·哈钦森过世了。一八四五年圣诞节期间,罗马来信,说他们的孙子,即约翰和伊莎贝拉的儿子爱德华,高烧夭折,还不到五岁;还有两个孩子也很危险。[122]一八四六年二月二日,华兹华斯最后的兄弟克里斯托弗去世了,当时,莱德尔山庄一家人正准备面对另一场死亡——理查德·华兹华斯的儿子约翰,因肺结核弥留于安布尔塞德。他的叔叔婶婶每天来看望他,直到他一八四六年八月十八日命终。在这些死讯之外还要加上一条——六月底传来海顿自杀的噩耗。

这是个可怕的名单。突如其来的死亡使华兹华斯一家震惊,约翰的久病也使他们饱受折磨。而且,每一个死讯都唤醒了从未真正消失的记忆。奥布里·德维尔回忆道,华兹华斯描述失去凯瑟琳和托马斯时的"激动和烦躁,仿佛丧子之痛就发生在几个星期前"。[123]一八四一年,华兹华斯重温了失去弟弟约翰时的悲痛,首次将弟弟死时他写的一首诗《挽歌:纪念我的弟弟约翰·华兹华斯》发表在一八四二年诗集中。副标题精确地指出了四十年前两兄弟告别的地点。[124]然而,在一八四五至一八四六年的重重家庭损失之上，还有更加致命的一击：多拉之死。

一八四四年，多拉病重，拉响警报。次年，奎利南带她到葡萄牙休养，她的健康明显改善。一八四六年他们回来后，就在莱德尔山谷对面的拉芙里格岛安顿下来。她的家人都以为警报已经解除。然而，一八四六至一八四七年越冬时，湖区恶劣的天气使多拉身体虚弱，她先是感冒，很快肺结核复发。一八四七年五月，奎利南将她的父母从伦敦召回。在她弥留的两个月里，三个人一直守在她身旁，直到七月九日，她在莱德尔山庄过世。

华兹华斯肝肠寸断，差点追随女儿走进坟墓。一八四七年圣诞节，克拉布·罗宾逊来做客时，他发现父母两人都不能提起女儿多拉的名字，更不能说起她的死。华兹华斯避免和老朋友单独相处——"无论我在哪间屋，他都转向另一间"——就连他们每晚的必备项目打牌，华兹华斯都"耸耸肩"拒绝了。玛丽吐露，华兹华斯和罗宾逊散步回来，总是"回到自己的房间，一个人坐着，哭个不停"；罗宾逊离开时，华兹华斯"因为哭泣无法与他告别"。[125]

在为多拉守夜期间，丈夫与父亲曾变得亲近。奎利南鼎力帮助桂冠诗人完成了《颂歌：阿尔伯特王子殿下就职剑桥大学荣誉校长，一八四七年七月》。[126]然而，多拉死后，华兹华斯难掩愤怒，认为奎利南的不负责任（华兹华斯的判断并不公平）加速了她的死亡。[127]奎利南忍受着**"无尽的凄凉"**，但是，岳父本身也沉浸在悲痛之中，顾不上他。"我做不到穿过小桥和田野去看他，"华兹华斯告诉伊莎贝拉·芬尼克，"他也没有来这儿。"[128]可见，奎利南多么地知趣。尽管他伤心气愤，但他不能允许罗宾逊担心的事情发生——"永久的疏远，最终导致完全决裂"。[129]

多拉死后，华兹华斯意识到自己也不远了，他开始考虑一些必要的事情。《序曲》是现成的，可以在死后立即出版，但这显然不会阻止人们

对他生平的揣测。一八四七年十一月,他向侄子克里斯托弗口述了早年

494 生活的备忘录,以供死后必要时使用。[130] 玛丽说,这个备忘录是为了提供"生平信息","以免漫不经心的人们擅自编撰——就像可怜的科特尔和其他人对柯尔律治做的那样"。[131] 最后,全家人决定作出全方位的"官方传记",一八五一年,克里斯托弗的两卷本《威廉·华兹华斯回忆录》由莫克森出版。[132]

十

一八四八年初,玛丽在写给凯特·骚塞的信中说:"这是我们的黑暗时期——然而,**如今**,我们什么时候不黑暗呢?……华兹华斯先生精神不振,使我无法专注。"但是,到六月时,她可以给克拉布·罗宾逊写一封快乐的信了。尽管华兹华斯依然避免往拉芙里格山下多拉家的方向走,或进入多拉长眠的格拉斯米尔中央,至少,夫妻俩可以"像过去那样更多地待在家里了",玛丽写道。[133] 一旦丈夫又可以见人,玛丽就在信中声明,莱德尔山庄不再闭门默哀了。家中又可以听到邻里的家长里短,夫妇俩又开始拜访亲朋好友,包括已经成家的威利,还有约翰。诗人和作牧师的儿子约翰特别投缘,玛丽非常欣慰。她对伊莎贝拉·芬尼克说,"谁的陪伴都比不上约翰。"[134]

亨利·泰勒认为,报纸上关于华兹华斯老年痴呆的传闻是件好事,"如果其目的在于使华兹华斯免受旅游旺季访客的压力——没有人能想象这种压力,诗人现在也承受不起"。[135] 但玛丽显然更明智。虽然她也向芬尼克小姐抱怨,只有早餐时她才能和丈夫独处——"美利坚好像决了堤,很多人,尤其是纽约人,不远万里从他们的国家来看望诗人"——但她很高兴始终有游客来访:"和他们聊天对他有好处。"[136] 那

些来拜访古稀老人的游客当然希望能见到一位伟人,而大多数时候他们没有失望。比如,一八四九年,亨利·里德的朋友埃利斯·亚纳尔怀着"敬慕与爱戴"之情走向莱德尔山庄。华兹华斯的庄严、高贵与"厚德"使他敬畏,以至于离开诗人后,他还觉得刚才"仿佛在上帝面前"与一位活生生的人说话。[137]这番话不是十一岁的阿尔杰农·斯温鹏①能理解的。一八四八年,父母带着他来见这位伟大的诗人。华兹华斯对待成人非常严肃,但他对这个"特别想见伟大诗人"的小朋友则非常友善。临别时,诗人说,"他觉得阿尔杰农不会忘记他的"。敏感的小男孩哭着走了。[138]

495

　　更令罗宾逊惊讶的是,一八四九年一月,哈特莱·柯尔律治过世,华兹华斯虽然悲伤,却能从容面对。葬礼上,他发现,诗人的"情绪没有像我担心的那样受到影响"。[139]三天前,华兹华斯曾无意识地流露出原因。当时,他和德温特·柯尔律治、罗宾逊一起走去格拉斯米尔,安排哈特莱的葬礼事宜。前一天,他曾对德温特说:"就让他躺在我们旁边吧,他会愿意的。"现在,他将自己和玛丽将要安葬的地方精确地指给教堂司事。[140]尽管华兹华斯本人如同清教徒,但他一直非常喜爱哈特莱——罗宾逊则恰恰相反,极力反对哈特莱酗酒放逸的生活方式——只是,他已超越了悲哀。[141]虽然他依然乐于照料多萝茜——玛丽认为"这仿佛是他惟一的乐趣"——但实际上,他已经在等死了。[142]

　　而死神一年后降临。这一年大部分光景,华兹华斯都很健康。一八四九年六月,华兹华斯夫妇还在莫尔文镇看望玛丽的兄嫂汤姆和玛丽·哈钦森。罗宾逊写道,虽然诗人的"脑力"退化了,但他的体力不减:"星期天,他两度攀越莫尔文山,毫不费力。"[143]然而,正是徒步导致了他的死亡。一八五○年三月十四日,华兹华斯"说他肋部疼痛",但他没有重

---

　　①　阿尔杰农·斯温鹏(Algernon Swinburne,1837-1909),英国诗人、戏剧家、小说家。

视。十七号,他走路去格拉斯米尔,天黑才回来。"寒夜。没穿大衣。"
玛丽在她的年历中写道。[144]第二天,他又出门了。然而,十九号,他和
玛丽走去苍苔公地,成了他最后一次散步。奎利南说,"刺骨的东北部
雨夹雪恶劣天气"使他患上肋膜炎,一病不起。[145]

华兹华斯弥留了一个月之久。安布尔塞德的菲尔先生和格林先生
不惜一切为诗人治疗,但都没有办法。很不幸,其中一位医生表示。奎
利南写信告诉弗莱彻夫人的女儿理查逊夫人:"不幸的是(**你知我知**),
[华兹华斯开玩笑]说,他不喜欢格林那副**哭丧**脸,尽管我们都认为格林
很有能力。于是,今天我冒昧地让菲尔告诉他的同伴,不要看起来**那么
严肃**。"[146]华兹华斯忍着剧痛,呼吸困难,很快就走了,没有任何反抗,
不论玩笑与否。一八五〇年四月二十三日正午十二点,华兹华斯与世长
辞。每个人都记得这个时刻,因为芬尼克小姐送的布谷钟正在
报时。[147]

多萝茜逝于一八五五年一月二十五日。几近失明的玛丽·华兹华
斯成为"孤独的逗留者"[148],坚强,智慧,忠贞,如果本书有女主人公的
话,非她莫属。一八五九年一月十七日,玛丽离世。三个人都葬于格拉
斯米尔一处再合适不过的幽静角落。他们的墓碑位于乔治·博蒙特爵
士出资、诗人亲手栽种的紫杉树浓荫之下,在一片大美之中。[149]西南方
是西维尔峰和拉芙里格峰,东边是石亚瑟峰、森黛尔峰和法菲尔德峰。
从拉芙里格山顶的某处,格拉斯米尔墓园依然可见。正是在这里,少年
华兹华斯初次看见这湖光山色,并感叹道:

> 若能在此生活该多么幸运!
> 如果,我想到临终之际,如果
> 最终的诀别能伴随着眼前的
> 天堂到来,就让我在此死去。

注释

[1] 多拉致小威廉·华兹华斯,1840年7月[27日],华兹华斯图书馆。和华兹华斯一起获得牛津荣誉学位的亨利·梅里韦瑟担任很多职务,其中之一是孀居王后的副总检察长,他很可能指导了这次出访。

[2] 玛丽·华兹华斯致小威廉·华兹华斯,[1835年3月]28日,《玛丽书信》,第140页。

[3] 华兹华斯致罗伯特·皮尔爵士,1842年10月17日,《晚期书信》,第四卷,第378页。

[4] 见1837年晚期多拉与奎利南之间的书信,《晚期书信》,第三卷,第497页,第549-550页。

[5] 华兹华斯致多拉,[约1838年4月5日],《晚期书信》,第三卷,第548-550页。

[6] 华兹华斯致多拉,[约1839年4月24日],《晚期书信》,第三卷,第686-687页。

[7] 塞缪尔·埃格顿·布里奇斯爵士,深陷经济困境,在1830年至1831年执行了一笔土地交易,即使没有欺诈,也涉及狡诈。奎利南作为预期的受惠人之一,也被卷入了大法官法庭,一直拖到1842年。奎利南被判愚蠢但无罪,要给原告大笔赔偿金。见玛丽·凯瑟琳·伍德沃斯,《塞缪尔·埃格顿·布里奇斯爵士的文学生涯》(牛津,1935),尤第28-30页;瓦德格拉夫,《诗人的女儿们:多拉·华兹华斯和萨拉·柯尔律治》(2013),第240-245页。

[8] 泰勒,《自传》,第一卷,第337页。

[9] 关于华兹华斯的求医,见华兹华斯致家人,[约1836年5月29日],致查尔斯·贝尔爵士,[1836年11月],《晚期书信》,第三卷,第230-231页,第310-311页。关于划船,见华兹华斯致多拉,[1836年]6月2日,《晚期书信》,第三卷,第235页。关于多拉的身体状况,更详细的论述见瓦德格拉夫的《诗人的女儿们》,以及奥林娜·比尔,《多拉·华兹华斯:诗人的女儿》(天空岛迪恩格,2009;修订版,2016),尤第224-245页,多拉症状的时间表。

［10］哈特莱致德温特·柯尔律治，［1830年8月］，《哈特莱·柯尔律治书信》，第112页。

［11］玛丽致奎利南，［1839年2月初］，《晚期书信》，第三卷，第660页。华兹华斯致克里斯托弗，［1841年］2月16日，《晚期书信》，第四卷，第181页。

［12］华兹华斯致奎利南，［1839年］4月13日，《晚期书信》，第三卷，第681-683页。

［13］奎利南致多拉，1839年4月7日，引自《晚期书信》，第三卷，第686页。

［14］华兹华斯致玛丽，［1839年］6月8日，奎利南致多拉，1839年6月10日，《晚期书信》，第三卷，第702-703页，以及注释2。

［15］《亨利·克拉布·罗宾逊论书籍与它们的作者》，第二卷，第580页，1840年2月22日条目。

［16］伊莎贝拉·芬尼克（1783-1856）是"尼古拉斯·芬尼克（来自安尼克附近，埃德灵厄姆，莱明顿府）与妻子多萝茜·福斯特（亨利·泰勒继母的表姐妹）的女儿"。见《晚期书信》，第二卷，第495页注释3。1839年7月，华兹华斯准备接受杜伦大学的荣誉学位时，他与芬尼克小姐在杜伦和诺森伯兰游览了三个星期。

［17］华兹华斯与玛丽致芬尼克，［1836年］1月18日，《晚期书信》，第三卷，第157页。《罗宾逊与华兹华斯圈书信集》，第二卷，第673页。泰勒，《自传》，第一卷，第52页。玛丽致柯尔律治夫人，［1839年］11月21日，《晚期书信》，第三卷，第742页。

［18］柯蒂斯编，《最后的诗》，第338页。

［19］华兹华斯与玛丽致芬尼克，［1840年3月24日］，《晚期书信》，第四卷，第53页。

［20］华兹华斯致芬尼克，［1840年11月3日］，1841年7月10日，《晚期书信》，第四卷，第134、215页。罗宾逊评论道："芬尼克小姐……是华兹华斯的珍宝，在她的陪伴下，华兹华斯无须出门寻求交流。有芬尼克小姐和华兹华斯夫人这样两位女人在，的确不需要任何人了。"见《亨利·克拉布·罗宾逊论书籍与

它们的作者》,第二卷,第 611 页。

[21] 华兹华斯致亨利·克拉布·罗宾逊,[1839 年]2 月 19 日,《晚期书信》,第三卷,第 664 页。

[22] 亨利·克拉布·罗宾逊致托马斯·罗宾逊,1848 年 6 月 9 日或 10 日,《罗宾逊与华兹华斯圈书信集》,第二卷,第 673 页。

[23] 婚礼前不久,克里斯托弗送给多拉一笔一千英镑的信托资金,利息终生归她所有。细节见华兹华斯致克里斯托弗,[1841 年 5 月 3 日或 4 日],《晚期书信》,第四卷,第 195-196 页,以及注释 2。芬尼克在巴斯的地址是王后广场 8 号。

[24] 奎利南致罗莎·奎利南,1841 年 5 月 12 日,华兹华斯图书馆。

[25] 华兹华斯致多拉与芬尼克,1840 年 4 月 7 日,《晚期书信》,第四卷,第 57 页。

[26] 华兹华斯致乔治·提克诺,[1842 年 12 月],《晚期书信》,第四卷,第 396 页。

[27] 奎利南致罗莎·奎利南,1840 年 9 月 1 日,华兹华斯图书馆。华兹华斯致海顿,1840 年 9 月 2 日,《晚期书信》,第四卷,第 100 页。海顿将这幅画的复制品寄给华兹华斯。要想使诗人和画家都对这首十四行诗感到满意,是无比困难的。文本与详细故事,见《最后的诗》,第 351-353 页,第 488-490 页。

[28]《亨利·克拉布·罗宾逊论书籍与它们的作者》,第二卷,第 606 页。亨利·泰勒,《威廉·华兹华斯的十四行诗》,《评论季刊》,第 69 期(1841 年 12 月),第 1-51 页。吉尔在《华兹华斯的重游》中试图将这些十四行诗置于其历史语境中,第 209-212 页。

[29] 华兹华斯贡献的诗稿是《布谷与夜莺》和《特洛伊罗斯与克丽西达》节选。当他开始怀疑鲍威尔是否希望把这本书放在他的名下时,他就失去热情了。文本与来龙去脉,见《乔叟与维吉尔翻译集》,布鲁斯·E.格莱佛编(伊萨卡与伦敦,1998)。

[30] 华兹华斯致亨利·克拉布·罗宾逊,[1840 年 1 月 23 日],致爱德

华·莫克森,[? 1840 年 2 月 18 日],致芬尼克,[约 1840 年 3 月],致多拉,[1840 年 3 月],《晚期书信》,第四卷,第 11、20、35、39 页。

[31] 华兹华斯致托马斯·鲍威尔,[1840 年]1 月 18 日,《晚期书信》,第四卷,第 8 页。

[32] 华兹华斯致约翰·凯尼恩,[1838 年夏],《晚期书信》,第三卷,第 616 页。

[33] 亨利·克拉布·罗宾逊致华兹华斯,1836 年 9 月 12 日,《罗宾逊与华兹华斯圈书信集》,第 316 页。然而,11 月 1 日,玛丽提醒罗宾逊:"是有这部悲剧——但要保密,不然它就遭殃了。"同上,第 323 页。

[34] 华兹华斯致大卫·莱昂,1835 年 12 月 11 日,《晚期书信》,第三卷,第 137 页。

[35] 华兹华斯致爱德华·莫克森,1841 年 3 月 4 日,《晚期书信》,第四卷,第 183 页。

[36] 关于修改的细节、文本,见《索尔兹伯里平原诗》和《边界人》。

[37] 莫克森的辩护律师是托尔福德。他有罪,但没判刑。见华兹华斯致亨利·克拉布·罗宾逊,[1841 年 11 月底],《晚期书信》,第四卷,第 265 页。

[38] 爱德华·莫克森致华兹华斯,1842 年 1 月 26 日,华兹华斯图书馆。

[39] 华兹华斯致爱德华·莫克森,[1842 年 4 月 1 日],《晚期书信》,第四卷,第 314 页。

[40] 华兹华斯致奥布里·德维尔爵士,[18]42 年 3 月 31 日,《晚期书信》,第四卷,第 312 页。

[41] 华兹华斯致爱德华·莫克森,1842 年 3 月 23 日,《晚期书信》,第四卷,第 307 页。

[42]《序诗》("在漫步中"),《最后的诗》,第 363-364 页。

[43] 在 1815 年诗集序言中,华兹华斯说出版这些诗是因为"他相信它们的价值,知道它们适合这本诗集",它们的出版只是因为他"从女作者那里抢来它们"。

［44］查尔斯·兰姆致华兹华斯,1815年4月16日,《兰姆书信》,第三卷,第141页。这些诗包括《给一个孩子》《母亲的归来》《一位村民给她孩子的诗》。见《诗集》(1815),第一卷,第8页;第二卷,第160页。苏珊·M.列文在《多萝茜·华兹华斯与浪漫主义》第113页引用了兰姆的抗议,但没有提到上述华兹华斯引文,见上一条注释。

［45］芬尼克的抄写稿已不复存在。多拉与奎利南的抄写稿现藏于华兹华斯图书馆。

［46］华兹华斯致罗伯特·珀西瓦尔·格雷夫斯,［1840年春?］,《晚期书信》,第四卷,第44-47页。华兹华斯致多萝茜,1790年9月6日和16日,《早期书信》,第33、35页。

［47］华兹华斯致约翰·皮斯,1841年5月11日,《晚期书信》,第四卷,第198页。

［48］值得注意的是,随着旅行的展开,华兹华斯看到索尔兹伯里平原的变化,感到很失望:"平原上许多地方正在进行耕种,夺走了我们曾在诗中赋予这个地方的深厚情感。"玛丽在［1841年］6月2日的信中告诉芬尼克,见《玛丽书信》,第246页。

［49］此处和后面几处引文,见芬尼克致亨利·泰勒,1841年5月20日,《晚期书信》,第四卷,第198页。

［50］华兹华斯致弗雷德里克·本廷克夫人,［1841年7月30日］,《晚期书信》,第四卷,第97页。

［51］《铭文》花费了不少心血,却引起多方恼火。详细情况和文本,见《最后的诗》,第379-386页;里德,《文献》,第173-178页。里德指出,华兹华斯出资五英镑,是骚塞大理石墓碑的两大出资人之一。

［52］德拉瓦尔伯爵致华兹华斯,1843年3月30日,《晚期书信》,第四卷,第421页注释1。

［53］德拉瓦尔伯爵与罗伯特·皮尔爵士致华兹华斯,皆为1843年4月3日,引自《晚期书信》,第四卷,第423-424页。华兹华斯的接受函(见下一段引

文)写于 4 月 4 日。

[54] 约翰·莫利,《W. R. 格雷格:速写》,收录于《批评杂记》(三卷,1886),第三卷,第 231-259 页。玛丽致亨利·克拉布·罗宾逊,[1844 年]7 月 9 日,《晚期书信》,第四卷,第 563 页。

[55] 华兹华斯致亨利·克拉布·罗宾逊,[18]45 年 8 月 7 日,《晚期书信》,第四卷,第 697 页。

[56] 华兹华斯致芬尼克,[1841 年 8 月 5 日],《晚期书信》,第四卷,第 221 页。

[57] 奎利南致亨利·克拉布·罗宾逊,1843 年 12 月 9 日,《罗宾逊与华兹华斯圈书信集》,第一卷,第 532 页。

[58] 同上。

[59] 哈丽特·马蒂诺致伊丽莎白·巴雷特,[1846 年]2 月 8 日,《罗宾逊与华兹华斯圈书信集》,第二卷,第 621 页。

[60] 阿诺德博士于 1842 年 6 月 12 日逝世。

[61]《年谱》,第二卷,第 333 页,1806 年 8 月条目。《回忆录》,第二卷,第 438 页。

[62] 伊丽莎白·弗莱彻的假日航海日志,1833 年 9 月 4 日至 23 日。现藏于华兹华斯图书馆。日志表明,起初,她并不喜欢华兹华斯,但和诗人吃过饭后,她开始喜欢诗人夫妇。1849 年 7 月,伊丽莎白·盖斯凯尔见到华兹华斯。奎利南在 1849 年 7 月 25 日写给 H. N. 柯尔律治夫人的信中说,她“人很好……是阿诺德、戴维、马蒂诺小姐、弗莱彻夫人家的‘红人’”。(华兹华斯图书馆)

[63]《弗莱彻夫人自传》,后人编[理查逊夫人](爱丁堡,1875)。H. A. L. 莱斯在《华兹华斯在伊兹岱尔》(《爱丽儿》,第一期〔1970〕)第 31-38 页生动地描述了弗莱彻夫人的朋友圈,以及华兹华斯在其中的位置,大量引用弗莱彻夫人女儿玛格丽特的日记。玛格丽特的丈夫是约翰·戴维博士,即汉弗莱爵士的兄弟。大部分内容已刊印于格罗萨特编,《文集》,第三卷,第 435-458 页。另见弗莱德里卡·毕蒂,《莱德尔的华兹华斯》(1939),第 145-150 页。

［64］见帕米拉·伍夫，《哈丽特·马蒂诺与她的安布尔塞德邻居们》，载《华兹华斯社交圈》，第 48 期（2017），第 95-101 页。

［65］华兹华斯致亨利·克拉布·罗宾逊，［18］45 年 8 月 7 日。华兹华斯无法容忍马蒂诺对催眠术的狂热，而马蒂诺认为是催眠疗法治好了她长期的病症。《亨利·克拉布·罗宾逊论书籍与它们的作者》，第二卷，第 650 页，描述了 1845 年 1 月 16 日的一场盛宴，他知道大家都排斥催眠术，"心照不宣。这比争执好"。华兹华斯死后，玛丽贸然称马蒂诺为"讨厌鬼"。见玛丽致托马斯·哈钦森，［1851 年］10 月 11 日，《玛丽书信》，第 334 页。

［66］《托马斯·库珀自传》（1872），约翰·塞维尔编（莱斯特，1971），第 287-295 页。理查德·格莱维尔在《华兹华斯的诗人使命》（贝辛斯托克，2003）第 245-256 页详细论述了库珀的访问，阐释了华兹华斯对 1840 年代国家状况的矛盾心情，予人启发。罗宾逊在 1848 年 3 月 7 日写给玛丽的信中说："我记得曾听到华兹华斯先生半玩笑、半认真地说——'我不尊敬辉格党，但我内心在很大程度上是个宪章派'。"见《罗宾逊与华兹华斯圈书信集》，第二卷，第 665 页。引自伊迪丝·C. 巴索，《晚年的华兹华斯》（剑桥，1933），第 200 页。

［67］1805 年《序曲》，7.695，700。

［68］亨利·泰勒致芬尼克，1842 年 5 月 11 日，泰勒《书信集》，第 133-134 页。

［69］华兹华斯致亨利·里德，［18］45 年 7 月 1 日，《晚期书信》，第四卷，第 687 页。

［70］伊丽莎白·巴雷特致 H. S. 博伊德，1842 年 7 月 7 日，《伊丽莎白·巴雷特致 H. S. 博伊德书信集》，芭芭拉·P. 麦卡锡编（1955），第 247 页。

［71］华兹华斯致威廉·罗恩·汉密尔顿，1830 年 11 月 26 日，《晚期书信》，第二卷，第 354 页。

［72］威尔弗里德·沃德，《奥布里·德维尔回忆录》（1904），第 73-74 页。关于这些会面的详细论述，见《华兹华斯与维多利亚人》，第 188-192 页。

[73] 华兹华斯致亨利·里德,[18]45 年 7 月 1 日,《晚期书信》,第四卷,第 688 页。

[74] 现藏于华兹华斯图书馆。约翰·L. 马赫尼在《莱德尔山女子寄宿学校》中详细论述了这个"华兹华斯在美国的插曲",见《浪漫主义时代的文化碰撞》,格里高利·麦尔兹编(阿尔伯尼,1998),第 105-122 页。

[75] 约翰·凯尼恩致华兹华斯,1843 年 3 月 29 日,华兹华斯图书馆。伊丽莎白·巴雷特观海顿的油画有感,写了一首十四行诗。当她将这首诗献给诗人,诗人的反应体现了典型的华兹华斯风格:在表达了一番感激之情后,提出了修改意见。1842 年 10 月 26 日,《晚期书信》,第四卷,第 384-385 页。

[76]《漫游》,4.978-992。

[77] 威廉·埃勒里·钱宁致华兹华斯,1835 年 3 月 4 日;伊丽莎白·弗朗西斯·奥格尔致华兹华斯,1840 年 5 月 5 日?;约翰·西蒙致华兹华斯,1841 年 7 月 2 日,华兹华斯图书馆。托马斯·普林格尔,《诗集》(1839),第 186 页。

[78] 华兹华斯致乔治·亨特利·戈登,[18]45 年 6 月 24 日,《晚期书信》,第四卷,第 680 页。

[79]《从一座探出的山崖》,6-7 行,19-21 行。"玛丽和萨拉的双子岩在贝恩里格,树林位于格拉斯米尔至莱德尔那条老路与格拉斯米尔湖畔之间。玛丽和萨拉很久以来一直喜欢站在贝恩里格山顶的两块岩石处眺望,从那里可以看到莱德尔和格拉斯米尔。"见《最后的诗》,第 396 页,以及注释 504。

[80] 写于 1842-1843 年;发表于 1845 年。《最后的诗》,第 373 页。早期诗行,见 1805 年《序曲》,2.378-387;清晰的阅读文本见《序曲》,欧内斯特·德塞林科特编;第二版,海伦·达比希尔修订(牛津,1959),第 571-578 页。

[81] 玛丽与华兹华斯致罗宾逊,[1845 年]6 月 21 日,《晚期书信》,第四卷,第 679 页。《最后的诗》,第 397 页。

[82] 1799 年《序曲》,2.97-139。1805 年《序曲》,9.530-566。1817 年,华兹华斯很失望罗宾逊对弗内斯没什么感觉。见《中期书信》,第二卷,第 392 页。

[83] 华兹华斯在回应一位学校督导休·西摩尔·特雷明希尔的请求。他

希望华兹华斯通过散文"体现你对底层人民基础教育的当前看法",以此对教育改革做出贡献。见《晚期书信》,第四卷,第 732-734 页。特雷明希尔通过哈丽特·马蒂诺认识了华兹华斯。

[84] 华兹华斯致家人,[1836 年 6 月]4 日,《晚期书信》,第三卷,第 241 页。玛丽致多拉,[1839 年 4 月 3 日],《晚期书信》,第三卷,第 672-673 页。

[85] 文本与精彩评注,见《文集》,第三卷,第 331-366 页。

[86] 引文出自《这世界我们无法承受》(1802),《关于肯德尔和温德米尔铁路项目》(1844),《你们这些昔日骄傲的山峰》(1844)。

[87] 《文集》,第三卷,第 346 页,第 350-351 页。

[88] 巴伦·菲尔德致罗宾逊,1845 年 2 月 16 日,《罗宾逊与华兹华斯圈书信集》,第二卷,第 591-593 页。

[89] 阿诺德在他的 1879 年版华兹华斯诗选序言中忆起,"华兹华斯曾讲过,一位牧师朝圣者问他除了《湖区指南》外有没有写过别的。诗人谦虚地答道,是的,他写过诗。"

[90] 1835 年后,虽然华兹华斯对《湖区指南》保持敏锐的关注,但肯德尔的出版商约翰·哈德孙控制了这本书,将其并入《湖区完整指南:包含详细的游客说明,华兹华斯先生的湖区景色描写,以及塞奇威克教授论湖区地质的三封信》。全面的讨论、文本和评注,见《文集》,第二卷,第 121-450 页。

[91] 8 月 29 日,玛丽又对芬尼克提起铁路和游客,"这个地方发生了奇怪的变化——想想那酒店——还有一天不同时刻往来于格拉斯米尔与火车站之间的公共车辆和马车!"见《玛丽书信》,第 300、304 页。

[92] 参考注释 83。

[93] 奥布里·德维尔致华兹华斯,[1841 年]9 月 3 日,《晚期书信》,第四卷,第 256 页。

[94] 理查德·帕金森致华兹华斯,1843 年 3 月 14 日,华兹华斯图书馆。

[95] 关于彭斯以及宗派主义读者对出版的影响,很有启发的论述见帕特里克·司各特,《信仰的生意:"宗教出版"的兴起》,收录于《神圣与世俗:教会

与尘世》，德里克·贝克编（牛津，1973）。

[96] 过了一些时候（不确定是1845年还是1847年），莫克森出版了一本诗集，表面上看与彭斯的版本一样。在莫克森出版他的选集之前，彭斯究竟怎样出版他的选集的，他们之间发生了什么，不得而知。

[97] W. 芬登的版画的摹本是1820年弗朗西斯·钱特里所制的华兹华斯半身像。华兹华斯不喜欢芬登依照 G. 豪斯绘制的莱德尔山所作的版画。1847年，诗集再版时，换成了 T. H. 埃利斯依照托马斯·克莱斯维克的一幅美丽画作制定的版画。华兹华斯1845年11月17日写给莫里森的信（《晚期书信》，第四卷，第723页）说明他试图监管这本书集出版的所有方面。

[98] 玛丽致罗宾逊，[18]44年4月7日；奎利南致罗宾逊，1844年3月19日，《晚期书信》，第四卷，第541-542页。黑体字为玛丽所标。

[99] 《英国评论家》，第15期（1821），第113-135页。评论者是约翰·泰勒·柯尔律治。见伍夫，《批评遗产》，第807页。在一条芬尼克笔记中，华兹华斯强烈抗议"某些善良虔诚的人"的结论，认为他企图"向人们灌输"关于"前世"的信念。华兹华斯指出，他以诗人而非神学家的身份写作，他所阐述的概念实际上拥有悠久的历史。见《芬尼克笔记》，第61-62页。

[100] 见华兹华斯对凯瑟琳·克拉克森的愤怒回复。克拉克森将一位一神论派朋友对这首诗的批评传达给华兹华斯，诗人认为大部分评论"一派胡言"。[1815年1月]，《中期书信》，第二卷，第187-192页。

[101] 罗宾逊致华兹华斯，1836年4月22日，《罗宾逊与华兹华斯圈书信集》，第一卷，第299-301页。《克里斯托弗·诺斯的消遣》（三卷，爱丁堡与伦敦，1842），第二卷，第349-350页。

[102] 《折衷评论》，新刊，第12期（1842），第568-579页。

[103] 华兹华斯致塞缪尔·威尔金森，[1842年]9月21日，《晚期书信》，第四卷，第372页。

[104] 日记转引自威尔弗里德·沃德，《奥布里·德维尔》（1904），第69页。芬尼克的虔诚显然令华兹华斯尊敬。见他给她的信，[1844年7月17日]，

《晚期书信》,第四卷,第 575 页,他在信中声称自己"不配经常出现在你眼前"。

[105] 在 1842 年 11 月 25 日的一封信中,费伯告诉 J. B. 莫里斯,他把自己的杉木十字架送给华兹华斯了。见《诗人与牧师费伯:弗雷德里克·威廉·费伯书信选集》,罗利·爱丁顿编(考布里奇,1974),第 92 页。

[106] 本森·哈里森夫人即华兹华斯的堂兄罗宾逊·华兹华斯(华兹华斯在怀特海文的叔叔理查德的儿子)的女儿多萝茜·华兹华斯。

[107] 亨利·克拉布·罗宾逊致托马斯·罗宾逊,[1842 年 12 月]29 日,《罗宾逊与华兹华斯圈书信集》,第一卷,第 473 页;《亨利·克拉布·罗宾逊论书籍与它们的作者》,第二卷,第 605 页,1841 年 12 月 27 日记录。

[108] 华兹华斯图书馆藏有一封 1841 年 6 月 26 日费伯从维也纳寄来的信,其中生动地描绘了他如何走私了一本加利尼亚尼版华兹华斯诗集。他在雅典买到这本书,混过土耳其—匈牙利边境的卫兵,这本书后被没收,直到奥地利检察官宣布安全无事。

[109] F. W. 费伯致约翰·基布尔,1843 年 10 月 31 日;费伯致奎利南,1848 年 2 月 18 日,华兹华斯图书馆。

[110]《诗人与牧师费伯》,第 95 页。

[111] F. W. 费伯致约翰·基布尔,1842 年 11 月 12 日。发表在 B. W. 马丁,《华兹华斯,费伯与基布尔:论一场三角关系》,《英语研究评论》,新刊,第 26 期(1975),第 436-442 页。

[112] 奇怪的是,在《意大利之旅纪念诗歌》中,诗人在《在瓦隆布罗萨》里也称弥尔顿为"最神圣的诗人",却得以幸存。

[113]《早年与晚年的诗》(1842),第 402 页。《十四行诗组诗》,第 790-791 页,另见第 799-800 页。

[114] 华兹华斯致亨利·里德,1842 年 9 月 4 日,《晚期书信》,第四卷,第 364-365 页。这些十四行诗分别是第二部分的第二、九、十首,1845 年出版。费伯的话出自给基布尔的信,见注释 111。

[115]《英国圣徒传》,[J. H. 纽曼编](四卷,1844),第二卷,第 181-182 页。

[116]《晚期书信》,第四卷,第626页注释2引用了会长的话。

[117] 亨利·克拉布·罗宾逊致托马斯·罗宾逊,1845年1月2日,《罗宾逊与华兹华斯圈书信集》,第二卷,第582页;《亨利·克拉布·罗宾逊论书籍与它们的作者》,第二卷,第655页,1845年12月19日记录。

[118]《亨利·克拉布·罗宾逊论书籍与它们的作者》,第二卷,第655页,1845年12月19日记录。

[119] 华兹华斯致芬尼克,[1846年5月13日],《晚期书信》,第四卷,第776页。

[120] 亨利·克拉布·罗宾逊致托马斯·罗宾逊,1847年2月5日,《罗宾逊与华兹华斯圈书信集》,第二卷,第639-640页。

[121] 同上。

[122] 华兹华斯为爱德华写的挽歌十四行诗《天使般的男孩,我们为何哭泣哀悼》发表在最后的诗歌全集中,1849-1850年。《最后的诗》,第398页。

[123] 格罗萨特编,《文集》,第三卷,第489页。

[124] 1842年的副标题为"作于从格拉斯米尔到格里兹岱尔峡谷的山路,山下是帕特岱尔"。照片见《约翰·华兹华斯书信》,第36页。

[125] 亨利·克拉布·罗宾逊致托马斯·罗宾逊,1847年12月23日;致芬尼克,[18]48年1月10日,《罗宾逊与华兹华斯圈书信集》,第二卷,第654页,第657-658页,

[126] 文本与眉批见《最后的诗》,第407-414页。多拉逝世那天,C.B.菲利普斯写信表达了皇室对这首诗的满意。他的文字极具讽刺效果,令人悲哀:"思想的力与美、韵律的优雅向女王陛下和王子殿下证明了时间对诗人的心智和技艺无能为力。"见《晚期书信》,第四卷,第852页。

[127] 华兹华斯对奎利南难以抑制的愤怒,见华兹华斯致芬尼克,[1844年9月19日],《晚期书信》,第四卷,第597页。

[128] 奎利南致芬尼克,1847年10月13日,华兹华斯致芬尼克,[1847年]12月6日,《晚期书信》,第四卷,第859页。

[129] 罗宾逊致芬尼克,[18]47 年 12 月 24 日,《罗宾逊与华兹华斯圈书信集》,第二卷,第 656 页。

[130]《文集》,第三卷,第 369-382 页。西北大学图书馆特藏文献中有一个笔记本,其中包含克里斯托弗记录的叔叔谈话内容。

[131] 玛丽致芬尼克,[1847 年]12 月 27 日,《玛丽书信》,第 291 页。

[132] 尽管华兹华斯图书馆中的家庭书信中有相关依据,但我们完全不清楚这个决定是怎样、为何以及何时达成的。见《华兹华斯与维多利亚人》,第 31-36 页。然而,确定的是,奎利南感觉被轻视了。芬尼克致罗宾逊,1848 年 1 月 17 日,《罗宾逊与华兹华斯圈书信集》,第二卷,第 660 页,信中表明他们担心奎利南能否参与协作芬尼克笔记一事。他在 1849 年 7 月 25 日写给 H. N. 柯尔律治夫人的信说明,他认为人们应该知道,他本人而非克里斯托弗才应该是诗人的传记作者。而且,奎利南认为诗人的侄子不适合这项工作。在 1850 年 7 月 11 日的日记中,他写道:"华兹华斯夫人今天告诉我,克里斯托弗对诗人的作品知之甚少,还比不上夫人认识的任何一位熟人。克里斯托弗的妻子更是全然不知。"（华兹华斯图书馆）

[133] 玛丽致凯特·骚塞,[？1848 年]2 月 23 日,致罗宾逊,1848 年 6 月 7 日,《晚期书信》,第四卷,第 865、869 页。

[134] 玛丽致芬尼克,[1847]年 9 月 21 日,《玛丽书信》,第 287 页。这个评论本来不必强调,只是凯特·萨莫斯凯尔在《罗宾逊夫人的耻辱:一位维多利亚女士的私人日记》(2012)第 96 页揭露了一桩丑闻。约翰·华兹华斯的姻亲柯文家族指出约翰曾与一名十六岁的意大利女孩有私情。因此,华兹华斯在 1846 年修改了遗嘱,删掉了儿子的相关内容。约翰和伊莎贝拉的婚姻显然是不幸福的,但柯文的指控有很大影响。华兹华斯的遗嘱立于 1847 年 8 月 31 日,修改于 1848 年 12 月 30 日：并没有剥夺约翰的继承权。玛丽觉得父子之间有很多相似;约翰·华兹华斯,英国国教牧师,声誉良好,在父亲的临终时刻主持了圣餐礼——假如华兹华斯知道儿子是通奸者,背叛了牧师戒律,将不堪设想。

[135] 亨利·泰勒致威廉·布莱德福德·里德,1848 年 6 月 7 日,华兹华

斯图书馆。

[136] 玛丽致芬尼克,1848 年 8 月 2 日,《玛丽书信》,第 299 页。

[137] 格罗萨特编,《文集》,第三卷,第 475-485 页。亚诺尔后来将这个回忆写入《华兹华斯与柯尔律治一家,及文学与政治回忆录》(纽约,1899)。

[138] 伊丽莎白·M. 西维尔,1849 年 9 月 8 日日记,《伊丽莎白·M. 西维尔自传》,伊利诺·L. 西维尔编(1907),第 106-110 页。

[139] 亨利·克拉布·罗宾逊致托马斯·罗宾逊,[18]49 年 1 月 12 日,《罗宾逊与华兹华斯圈书信集》,第二卷,第 683 页。

[140] [德温特·柯尔律治],《哈特莱·柯尔律治回忆录》,《哈特莱·柯尔律治诗集》(两卷,1851),前言,第 clxxxv 至 clxxxvii 页。

[141] 见亨利·克拉布·罗宾逊致托马斯·罗宾逊,[1849 年 1 月 4-5 日],[18]49 年 1 月 12 日:"没有谁比他的生命更无意义","放纵的生活";"他惟一的优点是,他是个善良的人——不与任何人为敌,除了自己"。见《罗宾逊与华兹华斯圈书信集》,第二卷,第 681、684 页。

[142] 罗宾逊致芬尼克,[1849 年]1 月 15 日。对华兹华斯来说,多拉的死"是个……悲哀的灾难"——罗宾逊用三个感叹号表明了他的不解,并承认,"我不禁自责,因为我不能十分清晰地设想这种心态。"见《罗宾逊与华兹华斯圈书信集》,第二卷,第 685 页。

[143] 亨利·克拉布·罗宾逊致托马斯·罗宾逊,1849 年 6 月 27 日,《罗宾逊与华兹华斯圈书信集》,第二卷,第 698 页。

[144] 杰米玛·奎利南的日记,1850 年 3 月 14 日。玛丽的 1850 年年历。(华兹华斯图书馆)3 月 10 日,奎利南在日记中写道:"寒冷刺骨的天气——傍晚,我们往格拉斯米尔方向散步,华兹华斯先生打算在路上与我们会合……我抱怨他穿得太少了,他说:'我不在乎。'可怜的家伙,好像他很强壮似的。"(华兹华斯图书馆)

[145] 奎利南致理查逊夫人,1850 年 3 月 24 日。(华兹华斯图书馆)

[146] 同上。

[147] "华兹华斯先生平静地吐出最后一口气,在(正午)十二点整安详地离去了,他卧室门口的布谷钟正在报时。傍晚,与约翰和威利前往格拉斯米尔教堂墓地。"奎利南日记,1850 年 4 月 23 日,华兹华斯图书馆。

[148] 玛丽的话出自她写给苏珊·华兹华斯[克里斯托弗的妻子]的信,1855 年 2 月 7 日。见《玛丽书信》,第 353 页。

[149] 在芬尼克笔记关于《漫游》的漫长注释中,华兹华斯解释了博蒙特曾将一笔钱交由他处置,"用于我认为正当的任何当地事务",以及华兹华斯最终"决定在教堂墓地栽种紫杉树"的事宜。见《芬尼克笔记》,第 84 页。结尾的引文出自《安家格拉斯米尔》,第 9-12 页。

附　录

第五章讨论的这首哲思诗歌作于一七九八年春,拟为《废毁的茅 舍》中商贩对诗人讲话的总结,后经修改,最终用于《漫游》(1814),
4.1207-1271。为阅读方便,笔者为诗文加上适当的标点。

> 　　　　　　　我认为
> 与那些言语陌生的事物悄然
> 共鸣并非无益,因为,它们
> 不会激发病态的激情,不安,
> 复仇或憎恨。人一旦学会爱
> 它们,就一定会深深感到
> 那份至纯至真的爱的欢欣,
> 以至于任何不够纯洁、不够
> 完美的事物都使他不满,
> 别无选择的他只好在同类中
> 寻觅相似的爱,相似的欢乐。
> 于是,渐渐地,他觉得自己
> 嗔厌的情绪变得柔和,

一种圣洁的温柔弥漫身心，

他的理智健全，完好无损，

不如说他全部的思绪是一股清流，

——来自清澈的源头——他环顾四周，

他寻觅善，并觅得所求之善；

直至憎恶与轻蔑对他来说

只是名相，若他从别人口中

听到充满憎恶与轻蔑的话语，

他只会感到怜悯；没有任何

杂念、任何感受能颠覆他的爱。

而且，通过思索这些事物与

人类之间的密切关联，我们

发现，万物拥有何等强大的

力量，能够激励我们的心灵，

扩大缺席事物的精神存在。

然后，疲惫顿消——我们将养成

[　　]①习惯，以便让感觉

498

服从精神的旨意，成为一种

元气精髓，一份救赎之力；

无论遇到什么，我们都能

从中领悟甜蜜温柔的教诲，

使心灵懂得人类的悲欢。

一切都讲述人性，我们将

从万物中读出自身的责任；

---

① 原稿如此，散佚不详，或字迹难辨。下同。

普遍法则和特殊事件将联手

将我们催生、唤醒，给我们

意志和力量，用[　]善意之链

将我们与我们的同类紧紧相连。

没有无助的心，没有无助的脑，

将为存在的重负默默哀悼。科学

将成为珍贵的访客；那时，只有

那时，才配得上她的名。因为

那时，她的心点亮，她的眼睛

不再黯然无光，不再如残酷的

奴役，受制于观察对象；相反，

将学会更好地领悟其合法功用，

以及专属于眼睛的特殊本领，

怀着耐心的兴趣，学会观察

事物的进程，并致力于秩序

与明辨；但不会因此而忘却：

所有最高尚的目标，所有

最光荣的疆域，都必须诉诸

心智和思想的拓展才有望

企及。我们也是这样构筑

自身的存在。难道这意味着，

必须管中窥物，越窥探越衰微，

永远昏花地管窥细枝末节，

管窥孤立的对象，看到它们

彼此脱节，死气沉沉，毫无精神，

不断分裂，且分裂依然，

打破一切宏伟,而仍不满

于我们违背自然的辛劳,任渺小

愈加渺小,与我们自己灵魂的

生命展开大逆不敬的战争?

或者,难道这一切意味着,

那崇高庄严的景象,白云,

大海,浩瀚的苍穹,难道

只给心灵留下荒芜的图景?

在这有情有灵的世界,我们被

赋予悟性,理智,意志,思想,

情感,灵知,激情,绝不是

为了虚荣、痛苦和愁惨的目的。

让我们从遗忘的沉睡中醒来,

从躁动而虚无的迷梦中憬悟。

经此历练,万物将栖于我们,

我们也将栖于周遭的万物。

这是我们的方向,将每日扩大

感知欢乐与痛苦的范围。

这样,我们的感官与心智

才能相互支撑,相互扶持;

借助那无边无际的力量,

相互振奋、磨砺并完善。

外物与情感之间互相呼应,

彼此都获得前所未有的

鲜活精神和鲜明个性;

彼此都更加充实与丰盈,

499

都拥有无穷无尽的潜能。
就这样畅饮万物的精魂,
我们必将拥有更多智慧,
必将出于本能地沿着秩序
与美善的道路勇往直前。
无论我们看到什么,感到
什么,直接或间接,都将
哺育并呵护我们的心智,
将我们的灵魂提升至更加
超拔卓绝的高度。

精选书目

以下并非关于此研究主题的完整书目，而是本书参考、引证或引用过的资料。除非特别注明，出版地皆为伦敦。

标准版本和首要学术资料

威廉·华兹华斯

The Poetical Works of William Wordsworth, ed. Ernest De Selincourt and Helen Darbishire (5 vols., Oxford, 1940-1949).

The Cornell Wordsworth. General editor Stephen Parrish. Volumes in order of date of publication:

The Salisbury Plain Poems, ed. Stephen Gill (Ithaca, 1975).

The Prelude, 1798-1799, ed. Stephen Parrish (Ithaca, 1977).

Home at Grasmere, ed. Beth Darlington (Ithaca, 1977).

The Ruined Cottage and The Pedlar, ed. James Butler (Ithaca, 1979).

Benjamin the Waggoner, ed. Paul F. Betz (Ithaca, 1981).

The Borderers, ed. Robert Osborn (Ithaca, 1982).

Poems, in Two Volumes, ed. Jared R. Curtis (Ithaca, 1983).

An Evening Walk, ed. James Averill (Ithaca, 1984).

Descriptive Sketches, ed. Eric Birdsall (Ithaca, 1984).

Peter Bell, ed. John E. Jordan (Ithaca, 1985).

The Fourteen-Book Prelude, ed. W. J. B. Owen (Ithaca, 1985).

The Tuft of Primroses with Other Late Poems for The Recluse, ed. Joseph Kishel (Ithaca, 1986).

The White Doe of Rylstone, ed. Kristine Dugas (Ithaca, 1988).

Shorter Poems 1807-1820, ed. Carl H. Ketcham (Ithaca, 1989).

Early Poems and Fragments, 1785-1797, ed. Carol Landon and Jared Curtis (Ithaca and London, 1997).

Translations of Chaucer and Virgil, ed. Bruce E. Graver (Ithaca and London, 1998).

Last Poems, 1821-1850, ed. Jared Curtis (Ithaca and London, 1999).

Sonnet Series and Itinerary Poems, 1820-1845, ed. Geoffrey Jackson (Ithaca and London, 2004).

The Excursion, ed. Sally Bushell, James A. Butler, and Michael C. Jaye (Ithaca and London, 2007).

Jared Curtis, *The Cornell Wordsworth A Supplement* (Penrith, 2008).

Letters of William and Dorothy Wordsworth, ed. E. De Selincourt; *The Early Years, 1787-1805*, revised Chester L. Shaver (Oxford, 1967); *The Middle Years, 1806-1811*, revised Mary Moorman (Oxford, 1969); *The Middle Years, 1812-1820*, revised Mary Moorman and Alan G. Hill (Oxford, 1970); *The Later Years, 1821-1853*, revised Alan G. Hill (4 vols., Oxford, 1978-1988). *A Supplement of New Letters*, ed. Alan G. Hill (Oxford, 1993).

The Love Letters of William and Mary Wordsworth, ed. Beth Darlington (Ithaca, 1981).

The Prose Works of William Wordsworth, ed. W. J. B. Owen and Jane Worthington Smyser (3 vols., Oxford, 1974).

多萝茜·华兹华斯

Dorothy Wordsworth, *A Narrative Concerning George and Sarah Green of the Parish of Grasmere Addressed to a Friend*, ed. E. De Selincourt (Oxford, 1936). Reissued, with additional notes and illustrations, as *The Greens of Grasmere*, ed. Hilary Clark (Wolverhampton, 1987).

Dorothy Wordsworth, *Recollections of a Tour Made in Scotland*, ed. Carol Kyros Walker (New Haven and London, 1997).

Dorothy Wordsworth, *The Grasmere and Alfoxden Journals*, ed. Pamela Woof（Oxford, 2002）.

Dorothy Wordsworth, *Journals*, ed. E. De Selincourt（2 vols., 1941; 1952）.

华兹华斯家庭与社交圈

The Letters of Dora Wordsworth, ed. Howard P. Vincent（Chicago, 1944）.

The Letters of John Wordsworth, ed. Carl H. Ketcham,（Ithaca, 1969）.

Letters of Sara Hutchinson, ed. Kathleen Coburn（1954）.

The Letters of Mary Wordsworth 1800-1855, ed. Mary E. Burton（1965）.

The Correspondence of Henry Crabb Robinson with the Wordsworth Circle, ed. Edith J. Morley（2 vols., Oxford, 1927）.

Henry Crabb Robinson on Books and their Writers, ed. Edith J. Morley（3 vols., 1938）.

塞缪尔·泰勒·柯尔律治与家庭文献

Collected Letters, ed. Earl Leslie Griggs（6 vols., 1956-1971）.

Biographia Literaria, ed. James Engell and W. Jackson Bate（2 vols., London and Princeton, 1983）.

Essays on His Times, ed. David V. Erdman（3 vols., London and Princeton, 1978）.

The Friend, ed. Barbara E. Rooke（2 vols., London and Princeton, 1969）.

Lay Sermons, ed. R. J. White（London and Princeton, 1972）.

Lectures 1795 on Politics and Religion, ed. Lewis Patton and Peter Mann（1971）.

The Notebooks of Samuel Taylor Coleridge, ed. Kathleen Coburn（5 vols. in 10, London and Princeton, 1957-2002）.

Poetical Works, ed. J. C. C. Mays（3 vols. in 6, London and Princeton, 2001）.

Table Talk, ed. Carl Woodring（2 vols., London and Princeton, 1990）.

The Watchman, ed. Lewis Patton（London and Princeton, 1970）.

Letters of Hartley Coleridge, ed. Grace Evelyn Griggs and Earl Leslie Griggs（1936）.

Hartley Coleridge. New Poems, Including a Selection from his Published Poetry, ed. Earl Leslie Griggs（1942）.

罗伯特·骚塞

The Collected Letters of Robert Southey, ed. Lynda Pratt, Tim Fulford, and Ian Packer, *A Romantic Circles Electronic Edition*: https: // www. rc. umd. edu/editions/southey/letters.

The Life and Correspondence of Robert Southey, ed. C. C. Southey (6 vols., 1849).

New Letters of Robert Southey, ed. Kenneth Curry (2 vols., New York, 1965).

批评与学术研究文献

Addington, Raleigh, ed., *Faber Poet and Priest: Selected Letters of Frederick William Faber* (Cowbridge, 1974).

Adler, James, 'Wordsworth, Klopstock and the Poetry of Skating', *Times Literary Supplement*, 7 Dec. 2018.

Alger, John G., *Paris in 1789-1794* (1902).

Altick, Richard D., *The Shows of London* (Cambridge, Mass., 1978).

Anderson, Robert, *The Works of the British Poets, with Prefaces, Biographical and Critical* (13 vols., London and Edinburgh, 1792-1795).

Anderson, W. E. K., ed., *The Journal of Sir Walter Scott* (Oxford, 1972).

Andress, David, ed., *Oxford Handbook of the French Revolution* (Oxford, 2015).

Andrews, Stuart, *The British Periodical Press and the French Revolution, 1789-1799* (Basingstoke, 2000).

Ashton, Rosemary, *The Life of Samuel Taylor Coleridge* (Oxford, 1996).

Averill, James, *Wordsworth and Human Suffering* (Ithaca, 1980).

Bailey, Quentin, *Wordsworth's Vagrants: Police, Prisons, and Poetry in the 1790s* (Farnham, 2011).

Baillie, Joanna, *The Collected Letters of Joanna Baillie*, ed. Judith Bailey Slagle (2 vols., Madison, 1999).

Bainbridge, Simon, *Napoleon and English Romanticism* (Cambridge, 1995).

Bainbridge, Simon, *British Poetry and the Revolutionary and Napoleonic Wars* (Oxford, 2003).

Barker, Juliet, *Wordsworth: A Life* (2000).

Barrell, John, *Imagining the King's Death: Figurative Treason, Fantasies of Regicide 1793-1796* (Oxford, 2000).

Barrell, John, *The Spirit of Despotism: Invasions of Privacy in the 1790s* (Oxford, 2006).

Barton, Anne, 'The Road from Penshurst: Wordsworth, Ben Jonson and Coleridge in 1802', *Essays in Criticism*, 37 (1987), 209-233.

Bates, Brian R., *Wordsworth's Poetic Collections, Supplementary Writing and Parodic Reception* (2012).

Batho, Edith C., *The Later Wordsworth* (Cambridge, 1933).

Beal, Oleana, *Dora Wordsworth: A Poet's Daughter* (Teangue, Isle of Skye, 2009; rev. edn. 2016).

Beard, Geoffrey, *The Greater House in Cumbria* (Kendal, 1978).

Beatty, Frederika, *William Wordsworth of Rydal Mount* (1939).

Beer, John, *Providence and Love. Studies in Wordsworth, Channing, Myers, George Eliot, and Ruskin* (Oxford, 1998).

Bennett, Andrew, *Wordsworth Writing* (Cambridge, 2007).

Bicknell, Peter, *The Picturesque Scenery of the Lake District 1752-1835: A Bibliographical Study* (Winchester, 1990).

Bicknell, Peter, and Robert Woof, *The Discovery of the Lake District 1750-1810* (Grasmere, 1982).

Binns, John, *Recollections of the Life of John Binns* (Philadelphia, 1854).

Bishop, Morchard, ed., *Recollections of the Table-talk of Samuel Rogers: First Collected by the Revd Alexander Dyce* (1952).

Blanshard, Frances, *Portraits of Wordsworth* (1959).

Bonsall, Brian, *Sir James Lowther and Cumberland and Westmorland Elections, 1754-1775* (Manchester, 1960).

Boulton, James T., *The Language of Politics in the Age of Wilkes and Burke* (1963).

Bromwich, David, *Disowned by Memory. Wordsworth's Poetry of the 1790s* (Chicago, 1998).

Broughton, L. N., ed., *Wordsworth and Reed: The Poet's Correspondence with his American Editor: 1836-1850* (Ithaca, 1933).

Brown, Sue, *Joseph Severn: A Life* (Oxford, 2009).

Budworth, Joseph, *A Fortnight's Ramble to the Lakes in Westmoreland, Lancashire, and Cumberland* (1792).

Bugg, John, *Five Long Winters: The Trials of British Romanticism* (Stanford, 2014).

Bulwer, Edward Lytton, *England and the English* (2 vols., 1833), ed. Standish Meacham (Chicago and London, 1970).

Burke, Edmund, *Reflections on the Revolution in France,* ed. Leslie Mitchell (Oxford, 1993 ; 1999).

Burke, Edmund, *Three Letters Addressed to a Member of the Present Parliament, on the Proposals for Peace with the Regicide Directory of France* (1796).

Burke, Edmund, *The Writings and Speeches of Edmund Burke,* vol. IX, ed. R. B. McDowell (Oxford, 1991).

Burkett, Mary and J. D. G. Sloss, *William Green of Ambleside: A Lake District Artist (1760-1823)* (Kendal, 1984).

Bushell, Sally, *Re-reading ' The Excursion' : Narrative, Response and the Wordsworthian Dramatic Voice* (Aldershot, 2001).

Butler, Marilyn, *Maria Edgeworth: A Literary Biography* (Oxford, 1972).

Butler, Marilyn, ' Godwin, Burke, and Caleb Williams' , *Essays in Criticism,* 32 (1982), 237-257.

Butler, Marilyn, *Burke, Paine, Godwin, and the Revolution Controversy* (Cambridge, 1984).

Byron, George Gordon, *Lord Byron: The Complete Poetical Works,* ed. Jerome J. McGann (5 vols. , Oxford, 1980-1993).

Cameron, Alastair, *Slate Mining in the Lake District: An Illustrated History* (Stroud, 2016).

Carlyle, Alexander, *Anecdotes and Characters of the Times,* ed. James Kinsley (1973).

Chandler, David, ' Joseph Hunter's 1832 Account of Wordsworth, ' *Notes and Queries* 244 (4) (December 1999), 461-468.

Chandler, James K., *Wordsworth's Second Nature: A Study of the Poetry and Politics* (Chicago, 1984).

Chapman, Ronald, *Father Faber* (1961).

Chapple, J. A. V. and Arthur Pollard, *The Letters of Mrs Gaskell* (Manchester, 1966).

Christie, Ian R., ' John Robinson, M. P. 1727-1802 ' , *Myth and Reality in Late Eighteenth-century British Politics* (1970).

Christie, Ian R., *Stress and Stability in Late Eighteenth-century Britain* (Oxford, 1984).

Clancey, Richard W., *Wordsworth's Classical Undersong: Education, Rhetoric and Poetic Truth* (Basingstoke, 2000).

Clarke, James, *Survey of the Lakes* (1787).

Clery, E. J., *Eighteen Hundred and Eleven: Poetry, Protest and Economic Crisis* (Cambridge, 2017).

Cockburn, Lord, *Life of Lord Jeffrey* (2 vols., 1852).

Coleridge, Edith, ed., *Memoir and Letters of Sara Coleridge* (3rd edn.; 2 vols., 1873).

Coleridge, Sir J. T., *A Memoir of the Rev. John Keble* (Oxford and London, 1869).

Colman, Deirdre, 'Jeffrey and Coleridge: Four Unpublished Letters', *Wordsworth Circle*, XVIII (Winter 1987), 39-45.

Colvin, Howard, J. Mordaunt Crook, and Terry Friedman, *Architectural Drawings from Lowther Castle Westmorland*, Architectural History Monographs, 2 (1980).

Connell, Philip, 'Wordsworth's "Sonnets Dedicated to Liberty" and the British Revolutionary Past', *ELH*, 85 (3) (2018), 747-774.

Cookson, J. E., *The British Armed Nation 1793-1815* (Oxford, 1997).

Cooper, Thomas, *The Life of Thomas Cooper: Written by Himself* (London, 1872), ed. John Saville (Leicester, 1971).

Cottle, Joseph, *Early Recollections, Chiefly Relating to the Late Samuel Taylor Coleridge* (2 vols., 1837).

Courtney, Winifred F., *Young Charles Lamb 1775-1802* (1982).

Coxe, William, *Sketches of the Natural, Civil, and Political State of Swisserland: In a series of letters to William Melmoth, Esq.* (1779; 2nd edn. 1780).

Cronin, Richard, ed., *1798: The Year of the 'Lyrical Ballads'* (Basingstoke, 1998).

Cronin, Richard, *The Politics of Romantic Poetry: In Search of the Pure Commonwealth* (Basingstoke, 2000).

Crowe, William, *Lewesdon Hill* (Oxford, 1788).

Curtis, Jared R., 'The Wellesley Copy of Wordsworth's *Poetical Works*, 1832', *Harvard Library Bulletin*, 28 (1980), 5.

Dale, Peter and Brandon C. Yen, *Wordsworth's Gardens and Flowers: The Spirit of Paradise* (Woodbridge, 2018).

Dann, Joanne, 'Some Notes on the Relationship between the Wordsworth and Lowther Families', *Wordsworth Circle*, 2 (1980), 80-82.

Davidson, Ian, *The French Revolution: From Enlightenment to Tyranny* (2016).

Demata, Massimiliano and Duncan Wu, eds., *British Romanticism and the Edinburgh Review: Bicentenary Essays* (Basingstoke, 2002).

De Quincey, Thomas, *The Works of Thomas De Quincey*, general ed. Grevel Lindop (21 vols., 2003).

Derry, John W., *Charles James Fox* (1972).

Dewey, Orville, *The Old World and the New: or, A Journal of Reflections and Observations*

Made on a Tour in Europe (2 vols., New York, 1836).

Duff, David, *Romanticism and the Uses of Genre* (Oxford, 2009).

Duggett, Tom, *Gothic Romanticism: Architecture, Politics, and Literary* Form (New York, 2010).

Dundas, Philip, 'John Wilson's Letter to William Wordsworth (1802): A New Text', *Wordsworth Circle*, XXXIV(2) (Spring 2003), 111-115.

Emerson, Ralph Waldo, 'English Traits (1856)' in *Essays and Lectures*, ed. Joel Porte (New York, 1983).

Engell, James, *The Creative Imagination: Enlightenment to Romanticism* (Cambridge, Mass. and London, 1981).

Erdman, David V., 'Coleridge, Wordsworth, and the Wedgwood Fund', *Bulletin of the New York Public Library*, 60 (1956), 425-443, 487-507.

Erdman, David V., *Commerce des Lumières: John Oswald and the British in Paris, 1790-1793* (Columbia, 1986).

Erskine, Thomas, *A View of the Causes and Consequences of the Present War with France* (1797).

Fairer, David, *Organising Poetry: The Coleridge Circle, 1790-1798* (Oxford, 2009).

Farington, Joseph, *The Diary of Joseph Farington*, ed. Kenneth Garlick, Angus Macintyre, and Kathryn Cave(16 vols., New Haven and London, 1978-1998).

Fay, Jessica, 'Sketching and the Acquisition of Taste: Wordsworth, Reynolds, and Sir George Beaumont', *Review of English Studies*, 69 (2018), 706-724.

Fay, Jessica, *Wordsworth's Monastic Inheritance* (Oxford, 2018).

Feldman, Paula R. and Diana Scott-Kilvert, *Journals of Mary Shelley* (2 vols., Oxford, 1987).

Field, Barron, *Memoirs of Wordsworth*, ed. Geoffrey Little (Sydney, 1975).

Fink, Z. S., ed., *The Early Wordsworthian Milieu* (Oxford, 1958).

Fletcher, Elizabeth, *Autobiography of Mrs Fletcher*, ed. the Survivor of her Family [Lady Richardson] (Edinburgh, 1875).

Foskett, Daphne, *John Harden of Brathay Hall 1772-1847* (Kendal, 1974).

Franklin, Alexandra and Mark Philp, *Napoleon and the Invasion of Britain* (Oxford, 2003).

Frend, William, *Patriotism: or, The Love of our Country: An Essay* (1804).

Fulford, Tim, *The Late Poetry of the Lake Poets* (Cambridge, 2013).

Fulford, Tim, *Wordsworth's Poetry, 1815-1845* (Philadelphia, 2019).

George, Eric, *The Life and Death of Benjamin Robert Haydon 1786-1846* (1948).

Gérin, Winifred, *Branwell Brontë* (1961).

Gilchrist, J. and W. J. Murray, *The Press in the French Revolution* (Melbourne and London, 1971).

Gill, Stephen, *Wordsworth and the Victorians* (Oxford, 1998).

Gill, Stephen, *Wordsworth's Revisitings* (Oxford, 2011).

Gill, Stephen, *William Wordsworth's The Prelude: A Casebook* (New York, 2006).

Gill, Stephen, 'Wordsworth and Burns' in *Burns and Other Poets*, ed. David Sergeant and Fiona Stafford (Edinburgh, 2012).

Gillies, R. P., *Memoirs of a Literary Veteran* (3 vols., 1851).

Girouard, Mark, *The Return to Camelot: Chivalry and the English Gentleman* (New Haven and London, 1981).

Gittings, Robert, *John Keats* (1968).

Gittings, Robert, and Jo Manton, *Dorothy Wordsworth* (Oxford, 1985).

Godwin, William, *An Enquiry Concerning Political Justice, and its Influence on General Virtue and Happiness* (2 vols., 1793).

Godwin, William, *Political and Philosophical writings of William Godwin*, general editor Mark Philp (7 vols., 1993).

Goodwin, Albert, *The Friends of Liberty: The English Democratic Movement in the Age of the French Revolution* (1979).

Grattan, Thomas Colley, *Beaten Paths; And Those Who Trod Them* (2 vols., 1862).

Graves, Robert Perceval, *Life of Sir William Rowan Hamilton* (3 vols., Dublin and London, 1882-1889).

Gravil, Richard, ' "Some Other Being": Wordsworth in *The Prelude*' (1989), reprinted in *William Wordsworth's The Prelude: A Casebook*, ed. Stephen Gill (New York, 2006), 321-340.

Gravil, Richard, *Romantic Dialogues: Anglo-American Continuities 1776-1862* (2000; 2nd rev. edn., Penrith, 2015).

Gravil, Richard, *Wordsworth and Helen Maria Williams: or, the Perils of Sensibility* (Penrith, 2000).

Gravil, Richard, 'Tintern Abbey and The System of Nature', *Romanticism*, 6 (2000), 35-54.

Gravil, Richard, *Wordsworth's Bardic Vocation* (Basingstoke, 2003).

Gravil, Richard, *Wordsworth's Thanksgiving Ode in Context: A Bicentennial Reading* (Penrith, 2015).

Gravil, Richard, and Molly Lefebure, eds., *The Coleridge Connection: Essays for Thomas*

McFarland (Basingstoke, 1990).

Gravil, Richard, and Daniel Robinson, eds., *The Oxford Handbook of William Words-worth* (Oxford, 2015).

Gray, Thomas, *Correspondence of Thomas Gray*, ed. Paget Toynbee and Leonard Whibley (1935) ; reissued with corrections and additions by H. W. Starr (3 vols., Oxford, 1971).

Green, Vivian H. H., *The Commonwealth of Lincoln College, 1427-1977* (Oxford, 1979).

Grosart, Alexander B., ed., *The Prose Works of William Wordsworth* (3 vols., 1876).

Gunning, Henry, *Reminiscences of the University, Town and County of Cambridge, from the Year 1780* (2 vols., 1854).

Hankins, Thomas L., *Sir William Rowan Hamilton* (Baltimore and London, 1980).

Harper, George McLean, *William Wordsworth: His Life, Works, and Influence* (2 vols., 1916).

Harper, George McLean, *Wordsworth's French Daughter* (Princeton, 1921).

Hayden, Donald E., *Wordsworth's Walking Tour of 1790* (Tulsa, 1983).

Hayden, Donald E., *Wordsworth's Travels in Scotland* (Tulsa, 1985).

Hayden, Donald E., *Wordsworth's Travels in Wales and Ireland* (Tulsa, 1985).

Hayden, Donald E., *Wordsworth's Travels in Europe I* (Tulsa, 1988).

Hayden, Donald E., *Wordsworth's Travels in Europe II* (Tulsa, 1988).

Hayden, Donald E., ' Wordsworth's Gondo: Gone ', *Wordsworth Circle*, XXXII (2001), 117-120.

Haydon, Benjamin Robert, *Correspondence and Table Talk*, ed. Frederic Wordsworth Haydon (2 vols., 1876).

Haydon, Benjamin Robert, *The Diary of Benjamin Robert Haydon*, ed. Willard Bissel Pope (5 vols., Cambridge, Mass., 1960-1963).

Hayter, Alethea, *The Wreck of the Abergavenny* (Basingstoke, 2002).

Heaney, Seamus, *Finders Keepers: Selected Prose 1971-2001* (2002).

Hebron, Stephen, *Dove Cottage* (Grasmere, 2010).

Hemans, Felicia, *Felicia Hemans: Selected Poems, Letters, Reception Materials*, ed. Su-san J. Wolfson (Princeton, 2000).

Hewitt, Rachel, *A Revolution of Feeling: The Decade that Forged the Modern Mind* (2017).

Hill, Alan G., ' Wordsworth and his American Friends ', *Bulletin of Research in the Hu-manities*, 81 (1978), 146-60.

Hill, Alan G., *Wordsworth's ' Grand Design'* [Warton Lecture on English Poetry], *Proceedings of the British Academy*, 72 (1986).

Hill, Alan G., 'Wordsworth Prepares to Move from Grasmere (1810): An Unpublished Letter', *English Language Notes*, 44 (2006), 96-102.

Hilliard, G. S., ed., *The Life, Letters, and Journals of George Ticknor* (2 vols., 1876).

Hilton, Tim, *John Ruskin: The Early Years* (New Haven and London, 1985).

Hogg, James, *Collected Letters of James Hogg*, ed. Gillian Hughes (3 vols., Edinburgh, 2004-2008).

Holden, Bronac, 'Robert Jones: Rector of Souldern (1787-1835)', *Oxoniensia*, 73 (2006), 73-84.

Holland, Elizabeth, Lady, *The Journal of Elizabeth Lady Holland (1791-1811)*, ed. the Earl of Ilchester (2 vols., 1908).

Holmes, Richard, *Coleridge: Early Visions* (1989).

Holmes, Richard, *Coleridge: Darker Reflections* (1998).

Hopkins, Gerard Manley, *Correspondence*, ed. R. K. R. Thornton and Catherine Phillips (2 vols., Oxford, 2013).

Howe, H. H. and Robert Woof, *Greta Hall: Home of Coleridge and Southey* (Stoke Ferry, 1977).

Hutchinson, William, *An Excursion to the Lakes, In Westmoreland and Cumberland, August 1773* (1774).

Jacobus, Mary, *Tradition and Experiment in Wordsworth's Lyrical Ballads (1798)* (Oxford, 1976).

James, Felicity, *Charles Lamb, Coleridge and Wordsworth: Reading Friendship in the 1790s* (Basingstoke, 2008).

Jenkins, Alice, 'Humphry Davy and the Love of Light', *1798: The Year of Lyrical Ballads*, ed. Richard Cronin (Houndmills, 1998), 133-150.

Jerdan, William, *Autobiography of William Jerdan* (4 vols., 1852-1853).

Johnson, Edgar, *Charles Dickens: His Tragedy and Triumph* (2 vols., 1952).

Johnston, Kenneth R., *Wordsworth and the Recluse* (New Haven and London, 1984).

Johnston, Kenneth R., *The Hidden Wordsworth* (New York, 1998; 2nd rev. edn., 2000).

Johnston, Kenneth R., *Unusual Suspects: Pitt's Reign of Alarm and the Lost Generation of the 1790s* (Oxford, 2013).

Jones, Kathleen, *A Passionate Sisterhood: The Sisters, Wives and Daughters of the Lake Poet* (1997).

Jones, Leonidas M., ed., *The Letters of John Hamilton Reynolds* (Lincoln, Nebr., 1973).

Jones, Stanley, 'B. R. Haydon on Some Contemporaries: A New Letter', *Review of English Studies*, NS26 (1975), 183-189.

Jordan, John E., *De Quincey to Wordsworth: A Biography of a Relationship* (Berkeley and Los Angeles, 1962).

Kaplan, Fred, *Thomas Carlyle: A Biography* (Cambridge, 1983).

Keble, John, *De poeticae Vi Medica: Praelectiones Academicae* (2 vols., Oxford, 1844), translated as *Keble's Lectures on Poetry 1832-1841* by Edward Kershaw Francis (2 vols., Oxford, 1912).

Kelley, Theresa M., 'Wordsworth and the Rhinefall', *Studies in Romanticism*, 23 (1984), 61-79.

Kelliher, Hilton, 'Thomas Wilkinson of Yanwath, Friend of Wordsworth and Coleridge', *British Library Journal*, 8 (1982), 147-156.

Kennedy, Deborah, *Helen Maria Williams and the Age of Revolution* (Lewisburg, 2002).

Kneale, J. Douglas, 'Italy Visited and Revisited: Wordsworth's "Magnificent Debt"', *Romantic Localities: Europe Writes Place*, ed. Christophe Bode and Jacqueline Labbe (2010), 185-196.

Knight, David, *Humphry Davy: Science and Power* (Oxford, 1992).

Knight, Frida, *University Rebel: The Life of William Frend, 1757-1841* (1971).

Knight, William, *The Life of William Wordsworth* (3 vols., Edinburgh, 1889).

Lamb, Charles, *The Letters of Charles Lamb, to which are Added those of his Sister Mary Lamb*, ed. E. V. Lucas (3 vols., 1935).

Lamb, Charles, *The Letters of Charles and Mary Lamb*, ed. Edwin W. Marrs (3 vols., Ithaca and London, 1975).

Landseer, Thomas, ed., *Life and Letters of William Bewick* (Artist) (2 vols., 1871).

Larkin, Philip, *Required Writing: Miscellaneous Pieces 1955-1982* (1983).

Legouis, Émile, *William Wordsworth and Annette Vallon* (1922).

Levin, Susan, *Dorothy Wordsworth and Romanticism* (New Brunswick and London, 1987).

Lindop, Grevel, *The Opium Eater. A Life of Thomas De Quincey* (1981).

Lindop, Grevel, *A Literary Guide to the Lake District* (1993).

Lockhart, John Gibson, *Memoirs of the Life of Sir Walter Scott, Bart.* (7 vols., Edinburgh and London, 1837).

Louvet, John-Baptist, *Narrative of the Dangers to which I have been Exposed, since the 31st of May 1793* (1795).

McCarthy, Barbara P., ed., *Elizabeth Barrett to Mr Boyd* (1955).

McCarthy, William, *Anna Letitia Barbauld: Voice of the Enlightenment* (Baltimore, 2008).

McCracken, David, *Wordsworth and the Lake District: A Guide to the Poems and their Places* (Oxford, 1984).

McFarland, Thomas, *Romanticism and the Forms of Ruin* (Princeton, 1981).

McFarland, Thomas, *Originality and Imagination* (Baltimore and London, 1985).

Mackintosh, Robert James, *Memoirs of the Life of the Right Honourable Sir James Mackintosh* (2 vols., 1835).

Magnuson, Paul, *Coleridge and Wordsworth: A Lyrical Dialogue* (Princeton, 1988).

Mahoney, John L., 'The Rydal Mount Ladies' Boarding School: A WordsworthianEpisode in America', in *Cultural Interactions in the Romantic Age*, ed. Gregory Maertz (Albany, 1998), 105-122.

Manning, Peter J., *Reading Romantics: Texts and Contexts* (New York, 1990).

Manning, Peter J., 'Wordsworth in the *Keepsake*, 1829', in *Literature in the Marketplace*, ed. John O. Jordan and Robert L. Patten (Cambridge, 1995), 44-73.

Marshall, Peter H., *William Godwin* (New Haven and London, 1984).

Martin, Brian W., *John Keble: Priest, Professor and Poet* (1976).

Martin, Brian W., 'Wordsworth, Faber, and Keble: Commentary on a Triangular Relationship', *Review of English Studies*, NS26 (1975), 436-442.

Mason, William, *The Poems of Mr Gray: To which are Prefixed Memoirs of his Life and Writings* (York, 1775).

Mathews, Mrs Anne, *Memoir of Charles Mathews, Comedian* (4 vols., 1838-1839).

Matlak, Richard E., *Deep Distresses: William Wordsworth, John Wordsworth, Sir George Beaumont 1800-1808* (Newark, 2003).

Matlak, Richard E., 'Wordsworth and the "Great Terror" of 1803-1805', *Wordsworth Circle*, XLVI (2015), 21-26.

Mavor, Elizabeth, *The Ladies of Llangollen* (London, 1971).

Mee, John, *Conversable Worlds: Literature, Contention, and Community 1762-1830* (Oxford, 2011).

Michael, Timothy, *British Romanticism and the Critique of Political Reason* (Baltimore, 2016).

Mill, John Stuart, *The Earlier Letters of John Stuart Mill 1812-1848*, ed. Francis E. Mineka (2 vols., Toronto and London, 1963).

Mill, John Stuart, *Autobiography and Literary Essays*, ed. John M. Robson and Jack Stillinger (Toronto, 1981).

Mitchell, Julian, *The Wye Tour and its Artists* (Chepstow, 2010).

Mitchell, L. G., *Charles James Fox* (Oxford, 2002).

Moorman, Mary, *William Wordsworth: A Biography: The Early Years: 1770-1803* (Oxford, 1957); *The Later Years: 1803-1850* (Oxford, 1965).

Morieux, Renand, ' "An Inundation from Our Shores": Travelling across the Channel around the Peace of Amiens', in *Resisting Napoleon: The British Response to the Threat of Invasion, 1797-1815*, ed. Mark Philp (Aldershot, 2006), 217-240.

Morley, F. V., *Dora Wordsworth her Book* (1924).

Morley, John, 'W. R. Greg: A Sketch', *Critical Miscellanies* (3 vols., 1886).

Murdoch, John, ed., *The Discovery of the Lake District* (1984).

Neufeldt, Victor A., ed., *The Works of Patrick Branwell Brontë* (3 vols., London and New York, 1997).

Neussendorfer, Margaret, 'Elizabeth Palmer Peabody to William Wordsworth: Eight Letters, 1825-1845', in *Studies in the American Renaissance 1984*, ed. Joel Myerson (Charlottesville, 1984), 181-211.

Newlyn, Lucy, *Coleridge, Wordsworth, and the Language of Allusion* (Oxford, 1986; 2nd rev. edn. 2001.)

Newlyn, Lucy, *William and Dorothy Wordsworth: 'All in Each Other'* (Oxford, 2013).

Newman, John Henry, *Apologia Pro Vita Sua*, ed. Martin J. Svaglic (Oxford, 1967).

Newman, John Henry, ed., *Lives of the English Saints* (4 vols., 1844).

Nicholson, Joseph and Richard Burn, *The History and Antiquities of the Counties of Westmorland and Cumberland* (2 vols., 1777).

Nicolson, Adam, *The Making of Poetry: Coleridge, the Wordsworths and their Year of Marvels* (2019).

Noyes, Russell, *Wordsworth and the Art of Landscape* (Bloomington, 1968).

O'Brien, Conor Cruise, *The Great Melody: A Thematic Biography of Edmund Burke* (1992).

O'Keefe, Paul, *A Genius for Failure: The Life of Benjamin Robert Haydon* (2009).

O'Leary, Patrick, *Regency Editor: Life of John Scott* (Aberdeen, 1983).

Oliphant, Mrs [Margaret], *Annals of a Publishing House: William Blackwood and his Sons* (2 vols., Edinburgh and London, 1897).

Owen, Felicity and David Blayney Brown, *Collector of Genius: A Life of Sir George Beaumont* (New Haven and London, 1988).

Owen, Hugh, *The Lowther Family* (Chichester, 1990).

Owens, Thomas, ' A Wordsworth Manuscript and a Little-Known Literary Connection ', *Notes and Queries*, NS 58 (March 2011), 74-75.

Owens Thomas, ' G. E. Papendieck ', *Notes and Queries*, NS 58(2011),540-542.

Owens, Thomas, ' Did the Wordsworth's Own a Telescope? ', *Notes and Queries*, NS 60 (June 2013), 232-235.

Owens, Thomas, ' Wordsworth's and Southey's Translations of Michelangelo, 1805-1806 ', *Modern Language Notes*, 132 (1) (2017), 68-75.

Owens, Thomas, *Wordsworth, Coleridge, and ' the Language of the Heavens '* (Oxford, 2019).

Pace, Joel and Matthew Scott, *Wordsworth in American Literary Culture* (Basingstoke, 2005).

Page, Judith, W., *Wordsworth and the Cultivation of Women* (Berkeley, 1994).

Parson, William and William White, *History, Directory, and Gazetteer, of the Counties of Cumberland, and Westmorland ... Furness* (Leeds, 1829).

Pennant, Thomas, *A Tour in Wales* (2 vols. , 1784).

Percy, Thomas, *Reliques of Ancient English Poetry* (3 vols. , 1765).

Pevsner, Nikolaus, *The Buildings of England: Cumberland and Westmorland* (Harmondsworth, 1967).

Philp, Mark, ed.,*Resisting Napoleon: The British Response to the Threat of Invasion, 1797-1815* (Aldershot, 2006).

Pierce, Edward L., ed., *Memoir and Letters of Charles Sumner*(3 vols., 1878-1893).

Pope, Alexander, ' A Discourse on Pastoral Poetry ', *Pastoral Poetry and An Essay on Criticism*, ed. E. Audra and Aubrey Williams (New Haven and London, 1961). Potkay, Adam, *Wordsworth's Ethics* (Baltimore, 2012).

Prickett, Stephen, ' Keble's Creweian Oration of 1839: The Idea of a Christian University ', in *John Keble in Context*, ed. Kirstie Blair (London, 2004), 19-31.

Reed, Mark L., ' The First Title Page of *Lyrical Ballads* ', *Studies in Bibliography*, 51 (1998), 230-240.

Reed, Mark L., ' Wordsworth, Coleridge, and the "Plan" of the *Lyrical Ballads* ', *University of Toronto Quarterly*, 34 (1965), 238-253.

Reed, Mark L., *Wordsworth: The Chronology of the Early Years 1770-1799* (Cambridge, Mass., 1967); *Middle Years 1800-1815* (Cambridge, Mass.,1975).

Reed, Mark L., *A Bibliography of William Wordsworth 1787-1930*(2 vols., Cambridge, 2013).

Rice, H. A. L., ' Wordsworth in Easedale ', *Ariel*, I (1970), 31-38.

Richardson, Alan, *British Romanticism and the Science of the Mind* (Cambridge, 2001).

Roberts, Andrew, *Napoleon the Great* (2014).

Roberts, Jonathan, 'Wordsworth on Religious Experience', in *The Oxford Handbook of William Wordsworth*, ed. Richard Gravil and Daniel Robinson (Oxford, 2015), 693-711.

Roe, Nicholas, *Wordsworth and Coleridge: The Radical Years* (Oxford, 1988; 2nd edn. 2018).

Roe, Nicholas, 'Coleridge and John Thelwall: The Road to Nether Stowey' in *The Coleridge Connection: Essays for Thomas McFarland*, ed. Richard Gravil and Molly Lefebure (Basingstoke, 1990), 60-80.

Roe, Nicholas, *The Politics of Nature: William Wordsworth and Some Contemporaries* (Basingstoke, 1992; 2nd edn. 2002).

Roe, Nicholas, 'Politics, History, and Wordsworth's Poems', in *The Cambridge Companion to Wordsworth*, ed. Stephen Gill (Cambridge, 2003), 196-212.

Roe, Nicholas, *Fiery Heart: The First Life of Leigh Hunt* (2005).

Roe, Nicholas, *John Keats* (New Haven and London, 2012).

Roe, Nicholas, 'The Early Life of William Wordsworth' in *The Oxford Handbook of William Wordsworth*, ed. Richard Gravil and Daniel Robinson (Oxford, 2015), 41-42.

Roe, Nicholas, *Wordsworth and Coleridge: The Radical Years* (Oxford, 1988; 2nd edn. 2018).

Rollins, Hyder Edward, ed., *The Keats Circle* (2 vols., Cambridge, Mass., 1948).

Rollins, Hyder Edward, ed., *Letters of John Keats 1814-1821* (2 vols., Cambridge, Mass., 1958).

Russell, Norma, *A Bibliography of William Cowper to 1837* (Oxford, 1963).

Ryan, Robert M., *The Romantic Reformation: Religious Politics in English Literature, 1789-1824* (Cambridge, 1997).

Rzepka, Charles J., 'Pictures of the Mind: Iron and Charcoal, "Ouzy" Tides and "Vagrant Dwellers" at Tintern, 1798', *Studies in Romanticism*, 42 (2003), 155-185.

St Clair, William, *The Reading Nation in the Romantic Period* (Cambridge, 2004).

Sanders, Charles Richard, 'Carlyle and Wordsworth', *Browning Institute Studies*, 9 (1981), 115-122.

Sandford, Mrs Henry [Margaret E.], *Thomas Poole and his Friends* (2 vols., 1888).

Schneider, Ben Ross, *Wordsworth's Cambridge Education* (Cambridge, 1957).

Scott, Patrick, 'The Business of Belief: The Emergence of "Religious Publishing"', in *Sanctity and Secularity: The Church and the World*, ed. Derek Baker (Oxford, 1973).

Scott, Sir Walter, *Letters of Sir Walter Scott*, ed. H. J. C. Grierson (12 vols., 1932-1937).

Seward, Anna, *The Letters of Anna Seward, Written between the Years 1784 and 1807* (6 vols., Edinburgh and London, 1811).

Sewell, Eleanor L., ed., *The Autobiography of Elizabeth M. Sewell* (1907).

Shaver, Chester L., ' Wordsworth's Vaudracour and Wilkinson's *The Wanderer* ', *Review of English Studies*, NS 12 (1961), 55-57.

Shaver Chester L. and Alice C. Shaver, *Wordsworth's Library: A Catalogue* (New York and London, 1979).

Shaw, Philip, *Waterloo and the Romantic Imagination* (Basingstoke, 2002).

Sheats, Paul D., *The Making of Wordsworth's Poetry, 1785-1798* (Cambridge, Mass., 1973).

Sisman, Adam, *The Friendship: Wordsworth and Coleridge* (London, 2006).

Shelley, Mary, *Journals of Mary Shelley*, ed. Paula R. Feldman and Diana Scott-Kilvert (2 vols., Oxford, 1987).

Shelley, Percy Bysshe, *The Letters of Percy Bysshe Shelley*, ed. Frederick L. Jones (2 vols., Oxford, 1964).

Smith, Charlotte, *The Poems of Charlotte Smith*, ed. Stuart Curran (New York, 1993).

Smith, Olivia, *The Politics of Language 1791-1819* (Oxford, 1984).

Speck, W. A., *Robert Southey: Entire Man of Letters* (New Haven and London, 2006).

Stafford, Fiona, ' Inhabited Solitudes: Wordsworth in Scotland in 1803 ', in *Scotland, Ireland and the Romantic Aesthetic*, ed. D. Duff and C. Jones(Lewisburg, 2007), 93-113.

Stafford, Fiona, *Local Attachments: The Province of Poetry* (Oxford, 2010).

Stein, Edwin, *Wordsworth's Art of Allusion* (1988).

Stephen, Leslie, ' Wordsworth's Ethics ', *Cornhill Magazine*, 34 (1876), 206-226.

Stephen, Leslie, *Hours in a Library: Third Series* (1879).

Stewart, David, ' Wordsworth, Parody, Print and Posterity, 1814-1822 ', *European Romantic Review*, 29 (2018), 601-618.

Storey, Mark, *Robert Southey: A Life* (Oxford, 1997).

Strout, Alan Lang, *The Life and Letters of James Hogg, the Ettrick Shepherd* (Lubbock, 1946).

Summerscale, Kate, *Mrs Robinson's Disgrace: The Private Diary of a Victorian Lady* (2012).

Super, R. H., ' Landor's Letters to Wordsworth and Coleridge ', *Modern Philology*, 55 (1957), 73-83.

Taylor, Angus, ' The Lowly Dwelling of William Wordsworth Esq[re] ', *The Georgian Group Journal*, VII (1997), 43-55.

Taylor, Henry, 'The Sonnets of William Wordsworth', *Quarterly Review*, 69 (Dec. 1841), 1-51.

Taylor, Tom, ed., *Life of Benjamin Robert Haydon, Historical Painter: From his Autobiography and Journals*(3 vols., 1853).

Tejblum, Julia, 'Wordsworth and the Relief of Central Switzerland', *The Wordsworth Circle*, XLVI(Spring 2015), 116-120.

Tennyson, G. B., *Victorian Devotional Poetry: The Tractarian Mode* (Cambridge, Mass., and London, 1981).

Thale, Mary, *Selections from the Papers of the London Corresponding Society 1792-1799* (Cambridge, 1983).

Thelwall, John, *Lines written at Bridgewater, in Somersetshire, on the 27th of July, 1797; during a long excursion in quest of a peaceful retreat*, in *Poems, Chiefly Written in Retirement* (Hereford, 1801).

Thompson, E. P., *The Making of the English Working Class* (1963).

Thompson, Judith, *John Thelwall in the Wordsworth Circle: The Silenced Partner* (New York, 2012).

Thompson, T. W., *Wordsworth's Hawkshead*, ed. Robert Woof (1970).

Todd, F. M., *Politics and the Poet: A Study of Wordsworth*(1957).

Toynbee, William, ed., *The Diaries of William Charles Macready 1833-1851* (2 vols., 1912).

Trollope, Thomas Adolphus, *What I Remember* (3 vols., 1887-1889).

Tyson, Gerald P., *Joseph Johnson: A Liberal Publisher* (Iowa City, 1979).

Uglow, Jenny, *The Lunar Men: The Friends who Made the Future 1730-1810* (2002).

Ulmer, William A., *The Christian Wordsworth* (Albany, 2001).

Varney, Andrew, 'Wordsworth and "Those Italian Clocks"', *Notes and Queries*, NS17 (1980), 69-70.

Vincent, E. R., *Ugo Foscolo: An Italian in Regency England* (Cambridge, 1953).

Waldegrave, Katie, *The Poets' Daughters Dora Wordsworth and Sara Coleridge* (2013).

Wallace, Anne D., *Walking, Literature, and English Culture* (Oxford, 1993).

Ward, Wilfrid, *Aubrey De Vere: A Memoir* (1904).

Warter, John Wood, ed., *Selections from the Letters of Robert Southey* (4 vols., 1856).

Watson, Nicola J., *The Literary Tourist* (Houndmills, 2006).

West, Thomas, *A Guide to the Lakes* (1778).

Wheeler, Michael, *The Old Enemies: Catholic and Protestant in Nineteenth-Century English Culture* (Cambridge, 2006).

Whitaker, Thomas Dunham, *The History and Antiquities of the Deanery of Craven* (1805).

Wilberforce, William, *Journey to the Lake District from Cambridge: A Summer Diary 1779*, ed. C. E. Wrangham (Stocksfield, 1983).

Wildi, Max, 'Wordsworth and the Simplon Pass', *English Studies*, 40 (1959), 224-232; and 43 (1962), 359-377.

Williams, Helen Maria, *Letters Written in France, in the Summer 1790*, ed. Neil Fraistat and Susan S. Lanser (Peterborough, Ontario, 2001).

Williams, John, *Wordsworth: Romantic Poetry and Revolution Politics* (Manchester and New York, 1989).

Wilson, Edward, 'An Echo of St Paul and Words of Consolation in Wordsworth's "Elegiac Stanzas"', *Review of English Studies*, 43 (1992), 75-80.

Wilson, Frances, *The Ballad of Dorothy Wordsworth* (2009).

[Wilson, John], *The Recreations of Christopher North* (3 vols., Edinburgh and London, 1842).

Wise, T. J. and J. A. Symington, eds., *The Brontës: Their Lives, Friendships, and Correspondence* (4 vols., Oxford, 1932).

Woodworth, Mary Katherine, *The Literary Career of Sir Samuel Egerton Brydges* (Oxford, 1935).

Woof, Pamela, *William, Mary and Dorothy: The Wordsworths' Continental Tour of 1820* (Grasmere, 2008).

Woof, Pamela, *A Portrait of a Friendship* (Grasmere, 2008).

Woof, Pamela, 'Dorothy Wordsworth and Old Age', *The Wordsworth Circle*, XLVI (2015), 156-176.

Woof, Pamela, 'Harriet Martineau and Her Ambleside Neighbours', *Wordsworth Circle*, XLVIII (2017), 95-101.

Woof, Pamela, *Dorothy Wordsworth: Wonders of the Everyday* (Grasmere, 2013).

Woof, R. S., 'Wordsworth's Poetry and Stuart's Newspapers: 1797-1803', *Studies in Bibliography*, 15 (1962), 149-189.

Woof, R. S., 'Wordsworth and Coleridge: Some Early Matters', *Bicentenary Wordsworth Studies*, ed. Jonathan Wordsworth (Ithaca, 1970).

Woof, R. S., *William Wordsworth: The Critical Heritage, 1793-1820* (2001).

Woof, R. S., *Treasures of the Wordsworth Trust* (Grasmere, 2005).

Woof, R. S., and Stephen Hebron, *Towards Tintern Abbey: A Bicentenary Celebration of 'Lyrical Ballads', 1798* (Grasmere, 1998).

Wordsworth, Christopher, *Memoirs of William Wordsworth* (2 vols., 1851).

Wordsworth, Jonathan, *The Music of Humanity* (1969).

Wordsworth, Jonathan, 'On Man, on Nature, and on Human Life', *Review of English Studies*, 31 (1980), 2-29.

Wordsworth, Jonathan, *William Wordsworth: The Borders of Vision* (Oxford, 1982).

Wordsworth, Jonathan, M. H. Abrams, and Stephen Gill, eds., *The Prelude 1799, 1805, 1850* (New York, 1979).

Worthen, John, *The Gang: Coleridge, the Hutchinsons & the Wordsworths in 1802* (New Haven and London, 2001).

Worthen, John, *The Life of William Wordsworth* (Chichester, 2014).

Wu, Duncan, *Wordsworth's Reading 1770-1799* (Cambridge, 1993).

Wu, Duncan, *Wordsworth's Reading 1800-1815* (Cambridge, 1995).

Wu, Duncan, *Wordsworth: An Inner Life* (Oxford, 2002).

Wu, Duncan, ed., *Wordsworth's Poets* (Manchester, 2003).

Wu, Duncan, 'Wordsworth and Robespierre', *Essays in Criticism*, LXIX (Jan. 2019), 16-35.

Wyatt, John, *Wordsworth and the Geologists* (Cambridge, 1995).

Wyatt, John, *Wordsworth's Poems of Travel, 1819-1842* (Basingstoke, 1999).

Yarnall, Ellis, *Wordsworth and the Coleridges, with Other Memories Literary and Political* (New York, 1899).

Yoshikawa, Saeko, *William Wordsworth and the Invention of Tourism, 1820-1900* (Farnham, 2014).

Young, Julian Charles, *Memoir of Charles Mayne Young* (2 vols., 1871).

威廉·华兹华斯族谱

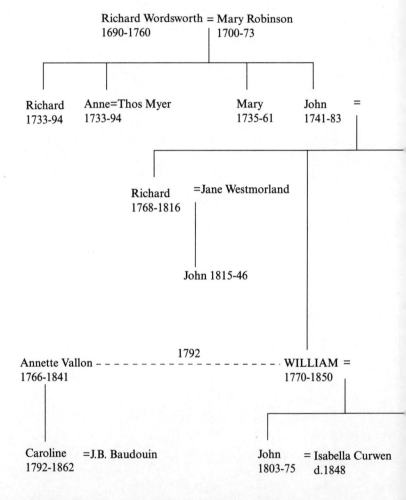

Richard Wordsworth = Mary Robinson
1690-1760 | 1700-73

Richard   Anne=Thos Myer   Mary   John   =
1733-94   1733-94   1735-61   1741-83

Richard   =Jane Westmorland
1768-1816

John 1815-46

1792
Annette Vallon – – – – – – – – – – – – – – – – – – WILLIAM =
1766-1841   1770-1850

Caroline   =J.B. Baudouin   John   = Isabella Curwen
1792-1862   1803-75   d.1848

更详细的族谱见《早期书信》，第694–697页。

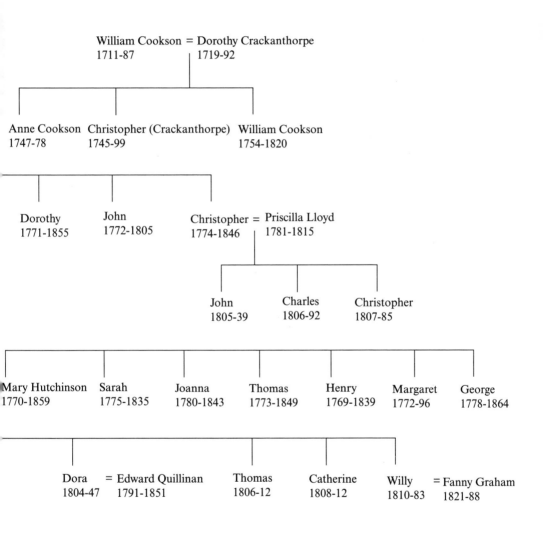

William Cookson = Dorothy Crackanthorpe
1711-87　　　　　1719-92

Anne Cookson　Christopher (Crackanthorpe)　William Cookson
1747-78　　　　1745-99　　　　　　　　　　1754-1820

Dorothy　　John　　　　Christopher = Priscilla Lloyd
1771-1855　1772-1805　　1774-1846　　1781-1815

John　　　　Charles　　　Christopher
1805-39　　　1806-92　　　1807-85

Mary Hutchinson　Sarah　　　Joanna　　　Thomas　　　Henry　　　Margaret　　George
1770-1859　　　　1775-1835　1780-1843　1773-1849　1769-1839　1772-96　　1778-1864

Dora　　= Edward Quillinan　Thomas　　Catherine　Willy　　　= Fanny Graham
1804-47　　1791-1851　　　　1806-12　　1808-12　　1810-83　　1821-88

索　引

（索引页码均为原书页码，即本书边码）

除非特别说明，以下标题均为华兹华斯作品。

著作权合同登记号桂图登字:20 - 2020 - 101 号

图书在版编目(CIP)数据

威廉·华兹华斯传/(英)斯蒂芬·吉尔著;朱玉译. —桂林:
广西师范大学出版社,2020.11
(文学纪念碑)
ISBN 978 - 7 - 5598 - 2875 - 0

Ⅰ. ①威… Ⅱ. ①斯… ②朱… Ⅲ. ①华兹华斯(Wordsworth,
William 1770 - 1850) - 传记 Ⅳ. ①K835.615.6

中国版本图书馆 CIP 数据核字(2020)第 091348 号

出 品 人:刘广汉　　　策　　划:魏　东
责任编辑:魏　东　　　封面设计:赵　瑾
广西师范大学出版社出版发行

(广西桂林市五里店路9号　　　邮政编码:541004)
(网址:http://www.bbtpress.com)
出版人:黄轩庄
全国新华书店经销
销售热线:021 - 65200318　　021 - 31260822 - 898
山东临沂新华印刷物流集团有限责任公司印刷
(临沂高新技术产业开发区新华路1号　邮政编码:276017)
开本:690mm×960mm　　1/16
印张:55.5　　插页:12　字数:680 千字
2020 年 11 月第 1 版　　　2020 年 11 月第 1 次印刷
定价:186.00 元

如发现印装质量问题,影响阅读,请与出版社发行部门联系调换。